D1568242

BLACKFOOT DICTIONARY
of Stems, Roots, and Affixes

BLACKFOOT DICTIONARY

of Stems, Roots, and Affixes

Donald G. Frantz
and Norma Jean Russell

UNIVERSITY OF TORONTO PRESS
Toronto Buffalo London

263671

©University of Toronto Press 1989
Toronto Buffalo London
Printed in Canada

ISBN 0-8020-2691-5

Printed on acid-free paper

Canadian Cataloguing in Publication Data
Frantz, Donald G.
Blackfoot dictionary of stems, roots, and
affixes

Includes index.
ISBN 0-8020-2691-5

I. Siksika language - Dictionaries.   I. Russell,
Norma (Norma Jean).   II. Title.

PM2343.F73 1989   497'.3   C89-093225-5

Contents

Acknowledgements

The project which has culminated in publication of this dictionary grew out of a Blackfoot lexicography seminar at the University of Lethbridge in the fall of 1980.[1] At the encouragement of John Gray, it became a full-fledged project in June of 1981. Initial costs were met by tapping part of a development grant to the Native American Studies department of the University of Lethbridge from the Muttart Foundation. Since June of 1982 the project has operated on funding provided by the Social Sciences and Humanities Research Council of Canada. These funds have paid Ms. Russell's salary, the wages of other students and graduates who have been employed for various periods of time, payments to the many Native consultants who have provided or checked the examples for us, and the fees of our invaluable computer consultant and programmer, John Gray. We are very grateful to the SSHRC for funding, and to both the Native American Studies department and the University administration for their encouragement during the past seven years of research.

Professor Allan Taylor of the University of Colorado also deserves acknowledgement. By example and advice he has helped to make this a more scholarly piece of work than it otherwise would have been.

Researchers who have provided material for this dictionary include Celeste Strikes With A Gun, Martin Heavy Head, Lena Russell, and Alvine Mountain Horse. Heavy Head, Russell, and Moun-

---

[1]Participants in that seminar were authors Frantz and Russell, Martin Heavy Head, Patricia Frantz, Joanne Little Bear, and John Gray.

tain Horse have done double duty, as they have additionally served as consultants by virtue of their expertise as fluent speakers of the language.

Special thanks are due Leroy Little Bear and Martin Heavy Head for being willing to give serious consideration to our research questions even though we have repeatedly interrupted their work at the University of Lethbridge.

Numerous fluent speakers of the language have provided or checked material for us. Those who spent more than a single one hour session are listed here in decreasing order of amount of time involved: Adelaide Heavyshield, Cecile Russell, Frank Melting Tallow, Charlotte Russell, Bill Strikes With A Gun, Pat Weasel Head, Dan Weasel Moccasin (the latter two were especially helpful to Martin Heavy Head as he reelicited bird terms found in Schaeffer 1950), Priscilla Bruised Head, Geraldine Crying Head, Billy Strikes With A Gun, Mary First Rider, Joe Heavy Head, Ruth Little Bear, Allen Shade, Ada Weasel Moccasin, Harry Shade, Morris Crow, Margaret Hind Man, and Percy Smith.

Special mention must be made of those who gave extensive help to co-author Frantz as he conducted research on their language while working under the auspices of the Wycliffe Bible Translators: Irene Butterfly and Agnes Rider (both Blackfeet of Montana), Rosie Ayoungman, Matthew Manyguns, Tom Manyguns, Mike Peacemaker, Francis and Bona Blackkettle, Floyd Royal, Joe Catface, Jack Big Eye, and Frances Running Rabbit (all North Blackfoot).

Preface

The **language** here referred to as "Blackfoot" is that spoken on three Southern Alberta reserves: Blackfoot [Siksika], centered about one hundred kilometers East-Southeast of Calgary; Blood [Kainaa], covering a large area between Cardston and Lethbridge; and Peigan [Apatohsipiikani], west of Fort MacLeod; as well as on the Blackfeet [Amskaapipiikani] reservation in Northwestern Montana. Blackfoot is a member of the Algonquian language family. While the number of fluent speakers of Blackfoot has declined in the past fifteen years, we estimate that there are still several thousand speakers of the language, including hundreds who no longer reside on the aforementioned reserves.

While there are slight differences between the dialects spoken in the four locations named above, very few of these show up in this dictionary.[2] Where we have observed dialectal differences, we have indicated (in parentheses) the particular reserve for which the idiosyncratic form or meaning is prevalent.

Because this dictionary is intended as a reference work on the Blackfoot language, it has entries keyed to the Blackfoot stem or root or affix, none of which are words by themselves. However, we expect that many users will want to access the Blackfoot items via English. This will certainly be the case for those who are not

---

[2]Most of the speakers who checked this material were from the Blood reserve, though material was collected from speakers from the other reserves. If time had permitted, we would have liked to recheck all of this material with groups of speakers from every reserve. However, it is important to recognize that there is as much variation between speakers from the same reserve as there is between speakers from different reserves.

Blackfoot speakers or are unfamiliar with the Blackfoot writing system; but even those who are fluent in Blackfoot may still want to access the Blackfoot entries via the English index, because they may have difficulty deciding what vowel or consonant the Blackfoot stem, root, or affix begins with. (See §4 for information on how the beginning point of stems was determined.) Therefore we have included an extensive English index following the Dictionary proper. It is important, however, that users be aware that the index is *not* intended to serve as an English-Blackfoot dictionary; its only purpose is to help the user locate entries in the Blackfoot dictionary.

Introduction

Outline

1. Entry Format

Each entry includes: the Blackfoot stem, root, or affix, as entry **header** (in small capital letters); morphological type (e.g. noun stem, verb stem, or root); sub-classification (if relevant); English gloss (meaning); and certain diagnostic inflectional forms (full words or sentences), each with an English translation. In addition, entries may include any or all of the following: idioms or other uses of the stem or root which may be helpful; information on variation, synonyms, and grammatical irregularities; cross-reference to entries for constituent morphemes; and in the case of verbs, related stems. Most of these are discussed in more detail in what follows.

Header

Except for uninflectable words (see below), *the headers are never full words*. They are extracted from full words by conventions discussed briefly in §4. We have printed the headers in small capital letters both to set them off and to serve as a reminder that, unlike the examples included under each entry, they are not full words.

Morpholological Type

Here we have six broad categories:

noun (*n*), defined as taking plural suffix **-iksi** or **-istsi**;
verb (*v*), defined as taking verb affixes such as the imperative **-t** or **-s**, or the perfective aspect prefix **ákaa-**;
uninflected (*und*) exclamations, such as **kíka** 'wait!', and vocatives, such as **tsíki** 'son!', which take no affixes associated with nouns or verbs;
adjuncts (*adt*), such as **sok-** 'good', **máát-** 'negative', **ohkott-** 'able', and **iiht-** 'from', which are used only with other roots or stems to form a (new) stem;
medial (*med*): noun roots, such as **-sski** 'face', which must be incorporated into a verb or noun as a suffix;
final (*fin*): suffixes, such as **-attsi** 'cause', which must attach to other verb roots or stems, and which determine the category of the resultant stems;
verb roots (*vrt*) which require a final to make up a verb stem.

We have not included entries for inflectional affixes. These are best presented in paradigm format; see THE STRUCTURE OF BLACKFOOT - henceforth SB[3]

Subclassification

For nouns, this involves indication of whether the noun belongs to the animate (*nan*) or inanimate (*nin*) gender class, as will be evident in the plural form (animate pluralizer is **-iksi**, inanimate is **-istsi**). Some noun forms are further specified as being inherently relational and therefore requiring a grammatical possessor. (See chapter 15 of SB.) For example, kin terms such as **iksisst** 'mother' cannot be used without inflection for a possessor. Such nouns are listed as *nar* or *nir*, depending upon whether their gender is animate or inanimate, respectively.

---

[3]Frantz, Donald G. To appear. The Structure of Blackfoot.

For verb classification this involves the four-way division usually found in descriptions of Algonquian languages:

inanimate intransitive (*vii*) stems, which are inflected to agree only with inanimate gender subjects;

animate intransitive (*vai*) stems, which are inflected to agree with animate gender subjects (but not with a direct object);

transitive inanimate (*vti*), inflected to agree with both a subject and direct obect, and the object is of inanimate gender;

transitive animate (*vta*), inflected to agree with a subject and an animate gender direct object.

Gloss

An English gloss (translation) immediately follows the stem, root, or affix entry.

Diagnostic forms

One of the few points of great irregularity in Blackfoot is the variation in shape of the first syllable of many stems and roots. We have tried to include a sufficient number of example words involving each stem or root so that each variant is either represented or is predictable on the basis of the forms we have included. (Discussion of the reasons behind the actual choice of noun and verb forms will be found in §4 of this introduction.) Every Blackfoot example is followed by an English translation.

Cross-references to entries for morphemes which are contained in the stem may follow the diagnostic forms. If a sequence of morphemes is given, they are separated by a plus (+); in such cases, the individual morphemes are given in their entry header form to simplify a search for them.

Entries also may include additional information on variation, synonyms, and grammatical irregularities.

Notes regarding common irregularities are included near the end of some entries, and are printed in italics. They were entered primarily for computer searches of the data base, but are included in the printed dictionary to call attention to the irregularities they describe, even though in most cases one can observe those irregularities through study of the diagnostic examples. The most common notes are the following:

adt req: a root or stem which does not occur without an adjunct prefix.

3mm: verb stem which ends in **mm** with a third person subject, in independent clauses [see SB, chapter 17, §C.].

y~w: ends in a semivowel, the quality of which is determined by the following vowel [see SB, chapter 17, §C.]. In such cases, the stem, root, or affix as header ends in a period.

linker: an adjunct which adds a semantic argument to the verb stem [see SB, chapter 16, §4.].

yi loss: a verb stem which loses a final **yi** when the third person suffixes are added.

init chg: exibits the phenomenon known as "initial change" [see SB, chapter 12, §E.].

oo~ao and *ii~ao*: a verb stem which has a different final vowel (usually long) only when the suffix **-o'p** 'we (incl)' is attached.

Related stems

Closely related stems of a different subclassification are placed at the end of verb entries. For example, after the gloss 'say to' of *vta* stem entry **waanist**, we list the *vti* and *vai* stems and their glosses as follows:

Rel. stems: vti **waanistoo**, *vai* **waanii**; say, say (s.t.).

When related stems are listed in this manner, we very often do not include a separate entry for them.

2. Orthography and Pronunciation

Users who are unfamiliar with the Blackfoot alphabet should read the following before attempting to pronounce the Blackfoot words in this dictionary.

Until recently no standard system for writing the Blackfoot language has existed. Obviously, to compile a dictionary such as this, a consistent method of transcribing the language must be used. An efficient and practical writing system must fit the sound system of the language. That is, it must have ways of representing all and only the distinctive sounds of the language. The alphabetic system which we are using in this dictionary is based on many years of research into the sound system and grammar of the language. Though it makes use of twelve letters which are also in the English alphabet, plus an apostrophe, it must be emphasized that these letters represent distinctive sounds of Blackfoot and not English sounds (though many Blackfoot sounds have close approximations in English). In 1974, this system was approved as the official writing system for Blackfoot by education committees from the three Blackfoot-speaking reserves in Southern Alberta.

The Blackfoot alphabet and the sounds represented by individual letters and letter combinations are described briefly in the Appendix (see also Chapter 1 of SB).

3. Sources

While every Blackfoot item in this dictionary has been elicited from and rechecked by native speakers, we have been aided in our elicitation by a number of sources of Blackfoot data. These are listed in descending order of the extent to which they were utilized:[4]

Uhlenbeck, C. C. and R. H. van Gulik. 1930. An English-Blackfoot Vocabulary. North Holland Publishing Co. The Hague.

Timms, Reverend John William. 1889. Grammar and Dictionary of the Blackfoot Language in the Dominion of Canada. London.

Frantz, Donald G. Field notes collected in 1961 in Montana, and from 1961-1975 on the Blackfoot reserve in Alberta.

Taylor, Alan R. 1969. A Grammar of Blackfoot. Unpublished PhD dissertation. University of California, Berkeley.

Schaeffer, Claude E. 1950. Bird nomenclature and principles of avion taxonomy of the Blackfoot Indians. Journal of the Washington Academy of Sciences 40.37-46.

---

[4]With the exception of Schaeffer (1950), we do not claim to have exhausted the material in any of these sources. It would have been impossible to do so in the earlier stages of this project, and could be done at this stage only at the cost of a lengthy delay in publication.

Fox, Leo (ed.). 1979. A Blood Indian Blackfoot Language Handbook. Ninastako Centre.

Miscellaneous unpublished textual material on tape from various sources, including recordings rented from Indian News Media and the Peigan Cultural Centre.

Hellson, John and Morgan Gadd. 1974. Ethnobotany of the Blackfoot Indians. Canadian Ethnology Service Paper No. 19. National Museum of Man Mercury Series. Ottawa.

McClintock, Walter. 1909. Medizinal- und Nutzpflanzen der Schwarzfuss-Indianer. Zeitschrift für Ethnologie, Heft 2, pp. 273-279.

4. Methods

Elicitation

Most Blackfoot forms in the dictionary were elicited via English from bilingual speakers, often in the process of reeliciting items found in the sources named in section 3. Citation forms (examples) were either elicited via their English glosses or constructed and checked for acceptability or correction. Most multi-word examples are either lifted from tapes of natural text or volunteered by fluent speakers; the remainder have been constructed and checked for acceptability.

Stem determination

The stems of non-stative verbs (i.e. verbs which can be viewed as describing a process) were arrived at by taking any "durative" form of the verb, cutting off the durative prefix a- and anything that preceded it,[5] then cutting off any inflectional agreement suffixes. For example, the durative form for 'we swim' is nitáótsspinnaan. This can be analyzed as nit+á +otsi+hpinnaan, in which nit- is the inflectional prefix indicating that first person is subject, á- is the durative prefix, and -hpinnaan is the inflectional suffix indicating that the first person

---

[5]Verb stems which begin with a'p are exceptional, in that the durative prefix is placed after a'p, so of course the a'p is retained as part of the stem of such verbs. For example, the stem of nitá'pao'taki "I'm working" is A'PO'TAKI.

subject is plural. The stem in this case is what is preceded by the durative and followed by -**hpinnaan**; so, OTSI is entered in the dictionary as a stem meaning 'swim'.

For stative verbs (which do not readily take the durative prefix), we entered that form of the verb which occurs in word-initial position, i.e. without any identifiable prefix, and of course after removing any suffixes. For example, given **ikinnssiwa** "it is warm", we can find no identifiable prefix, so after removing the third person singular inflectional suffix -**wa** we are left with IKINSSI, a verb stem meaning "be warm".

Noun stems are arrived at by taking the simple unpossessed singular form and deleting the singular suffix. This suffix is always -**yi** (-**i** after a consonant) or -**wa** (-**a** after a consonant).[6] Here are some examples:

Singular		Stem
nínaawa	'man'	NÍNAA
isttoána	'knife'	ISTTOÁN
ookóówayi	'his home'	OOKÓÓWA
óóhkotoki	'stone'	ÓÓHKOTOK
mo'tsísi	'hand'	MO'TSÍS

A few noun stems (*nar*), such as kinship terms, have no unpossessed form. In these cases, the form with first or second person possessor is used, and the person prefix is removed; for example, from **ní'sa**, 'my older brother', we extract the stem I'S.

Stress on entry header

Stress, actually relatively high pitch making a vowel or vowels more prominent, is indicated in the dictionary by placement of an acute accent over the prominent vowel or vowels.[7] If we utilize the

---

[6] Under circumstances which remain to be determined, many speakers omit the suffix -**wa**.

[7] See the Appendix.

accent in an entry header, this indicates that we feel the accented vowel or vowels of the stem, root, or affix carries inherent stress.[8]

Selection of diagnostic forms

For noun entries we normally include a plural form, a possessed form (if possible), and a form containing a prefix ending in **k**; often the possessed or prefixed form is plural, making a separate plural example unnecessary. The plural form serves two purposes: it confirms the grammatical gender category, because the plural suffix for animate gender nouns is -iksi and the plural suffix for inanimate gender nouns is -istsi; and it puts the stem in an environment which will show whether the stem-final consonant is "non-permanent" [see SB, chapter 17, §C]. The possessed form is important because there is a good deal of irregularity in the formation of such stems [see SB, chapter 14]. The form with a prefix ending in **k** serves to show the non-initial variant of the stem and, if the stem begins in **i**, whether this is a "breaking **i**" [see SB, chapter 12, §B].

For verbs other than *vii* we include an imperative example. (Imperative forms and their glosses are followed by an exclamation mark.) For *vai* and *vti* stems this form clearly shows the length of the stem-final vowel. Furthermore, if we are able to elicit the imperative form of a verb stem without a prefix, it shows the initial form of the stem. For all verbs, we include a future tense form; this shows the non-initial allomorph, and if the latter begins with **i**, shows whether it is a "breaking **i**". For stative verbs a neutral aspect form is provided, and for other verbs past tense forms are provided; these serve to illustrate the point of greatest irregularity in Blackfoot grammar; see SB, chapter 12, §E. For *vta* verbs we include both direct and inverse theme forms [see SB, chapter 11, §A].

---

[8]Though no complete analysis of word stress is available, it is clear that recognition of inherent stress is necessary to predict the stress patterns of full words.

5. Limitations

We request that the users of this dictionary be understanding about the difficulty of the task we have undertaken. We do not claim to be experts on the language, but merely researchers collecting material and checking it with various persons. One thing we have learned about language is that no two speakers agree on everything! Even individual words mean different things to different people, because their experiences with that word are different. So if it appears that we have put down the wrong meaning for an entry or word, please be assured that we have not "made up" that meaning or chosen it at random, but have tried to condense or capture the meaning as discussed by various respected speakers of Blackfoot. Please also be aware of the enormity of this undertaking. Compilation and revision of a dictionary is a never-ending task, so of course there are probably hundreds, perhaps thousands, of items missing from this dictionary despite its size. Furthermore, each entry is a mini-research project in itself, and such projects are not all at the same stage of progress.[9] However, it seemed important to publish what we have at this time, and perhaps prepare a revised edition or supplement in the future.

An important limitation we have placed upon the dictionary to keep its size manageable is the following: With few exceptions, if the makeup (i.e. arrangement of its parts) of any complex stem is transparent (i.e. readily analyzable), and its meaning and grammatical category are predictable based upon that makeup, we have not included an entry for that stem.[10]

---

[9]This is especially true with regard to finals (*fin*) and medials (*med*), for only recently did we begin to make an effort to identify these.

[10]It would be impossible to list all the possible stems of Blackfoot, given that stem formation is recursive in Blackfoot; i. e. there is no longest possible stem, because one can always include an additional morpheme.

6. Abbreviations and Conventions

Abbreviations for Morphological Type:

nan animate gender noun stem

nar animate gender noun stem which must be inflected for a possessor

nin inanimate gender noun stem

nir inanimate gender noun stem which must be inflected for a possessor

vta transitive verb which takes animate gender objects

vti transitive verb which takes inanimate gender objects

vai intransitive verb which takes animate gender subjects

vii intransitive verb which takes inanimate gender subjects

dem demonstrative stem

adt meaningful word part which must be prefixed to a root or stem; i.e. it cannot be the sole constituent of a stem

und particle which cannot take any of the inflectional affixes found on verbs or nouns

med noun root which must be incorporated into a verb or noun stem as a suffix

fin suffix which must attach to verb roots or stems, and determines the category of the resultant stems

ins the instrumental portion of an instrumental final; the remainder of the final determines the gender category

pro pronoun

Other Abbreviations:

lit	literally	excl	"exclusive we"
id	idiom	incl	"inclusive we"
s.o.	someone	var	variant
s.t.	something	arch	archaic
esp	especially	req	required/requires
usu	usually	init	initial
chg	change	a.k.a.	also known as
SB	The Structure of Blackfoot	Lat	Latin

From Latin:

e.g.	for example	*qv/q.v.*	which see
cf.	compare		

Other Conventions:

Alphabetization

Blackfoot headers are alphabetized in the following sequence:
a, h, i. k, m, n, o, p, s, t, w, y, '.

Transitivity and verb glosses

The gloss for transitive verbs is selected such that the primary object of the Blackfoot verb corresponds to a recognized "gap" as object of the English verb or verb phrase. E.g., the gloss for **IPAKSSKI** *vta* is "hit on the face", where the gap is between hit and the phrase on the face. The gloss for **OHKOT** *vta* is "give (something) to", where the gap is after the preposition to. because the primary object of this Blackfoot verb is the recipient, which would be the indirect object in English. Similarly, the gloss for **WAANIST** *vta* is "say (something) to", while its *vti* counterpart is glossed simply "say", since the object of this verb will be a word or quotation, corresponding to the direct object in English.

The gloss for *ai* verbs which may take a non-particular object[11] will include, in parentheses, the words "someone" or "something"

---

[11]See §4 of chapter 7 of SB.

(or their abbreviations s.o. or s.t.) rather than a gap. So the gloss for **WAANII** *vai* is "say (something)"

Uses of parentheses in entries:

a. To enclose parenthetical comments such as qualifications; e.g., the gloss for **I'KOKATOO** is "paint designs on (a tipi)", to indicate that the object of this *ti* verb is generally a tipi.

b. Around Blackfoot example and its gloss if the Blackfoot form, while grammatically correct, is felt to be semantically anomalous or bizarre; e.g., in the entry for **ITSIKSSI** *vai* is found the following example: "(itsikssit!   be weak!)", which consultants find bizarre, presumably because this is not a condition one usually has control over and hence is not an appropriate thing to command.

c. Enclosing optional elements of examples; e.g., in the entry for **ONI'TAKI** *vai* is found the following example: "(o)ní'takit! hurry!", indicating that this form is used with or without the parenthesized vowel.

Use of "/" in glosses

The slash separates alternative glosses or alternative words within glosses.   When the alternative glosses are both single words, such as "nuisance/frenetic/erratic", there is no problem. However, if one or more of the glosses is made up of more than one word, it may not be clear whether the slash separates two glosses or alternative words within a single gloss. E.g., "trunk of body/torso" could represent either "trunk of body" / "trunk of torso", or "trunk of body" / "torso".   We have attempted to utilize presence versus absence of a space beside the slash to reduce such ambiguity inherent in use of a slash alone. So in the case of our example above, since we want the second of the two possibilities (two glosses, not one), we place a space after the slash as follows: "trunk of body/ torso".

A

Á *adj*; durative aspect; **áyo'kaawa** he's sleeping; **káta'yáyo'kááwaatsiksi?** Is he sleeping?

ÁA *und*; yes.

AAÁHS *nar*; elder relation (grandparent, parent-in-law, paternal aunt/uncle); **naaáhsiksi** my grandparents; **maaáhsi** her paternal aunt.

AAÁPAN *nin*; blood; **aáápaistsi** blood (plural); **nitsáápani** my blood.

AAÁPAOO'SSIN *nin*; blood soup; **aáápaoo'ssiistsi** blood soups.

ÁAAT *vta*; move/walk in relation to; **míístapáaatsisa** walk away from him!; **áóhsááattsiiyaawa** they are walking so there is room between them and the other. either by walking around or backing away; **áako'takááatsiiyaawa** they will surround them/him; **nitsíístapáaakka** she moved from me; *Note: adt req: cf.* **oo**.

ÁAATTSISTAA *nan*; rabbit; **ááattsistaiksi** rabbits; **nitáááttsistaama** my rabbit; **pokááattsistaawa** baby rabbit; **omahkááattsistaawa** jackrabbit.

ÁÁHK *adt*; might/non-factive; **nitsííksstaa nááhksoy'ssi** I wish to eat; **ááhksstsisoowa** she might have gone to town.

ÁÁHKAMÁ'P *adt*; might; **ááhkamá'pisamssiwa** he might take awhile; **nááhkamá'pihtsisoowa** she might go to town; **nááhkamá'pito'too** I might go there.

AAHKIÁAPIKSISTSIKO *nin*; going home day (a day midway between the summer solstice and the winter solstice); **aahkiáapiksistsikoistsi** going home days

AAHKIOOHSA'TSIS *nin*; boat; **otááhkioohsa'tsiistsi** his boats; *cf.* **yaahkioohsi**.

AAHKÓYINNIMAAN *nin*; pipe; **otááhkóyinnimaanistsi** his pipes.

ÁÁHKO'SSKAAN *nin*; gifts of livestock or dry goods to in-laws; otááhko'sskaani his gift to his in-laws; *cf.* **waahko'sskaa.**

AAHKSIKKAM *adt*; might; **ááhksikkamsstsisoowa** she might go/have gone to town; **nááhksikkamssksinii'pa** I might know it; *cf.* aahk+ikkam.

ÁÁHKSIKKAMA'P *adt*; might; **ááhksikkama'psstsisoowa** she might go to town.

ÁÁHSOWA *nan*; burr, Lat: Glycyrrhiza lepidota; **ómahkahsowaiksi** big burrs.

ÁAK *adt*; future; **áakokska'siwa** he will run; **káta'yáakokska'siwaatsiksi** will he run?; **máátáaksoyiwaatsiksi** he's not going to eat

AAKIAAAHS *nar*; mother-in-law; **nitáákiaaahsiksi** my mothers-inlaw; **otáákiaaahsi** his/her mother-in-law; *cf.* **aakíí+maaáhs;** *also* aakiiyaaahs.

AAKÍÍ *nan*; woman; **aakííksi** women; *see* **kipitáaakii** old woman; **niitá'pippitáaakiiwa** she is a really old woman.

AAKÍÍKOAN *nan*; girl; **i'nákaakííkoaiksi** little girls; **nitáákiikoama** my girlfriend.

ÁÁKIIM *nar*; sister/ female cousin of a male; **nitáákiimiksi** my (male speaker) sisters; **otáákiimiksi** his sisters and female cousins; **nimáátaakiima** she's not my sister/ female cousin.

AAKÍÍPASSKAAN *nin*; women's dance; **aakíípasskaanistsi** women's dances; *cf.* **aakii+ipasskaan;** *also* **paisskaan;** *see also* **o'taksipasskaan.**

ÁÁKSI'KSAAHKO *nin*: bank, embankment, cliff; **sspáksi'ksááhkoistsi** high cliffs/cut banks; No. Peigan aaksi'ksaahko.

AAKSTA' *adt*: interrogative prefix (future); **áakstao'ohkaaniiwa?** will she object? *cf.* aak+sta'

AAMSSKÁÁPIPIIKANI *nan*: South Peigan (band of the Blackfoot tribe): **Amsskáápipiikaniikoaiksi** Southern Peigan persons; *cf.* waamsskaap

AAN *med.* shawl/ robe: **nitsísttohksaaniksi** my light shawls; **nítsspiksísttohksaana** my thick shawl.

AANÁÓ'KITAPIIKOAN *nan*; half-breed man (of any racial combinations): **aanáó'kitapiikoaiksi** half-breed men; *cf.* **waanao'k.**

AANÁTTSII *nin*; light; **assáaksssá'tsit ómistsi aanáttsiistsi!** take a look at those lights!; *cf.* **waanattsii.**

AANÁ'KIMAA'TSIS *nin*; light, lantern; *cf.* **waana'kimaa.**

AANÍÍTOHKATSI *nan*; cancer, lit: many centrally connected legs.

AANIST *adt*; manner; **kitáakanistótsspi** the way you will swim; **niitáótso'pi** the way we swim; **iihtáítsinikiwa maanistá'poohpi** she told stories of how she travelled.

AANISTAPIKII *vai*; benefit; (**anistapikiit!** benefit!); **máátáakohtohkaanistapikííwaatsi** he will not benefit by what he is doing; **itohkáánistapikiiwa ototá'komootsii'sini** he benefitted from going to play in the game; **nimáátohkáánistapikiihpa** I did not benefit; **ináí'tssawanistapikiiwa** after the fact he had not benefitted.

AANISTSINATTSI *vii*; appear as; **áakanistsinattsiwa** it will appear as (such); **anni niitsináttsiwa** that is the way it appears; *cf.* **aanist**; *Rel. stem: vai* **aanistsinamma** appear to be.

ÁÁPAIAI *nan*; ermine/ weasel (in winter coat), Lat: Mustela frenata; **ksikkáápaiaiksi** white weasels; **nitáápaiaiima** my weasel; *also* **áápaa** *see also* **ootáá.**

AAPÁÍAI *nin*; common cattail, Lat: Typha latifolia; **aapáíaistsi** common cattails; **Aapaiáísskowa** Cattail Valley (a.k.a. Weasel Tail Valley).

AAPÁÍAITAPI *nan*; Bullrushes or Cattail Clan (Peigan); **Aapaiáítapiiksi** Bullrushes or Cattail Clan/ members of the Bullrushes or Cattail Clan.

AAPÁMIAAPIIKOAN *nan*; European, lit: across (the ocean) person; **Aapámiaapiikoaiksi** Europeans

ÁÁPAOKOMI *nan*; horse with white neck markings; **áápaokomiiksi** horses with white neck markings; **áápaokomisskiima** female horse with white neck markings

AAPAOOKI *nin*; sharp stone used as a knife or spearhead; **aapáóókiistsi** sharp stones (used as knives or spearheads).

AAPÁT *adj*; behind, back; *see* **waapat**

ÁÁPATAAMSSTSINNIMAA *nan*; Chinese person, lit: braid-in-back; **áápatáámsstsinnimaiksi** persons of Chinese ancestry.

AAPÁTATAKSÁAKSSIN *nin*; truck box or a type of wagon, lit: box in the back; **aapátataksáakssiistsi** truck boxes.

AAPÁTOHKAT *nin*; hind leg; **otápatohkatsistsi** his hind legs; *cf.* **ohkat.**

AAPÁTOHSIPIIKÁNI *nan*; North Peigan; **Aapátohsipiikaniikoaiksi** members of the North Peigan Band; *cf.* **waapatohsi+Piikani.**

AAPÁTSÍNNAPISI *nan*; snowshoe (varying) hare (lit: long hind legs), Lat: Lepus americanus; **aapátsínnapisiiksi** showshoe (varying) hares; *cf.* **waapat+inno+apisi**

AAPATSSAISSKSIKAA *nan*; grebe (lit: leg grows in the back), Lat: Podicipedidae; **aapátssaissksikaiksi** grebes.

3

AAPÁTSSTAAN *nin*; the back apron of a breech-cloth;
aapátsstaanistsi the back aprons of breech-cloths.

ÁÁPI *adt*; white/light-colored; **áápinikimma** white berry; *see*
áápiipissoohsi marsh hawk; *also* **aap**.

AAPIAKONSSKI *nan*; rocky mountain jay (lit: white forehead), Lat:
Perisoreus canadensis canadensis; **áápiakonsskiiksi** rocky mountain
jays.

ÁÁPII *nan*; albino/ white one; **omahkáápiiksi** big albinos;
áápiikoana white buffalo calf.

ÁÁPIIKAYI *nan*; skunk, Lat: Mephitis mephitis; **ómahkápiikayiiksi**
big skunks; **nitápiikayiima** my skunk.

AAPIIKSÍSTSIMAOHKINNI *nan*; member of the White Bead Neck-
lace Society; **Aapiiksístsimaohkinniiksi** White Bead Necklace
Society/ members of the White Bead Necklace Society; *cf.*
aapii+ksiistsimaan+ohkinni

AAPÍÍNIMA'TSIS *nin*; a general, collective name for medicinal
herbs; **apíínima'tsiistsi** medicinal herbs; **nopíínima'tsiistsi** my
medicinal herbs.

AAPIIPÍSSOOHSI *nan*; marsh hawk (lit: white belt), Lat: Circus
hudsonius; **aapiipíssoohsiiksi** marsh hawks.

ÁÁPIKÍÍTOKII *nan*; white-tailed ptarmigan (lit: white tough-skin),
Lat: Lagopus rupestris; **áápikíítokiiksi** white-tailed ptarmigans.

AAPIKSI *vti*; throw; **aistáápiksit!** throw it here!; **áaksipoohsap-
aapiksima** she will throw it toward me; **iistápaapiksima** he threw
it away (e.g. in the garbage); **nítssa'kápaapiksii'pa** I threw it out
of (e.g. the water); *Note: adt req.*

AAPÍKSSIN *nin*; skin eruption, sore; **sikapíkssini** smallpox, lit:
black skin eruption; **ómahkápikssini** big skin eruption (possibly
chicken pox); **i'kotsáápikssini** measles.

AAPINÁKOISISTTSII *nan*; snow bunting (lit: morning bird);
aapinákoisisttsiiksi snow buntings

AAPINÁKOS *nin*; tomorrow; **aapinákoistsi** future days; *cf.*
waapinako.

ÁÁPINIKIMM *nan*; white berry; **áápinikimmiksi** white berries; *see*
also **mi'kapikssoyi** red dog-wood osier.

AAPISÓWOOHTA *nan*; Morning Star.

APISTSÍSSKITSAATO'S *nan*; May, lit: flower/blossom month;
Aapistsísskitsaato'siksi Flower months.

AAPISTSISSKITSI *nin*; flower/blossom; **aapistsísskitsiistsi** flowers.

AAPITSÍKAMAAN *nin*; brace/ stick for support (e.g. used to hang a pot over a fire); **aapitsíkamaanistsi** braces, supports; *cf.* **waapitsikai.**

AAPITSÍKAMAA'TSIS *nin*; tripod (e.g. for hanging a ceremonial bundle or a cooking pot); **otápitsikamaa'tsiistsi** his tripods; *cf.* **waapitsikamaa.**

AAPI'MAAN *nin*; makeshift (temporary) shelter; **áápi'maanistsi** makeshift shelters; *cf.* **waapi'maa.**

AAPÍ'SI *nan*; coyote, Lat: Canis latrans; **ómahkapi'siiksi** timber wolves, lit: big coyotes.

AAPÍ'SOOMITAA *nan*; German Shepherd, lit: coyote-dog; **aapí'soomitaiksi** German Shepherd dogs; **nitápi'soomitaama** my German Shepherd dog.

AAPOHKINNIYI *nan*; kingfisher (lit: white necklace); **áápohkinniyiiksi** kingfishers.

ÁÁPOHKOMII *nan*; Wilson's phalarope (lit: white-throat), Lat: Steganopustricolor; **áápohkomiiksi** Wilson's phalaropes.

ÁÁPOMAHKIHKINAA *nan*; mountain goat, lit: white sheep, Lat: Oreamnos americanus; **áápomahkihkinaiksi** mountain goats.

ÁÁPOTSKINA *nan*; cow; **áápotskinaiksi** cows; **nitáápotskinaama** my cow.

AAPOTSKINAISAHKOMAAPI *nan*; cowboy (lit: cow-boy); **áápotskinaisahkómaapiiksi** cowboys.

ÁÁPSKSISI *nan*; horse with white facial marking, blaze, lit: white nose; **pokápsksisiiksi** little horses with white facial markings; *cf.* **hksis.**

AAPSSÍÍKAM *nan*; whooping crane, Lat: Grus americana; **aapssííkamiksi** whooping cranes.

AAPSSÍÍYI'KAYI *nan*; platinum mink, Lat: Mustela vision; **aapssííyi'kayiiksi** mink (plural); *cf.* **siiyi'kayi.**

AAPSSIPISTTOO *nan*; snowy owl, lit: white night announcer (North Peigan), Lat: Nyctea scandiaca; **áápssipisttoiksi** snowy owls; *also* **aapiisipisttoo** *cf.* **siipisttoo**

AAPSSKÍ *nan*; horse with white facial marking/ whiteface; **sikápsskiiksi** black horses with white facial markings; *cf.* **sski.**

ÁÁPSSPINI *nan*; Canada goose, lit: white chin, Lat: Branta Canadensis; **áápsspiniiksi** Canada geese.

AATAKO *nin*; the previous evening; **matakóístsi** past evenings.

AATOKSÍPISTAAN *nin*; tipi frame made up of four poles tied together; **aatoksípistaanistsi** *cf.* **waatoksipistaa.**

5

AATSÍMOYIHKAAN *nin*; prayer, religion; **aatsímoyihkaanistsi** prayers; **nitatsímoyihkaani** my religion; *cf.* **waatsimoyihkaa.**

AAWAIIPISSTSIIMSSKAA *nan*; Navajo, lit: weaver; **ááwaiipisstsiimsskaiksi** Navajos; **iitawaiipisstsiimsskao'pa** the area inhabited by any of the southwestern tribes/ also used for Pendleton, Oregon.

AAWAKKSAAWANI *nan*; Belted kingfisher (lit: irregular flight), Lat: Megaceryle alcyon; **aawákksaawaniiksi** kingfishers.

AAWÁKKSIS *nan*; chewing gum; **ómahkawákksiiksi** big wads of chewing gum; **nitawákksisa** my chewing gum.

AAWÁPSSPIINAO'SA'TSIS *nan*; eye-glasses; **sikawapsspiina'sa'tsiiksi** black eye-glasses; **nitawapsspiina'sa'tsiiksi** my eye-glasses; *cf.* **aawapsspiina'si.**

AAWAPSSPIINAO'SI *vai*; wear eye-glasses; **awápsspiinao'sit!** wear eye-glasses!; **áakawapsspiinao'siwa** she will ...; **ááwapsspiinao'siwa** he wears eye-glasses; **nitáwapsspiinao'si** I wear eye-glasses; **ííkaawapsspiinao'sskaawa** he had bought glasses.

AAWÁPSSPIINAO'SSKAA *vai*; acquire eye-glasses; **aawápsspiinao'sskaat!** get eye-glasses!; **áakawapsspiinao'sskaawa** she will ...; **aawápsspiinao'sskaawa** he acquired eye-glasses; **nitááwapsspiinao'sskaa** I got eye-glasses

AAWA'KAWANI *nan*; hinge; **pokawa'kawaniiksi** small hinges.

ÁÁWOWÁAKII *nan*; male homosexual; **ááwowáakiiksi** male homosexuals; *cf.* **waawo..**

AAWOYIHTSI *vii*; not at right angles/ uneven/ misaligned; **áakaawoyihtsiwa** it will not be at a right angle; **ááwoyihtsiwa** it is not at a right angle.

ÁÁYÍ'SIPISAA *nan*; pelican (lit: carries water); **ááyí'sipisaiksi** pelicans; *cf.* **waayi'sipisaa**

AAYÍ'SIPISAAN *nin*; liquid carried in a storage container, e.g. canteen, thermos; **aayí'sipisaanistsi** liquids carried in storage containers; *cf.* **waayi'sipisaa**

ÁA'SI *vii*; be a mile; **áaksisto'káa'siwa** it will be two miles; **ni'táa'siwa** it is/was one mile; *also* **áaasi** ?.

AHSINAT *vta*; perceive; **miináttsikimmatahsinatsisa!** do not pity him anymore! (i.e. do not perceive him as being pitiable again!); **áakokahsinatsiiwa** she will have a bad impression of him; **iipístahsinatsiiwa** he perceived her as being strange/odd; **nitsiikókahsinakka** she has a bad impression of me; *Note: adt req.*

AIITOOHTSIMI *vai*; understand Blackfoot (Indian language); (aiitoohtsimit! understand Blackfoot!); **áakaiitoohtsimiwa** she will ...; **áíitoohtsimiwa** she understands Blackfoot; **nitáíitoohtsimi** I understand Blackfoot.

ÁÍKAYISSAISSAPI *nan*; scout; **áíkayissaissapiiksi** scouts; *see also* **aokaki'tsi.**

ÁÍKKAKIIYI *vai*; have a limp; **áíkkakiiyit!** limp!; **áakaikkakii-yiwa** she will limp; **áíkkakiiyiwa** he limps; **nitáíkkakiiyi** I limp; *Note: stative*; *also* **aikkaki'yi.**

ÁÍKKANIKSIPII'P *nin*; sail boat; **áíkkaniksipii'pistsi** sail boats; **nitsíkkaniksipii'pi** my sail boat.

ÁÍKKATOO'P *nin*; balloon; **áíkkatoo'pistsi** balloons; *cf.* **ikkatoo.**

ÁÍKSIKKOMINSSTSIIKIN *nan*; brown trout (lit: white sleeves), Lat: Salmo trutta; **áíksikkominsstsiikiiksi** brown trout (plural).

ÁÍKSIKKOOKI *nin*; bear grass, lit: sharp stem, Lat: Yucca glauca.

ÁÍKSIKKSKSISI *nan*; coot (lit: white nose), Lat: Fulica americana; **áíksikksksisiiksi** coots

ÁÍKSINI *nan*; pig; **ómahkaiksiniiksi** big pigs; **nitáíksiniima** my pig.

AIKSINOOSAK *nan*; bacon; **áíksinóósakiksi** bacon (slabs or slices of); *cf.* **oosak.**

ÁÍKSIPPOYÍNNII'P *nin*; sponge; **áíksippoyínnii'pistsi** sponges; *cf.* **iksippoyinni.**

AIKSIPPOYINNOMOA *nan*; milk cow; **áíksippoyinnomoaiksi** milk cows.

ÁÍKSISSTÁANATTSI *nin*; electric light, flashlight; **áíksisstáanattsiistsi** flashlights; **nitáíksisstáanattsiimi** my flashlight; *cf.* **iksissto+aanattsii.**

AIKSISSTOOMATAPISTTSIPATAKKAYAYI *nan*; automobile; **áíksisstoomatapisttsipatakkayayiiksi** automobiles; *cf.* **iksissto+oomatap+isttsipatakkayayi.**

ÁÍKSISSTOOMATOKSKA'SI *nan*; automobile; **áíksisstoomatokska'siiksi** automobiles; *cf.* **okska'si** *see also* **áíksisstoomatooyi, áíksisstoomatapisttsipatakkayayi, aiksisstoomatomaahkaan.**

AIKSISSTOOMATOMAAHKAA *nan*; automobile; **áíksisstoomatomaahkaiksi** automobiles; *cf.* **omaahkaa**

AIKSISSTOOMATOO *nan*; automobile; **áíksisstoomatoiksi** automobiles; *cf.* **oo.**

ÁÍMMÓNIISI *nan*; otter, Lat: Lutra canadensis; **ómahkáímmóniisiiksi** big otters; **nitáímmóniisiima** my otter.

ÁÍMMOYO'KINIOMITAA *nan*; lion, lit: fur chested dog; **pokáím-moyo'kiniomitaiksi** small lions; **nitáímmoyo'kiniomitaama** my lion.

ÁÍNAKA'SI *nan*; wagon, lit: it rolls; **áínaka'siiksi** wagons; *cf.* **inaka'si.**

ÁÍPAHPOYI *nin*; jello/gelatin; **áípahpoyiistsi** jellos, gelatins; *cf.* **ipahpoyi.**

ÁÍPAHTSIKAIIMO *nin*; Northern Valerian, Lat: Valeriana septentrionalis.

ÁÍPAKKITAKA'SI *nan*; motorcycle; **áípakkitaka'siiksi** motorcycles; *cf.* **ipakk.**

ÁÍPAKKOHSOYI *nan*; tractor (North Peigan); **áípakkohsoyiiksi** tractors; *cf.* **ipakk.**

ÁÍPAKKOHTAMM *nan*; motorcycle (North Peigan)/ tractor (Blood); **áípakkohtammiksi** motorcycles/ tractors; *cf.* **ipakk+ohtamm.**

ÁÍPAPOMM *nan*; lightning; **áípapommiksi** lightning flashes; *cf.* **ipapo.**

ÁÍPASSTAAMIINAMM *nan*; apple; **pokáípasstaamiinammiksi** small apples; *also* **apaisstaamiinattsi** (No. Peigan)

ÁÍPI'KSSOKINAKI *nan*; shaman; **áípi'kssokinakiiks** shamans; *cf.* **sokinaki.**

ÁÍSAAKOTSII *nin*; bubbly beverage, e.g. pop or beer, lit: foams or bubbles out; **áísaakotsiistsi** soft drinks or beer; *cf.* **saakotsii.**

ÁÍSAAYOOHKOMI *nan*; bull; **áísaayoohkomiiksi** bulls; **nitáísaayoohkomiima** my bull.

ÁÍSAIKSISTO'SIMM *nan*; heat radiator/ heat vent; **áísaiksisto'simmiksi** heat radiators/vents; *cf.* **sa+iksisto'si.**

ÁÍSAIKSISTTOO *nan*; television/movie; **áísaiksisttoiksi** televisions/movies; *cf.* **saiksisttoo**

ÁÍSAIPIHKAISOKA'SIM *nin*; sweater, lit: stretch clothing; **máóhk-áísaipihkaisoka'siistsi** red sweaters; **nitáísaipihkaisoka'simi** my sweater

ÁÍSAIPIHKÁÍSTTSOMO'KAAN *nin*; knitted hat, e.g. toque; **ómahkáísaipihkaisttsomo'kaanistsi** big knitted hats; **nisáípihkaisttsomo'kaani** my knitted hat.

ÁÍSAPÍKAII'P *nin*; candy sucker; **áísapíkaii'pistsi** candy suckers.

ÁÍSÁTSAAKI *nan*; carpenter, one who planes (e.g. wood); **áísátsaakiiksi** carpenters; **ómahkáísátsaakiwa** big carpenter; *cf.* **satsaaki** *see also* **aokooysskaiksi**

ÁÍSÍNAAKIOOHPI *nan*; television; **áísínaakioohpiiksi** televisions.

ÁÍSOKINAKI *nan*; doctor; **áísokinakiiksi** doctors; *cf.* **sokin.**

ÁÍSOKINAKIÁAKII *nan*; nurse; **áísokinakiáákiiksi** nurses.

ÁÍSOPOMITAKA'SI *nan*; electric fan; **áísopomitaka'siiksi.**

ÁÍSOYOOPOKSIIKIMI *nin*; tea (No. Blackfoot)/ lit: dried leaf liquid; **áísoyoopoksiikimiistsi** teas

ÁÍSSINNII'P *nin*; pasta (spaghetti, noodles, macaroni); **áíssinnii'pistsi** pastas; *cf.* **ssinn.**

AISSKAHS *adt*; always; **áísskahsaitapoowa** he always goes there; **áakáísskahsawaasai'niwa** she will always be crying; **káátáísskahsita'pawaawahkaawa** that is why he was always wandering around there; **nitáísskahsáóoyi** I'm always eating.

ÁÍSSKO'KÍÍNAA *nan*; ant; **áíssko'kíínaiksi** ants.

ÁÍSSKSINIMÁ'TSAA *nan*; student; **áíssksinimá'tsaiksi** students; *cf.* **ssksinima'tsi.**

ÁÍSSKSINIMA'TSTOHKI *nan*; teacher; **áíssksinima'tstohkiiksi** teachers; *cf.* **ssksinima'tstohki.**

ÁÍSSKSSIINAINIKIMM *nan*; rice; *see* **isskssiinainikimm.**

ÁÍSSPIHKA'SI *vai*; lit: act high, id: affect snobbery or superiority; **áísspihka'sit!** act snobbish!; **áakaisspihka'siwa** she will ...; **áísspihka'siwa** he acts as if he is superior; **nitáísspihka'si** I act snobbish; *cf.* **sspi.**

ÁÍSSTOYIIMSSTAA *nin*; January, lit: causes cold weather.

ÁÍSTTÁKOYII *nin*; liniment; **áísttákoyiistsi** liniments; **nitáísttakoyiima** my liniment; **ótsskóísttákoyiiyi** Absorbine Jr. (lit: green liniment).

ÁÍTAPIÓOYI *nan*; imaginary monstrous beast mentioned to frighten misbehaving children, lit: people-eater; **áítapióoyiiksi** imaginary monsters

ÁÍTAPISSKATSIMAA *nan*; weather dancer, person who performs the Sundance ceremony (that takes place after the center pole has been raised); **áítapisskatsimaiksi** weather dancers; *cf.* **itapisskatsimaa.**

ÁÍTSIYIHKA'SI *nan*; peacock, male turkey (gobbler); **áítsiyihka'siiksi** peacocks; *cf.* **itsi.**

AI'TAMÁAK *adt*; almost; **áí'tamáaksi'niwa** he's almost dead; **áí'tamáako'toowa** he's almost here; *also* **a'tamáak.**

AKÁ *adt*; many; *cf.* **waaka.**

ÁKA *adt*; old/ belonging to a former time/ ancient; **akáa'piistsi** old things; **nikáákkaama** my friend from the past; **ákaitapi** ancestors; **áaksikaitapiitsinikiwa** she will tell stories of the people of the past.

9

ÁKÁÁ adt; perfect aspect/ completive; **ákááí'niwa** he has died;
nikááyoomi I have a husband.

AKÁÁAPIOYIS nin; Fort Macleod.

AKAAHTOIPOYI vai; stand in a battle line (shoulder to shoulder
for warfare); **kaahtóípoyik!** stand in a line!; **áakakaahtoipoyi-
yaawa** they will stand in a line; **iikááhtoipoyiyaawa** they stood in
a line; **nitsííkaahtoipoyihpinnaan** we stood in line

AKÁA'TSIS nin; robe/ protection, power; **nitakáa'tsiistsi** my robes;
Mai'stáákaa'tsisi Crow protection (name); cf. **waaka'taki.**

AKÁA'TSIS nin; lariat; **nitokáa'tsiistsi** my lariats; cf. **okaa.**

AKÁIKSIMONNIIPOKAA nan; id: illegitimate child, lit: many secret
fathers child; **akáíksimonniipokaiksi** illegitimate children.

AKÁÍSATSTSAA nan; Hudson's Bay blanket, lit: many-striped;
akáísatstsaiksi Hudson's Bay blankets; **nitakáísatstsááimiksi** my
Hudson's Bay blanket.

AKÁÍSTA'AO nan; Blood clan name: many ghosts/spirits; cf.
sta'ao.

AKÁÍTAPISSKO nin; town, lit: place of many people;
akáítapisskoistsi towns; **Miistsáákaitapissko** lit: wood-town, Ar-
rowwood, Alberta (No. Blackfoot)/ Glenwood, Alberta (Blood).

AKAI'TSII nin; bright red ochre, paint; **akai'tsiistsi** bright red
paints; **nitakai'tsiiyi** my bright red ochre; **omoistsi akai'tsiistsi
áístamsstsáómaohksinattsiiyiyaawa** those types of paints are
bright red in color.

AKAKKAHKO nin; semi-circular/horse-shoe shaped ridge; **akákkah-
koistsi** semi-circular/horse-shoe shaped ridges.

AKÁKKOMA'PII vii; be difficult and important;
áakakákkoma'piiwa it will be difficult and ...; **akákkoma'piiwa
nomohtáakotoinoahpi kitsínaiminnoona** it (the reason) is dif-
ficult and important why I am going to see our leader/boss;
máátakakkoma'piiwa it is not difficult.

AKÁÓKIINAA nan; Blood clan name. 'many graves'/ burial caches
above the ground; **akáókiinaiksi** many graves above the ground
clan.

AKIM adt; place of honor; see **ikim**

AKÍ'KAAN nin; camp; **akí'kaanistsi/okí'kaanistsi** camps;
nitokí'kaani my camp.

AKKAWÁ'PSSI vai; have a large holding capacity;
áakakkawa'pssiwa it will ...; **akkawá'pssiwa** it has a large
capacity; **ma'tóósa áma nóóhko'sa, iikákkawa'pssiwa** take my
dish, it has a large capacity; Note: stative.

AKKÁYSSKSISIKAANAISSKIINAA *nan*; pygmy shrew, Lat: Microsorex hoyi, lit: pug-nosed mouse; **akkáyssksisikaanaisskiinaiksi** pygmy shrews; *cf.* **kaanaisskiinaa.**

AKÓKA'TSSIN *nin*; circle camp; **akóka'tssiistsi** circle camps.

AKOKSSKA *adt*; of paramount rank; *see* **akoksskaaapiikoan** whiteman of paramount rank; **akoksskainaawa** man of paramount rank.

AKOKSSKAAAPIIKOAN *nan*; whiteman of paramount rank; **akoksskaaapiikoaiksi** whitemen of paramount rank; *cf.* **naapiikoan.**

AKOMÍ'TSIMAAN *nin*; favorite object or habit; **otakomí'tsimaanistsi** her favorite things; *cf.* **waakomi'tsi.**

AKOOKINSSIN *nin*; eye tooth, canine tooth (a conical pointed tooth); **omahkakookinssiistsi** big eye teeth; **otakookinssini** his eye tooth.

AKÓÓPSKAAN *nin*; soup; *also* **akóópihkaan** *cf.* **okoopihkaa.**

AKSIPÍNNAKSSIN *nin*; bow (for hunting or sport); **pokaksipínnakssiistsi** small bows; **nitáksipínnakssini** my bow.

AKSISTÓÓYINIHKSSIN *nin*; motivating song, usually sung before a big event, e.g. a raid, or when one is feeling low in spirits; **aksistóóyinihkssiistsi** motivating songs; *cf.* **inihki.**

AKSPIÁÁPIINIIWAAN *nin*; syrup; *also* **akspiaapiiniowaan** *cf.* **naapiiniiwan.**

AKSSPÍS *n n*; gum plant, sticky weed, Lat: Gindelia squarrosa; *Note: gender uncertain.*

AKSSÍN *nin*; bed; **akssíístsi** beds; **nitókssini** my bed.

AKSSTSÍÍ *nan*: sea-shell, shell of any shell-fish; **aksstsííksi** seashells; *also* **ksstsii.**

AKSTSIMÁ'TSIS *nan*; abacus/counter/ adding machine; **akstsimá'tsiiksi** counters, adding machines; *see also* **iitaokstsimao'p.**

AM *dem*; this, proximity and familiarity to the speaker; **amiksi** these.

AMÁÍIPSSIM *nin*; belt; **(a)máíipssiistsi** belts; **nomáíipssiistsi** my belts.

AMATÓ'SIMAAN *nin*; incense; **amató'simaanistsi** incense.

AMÍNSSTSIIKIN *nin*; sleeve; **komínsstsiikiistsi** your sleeves; **innóóminsstsiikiistsi** long sleeves

AMÍ'TSSSOKIMI *nin*; Pacific Ocean; *cf.* **waami't.**

AMO *dem*; this, proximity to speaker but not to addressee; **amo(i)stsi** these.

AMOPÍSTAAN *nin*; ceremonial bundle (religious); **amopístaanistsi** ceremonial bundles; **nitomopístaani** my bundle; **otomopístaani his bundle**.

ANÁ'KIMAA'TSIS *nin*; object which radiates artificial light, e.g. lamp; **nitána'kimaa'tsiistsi** my lamps; *cf*. **waana'kimaa**.

ANISTÁ'PAISTOTO *vta*; take liberties with, show no consideration for, treat with disrespect, regard as; (**sootam)anistá'paistotoosa!** (just) treat him with no respect!; **áakanistá'paistotoyiiwa** she will treat him any old way, without respect; **niitá'paistotoyiiwa ánni pookááyi** he regarded her as if she were a child; **nitanistá'paistotooka** she treated me with no respect

ÁNISTSSKA'SI *vai*; flaunt one's advantage, be pretentious; (**anistsska'sit!** flaunt your advantage)! **áakanistsska'siwa** she will ...; **ikánistsska'siwa** he flaunted his advantage; **nitsíkánistsska'si** I flaunt my advantage; *also* **anistaihka'si**.

ANN *dem*; that, proximity or familiarity to the addressee but no proximity to the speaker; **anniksi** those.

ANNAAM *dem*; the late ...; **ki annáám, annííska ónnisska, otssawomáóhka'pssi** ... and the late one, her father, before his passing ...; *cf*. **ann** *also* **anniim** (**subordinate third person**).

ÁNNIAYI *und*; that's enough/ that's all there is.

ANNÍÍHK *und*; before; **annííhk otsíto'toohpi annííska oksísstsisska** before, when her mother came here.

ANNO *dem*; this, proximity to the speaker and proximity or familiarity to the addressee; **anno(i)stsi** these.

ANNOHK *und*; now; **ki ánnohk, máátsikakaisstoyiimio'pa** and now, we are not even getting any cold weather.

ANOOTAPISTTSOMO'KAAN *nin*; cap; **anootapisttsómo'kaanistsi** caps; *cf*. **isttsomo'kaan**.

AOHKIÁÁNA'KIMAA'TSIS *nin*; oil lamp/ lit: water lamp; **aohkiáána'kimaa'tsiistsi** oil lamps; **nitaohkiáána'kimaa'tsisi** my oil lamp; *cf*. **ana'kimaa'tsis**

AOHKÍÍ *nin*; water; **sikáóhkiistsi** vanilla (containers of), lit: black waters; **nitáóhkiimi** my water; *see* **mííniaohkii** berry water/ wine; *see* **náápiaohkii** 'whiteman's' water/ whiskey.

AOHKIÓKIINIMAA *nan*; avocet (lit: water burial lodge), Lat: Recurvirostra americana; **aohkiókiinimaiksi** avocets.

AOHKIÓMAHKOHSIIKSIKAPAANSSI *nan*; tern; **aohkiomahkohsiiksikapaanssiiksi** terns; *cf*. **omahkssiiksikapaanssi**

ÁÓHPIIKIINATTSI *nin*; corn; **áóhpiikiinattsiistsi** corn (pl.).

12

ÁÓHPOMMAAPIIKOAN *nan*; Caucasian merchant; áóhpomm-
aapiikoaiksi Caucasian merchants; *cf.* ohpommaa+naapiikoan.

ÁÓHPOMMÁÓPII *nan*; storekeeper, merchant; áóhpommaopiiksi
storekeepers; *cf.* ohpommaa+opii

ÁÓHTO'TSSSAPI *nin*; Sneak-up dance; *cf.* ssapi.

ÁÓKAKIHTSIMAA *nan*; judge, person in government, leader (lit:
one who makes decisions); áókakihtsimaiksi persons in government;
cf. okakihtsimaa.

ÁÓKAKI'TSI *nan*; lookout, scout, one who watches, esp. for danger
or opportunity. Could be used to refer to a modern day counsellor;
áókaki'tsiiksi scouts; *cf.* okaki'tsi.

ÁÓKOOYSSKAA *nan*; house-builder/carpenter/contractor;
áókooysskaiksi house-builders; *cf.* ookoowa

AOÓWAHSIN *nin*; food; aoówahsiistsi food; nitsówahsini my
food; *cf.* oowat.

AOÓ'SSSIN *nin*; berry soup/ dessert soup; aoó'sssiistsi dessert
soups; pákkiaoó'sssin chokecherry soup; *cf.* waoo'si.

ÁÓPAKÍÍTSSKII'P *nin*; chocolate; áópakiitsskii'pistsi chocolates;
also aopakiipsskii'p.

ÁÓTAHKÁÓOKAYIS *nan*; robin, lit: yellow breast, Lat: Turdus
migratorius; aotahkáóokayiiksi robins; nitotahkáóokayiima my
robin; *cf* maokayis

ÁÓTAHKÓÍNAMM *nan*; orange (the fruit [Blood dialect]), lit:
orange/yellow in appearance; pokáótahkóínammiksi little oranges;
also áótahkóínattsi *nin* [So. Peigan].

ÁÓTOTSÓÓKI *nan*; the devil, lit: the one who throws us in the
fire; *cf.* ototoo.

ÁÓTTAKI *nan*; bartender, lit: one who dips water/ serves drinks;
áóttakiiksi bartenders; *cf.* ottaki

ÁÓ'TOKIAAKSSIN *nin*; man-made hole in the ice; áó'tokiaaks-
siistsi holes in ice; *cf.* o'takiaaki.

AO'TÓPISTAAN *nin*; cradleboard; ao'tópistaanistsi cradleboards;
cf. o'tapist.

ÁÓ'TSOHKSSISTTA'P *nin*; pill; áó'tsohkssistta'pistsi pills.

APAHKIÁÁPOKO *nin*; hide strip; apahkiáápokoistsi hide strips.

APAHKÍS *nin*; hide; apahkíístsi hides.

APAHSÍPOKO *nan*; alum root, Lat: Heuchera parcifolia; *cf.* ipahs.

APAHSÓNNIKIS *nin*; curdled milk, cottage cheese; *cf.*
ipahs+onnikis.

APAHTÓK *nan;* general term for a coniferous evergreen tree; apahtókiksi conifers; nopahtóka my conifer.

APAHTÓKSAAPIOOYIS *nin;* pine log house; apahtóksaapiooyiistsi pine-log houses; *cf.* náápiooyis

APÁÍHPIISOKÁ'SIM *nin;* skirt, lit: waist clothing; ksíkkopáíhpiisoká'siistsi white skirts; nitopáíhpiisoká'simi my skirt; *cf.* opaihp+asoka'sim.

APAK *adt;* wide and flat; apáksski wide face; ikópaksikaawa he has wide feet; ikópakiiwa anníí moohsokóyi that road is wide; apaksísttohkáksaakin adze.

APÁKSA'TSIS *nan;* club, consisting of a round rock tied to a short handle, used as a weapon; nipáksa'tsiiksi my clubs; ómahkópaksa'tsisa big club; *cf.* ipak.

APAKSÍPISTAAN *nin;* pole used by leader of the Horn Society; apaksípistaanistsi poles used by leaders of the Horn Society; *also* apiksípistaan

APAKSÍSTTOHKÁKSAAKIN *nan;* scraping tool, adze; apaksísttohkáksaakiiksi scraping tools, adzes; *cf.* apak+isttohk+kaksaakin.

APAKSÍSTTOHKIHKÍNÍÍTSITAPIIKOAN *nan;* member of the Flathead Indian tribe; Apaksísttohkihkíníítsitapiikoaiksi members of the Flathead Indian tribe; *cf.* apak+isttohk+ihkin+niits-itapiikoan

APAKSISTTOHKII *vii;* be flat; *see* opaksisttohkii.

APAKSÍSTTOHKSÍKSAAPIOOYIS *nin;* house made of lumber; apaksísttohksiksáápiooyiistsi houses made of lumber.

APAKSÍSTTOHKSIKSIS *nin;* lumber; apaksísttohksiksiistsi lumbers.

APAKSÍSTTOHKSIPOKÁÍ'STAAN *nan;* men's leggings; apaksísttohksipokáí'staaniksi men's leggings

APAKSSKIÓÓMII *nan;* pike (fish), Lat: Esox lucius; apaksskióómiiksi pikes; *cf.* apak+sski+mamii

APÁNII *nan;* butterfly/ moth; apániiksi butterflies; sikopániiwa black butterfly.

APÁNI'KAHTAA'TSIS *nin;* tipi lining/curtain; (a)páni'kahtaa'tsiistsi tipi linings; *cf.* ohpani'kahtaa

APAOHPONOTSSIM *nin;* belt worn on the outside of a breechcloth (archaic); otopáóhponotssimistsi belts.

APASSTAAN *nin;* bridge; apásstaanistsi bridges; nopasstaani my bridge; *also* apaisstaan

APIKSÍPISTAAN *nin*; pole used by leader of the Horn Society; *see* **apaksipistaan.**

APINN *vta*; manipulate a strand-like object; **isttapínnisa!** weave the strand!; **áako'tapinniiwa anni a'písi** she will adjust the rope here; **iyíístapapinniiwa** he adjusted the strand out and away from it; **nítssaapinnawa** I adjusted the strand out from the inside of it; *Note: adt req.*

APISAAN *nin*; pot of meat boiled over an open fire; **otópisaanistsi** his meat boiled over an open fire; *cf.* **opisaa.**

APITSÓ'TOYI *nan*; killdeer, lit: removes (something) from the water; **ápitso'toyiiksi** killdeers; *cf.* **opitso'tsi.**

APOTSTSIINAAN *nan*; muscle; **ápootstsiinaiksi** muscles; **nitápotstsiinaani** my muscle.

APOYI *adt*; brown (or any earth tone); **apoyáakiiwa** be a (relatively) fair-haired/light-skinned female; **ikápoyiihkiniwa** she has (relatively) light coloured hair.

APOYÍÍNATTSI *vii*; be brown/ earth toned; **áakapoyíínattsiwa** it will be brown; **aapoyíínattsiwa** it is/was brown; *Rel. stem: vai* **apoyíínamm** be brown.

ÁPSSI *nin*; arrow; **pokápssiistsi** small arrows.

APSSÍ *nin*; white buffalo berry (of the misisaimiiso bush) (snow berry?)/ fig; *Note: gender uncertain.*

ASÁÁPO'PINÁTTSI *nin*; round-fruited anemone, a.k.a. wind flower, Lat: Anemone globosa; *cf.* **saapo'p.**

ASÁÓHKAMA'TSIS *nan*; container used when picking berries (in the past bags were used, today pails are used); **kisáóhkama'tsiiksi** your berry containers

ASINAA *nan*; Cree tribe; **(a)sináíkoaiksi** Cree persons; **áísináí'poyiwa** he speaks Cree.

ASÓKA'SIM *nin*; clothing, usually a jacket or overcoat; **asóka'siistsi** clothes; **nisóka'simi** my jacket.

ASÓÓPA'TSIS *nin*; chair; *older var.* of **soopa'tsis.**

ASÓÓTOKIAA *nan*; fool, crazy; **asóótokiaiksi** crazy fools; *var. of* **sootokiaa.**

ASOYÁÁHKOYINNIMAAN *nin*; pouch for a pipe or tobacco; **asoyááhkoyinnimaanistsi** pipe pouches; **nisoyááhkoyinnimaani** my pipe pouch.

ASOYÍNN *nin*; barrel; **ómahksísoyinnistsi** big barrels; **nisoyínni** my barrel.

ASOYÍNNÁÁPIOOYIS *nin*; grainery, lit: barrel house; **asoyínnáápiooyiistsi** graineries; **nitsisoyínnáápiooyisi** my grainery; **Asoyínnáápiooyisi** Claresholm, town of.

ÁSSA *und*; Hey!, an expression used to get another's attention, as in "look here!" or "this is the way it is done and give that (what you have in your hand) to me"; *also* **áhsa.**

ASSAAK *adt*; stop and VERB for a moment; **ássáakippópiita!** stop and sit for a moment!; **ássáaksisstsiiwookit!** stop and listen to me for a moment!; **ássáaksika'yáakáó'piita!** stop and sit just for a moment.

ATAKSÁAKSSIN *nin*; box; **ómahkataksáákssiistsi** big boxes.

ATÁPIIM *nan*; doll; **atápiimiksi** dolls; **nitsítapiima/nitátapiima** my doll.

ATOHKÁ'TAAN *nan*; messenger, scout; **atohká'taaniksi** messengers, scouts.

ATOKÍS *nan*; hide; **nitótokiimiksi** my hides; *see also* **motokis.**

ATONÁÁN *nin*; quillwork; **atonáánistsi** quillwork pieces; *cf.* **otonatoo.**

ATONÁÓKSIS *nan*; needle; **atonáóksiiksi** nee dles; **nitotonaoksiima** my needle.

ATOWÁ'TSIS *nin*; cane; **atowá'tsiistsi** canes; **nitótowa'tsisi** my cane.

ATÓ'AHSIM *nan*; sock; **ató'ahsiiksi** socks; **nóóto'ahsima** my sock.

ATSÍÍNA *nan*; Gros Ventre tribe; **Atsíínaikoaiksi** members of the Gros Ventre tribe.

ATSÍÍNAISISTTSII *nan*; bobolink (lit: Gros ventre bird), Lat: Dolichonyx oryzivorus; **atsíínaisisttsiiksi** bobolinks.

ATSÍÍNAIMO *n n*; Meadow Rue, lit: Gros Ventre scent, Lat: Thalictrum occidentale; *Note: gender uncertain.*

ATSIKÍN *nin*; shoe; **natsikíístsi** my shoes; **isstóítsikiistsi** winter shoes; **niitsítsikini** moccasin.

ATSINAYÍ *nin*; fat; **atsinayíístsi** fats; **ákaotsinayiyi** old fat.

ATSINIKÍÍSINAAKSSIN *nin*; newspaper; **(a)tsinikíísinaakssiistsi** newpapers; **nitsitsinikíísinaakssini** my newspaper; *cf.* **itsiniki+sinaaki.**

ATSÍS *nan*; trousers/leggings; **natsííksi** my pants.

ATSISTOOHKINNSSIN *nin*; suspender; **atsistóóhkinnssiistsi** suspenders.

ÁTSI'TSI *nan*; mitten, glove; **nótsi'tsiiksi** my mittens.

ÁTSI'TSI *nan*; pygmy owl (lit: glove or mitten), Lat: Glaucidium gnoma; **átsi'tsiiksi** pygmy owls.

ATSÓWA'SSKO *nin*; bushy area, forest; **atsówa'sskoistsi** bushy areas.

ATSO'T *adt*; from all sides/ from more than one direction; **átso'taapiksistakiyaawa** they all threw their (e.g. money) together; **áakatso'tsspommoawa** we will all help him.

ATT *adt*; again; *see* **matt.**

ATTSI *fin*; causative; **nitá'po'takiáttsaawa** I caused her to work; **nítsoyáttsaawa** I caused her to eat/ I fed her; *Note: forms vta.*

ÁWAAMISSKAPATAA *nan*; zipper, lit: that which is pulled up; **áwaamisskapataiksi** zippers; *cf.* **waamis+sskapat.**

AWAATAKOYI *nin*; whirlpool; **áwaatakoyiistsi** whirlpools.

ÁWAHKAHTAAN *nar*; sweetheart of a male; **nitáwahkahtaaniksi** my sweethearts (male speaker)

AWAHKÁÓÓTSIIYSSIN *nin*; war; **matóómomahkawahkaootsiiyssini** World War I; *cf.* **waawahkaootsiiyi.**

AWAHKÁ'TSIS *nin*; toy; **otáwahka'tsiistsi** his toys.

AWAHSIN *nin*; land, habitat, territory; **nitáwahsiistsi** my lands.

AWÁÍSSTAAM *nan*; flag; **nitawáísstaamiksi** my flags.

AWAI'TSINNOMO *vta*; make something for (usually by sewing); **awáí'tsinnomoosa!** make something for him!; **áakawai'tsinnomoyiiwa** she will make something for him; **aawáí'tsinnomoyiiwa** he made it for her; **nitaawáí'tsinnomooka** she made something for me.

AWAKÁAPIKSSA'TSIS *nan*; spur; **awakáapikssa'tsiiksi** spurs; **nitáwakáapikssa'tsis** my spur; *also* **awaikaapikssa'tsis.**

ÁWÁKAASI *nan*; antelope/deer; **pokáwákaasiiksi** little antelopes.

ÁWÁKAASIIKI'SOMM *nan*; September, lit: deer moon; **Áwákaasiiki'sommiksi** Septembers.

ÁWÁKAASIISTOTOOHSIN *nin*; buckskin clothing; **nitáwákaasiistotoohsiistsi** my buckskin clothes; *cf.* **istotoohsin.**

AWÁKKSOOPAN *nan*; bullet; **nitáwakksoopaiksi** my bullets.

AWÁKSIPISTAAN *nin*: otter fur wrapped pole, staff; **nitawáksipistaanistsi** my otter fur wrapped poles; *cf.* **waaksipistaa.**

AWÁMMA'TSIS *nan*; baby toy; **kitáwamma'tsiiksi** your toys.

AWANÁÁN *nan*; rattle; **awanáíksi** rattles; **nitáwanáána** my rattle.

AWÁPAHKIAANA'KIMAA'TSIS *nin*; light bulb/ propane lantern; nitáwapahkiaana'kimaa'tsiistsi my light bulbs; *cf.* owapahkis+aana'kimaa'tsis

AWÁPISTAAN *nin*; cradle swing, usually used for infants; awápistaanistsi cradle swings; nitáwapistaani my cradle-swing; *cf.* waawapistaa.

ÁWATOYI *nan*; white-tailed deer, Lat: Odocoileus virginianus; ómahkáwatoyiiksi big white-tailed deer

AWAYIISOONII'P *nin*; full length headdress; nitayiisoonii'pistsi my full length headdresses; *see also* ayiisoyiisaam.

AWÓ'TAAN *nin*; shield; pokawó'taanistsi little shields; nitáwo'taana my shield.

AWÓ'TAANOOKITSIS *nan*; nail of the toe or finger; awó'taanookitsiiksi toes/fingernails; nitáwo'taanookitsisa my fingernail; *cf.* awo'taan+mookitsis.

AYAAHKIOOHSIITAPI *nan*; Assiniboine person, lit: boatman, canoeist; áyaahkioohsiitapiiksi Assiniboine persons.

AYAAK *adt*; imminent future/ about to; áyaaksoyiwa he's just about starting to eat.

AYAAM *adt*; wrong, different direction/ misdirected; áyaamoowa he went in a different direction; áakayaamiistsiwa it will be carried away (by the current); iyáámsstsitsikiwa he had his shoes on in the wrong way.

AYAAMOYI'POYI *vai*; joke/ jest from a twisted mouth (so as to be disguised from the inhabitants of a Sundance encampment); ayáámoyí'poyit! jest!; áakayaamoyí'poyiwa he will joke; iiyáámoyí'poyiwa he joked: nitáyaamoyí'poyi I joked; *cf.* yaam; *Rel. stem: vta* ayaamyi'powat joke to (the inhabitants of a Sundance).

AYAK *adt*; both; nitáyákohpommatoo'piaawa I bought both of them; kitáyáksowatoo'poaayaawa you (pl.) ate both of them/ you both ate them.

AYAOO *und*; similar to English expressions 'oh no!', 'oops!'; *also* yáa.

AYÍKINAAN *nan*; paranormal force which can be communicated with; nitáyikinaaniksi paranormal forces with whom I communicate; otáyikinaani the paranormal force with whom he communicates.

AYIKSIPI *vti*; wrap; ayiksipít! wrap it!; áakayiksipima she will wrap it; ayiksipíma anníístsi miistsíístsi he wrapped the wood; nitáyiksipii'pa nohkátsi I wrapped my foot.

ÁYINNIMAA *nan*; hawk, lit: seizer; áyinnimaiksi hawks; *cf.* yinn.

Á' *adt*; inceptive (denotes the beginning of a state or process); **áí'to'toowa iihkitsíkaayi** it is now 7 o'clock; **áó'mai'takiwa** now she's convinced (*cf.* omai'taki).

A'KAHKÓ *nin*; curved/inclined geographical feature, e.g. a bend in a river, hill; **a'kahkóístsi** curved geographical features; **a'kahkóóhtsi** on an incline; *also* **aakahkó.**

A'KIHTÁKSSIN *nin*; cairn/ stones as a marker or memorial; **a'kihtákssiistsi** cairns; *cf.* **wa'kihtaki.**

A'KIÓÓHSIN *nin*; stamp or logo; **nitá'kioohsiistsi** my stamps or logos; *cf.* **wa'ki.**

A'KSIKAHSSIN *nin*; arch of the foot; **nitá'ksikahssiistsi** my arches

A'KOOHT *adt*; at a distance; **a'kóóhtamao'ka** he is there at a distance; **a'kóóhtska ááhkomaohta'pawááwahkaawa** he is probably still travelling in distant (places).

Á'P *adt*; about, around; **á'pawaawahkaawa** she is walking about; **kitá'paissammoka** he is looking around for you; **áaká'paitsinikiwa** she will go about telling stories.

A'PAINAHKIMAA *vai*; look (around) for a girlfriend; **a'páínahkimaat!** look around for a girlfriend!; **áaka'painahkimaawa** he will look for a girlfriend; **á'páínahkimaawa** he looked/ is looking around for a girlfriend; **nitá'painahkimaa** I looked/ am looking around for a girlfriend.

A'PAISII *vii*; it passes (said of time); **áaka'paisiiwa** time will pass; **a'páísiiwa** time passed; **stáma'paisiiwa** and time passed.

A'PAISSKIN *vta*; touch over the whole face of/ manipulate the face of; **a'paisskinisa!** touch her face!; **áaka'paisskiniiwa** you will touch her face; **á'paisskiniiwa** he touched/ is touching her whole face; **nitá'paisskinoka** she manipulated/ is manipulating my face; *cf.* **sski.**

Á'PAI'PIKSI *vti*; arrange; **a'páí'piksit!** re-arrange it!; **áaká'pai'piksima** she will arrange it; **a'páí'piksima anni sóópa'tsisi** he arranged the chair; **nitá'pai'piksii'pa** I arranged it; **á'pawai'piksima anniistsi sóópa'tsiistsi** he is arranging the chairs

Á'PÁÓOYI'KAA *vai*; look (around) for food; **a'páóoyi'kaat!** look for food!; **áaka'páóoyi'kaawa** he will look around for food; **á'páóoyi'kaawa** he looked/ is looking for food; **nitá'páóoyi'kaa** I looked/ am looking around for food.

A'PATAPIKSIST *vta*; throw around, wrestle/ euphemism for rape; **a'patápiksistsisa!** throw him around!; **áaka'patapiksistsiiwa** he will rape her; **á'patápiksistsiiwa** he raped her; **nitá'patápiksikka** he raped me; **a'pawaatapiksistsiiwa** he is throwing him around.

A'PIHKA *vta*; give away/ sell; **a'pihkáísa, anna kóta'sa!** sell
your horse!; **áaka'pihkaiiwa** she will sell it; **á'pihkaiiwa osí'kaani**
he gave away his blanket; **nitá'pihkaoka** she gave me away;
ákaa'páíhkaiiwa óta'si he has sold his horse.

A'PIHKAHTOO *vti*; give away/ sell; **á'pihkahtóót!** give it away!;
áaka'pihkahtooma she will give it away; **á'pihkahtooma** he gave
it away; **nitá'pihkahtoo'pa** I gave it away; **ákaa'paihkahtooma
kisóka'simi** he has sold your jacket.

A'PII *vii*; be in a specified way; **áakonakia'piiwa** it will be appeal-
ing; **ííkssoka'piiwa** it is very good; *Note: adt req*; *Rel. stem: vai*
a'pssi be in a specified way.

A'PIKSIKKA'YI *vai*; walk; **á'piksíkka'yit!** walk!;
áaka'piksikka'yiwa she'll walk; **a'piksíkka'yiwa** she walked;
nitá'piksíkka'yi I walked; **á'paiksikka'yiwa** he is walking around.

A'PÍS *nan*; rope; **a'pííksi** ropes; **nitó'piima** my rope.

Á'PISTOTAKI *vai*; make (something); **a'pistotakit** make (s.t.);
**nitá'pisto-
taki** I made (something); **á'paistotakiwa niitá'paisiksikimii** she is
making coffee; *Rel. stems: vti* **a'pistotsi,** *vta* **a'pistoto** make.

Á'PISTOTOOKI *nan*; God, Creator, our Maker, lit: the one who
made us.

A'PÍSTTAAPIKSISTAKI *vai*; snack, move about tasting food
(Blood); **a'písttaapiksistakit!** snack!; **áaka'písttaapiksistakiwa**
she will snack; **a'písttaapiksistakiwa** he snacked; **nitá'písttaap-
iksistaki** I snacked; **á'páísttaapiksistakiwa** he is snacking; *also*
á'páísttapomao'si.

A'PÍSTTAAPIKSSI *vai*; dodge around; **á'písttaapikssit!** dodge
around!; **áaka'písttaapikssiwa** she will ...; **a'písttaapikssiwa** he
dodged; **nitá'písttaapikssi** I dodged; **á'páísttaapikssiwa** he is
dodging around

A'PÍSTTOTSI *vai*; be semi-nomadic, move around looking for a
place to camp; **a'písttotsit!** be semi-nomadic!; **áaka'písttotsiwa**
she will ...; **a'písttotsiwa** he moved around looking for a place to
camp; **nitá'písttotsi** I looked around for a place to camp.

Á'PITSÍÍHTAA *vai*; worry (about s.t.); **á'pitsííhtaat!** worry!;
áaka'pitsiihtaawa she will worry; **á'pitsííhtaawa** he worried;
nitá'pitsííhtaa I worried; **nitá'páítsiihtaa** I am worrying.

Á'POHPÁTTSII *vti*; jar, jolt; **piiná'pohpattsiit anní
kitsskíítaani!** don't jar your baking!; **áaká'pohpáttsiima** she will
jolt it; **á'pohpáttsiima** he jolted it; **nitá'pohpáttsii'pa** I jolted it;
nitá'paohpáttsii'pa I am jarring it.

Á'POHPÁTTSKI *vti*; cause displacement by jarring or bumping; **á'pohpáttskit!** jar it out of place!; **áaka'pohpáttskima** she will bump it out of place; **á'pohpáttskima** he jarred it out of place; **nitá'pohpáttskii'pa** I bumped it out of place; **á'paohpáttskima** he is jarring it.

Á'POHPÁ'WANI *vai*; move around/ toss oneself around; **á'pohpá'wanit!** move!; **isskskámmisa, áaka'pohpá'waniwa** watch over him, he will move; **á'pohpá'waniwa** he moved; **nitá'pohpa'wani** I moved; **áyo'kaawa ki mátta'paohpá'waniwa** he is sleeping and still he is tossing and turning.

Á'POO *vai*; travel/ move about; **á'póót!** travel!; **áaka'póówa** she will travel; **á'póówa** she travelled; **nitá'poo** I travelled; *cf.* oo

A'PÓÓHSIN *nin*; journey, trip; **a'póóhsiistsi** journeys, trips.

Á'PO'TAKI *vai*; work, be in effect; **á'pó'takit** work!; **áaka'po'takiwa annííhka kóminokoyi** the pill is in effect; **á'po'takiwa** he worked; **nitá'po'taki** I worked; **á'páó'takiwa** he works; *Rel. stems: vta* **a'po'to,** *vti* **á'po'tsi** work on

Á'PSSAPÓPII *vai*; ride around (in a vehicle); **á'pssapópiit!** ride around!; **áaka'pssapópiiwa** she'll ride around; **á'pssapópiiwa** she rode around; **nitá'pssapópii** I rode around; **á'páísapópiiwa** he is riding around.

A'PSSI *vai*; be in a specified way; *see* **wattsa'pssi** be crazy; *see* **ihtawa'pssi** lucky; **iikóka'pssiwa** he is bad; *see* **ikohkia'pssi** be embarrassed; *Note: adt req*; *Rel. stem: vii* **a'pii** be in a specified way.

A'PSSKI *vti*; seek, try to discover, lit: chase after; **a'psskít!** seek it!: **áaka'psskima** she will seek it; **á'psskima** he sought after it; **nitá'psskii'pa** I sought after it; **á'paisskima máakoohkohk-óókooyissi** he is trying to find a way to get a house; *Rel. stem: vta* **a'pssko** chase

Á'PSSKIÁAPIKSSAT *vta*: make a face at: **á'psskiáapikssatsisa!** make a face at her!; **áaka'psskiáapikssatsiiwa** she will make a face at him; **á'psskiáapikssatsiiwa** she made a face at him; **nitá'psskiáapikssakka** she made a face at me; **nitá'paisskiáapikssatawa** I am making faces at her.

A'PSSKO *vta*; chase; **á'psskóósa!** chase her!; **áaka'psskoyiiwa** he will chase him; **á'psskoyiiwa** he chased her; **nitá'psskooka** she chased me; **á'paisskoyiiwáyi** he is chasing her around.

Á'PSSKOOTSIIYI *vai*; play, lit: chase one another around;
á'p(áí)sskóótsiiyik! play!; **áaka'psskootsiiyiyaawa** they will play;
á'psskootsiiyiyaawa they were playing; **nitá'psskootsiiyi-
hpinnaana** we were playing; **á'páísskootsiiyiyaawa** they are chas-
ing each other around; *cf.* **a'pssko**.

A'PSSTO *vta*; beckon (summon or signal with a wave)/ make hand
signs to; **a'psstóósa!** beckon to her!; **áaka'psstoawa** we (incl. you)
will beckon to her; **á'psstoyiiwa** he beckoned to her; **nitá'psstooka**
she beckoned to me; **nitá'paisstoawa** I am waving at her; *Rel.
stem:* *vai* **a'psstaki** wave/ make hand signs.

A'S *adt*; young; *see* **wa's**.

A'SÁÁN *nin*; paint for face and tipi; **a'sáánistsi** paints (eg. of dif-
ferent colours); **nitsí'saani** my paint; **máóhksí'saani/
máóhkí'saani (No. Peigan)** red paint.

A'SÍÍTAHTAA *nin*; brook, lit: young river; **poká'síítahtaistsi**
brooks.

A'SÍÍTSIKSÁÁPIOOYIS *nin*; poplar log house; **á'síítsiksáápiooyi-
istsi** poplar log houses; **poká'síítsiksáápiooyisi** small poplar log
house; *cf.* **naapiooyis**.

A'SÍÍTSIKSIMM *nan*; poplar tree; **a'síítsiksimmiksi** poplar trees;
poká'síítsiksimmi small poplar tree.

A'SÍÍYA'TSIS *nin*; medicinal sneezing plant (plant is yellow in
color); **a'sííya'tsiistsi** medicinal sneezing plants; *cf.* **wa'siiyi**.

A'SIMI *vai*; be young (said of horses); **áaka'simiwa** she will be
young; **ama nóta'sa á'simiwa** my horse is young; **mááta'simiwa**
he is not young

A'SÍNNOKA *nan*: caribou, lit: young elk, Lat: Rangifer tarandus;
a'sínnokaiksi caribou (plural); *cf.* **ponoka**.

A'SIPÍS *nan*; thread, sinew used for sewing; **a'sipííksi** threads;
nitsí'sipiima my thread.

A'SISTTSÍÍKSIINAA *nan*; young snake; **a'sisttsííksiinaiksi** young
snakes; **nitá'sisttsííksiinaima** my young snake; *cf.* **pitsiiksiinaa**.

A'TSIS *fin*; tool/ associated instrument; *see* **sisóya'tsis** scissors;
(a)páksa'tsisa small axe, hatchet (lit: hitting tool); *see*
issitsimaa'tsis baby thing.

H

HÁNNIA *und*; expression used in response to a topic of interest (really!, is that right!); *cf.* **ann.**

HA' *und*; expression used to show scorn for someone's showy/exhibitionistic behaviour.

HÁ'AYAA *und*; expression used mainly by males in anticipation of a reprimand, oh-oh!

HKAA *fin*; acquire; **matóómiihkaat!** go fishing!, lit: go acquire fish!; **áakotoohkohtaawa** she will go to gather firewood; **anna pookááwa iihpokónsskaawa** the child got a ball; **nita'painaansskaa** I am going about acquiring gifts; **nitsííʦikiihkaa** I got shoes; *Note: forms vai.*

HKO *fin*; provide to; **nitohpokónsskoawa nohkówa** I got a ball for my son; *Note: forms vta.*

HKSIS *med*; nose; **ómahksksiistsi** big noses; **innóhksisi** long nose; **ikómahksksisiwa** he has a big nose.

I

IHKAHTOO *vti*; pass by hand in a specified direction; **iihtóíhkahtooma** he passed it around; **áaksikimihkahtooma** she will pass it to the front; *Note: adt req.*

IHKA'SI *vai*; behave in a specified manner; **miináttoka'pipokaihka'sit!** don't act like a bad child!; **áakssokihka'siwa** she will act good; **isttsíístomiihka'siwa** he acted sick; *see* **aisspihka'si** act snobbish; *see* **okihka'si** misbehave; *Note: adt req.*

IHKIITAA *vai*; bake, cook (by heat); **kíítaat!** bake!; **áakihkiitaawa** he will ...; **iihkíítaawa** he baked; **nítsskiitaa** I baked (s.t.); *Rel. stems: vta* **ihkiitat,** *vti* **ihkiitatoo** bake

IHKIN *med*; head/hair; **iikómahkihkiniwa** he has a big head; **máóhkihkiniwa** he has red hair; **sskánatsskiniwa** she has nice hair; *see* **isttsikihkini** be bald.

IHKIT *vrt*; freeze; **iihkitsíkawa** he froze his feet/foot.

IHKITSI *vii*; dry; **áakihkitsiwa** it will dry; **iihkítsiwa** it dried; **ákaihkitsiwa kaapoksíínimaani** the floor is dry; *Rel. stem: vai* **ihkssoyi** dry.

IHKITSIK *adt*; seven; *see* **ohkitsikamm** be seven.

IHKITSÍKAMMIKSI *nan*; the big dipper, lit: the seven (stars).

IHKSSAKI *vai*; dry (something); **ihkssakít!** dry (s.t.)!; **áakihkssakiwa í'ksisakoi** she will dry meat; *also* **ihkihsaki**; *Rel. stem: vti* **ihkssi** dry.

IHKSSOYI *vai*; become dry; **áakihkssoyiwa** it will dry; **iihkssóyiwa** it dried; **annííksi katsííksi máátomaihkssoyíwaiksaawa** your pants, they are not dry yet.

IHPIYI *vai*; dance; **ihpiyít!** dance!; **nitáakihpiyi** I will ...; **ihpíyiwa** he danced; **nítsspiyi** I danced; **nitáíhpiyi** I am dancing; **ihpíy'ssini** dance (noun); *Rel. stem: vti* **ihpiwatoo** dance (a dance).

IHTA. *adt*; lucky; **iihtáwohkoonima** luckily he found it; **áakaihtawohkaaniiwa** he will be witty (lit: he will be lucky in that he finds something [the right thing] to say); **ííhtayíssiniiwa** she hit the target by a lucky aim; *Note: y˜w.*

IHTAKI *vai*; place (s.t.); **áaksimiihtakiwa** she will make a mess/ place her things in disaray; **iiyáakihtakiwa** he packed; **nitsítsoohkihtaki ataksáakssini** I placed a box by the door; *Note: adt req.*

IHTAKSSIN *nin*; belongings; **otsstákssiistsi** his belongings; **otsimííhtakssini** her belongings which make a mess.

IHTATSIKI *adt*; middle, center, midst; **tátsikikkónamaana** Sundance center pole; **áakomatapsstatsikiáíksistsikowa** it will start being midday; *see* **ihtatsikiooyi** eat midday meal; **itáíhtatsikiipoyiwa** he stands in the middle.

IHTATSIKIOOYI *vai*; eat lunch; **ihtátsikióoyit!** eat lunch!; **áakihtátsikióoyiwa** she will ...; **iihtátsikióoyiwa** he ate lunch; **nítsstatsikióoyi** I ate lunch; *cf.* **ooyi**.

IHTAWA'PSSI *vai*; be lucky; **ihtawá'pssit!** be lucky!; **áakihtawa'pssiwa** she will ...; **iihtawá'pssiwa** he was lucky; **nítsstawa'pssi** I was lucky; *Rel. stems: vti* **ihtawa'pssatoo**, *vta* **ihtawa'pssat** have luck with.

IHTSÍÍPI *vta*; bring to town; **ihtsíípiisa!** bring her to town!; **áakihtsíípiyiiwa** she will bring him to town; **iihtsíípiyiiwa** he brought her to town; **nítsstsíípiooka** she brought me to town; *Rel. stem: vti* **ihtsíípohtoo** bring to town.

IHTSIIYIMM *vta*; admire; **ihtsííyimmisa!** admire her!; **áakihtsiiyimmiiwa** she will admire him; **iihtsííyimmiiwa** she admired her; **nítsstsííyimmoka** she admired me; **nitáíhtsiiyimmoka** she admires me.

IHTSIIYI'TSI *vti*: admire. like; **ihtsííyi'tsit!** admire it (e.g. the chair)!; **áakihtsiiyi'tsima omi náápiooyisi** she will admire (the appearance of) that house: **iihtsííyi'tsima** he liked it (e.g. the name he was given): **nítsstsiiyi'tsii'pa kisóka·sima** I admired your dress; *Rel. stem: vai* **ihtsiiyi'taki** admire.

IHTSIKSSI *vai*: be sleepy: (**ihtsíkssit!** be sleepy!): **áakihtsikssiwa** she will be ...; **iihtsíkssiwa** he is sleepy: **nitáíhtsikssi** I am sleepy; **(ki)kátai'ihtsíksspa?** Are you sleepy?; **nítsstsikssi** I'm sleepy; **nitsíkihtsikssi** I'm very sleepy.

IHTSISAOO *vai*; come out from a group or step forward; **ihtsisaoot!/sstsisáóot!** step forward!; **áaksstsisáóowa** she will ...; **íí htsisáóowa** he came out from the group; **nítsstsisáóo** I came out from the group; **iihtsisáóo'pa** we (incl.) came out.

IHTSISOO *vai*; go to town or to a populated centre; **ihtsisóót!** go to town!; **áakihtsisoowa** she will ...; **iihtsisóówa** she went to town; **nítsstsisoo** I went to town; **iihtsisáóo'pa** we (incl.) went to town; *also* **stsisoo.**

IHTSISTTAKI *vai*; swallow (consume); **ihtsísttakit!** swallow!; **áakihtsisttakiwa** she will ...; **ihtsísttakiwa** he swallowed; **nítsstsisttaki** I swallowed; *Rel. stems: vti* **ihtsistta,** *vta* **ihtsisttam** consume.

IHTSISTTAMAA *vai*; swallow/ consume the whole (of s.t.); **ihtsísttamaat!** consume (something)!; **áakihtsisttamaawa** she will ...; **ihtsísttamaawa** he consumed (s.t.); **nítsstsisttamaa** I consumed (s.t.).

IHTSOOHKITSI. *vta*; chase; **isstsóóhkitsiyisa!** chase him!; **áaksstsóóhkitsiyiiwa** she will chase him; **ihtsóóhkitsiyiiwa** he chased her; **nítsstsoohkitsiwoka** she chased me; **nítsstsoohkitsiwawa** I chased her; *Note: y~w.*

IIHKANIPIHTSI *nan*; leader or organizer, e.g. of a raiding party or meeting; **iihkanípihtsiiksi** organizers.

IIHKAWA *nar*; neighbor; **otsíí hkawayi** his neighbor; **nitsíí hkawaiksi** my neighbors.

IIHPÁÍKSKSISTTSIKAAHKIAAKIO'P *nin*; starch, lit: what we spread stiff with; **iihpáí ksksisttsí kaahkiaakio'pistsi** starches, e.g. varieties of: *cf.* **isttsikaahkiaaki**

IIHPOHSOA'TSII *nan*: American rough-legged hawk (lit: with eagle tail-feathers). Lat: Buteo lagopus; **iihpohsóa'tsiiksi** American rough-legged hawks.

IIHSISS *nar*; younger sibling of female; **otómahkohsissi** her big younger sibling (i.e. the older of her younger siblings); **ohsíssiksi** her younger siblings; **nissíssa** my younger sibling.

IIHT *adt*; linker for source, instrument, means, or content; *see* **oht.**

IIHTÁÍHKITSOOHPATTSAAKIO'P *nan*; clothes dryer (Blood); **iihtáí hkitsoohpattsáakio'piksi** clothes dryers; **nómohtáí hkitsoohpattsáakihpa** what I dry my clothes with; *cf.* **ihkitsi.**

IIHTÁÍKAHKSISTSTAKIO'P *nan*; saw; **iihtaí kahksiststakio'piksi** saws; *cf.* **ikahksiststaki.**

IIHTÁÍKAWAI'PIKSISTAKIO'P *nan*; key, lit: what one opens with; **iihtáí kawai'piksistakio'piksi** keys; *cf.* **ikawai'piksi.**

IIHTÁÍKAYINNAKIO'P *nan*; can opener, lit: what one opens by hand with; *cf.* **ikayinni**.

IIHTÁÍKKAMIPII'POYO'P *nan*; telegraph, lit: what one talks far and quickly with; **iihtáíkkamípii'poyo'piksi** telegraphs; *cf.* **ikkam+ipi+i'poyi**.

IIHTÁÍKKINIIHKIMIKSAAKIO'P *nan*; cultivator, lit: what one softens the soil with; **iihtáíkkiniihkimiksáakio'piksi** cultivators; *cf.* **ikkiniihkimmiksiiyi**.

IIHTÁÍKKIO'P *nan*; wind instrument, e.g. trumpet, whistle; **iihtáíkkio'piksi** wind instruments; *cf.* **ikki**.

IIHTÁÍKSISISTSTAO'P *nin*; whetstone; **ihtáíksisiststao'pistsi** whetstones; *cf.* **iksisistsim**

IIHTÁÍKSISTSIKOMIO'P *nan*; clock; **iihtáíksistsikomio'piksi** clocks; *cf.* **iksistsiko**.

IIHTÁÍKSISTTOKSAAKIO'P *nan*; nail; **iihtáíksisttoksáakio'piksi** nails; *cf.* **iksisttoksii**.

IIHTÁÍPIINITAKIO'P *nan*; farm implement used to tear the ground into pieces, disc plough; **iihtáípiinitakio'piksi** disc ploughs.

IIHTÁÍPIKSAO'P *nan*; hammer, lit: what one hits with; **iihtáípiksao'piksi** hammers; *cf.* **ipiksi**.

IIHTÁÍPIYOOHTSIMIO'P *nan*; radio; **iihtáípiyoohtsimio'piksi** radios; *cf.* **ipi+yoohtsimi**.

IIHTÁÍPPOTSIPISTAO'P *nan*; hair fastener, e.g. ribbon, hide strips (lit: what we braid with); **iihtáíppotsipistao'piksi** hair fasteners; *cf.* **ippotsipistaa**.

IIHTÁÍSIKKONNIKIPSSO'P *nin*; brassiere, breast binder; **iihtáísikkonnikipsso'pistsi** bras; *cf.* **sikk+monnikis**.

IIHTÁÍSIKKSINIPSSO'P *nin*; girdle; **iihtáísikksinipsso'pistsi** girdles.

IIHTÁÍSÍNAAKIO'P *nin*; pencil, pen; **iihtáísínaakio'pistsi** pencils/pens; *cf.* **sinaaki**

IIHTÁÍSÍNAAKIO'P *nan*; camera; **iihtáísínaakio'piksi** cameras; *cf.* **sinaaki**.

IIHTÁÍSOKAMISÁÓO'P *nin*; step/ladder; **iihtáísokamisaoo'pistsi** steps/ladders; *cf.* **sok+wamis+oo** *see also* **sokamisaaka'tsis**.

IIHTÁÍSOKSISTAWA'SAO'P *nin*; vest; **ksikkohtáísoksistawa'sao'pistsi** white vests; **nomohtáísoksistawa'sspi** my vest; *cf.* **sok+istawa'si**.

IIHTÁÍSO'PIOOHSO'P *nan*; scarf, kerchief; **iihtáíso'pioohso'piksi** scarves, kerchiefs; **nomohtáíso'pioohsspa** my scarf.

IIHTÁÍSSÁAKIO'P *nan*; dish towel, dish cloth; **iihtáíssáakio'piksi** dish towels/cloths; *cf.* **ssaaki.**

IIHTÁÍSSIISTSTAKIO'P *nan*; washing machine; **iihtáíssiiststaki-o'piksi** washing machines; **nomohtáíssiiststakihpa** my washer; *cf.* **ssiiststaki.**

IIHTÁÍSSISSKIOOHSAO'P *nan*; bath/face towel, lit: what is used to wipe one's face; **iihtáíssisskioohsao'piksi** bath towels; *cf.* **ssisskioohsi.**

IIHTÁÍSSOKÁÁHKIAAKIO'P *nan*; scale, lit: what we weigh with; **iihtáíssokáahkiaakio'piksi** scales; *cf.* **ssokaahki.**

IIHTÁÍSSTSSIMAO'P *nan*; branding iron or cigarette lighter (lit: what we light/burn with); **ómahkohtáísstssimao'piksi** big branding irons or big cigarette lighters; **nómohtáísstssimaahpiksi** my branding irons or cigarette lighters; *cf.* **sstssimaa**

IIHTÁÍSTTSIKÁÁHKIAAKIO'P *nan*; iron, lit: what one smoothes with; **iihtáísttsikáahkiaakio'piksi** irons; *cf.* **isttsikaahkiaaki.**

IIHTÁÍSTTSIKÁÁHKIMAO'P *nin*; spread (e.g. butter); **iihtáísttsikáahkimao'pistsi** spreads; *cf.* **isttsikaahkimaa.**

IIHTÁÍTSIIYIMIO'SO'P *nin*; perfume; **iihtáítsiiyimio'so'pistsi** perfumes; *cf.* **itsiiyimio'si**

IIHTÁÍTSINIKIO'P *nin*; telegraph (lit: which one relates stories with); **iihtáítsinikio'pistsi** telegraphs; *cf.* **itsiniki.**

IIHTÁÍ'POYO'P *nan*; telephone (lit: what we talk with); **iihtáí'poyo'piksi** telephones; *cf.* **i'poyi.**

IIHTÁÍ'TSINSSAKIO'P *nan*; toaster; *cf.* **i'tsinssaki.**

IIHTÁÓHKOMATAKIO'P *nin*; driver's license; **ííhtaohk-omatakio'pistsi** driver's licenses; *cf.* **ohkomataki.**

IIHTÁÓHPAKÓYI'SAKIO'P *nin*; hollow bone used when doctoring with herbs; **iihtáóhpakóyi'sakio'pistsi** hollow bone used when doctoring: *cf.* **ohpakoyi's**

IIHTÁÓHSISTSINIIMSSTAO'P *nan*; horseshoe; **iihtaóhsistsiniimsstao'piksi** horseshoes; *cf.* **ohsistsiniimsstaa.**

IIHTÁÓKSPAINNAHKIO'TAKIO'P *nan*; crayon; *cf.* **okspainni.**

IIHTÁÓKSPAINNAKIO'P *nin*; glue/tape; *cf.* **okspainni.**

IIHTÁÓMATSKAPATAKIO'P *nin*; towing apparatus; **iihtáómatss-kapatakio'pistsi** towing apparatuses; *cf.* **omat+sskapat.**

IIHTÁÓOYO'P *nan*; fork (lit: what one eats with); **iihtáóoyo'piksi** forks; *cf.* **ooyi**

IIHTÁÓPAHKIMIKSÁAKIO'P *nan*; plough, used in breaking up new ground; **iihtáópahkimiksáakio'piksi** ploughs.

IIHTÁÓTTAKIO'P *nan;* ladle, dipper (for liquid), lit: what one dips drinks with; **omahkohtáóttakio'piksi** big dippers; *cf.* **ottaki.**

IIHTÁÓ'TAKAAHKIAAKIO'P *nan;* screw-driver or wrench (lit: what one makes rotations with); **iihtáó'takááhkiaakio'piksi** screw-drivers; *cf.* **o'tak.**

IIHTÁÓ'TAKIO'P *nan;* tongs (lit: what one takes with); **iihtáó'takio'piksi** tongs; *cf.* **o'taki.**

IIHTAWÁÁKOMÍMMOTSIIYO'P *nin;* love medicine, lit: what we use to love each other; **iihtawáákomímmotsiiyo'pistsi** love medicines; *cf.* **waakomimm.**

IIHTAWÁÁMATO'SIMAO'P *nan;* ceremonial tongs for incense; *also* **iihtowáámato'simao'p** *cf.* **waamato'simaa.**

IIHTAWÁÍ'TSINNAKIO'P *nan;* sewing machine/ Glover needle; **iihtawáí'tsinnakio'piksi** sewing machines; *cf.* **wai'tsinnaki.**

IIHTAWÁÓNIAAKIO'P *nan;* can opener, brad awl; **iihtawáóni-aakio'piksi** can openers; *cf.* **waonii.**

IIHTÁYAAHKOI'SSTAAKIO'P *nin;* shingle; **iihtáyaahkoi'sstaaki-o'pistsi** shingles.

IIHTÁYAAKOHKIMMAO'P *nin;* steering wheel; **iihtáyaakohkimmao'pistsi** steering wheels; *cf.* **yaakohkimmaa.**

IIHTÁYIYAAHKIAAKIO'P *nan;* screwdriver, lit: what one tightens with; **iihtáyiyaahkiaakio'piksi** screwdrivers.

IIHTÁYO'KIMAO'P *nin;* breech-cloth, lit: what one closes with; **iihtáyo'kimao'pistsi** breech-cloths; *cf.* **yo'kimaa.**

IIHTÁ'PAISSKOOTSIIYO'P *nin;* game, lit: means by which one plays; **iihtá'paisskootsiiyo'pistsi** games; *cf.* **a'paisskootsiiyi.**

IIHTSIPÁÍTAPIIYO'PA *nan;* God, lit: the one through whom we live; *cf.* **ipaitapiiyi.**

IHTSIPÓÍSSTAO'TAKIO'P *nan;* post.

IIHTSISTSÍÍPISSKIO'P *nan;* fencing wire, lit: what we make a fence with; **iihtsistsíípisskio'piksi** (fencing) wires; *cf.* **yaaksistsiipisski.**

IIK *adt:* intensifier. very; **iikáísstóksoyiwa** she eats very much; **máátsiikohtohkoiikio'pa** it is not of very much use to us; **áaksiiksstoyiwa** it will be very cold.

IIKO'SI *nan;* the one with the child, parent; **iikó'siiksi** parents; *cf.* **oko'si.**

IIMAA *adt;* yet/ to the present time; **iimááyo'kaawa** he's sleeping yet; **máátomááyo'kááwaiksaawa** they're not sleeping yet.

IIMÁÁPITSI *nan;* monkey (North Peigan), lit: imitator; **iimáápitsiiksi** monkeys; **nitsiimáápitsiima** my monkey; *see also* **maokii.**

IIMAHKÁYII *nan*; Trumpeter swan (lit: large gull), Lat: Olor buccinator; **iimahkáyiiksi** swans

ÍÍMAHKIHKINA *nan*; sheep; **pókomahkihkinaiksi** small sheep; **nitómahkihkínaama** my sheep.

IIMÁÓHKOMINNIIKSIINI *nan*; redwing blackbird (lit: red winged cowbird), Lat: Agelaius phoeniceus; **iimáóhkominniiksííniiksi** redwing blackbirds.

IIMÁÓHKSIIPSSI *nan*; member of the Redbelt Society; **Iimáóhksiipssiimiksi** members of the Redbelt Society/ the Redbelt Society (as a whole).

IIMAPÁÁHKO *vta*; pack a lunch for; **iimapááhkoosa!** pack him a lunch!; **áaksiimapááhkoyiiwa** she will pack him a lunch; **iimapááhkoyiiwa** he packed her a lunch; **nitsíímapááhkooka** he packed me a lunch; archaic.

IIMAT *adt*; almost/start to; **iimatáyo'kaawa** he is almost asleep; **áakomatayo'kaanópiiwa** he will almost doze off; **ááhkomatáópóniaakiwa** he must have almost starved; **iimátsiniitsiwa** he almost drowned; **nitáakomatapoo** I'm leaving now.

IIMATÁÍPAKKIHKAMM *nan*; grape (lit: almost bursting); **iimatáípakkihkammiksi** grapes; *cf.* ipakki.

IIMÍKIHTA'TSSKAAN *nin*; weapon; **iimíkihta'tsskaanistsi** weapons.

IINÁN *nin*; banana/marrow; **iináístsi** bananas; *also* **iináán** *Note: animate gender for some speakers.*

IINAO'K *adt*; however; **iináó'kaniiwa** however, he said ...; **kitsíínao'ksikipitaipokaawa** you, however, are an elder's child.

IINI *adt*; preoccupation with something, resulting in neglect of another activity; **noohkáyaakomatotoohpommaawa ki aííniisina'siwa** she was supposed to go shopping, but instead she kept busy; **annóhk nítohkotta'pao'taki, ki nitáíinisttso'kini** at this time, I could be working, but I am too hungry; **nitsiníísina'si nisóotamssawohkottohpo'kioo** I was so preoccupied with keeping busy that I was unable to go.

IINÍÍ *nan*; bison , Lat: Bison bison; **ómahksiniiksi/ ómahkaiiniiksi** big buffaloes; **nitsíníimiksi** my buffaloes.

IINIITSI *vai*; drown; (**iiníítsit!** drown!); **áaksiniitsiwa** she will drown; **iiníítsiwa** she drowned; **nitsíímatsíniitsi** I almost drowned; **áíiniitsiwa** he is drowning; *Rel. stems: vta* iiniitsim, *vti* iiniitstoo drown, submerge

IINISSI *vai*; hyperventilate from laughing or crying; **iiní ssit!** hyperventilate! (e.g. would be used when jeering someone who is laughing at you); **áaksinissiwa** she will ...; **iiníssiwa** he hyperventilated; **nitsiníssi** I hyperventilated.

IINÍSSKIMM *nan*; buffalo stone (a stone thought to possess powers); **iiní sskimmiksi** buffalo stones.

IINOHK *adt*; last/ at the very end; **(m)íínohkóóhtsi** the last place; **iinohkópiiwa/itsíínohkópiiwa** he sits at the last place.

IINÓHPINSOYII *nan*; Bullock's oriole, Lat: Icterus bullocki; **iinóhpinsoyiiksi** Bullock's orioles

IIPAKSSOA'TSIMIO'P *nan*; rough-legged hawk (lit: we have wide tail feathers), Lat: Buteo lagopus; **íípakssóa'tsimio'piksi** rough-legged hawks.

IIPISÓWAAHSIIYI *nan*; Morning Star.

IIPISTOTSI *vti*; decrease the amount of (said of a workload); **iipístotsit!** decrease the volume of your work!; **áaksiipistotsima anniistsi astotóóhsiistsi otáísttsikááhkii'pistsi** she will decrease the load of clothes that she is ironing; **iipístotsima** he lightened his workload, e.g. of papers; **nitsíípistotsii'pa** I decreased it (the workload); *Rel. stems:* vai **iipistotaki,** *vta* **iipistoto** decrease the amount of (something), decrease the amount of.

IISTO *pro*; pronominal base; **kiistówaawa** you (plural); **niistó.**

IISTSIKAPÓÓYINNI *vti*; double-hold; **naatsikapóóyinnit!** hold it with both hands!; **áaksiistsikapóóyinnima anniistsi iihtáísinaakio'pistsi** she will hold the (two) pencils in her hand; **iistsíkapóóyinnimaistsi** he held it (e.g. a pole) in each hand; **nitsíístsikapóóyinnii'pinnaana anniistsi máákohkímma'tsiistsi** we both held the reins

IIT *adt*; there; *see* it.

IITÁÍHKSSAKIO'P *nin*; clothesline; **iitáíhkssakio'pistsi** clotheslines; *cf.* **ihkssaki.**

IITÁÍKKAKOYISSTAO'P *nan*; ashtray; **iitáíkkakoyisstao'piksi** ashtrays; *cf.* **ikkakoyisstoo.**

IITÁÍKSISTOKOMSSAKIO'P *nan*; kettle for boiling water; **iitáíksistokomssakio'piksi** kettles for boiling water.

IITÁÍNNIHTAO'P *nan*; cooking pot, lit: where one boils; **iitáínnihtao'piksi** cooking pots; *cf.* **innihtaa.**

IITÁÍPA'KSIKSINI'KAYI PÁKKI'PISTSI *nin*; September, lit: when cherries are mushy (from being over-ripe).

IITÁÍPISAO'P *nan*; container for boiling food over an open fire; **iitáípisao'piksi** containers for boiling food over an open fire; *cf.* **opisaa.**

IITÁÍSAAMIA'YAO'P *nan*; floor-covering, rug; **iitáísaamia'yao'piksi** rugs.

IITAISAP *adt*; inside; *see* **itssap**

IITÁÍSAPAHTSIMAO'P *nan*; ashtray; **iitáísapahtsimao'piksi** ashtrays; *Note: nin in North Peigan.*

IITÁÍSAPAYI'SIPISAO'P *nin*; storage container used for carrying liquids, e.g. canteen, thermos; **iitáísapayi'sipisao'pistsi** storage containers used for carrying liquids; *cf.* **sap+wayi'sipisaa.**

IITÁÍSAPA'SOYINNIMAO'P *nin*; bin for grains/ grain elevator; **iitáísapa'soyinnimao'pistsi** grain elevators.

IITÁÍSAPIISTSINIMAO'P *nan*; ashtray; **iitáísapiistsinimao'piksi** ashtrays.

IITÁÍSAPIKKÁKOYISSTAO'P *nan*; ashtray; **iitáísapikkákoyisstao'piksi** ashtrays.

IITÁÍSAPINNIHTAO'P *nan*; cooking pot, lit: that in which one boils food; **iitáísapinnihtao'piksi** cooking pots; *cf.* **innihtaa.**

IITÁÍSÁPIOYÁÁTTSTAO'P *nin*; bin, manger; **iitáísápioyááttstao'pistsi** mangers.

IITÁÍSÁPAHKAMAO'P *nan*; cistern; **iitáísápahkamao'piksi** cisterns.

IITÁÍSAPÓPAO'P *nan*; car/ container or receptacle we sit in; **ómahkitáísapópao'piksi** big cars.

IITÁÍSAPSSÍTSIMAO'P *nin*; cradle, where one places a baby; **itáísapssítsimao'pistsi** cradles.

IITÁÍSAPSSOI'SSTAHKIMAO'P *nan*; ashtray; **iitáísapssoi'sstahkimao'piksi** ashtrays.

IITÁÍSAPSSSIISTSTAKIO'P *nan*; washtub; **iitáísapsssiiststaki-o'piksi** washtubs; **omahkitáísapsssiiststakio'pa** big washtub; *cf.* **sap+ssiiststaki.**

IITÁÍSÁTSAAKIO'P *nin*; carpenters bench; **iitáísátsaakio'pistsi** carpenter benches; *cf.* **aisatsaaki.**

IITÁÍSOKIHTAKIO'P *nin*; shelf; **iitáísokihtakio'pistsi** shelves; *cf.* **sok+ihtaki.**

IITÁÍSOKINAKIO'P *nin*; hospital; **ómahkitáísokinakio'pistsi** big hospitals; *cf.* **sokinaki.**

IITÁÍSOKOHKO'SO'P *nin*; cupboard, lit: where we put dishes nicely; **iitáísokohko'so'pistsi** cupboards; **nitsitáísokohko'sspi** my cupboard; *cf.* **sok+ko's.**

IITÁÍSOOTSI'KAO'P *nin*; slide, lit: where we slide; **iitáísootsi'kao'pistsi** slides.

IITÁÍSOOYO'P *nin*; table; **iitáísooyo'pistsi** tables; *cf*. **iso+ooyi.**

IITÁÍSSIISTSTAKIO'P *nin*; laundromat, laundry room; *cf*. **ssiiststaki.**

IITÁÍSSKIMAO'P *nan*; steel sharpener; **pokitáísskimao'piksi** small steel sharpeners; *cf*. also **sskimaa'tsis** *cf*. **sskimaa.**

IITÁÍSSKSINIMA'TSTOHKIO'P *nin*; school; *cf*. **ssksinima'tstohki.**

IITÁÍSSTOYIHTAKIO'P *nan*; refrigerator; **iitáísstoyihtakio'piksi** refrigerators; **nitsítaisstoyihtakihpa** where I place s.t. for cold storage; *cf*. **ihtaki**

IITÁÍ'POYO'PI *nin*; courthouse (lit: a place where one talks); **iitáí'poyo'pistsi** courthouses; *cf*. **i'poyi.**

IITÁÍ'TSSKSOYO'P *nin*; picnic ground/ lit: where one eats in the open; **iitáí'tssksoyo'pistsi** picnic grounds; *cf*. **i'tssksoyi.**

IITÁÓHKANAIKOKOTOYI NIÍTAHTAISTSI *nin*; November, lit: when all the rivers freeze.

IITÁÓHKIPISTAO'P *nan*; team horse/ work horse; **iitáóhkipistao'piksi** team horses.

IITÁÓHKOHTAO'P *nin*; November, lit: when one gathers wood.

IITÁÓHPOMMAO'P *nin*; store (lit: where one buys); **iitáóhpommao'pistsi** stores; *cf*. **ohpommaa**

IITÁÓKAKIHTSIMAO'P *nin*; courtroom; *cf*. **okakihtsimaa.**

IITÁÓKSTSIMAO'P *nan*; a type of counter (e.g. an odometer); *see also* **akstsima'tsis** *cf*. **okstsimaa.**

IITÁÓMATAPAPITTSSKO *nin*; September, lit: when the leaves change color; *also* **iitaomatapapitsitssko**

IITÁÓMIO'P *nin*; woodpile/ where one piles firewood; **iitáómio'pistsi** woodpiles; *cf*. **omiiyisskaa.**

IITÁÓ'TSSTOYI *nin*; November, lit: when cold weather arrives.

IITAWÁAKOHSIMAO'P *nan*; kettle; **iitawáakohsimao'piksi** boiling pots; *cf*. **waakohsi.**

IITAWÁÁNAO'KSO'KII'P *nin*; Wednesday, lit: when it is half closed (refers to when stores used to be closed for half a day on Wednesdays); **Iitawáánao'kso'kii'pistsi** Wednesdays.

IITAWÁÁWAO'PÍNIISAO'P *nin*; swing; **iitawááwao'píniisao'pistsi** swings; *cf*. **waawao'piniisi**

IITAWÁÍ'PIHTAKIO'P *nan*; truck/ hauling vehicle; **ómahkitawai'pihtakio'piksi** big trucks; *cf*. **wai'pihtaki.**

IITAWANSSA *nan*; smoked tanned hide; **iitawánssaiksi** smoked tanned hides; **nitótawanssawa** my smoked tanned hide/ that hide which I smoked and tanned.

IITÁYAAKIHTSOOTSSP *nin*; graveyard (lit: where we are laid to rest); **iitáyaakihtsootsspistsi** graveyards; *cf.* **yaakihtsiiyi.**

IITÁYIITSIMAAHKAO'P *nin*; August, lit: when we prepare food for storage; **Iitáyiitsimaahkao'pistsi** Augusts; *cf.* **yiitsimaahkaa.**

IITÁYO'KIAAKIO'P *nin*; jail (lit: a place for shutting in); **iitáyó'kiaakio'pistsi** jails; *cf.* **yo'ki.**

IITA'PIO'KII *vti*; lock; **nííta'pió'kiit anni kitsími!** lock the door!; **áakiitá'pió'kima osóókayisi** she will lock her suitcase; **niitá'pió'kimáyi** he locked it; **nitsííta'pió'kii'pa nookóówayi** I locked my house.

IITSIKSIST *adt*; slow; **iitsíksistokska'siwa** he ran slowly; *see* **iitsíksista'pssi** slow.

IITSIKSISTA'PII *vii*; slow; **áakiitsiksista'piiwa** it will be slow; **iikíítsiksista'piiwa amoyi pásskaani** this dance is very slow; *Rel. stem: vai* **iitsíksista'pssi** be slow.

IITSIMAAHKAAN *nin*; stored food; **nitsíítsimaahkaanistsi** my stored foods; **otsíítsimaahkaani** his stored food.

IITSIMAAN *nin*; food kept in a parfleche; **iitsimáánistsi** parfleches of food.

IITSIMAISSKINITSIMAAN *nin*; food storage bag; **otsiitsimáísskinítsimaanistsi** his food storage bags.

IITSÍNNISI'YI SOYÓÓPOKIISTSI *nin*; November, lit: when leaves fall.

IITSISÓÓMINNIO'P *nan*; shoulder blade; **iitsisóóminnio'piksi** shoulder blades; **nitsitsisóóminnihpa** my shoulder blade; **aissáákstamohtsinihkit iitsisóóminnio'pa!** sing well!, lit: just try to sing with the shoulder blade

IITSITTSIMAAN *nin*; meat (cut) for drying; **íítsittsimaanistsi** meats cut for drying.

IITSI'POYI *vai*; speak Blackfoot; **niitsí'poyit!** speak Blackfoot!; **áakiitsi'poyiwa** she will speak Blackfoot; **iitsí'poyiwa** he spoke Blackfoot; **nitsíítsi'poyi** I spoke Blackfoot; *cf.* **niit** + **i'poyi.**

IITSKA'SI *vai*; disguise one's (detrimental) state or condition; **iitská'sit!** pretend e.g. to be sober!; **áaksiitska'siwa** she will try to hide (s.t., e.g. her illness); **iitská'siwa** he pretended (e.g. that he was not shy); **nitsíítska'si** I pretended (e.g. that I was not in pain); **sskáí'yikaattsiiyiwa stónnatsiitska'siwa** he was extremely drunk, he tried excessively hard to disguise it.

IITSKIMAAN *adt*; aggressive, blunt, tactless; **íítskimaananiiwa** he tactlessly said s.t.; **áakiitskimaanitapiwa** he will be a blunt, aggressive person.

ÍÍTSKINAIKSI *nan*; Horn society.

IITSSÍKOHKITSIMIO'P *nin*; high court, Court of Queen's Bench (lit: where we have a black door); **iitssíkohkitsimio'pistsi** high courts; *cf.* **sik+kitsim**

IITSSKAA *vai*; fight, scuffle; **iitsskáát!** fight!; **áakiitsskaawa** she will ...; **íítsskááwa** he fought; **nitsíítsskaa** I fought; *Rel. stems:* *vta* **iitsskaam,** *vti* **iitsskaamatoo** fight.

IITSSKAAHKIO'TSI *vti*; knead; **iitsskááhkio'tsit!** knead it!; **áakiitsskaahkio'tsima** she will ...; **iitsskááhkio'tsima anni otsíítsksiiststaani** he kneaded his dough; **nitsíítsskaahkio'tsii'pa** I kneaded it; *Rel. stem: vai* **iitsskaahkio'taki** knead.

IITSSKIHKAA *vii*; be matted; **áakiitsskihkaawa** it will be matted; **Ko'tokááni ákaiitsskihkaawa. Noohkáákihkiniiyit!** Your hair has become matted. Comb it!; **kitsistotóóhsiistsi iitapíítsskihkaayi anni kitsówahsini** your clothes are matted with your food.

IITSSKONNIKIS *nin*; cheese; **iitsskónnikiistsi** cheeses; *cf.* **onnikis.**

IITSSKOOHSI *vai*; exert oneself so as to counteract or defeat something; **iitsskoohsit!** exert yourself to defeat s.t. (e.g. your illness)!; **áakiitskoohsiwa** she will ...; **íítsskoohsiwa** he exerted himself so as to defeat s.t.; **nitsíítskoohsi** I exerted myself to overcome s.t. (e.g. my phobia).

IITSSKSIISTSTAA *vai*; stir a liquid into a powdery substance to create s.t., e.g. dough/paste; **iitssksííststaat!** mix water (e.g. into the flour); **Áakiitssksiiststaawa. Áyaakihkiitaawa napayíni** She will stir ... She is going to bake bread; **íítssksiiststaawa** he mixed water (e.g. into the cement powder); **nitsíítssksiiststaa** I mixed water (e.g. into the cake mix); *also* **i'tssksiiststaawa;** *Rel. stem: vti* **iitssksiiststoo** stir (a liquid) into ....

IITSSKSÍÍSTSTAA *nin*; dough; *cf.* **iitssksiiststaa.**

IIYA'KSISAA *vai*; be left-handed; (**iiyá'ksisaat!** be left-handed)! **áaksiiya'ksisaawa** he will ...; **ííya'ksisaawa** she is left-handed; **nitsííya'ksisaa** I am left-handed.

IIYI *vii*; hard; **áaksiiyiwa** it will be hard; **iiyíwa/miiyíwa** it is hard; **stónnatsiiyiwa otókssini** her bed is so hard.

IIYI *vii*; waft in a specified direction, said of odors; **áaksipoohsapiiyiwa** the odor will waft toward me; **áakssaiiyiwa** the odor will waft out; *Note: adt req.*

ííYIK *adt*; strong/hard; *see* **iiyiko** be hard/difficult; *see* **iiyikoosi** be in a difficult state; **kitsííyika'po'taki** you worked hard.

IIYIKA'KIMAA *vai*; try hard; **iiyiká'kimaat!** try hard!; **áaksiiyika'kimaawa** she will ...; **(iiks)ííyika'kimaawa** he tried (very) hard; **nitsííyika'kimaa** I tried hard; *Rel. stems: vti* **iiyika'kimatoo,** *vta* **iiyika'kimat** try hard to, try to provide guidance and inspiration for.

IIYIKIHKAOHSI *vai*; move one's own body fervently (usually used to make joking reference to a person who is dancing energetically); **iiyíkihkaohsit!** dance with fervor!; **áaksiiyikihkaohsiwa** she will ...; **iiyíkihkaohsiwa** he moved with fervor; **nitsííyikihkaohsi** I danced with fervor; **áyikihkaohsiwa** he is dancing fervently

IIYIKITAPIIYI *vai*; be brave, fearless; **iiyikítapiiyit!** be brave, fearless!; **áaksiiyikitapiiyiwa** she will ...; **iiyikítapiiyiwa** he is brave, fearless; **nitsííyikitapiiyi** I am brave, fearless.

IIYIKO *vii*; strong, difficult, hard (intensely); **áaksiiyikowa** it will be intensely difficult; **iiyikówa** it is intensely difficult; *Rel. stems: vai* **iiyikoosi,** *vti* **iiyiki'tsi,** *vta* **iiyikimm** have a difficult time, find difficult, feel that another is in a dangerous state.

IIYIKOOSI *vai*; have a difficult time/ be difficult; (**iiyikoosit!** have a difficult time!) **áaksiiyikoosiwa** she will ...; **áísttsiistomiwa ki ifksskaii'yikoosiwa** he is ill, and having a difficult time with it; **nitsííyikoosi kááhka'po'takssi** you have a difficult time working.

IIYIKOYAAPIIKOAN *nan*; lawyer/ argumentative person; **iiyíkoyaapiikoaiksi** lawyers; *cf.* **naapiikoan**

IIYIKSÍKOYIITAHTA *nin*; Kennedy Creek, which crosses the U.S. Highway between Babb, Montana and the turn to the Chief Mountain Border.

IIYIKSKAPI *vai*; pull hard; **iiyíkskapit!** pull hard!; **áaksiiyikskapiwa** he will ...; **iiyíkskapiwa** he pulled hard; **nitsííyikskapi** I pulled hard.

IIYIKSSKO *vta*; exhort. urge to conduct or action considered proper or right; **iiyíksskoosa anná kóko'sa!** urge your child to conduct himself properly!; **áaksiiyiksskoyiiwa** she will urge him to act properly; **iiyíksskoyiiwa** he urged her to the right conduct; **nitsííyiksskooka** she urged me to conduct myself properly.

IIYISTSIPI *vta*; elope with; **iiyístsípiisa!** elope with her!; **áaksiiyistsípiyiiwa** he will elope with her; **iiyístsípiyiiwa** he eloped with her; **nitsííyistsípiooka** he eloped with me.

II'ITTAKI *vai*; flay, skin (an animal of its pelt); **ii'íttakit!** skin!; **áaksii'íttakiwa** he will skin; **ii'ítakiwa** he skinned; **nitsii'íttaki** I skinned; *also* **iiyíttaki**; *Rel. stem: vta* **ii'itt** flay, skin.

IKA. *adt*; open; *see* **ikayinni** hold open; *see* **iikawai'piksi** open; **áaksikawohpattsiimayi** he will open it by (force); *Note: y˜w.*

IKA *med*; foot; **áakihkitsikawa** she will freeze her feet; **iikomahksikawa** he has big feet.

IKA *vta*; share with, give to (of one one's acquired possessions, e.g. money, hand game bones); **ikaisa!** share with her!; **áaksikaiiwa** she will give her (some); **ííkaiiwa** she shared with him; **nitsííkaoka** she gave me (some).

ÍKA *adt*; past, ancient, old; *see* **aka.**

IKAAKI *vai*; position one's foot (in a specified place); **innííkaakit!** place your feet down or off!; **áakitsikaakiwa** she will ...; **iipó'tsikaakiwa** he placed his feet together; **nitsítohkitsíkaaki** I had my foot on top (of it); *Note: adt req.*

IKAAP *adt*; frequently; **iikáapsssammiiwayi** she looked at him frequently; **áaksikáapipsstotoisstsiiwakatsiiwayi** he will frequently go in to listen to her.

IKAAPOKSIINIMAA *vai*; make a floor; (**kaapoksíínimaat!** make a floor!; **áaksikaapoksiinimaawa** she will ...; **iikáápoksiinimaawa** he made a floor; **nitsííkaapoksiinimaa** I made a floor.

IKAATAPIKSIST *vta*; pull down an upright object; **kaatápiksistsisa ánna miistsísa!** pull down that tree!; **áaksikaatapiksistsiiwa anni iitáísstoyihtakio'pi** she will pull the fridge down; **anna kóko'sa iikáátapiksistsiiwa nitsííkaatapiksistiiwa** nitsíístsiimi your child pulled down my tree; **nitsííkaatapiksistawa** I pulled it down.

IKAAW *adt*; on foot; *see* **ikaawoo** go on foot.

IKAAWOO *vai*; walk, go on foot (to a destination)/ quit an undertaking; **kááwoot!** quit!; **áaksikaawoowa** she will walk; **(i)kááwoowa** she went on foot; **nitsííkaawoo** I quit (e.g. school); **ákaikaawoowa** he has gone.

IKAAWOYI *vai*; have a cleft palate, have an opening in one's own mouth; (**kaawoyit!** have a cleft palate!); **áaksikaawoyiwa** she will ...; **iikááwoyiwa** he has cleft palate; **nitsííkaawoyi** I have a cleft palate; *cf.* **oyi.**

IKAHK *vrt*; sever, cut; *see* **ikahksstooki** sever the ear of; *see* **ikahksini** sever.

IKAHKAINNIMAA *vai;* break a branch off for berries; **ikahkáínnimaat!** break off a branch!; **áaksikahkainnimaawa** she will break off a branch; **iikahkáínnimaawa** he broke off a branch; **nitsííkahkainnimaa** I broke off a branch.

IKAHKAPI'KAA *vii;* break (said of a rope/ string-like object); **maaksíssksipit kitsináó'sa'tsisi, áaksikahkapi'kaawa** tie your shoelace, it will break; **ííkahkapi'kaawa** it broke; *Rel. stem: vai* **ikahkapi'kamm** break.

IKAHKIMATOO *vti;* chip at (usually the shin bone) for the marrow; **noohksíkahkimatoot anní ohkíni!** chip at that bone for the marrow!; **áaksikahkimatooma** she will ...; **iikahkímatooma** he chipped ...; **nitsíkahkimatoo'pi ánnistsi ohkíístsi** I chipped at those bones for the marrow.

IKAHKO'KI *vta;* behead, decapitate; **ikahkó'kiisa!** behead it!; **áaksikahkó'kiyiiwa ánni ni'tawáakiiyi** she will chop off the hen's head; **iikahkó'kiyiiwa** he cut off its head; **nitsííkahkó'kiooka** she cut off my head (e.g. in a dream).

IKAHKSINI *vti;* cut off, sever; **káhksiníit!** cut it off!; **sawáttsippotsipistainiki áaksikahksinima ko'tokááni** if you don't braid your hair, she will cut off your hair; **ikahksínimayi** he cut it off; **nitsíkahksinii'pa** I cut it off; *cf.* **ikahk**; *Rel. stem: vta* **ikahksini** cut off, sever.

IKAHKSISTSTAKI *vai;* saw (e.g. wood); **kaahksíststakit/ ikahksíststakit!** saw!; **áaksikahksiststakiwa** he will ...; **iikahksíststakiwa** she sawed; **nitsííkahksiststaki** I sawed; *cf.* **ikahk+iststaki**; *Rel. stems:* *vti* **ikahksiststoo**, *vta* **ikahksistsim** saw, saw (e.g. a tree).

IKAHKSSTOOKI *vta;* cut off the ear of; **kááhksstóókiisa!** cut his ear off!; **áaksikahksstóókiyiiwa** he will cut its ear off; **ííkahksstóókiyiiwa** he cut its ear off; **nitsííkahksstóókiooka** he cut my ear off; *cf.* **ikahk+sstooki**.

IKAHTOMAA *vai;* challenge (someone), compete; **áaksikahtomaawa** he will ....

IKAHTSI *vai;* play a non-athletic game, gamble; **kaahtsít!** gamble!; **áaksikahtsiwa** he will ...; **ikahtsíwa** he gambled; **nitsíkahtsi** I played in a non-athletic game (e.g. checkers, pool); *Rel. stems: vta* **ikahtomo**, *vta* **ikahtsiim** play against.

IKAISINAAKI *vai;* buy on credit; **kaisínaakit!** buy on credit!; **áaksikaisínaakiwa** she will ...; **íkaisínaakiwa** he bought on credit; **nitsíkaisínaaki** I bought on credit; *cf.* **sinaaki**; *Rel. stem: vta* **ikaisinamo** buy on credit from.

IKAITAISTTSINAO'P *nin*; Wednesday (North Peigan) (lit: when we have already drawn rations); **Íkaitaisttsinao'pistsi** Wednesdays.

IKAITAPIITSINIKI *vai*; tell old stories (of our forefathers); **ikáítapiitsinikit!** tell old stories!; **áaksikaitapiitsinikiwa** she will ...; **iikáítapiitsinikiwa** he told old stories; **nitsííkaitapiitsiniki** I told old stories; *cf.* aka+itapi+itsiniki; *Rel. stem: vta* **ikaitapiitsiniko** tell old stories to.

IKAI'TSI *vti*; dislike; (**kai'tsít!** dislike it!); **áaksikai'tsima otá'po'takssini** she will dislike her work; **ífkáí'tsima** he disliked it; **nitsííkai'tsii'pa** I disliked it; *Rel. stems: vta* **ikaimm,** *vai* **ikai'taki** hold dislike for, dislike s.t. or s.o..

IKAK *adt*; just, only, even; **iikítsówaakiiwa káákitómahkssksisiwa** she is pretty, only she has a big nose; **máátsikakitapoowa** she did not even go; **áaksikakáópiiwa** she will just stay at home (sit); **áaksikakawaasai'niwa** he will just be crying.

IKAKO *adt*; void; **iikakóóoyaawa** they are all gone (more lit: they left a void space); **máátsikakaikakóoyihkááwaiksaawa** they weren't even stopping their chatter (more lit: their mouths were not a void, but were overflowing with words); *see* **ikakoopaa** deplete one's supply.

IKAKOOPAA *vai*; deplete/exhaust one's own supply; **ikakóópaat!** deplete the supply!; **áaksikakóopaawa** he will exhaust his supply; **iikákoopaawa** he depleted his supply; **nitsíkakoopaa** I exhausted my supply; **ífkakoopaayaawa mááhkohkoitsinikssaawa** they exhausted their supply of stories.

IKAMOTAA *vai*; give birth/ escape a dangerous situation/ recover from a life-threatening illness or injury; **kamotáát!** escape!; **áaksikamotaawa** she will ...; **iikamótaawa** she recovered; **nitsííkamotaa** I escaped; **máátomaikamotaawa** she has not yet given birth.

IKAMOTAAHPIHKAAPITSIIYI *vai*; be one who seeks own safety in a dangerous situation. without regard for others in the same situation; (**kaamotááhpihkaapitsiiyit!** be a person who seeks own safety in dangerous situations!) **áaksikamotaahpihkaapitsiiyiwa** she will be...; **iikamótaahpihkaapitsiiyiwa** he is ...; **nitsíkamotaahpihkaapitsiiyi** I am ..

IKAMOTSÍÍPI *vta*; bring to safety/ rescue; **kaamotsíípiisa!** bring him to safety!; **áaksikamotsíípiyiiwa** she will bring him to safety; **iikamótsíípiyiiwa** he brought her to safety; **nitsííkamotsíípiooka** she brought me to safety; *Rel. stem: vti* **ikamotsiipohtoo** bring to safety.

IKAMO'SI *vai*; steal; **kaamó'sit** steal!; **áaksikamo'siwa** he will steal; **iikamó'siwa** he stole; **nitsíí kamo'si** I stole; *Rel. stems: vta* **ikamo'sat,** *vti* **ikamo'satoo** steal.

IKANIHKO *vta*; quickly and accurately hit with any part of one's body excluding the hands; **ikánihkoosa!** quickly hit her (e.g. with your foot)!; **áaksikanihkoyiiwa** she will quickly bump him; **ikánihkoyiiwa** he hit her; **nitsíí kanihkooka** she hit me; *Rel. stem: vti* **ikanihki** hit ....

IKANO'TAKI *vai*; catch with hands; **kaanó'takit!** catch!; **áaksikano'takiwa** he will catch; **iikanó'takiwa** he caught; **nitsíí kano'taki** I caught; *cf.* **o't;** *Rel. stems: vti* **ikano'tsi,** *vta* **ikano'to** catch with hands.

IKANSSKINI *vai*; be hoarse (from bronchial congestion); **ikánsskinit!** have a hoarse voice!; **áaksikansskiniwa** she will be hoarse; **iikánsskiniwa** she was hoarse; **nitsíí kansskini** I am hoarse.

IKAWAAHKOMO *vta*; make a part in the hair of; **kawááhkomoosa!** make a part in her hair!; **áaksikawaahkomoyiiwa** she will part his hair; **iikawááhkomoyiiwa** he parted her hair; **nitsíí kawaahkomooka** she parted my hair.

IKAWAIHTSI *vii*; be in an open position; **áaksikawaihtsiwa** it will be open; **iikawáí htsiwa ánni kitsími** the door is/was open; **kaawáí htsiwa ánni ksiistsikómsstaani** the window is open.

IKAWAI'PIKSI *vti*; open; **kaawáí 'piksit!** open it!; **áaksikawai'p-iksima** she will open it; **iikawáí 'piksima osóókayisi** he opened his suitcase; **nitsíkawai'piksii'pa ánni kitsími** I opened the door; *Rel. stem: vai* **ikawai'piksistaki** open s.t..

IKAWOHPATTSII *vti*; break open with an instrument; **kawohpáttsiit!** break it open!; **áaksikawohpattsiima** she will break it open; **ikáwohpattsiima annííka moohsokóyi** he broke open (the snow on) the road (with a snow-plow); **nitsíí kawohp-attsii'pa ánni asóókayisi** I broke open the suitcase; *Rel. stem: vai* **ikawohpattsaaki** break (s.t.) open.

IKAYIHTSI *vii*; be open; **áaksikayihtsiwa ámi iitáóhpommao'pi** the store will be open; **iikáyihtsiwa nii kitsími** it was open; **kááyihtsiwa** the door was ajar; *Note: init chg.*

IKAYINNI *vti*; open; **kaayínnit kitsími!** hold open the door!; **áaksikayinnima ánni saakókotoisskoyi** she will open the bottle; **iikáyinnima kisóóhpomma'tsisi** he opened your purse; **nitsikáyinnii'pa/nitsíí kayinni'pa ómi atáksaakssini** I opened that box; *Note: init chg.*

40

IKAYSSKINI *vai*; have a hoarse voice (after bronchial congestion breaks up); **ikáysskinit!** have a hoarse voice!; **áaksikaysskiniwa** she will have a hoarse voice; **ikáysskiniwa** she has a hoarse voice; **nitsíkaysskini** I have a hoarse voice.

IKAYSSPOMO *vta*; make a part in hair of; **ikáysspomoosa!** part her hair!; **áaksikaysspomoyiiwa** she will part his hair; **iikáysspomoyiiwa** he parted her hair; **nitsííkaysspomooka** she parted my hair.

IKA' *adt*; for now, presently; **áka'niststoot!** leave it like that for now!; **ásááksikaa'nio'payi** for now, let us just say ....

IKA'KIAAKI *vai*; chop (e.g. wood); **iká'kiaakit!** chop!; **áaksika'kiaakiwa** she will chop; **iiká'kiaakiwa** he chopped; **nitsííka'kiaaki** I chopped; *Rel. stems: vti* **ika'ki**, *vta* **ika'ki** chop

IKA'KIMAA *vai*; try hard; *cf.* **iiyika'kimaa**

IKA'KIMM *vta*; think of as fragile; **ka'kímmisa!** think of it as fragile!; **áaksika'kimmiiwa ánni ookítsisi!** she will think of her toe as fragile; **iiksíka'kimmiiwa ánni maaáhsi** she thinks of her grandfather as fragile; **nitsííka'kimmoka** she thought of me as fragile; **nitsííksska'yaika'kimmawa ánna kóko'sa** I think of your child as very fragile.

IKA'KSTSI *vti*; bite off of; **iká'kstsit!** bite off of it!; **áaksika'kstsima** he will bite off of it; **iiká'kstsima** he bit off of it; **nitsííka'kstsii'pa ánni áópakiitsskii'pi** I bit some off of the chocolate bar; *Rel. stems: vai* **ika'kstaki**, *vta* **ika'ksipi** bite off (something), bite off of.

IKA'TO *adt*; extra, additional (participant) - used only on accomplishment verbs; **áíka'toinnáápiksistakiiksi** extra unloaders; **kimáakssayaohksika'tóísspommoahsi!** why don't you additionally help him!; **áaksiká'toiká'kiaakiwa** he will be an extra chopper.

IKIAAHPIKSISTOTO *vta*; cheer up, make cheerful; **kiááhpiksistotoosa!** make her cheerful!; **áaksikiaahpiksistotoyiiwa** she will make him cheerful; **ikiááhpiksistotoyiiwa** he made her cheerful; **nitsííkiaahpiksistotooka** she made me cheerful.

IKIHKIHT *adt*; randomly, at irregular intervals, intermittently; **áíkihkihtaoki'kayaawa** they would randomly camp (during the journey); **áíkihkihtaipo'tsima otá'po'takssini** he puts his work aside at random intervals; **áíkihkihtáíssikópiiwa** he rests intermittently (e.g. while climbing a hill).

IKII *vai*; do/ happen to; **áaksikiiwa?** what will she do?;
kaayííwaatsiksi? what happened to him?; **nitsííkííhpa?** what did
I do?; **máátohkoikiiwa** nothing happened to him; *Note: init chg;*
Rel. stems: vii **ikia'pii**, *vai* **ikia'pssi** happen.

IKIIHTO *vta*; do to; **kitáíkiihtoawaatsiksi?** What are you doing
to him?; **áaksikííhtoyiiwa?** what will she do to her?;
iikííhtoyííwa? what did he do to her?; **nimáátsikííhtooka** she
didn't do anything to me; *Rel. stem: vti* **ikiihtsi** do to.

IKIIKATOO *vti*; win, usually a position or office/ be rewarded for
one's deeds, get one's just desserts; **kiikátoot!** win it!;
áakssksikiikatooma otoká'pitapiyssini his present bad lifestyle
will revert back to him in time (he will get his just desserts);
iikííkatooma omohtsitáópiihpi osóópa'tsisi he won, which is
why he is sitting in his chair/position in office; **nitsííkiikatoo'pa**
nááhkáísaisttoohsi I won the job of announcing; *Rel. stems: vai*
ikiiki, *vta* **ikiikat** win

IKIIKI *vai*; win a prize in a game of chance; **ikííkit!** win a prize!;
áaksikiikiwa she will win the prize; **iikííkiwa** he won the prize;
nitsííkiiki I won the prize; **kátao'maikííkihpa?** have you won
anything yet?

IKIM *adt*; place of honor; **akimóóhtsi** in the direction of or at the
place of honor; *see* **ikimópii** sit at the place of honor;
stápikimoot! go to a place of honor.

IKIM *med*; water/liquid; *see* **siksikimi** tea; *see* **ómahksikimi** lake.

IKIMIHKAHTOO *vti*; pass to the place of honor (e.g. the head of a
table); **ikímihkahtoot!** pass it to the head of the table;
áaksikimihkahtooma she will ...; **ikímihkahtooma** he passed it
...; **nitsíkimihkahtoo'pa** I passed it ....

IKIMII *fin*; liquid; *see* **siksikimíí** black liquid (tea); *see*
ómahksikimii lake.

IKIMM *adt*; compassion, pity; **kímmata'pssiwa** person who evokes
compassion/pity; *see* **ikimm** have compassion for; *see*
ikimmapiiyipitsi be a compassionate person; *see* **ikimmohsi** pity
self.

IKIMM *vta*; show kindness to, bestow power upon, care for;
ikímmisa! bestow power on him!/care for her!; **áaksikimmiiwa** he
will bestow power on her; **ikímmiiwa** she bestowed power on him;
nitsíkimmoka he bestowed power on me.

IKIMMAPIIYIPITSI *vai*; be compassionate, kind; kímmapiiyipitsit! be compassionate, kind!; áaksikimmapiiyipitsiwa she will ...; ikímmapiiyipitsiwa he was a compassionate person; nitsíkimmapiiyipitsi I am a compassionate person; kímmapiiyipitssini pity (noun).

IKIMMÁT *adt*; poor, pitiable; kímmata'piaapiikoana hobo, lit: poor whiteman; nitsííksikimmatahsinatawa I pitied the sight of him; *see* ikimmáta'pssi be poor; iiksíkimmatohkoyimma he had a pitiable experience

IKIMMATA'PAOPII *vai*; live in poverty (lit: sit around in a pitiable state); ikímmata'páópiit! live in poverty!; áaksikimmata'páópiiwa she will ...; iikímmata'páópiiwa he lived in poverty; nitsííkimmata'páópii I lived in poverty.

IKIMMATA'PSSI *vai*; be poor, pitiable; kímmata'pssit! be poor!; áaksikimmata'pssiwa she will be poor; iikímmata'pssiwa he is pitiable; nitsíkimmata'pssi I am poor.

IKIMMATSISTOTO *vta*; impoverish/ make pitiable; ikímmatsistotoosa! make him poor!; áaksikimmatsistotoyiiwa she will impoverish him; iikímmatsistotoyiiwa he impoverished her; nitsííkimmatsistotooka he impoverished me; *Rel. stem: vai* ikimmatsistotaki make pitiable.

IKIMMATSKA'SI *vai*; act pitiful; ikímmatska'sit! act pitiful!; áaksikimmatska'siwa he will ...; iikímmatska'siwa he acted pitiful; nitsííkimmatska'si I acted pitiful

IKIMMOHSI *vai*; pity oneself; ikímmohsit! pity yourself!; áaksikimmohsiwa she will ...; ikímmohsiwa he pitied himself; nitsííkimmohsi I pitied myself; *cf.* ikimm.

IKIMOPII *vai*; sit in a place of honor; ikimópiit! sit in a place of honor!: áaksikimópiiwa she will ...; (its)ikímópiiwa she sat in a place of honor; nitsííkimópii I sat in a place of honor

IKINAKI *med*; leg(s); *see* ikinakim have legs; *see* isttsiikinaki have aching legs.

IKINAKIM *vai*; have legs (of specified state); iikómahksikinakima she has big legs; skáí'sahksikinakima he has very short legs; *Note: adt req.*

IKINNII *vii*; warm; áaksikinniiwa it will be warm; iikínniiwa it is warm; iiksíkinniiwa ami ookóówayi her house is warm.

IKINNSSI *vai*; warm (said of a wrap or the wearer); (ikinnssit! be warm!); anna si'káána áaksikinnssiwa the blanket will be warm; iiksíkinnssiwa it is warm; nitsííksikinnssi I am very warm (...in my blanket).

IKINSST *med;* hand; **nitsiiksí'niipitsikinsstsi** my hands are cold.

IKINSSTSI *vai;* have hands (of specified state); **áakopaksikinsstsi- wa** she will have wide hands; **ííkohpoksikinsstsiwa** he has small hands; **nitsiikómahksikinsstsi** I have very big hands; *Note: adt req.*

IKIPP *adt;* briefly; **kaayíppitsstooma** he briefly placed it there; **áaksikíppitapoowa** she will briefly go there; **áaksikíppssaksiwa** she will briefly go out; *Note: init chg.*

IKIPPA' *adt;* feign/pretend; **áíkippáa'niiwa** he is pretending to say that; **áaksikippáa'nisttsiwa** he will pretend to do it.

IKITÁYIMM *vta;* become used to, familiar with; **ikitáyimmisa!** become used to her!; **áaksikitáyimmiiwa** he will become used to her; **ikitáyimmiiwa** he became used to him; **nitsíkitayimmoka** he became used to me; *Rel. stem: vti* **ikitayi'tsi** become used to.

IKITAYI'TSI *vti;* become used to, accustomed to; **ikitayí'tsit!** get used to it!; **áaksikitayi'tsima** she will become accustomed to it; **ikítayi'tsima** she was used to it; **nitsíkitayi'tsii'pa nááhkssawao'tsisissi** I got used to not smoking.

IKI'T *adt;* over, across; **ki'tayíkaakatoot ánni ísskskaakssini!** put your foot over the marking; **nitáaksiki'tawotoohpommaa ksiistsimááni** I am going across (the border) to buy beads.

IKI'TAWAAT *vta;* cross over/ go over the head of; **ki'tawaatsisa!** cross over him!; **áaksiki'tawaatsiiwa anni ohkínniinaayi** she will overstep the Chief's authority; **ikí'tawáatsiiwa** she crossed over him; **nitsííki'tawáakka** she went over my head.

IKI'TAWAATOO *vti;* cross over; **ki'tawáatoot!** go over it!; **áaksiki'tawáatooma anni niistsíípisskani** she will go over the fence; **kááyi'tawáatooma** he crossed over it; **nitsíki'tawáatoo'pa** I crossed over it: *Note: init chg.*

IKI'TAYISSKSIMMAA *vai;* pack a horse (by tying on a load); **ki'tayíssksimmaat!** pack the horse (tie the load on)!; **áaksiki'tayíssksimmaawa** he will ...; **kááyi'tayíssksimmaawa** she packed the horse; **nitsííki'tayíssksimmaa** I packed the horse; *Note: init chg; Rel. stems: vti* **iki'tayissksimmatoo,** *vta* **iki'tayissksimmat** transport by horse.

IKI'TSIIHTSI *vta;* put aloft/ lift; **ki'tsííhtsiisa!** put it aloft!; **áaksiki'tsiihtsiyiiwa osí'kaani** she will put her blanket aloft; **iikí'tsiihtsiyiiwa** he put it aloft; **nitsííki'tsiihtsooka** she put me aloft

IKI'TSIIKSOWOO *vai*; quit partway through a task;
ikí'tsiiksowoot! quit partway through!; **áaksiki'tsiiksowoowa** she
will ...; **ikí'tsiiksowoowa** he quit partway through;
nitsíki'tsiiksowoo I quit partway through; *Rel. stem: vti*
iki'tsiiksowaatoo quit partway through.

IKI'TSIM *vta*; incite/encourage; **ki'tsimísa!** encourage him!;
áaksiki'tsimiiwa otómitaami mááhkssiksstakssáyi she will incite
her dog to bite; **ikí'tsimiiwa** he encouraged her; **nitsííki'tsimoka**
she encouraged me.

IKKAAHKAANISTOTO *vta*; clean to make presentable, tidy up;
ikkááhkaanistotoosa! clean her to make her look presentable!;
áaksikkááhkaanistotoyiiwa she will clean him to look presentable;
ikkááhkaanistotoyiiwa he cleaned her to make her look present-
able; **nitsíkkaahkaanistotooka** she cleaned me up; *Rel. stem: vti*
ikkaahkaanistotsi clean to make presentable.

IKKAHS *adt*; humorous, funny, odd; *see* **ikkahsinamm** odd look-
ing; **nitáíkkahsska'si** I am acting in a humorous way; *see*
ikkahsanii tell a joke; **iiksíkkahsitapiiyipitsiwa** it is part of his
character to make fun of others.

IKKAHSANII *vai*; say humorous things, tell a joke; **ikkahsaníít!**
tell a joke!; **áaksikkahsaniiwa** she will ...; **ikkahsániiwa** he told a
joke; **nitsíkkahsanii** I told a joke; *Rel. stem: vta* **ikkahsanist** tell a
joke to.

IKKAHSÁNISSIN *nin*; joke.

IKKAHSINA *vai*; be ugly, homely (lit: odd-looking);
áaksikkahsinamma she will be ...; **ikkahsínamma** he is funny-
looking; **nitsíkahsina** I am funny-looking; *Rel. stem: vii*
ikkahsinattsi be funny-looking

IKKAHSISTOTO *vta*; joke around with, kid; **ikkahsístotoosa!** kid
him!; **áaksikkahsistotoyiiwa** she will kid him; **ikkahsístotoyiiwa**
he joked around with her; **nitsíkkahsistotooka** she kidded me.

IKKAHSI'TAKI *vai*; laugh; **ikkahsí'takit!** laugh!;
áaksikkahsi'takiwa she will ...; **ikkahsí'takiwa** he laughed;
nitsíkkahsi'taki I laughed; *Rel. stems: vti* **ikkahsi'tsi**, *vta*
ikkahsimm find humorous/ laugh at.

IKKAK *adt*; short, low/ associated with childhood/ youth; *see*
ikkakii low; *see* **ikkakssi** short; **kitsiiksíkkakoomi** you married
young (female subject), lit: you got a husband in your youth.

IKKAKII *vii*; low (i.e. not high); **áaksikkakiiwa** it will be low;
ikkakííwa anni iitáísoyo'pi that table is low; *Rel. stem: vai*
ikkakssi be short in stature.

IKKÁKIMA'TSIS *nan*; pipe cleaner; **nitsíkkakima'tsiiksi** my pipe-cleaners.

IKKAKOTOOPII *vai*; go to boarding school at a young age; **ikkakótoopiit!** go to boarding school at a young age!; **áaksikkakotoopiiwa** she will ...; **ikkákótoopiiwa** she went ...; **nitsíkkakotoopii** I went ...; *cf.* oto+opii.

IKKAKOYISSTOO *vti*; tap the bowl (of a pipe) in order to empty it of ashes; **ikkákoyisstoot!** tap the mouth of the overturned pipe!; **áaksikkakoyisstooma** she will tap the overturned pipe; **ikkákóyisstooma** he tapped the bowl of his pipe to empty it; **nitsíkkakoyisstoo'pa nitááhkoyinnimaani** I tapped the bowl of my pipe to empty it; *Note: oo ~ ao.*

IKKAKSSAAPIIKOAN *nan*; a person of Japanese descent, lit: short whiteman; **Ikkákssaapiikoaiksi** Japanese persons.

IKKAKSSI *vai*; be short in stature; (**íkkakssit!** be short!); **áaksikkakssiwa** she will be short; **ikkákssiwa** he is short; **nitsíkkakssi** I am short; **máátsikkakssiwaatsiksi** he was not short.

IKKAKSSKIISI *vai*; accidentally bump one's own face on a low object; (**ikkaksskiisit!** accidentally bump your face!); **áaksikkáksskiisiwa** she will ...; **ikkáksskiisiwa** he bumped his face; **nitsíkkáksskiisi** I bumped my face; *cf.* sski.

IKKAM *adt*; fast/quickly; **ikkamítsinikookit!** tell me about it quickly!; **áíkkamokska'siwa** he runs fast.

IKKAM *adt*; if; **ikkámihtsisóósi,** ... if she goes to town, ...; **ááhksíkkama'pitapoowa** she might go there; **ikkamá'pinoainiki,** ... if you see her, ...

IKKAMISTOTAKI *vai*; set a fast pace; **ikkamístotakit!** set a fast pace!: **áaksikkamistotakiwa** she will ...; **ikkamístotakiwa** he set a fast pace: **nitsíkkamistotaki** I set a fast pace.

IKKAMI'NI *vai*; faint/ have a seizure; (**ikkamí'nit!** faint!); **áaksikkami'niwa** he will faint; **iikkamí'niwa** he fainted; **nitsíkkami'ni** I fainted.

IKKAMSSI *vai*; quick/fast; **ikkámssit!** be quick!; **áaksikkamssiwa** she will be quick; **ikkámssiwa** he is quick; **nitsíkkamssi** I am quick; *Rel. stems:* vti **ikkamssatoo,** vta **ikkamssat** be quick to.

IKKANA *vai*; glitter, sparkle; **ikkanát!** glitter!; **áaksikkanamma** it will glitter; **ikkanámma** it glittered; **nitsíkkana** I glittered; **níítáíkkanamma ánna kisápiikitsoohsa'tsisa** your ring is just sparkling; **ha'! skáí'sstatsinao'siwa, níítáíkkanamma** ooh! she is dressed so fine, she is just glittering (usually said in jest).

IKKANA'SOYI *vai*; glitter; **áaksikkana'soyiwa** it will ...; **ikkaná'soyiwa** it glittered; *Rel. stems: vii* **ikkanattsi,** *vai* **ikkanamm** glitter, glitter.

IKKANIKSOOHPAPOKA *vii*; flutter, billow in the wind; **áaksikkaniksoohpapokawa anni osóka'simi** her dress will flutter in the wind; **ikkaniksoohpapokawa** it billowed in the wind; *also* **ikkaniihksoohpapoka**

IKKANIKSOOHPI'YI *vii*; billow, flutter; **áaksikkaniksoohpi'wa nitópaihpiisoka'simi** my skirt will billow; **ikkaniksoohpi'wa** it billowed; *Note: yi loss; also* **ikkaniihksoohpi'yi.**

IKKAT *vta*; inflate, e.g. a tire, doll, ball; **ikkatsísa!** inflate it!; **áaksikkatsiiwa otó'takainaka'siima** she will inflate her tire; **ikkatsííwa** he inflated it; **nitsíkkatawa** I inflated it; *Rel. stem: vti* **ikkatoo** inflate.

IKKATOO *vti*; inflate, e.g. a balloon; **íkkatóót!** inflate it!; **áaksikkatooma** she will inflate it; **íkkatóóma** he inflated it; **nitsíkkatoo'pa** I inflated it.

IKKATSIIYI *vai*; whistle (animals only); **ikkatsííyit!** whistle!; **áaksikkatsiiyiwa** she will whistle; **ikkatsííyiwa** he whistled; **nitsíkkatsiiyi** I whistled; **amoksi áaattsistaiksi noohkáttaikkatsiiyiyaawa** these rabbits also whistle; *cf.* **ikkatsimaa.**

IKKATSIMAA *vai*; whistle (of animals only); **ikkatsímaat!** whistle!; **áaksikkatsimaawa ánna ponokáwa** the elk will whistle; **íkkatsimaawa** it (the animal) whistled; **kitsíkkatsimaa** you whistled; **ákayaaksikkatsimaawa** he is almost whistling (because of thirst); **iiyóóhtsimiwa áímmoniisi áíkkatsimaayináyi** he heard an otter whistling; *cf.* **ikki.**

IKKATSIMAANISI'YI *nin*; blister; **omahksíkkatsimaanisi'yiistsi** big blisters.

IKKATSIMAISSTOOKI *nan*; lard pail (lit: inflated ears); **ikkatsímáísstookiiksi** lard pails

IKKATSIMAO'TSISII *vai*; smoke and blow large amounts of smoke out of the pipe; **ikkatsímao'tsisiit!** smoke and blow smoke out!; **áaksíkkatsimao'tsisiiwa** he will blow smoke out; **íkkatsímao'tsisiiwa** he blew smoke out; **nitsíkkatsimao'tsisii** I blew out lots of smoke; *cf.* **o'tsisii.**

IKKATTSI *vii*; dry, shrink, and harden (usu. a soft, pliable object, e.g. hide, paint, bread); **áaksikkattsiwa** it will dry, shrink and harden; **ikkáttsiwa** it dried, shrank, and hardened; **níítsikkattsiyi omistsi niitsítsikiistsi** those mocccasins really dried, shrank and hardened (after being saturated).

IKKAWATOO *vti*; strike repeatedly with a pointed object, peck at, chip away at; **ikkáwatoot!** chip at it (e.g. a hole in the ice for ice fishing); **áaksikkawatooma** he will peck at it; **ánna pi'kssííwa íkkawatooma anni nitsíísoahpi** the bird pecked at the food I gave it; **nitsikkawatoo'pa** I struck at it; *Rel. stem: vta* **ikkawat** strike repeatedly ....

IKKAYAYISSKATTSIIYI *vai*; run in a race; **íkkáyayisskattsiiyit!** run in a race!; **áaksikkayayisskattsiiyiwa** he will ...; **ikkáyayisskattsiiyiwa** he ran in a race; **nitsíkkayayisskattsiiyi** I ran in a race; *Rel. stem: vta* **ikkayayisskattsiim** race against.

IKKAYA'YI *vai*; become a fast runner; **niksíkkaya'yi** I am a fast runner; **ikssahpikkaya'yiwa** he is a poor runner (see sahp).

IKKI *vai*; blow into a trumpet, whistle, or other wind instrument; **ikkít!** blow into s.t.!; **áaksikkiwa** she will ...; **íkkiwa** he blew into s.t.; **nitsíkki** I blew into s.t..

IKKIAAKAT *vta*; catch in a trap; **ikkiáákatsisa!** trap it!; **áaksikkiaakatsiiwa** she caught it in a trap; **ikkiáákatsiiwa ánni káánaisskiinaayi** he caught the mouse in a trap; **nitsíkkiaakakka** she caught me in the trap.

IKKIAAKI *vai*; trap; **ikkiáákit** trap!; **nitáaksíkkiaaki** I will trap; **ikkiáákiwa** he trapped; **nitsíkkiaaki** I trapped; *Rel. stem: vta* **ikkiaakat** trap.

IKKIAAKIA'TSIS *nan*; animal trap; **ikkiáákia'tsiiksi** animal traps; *cf.* **ikkiaaki**.

IKKIA'. *adt*; have difficulty beginning; **ikkíá'yoohkottsí'poyiwa** she had difficulty beginning to speak; **nitáíkkia'waahkayi** I have difficulty starting home; *Note: y~w*.

IKKIA'TSIS *nan*; whistle; **poksíkkia'tsiiksi** little whistles; **nitsíkkia'tsisa** my whistle; *cf.* **ikki**.

IKKIHKAA *vai*; have a boil; (**ikkihkáát!** have a boil!); **áaksikkihkaawa** he will ...; **ikkihkááwa** he has a boil; **nitsíkkihkaahpinnaan** we have boils; **ikkihkáán** boil (n).

IKKIHKIMIKO *nin*; narrow ridge; **ikkihkímikoistsi** narrow ridges.

IKKIHKINI *adt*; sad/dull/depressing/boring/insipid; **ikkihkíníiksistsikowa** dull day; **nitsíkkihkínii'taki** I'm sad; **nitsííkohtsikkihkínii'taki** I am depressed over it.

IKKIHKINIOOHSI *vai*; depress one's self by thinking sad or unpleasant thoughts; **miináttsikkihkínioohsit!** don't depress yourself anymore!; **áaksikkihkínioohsiwa** she will ...; **ikkihkínioohsiwa** he made himself feel depressed; **nitsíkkihkínioohsi** I made myself feel depressed (by thinking unpleasant thoughts).

IKKIMAANI *vai*; use a feather as head ornament; **ikkimáánit!** wear a feather as a head ornament!; **áaksikkímaaniwa** she will ...; **ikkímaaniwa** he wore a feather; **nitsíkkímaani** I wore a feather; *Rel. stem: vti* **ikkimaanatoo** use as a head ornament.

ÍKKIN *adt*; slow/soft; **ikkináí'poyit** speak slowly/clearly!; **iiksíkkina'pssiwa** she's very gentle.

IKKINA'PSSI *vai*; tame, gentle; **íkkiná'pssit!** be gentle!; **áaksíkkina'pssiwa** she will be ...; **ánna nóta'siwa iksíkkina'pssiwa** my horse is tame; **nitsíkkina'pssi** I am gentle.

IKKINIIHKIMIKSIIYI *vti*; soften (the ground)/plough; **ikkiniíhkimiksiiyit!** soften it (the ground)!; **áaksikkiniihkimiksiiyima anni otáyaakitsipisatsi'nssimaahpi** she will soften the place where she will plant her garden; **íkkiniíhkimiksíiyima** he softened it; **nitsíkkiniihkimiksiiyii'pa** I softened it; *Rel. stem: vai* **ikkiniihkimiksaaki** plough.

IKKINIISTOTSI *vti*; soften; **ikkiníístotsit!** soften it; **áaksikkiniistotsima omi otsítayáakitsinssimaahpi** she will soften where she plans to plant; **ikkiníístotsima** he softened it; **nitsíkkiniistotsii'pa** I softened it; *Rel. stem: vta* **ikkiniistot** soften.

IKKINIOHPOKON *nan*; softball (lit: slow/soft ball); **ikkinióhpokoiksi** softballs.

IKKINISII *vii*; soft, easy; **áaksikkinisiiwa** it will be soft, easy; **(iiks)ikkinísiiwa** it is soft, easy; *Rel. stem: vai* **ikkinissi** be soft

IKKIO'TO *vta*; alarm/startle; **ikkió'toosa!** alarm her!; **áaksikkio'toyiiwa** she will alarm him; **ikkió'toyiiwa** he alarmed her; **nitsíkkio'tooka** she alarmed me.

IKKISSTAA *vai*; bronc-ride/ break or tame a horse; **ikkísstaat!** bronc ride!; **áaksikkisstaawa** he will tame a horse: **ikkísstaawa** he bronc rode; **nitsíkkisstaa** I broke a horse.

IKKÍTSAAPI *vai*; have a fleeting glimpse of an object the presence of which is not confirmed/ see things, hallucinate; **(ikkítsaapit!** hallucinate!); **áaksikkítsaapiwa** she will ...; **ikkítsaapiwa** he hallucinated; **nitsíkkítsaapi** I saw something (which was never really there).

IKKITSINA *vai*; be dusty-looking; **niitsikkitsínat!** be dusty looking!; **áaksikkitsinamma** he will be dusty looking; **(iiks)ikkítsinamma** he was (really) dusty looking; **nits(iiks)íkkitsina** I was (really) dusty looking; *Rel. stem: vii* **ikkitsinattsi** be dusty- looking.

IKKITSINÁTTSI *vii*; be grey; **áaksikkitsináttsiwa** it will be grey; **ikkítsináttsiwa** it is grey.

IKKITSTAKI *vai*; make an offering (to the sun) by placing it on a pole/cross; **ikkítstakit!** place an offering to the sun (on a pole); **áaksikkitstakiwa** she will ...; **ikkítstakiwa** he placed an offering to the sun; **nitsíkkitstaki** I placed an offering to the sun; *also* **ikkitstaa**; *Rel. stem: vti* **ikkitstoo** make an offering ....

IKKÍTSTAKKSSIN *nin*; offering, e.g. at a Sundance; **ikkítstakkssiistsi** offerings, sacrifices

IKKIYATTSOOHSI *vai*; make oneself light in weight, reduce; **ikkíyáttsoohsit!** make yourself light in weight!; **áaksikkiyáttsoohsiwa** she will make herself light in weight; **ikkíyáttsoohsiwa** he made himself light in weight; **nitsíkkíyattsoohsi** I made myself light in weight; *also* **ikki'yattsoohsi**

ÍKKIYIMMOHSI *vai*; experience a floating stomach sensation due to a sudden drop, a shock or fright, e.g. loss of a loved one; **(ikkíyimmohsit!** have a lighter-than-air sensation in your stomach!); **áaksikkiyimmohsiwa** she will ...; **ikkíyimmohsiwa** he experienced the ... sensation; **nitsíkkiyimmohsi** I had a sensation in my stomach; *also* **ikki'yimmohsi.**

IKKOHPONI *vai*; be breathless, suffocate; **(ikkohpónit!** be breathless!); **áaksikkohponiwa** he will ...; **ikkohpóniwa** then he became breathless: **nitsíkkohponi** I was breathless.

IKKONAMAA *vai*; roast or bake something by the side of the fire/barbeque; **ikkónamaat!** roast (s.t.)!; **áaksikkónamaawa** she will ...; **ikkónamaawa** he roasted (something); **nitsíkkónamaa** I roasted (something).

IKKSIPÓÓHKO'S *nan*; tin can; **ikksipóóhko'siksi** tin cans.

IKKSISITSI'TSI *vti*; comprehend, understand; **ikksísitsi'tsit!** understand it!; **áaksikksisitsi'tsima anni sináákssini** she will understand the writing; **ikksísitsi'tsima** he comprehended it; **nitsíkksisitsi'tsii'pa** I comprehended it; **máátsikáksikksisitsi'tsima** she did not even comprehend it.

IKKSK *adt*; motionless, in one place, still; **máátáíkkskáópiiwa** she does not sit still; **áaksikkskáópaatooma** she will settle in; **máátaikkskso'kááwaatsiksi** she does not sleep still (soundly).

IKKSKSSI *vai*; be stiff; **áaksikkskssiwa** it will be stiff; **ikkskssíwa** it was stiff; *Rel. stem: vii* **ikkskii** be stiff.

IKKSSPI *vta*; hit on the head to cause unconsciousness, knock out; **ikksspíísa!** hit him (e.g. the animal) on the head!; **áaksíkksspiyiiwa** she will hit him on the head; **íkksspiyiiwa** he hit it on the head; **nitsíkksspiooka** he hit me on the head

IKKST *adt*; narrow, slim; *see* **ikkstottsis** weiner; *see* **ikkstsimi** be slender; *see* **ikkstsii** be slender/narrow; **ikkstohksisi** mosquito, lit:has a narrow nose.

IKKSTÁÍNAKA'SI *nan*; buggy/ wagon used for leisure purposes; **ikkstáínaka'siiksi** leisure wagons; *cf.* **ikkst+ainaka'si.**

IKKSTÓTTSIIMSSKAAN *nin*; weiner; **ikkstóttsiimsskaanistsi** weiners; *see also* **ottsiimsskaan.**

IKKSTÓTTSIS *nin*; weiner; **ikkstóttsiistsi** weiners; *cf.* **mottsis.**

IKKSTSÁÁNISI *vai*; have cold chills due to apprehension or awe; (**ikkstsaanisit!** get the chills!); **áaksikkstsáánisiwa** she will ...; **ikkstsáánisiwa** he got cold chills; **nitsíkkstsáánisi** I got cold chills.

IKKSTSII *vii*; be small in circumference or width in proportion to length or height; **áaksikkstsiiwa** it will be narrow; **ikkstsííwa** it is/was narrow/thin; *Rel. stem: vai* **ikkstsimi** be slim.

IKKSTSIMI *vai*; be slender, slim; **ikkstsimít!** be slender!; **áaksikkstsimiwa** she will be slender; **ikkstsímiwa** she is slender; **nitsíkkstsimi** I am slender.

IKKSTSIMIÁTTSOOHSI *vai*; diet, lit: cause oneself to be slim; **ikkstsímiáttsoohsit!** diet!; **áaksikkstsimiáttsoohsiwa** she will diet; **ikkstsímiáttsoohsiwa** he dieted; **nitsíkkstsimiáttsoohsi** I dieted; *see also* **ipiksiniattsoohsi.**

IKKSTSÍNI *vta*; sting/prick/pinch; **ikkstsíniisa!** sting, prick him!; **áaksikkstsíniyiiwa** she will prick him; **ikkstsíniyiiwa** it stung her; **nitsíkkstsiniooka** she pricked me; *Rel. stem: vai* **ikkstsiniiisi** be pinched.

IKKSTSÍNIO'TO *vta*; pinch; **ikkstsínio'toosa!** pinch him!; **áaksikkstsínio'toyiiwa** she will pinch him; **ikkstsínio'toyiiwa** he pinched her; **nitsíkkstsínio'tooka** she pinched me; *Rel. stem: vai* **ikkstsinio'taki** pinch.

IKKSTSKIÓMITAA *nan*; Greyhound bus/ greyhound dog (lit: slim-faced dog); **ikkstskiómitaiksi** greyhound dogs.

IKOHKIAAPITTAA'TSIS *nan*; cocking lever of a gun; ikohkiaapittaa'tsiiksi cocking levers of guns.

IKOHKIAI'PIKSI *vti*; jerk, tighten; **koohkiáí'piksit komáíipssimi!** tighten your belt!; **áaksikohkiai'piksima** she will tighten it; **ikohkiáí'piksima** he tightened it; **nitsíkohkiai'piksii'pa** I tightened it; *Rel. stem: vai* **ikohkiai'piksistaki** tighten.

IKOHKIA'PSSI *vai*; be embarrassed; **ikohkiá'pssit!** be embarrassed!; **áaksíkohkia'pssiwa** she will be embarrassed; **iiksíkohkia'pssiwa** she was/is very embarrassed; **nitsikohkia'pssi** I was/am embarrassed.

IKOHKIISTOTAKI *vai*; cause embarrassment; **ikohkíístotakit!** embarrass (s.o.)!; **áaksikohkíístotakiwa** he will ...; **iikohkíístotakiwa** he embarrassed (everyone); **nitsíkohkiistotaki** I caused embarrassment; *Rel. stem: vta* **ikohkiistoto** embarass.

IKOHKIISTOTO *vta*; embarrass; **ikohkíístotoosa!** embarrass her!; **áaksikohkíístotoyiiwa** she will embarrass him; **iiksíkohkiistotoyiiwa óko'siksi** she embarrassed her children; **nitsíkohkiistotooka anna kóko'sa** your child embarrassed me; *Rel. stem: vai* **ikohkiistotaki** cause embarrassment.

IKOHKI'TAKI *vai*; feel embarrassed; **ikohkí'takit!** feel embarassed!; **áaksikohkí'takiwa** she will feel embarrassed; **ikohkí'takiwa** she felt/feels embarrassed; **nitsíkohki'taki** I felt embarrassed.

IKOHPATTSIMI *vai*; be chubby, lit: have the appearance of being distended, or swollen; **(ikohpáttsimit!** be chubby!); **áaksíkohpáttsimiwa** the baby will be so chubby that he will look swollen; **iiksíkohpáttsimiwa** he is plump; **nitsíkohpáttsimi** I am chubby.

IKOHPATTSSTAA *vai*; make yeast bread; **ikohpáttsstaat!** make yeast bread!; **áaksikohpáttsstaawa** she will ...; **ikohpáttsstaawa** he made yeast bread; **nitsíkohpattsstaa** I made yeast bread.

IKOHPAWAAPINISSI *vai*; have swollen eyes (from crying); **(ikohpawáápinissit!** have swollen eyes!); **áaksikohpawáápinissiwa** she will ...; **ikohpáwaapinissiwa** he had swollen eyes; **nitsíkohpawáápinissi** I had swollen eyes.

IKOHPI' *vii*; swell; **áaksikohpi'wa** it will swell; **ikohpí'wa** it swelled.

IKOKOTO *vii*; freeze; **ámoyi aohkííyi áaksikokotowa** this water, it will freeze; **ikokótowa** it froze.

IKÓÓHPAPOKAA *vii*; blow down, collapse due to wind (said of a structure); **áaksikóóhpapokaawa** it will blow down; **oksíkkokóówayi iikóóhpapokaawa** his tent blew down.

IKOOHPÁTTSII *vti*; fell/ knock down; **ikóóhpáttsíít!** fell it!; **áaksikóóhpattsííma** she will knock it down; **iikóóhpáttsííma anni niistsíípisskani** he knocked down my fence; **nitsííkoohpáttsii'pa** I knocked it down; *Note: i not shortened before -m.*

IKOOK *vrt*; regret; *see* **ikookssi** regret; *see* **ikooki'taki** regret the loss of.

IKOOKI'TAKI *vai*; regret the loss of/ miss (s.t. or s.o.); **áaksikooki'takiwa** he will ...; **ikooki'takiwa** he regretted the loss of s.t.; *Rel. stems: vti* **ikooki'tsi,** *vta* **ikookimm** regret the loss of/ miss.

IKOOKSSI *vai*; regret the loss (of s.t.); **kookssít!** regret!; **áaksikookssiwa** he will ...; **ikookssiwa** he regretted; **nitsííkookssi** I regretted.

IKOONI *vti*; take down/ pull down (eg. a tipi or tent, branch); **koonít!** take it down (the tipi)!; **áaksikoonima** she will take it down; **ikóónima oksíkkokóówayi** he took his tent down; **nitsííkoonii'pa ómi niitóyisi** I took the tipi down; *Rel. stem: vta* **ikoon** pull down.

IKOOPIISOPO *vii*; chinook, lit: broth wind; **áakokóópiisopowa** it will chinook; **iikóópiisopowa** it chinooked.

IKOOSI *vai*; give way. fall due to loss of sustenance or internal support; **ikoosit!** fall!; **áaksikóosiwa** it will fall; **iikóosiwa** it fell; **nitsííkoosi** I collapsed (due to exhaustion); **ákaikóosiwa oápsspiksi** her eyelids have fallen; *Rel. stem: vii* **ikooo** give way, fall.

IKOTSA'PSSI *vai*; be physically capable; (**ikotsá'pssit!** be capable!); **áaksikotsa'pssiwa** she will be capable; **iikotsá'pssiwa** he is capable; **nitsíkotsa'pssi** I am able: **sáyíkotsa'pssiwa** he is an incapable one.

IKOTSKIIPOKO *vii*; be bitter-tasting: **áaksikotskíípokowa** it will taste bitter; **iiksíkotskíípokowa ánni otáísimatoo'pi** it is bitter-tasting, that which he is drinking; *Rel. stem: vai* **ikotskiipomm** bitter-tasting.

IKOTSKI'TAKI *vai*; take offense, be resentful; **ikótski'takit!** take offense!; **áaksikotskí'takiwa** she will ...; **ikótski'takiwa** he took offense; **nitsíkotski'taki** I took offense.

IKOTSKI'TSI *vti*; resent (bitterly) take offense at; (**ikótski'tsit!** resent it!); **áaksikotski'tsima** she will resent it; **ikótski'tsima** he resented it; **nitsííkotski'tsii'pa naanístssitsípssaiihpi** I resented the way she spoke to me.

IKOTTSI *vta*; stuff, pad; **kottsíísa!** stuff it (animate)!; **áaksikóttsiyiiwa** she will stuff it; **iikóttsiyiiwa ohkanáómia'nistsipi'kssiiksi** he stuffed all kinds of different birds (taxidermy); **nitsííkóttsooka** she padded me; *Rel. stems: vai* **ikottsaaki**, *vti* **kottsii** pad.

IKO'KAPSSI *vai*; hang oneself; **ko'kápssit!** hang yourself!; **áaksikó'kapssiwa** she will ...; **iikó'kapssiwa** he hung himself; (**nitsííko'kapssi** I hung myself).

IKO'PO *vai*; fear/be afraid; (**ko'pót!** be fearful!); **áaksiko'pomma** she will ...; **ikó'pomma** he's very afraid; **nitsíko'po** I'm very scared; **kitái'kó'pohpa?** are you afraid?; *Note: 3mm.*

IKO'POINAWAT *vta*; protect (spouse and kin) against unwanted influences; **ko'póínawatsisa anná kohkówa!** be protective of your son (against influences)!; **áaksiko'póínawatsiiwa anní otáni** she will protect her daughter; **ikó'póínawatsiiwa ánni ohkóyi** he was protective of his son.

IKO'POINAYI *vai*; be selectively protective over one's kin against unwanted influences; **ko'póínayit!** be protective!; **áaksiko'póínayiwa** she will be ...; **ikó'póínayiwa** he was protective; **nitsííko'póínayi** I was protective.

IKO'SISTSAAPINI *vai*; have a sty on one's eye; (**ikó'sistsáápinit!** have a sty!); **áaksiko'sistsáápiniwa** she will ...; **iikó'sistsáápiniwa** he had a sty; **nitsííko'sistsáápini** I have a sty.

IKSAAMAISSKINII *vai*; be hunchbacked/ id: be mischievous; (**ksaamáísskiniit!** have a hunched back!); **áaksiksaamáísskiniiwa** she will ...; **iksáámaisskiniiwa** he has a hunched back; **nitsííksaamáísskinii** I have a hunched back.

IKSAMAOKO'SI *vai*; have an illegitimate child, have a child out of wedlock; **ksamáóko'sit!** have an illegitimate child!; **áakiksamaoko'siwa** she will have an illegitimate child; **iiksamáóko'siwa** she had a child out of wedlock; **nitsííksamaoko'si** I had an illegitimate child; *cf.* oko'si; *Rel. stem: vta* **iksamaoko'sat** give birth to out of wedlock.

IKSAMÁÓNIIPOKAA *nan*; illegitimate child.

IKSA'SI *vai*; hide (oneself); **ksa'sít!** hide!; **áaksiksa'siwa** she will hide; **iksá'siwa** he hid; **nitsíksa'si** I hid.

IKSIIKSK *adt*; to the side, aside; *see* **iksiiksksipo'tsi** put aside; *see* **iksiikskomaahkaa** drive to the side; **áaksiksííkskóówa** he will walk aside; *see* **iksiikskaaat** side-step.

IKSÍÍKSKAAAT *vta*; side-step; **ksiiyíksskáaatsisa!** side-step him!; **áaksiksiikskáaatsiiwa** she will side-step him; **ksííyikskáaatsiiwa** he side-stepped her; **nitsííksiikskáaakka** she side-stepped me; **nitsííksiikskáaatawa** I side-stepped her; *Note: init chg.*

IKSIIKSKOMAHKAA *vai*; drive to the side to avoid something; **iksííkskomaahkaat!** drive to the side!; **áaksiksííkskomaahkaawa** she will ...; **iksííkskomaahkaawa** he swerved; **nitsíksiikskomaahkaa** I drove to the side.

IKSIIKSKSIPO'TSI *vti*; place to the side; **ksiiksksipó'tsit ánni miistsísi!** place that wood to the side!; **áaksiksííksksipo'tsima** she will place it aside; **iksííksksipo'tsima** he placed it aside; **nitsíksiiksksipo'tsii'pa** I placed it aside.

IKSIINI *vti*; touch; **ksiinít!** touch it!; **áaksiksiinima** she will touch it; **iiksiinima** he touched it; **nitsííksiinii'pa** I touched it; *Rel. stems: vta* **iksiin**, *vai* **iksiinaki** touch.

IKSIINSSKI *vta*; smell strongly to, lit: touch the face of; **iksiinsskiisa!** (make it) smell strongly to her!; **áaksiksiinsskiyiiwa** she will (make it) smell strongly to her; **iiksiinsskiyiiwa** she smelled strongly to him; **nómohtsiksíínsskiooka ómohtaitsiiyimio'sspi** she smelled strongly to me because of her perfume.

IKSIIYI *vii*; lightly make contact with the ground; **áaksiksiiyiwa anni nitsítaihkihssakihpi** my clothesline will touch the ground; **iiksííyiwa** it touched the ground; **anná imitááwa iimatáíksiiyiwa óókoani** that dogs stomach is almost touching the ground

IKSÍÍYISI *vai*; contact the earth while moving in a parabolic path; **iksííyisit!** briefly ... the ground!; **áaksiksííyisiwa** it will almost contact the earth; **iksííyisiwa oma pi'kssííwa** the bird swooped down and brushed the earth; **nitsííksííyisi** I briefly ... the ground; **anná áwaawao'píniisiwa iimatáíksííyisiwa** the one who is swinging is almost touching the ground.

IKSII'TAKI *vai*; feel challenged by a task; (**iksíí'takit!** feel challenged!); **áaksiksii'takiwa** she will ...; **iksíí'takiwa mááhksiksístookatakssi ki annimáyi áakitamitahkayiwa** she felt challenged to finish the beading, then she would go home; **nitsíksii'taki** I felt challenged.

IKSIKAAKI *vai*; separate temporarily from one's husband; **iksíkaakit!** separate temporarily from your husband!; **áaksiksíkaakiwa** she will ...; **iiksíkaakiwa** she separated; **nitsíksíkaaki** I separated.

IKSIKIIN *vta*; wake; **ksikíínisa!** wake him!; **áaksiksikííniiwa** she will wake him; **íksikííniiwa** he woke her; **nitsííksikíínoka** she woke me; *Rel. stem: vai* **iksikiinaki** be one who awakens others.

IKSIKIOWAI'PIIYI *vai*; attack/charge (physically); **iksíkiowai'piiyit!** attack!; **áaksiksíkiowai'piiyiwa** she will ...; **iksíkiowai'piiyiwa** he attacked; **nitsíksikiowai'piiyi** I attacked; *Rel. stem: vta* **iksikiowai'pisskohto** be attacked by.

IKSIKK *adt*; white/clear/clean, tidy/carefully, cautiously; *see* **ksikkokoowa** tent, lit: white house; **stamohtsiksíkkáísao'tsii'pa anní ataksáákssini** it was taken clear out of the box; *see* **iksikka'pistotaki** clean up; **noohksiksíkkinnit ánni ááhkoyinnimaani** please hold the pipe carefully.

IKSÍKKÁAA'SI *nin*; million; **ihkitsííkiiksíkkáaa'siyaawa** there are seven million; **omahksiksíkkáaa'siyi** billion

IKSIKKA'PISTOTAKI *vai*; clean (an area); **ksikká'pistotakit!** clean!; **áaksiksikká'pistotakiwa** she will ...; **iiksíkka'pistotakiwa** he cleaned; **nitsííksikká'pistotaki** I cleaned; *cf.* **a'pistotaki**; *Rel. stems: vti* **iksikká'pistotsi**, *vta* **iksikká'pistoto** clean.

IKSIKKA'PSSI *vai*; be clean; **ksikká'pssit!** be clean; **áaksiksikka'pssiwa** he will be clean; **iksikka'pssiwa** he is clean; **nitsíksikka'pssi** I am clean; *Rel. stem: vii* **iksikka'pii** be clean.

IKSIKKA'YI *vai*; walk, take steps; **ksikká'yit!** walk!; **áaksíksikka'yiwa** he will walk; **iiksíkka'yiwa** he walked; **nitsííksikka'yi** I walked.

IKSIKKIMM *vta*; be meticulous in one's care of; **ksikkímmisa!** be in meticulous in your care of it!; **áaksiksíkkimmiiwa** she will be ...; **iiksíksikkimmiiwa otsinaká'siimiksi** he is meticulous in the care of his vehicle; **nitsiiksíksikkimmoka** she gave me special care (because she felt I was precious).

IKSIKSIIMOHKI *vai*; whistle; **ksiksíímohkit!** whistle!; **áaksiksiksiimohkiwa** she will ...; **iksiksíímohkiwa** he whistled; **nitsííksiksíímohki** I whistled; *Rel. stems: vti* **iksiksiimohkatoo**, *vta* **iksiksiimohkat** whistle (e.g. a song), whistle at.

IKSIM *adt*; secret, with hidden motive; *see* **iksimaa** be phony; *see* **iksimi'nikki** murder; *see* **iksiminihkat** address by a pet name;*see* **iksimi'nikki** commit murder; **áíksimssínaakiwa** she is writing secret (love) letters.

IKSIMAA *vai*; be a phony; (**ksimaat!** be phony!); **áaksiksímaawa** she will be a phony; **iksímaawa** he is a phony; **nitsiksíksimaa** I am a phony; **skáí'ksimaawa** he is a real phony.

IKSIMATSIMM *vta*; greet; **ksímatsímmisa!** greet him!;
áaksiksimatsimmiiwa she will greet him; **iksímatsimmiiwa** he
greeted her; **nitsíksimatsimmoka** she greeted me; *Rel. stem: vai*
iksimatsimmohki greet (s.o.).

IKSIMATSÍ'TOMO *vta*; demonstrably admire or appreciate a new
acquisition of; **ksimatsí'tomoosa!** show him appreciation for it!;
áaksiksimatsí'tomoyiiwa she will show him admiration for ...;
iksímatsi'tomoyiiwa he showed her admiration for ...;
nitsíksimatsi'tomooka anni nitohkóítapiiwahsini he ... for my
gift; *Rel. stems: vti* **iksimatsi'tsi,** *vai* **iksimatsi'taki** be apprecia-
tive of ..., be appreciative.

IKSIMINIHKAT *vta*; address (a lover) by a pet name/nickname;
ksimínihkatsisa! call him by his nickname!;
áaksiminihkatsiiwa she will call him by a nickname;
iiksíminihkatsiiwa he called her by her nickname;
nitsííksiminihkakka she called me by a pet name; *also*
iksimiinihkat.

IKSIMI'NIKKI *vai*; commit murder; **iksimí'nikkit!** murder!;
áaksiksimi'nikkiwa she will murder; **iiksimí'nikkiwa** she murdered;
nitsiksimi'nikki I murdered; *cf.* **i'nikki;** *Rel. stem: vta* **iksimi'nit**
murder

IKSIMM *vta*; have a joking, taunting relationship with (always
another male); **ksimmísa!** have a taunting relationship with him!;
áaksiksimmiiwa otákkaayi he will have a joking relationship with
his friend; **iiksímmiiwa** he has a joking relationship with him;
nitsííksimmoka he has a joking relationship with me.

IKSIMMINIHKAT *vta*; refer jokingly to/ refer to by a joking name;
iksimmínihkatsisa! refer to him by a joking name!;
áaksiksimminihkatsiiwa he will refer jokingly to him;
iksimmínihkatsiiwa she referred jokingly to him;
nitsíksimminihkakka she referred jokingly to me.

IKSIMMOHSI *vai*; be determined, be resolute; **ksimmohsít!** be
resolute!: **áaksiksimmohsiwa** she will be ...; **iiksímmohsiwa** he
was determined: **nitsííksimmohsi nááhksiksistanisttotsi'si** I was
resolute about completing it.

IKSIMMOTSIIM *nar*; male joking partner of a male;
niksímmotsiimiksi my joking partners.

IKSIMSSTAA *vai*; think (about s.t or s.o.)/ desire (s.t. or s.o.)
secretly; **ksimsstáát!** think!; **áaksiksimsstaawa** she will think;
iksímsstaawa he thought; **nitsiksímsstaa** I thought; *Rel. stems:*
vta **iksimsstat,** *vti* **iksimsstatoo** think about/ covet.

IKSIMSSTAT *vta*; think about, covet; **ksimsstátsisa!** think about him!; **áaksiksimsstatsiiwa** she will think of her; **iksímsstatsiiwa** he thought of her; **nitsíksimsstakka** she thought of me; **nitáíksimsstatawa nínna** I am thinking of my father.

IKSIPÍKAASI *vai*; id: die, lit: have foothold pried up; (**iksipíkaasit!** die!); **áaksiksipíkaasiwa** he will die; **iimátsiksipíkaasiwa** he almost died; **nitsíímatsiksipíkaasi** I almost died; **ákaiksipíkaasiwa** he has died.

IKSIPINNI *vti*; lift a covering part-way in order to peek under; **iksípinnit!** lift it!; **áaksiksípinnima** she will lift it part-way; **iiksípinnima** he lifted it part-way; **nitsííksipínnii'pa ámostsi sináákia'tsiistsi** I lifted the books to peek under them.

IKSIPPOYINNAKI *vai*; squeeze out excess liquid/milk; **ksippoyínnakit!** milk (the cow)!; **áaksiksippoyinnakiwa** she will wring out (the wet clothes); **iiksíppoyinnakiwa** he squeezed out the excess water; **nitsííksippoyinnaki ápotskinai** I milked cows; *Rel. stem: vti* iksippoyinni squeeze ...excess liquid.

IKSIPPOYINNI *vti*; wring or squeeze (a wet item); **ksippoyínnit!** wring it out!; **áaksiksippoyinnima** she will squeeze it; **iiksíppoyinnima** he wrung it out; **nitsííksippoyinnii'pa nitó'tsista'tsisi** I wrung out my apron.

IKSIPSKAPATOO *vti*; lift a covering (with difficulty); **ksipskápatoot!** lift it!; **áaksiksipskapatooma** she will lift the covering; **iiksípskapatooma anni isttsikánokoyi** he lifted the linoleum; **nitsííksipskapatoo'pa** I lifted the covering.

IKSISÁÍIKI *vai*; be sharp; **áaksiksísaiikimma** it will be sharp; **iksísaiikimma** it is sharp; **iiksiksíssaiikimma anna isttoána** the knife is very sharp; *Note: 3mm; Rel. stem: vii* iksísaako be sharp.

IKSISAP *adt*; down; **ksisápoohtsi** downward; **áaksiksisapoowa** she will go down.

IKSISAPITSISSI *vai*; be active for one's age; (**iksisápitsissit)!** (be active for your age)!; **áaksiksisapitsissiwa** she will be active ...; **iksisápitsissiwa** he is active ...; **nitsííksisapitsissi** I am active for my age; **nítssaakiáíksisapitsissi** I am still active for my age.

IKSISATOO *vti*; hide; **iksísatoot!** hide it!; **áaksiksisatooma** she will hide it; **iiksísatooma** he hid it; **nitsííksisatoo'pa** I hid it; *Rel. stem: vta* iksisat hide.

IKSISATTSIIWAA *vai*; be envious, be jealous; **ksisáttsiiwaat!** be jealous!; **áaksiksisáttsiiwaawa** she will be ...; **iksisáttsiiwaawa** he was envious; **nitsííksisattsiiwaa** I was jealous.

IKSISISTSIM *vta*; whet, sharpen; **ksisístsimisa amo isttoána!**
whet this knife!; **áaksiksisistsimiiwa** she will whet it;
iksisístsimiiwa he whet it; **nitsííksisiststomooka** she whet it for
me (benefactive); *also* **iksisiistsim**; *Rel. stems: vti* **iksisiststoo**, *vai*
iksisiststaa, *vai* **iksisiststaki** sharpen.

IKSISISTSTAA *vai*; whet, sharpen (a bladed instrument);
ksisíststaat! sharpen!; **áaksiksisiststaawa** she will ...;
ííksisiststaawa he sharpened; **nitsíksisiststaa** I sharpened; *also*
iksisiiststaa.

IKSISSKAHKO *vta*; nudge; **ksísskahkoosa!** nudge her!;
áaksíksisskahkoyiiwa she will nudge him; **iiksísskahkoyiiwa** he
nudged her; **nitsíksisskahkooka** he nudged me; *Rel. stems: vti*
iksisskahki, *vai* **iksisskahkaki** nudge.

IKSÍSST *nar*; mother/ maternal aunt (of male or female);
niksísstsiksi my mothers/aunts; **oksísstsi** his/her mother.

IKSISSTA'P *adt*; confused/abnormal; **iksísstá'psskiwa** face not nor-
mal (e.g. sickly/pale); **stámiksissta'paitsinikiwa** he was telling a
confused story; **kaayisstá'pita'paissiwa** she is in a confused state;
Note: init. change.

IKSISSTA'PII *vii*; be without design, pointless; **áaksiksíssta'piiwa**
it will be without design; **kaayisstá'piiwa** it was without design;
Note: init. change; *Rel. stem: vai* **iksissta'pssi** be aimless.

IKSISSTA'POO *vai*; get lost, go astray; **iksíssta'poot!** get lost!;
áaksiksíssta'poowa she will go astray; **iksíssta'poowa** she went
astray; **nitsiksíssta'poo** I got lost.

IKSISSTA'PSSI *vai*; be a spirit/ supernatural being, lit: aimless;
kayíssta'pssiwa it is a spirit; **ákaiksissta'pssiwa** he has become a
spirit (died); *Note: init chg.*

IKSISSTO. *adt*; extravagant, waste, surplus; **iksísstoyi'tsima** he
wasted it; **niitá'piksisstowa'pitapiwa** he is a very extravagant per-
son; **áaksiksisstoyi'tsimáyi** she will waste it; *Note: y˜w.*

IKSISSTO *adt*; without apparent cause, for no reason;
kayisstó'tsimáyi he took it for no reason; *see*
áíksisstóómatokska'si car/ it starts running without apparent
cause; *see* **iksisstoohkot** give without apparent cause;
stámiita'piksíssta'piiwa omohtoki'takihpi there was really no
reason for her to get angry.

IKSISSTOKA'PII *vii*; be roomy; **áaksiksísstoka'piiwa** it will be
roomy; **amo náápiooyisi iiksíksisstoka'piiwa** this house is roomy;
Rel. stem: vai **iksisstoka'pssi** be roomy.

IKSISSTOOHKOT *vta*; give something to for nothing in return; **iksísstoohkotsisa!** give him something for nothing!; **áaksiksísstoohkotsiiwa** he will give her something for nothing; **kaayísstoohkotsiiwa** he gave her something for nothing; **nitsíksisstoohkokka omi ponokáómitaayi** she gave me the horse for nothing; ohkot; *Note: init. change.*

IKSISSTOWA'PSSI *vai*; extravagant, wasteful; **ksisstówa'pssit!** be wasteful!; **áaksiksísstowa'pssiwa** she will be ...; **iksisstówa'pssiwa** he is wasteful; **nitsíksisstowa'pssi** I am extravagant.

IKSISSTOYI'TSI *vti*; leave behind, discard, waste, abandon; **iksísstoyi'tsit!** waste it!; **áaksiksisstoyi'tsima** she will waste it; **iksisstoyi'tsima anniistsi otsstákssiistsi** he abandoned his belongings; **nitsíksisstoyi'tsii'pa nitsówahsiimistsi** I wasted my foodstuff; *Rel. stem: vta* iksisstoyimm waste.

IKSIST *adt*; finish/ at the end; **áí'ksistá'piisa** when it's over; **ákáaksiksista'piiwa** it is about to end; **nitsííksista'pistotsiihpa** I finished making it.

IKSIST *adt*; hot, warm, heat; **ksiistóyiiwaaki** take warning, it is hot; **áaksiksístohsoyiwa** he will warm himself; **áaksiksistokomiwa anni aohkííyi** the water will be heated.

IKSISTOHSI *vti*; warm over a heat source; **iksístohsit!** warm it!; **áaksiksistohsima otsóyo'siistsi** she will warm the food that she cooked; **iksístohsima matsikíístsi** he warmed his shoes; **nitsíksistohsii'pa** I warmed it; *Rel. stem: vai* iksistohsoyi warm oneself.

IKSISTOHSOYI *vai*; warm one's self near a heat source; **áaksiksistohsoyiwa** he will ...; **nítsitaiksistohsoyi aam áísaiksisto'sima** I am warming myself by the radiator

IKSISTOKOMI *vii*; be warm water; **áaksiksístokomiwa** it will be warm water; **iiksíksistokomiwa** it is warm water.

IKSISTOYI *vii*; warm/hot; **áaksiksístoyiwa** it will be warm; **iiksíksistoyiwa** it is very warm; **ksiistoyíwa** it is/was hot; *Rel. stem: vai* iksisto'si be warm, hot.

IKSISTO'SI *vai*; have fever, lit: be hot; **ksistó'sit!** have a fever!; **áaksiksisto'simma** she will ...; **iksísto'simma** he had a fever; **nitsííksisto'si** I had a fever; *Note: 3mm.*

IKSISTSII *vii*; complete; **áaksiksistsiiwa** it will be complete; **anni ookóówayi ákaiksistsiiwa** his house is completed; *Rel. stem: vai* iksistssi be complete.

IKSISTSIKIMÍSSTAA *vai*; brew a (medicinal or alcoholic) drink; **ksistsikímisstaat!** brew a drink!; **áaksiksistsikímisstaawa** she will ...; **iiksistsíkimisstaawa** he brewed a drink; **nitsííksistsikímisstaa** I brewed a drink.

IKSISTSIKÓ *vii*; be day; **áaksiksistsikowa** it will be day.

IKSISTSIKOINATTSI *vii*; look like daylight; **áaksiksistsikóínattsiwa** it will look like daylight; **iiksistsikóínattsiwa** it looked like daylight; **sskáí'papomma, nííttsiksistsikoinattsiwa** the lightning really flashed, it just looked like daylight.

IKSISTSIKOMI *vai*; have a celebration day, usually a birthday; **ksistsikomít!** celebrate!; **maa nóko'sa áaksiksistsikomiwa** my child will celebrate a birthday; **iiksístsikomiwa** he celebrated a birthday; **nitsííksistsikomi** I celebrated a birthday.

IKSISTSIKOMSSIN *nin*; birthday; **niksistsikómssiistsi** my birthdays.

IKSISTSPI'TAKI *vai*; be eager to begin; **iksístspi'takit!** be eager!; **áaksiksístspi'takiwa** she will be ...; **iksístspi'takiwa mááhkomatapoohsi** he was eager to begin (his walking journey); **nitsíksistspi'taki** I was eager; *Rel. stems: vti* **iksistspi'tsi,** *vta* **iksistspimm** be eager to try, be aggressively eager about gauging ones abilities against.

IKSISTSPI'TSI *vti*; eager to try, esp. work; **iksístspi'tsit!** be eager to try!; **áaksiksístspi'tsima** she will be eager to try it; **iksístspi'tsima** he was eager to try; **nitsíksistspi'tsii'pa** I was eager to try it; **iiksíksistspi'tsima mááhko'ksspanohkio'tsi'si anní ookóówayi** he is very eager to paint his house

IKSISTSSI *vai*; be in a completed state/ ready; **ákaáaksiksistssiyi nitsínaka'siimiksi** my car is almost in a completed state (repaired); **ákaiksistssiyi annááhk nisí'kaanahk** my blanket is completed.

IKSISTSTSOOHSI *vai*; settle one's own affairs, business; **ksiststsóóhsit!** settle your affairs!; **áaksiksíststsoohsiwa** she will ...; **iksístststsoohsiwa** he settled his affairs; **nitsííksistststoohsi** I settled my affairs; *Rel. stems: vti* **iksistststoohsatoo,** *vta* **iksistststoohsat** settle (an affair), settle one's own business with.

IKSISTTAANA'PII *vii*; be ground for expectation, usu. of success or improvement/ be full of promise, likely to succeed or to yield good results; **áaksiksisttaana'piiwa anniihka sináákssini** the paper that you are expecting will likely be a success; **(iiks)iksisttaana'piiwa** it is full of promise; *Rel. stem: vai* **iksisttaana'pssi** be promising, be a wielder of hope.

IKSISTTOKSII *vti;* nail together; **kaayísttoksiit!** nail it together!; **áaksiksisttoksiima anni otátaksaakiimi** she will nail her box together; **kaayísttoksiima** he nailed it together; **nitsííksisttoksii'pa** I nailed it together; *Note: init. change; Rel. stem: vta* **iksisttoksi** nail.

IKSISTTONIMMAA *vai;* trim, cut evenly (e.g. bottom of a lodge, or hair); **ksisttonímmaat!** cut evenly; **áaksiksísttonimmaawa** she will ...; **iksísttonimmaawa** he cut evenly; **nitsíksisttonimmaa** I cut evenly; *Rel. stems: vti* **iksisttoni,** *vta* **iksisttonit** trim, cut evenly.

IKSISTTOTSA'PII *vii;* be extremely warm; **áaksiksísttotsa'piiwa** it will be extremely warm; **iksísttotsa'piiwa** it is extremely hot; *Rel. stem: vai* **iksisttotsa'pssi** be extremely warm.

IKSÍSTTOTSISSI *vai;* feel uncomfortably warm (from the heat); (**iksísttotsissit!** feel uncomfortably warm!); **áaksiksísttotsissiwa** he will ...; **iksísttotsissiwa** she felt ... warm; **nitsiksísttotsissi** I felt ...warm

IKSISTTOTSI'TAKI *vai;* feel warm; **iksísttotsi'takit!** feel warm!; **áaksiksísttotsi'takiwa** she will ...; **iksísttotsi'takiwa** he felt warm; **nitsíksisttotsi'taki** I felt warm; *Rel. stems: vai* **iksisttotsissi,** *vta* **iksisttotsimm** feel warm, feel uncomfortably warmed by.

IKSISTTOWAT *vta;* make a promise to; **ksisttowátsisa!** promise him!; **áaksiksísttowatsiiwa** she will promise him; **iiksísttowatsiiwa** he promised her; **nitsííksísttowakka nááhksisoka'sskoyssi** she promised to make me a dress; *Rel. stem: vai* **iksisttoyi** make a promise

IKSISTTO'SI *vai;* be even on all sides, e.g. full moon or a scarf; **áaksiksístto'siwa** it will be even; **iksístto'siwa** it was even; *Rel. stem: vii* **iksisttoihtsi** be even.

IKSISTTO'SIM *vai;* be a full moon; **ákaiksistto'sima** it has become a full moon.

IKSISTTSSI *vai;* anticipate (s.t.) eagerly; (**iksisttssit!** be eager!); **áaksiksisttssiwa** she will ...; **iksísttssiwa mááhkohkoiináánssi** he is eagerly anticipating having money; **nitsíksisttssi** I am eagerly anticipating s.t..

IKSISTTSSI *vai;* be eager and hopeful, look forward (to s.t.); **ksisttssít!** hope!; **áaksiksisttssiwa** she will hope; **iksísttssiwa mááhkssisapó'koohsi issksiníma'tsaahpi** he is looking forward to completing his schooling; **nitsiksísttssi** I am eager and hopeful

IKSIWAINAKA'SI *vai*; roll on the ground; **stsiksiwáínaka'sit!**
roll!; **áaksiksiwainaka'siwa** it will ...; *cf.* **iksow+inaka'si.**

IKSI'S *adt*; out of sight behind an object/ hidden;
itsiksí'saipoyiwa she is standing out of sight (e.g. around the
corner); *see* **iksi'soo** walk out of sight.

IKSI'SOO *vai*; walk out of sight (behind something); **ksi'sóót!** walk
behind s.t.!; **áaksiksí'soowa** she will ...; **iiksí'soowa** he walked ...;
nitsííksi'soo I walked out of sight.

IKSKANAOTONNI *vii*; become morning; **akáaksikskanáótonniwa**
it will soon be morning; **ákaikskanáótonniwa** it has become morn-
ing.

IKSKIMAA *vai*; hunt game; **ikskimaat!/ksiskimaat!** hunt!;
áaksikskimaawa he will hunt; **iikskímaawa** she hunted;
nitsíkskimaa I hunted; *Rel. stem: vta* **ikskimat** hunt (game).

IKSKOOSI *vai*; stiffen, make oneself rigid; **ikskóosit!** stiffen!;
áaksikskóosiwa she will ...; **ikskóósiwa** he stiffened; **nitsíkskoosi** I
stiffened.

IKSKSOWA' *adt*; by chance; **iksksówa'piiwa** it was a chance hap-
pening; **itsíksksowai'to'toowa** he got there by chance.

IKSOW *adt*; at ground level; *see* **iksowoo** walk; *see*
iksowa'pomaahkaa animal; *also* **iksiw**

IKSOWÁ'POMAAHKAA *nan*; animal; **iksowá'pomaahkaiksi**
animals; *cf.* **iksow+a'p+omaahkaa.**

IKSOWOO *vai*; walk/quit; **ksowóót!** quit!; **áaksiksowoowa** he
will quit; **iiksowóówa** she walked; **nitsííksowoo** I quit; *cf.* **oo**; *Rel.
stems: vti* **iksowaaatoo,** *vta* **iksowaaat** give up, give up the com-
pany of.

IKSO'KOWA *nar*; relative; **níkso'kowaiksi** my relatives;
ókso'kowaiksi his/her relatives.

IKSO'KOWAMM *vta*; be friendly with; **iksó'kowammisa!** be
friendly with him!; **áaksikso'kowammiiwa** she will be friendly with
him; **iksó'kowammiiwa** he was friendly with her;
nitsííkso'kowammoka she was friendly with me; *Rel. stem: vai*
ikso'koyi have relatives

IKSSKAMI *vai*; be highly spirited, lively (said of a horse or
vehicle); **iksskámit!** be lively!; **áaksiksskamiwa** he will be lively;
iksskámiwa he was lively; **kitsiksíksskami** you (a horse) are very
high-spirited; **niitsiksskamiyi anniiksi kitsinaká'siimiksi** your car
is very high spirited (usu. after a tune-up)

IKSSKAMM *vta*; overtly display dislike towards; **ksisskámmisa!** display dislike towards her!; **áaksiksskammiiwa** she will display dislike towards him; **iksskámmiiwa** he displayed dislike towards her; **nitsíksskammoka** she displayed dislike towards me; *Rel. stems: vti* **iksska'tsi**, *vai* **iksska'takiipitsi** dislike, be a sensitive person.

IKSSTO *adt*; abreast; **iksstóípoyiyaawa** they are standing abreast; *see also* **kaatsisto**

IKSSTONIMMAA *vai*; have hair bangs; **iksstoními mmaat!** have hair bangs!; **áaksiksstonimmaawa** she will ...; **iksstónimmaawa** he had hair bangs; **nitsíksstonimmaa** I had hair bangs; **iikópaksiksstonimmaawa** she has wide hair bangs.

IKSSTSOOHKINN *nan*; shell necklace (gained upon initiation); **oksstsoohkinniksi** his/her shell necklaces; **niksstsoohkinna** my shell necklace; *cf.* **aksstsii**.

IKSTSIKINAO'TSI *vti*; scratch because of an itch (on one's body); **ikstsíkinao'tsit!** scratch it!; **áaksikstsíkinao'tsima** she will scratch it; **ikstsíkinao'tsima** he scratched it; **nitsíkstsikinao'tsii'pa** **no'tsísi** I scratched my hand.

IKSTSIKSIIYI *vai*; scratch one's itch; **ikstsíksiiyit!** scratch yourself!; **áaksikstsiksiiyiwa** she will ...; **iikstsíksiiyiwa** he scratched himself; **nitsííkstsiksiiyi** I scratched myself.

IMAAT *adt*; negative; *see* **maat**

IMAK *adt*; even if; **imakí'tsinitsisa** even if it burns.

IMI *adt*; mess; **niimiá'piistsi** articles which cause a mess; **iiksímiihkiniwa** he has dandruff; **iikáímiihtakiwa** he places his articles in a messy way.

IMIIHKAYII *nan*; swan, Lat: Cygnus columbianus; **imííhkayiiksi** swans.

IMIKIHTA'TSSKAA *vai*; grab an object for use as a weapon; **imíkihta'tsskaat!** grab something for use as a weapon!; **áaksimíkihta'tsskaawa** she will ...; **iimíkihta'tsskaawa** he grabbed ... a weapon; **nitsíímikihta'tsskaa** I grabbed ... a weapon.

IMITÁÁ *nan*; dog; **ksikkomítaiksi** white dogs; **nitómitaama** my dog; **imitáíkoana** puppy; *see* **nioomitaa** stallion; *see* **ponokáómitaa** horse.

IMITAISSKI *vai*; be unscrupulous, hard faced, lit: have a dog face; **imitáísskit!** be hard faced!; **áakomitaisskiwa** she will be unscrupulous; **imitáísskiwa** she was hard faced; **nitómitaisski/nitsíímitaisski** I am unscrupulous.

IMM *vta*; feel emotion toward; **nitsikókimmawa** I am angry with him; **kitsí'taamimmoka** she enjoyed your joviality; *Note: adt req*; *Rel. stems: vai* **i'taki,** *vti* **i'tsi** feel emotion toward s.t., feel emotion toward.

IMMAK *adt*; few, rare, less than normal,; **immákihkiniwa** he has a less than normal amount of hair; **iikáímmaka'pssiiyaawa** they are very rare; *see* **immakoyaaki** shape mouth for crying.

IMMAKA'PII *vii*; rare; **áaksimmaka'piiwa** it will be rare (e.g. an occasion); **iiksímmaka'piiwa** it is a rare time; *Rel. stem: vai* **immaka'pssi** rare/scarce.

IMMAKOYAAKI *vai*; shape one's lips for crying; **immákoyaakit!** get ready to cry!; **áaksimmákoyaakiwa** she will ...; **immákoyaakiwa** she shaped her mouth to cry; **nitsímmakóyaaki** I shaped ...; **áímmakóyaakiwa** she is about to cry.

IMMAKSI'NI *vai*; be orphaned, bereaved, deprived of parents at a young age; (**immaksi'nit!** be orphaned!); **áaksimmaksi'niwa** she will be deprived of parents at a young age; **immaksí'niwa** she was bereaved of parents; **nitsímmaksi'ni** I was orphaned; *Rel. stem: vta* **immaksi'nit** orphan.

IMMI *vii*; be deep; **áaksimmiwa** anni **niítahtayi** the river will be deep; **immiwa** it is/was deep.

IMMIKO *vii*; be deep snow; **áaksimmikowa** it will be deep **immikówa**; it is/was deep snow.

IMMIKSKISTTSOMO'KAAN *nin*; (visored) cap; **ksikkímmikskísttsomo'kaanistsi** white caps; **nitsímmikskísttsomo'kaani** my cap; *cf.* **isttsomo'kaan.**

IMMISTSII *nin*; grease, lard, cooking oil; **immistsíístsi** grease, lard, cooking oils; **nitsímmistsiimi** my grease.

IMMISTSIIHKIITAA *vai*; make fry bread/ deep fry one's own cooking; **immistsííhkiitaat!** make fry bread!; *Rel. stems: vti* **immistsiihkiitatoo,** *vta* **immistsiihkiitat** deep fry.

IMMISTSÍÍHKIITAAN *nin*; fry bread, lit: grease-baked goods; **ómahksimmistsííhkiitaanistsi** big pieces of fry bread; **nitsímmistsííhkiitaani** my fry bread; *cf.* **ihkiitaa.**

IMMISTSI'SAKI *vai*; fry (s.t.); **immistsí'sakit!** fry!; **áaksimmistsi'sakiwa** she will ...; **immistsí'sakiwa** he fried (s.t.); **nitsímmistsi'saki** I fried (s.t.).

IMMOKI'KAA *vai*; skate; **immokí'kaat!** skate!; **áaksimmoki'kaawa** he will ...; **immokí'kaawa** he skated; **nitsímmoki'kaa** I skated.

IMMOKI'KAA'TSIS *nan*; skates; **nitsímmoki'kaa'tsiiksi** my skates.

IMMOYAAN *nan*; hairy robe (e.g. buffalo robe, cowhide); **immoyáaniksi** hairy robes.

IMMOYAAPAISSTAAMIINATTSI *nin*; peaches; **immoyápasstaamiinattsiistsi** peaches; **nitsímmoyapasstaamiinattsima** my peach.

IMMOYI *adt*; hairy; *see* **immoyiisoka'sim** fur coat.

IMMOYIIKANSSIN *nin*; fur leggings for male dancers; **immoyííkanssiistsi** fur leggings.

IMMOYIISOKA'SIM *nin*; fur coat; **immoyíísoka'siistsi** fur coats; *cf.* **asoka'sim**.

IMMOYISSKSISI *nan*; Hairy Nose Clan (Peigan); **Immoyíssksisiiksi** Hairy Nose Clan/ members of the Hairy Nose Clan; a.k.a. Kootsaakiiyi'taa; *cf.* **hksis**

IMMOYÍSTTSOMO'KAAN *nin*; fur hat; **immoyísttsomo'kaanistsi** fur hats.

IMMOYOOHTOOKI *nin*; apricot, lit: hairy ear; **immoyóóhtookiistsi** apricots; **nitsímmoyoohtookiimi** my apricot.

IMMSOWAAT *vta*; muddy water for/ demonstrate disrespect for, disregard; **immsowaatsisa!** muddy waters for him!; **áaksimmsowaatsiiwa** she will muddy waters for him; **immsowaatsiiwa** she muddied waters for him; **nitsimmsowaakka** she muddied waters for me; **nikáímmsowaakka** he has showed me disrespect.

IMMSSIKAA *vai*; skim off the surface (of a liquid); **immssíkaat!** skim! (e.g. the cream off the milk); **áaksimmssikaawa** she will ...; **immssíkaawa** he skimmed; **nitsímmssikaa** I skimmed; *Rel. stems:* *vti* **immssikatoo**, *vta* **immssikat** skim off.

IMMSSIKATOO *vti*: skim off the surface of; **ímmssikatoot!** skim it off; **áaksimmssikatooma** she will skim it off; **ímmssikatooma** he skimmed it off: **nitsímmssikatoo'pa anni kóópisi** I skimmed (the fat) off the top of the soup.

IMSS *nar*; daughter-in-law; **nímssiksi** my daughters-in-law; **ómssi** his/her daughter-in-law

IMSSKAA *vai*; save food/ put aside from a meal; **imsskáát!** save food!; **áaksimsskaawa** she will ...; **imsskááwa** he saved food; **nitsímsskaa** I saved food; *Rel. stems:* *vti* **imsskatoo**, *vta* **imsskat** save (food), save food for.

INÁ *vai*; have the specified appearance, look like; **iiksípistsinámma** it looks odd; **ápoyiinámma** it is light brown, it looks like light brown; **siksinámma** it's black, looks like black; *Note: adt req, 3mm*; *Rel. stem: vii* **ináttsi** have the appearance

INAAÁHS *nar*; father-in-law; **nitsínaaáhsiksi** my fathers-in-law.

INAAMAAHKAA *vai*; count coup/ acquire a keepsake/ take a trophy from an enemy; **ináámaahkaat!** take a trophy!; **áaksinaamaahkaawa** she will ...; **iináámaahkaawa** he took a trophy ...; **nitsíínaamaahkaa** I collected a keepsake from the enemy; *cf.* **naamaa+hkaa**; *Rel. stems: vti* **inaamaahkatoo,** *vta* **inaamaahkat** acquire (a trophy), count coup on.

INAAMAAHKAAN *nin*; coup, trophy, successful strategic acquisition; **amostsi nitsinaamaahkaanistsi** these are my trophies.

INAANATOO *vti*; own; **náanatoot!** claim it!; **áaksináanatooma** she will own it; **iináanatooma** he owns/owned it; **nitsíínáanatoo'pa** I own it; *Rel. stems: vai* **inaani,** *vta* **inaanat** own (s.t.), own.

INAANI *vai*; possess something, often money; **noohksináánit!** have some money!; **áaksinaaniwa** she will ...; **iináániwa iihtáó'takááhkiaakio'pa** he has a screwdriver; **nitsíínaani** I have money

INAANSSAT *vta*; request of/ ask for something from; **ináánssatsisa!** ask him!; **áaksinaanssatsiiwa** she will ask him; **ináánssatsiiwa** he asked her; **nitsíínaanssakka ó'kapayini** she asked me to give her some flour; *Rel. stem: vai* **inaanssi** ask (for s.t.).

INAANSSKO *vta*; acquire for, get something for, provide; **náansskoosa!** get something for her; **áaksinaansskoyiiwa** he will pick up something for her; **ináánsskoyiiwa** she picked up something for him; **nitsíínaansskooka** she picked up something for me; *Rel. stems: vai* **inaansskaa,** *vti* **inaansskatoo** acquire s.t., acquire.

INAAPIIM *nar*; old man/husband; **ináápiima** my old man; **onáápiimi** her old man.

INAAPITSI *vai*; be a woman obsessed with men; (**nínaapitsit!** be a woman obsessed with men!) **áaksínaapitsiwa** she will be ...; **iiksínaapitsiwa/nínaapitsiwa** she is obsessed with men; **nitsiiksinaapitsi** I am obsessed with men.

INAIHKA'SI *vai*; act bossy. domineering; **ináíhka'sit!** act bossy!; **áaksínaihka'siwa** she will ...; **iinááíhka'siwa** he acts bossy; **nitsínaihka'si** I acted domineering; *cf.* **ninaa**; *Rel. stem: vta* **inaihka'sat** act bossy to.

INAIM *nan*; leader, employer; **nitsínaimiksi** my employers; **kitsínaiminnooniksi** our leaders; *cf.* **ninaa**.

INAIMM *vta*; treat with courtesy and consideration; **ináímmisa!** treat her with courtesy and consideration!; **áaksínaimmiiwa** she will ...; **iináímmiiwa** he ...; **nitsíínaimmoka** she treated me with courtesy and consideration; *Rel. stems: vti* **inai'tsi,** *vai* **inai'taki** have respect for, have respect.

INAIMMOHSI *vai*; be arrogant, haughty, expect to be waited on; **ináímmohsit!** be arrogant and expect to be waited on!; **áaksínaimmohsiwa** she will be ...; **iináímmohsiwa** he was/is arrogant; **nitsíínaimmohsi** I was arrogant; *cf.* **inaimm.**

INAI'T *adt*; after the fact; **nikáyaakomatomaahkaa ki ináí'taniiwa mááhkohpo'kiyoohsi** I was ready to drive away and then she changed her mind and decided to join me; **áí'ksistahkanima aníístsi niníítsitsikiistsi nitsíínai'tsiponihtatawa** when she finished my mocassins, then I paid her; **kitáakínai'tanisto** and then I will tell you.

INAKA'SI *vai*; roll; **míístapinaka'sit!** roll away!; **áaksiistapinaka'siwa** it will roll away; **áámiinaka'siwa** it rolled up; **nitsítsinniinaka'si** I then rolled down; *Note: adt req.*

INAKAT *vta*; roll; **inakátsisa!** roll him!; **áaksinakatsiiwa** she will roll him; **inakátsiiwa** he rolled her; **nitsínakakka** she rolled me; *Rel. stems: vti* **inakatoo,** *vai* **inakataki** roll, roll (s.t.).

INAKA'SIIMI *vai*; own a vehicle; **inaká'siimit!** own a vehicle!; **áaksinaka'siimiwa** she will ...; **iinaká'siimiwa** he owns a vehicle; **nitsíínaka'siimi** I own a vehicle.

INAKA'SSKAA *vai*; buy or acquire a vehicle; **inaká'sskaat!** buy a vehicle!; **áaksinaka'sskaawa** she will ...; **iinaká'sskaawa** he bought a vehicle; **nitsíínaka'sskaa** I bought a vehicle; *cf.* **hkaa**

INAKO *vii*; show, appear, be visible, be evident: **áaksinakowa maanistsííyika'po'takihpi** it will show, how hard he worked; **iinakówa** it was visible; **áakssayinakowa** it will disappear; *Rel. stem: vai* **inakoyiim** be visible.

INÁKOI *vii*; be the first quarter (of the moon); **ákááinakoimma** the moon is in its first quarter.

INAO'SA'TSIS *nin*; shoelace; **nináó'sa'tsiistsi** my shoelaces.

INAO'SI *vai*; dress for a specific occasion/ tie ones own shoelaces; **a'pináó'sit!** dress yourself for the occasion!; **máaksináó'siwa** he dressed for the occasion; **iiyáaksinao'siwa** he dressed for the occasion/ he tied his shoelaces; **nitsíiksstónnatsinao'si** I am dressed terribly; *Note: adt req.*

INAWA'SI *vai*; become an appointed leader, e.g. a chief, councillor; **ináwa'sit!** become a leader!; **áaksinawa'siwa** she will ...; **íkainawa'siwa** he had become a chief; **nitsííkainawa'si** I was a councillor; *cf.* **ninaa.**

INI *vti*; see; **iníts!** see it!; **áaksinima** she will see it; **iinímayi** he saw it; **nitsíínii'pa** I saw it; *Rel. stem: vta* **ino** see.

INIHKAT *vta*; call, name; **inihkátsisa!** call her!; **áaksinihkatsiiwa** she will call him; **inihkátsiiwa** he called her; **nitsínihkakka** he named me; *Rel. stems: vti* **inihkatoo**, *vai* **inihka'siimi** be named, have a name.

INIHKATSIMAT *vta*; call on for help; **Kínnoona inihkátsimatsisa!** call on the Father!; **áaksinihkatsimatsiiwa** she will call on him (e.g. the spirit of a deceased relative); **inihkátsimatsiiwa ónsstsi** he called on his sister for help; **nitsíínihkatsimakka** she called on me for help; *Rel. stem: vai* **inihkatsimaa** call for help.

INIHKA'SIMI *vai*; be named, have a name; (**inihka'simit!** have a name!); **áaksinihka'simiwa** she will have a name; **iinihká'simiwa/náánihka'simiwa** he has a name; **nitsíínihka'simi** I have a name.

INIHKI *vai*; sing; **(n)inihkít** sing!; **nitáaksinihki** I will sing; **inihkíwa** he sang; **nitsíínihki** I sang; **ninihkssíni** singing/song (*nin*).

INIHKIHTSI *vti*; sing (a particular song); **(n)inihkihtsít** sing it!; **áaksinihkihtsii'pa** we (incl.) will sing it; **inihkihtsímáyi** he sang it; **nitsíínihkihtsii'pa** I sang it; *Rel. stems:* **vai** **inihki**, *vta* **inihkohto** sing, sing to.

INIHKOHTOMO *vta*; sing for: **inihkohtómoosa!** sing for him; **áaksinihkohtómoyiiwa** she will sing for him; **iinihkohtómoyiiwa** he sang for her; **nitsíínihkohtómooka** she sang for me; **nitáínihkohtómoawa** I'm singing a song for him.

INIIYI'TAKI *vai*; feel grateful/appreciative/ thankful: **iiniiyí'takit!** feel grateful!; **áaksiniiyi'takiwa** she will feel grateful; **iiniiyí'takiwa** he was grateful; **nitsíniiyi'taki** I am grateful; *Rel. stems:* *vti* **iniiyi'tsi**, *vta* **iniiyimm** appreciate, respect.

INII'POKAA *vai*; be spoiled, given special treatment as a child; (**nii'pokaat!** get special treatment!) **áaksinii'pokaawa** the child will ...; **iiníí'pokaawa** the child gets special treatment; **nitsíínii'pokaa** I (as a child) got special treatment.

INII'TOTOYAAPIKSSI *vai*; be frightened and defeated (usu. an animal that has been chased and caught), lit: have one's tail down (between the legs); **piníí'totoyáapikssit!** be frightened and defeated!; **áaksinii'totoyáapikssiwa óma apí'siwa** the coyote will be frightened and defeated; **iiníí'totoyáapikssiwa** it was frightened and defeated; **kitsiníí'totoyáapikssi** you were frightened and defeated.

INIKATO'KAT *vta*; imitate/mimic (e.g. mannerisms); **inikáto'katsisa anná kaaáhsa!** imitate your grandmother's mannerisms!; **áaksinikato'katsiiwa** he will mimic him (e.g his mannerisms); **ínikáto'katsiiwa anníísska óssska** he imitated his son-in-law; **nitsíínikato'kakka** she imitated me; *Rel. stem: vti* **inikato'katoo** re-enact (e.g. through a play).

INIKK *adt*; angry/sulking; *see* **inikksi** pout; **ómahksiníkkssapiwa** she gave a sulking glance; **áaksinikkitapiwa** he will be an angry type person

INIKKIHKOOHSI *vai*; move one's own body in an angry manner; **miináttsinikkihkoohsit!** stop moving your body in an angry manner; **áaksinikkihkoohsiwa** she will ...; **iiníkkihkoohsiwa** he moved his ...; **nitsíínikkihkoohsi** I moved my body in an angry manner.

INIKKOYIHKAAM *vta*; say angry words to; **iníkkoyihkaamisa!** say angry words to her; **áaksinikkoyihkaamiiwa** he will say angry words to her; **iiníkkoyihkaamiiwa** she said angry words to him; **nitsíínikkoyihkaamoka** she said angry words to me.

INIKKSI *vai*; pout; **inikksit!** pout!; **áaksinikksiwa** she will pout; **iiníkksiwa** he pouted; **nitsíínikksi** I pouted; **nitáínikksi** I am pouting.

INIKKSIISTAPOO *vai*; go away angry; **iníkksiistapoot!** go away mad!; **áaksinikksiistapoowa** she will ...; **iiníkksiistapoowa** he went away angry; **nitsíínikksiistapoo** I went away angry; *cf.* **miistaap**.

INIKKSISTOTO *vta*; be mean to; **iníkksistotoosa!** be mean to him!; **áaksiníkksistotoyiiwa** she will be mean to him; **iiníkksistotoyiiwa** he was mean to her; **nitsííníkksistotooka** she was mean to me; *Rel. stem: vti* **inikksistotsi** destroy in anger.

INI'STOTO *vta*; honor, treat special, with kindness and respect; **iní'stotoosa!** treat her special!; **áaksini'stotoyiiwa** she will treat him special; **iini'stotoyiiwa** he treated her special; **nitsííni'stotooka** she treated me special; **iihkóíni'stotoawa** he was honored (with a meal, e.g.).

INI'YIMM *vta*; consider special, feel respect for; **ini'yímmisa!** feel respect for her!; **áaksini'yimmiiwa** she will consider him special; **ini'yímmiiwa** he felt respect for her; **nitsííni'yimmoka** she considered me special.

INN *adt*; down; **innóóhpattsiima omi iihtáísínaakio'pi** he knocked down that writing instrument; **sáínnisiwa** it fell down; **áaksinnisskoyiiwa ánni otáni** she will chase her daughter down/off; *see* **innisi'yi** fall; **iihtsínnoohpai'piyiwa** he jumped down from there; **áaksínnaapiksima** she will throw it down.

INN *nar*; father; **ónni** his/her father; **kínnoona** our (incl.) father.

INNAAHKOOT *adt*; successive, from one to another; **innááhkootaohkottsiiyo'pa** we pass it on from one to another; **áakitsinnaahkootópiiyaawa** they will be sitting one after another or side by side

INNAAP *adt*; east; *see* pinaap

INNAAPIKSIST *vta*; drop/throw off from an elevated level; **innáapiksistsisa!** drop him off!; **áaksinnáápiksistsiiwa ánni óhko'si** she will drop the pot (e.g. off the table); **innáápiksistsiiwa** he dropped her off (e.g. the edge); **nitsínnáápiksikka** she dropped me off; *Rel. stems:* **vti** innaapiksi, **vai** innaapiksistaki drop, drop (s.t.).

INNAAPOTSKIHTSI *vti*; swim down; **innáápotskihtsit!** swim down it!; **áaksinnáápotskihtsima isskihtáíitahtaayi** she will swim down the St. Mary's river; **innáápotskihtsima** he swam down the river; **nitsinnaapotskihtsii'pa** I swam down it (the river).

INNAISSTSIIYI *vai*; make a treaty, make peace; **innáísstsiiyik!** make a treaty; **áaksinnáísstsiiyiyaawa** they will ...; **innáísstsiiyiyaawa** they made peace; **nitsínnaisstsiiyihpinnaana** we made a treaty.

INNAISSTSOOKAKIHTSIMAAN *nin*; treaty, lit: peace-law; **innáísstsookakihtsimaanistsi** treaties

INNA'KI *vti*; conserve, take special care to make a supply last; **inná'kit ánni kitáákissini aohkííyi!** take special care to make that water, which you fetched, last!; **áaksinna'kima** she will make it last as long as possible; **inná'kima** he made it last as long as possible; **nitsínna'kii'pa** I made it last as long as possible.

INNA'KOOHSI *vai*; take special care of one's own health e.g. during an illness; **noohksínna'koohsit akáí'sawattsipánna'po'takit!** you should be concerned for your health and stop working all night!; **áaksínna'koohsiwa** she will take care of herself; **inná'koohsiwa** he took care of himself; **nitsínna'koohsi** I took care of myself.

INNIHTAA *vai*; boil food; **innihtáát** boil (s.t.)!; **nitáaksinnihtaa** I will ...; **innihtááwa maatááki** he boiled potatoes; **nitsínnihtaa i'ksisakoi** I boiled meat; *Rel. stems: vti* **innihtatoo**, *vta* **innihtat** boil (food).

INNIKINAA *vai*; soften bones by boiling; **noohksinnikinaat!** why don't you boil some bones!; **áaksinnikinaawa** she will ... some bones; **innikínaawa** he boiled ...; **nitsínnikinaa** I boiled bones.

INNIKINAAN *nin*; grease (espec. from boiled bones); **innikínaanistsi** greases.

INNIOOMSSTSI *vti*; pull food down by biting for the purpose of stealing (usually is the action of an animal, e.g. a dog or cat); **innióómsstsit!** pull the food down!; **oma imitááwa áaksinnioomsstsima ánniistsi iitsíttsimaanistsi** the dog will pull down the drying meats; **innióómsstsima** he pulled ...; **nitsínnioomsstsii'pa** I pulled ...; *Rel. stems: vai* **innioomsstaki**, *vta* **innioomipi** steal food.

INNISI'YI *vai*; fall; **innisí'yit!** fall!; **áaksinnisi'(yi)wa** he will fall; **innisí'(yi)wa** he fell; **nitsínnisi'yi** I fell; *Note: yi loss*; *Rel. stem: vii* **innisi** fall.

INNISSKO *vta*; chase off; **innísskoosa!** chase her off!; **áaksinnisskoyiiwa** she will chase him off; **innísskoyiiwa** he chased her off; **nitsínnisskooka** she chased me off; *Rel. stem: vai* **innisskaki** chase (s.o.) off.

INNISSOOHKOYI *vai*; have one's mare foal; **innissóóhkoyit!** have a mare foal!; **áaksinnissoohkoyiwa** he will have a mare foal; **innissóóhkoyiwa** he had a mare foal; **nitsínnissoohkoyi** I had a mare foal.

INNO *adt*; long; *see* **innóóhsoyis** spoon, lit: long tail; **áaksinnoisspiwa** she will have long hair.

INNOISAYIINO'TOA *nan*; shawl; **innóísayiino'toaiksi** long-fringe shawls.

INNOISOOYIINII'P *nin*; fringed buckskin outfit, lit: what has been long fringed; **soksínnoisooyiinii'pistsi** good buckskin outfits; **kitsínnoisooyiinii'pi** your buckskin outfit; *cf.* **sooyiini** *also* **innoisooyinnii'p**

INNOISSPI *vai*; have long hair; **innóísspit!** have long hair!; **áaksinnoisspiwa** she will have ...; **innóísspiwa** he has ...; **nitsínnoisspi** I have ....

INNÓÓHKSISI *nan*; elephant, lit: long nose; **ómahksínnoohksisiiksi** big elephants; **nitsínnoohksisiima** my elephant.

INNOOHPATTSII *vti*; knock down; **innóóhpattsiit!** knock it down!; **áaksinnoohpattsiima anníístsi kitsí'nssimaanistsi** she will knock down your plants; **ífyinnoohpattsiima** he knocked it down; **nitsínnoohpattsii'pa** I knocked it down; *Note: i not shortened before -m*; *Rel. stems: vai* **innoohpattsaaki**, *vta* **innoohpattsi** knock down, knock down.

INNOOHPOKON *nan*; football (lit: long ball); **innóóhpokoiksi** footballs.

INNÓÓHSOYIS *nan*; spoon; **nitsínnóóhsoyiiksi** my spoons; *cf.* **moohsoyis.**

INNOOTAA *vai*; butcher; **innóótaat** butcher!; **áaksinnootaawa** she will ...; **innóótaawa** he butchered; **nitsínnootaa** I butchered; *Rel. stems: vti* **innootatoo**, *vta* **innootat** butcher.

INNOOTAT *vta*; skin, butcher; **innootatsisa!** butcher it!; **áaksinnootatsiiwa annááhka áápotsskinaawahka** she will butcher the cow; **innootatsiiwa** he butchered it; **nitáínnootatawa amo ponokáwa** I am butchering this elk.

INO *vta*; see; **inóósa!** see her!; **kitáaksinoawa** you will see her; **iinoyííwáyi** he saw her; **nitsíínooka** he saw me; *Rel. stem: vti* **ini** see.

INOKA'PII *vii*; be an appealing selection of; **áaksínoka'piiwa** it will be appealing; **iiksínoka'piiwa** it is an appealing selection of ..; **iikáaksinoka'piiwa anniihka máákomahksowahsini** there will be an appealing selection of food at the upcoming banquet; *Rel. stem: vai* **inoka'pssi** have an appealing ....

INOKI'TAKI *vai*; look forward to acquiring/receiving food/goods with eager anticipation; **miináttsinoki'takit!** stop looking forward to what you will acquire!; **áaksinoki'takiwa** she will look forward to ...; **inokí'takiwa** she is looking forward to begining; **nitsínoki'taki** I am eagerly looking forward to the goods that I might acquire

INOKSSI *vai*; have an appealing food supply; **(i)inókssit!** have an appealing food supply!; **áaksinokssiwa** she will ...; **iinókssiwa** he has/had an appealing food supply; **nitsínokssi** I had/have an appealing food supply; **Nitsííksskai'nokssi. Annááhka nóomahka sáamiwa.** I have a very appealing food supply. My husband hunted..

INOKSSIN *nin*; an appealing food supply; **ííksskai'sikimi'tsima otsinókssiistsi** she was very stingy with her appealing foodstuff.

INOWAAMIHKA'SAT *vta*; supernaturally make one's own existence known to; **noohksínowaamihka'satsisa!** make your existence known to her!; **áaksinowaamihka'satsiiwa** it will ... to him; **iinowáámihka'satsiiwa** it ... to her; **nitsíínowaamihka'sakka** oma natóyiisínaakssina the holy picture made it's existence known to me; **otsíínowaamihka'sakkiaawa ko'komíki'sommi** the moon made it's existence known to them.

INO'TSI *vti*; close (the lodge flap); **ao'ohtssáksiyiniki minó'tsit anní oohksipísta'tsisi!** as you go out, close the lodge flap!; **áaksino'tsima** she will close it; **iinó'tsima** he closed it; **nitsííno'tsii'pa** I closed it (the lodge flap).

INSSKIMAA *vai*; fasten one's own cape or shawl with a pin; **insskímaat!** pin your shawl!; **áaksinsskímaawa** she will ...; **insskímaawa** he fastened his (own) shawl; **nitsínsskimaa** I fastened my shawl.

INSSKIMAO'SI *vai*; fasten one's own jacket or shawl with a pin; **insskímao'sit!** fasten your shawl!; **áaksinsskímao'siwa** she will ...; **insskímao'siwa** he fastened his (own) jacket; **nitsínsskímao'si** I fastened my shawl; *Rel. stems: vti* **insskimao'satoo**, *vta* **insskimao'sat** fasten with a pin.

INSSPA'PSSI *vai*; have a quiet temperament; **insspá'pssit!** be a quiet person'; **áaksinsspá'pssiwa** she will be a quiet person; **insspá'pssiwa** he is a quiet person; **nitsínsspa'pssi** I am quiet person; *Rel. stem: vii* **insspa'pii** be quiet.

ÍNSST *nar*; older sister; **nínsstsiksi** my older sisters.

INSSTA. *adt*; neat; **insstáyinamma** it (anim.) looks neat; **nííitsinsstawaihtsiwa** it is neat; *Note: y˜w.*

INSSTAT *vta*; boil; **insstátsis!** boil it!

INSSTAWA'PII *vii*; tidy/neat; **áaksinsstawa'piiwa** it will be tidy; **iiksínsstawa'piiwa** it is tidy; *Rel. stem: vai* **insstawa'pssi** be tidy/neat

insspá'pssit! be a quiet person!; **áaksinsspá'pssiwa** she will be a quiet person; **insspá'pssiwa** he is a quiet person; **nitsínsspa'pssi** I am quiet person; *Rel. stem: vii* **insspa'pii** be quiet.

ÍNSST *nar*; older sister; **nínsstsiksi** my older sisters.

INSSTA. *adt*; neat; **insstáyinamma** it (anim.) looks neat; **nííitsinsstawaihtsiwa** it is neat; *Note: y˜w.*

INSSTAT *vta*; boil; **insstátsis!** boil it!

INSSTAWA'PII *vii*; tidy/neat; **áaksinsstawa'piiwa** it will be tidy; **iiksínsstawa'piiwa** it is tidy; *Rel. stem: vai* **insstawa'pssi** be tidy/neat

INSSTAWOHTOO *vti*; make tidy; **insstáwohtoot!** make it tidy!; **áaksinsstawohtooma ookóówayi** she will make her house tidy; **insstáwohtooma** he made it tidy; **nitsínsstawohtoo'pa** I made it tidy; **nitáínsstawohtoo'pa nitsimiá'pssiistsi** I am tidying my messy articles; *Rel. stem: vta* **insstayihtsi** arrange neatly.

IP *vrt*; move a tangible object from one point to another, bring; **nitáakomatsípiaawa** I will bring her there; **itapípohtoomáyi** she brought it there; *Note: adt req.*

IPÁÁHKSSTOOKI *vai*; heedless, does not listen; **ipááhksstookit!** be heedless!; **áaksipááhksstookiwa** he will not listen; **ipááhksstookiwa** he does not listen; **kitsipááhksstooki** you are heedless; **stámiitá'pipááhksstookiwa** you really just do not listen.

IPAAPIKSSI *vai*; rear (as a horse); **paapíkssit!** rear!; **áaksipááp-ikssiwa** she will rear; **ipáápikssiwa** he reared; **nitsíípaapikssi** I reared; **áípaapikssiwa nóta'sa** my horse is rearing up.

IPAAWANI *vai*; take off for flight/ fly; **ipááwanit!** fly!; **áaksipááwaniwa** she will fly; **iipááwaniwa** he flew; **nitsíípaawani** I flew.

IPAHK *adt*; bad; *see* **paahk.**

IPAHKA'PII *vii*; inclement weather/ storm, blizzard, lasting downpour of rain; **áaksipahka'piiwa** it (the weather) will be unpleasant: **Miinómatomaahkaat! Iiksípahka'piiwa** Do not begin your drive! The weather is very unpleasant.

IPAHKÍNAA *vai*; be a disagreeable man (usually toward one's wife), lit: bad man; **ipahkínaat!** be a disagreeable man!; **áaksipahkín-aawa** he will be ...; **ipahkínaawa** he is a ...; **nitsípahkínaa** I am a ...; *cf.* **paahk.**

IPAHKITAPI'TAKI *vai*; feel despair; **miinípahkitapi'takit!** don't despair!; **áaksipahkítapi'takiwa** she will...; **iipahkítapi'taki-wa** he felt despair; **nitsíípahkítapi'taki** I felt despair.

IPAHKÓOSI *vai*; be ill-fortuned, be prone to bad luck, fall on hard times; **paahkóosit!** fall on hard times!; **áaksipahkóosiwa** she will...; **ipahkóosiwa** he had bad fortune; **nitsípahkóosi** I am prone to bad luck; *Rel. stems: vti* **ipahkoosatoo**, *vta* **ipahkoosat** have no luck with

IPAHP *adt*; quiver, flutter, tremble, shiver; *see* **ipahpaapiniaap-ikssi** flutter one's eyelids; *see* **ipahpoyi** shiver; *see* **ipahpaapiksi** shake.

IPAHPÁAPIKSI *vti*; shake; **paahpáapiksit!** shake it!;
áaksipahpáapiksima osóka'sima he will shake his jacket;
iipahpáapiksima he shook it; **nitsípahpáapiksii'pa** I shook it;
Rel. stems: vai **ipahpaapiksistaki,** *vta* **ipahpaapiksist** shake (s.t.),
shake.

IPAHPÁAPINAAPIKSSI *vai*; flutter one's own eyelids, i.e. blink
rapidly; **paahpáapinaapikssit!** flutter your eyelids!;
áaksipahpáap-
inaapikssiwa she will ...; **ipahpáapinaapikssiwa** he fluttered his
eyelids; **nitsípahpáapinaapikssi** I fluttered my eyelids; *Rel. stems:*
vta **ipahpaapinaapikssat,** *vti* **ipahpaapinaapikssatoo** flutter
eyelids at.

IPAHPOYI *vai*; tremble, shiver; **paahpoyít!** tremble!;
áaksipahpoyiwa she will shiver; **ipahpóyiwa** he shivered;
nitsipahpoyi I trembled; **nitáípahpoyi** I'm trembling;
paahpóy'ssini trembling.

IPAHS *adt*; mushy, curdled, thickened; *see* **apahsónnikis** curdled
milk; **see apahsipoko** alum root; **ákaipahsiiwa anni immistsifyi**
the grease has congealed.

IPAHTANI'SI *vai*; accidently cut one's own hand with a sharp in-
strument; **miinípahtani'sit!** don't cut your hand!; **áaksipaht-**
ani'siwa she will...; **iipahtáni'siwa** he cut his own hand;
nitsípahtani'si I cut my hand.

IPAHTSÁ'PSSI *vai*; err. make a mistake; **ipahtsá'pssit!** make a
mistake!; **áaksipahtsa'pssiwa** she will ...; **iipahtsá'pssiwa** he made
a mistake; **nitsípahtsa'pssi** I made a mistake; *Rel. stem: vii*
ipahtsa'pii be a mistake.

IPAHTSI *adt*: false. mistaken, erroneous, imitation; **paahtsá'piiwa**
it was a mistake; **áaksipahtsiistotsima** she will ruin it; *see*
ipahtsa'pssi err: **ípahtso'tsima** she took it by mistake.

IPAHTSIK *adt*: barely; **pááhtsikainakowa** it was barely showing;
áaksípahtsiksinoyiiwa he will barely see her;
pááhtsikaiksipapsskaawa she is barely keeping her eyes open.

IPAINIHKAA *vii*; be painful, an aching pain which is sensitive to
the touch; **áaksipáínihkaawa** it will be painful; **ipáínihkaawa** it
was painful

IPAINSSAKI *vai*; burn an area of land; **painssákit!** burn an area
of land!; **áaksipainssakiwa** she will ...; **ipainssakiwa** he burned ...;
nitsíípainssaki I burned ....; *Rel. stem: vti* **ipainssi** burn (an area
of land).

IPAISSKIO'TO *vta*; poke on the face; **paisskió'toosa!** poke him on the face!; **áaksipaisskio'toyiiwa** she will poke him on the face; **iipáísskio'toyiiwa** he poked her on the face; **nitsíípaisskio'tooka** she poked me on the face; *Rel. stems: vai* **ipaisskio'taki,** *vti* **ipaisskio'tsi** poke (s.o.) in the face, poke at (e.g. a mask).

IPÁÍSSPIKAHKO *vta*; spur; **ipáísspikahkoosa!** spur him!; **áaksipáísspikahkoyiiwa óta'si** she will spur her mount; **ipáísspikahkoyiiwa** he spurred him; **nitsíípaisspikahkooka** she spurred me (e.g. when playing 'horsie'); *Rel. stem: vti* **ipaisspikahki** spur.

IPÁÍSSTSITSIIMI'KAA *vii*; throw a spark (as when a knot in wood catches fire); **áaksipáísstsitsiimi'kaawa** it will throw a spark; **ipáísstsitsiimi'kaawa** it threw a spark.

IPAITSII *vii*; burn (a land area); **áaksipáítsiiwa** it will burn; **iipáítsiiwa** it burned.

IPAK *vrt*; hit, strike with an object (usually a stick) on a specified portion of the body; **paksikínsstsiisa!** strike him on the hand (e.g. with a stick); *see* **ipakihkini** strike on the head; **iipáksikínsstsiyiiwayi** she struck her on the hand (e.g. with a ruler); **nitsíípaksikíniooka** she struck me on the legs; *Note: bodypart med req.*

IPAKIHKÍNI *vta*; knock on the head; **ipákihkíniisa!** knock her on the head!; **áaksipakihkíniyiiwa** she will knock him ...; **iipákihkíniyiiwa** he knocked her ...; **nitsíípakihkíniooka** she knocked me on the head.

IPAKK *vrt*; burst: *see* **iimataipakkihkamm** grape, lit: almost bursting; *see* **ipakksskaa** burst; *see* **ipakksstsi** burst with teeth.

IPAKKAPÍNI *vta*; rupture the eyeball(s) of; **pakkapíniisa!** rupture her eyeball!; **áaksipakkapíniyiiwa** she will rupture his eyeball; **iipákkapiníyiiwa** he ruptured her eyeball; **nitsíípakkapíniooka** she ruptured my eyeball.

IPÁKKITSA'PSSI *vai*; have a high energy level, be energetic; **ipákkitsa'pssit!** be energetic!; **áaksipákkitsa'pssiwa** she will ...; **iiksípakkitsa'pssiwa** he has a high energy level; **nitsíípákkitsa'pssi** I have a ....

IPÁKKOWAYIKIOOHSI *vai*; hatch, break out of one's own shell; **noohksipákkowayíkioohsit!** please hatch!; **áaksipákkowayíkioohsiwa** it will...; **iipákkowayíkioohsiwa oma sa'áípokaawa** the duckling broke out of its shell.

IPÁKKSII *vii*; burst/ id: have a plan fall through; **áaksipákksiiwa** it will burst; **iipákksiiwa** her plan went awry.

IPAKKSÍKAMATTSTAA *vai*; have a flat tire; (pákksíkamatt-staat! have a flat tire!); áaksipákksíkamattstaawa she will have a flat tire; iipákksíkamattstaawa he had a flat tire; nitsíípakksíkamattstaa I had a flat tire.

IPÁKKSSA *adt*; nothing, bare, nude, inexperienced; ípakkssaopiiwa sitting with nothing on (in the nude); áaksipakkssa'pawaa-wahkaawa he will be walking in the nude; ipákkssaitsinssiwa he entered (e.g. a job or competition) lacking experience.

IPAKKSSKAA *vai*; burst, break open; pakksskaat! burst!; áaksipákkssskaawa he will burst; iipákkssskaawa/payákkssskaawa he burst; nitsípakkssskaa I blew up (in anger); *Note: init chg; Rel. stems: vii* ipakksii, *vti* ipakksski, *vta* ipakkssk burst.

IPAKKSSTSI *vti*; burst (with teeth); pakksstsít! burst it with your teeth!; áaksip-akksstsima she will burst it ...; anna ponokáómitaawa iipákksstsima anníístsi matoyínssimaanistsi the horse, he burst the (sack of) grain (with his teeth); nitsíípák-ksstsii'pa I burst it ...; ákaipákksstsima ánni áíkkatoo'pi he has burst the balloon (with his teeth); *Rel. stems: vai* ipakksstaki, *vta* ipakksip burst (with teeth).

IPÁKOTO'KIMAA *vai*; dance or hop (on the ice); pakotó'kimaat! dance!; áaksipákoto'kimaawa he will dance; iipákoto'kimaawa he danced; nitsíípákoto'kimaa I hopped; iitáípákoto'kimaawa anni kokotóyi he is dancing or hopping on that ice.

IPAKÓTTSISIM *vta*; hurl or throw to the ground; pakóttsísimisa! hurl him to the ground!; áaksipakóttsísimiiwa she will hurl her to the ground; ipakóttsísimiiwa he hurled him to the ground; nitsípakóttsísimoka she hurled me to the ground; *Rel. stems: vti* ipakottsisstoo. *vai* ipakottsisstaki slam to the ground (e.g. a sack), hurl s.t..

IPAKSKA *adt*; involving bronchial noise; *see* ipákskaisiitamiihtsi snore; áípakskaisaisskinaawa she has whooping cough: áípak-skáóhkomiwa anná nóóta'sa my horse is wheezing (from running for an extended length of time).

IPAKSKÁÍSIITAMIIHTSI *vai*; snore; ipákskáísiitamiihtsit! snore!; áaksipákskáísíítamiihtsiwa she will snore; ipákskáísíítamiihtsi-wa he snored; nitsíípakskáísiitamiihtsi I snored.

IPAKSKSISSKAA *vii*; creak; natsikíístsi áaksipaksksisskaayaawa my shoes will creak; ipáksksisskaawa it creaked; nikápoksíínim-aani ákaayáípaksksisskaawa my floor has become creaky.

IPÁKSSAISSTOYI *vii*; be winter of cold weather without any snowfall; **áaksipákssaisstoyiwa** it will be a cold winter; **ipákssaisstoyiwa** it was a cold winter.

IPÁKSSKI *vta*; hit on the face; **paksskíísa!** hit him on the face!; **áaksipáksskiyiiwa** she will hit him on the face; **iipaksskiyiiwa** he hit her on the face; **nitsíípáksskiooka** she hit me on the face; *cf.* **sski**.

IPAKSSKÍNI *vta*; hit on the back; **páksskíniisa!** hit her on the back!; **áaksipáksskíniyiiwa** she will hit him on the back; **iipáksskíniyiiwa** he hit her on the back; **nitsíípaksskíniooka** she hit me on my back.

IPAKSSTÓÓKI *vta*; slap on the ear(s); **paksstóókiisa!** slap his ear!; **áaksipáksstóókiyiiwa** she will slap his ear; **iipáksstóókiyiiwa** he slapped her ear; **nitsíípaksstóókiooka** she slapped my ear; *cf.* **sstooki**; *Rel. stem: vai* **ipaksstookiaaki** slap (s.o.) on the ear.

IPANA *adt*; early; **ipánaomatapa'pssiwa** she got ready early; **ákáípanaiksiwoowa** he has quit early.

IPÁNI *vii*; weather clear-up; **áaksipániwa** it will clear up; **iipániwa** it cleared up; **ákaipániwa** it has cleared up.

IPANÍNNAT *vta*; tan (a hide); **ipanínnatsisa!** tan it!; **áaksipanínnatsiiwa** she will tan it; **iipanínnatsiiwa** he tanned it; **nitsíípaninnatawa** I tanned it; *Rel. stem:* tan (s.t.).

IPANN *adt*; over-night; *see* **ipánnopaat** keep a night vigil for; **áaksipánna'poowa** he will travel all night.

IPANNOPAAT *vta*; keep a night vigil for during illness, or death; **ipánnopaatsisa!** keep a night vigil for him; **áaksipannópaatsiiwa** she will... for her; **ipánnopaatsiiwa** he kept ... for her; **nitsipannópaakka** she kept a night vigil for me; *Rel. stem: vai* **ipannopii** keep a night vigil

IPÁÓOTSIMAA *vai*; refuse (s.t. or s.o.); **páóotsimaat!** refuse!; **áaksipáóotsimaawa** she will refuse; **ipáóotsimaawa** he refused; **nitsípáóotsimaa** I refused; *Rel. stems: vta* **ipaootsim**, *vti* **ipaootskihtsi**, *vai* **ipaootsi** refuse.

IPÁÓO'TOMO *vta*; reclaim from, take back from (an item which was originally given as a gift); **ipáóo'tomoosa!** take back the gift which you gave her!; **áaksipáóo'tomoyiiwa** she will ... from him; **iipáóo'tomoyiiwa** he reclaimed it; **nikáípáóo'tomoawa anní nítohkotahpi** I have reclaimed that which I gave her; *Rel. stems: vai* **ipaoo'taki**, *vti* **ipaoo'tsi** reclaim.

IPÁÓO'TSI *vti*; reclaim, demand and/or obtain the return of a gift; **páóo'tsit!** take it back!; **áaksipáóo'tsimayi** she will demand and obtain the return of the gift; **ipáóo'tsimayi** he took it back; **nitsíípáóo'tsii'pa** I took it back.

IPAPA *adt*; in a dream; *see* **ipaapao'kaa** lit: dream sleep; *see* **ipapaino** seeing in a dream; *see* **ipapai'poyi** talk in a dream; *see* **paapáówahsini** popcorn.

IPAPAINO *vta*; see in a dream; (**ipapáínoosa!** see her in a dream!); **áaksipapainoyiiwa** she will see him in a dream; **iipapáínoyiiwa** he saw her in a dream; **nitsíípapainooka** she saw me in a dream; *cf.* ino; *Rel. stem: vti* **ipapaini** see in a dream.

IPAPÁÍ'POYI *vai*; talk in one's sleep/ talk in a dream; **ipapáí'poyit!** talk in your sleep!; **áaksipapáí'poyiwa** she will talk in her sleep; **iipapáí'poyiwa** he talked in his sleep; **nitsíípapáí'poyi** I talked in my sleep.

IPAPAO'KAA *vai*; dream; **paapáo'kaat!** dream!; **áaksipapao'kaawa** she will dream; **ipapáó'kaawa** he dreamed; **nitsíípapao'kaa** I dreamed; *Rel. stems: vti* **ipapao'katoo**, *vta* **ipapao'kat** dream about.

IPÁPISA *vai*; yell, hoot; **miináttsipápisat!** don't yell!; **áaksipápisamma** she will yell; **ipápisamma** he yelled, hooted; **nitsíípápisa** I yelled, hooted; *Note: 3mm; Rel. stem: vta* **ipapisa'kohto** yell to.

IPAPO *vai*; be a lightning flash; **áaksipapomma** there will be lightning; **ipapómma** there was lightning; *Note: 3mm*.

IPAPOKI'TSIMAAN *nin*; favorite activity; **opapoki'tsimaanistsi** her favorite activities (e.g. eating chocolate, doing beadwork, crying).

IPÁSSKAA *vai*; dance (at a dance); **pásskáát!** dance!; **áaksipásskaawa** she will dance; **iipásskaawa** he danced; **nitsíípásskaa** I danced; *also* **ipaisskaa**; *Rel. stems: vti* **ipasskatoo**, *vta* **ipasskat** dance (a particular dance), have a dance for

IPASSKATA'PSSI *vai*; be flirtatious; **passkáta'pssit!** be flirtatious!; **áaksipásskata'pssiwa** she will be flirtatious; **ipásskata'pssiwa** he is flirtatious; **nitsíípasskata'pssi** I am flirtatious; *Rel. stem: vii* **ipasskata'pii** be a flirtation (happening)

IPASSKOHKI *vai*; put on a dance/ sing for a dance; **passkohkít!** sing for the dancers!; **áaksipasskohkiwa** he will ....

IPÁTTSII *vii*; to crack or burst due to a temperature extreme; **áaksipáttsiiwa** it will burst; **ipáttsiiwa anni ksiistsikómsstaani** the windowpane cracked; **áí'kokótosi áakitsipáttsiiwa** when it freezes, then it will burst.

IPATTSIKANITTSI *vii*; throw sparks; **áaksipáttsikanittsiwa ámoyi miistsísi** this log will throw sparks; **iipáttsikanittsiwa ko'tokááni** your hair, it sparked (as you combed it in the darkness).

IPA'KÓYAAKI *vai*; open one's own mouth; **pa'kóyaakit!** open your mouth!; **áaksipá'kóyaakiwa** she will open her own mouth; **ipá'kóyaakiwa** he opened his own mouth; **nitsíípa'kóyaaki** I opened my mouth; *cf.* **oyi**.

IPA'SOKINNI *vti*; hold open a wide and flat object, e.g. a book; **ipá'sokinnit!** open it up!; **áaksipa'sókinnima** she will hold it open; **ipá'sókinnima** he held it open; **nitsíípa'sókinnii'pa anni kisóómoonakssini** I held open that which you wrapped; *Rel. stem: vai* **ipa'sokinnaki** hold open ....

IPIAOHPI'YI *vai*; fall forward with considerable momentum; **ipiáóhpi'yit!** fall with considerable momentum!; **áaksipiaohpi'yiwa** she will fall with considerable momentum; **ipiáóhpi'yiwa** he fell hard; **nitsípiaohpi'yi** I fell with considerable momentum.

IPII. *adt*; far, long distance, remote in space; **piiyísspoohta** location of the one farthest up; **áaksipiiyisttanisiwa** it will be down deep; **iiksípiiwoowa** she travelled far

IPII *vai*; enter (room or building); **píít!** enter!; **áaksipiimma** she will enter; **iipíímma** she entered; **nitsíípii** I entered; *Note: 3mm.*

IPÍIHK *adt*; in front of/ converging upon the path of s.o. or s.t. moving; **piihkóóhtsi** the area in front; **áaksipiihkókska'siwa** he will run to meet the route; **iipííhkoowa** id: he hitch hiked

IPIIHKÓO *vai*; id: hitch-hike; **piihkóot!** stand by the road!; **áaksipiihkóowa** she will hitch a ride; **iipííhkóowa** he hitched a ride; **nitsíípiihkóo** I hitched a ride.

IPIIHKSIN *vta*; slit (while sewing or preparing a hide); **piinipííhksinisa!** don't slit it!; **áaksipííhksiniiwa** she will slit it; **iipííhksiniiwa** she slit it; **nitsíípiihksinawa oma otokísa** I slit that hide.

IPÍIKSAAKI *vai*: chop wood; **píiksaakit!** chop wood!; **áaksipííksaakiwa** she will chop wood; **iipííksáákiwa** he chopped wood; **nitsíípíiksaaki** I chopped wood; *Rel. stem: vti* **ipiiksii** chop (e.g. a chair).

IPÍIKSIISTSIMAA *vai*; prepare smoking substances for mixture with tobacco; **pííksiistsimaat!** prepare the smoking substances for mixture ..!; **áaksipííksiistsimaawa** she will prepare ...; **ipííksiistsimaawa** he prepared...; **nitsíípííksiistsimaa** I prepared ... for mixture with tobacco.

IPÍÍKSKAA *vai*; go broke, end up penniless; **ipííkskaat!/piikskáát!** end up penniless!; **áaksipííkskaawa** she will go broke; **iipííkskaawa** he went broke; **nitsíípiikskaa** I went broke.

IPÍINO'TSI *vti*; tear/shred; **píino'tsit!** tear it!; **áaksipííno'tsima** nisóka'simi she will tear my dress; **iipíino'tsima** he tore it; **nitsíípíino'tsii'pa** I tore it; *Rel. stems: vta* **ipiino'to,** *vai* **ipiino'taki** tear.

IPIITSIIHTAA *vai*; be listless/languid, become weary in the face of an enormous task; **piitsííhtaat!** be listless!; **áaksipiitsiihtaawa** she will be listless; **iipíítsiihtaawa** he was languid; **nitsíípiitsiihtaa** I became weary (when I thought of the work which lay ahead of me).

IPIITSIIYÓÓHK *adt*; as soon as, when; **piitsiyóóhko'toosi, nitáakitanistawa** as soon as he arrives, I will tell him; **piitsiyóóhksinoyiiwa oksísstsi itomátapasai'niwa** as soon as she saw her mother she started to cry; **nipiitsiyóóhksipissi nitsítsitsinikooka** as soon as I entered, she told me the story.

IPIITSIY *adt*; begin/commence; **piitsiyáíkskanióoyiwa** he is just commencing to eat; **nipíítsiyayáaksoyi** I am just getting ready to eat; **nitáí'piitsiyáakokska'si** I was just getting ready to start running; **áí'piitsiyáakitapoowa** she was just beginning to go there.

IPIIYINATTSI *vii*; look ragged and worn, appear unkempt; **áaksipiiyináttsiwa** it will look ragged and worn; **ipííyinattsiwa** it looked/looks unkempt; **skáí'piiyinattsiyi anníístsi osináákia'tsiistsi** his books look very ragged and worn; *Rel. stem: vai* **ipiiyinamm** look ragged, appear unkempt.

IPÍIYINOMMO *vta*; cut into small pieces for; **noohksipíiyinommoosa!** cut it for him!: **áaksipíiyinommoyiiwa** she will cut it for him; **iipíiyinommoyiiwa** he cut it for her; **nitsípíiyinommooka ánni í'ksisakoyi** she cut the meat into pieces for me.

IPIKATO'SAT *vta*; curse; **pikato'satsisa!** curse her!; **áaksipikato'satsiiwa** she will curse him; **iipíkato'satsiiwa** he cursed her; **nitsíípikato'sakka** she cursed me; **nitsíípikato'satawa** I cursed her; *Rel. stem: vai* **ipikato'si** curse (s.o.)

IPÍKKIAAKI *vai*; grind (s.t.); **pikkiaakit!** grind!; **áaksipíkkiaakiwa í'ksisakoi** he will grind meat; **iipíkkiaakiwa** he ground (s.t.); **nitsíípíkkiaaki** I ground (s.t.); *Rel. stem: vti* **ipikki** grind.

IPIKKSÍKAHKO *vta*; step on the foot of; **pikksikahkoosa!** step on her foot; **áaksipíkksikahkóyiiwa ánni kitáni** she will step on your daughter's foot; **iipíkksíkahkoyiiwa** he stepped on his foot; **nitsíípikksikahkooka** she stepped on my foot.

IPIKKSIP *vta*; pop/burst/crack/nip with the teeth; **piinipíkksipísa kookítsisa!** don't nip your finger!; **áaksipíkksipiiwa** he will crack it; **oma ponokáómitaawa iipíkksipííwa ómi pokóni** that horse popped the ball with his teeth; **nitsífpikksipawa** I chewed it.

IPIKKSSI *vai*; be nervous, anxious; (**ipíkkssit!** be anxious!); **áaksipikkssiwa** she will be anxious; **ipíkkssiwa** he was anxious; **nitsiiksípikkssi** I am (very) anxious.

IPÍKKSSKINO'TO *vta*; massage the back of with a pressing motion; **ipíkksskino'toosa!** massage her back!; **áaksipíkksskino'toyiiwa** she will press his back; **iipíkksskino'toyiiwa** he pressed her back; **nitsífpikksskino'tooka** she pressed my back.

IPIKSI *vai*; strike, hit (s.t. or s.o.); **miináttsipiksit!** do not hit again!; **áaksipiksiwa** he will strike; **iipiksíwa** he struck; **nitsífpiksi** I struck (something); **iipiksao'p** we (incl) hit (s.t.)

IPÍKSINI *vai*; skinny; **ipiksinit!** be skinny!; **áaksipiksiniwa** she will be skinny; **ipíksiniwa** he was skinny; **kitsífksipíksini** you are skinny

IPIKSINIÁTTSOOHSI *vai*; diet, lit: cause oneself to be skinny; **miináttaipíksiniáttsoohsit!** do not diet anymore!; **áaksipiksiniáttsoohsiwa** she will diet; **iipíksiniáttsoohsiwa** he dieted; **nitsífpiksiniáttsoohsi** I dieted; *also* **ipiksinattsoohsi**; *Rel. stem: vta* **ipiksiniattsi** cause to be skinny.

IPIKSSI *vai*; flee, run in fright; **míístapipikssit!** run away in fright!; **áakamsskaapipikssiwa** id: he will flee to the United States, lit: he will flee to the south; **ipóóhsapipikssiwa** he fled over here; **nitáítapipikssi miistákistsi** I am fleeing to the mountains; *Note: adt req; Rel. stems: vta* **ipikssat**, *vti* **ipikssatoo** flee from.

IPIOOWOOWAN *nan*; uvula, tonsil; **opióówoowaniksi** tonsils; **kipióówoowana** your tonsil.

IPISAT *adt*; amazing, out of the ordinary; *see* **pisat**.

IPISÁTÁ'PII *vii*; be an amazing, unusual event; **áaksipisatá'piiwa** there will be something unusual; **pisátá'piiwa otsikamótaahsi** it is amazing that he survived; *Rel. stem: vai* **ipisátá'pssi** be amazing, unusual.

IPISATSI'TAKI *vai*; be fascinated, amazed; **pisatsí'takit!** be fascinated!; **áaksipisatsi'takiwa** he will be amazed; **iiksípisatsi'takiwa** he was fascinated; **nitsííksipisatsi'taki** I was fascinated; *Rel. stems: vti* **ipisatsi'tsi**, *vta* **ipisatsimm** be amazed.

IPISÁTSKA'SI *vai*; perform facinating or amazing feats;
pisátska'sit! perform ...!; **áaksipisátska'siwa** she will perform ...;
iipisátska'siwa he performed...; **nitsíípisátska'si** I performed ...; *cf.*
ihka'si; *Rel. stems: vta* **ipisatska'sat,** *vti* **ipisatska'satoo** perform
...for, perform (e.g. magic).

IPISÁTSOYI'KO *vta*; give a treat to, provide with (usually) confec-
tionary candy; **pisátsoyi'koosa kitána!** treat your daughter;
áaksipisátsoyí'koyiiwa otáni he will treat his daughter;
iipisátsoyi'koyiiwa he treated her; **nitsípisátsoyi'kooka** he treated
me; *Rel. stem: vai* **ipisatsoyi'kaa** buy confectionary candy.

IPISIIYI *vai*; visit (s.o.) to get a present; **pisiiyit!** visit to get a
present!; **áaksipisiiyiwa** she will visit; **ipisiiyiwa** he visited;
nitsípisiiyi I visited; **á'paipisiiyiwa** she is going about visiting

IPISSKI *vai*; herd; **noohksipisskit!** herd (the animals)!;
áaksipisskiwa she will herd the animals; **iipisskiwa** he herded the
animals; **nitsíípisski** I herded the animals.

IPISSKI *vai*; give out food; **noohksipísskit!** give out food!;
áaksipisskiwa she will ...; **iipísskiwa** she gave out food;
nitsíípisski I gave out food

IPÍSSPII *vii*; high, far up; **áaksipísspiiwa** it will be high; *cf.* **sspi.**

IPISTSI'TSI *vti*; react unpleasantly to; (**ipistsí'tsit!** have a reaction
to it!); **áaksipistsi'tsima amí aoó'ssini** she will have an un-
pleasant reaction to the berry soup; **iipistsí'tsima ámostsi
aana'kima'tsiistsi** he had an unpleasant reaction to the lights;
nitsíípistsi'tsii'pa I had an ... to it; *Rel. stems: vta* **ipistsimm,**
vai **ipistsi'taki** be suspicious of, be suspicious

IPÍSTTANISII *vii*; be deep; **áaksipísttanisiiwa** it will be deep;
ipísttanisiiwa it is deep; **skai'písttanisiiwa ámi oátsimaani** his
burrow is so deep.

IPISTTOTSI *vai*; move far away; **pisttotsít!** move (far away)!;
áaksipisttotsiwa she will move far away; **iipísttotsiwa** he moved
far away; **nitsíípisttotsi** I moved far away; *Rel. stems: vta*
ipisttotskohto. *vti* **ipisttotskihtsi** move far from.

IPISTTSI *vai*; expel intestinal gas, break-wind (usually considered
vulgar); **ipísttsit!** expel your intestinal gas!; **áaksipisttsiwa** she
will expel her intestinal gas; **iipisttsiwa** he expelled his intestinal
gas; **nitsíípisttsi** I expelled my intestinal gas.

IPITSI *fin*; be one who VERBS habitually; *see* **i'poyiipitsi** be a
habitual talker; *see* **istsi'kiniipitsi** wren (lit: habitually noisy one);
Note: forms vai.

IPÍTTSIK *adt*; to the side; **ipíttsikomaahkaawa/paayittsik-omaahkaawa** she drove to the side; **áaksipíttsikóówa** she will walk on the side; *Note: init. change.*

IPIWASAI'NI *vai*; wail or cry loudly; **piwasáí'nit!** wail loudly!; **áaksipiwasai'niwa** she will ...; **iipíwasai'niwa** he wailed loudly; **nitsíípiwasai'ni** I cried loudly.

IPIWA'PII *vii*; be a troubled time (involving, e.g. fight or scuffle); **áaksipiwa'piiwa** it will be a troubled time; **iipiwá'piiwa** it was a troubled time; *Rel. stem: vai* **ipiwa'pssi** be in a disturbance

IPIWÁ'PSSI *vai*; squabble/ be a troublemaker/ be involved in trouble or a disturbance; **ipiwá'pssit!** be a troublemaker!; **áaksipiwa'pssiwa** he will be involved in trouble; **ipiwá'pssiwa** he was involved in trouble; **nitsíípiwa'psspinnaana** we had a squabble

IPIYISTOTAKI *vai*; disturb s.o. or s.t., cause a disturbance; **miinipíyistotakit!** don't cause a disturbance; **áaksipiyistotakiwa** she will cause a disturbance; **iipiyístotakiwa** he caused a disturbance; **nitsíípiyistotaki** I caused a disturbance; *Rel. stems: vta* **ipiyistoto**, *vti* **ipiyistotsi** disturb, cause a disturbance at.

IPI'KAANI *vai*; have personal belongings; **mináttsipi'kaanit!** do not have personal belongings!; **áaksipi'kaaniwa** she will have personal belongings; **iikakáóhkoipi'kaaniwa** she received many items for her personal use; **nitsíípi'kaani** I own items for my personal use e.g. blankets, dresses, shawls, shoes.

IPI'KA'PSSI *vai*; be one who has powers to perform amazing feats; **pi'ká'pssit!** be one who has powers to ...!; **áaksipi'ka'pssiwa** she will be one ...; **ipí'ka'pssiwa** he has powers to perform amazing feats; **nitsíípi'ka'pssi** I have powers to perform amazing feats.

IPI'KIHTAA *vai*; decorate an area; **pi'kihtáát!** decorate!; **áaksipi'kihtaawa** she will decorate; **iipí'kihtaawa** he decorated; **nitsíípi'kihtaa** I decorated.

IPI'KO *vta*; put a spell on, shoot with "bad medicine"; **paayí'koosa!** shoot her with bad medicine!; **áaksipi'koyiiwa** she will shoot him with bad medicine; **anná kipitáaakiiwa paayí'koyiiwa anni saahkómaapiiyi** the old lady shot the boy with bad medicine; **nitsíípi'kooka** she put a spell on me; **nááhksikkamipi'kooko** I suspect that I may have been shot with bad medicine.

IPI'KOHKOYISOKA'PSSI *vai*; make an unusual recovery from an illness; (**ipí'kohkoyísoka'pssit!** make an unusual recovery!); **áaksipi'kohkoyisoka'pssiwa** she will ...; **iipí'kohkoyisoka'pssiwa** he made an unusual recovery; **nitsíípi'kohkoyisoka'pssi** I made an unusual recovery.

IPI'KOKIINIHKI *vai;* sing the songs for the ceremony after the Sundance center pole has been raised; **ipí'kokiinihkit!** sing those songs!; **áaksipi'kokiinihkiwa** he will sing those songs; **ipí'kokiinihkiwa** he sang those songs; **nitsíípi'kokiinihki** I sang those songs; *cf.* **inihki**.

IPI'KOKIINIHKOHTOMO *vta;* sing for the person who carries out the ceremony after the center pole has been raised; **ipí'kokiinihkohtomoosa!** sing for him!; **áaksipi'kokiinihkohtomoyiiwa** he will sing for him; **ipí'kokiinihkohtomoyiiwa** he sang for him; **nitsíípi'kokiinihkohtomooka** he sang for me.

IPI'KSIKAHTSI *vai;* play a handgame; **pi'ksíkahtsit!** play a handgame!; **áaksipi'ksikahtsiyaawa** they will ....

IPI'KSÍ'POYI *vai;* speak anomalously (content or situation); (**ipi'ksi'poyit!** speak anomalously); **áaksipi'ksí'poyiwa** she will speak anomalously, e.g. about her desire to marry the morning star; **iipí'ksi'poyiwa anná máánipokaawa** the infant spoke; **nitsíípi'ksí'poyi** I spoke anomalously.

IPÍ'SSKÍNAO'SI *vai;* scream; **ipí'sskínao'sit!** scream!; **áaksipí'sskínao'siwa** she will scream; **ipí'sskinao'siwa** he screamed; **nitsípi'sskinao'si** I screamed; *Rel. stem: vta* **ipi'sskinao'sat** scream at.

IPOHK *vrt;* cut off/ pull out; *see* **ipohko'tsi** uproot.

IPOHKIÁÁKI *vai;* cut hay; **ipohkiáákit!** cut hay; **áaksipohkiáákiwa** he will cut hay; **iipohkiáákiwa** he cut hay; **nitsíípohkiaaki** I cut hay; *Rel. stem: vti* **ipohki** cut (hay).

IPOHKÍSSTOYI *vta;* shave the beard of; **poohkísstoyiisa ánna omahkínaawa!** shave the old man!; **áaksipohkisstoyiyiiwa** she will shave him; **iipohkísstoyiyiiwa** he shaved him; **nitsíípohkísstoyooka** he shaved me; *Rel. stem: vai* **ipohkisstoyoohsi** shave (one's own beard).

IPOHKÓ'TOMO *vta;* pluck for, pull or pick out for; **ipohkó'tomoosa!** pluck it for him!; **áaksipohkó'tomoyiiwa otápo'pssiistsi** she will pick out his grey hairs; **iipohkó'tomoyiiwa** she plucked it for him; **nitsíípohhkó'tomooka** she plucked some for me.

IPOHKO'TSI *vti;* uproot, pull out (a small natural embedded growth) by hand; **ipohkó'tsit ómistsi pisátssaisskiistsi!** pull out the flowers!; **áaksipohko'tsima maká'pssaisskiistsi** she will pull weeds; **naa pookááwa iipohkó'tsima níístsi pisátssaisskiistsi** the child pulled out the flowers; **nitsípohko'tsii'pa** I pulled it out; *Rel. stems: vta* **ipohko'to,** *vai* **ipohko'taki** pluck.

IPOHKSIIMINNAKI *vai*; thin or prune, uproot; **ipohksííminnakit!** prune!; **áaksipohksiiminnakiwa** she will prune; **iipohksííminnakiwa** he pruned; **nitsíípohksiiminnaki má'si** I uprooted turnips; *Rel. stem: vti* **ipohksiiminni** uproot.

IPOHKSINI *vti*; scrape off a natural embedded growth at the surface; **ipohksinit!** scrape it!; **áaksipohksinimáyi** she will scrape it; **iipohksinimáyi** he scraped it; **nitsiipohksinii'pi maká'pssaisskiistsi** I scraped weeds.

IPOHKSISTTSKÍNI *vta*; cut the hair of, give a haircut to; **pohksísttskíniisa!** give him a haircut!; **áaksipohksisttskíniyiiwa** she will give him a haircut; **ípohksisttskíniyiiwa** he gave him a haircut; **nitsíípohksísttskíniooka** she gave me a haircut; *Rel. stem: vai* **ipohksisttskiniaaki** give haircuts.

IPOIHTSI *vta*; place in an upright position/ stand up; **niipóíhtsíísa!** place it (anim.) upright!; **áaksipoihtsíyiiwa** he will put it upright; **iipóíhtsíyiiwa** she put it upright; **nitsíípoihtsooka** she placed me in an upright position; *Rel. stems: vti* **ipoohtoo,** *vai* **ipoihtaki** place upright, place s.t. upright.

IPOINA *vai*; be apprehensive, distressed; **áaksipóínamma** he will be apprehensive; **iiksípoinamma** he was distressed; **nitsíípoina** I am in distress; *Note: 3mm.*

IPOINAOHKOYI *vai*; be apprehensive, distressed; **miináttsipoinaohkoyit!** don't be distressed!; **áaksipoinaohkoyimma** she will be distressed; **iiksípoinaohkoyimma mááhkotoisapaakao'pisi Ikkstsskiómitaayi** he was distressed about whether or not he would be in time to board the Greyhound bus; **nits(iiks)ípoinaohkoyi** I was distressed; *Note: 3mm.*

IPOIPOKA *vii*; be a blowing into the air of loose ground particles by a sudden wind; **áaksipóípokawa** it will blow up; **ipóípokawa** dust blew up; **iimatáípoipokawa** it is almost blowing up.

IPOIPOYI *vai*; stand up; **niipóípoyit!** stand up!; **áaksipoipoyiwa** she will stand up; **ipóípoyiwa** he stood up; **nitsíípoipoyi** I stood up; *also* **ipoopoyi**.

IPÓÍSOYAAWANI *vai*; arise, get-up suddenly; **niipóísoyaawanit!** arise!; **áaksipóísoyaawaniwa** she will get up suddenly; **iipóísoyaawani** he got up suddenly; **nitsíípóísoyaawani** I got up suddenly

IPOKÁÁIM *vta*; fan; **pokááimisa!** fan her!; **áaksipokááimiiwa** she will fan him; **iipokááimiiwa** she fanned him; **nitsíípokááimoka** she fanned me; *also* **ipokáaam**.

IPOKAAWA'SI *vai*; be born; (**ipokááwa'sit!** be born!);
áaksipokaawa'siwa she will be born; **iipokááwa'siwa** he was born;
nitsítsípokaawa'si I was born then

IPOKKITSÁAPIKKSSI *vai*; break-free, break-away;
ipókkitsáapikkssit! break free!; **áaksipokkitsáapikkssiwa** she will
break away; **iipókkitsáapikkssiwa** he broke free;
nitsíípokkitsáapikkssi I broke free; *Rel. stem: vta*
ipokkitsaapikkssat break-away from

IPOKKITSIMM *vta*; release, let go of; **pokkitsímmisa!** let him go!;
áaksipokkitsimmiiwa she will let him go; **ipókkitsimmiiwa** he let
him go; **nitsípokkitsimmoka** she let me go;
nitáíkkia'yaipokkitsimmawa nitómitaama I had a difficult time
letting go of my dog; **annááhka nisíssahka nikáípokkitsimmoka**
my sister has let me go (from her life).

IPOKO *vii*; taste; *see* **sstsipoko** taste sour; **tsá niitsípokowa?**
how does it taste?; **iiksipístsipokowa** it tastes funny; *Note: adt req.*

IPÓMIKKA'PII *vii*; be neat, tidy; **áaksipómikka'piiwa** it will be
neat; **ipómikka'piiwa** it is neat and tidy; *Rel. stem: vai*
ipomikka'pssi be neat

IPOMMO *vta*; transfer ceremonial ownership of/ title to; **pom-
móósa!** transfer (e.g. the medicine bundle) to him;
áaksipómmoyiiwa he will transfer it to her; **iipómmoyiiwa** she
transferred it to him; **nitsíípommooka** she transferred (e.g. the
title) to me; *Rel. stems: vai* **ipommaki**, *vti* **ipommakatoo** transfer
(s.t. to s.o.), transfer.

IPON *vrt*; terminate, end, be rid of; **áaksiponikso'kowammiyiiwa**
she will end their friendship; **nitsííponawaatohtoo'pa** I got rid of
it (e.g. a cold, or a chore).

IPONIHTAA *vai*; pay; **ponihtáát!** pay!; **áaksiponihtaawa** she
will pay; **iipónihtaawa** he paid; **nitsipónihtaa/nitsíípónihtaa** I
paid; *Rel. stems: vti* **iponihtatoo**, *vta* **iponihtat** pay .

IPONIHTSI *vai*; die/be unconscious; (**iponihtsit!** be unconscious!);
áaksiponihtsiwa she will be unconscious; **iipónihtsiwa** he died;
nitsííponihtsi I was unconscious; **ákáíponihtsiwa** he is dead.

IPONIISTAHTSIMAA *vai*; unload from back (e.g. wood);
poníístahtsimaat! unload it!; **áaksiponiistahtsimaawa** she will
unload it; **iiponíístahtsimaawa** he unloaded;
nitsííponiistahtsimaa I unloaded (s.t.).

IPONIISTAM *vta*; take off (said of a robe); **poníístamisa!** take it
off!; **áaksiponíístamiiwa maaáíyi** he will take off his robe;
iiponíístamiiwa he took it off; **nitsííponiistamawa** I took it off

IPONIKSO'KOWAMM *vta*; disown (a relative)/ terminate friendship with; **iponikso'kowammisa!** disown him!; **áaksiponikso'kowammiiwa** she will terminate friendship with him; **ipónikso'kowammiiwa** he disowned her; **nitsííponikso'kowammoka** she disowned me/ refused my friendship.

IPONINA *vai*; drop out of sight quickly, disappear; **áaksiponinamma** she will quickly drop from sight; **iipóninamma** he dropped from sight; **nitsííponina** I dropped from sight; *Note: 3mm.*

IPONIOWAT *vta*; leave one's (own) wife; **pónίowatsisa!** leave her!; **áaksiponiowatsiiwa** he will leave her; **ipóniowatsiiwa** he left her; **nitsííponiowakka** he left me; **ákaiponiowatawa** she has been left by her husband.

IPONIP *vta*; cease to carry (offspring) in one's teeth (said of an animal); **ponipisa!** stop carrying him (e.g. a pup)!; **áaksiponipiiwa** she will stop carrying him with her teeth; **iipónipiiwa** she stopped carrying him with her teeth; **anná imitáίkoana ákaiponipawa** the pup is no longer being carried by its mother.

IPONIPPA'PSSI *vai*; show no appreciation for one's own material possessions; (**ponίppa'pssit!** have no appreciation for ...!); **áaksiponippa'pssiwa** she will have no appreciation for her own ...; **iponίppa'pssiwa** he has no appreciation for his ...; **nitsiksíponippa'pssi** I have no appreciation for my material belongings; **skáί'ponippa'pssiwa** she gives away things which have been given to her.

IPONISAYI *vai*; become a widower, lose one's wife through death; **áaksiponisayiwa** he will lose his wife; **iipónisayiwa** he lost his wife; **nitsííponisayi** I lost my wife; **ákaiponisayiwa** he has lost his wife.

IPONÓÓHKI *vai*; lose one's horse; (**iponoohkit!** lose your horse!); **áaksiponoohkiwa** he will lose his horse; **iiponóóhkiwa** he lost his horse; **nitsííponóóhki** I lost my horse.

IPÓNOTA'SI *vai*; sell livestock animal(s)/ have one's livestock animal(s) die; **ponotá'sit!** sell livestock!; **áaksiponóta'siwa** he will have one of his horses die; **ipónota'siwa** he sold livestock; **nitsííponota'si** my horse died; *Rel. stem: vta* **ipónota'simm** sell (a livestock animal).

IPONSSKIAAKI *vai*; have a sullen expression on one's own face; **ipónsskiaakit!** have a sullen expression; **áaksipónsskiaakiwa** she will ...; **ipónsskiaakiwa** he had a sullen expression; **nitsíípónsskiaaki** I had a sullen expression.

IPOOKAKI *vai*; wake up; **pookakit** wake up!; **áaksipookakiwa** she will wake up; **iipóókakiwa** he woke up; **nitsíípookaki** I woke up.

IPOT *vta*; batter/beat; **potsísa!** beat her!; **áaksipotsiiwa** she will batter him; **iipotsííwa** he battered her; **nitsíípokka** she beat me.

IPÓTSIMAT *vta*; poison; **ipótsimatsísa!** poison him!; **áaksipótsimatsiiwa** she will poison him; **ipótsimatsiiwa** he poisoned her; **nitsíípotsimakka** she poisoned me; *Rel. stem: vai* **ipotsima'si** become poisoned.

IPOTTAA *vai*; fly/ move through the air; **pottáát!** fly!; **áaksipottaawa** he will fly; **iipóttaawa/payóttaawa** he flew; **nitsíípottaa** I moved through the air e.g. by plane; *Note: init chg.*

IPOTTAAHKOMO *vta*; flush fowl for (i.e. scare wildfowl into flight for) while hunting; **pottááhkomoosa!** scare the wildfowl into flight for him!; **áaksipottaahkomoyiiwa** he will ... for her; **ipóttaahkomoyiiwa** he ... for him; **nitsíípottaahkomooka** he ... for me; *Rel. stems: vta* **ipottaahko**, *vai* **ipottaahkaki** flush (wildfowl), flush (s.t.).

IPOTTSKAA *vai*; choke; **pottskáát!** choke!; **áaksipottskaawa** she will choke; **iipóttskaawa** he choked; **nitsíípottskaa** I choked.

IPOWÁÓO *vai*; arise, get up; **niipowáóot!** get up!; **áaksipowaoowa** she will get up; **iipowáóowa** he got up; **nitsíípowáóo** I got up; **issksipówaoowa** he came back from the dead (idiomatic expression).

IPÓWAWA'PSSI *vai*; pompous/ id: nervy; **(i)pówawa'pssit!** be pompous!; **áaksipówawa'pssiwa** she will be nervy; **ipówawa'pssiwa** he is pompous; **nitsíípówawa'pssi** I am pompous; *Rel. stem: vti* **ipowayi'tsi** resent.

IPOYÍSSKIHTSI *vti*; endure; **poyísskihtsit!** endure it!; **áaksipoyisskihtsima** she will endure it; **iipoyísskihtsima** he endured it; **nitsíípoyisskihtsii'pa** I endured it.

IPO'T *adt*; reciprocal; **ipó'tapsskaawa** his eyes are crossed; **nitsíípo'tohkotawa** I reciprocated and gave to him; **nitáaksipó'tssi'katawa** I will kick him back.

IPO'TAMIAPIKSSATTSIIYI *vai*; battle; **payó'tamiapikssattsiiyik!** battle!; **áaksipo'tamiapikssattsiiyiyaawa** they will battle; **payó'tamiapikssattsiiyiyaawa** they battled; **nitsíípo'tamiapikssattsiiyihpinnaana** we battled; *Note: no ta, init chg.*

IPO'TATSIMAA *vai*; be punctured with the thorns of a rosehip plant to cure a disease or relieve pain; **payó'tatsimaat!** be punctured!; **áaksipo'tatsimaawa** she will be punctured; **payó'tatsimaawa** he was punctured; **nitsíípo'tatsimaa** I was punctured; *Note: init change; Rel. stem: vta* **ipo'tatsimat** puncture

IPO'TO *vta*; release; **po'tóósa!** release her!; **áaksipo'toyiiwa** she will release him; **iipó'toyiiwa** he released her; **nitsíípo'tooka** she released me; *Rel. stem: vti* **ipotsi** release.

IPO'TOHKOMSSKATTSIIYI *vai*; be hostile to each other (in battle, warfare); **payó'tohkomsskattsiiyik!** be hostile to each other; **áaksipo'tohkomsskattsiiyiyaawa** they will be hostile to each other; **payó'tohkomsskattsiiyiyaawa** they were hostile to each other; **nitsíípo'tohkomsskattsiiyihpinnaana** we were hostile to each other; *Note: init change.*

IPO'TSI *vti*; release, let go of; **miinipó'tsit anni kitsími!** don't release the door!; **áaksipo'tsima otó'tsisissini** she will let go of her smoking habit; **iipó'tsima** he let it go; **nitsíípo'tsii'pa** I let it go.

IPO'TSSOKIHKINIISATTSIIYI *vai*; be in close battle; **payo'tssokihkiniisattsiiyik!** battle closely!; **áaksipo'tssokihkiniisattsiiyiyaawa** they will be in close battle; **payo'tssokihkiniisattsiiyiyaawa** they were in close battle; **nitsipo'tssokihkiniisattsiiyihpinnaana** we were in close battle; *Note: no ta.*

IPO'TSTOO *vti*; assemble; **po'tstóót!** assemble it!; **áaksipo'tstooma ómi ataksáakssini** he will assemble the box; **iipó'tstoomáyi** he assembled it; **nitsíípo'tstoo'pa** I assembled it; **po'tstákssini** sandwich (idiom); *Rel. stems: vta* **ipo'tstsi**, *vai* **ipo'tstaki**, *vai* **ipo'tstaa** assemble

IPPAT *adt*; curious about, intrigued by, have a lively interest in; **iiksíppatsinima kookóówayi** she is curious about seeing your house; **áaksippatsitohkitópiiwa ánni ponokáómitaayi** she will have a lively interest in sitting on the horse; **nimáttsitsíppatssopowahtsi'satawa** I, out of curiousity, asked her questions.

IPPATAA *vai*; be shy, timid, bashful; (**íppataat!** be shy!); **áaksippataawa** she will be shy; **ippatááwa** he is bashful; **nitsiksíppataa** I am bashful.

IPPATSI'TSI *vti*; feel a strong desire to, feel tempted to act upon (a desire generated by curiosity); (**íppatsi'tsit!** be tempted by it!); **áaksippatsi'tsima** she will be tempted by it; **iiksíppatsi'tsima mááhksiksiini'si** he had a strong desire to touch it; **nitsiiksíppatsi'tsii'pa nááhksinii'si** I have a strong desire to see it; *Rel. stem: vta* **ippatsimm** feel a desire to.

IPPITA *adt*; aged, elderly (usu. of women); *cf.* **kipita**.

IPPITAAM *nar*; elderly wife, elderly woman; **oppitáámi** his (elderly) wife; *cf.* **kipita**

IPPOHSOYI *vai*; suffocate or smother (due to smoke, steam, fumes etc.); **ippohsoyít!** smother!; **áaksippohsoyiwa** she will smother; **ippohsóyiwa** she smothered; (**nitsíppohsoyi** I smothered).

IPPOINAKAT *vta*; place upright and roll; **ippoinakatsisa!** place it upright and roll it!; **áaksippoinakatsiiwa ómi o'takáínaka'tsisi** he will place the tire upright and roll it; **iipóínakatsiiwa ottsííwaani** id: he has started to indulge in vices (e.g. alcohol), lit: he placed his gambling wheel upright and rolled it; **nitsíípoinakatawa** I placed it upright and rolled it; *Rel. stem: vai* **ippoinakatoohsi** stand one's self and roll.

IPPOM *adt*; adequate/correct/well; **máátsippomohtakowa** it does not sound right; **máátsippoma'pssiwa** he is not able; **máátáíppomoohtsimiwa** he does not hear well; **iikáyaahsi'tsima sayíppoma'piistsi** he likes things which are not acceptable, e.g. squabbles; *Note: neg req.*

IPPOT *adt*; by the door; **ippotóóhtsi** in the direction of the door; **itsíppotaipoyiwa** he is standing by the door; **noohksíppotsskahtoot!** please pass it toward the door.

IPPOTSÍÍSOOHSA'TSIS *nan*; pants, overalls; **ippotsíísoohsa'tsiiksi** pants, overalls

IPPOTSIPISTAA *vai*; wear braids; **ippotsípistaat!** wear braids!; **áaksippotsipistaawa** she will wear braids; **ippotsípistaawa** she wore braids; **nitsíppotsipistaa** I braided my hair; *Rel. stems: vta* **ippotsipist,** *vti* **ippotsipi** bind.

IPPOTSIPISTAAN *nin*; braid; **otsíppotsipistaanistsi** his braids.

IPPOTSI'KÍNIISI *vai*; become winded on impact; (**ippotsi'kiniisit!** become winded on impact!); **áaksippotsi'kíniisiwa** she will ...; **iippotsí'kíniisiwa** he became winded on impact; **nitsíppotsi'kíniisi** I had the wind knocked out of me.

IPSSAAKI *vai*; mend (something); **ipssáákit!** mend!; **áaksípssaakiwa** she will mend; **ipssáákiwa** he mended; **nitsíípssaaki** I mended; *Rel. stems: vta* **ipssi,** *vti* **ipssi** mend, mend.

IPSSIKAHKAA *vai*; have chapped legs/feet; (**ipssikahkaat!** have chapped legs/feet!); **áaksipssikahkaawa** she will have chapped legs/feet; **ipssíkahkaawa** he has/had chapped legs/feet; **nitsípssikahkaawa** I have/had chapped legs/feet.

IPSSIKINSSTSI *vai*; have chapped hands; (**ipssikinsstsit!** have chapped hands!); **áaksipssikínsstsiwa** she will have chapped hands; **ipssíkinsstsiwa** he had very) chapped hands; **nitsípssikinsstsi** I have chapped hands; **nitsípssikinsstsska** I got chapped hands.

92

IPSSÍMA'TSIS *nin*; patch; **nipssíma'tsiistsi** my patches.

IPSST *adt*; inside; **pisstóóhtsi** inside; *see* **ipsstsipohtoo** bring indoors; **áaksipssta'paissapiwa** he will be looking around inside; *see* **ipsstao'ki** move in; *Note: linker.*

IPSSTAAHKAA *vai*; get tobacco, cigarettes; **ipsstááhkaat!** buy cigarettes!; **áaksipsstaahkaawa** she will buy cigarettes; **ipsstááhkaawa** he bought cigarettes; **nitsípsstaahkaa** I bought cigarettes; *Rel. stem: vta* **ipstaahko** get tobacco for

IPSSTAAHKIO'TO *vta*; press or push-in to something; **pisstááhkio'toosa!** press it in!; **áaksipsstaahkio'toyiiwa ánni pookááyi** she will push the child in (to the room); **iipsstááhkio'toyiiwa** he pressed it; **nitsípsstaahkio'tooka** she pushed me in (to the room); *Rel. stem: vti* **ipsstaahkio'tsi** press in.

IPSSTAO'KI *vai*; move in with one's possessions; **ipsstáó'kit!** move in!; **áaksipsstao'kiwa** she will move in; **ipsstáó'kiwa** he moved in; **nitsípsstao'ki** I moved in.

IPSSTO'KI *nin*; all organs of digestion, respiration, and the heart; **nipsstó'kiistsi** my internal organs; **opsstó'kiistsi** his internal organs.

IPSSTSÍK *adt*; deceptive/ barely, very little; **ipsstsíkssaoohkióopiiwa** she sat with her head barely showing; **kááksipsstsíksoyiwa** she barely ate/ she ate very little; *see* **ipsstsíkaakii** phoney woman; *see* **ipsstsika'pssi** cheat.

IPSSTSÍKAAKII *vai*; be a phoney woman; (**ípsstsikaakiit!** be a phoney woman!); **áaksipsstsíkaakiiwa** she will be a phoney woman; **ipsstsíkaakiiwa** she is a phoney woman; **nitsípsstsíkaakii** I am a phoney woman.

IPSSTSIKAKATTOKINIISI *vii*; be hollow or have a dip in a flat surface; **áaksipsstsikakattokiniisiwa** it will be hollow; **ipsstsíkakattokiniisiwa** it was hollow.

IPSSTSIKATT *adt*; frequently, constantly; **ipsstsíkattssaissammiiwa** she would frequently look out at him; **áaksipsstsikattsito'toowa** he will go there constantly.

IPSSTSIKA'PSSI *vai*; cheat; **ipsstsika'pssit!** cheat!; **áaksipsstsika'pssiwa** she will cheat; **ipsstsíka'pssiwa** he cheated; **nitsípsstsika'pssi** I cheated.

IPSSTSIKSISTOTO *vta*; deceive; **ipsstsíksistotoosa!** deceive him!; **áaksipsstsiksistotoyiiwa** she will deceive him; **ipsstsíksistoto-yiiwa** he deceived her; **nitsípsstsiksistotooka** he deceived me; *Rel. stem: vai* **ipsstsiksistotaki** deceive someone.

IPSSTSIPOHTOO *vti*; bring inside (indoors/ into a group); **pisstsípohtoot!** bring it in; **áaksipsstsipohtooma** she will bring it in; **iipsstsípohtooma otsówahsoohpommaanistsi** he brought in his groceries; **nitsíípsstsipohtoo'pa** I brought it in; *cf.* **ipsst;** *Rel. stem: vta* **ipsstsipi** bring inside.

IPSSTSÍSTTAAPIKKSSI *vai*; flee into (indoors); **ipsstsísttaapikkssit!** flee in (there)!; **áaksipsstsísttaapikkssiwa** he will flee in (here); **itsípsstsísttaapikkssiwa kookówayi** he fled into your house; **kitsípsstsísttaapikkssi** you fled in (here); **kitsítsipsstsísttaapikkssi** you fled in (there); *cf.* **ipsst.**

IPSSTSÍSTTOTSI *vai*; move into a place; **ipsstsisttotsit!** move in!; **áaksipsstsísttotsiwa** she will move in; **iipsstsísttotsiwa** he moved in; **nitsíípsstsísttotsi** I moved in.

IPSSTSITSIINATTSII *vii*; be foamy, sudsy (in appearance); **áaksipsstsitsiinattsiiwa** it will be foamy; **iiksípsstsitsiinattsiiwa** it is sudsy.

IPSSTSKAHTOO *vti*; hand in, deliver; **ípsstskahtóót!** deliver it!; **áaksipsstskahtooma** she will deliver it; **ípsstskahtooma** he delivered it; **nitsípsstskahtoo'pi nitssínaakssiistsi** I handed in my writings; *Rel. stem: vta* **ipsstska** hand in.

IPSSTSSTSII *nan*; eagle catcher, lit: lying within; **ipsstsstsííksi** eagle catchers; *cf.* **ihtsii.**

ISÁATSIMAA *vai*; make another attempt at overcoming a failure, try again; **sáatsimaat!** make another attempt!; **áakssaatsimaawa** she will attempt (s.t.) again; **iisáatsimaawa** he tried again; **nitssáatsimaa/nitsííssaatsimaa** I tried again.

ISAHKÍNAIM *nar*; male's older male relative of the same genera-tion, e.g. an older brother, cousin, nephew etc...; **nisahkínaimiksi** my older male relatives; **osahkínaimi** his older male relative; *cf.* **saahkínaa**

ISAHKÓMAAPIIM *nar*; boyfriend/hireling; **nisahkómaapiima** my boyfriend; *cf.* **saahkomaapi**

ISAKOO. *adt*; last; **níítssakoowaipiima nisíssa** my sister entered last; **nítssakooyipii** I entered last; *Note:* y~w.

ISAM *adt*; long ago; **isamóóhkimaawa** she waited for a long time; *see* **misam.**

ISAMO *vii*; be a long or lengthy period of time; **áaksisamowa** it will be a long time; **ákáí'naksisamowa** it has been more than a short time ago (lit: it has been a little long time); *Rel. stem: vai* **isamssi** be aged/ be a long time (in returning).

ISAMOHTOO   *vti*; save as a souvenir/keepsake; **isámohtoot!** save it as a keepsake!; **áaksisamohtooma** she will save it as a souvenir; **iisámohtooma** he saved it as a keepsake; **nitsíísamohtoo'pa** I saved it as a keepsake; *Rel. stem: vta* **isamihtsi** save as a keepsake.

ISAMONSSKATOO   *vti*; postpone; **samónsskatoot!** put it off!; **áaksisamonsskatooma** she will ...; **iisamónsskatooma** he postponed it; **nitsíísamonsskatoo'pa máaksipasskaani** I postponed the upcoming dance; *also* **isamonsstatoo**; *Rel. stem: vai* **isamonsskaa** procrastinate, put off.

ISAMSSI   *vai*; take a long time; **isámssit!** take a long time!; **áaksisamssiwa** she will take a long time; **isámssiwa** he took a long time; **nitsíísamssi** I took a long time; **ákaiita'písamssiwa ámo pónna** it is very old, this bracelet; *Rel. stem: vii* **isamo** be a long time.

ISAPIIKITSOOHSA'TSIS   *nan*; ring; **sapíí kitsoohsa'tsiiksi** rings; **nisápiikitsoohsa'tsisa** my ring.

ISAWAAI'TAKI   *vai*; change states; (**sawaai'takit!** change your state!); **áaksisawaai'takiwa** she will change states e.g. from being pregnant to not pregnant; **iisawááí'takiwa** he changed states; **nitsíísawaai'taki** I changed states; *Rel. stem: vta* **isawai'tsi** change the state of.

ISAWAANOPAAT   *vta*; woo, pay amorous attention to (female as object); **sawáánopaatsisa!** woo her!; **áaksisawaanópaatsiiwa** he will woo her; **iisawáánópaatsiiwa** he paid amorous ...; **nitsíísawaanópaakka** he paid amorous attention to me; *also* **isowaanopaat**.

ISAWA'   *vrt*; change; **áaksisawao'ohtooma** she will change it; **sawáaaksistotoosa!** change him!

ISA'KINOOHSATAHP   *nan*; wage; **isá'kinoohsatahpiksi** his wages; **nitssa'kinoohsakkoiksi** my wages; *cf.* **sa'kinoohsat**.

ISIMI   *adt*; secretly; **iisimiáánistsiiwayi** he secretly told her; **áaksisimiito'toowa** she will secretly arrive there; *see* **isimíí'poyi** whisper.

ISIMIA'PSSI   *vai*; be sly, secretive; **simiá'pssit** be sly!; **áaksisimia'pssiwa** she will be secretive; **iisimiá'pssiwa** he was sly; **nitsíísimia'pssi** I was secretive; *Rel. stem: vii* **isimia'pii** be secretive.

ISIMÍÍ'POYI   *vai*; whisper; **simíí'poyit!** whisper!; **áaksisimíí'poyiwa** she will whisper; **isimíí'poyiwa** he whispered; **nitsíísimíí'poyi** I whispered.

ISINAP *adt*; lopsided, aslant, unbalanced; **sinapíístsinit!** cut it on a slant!; **áísinapisstama** he is nailing it together lopsidedly; **áaksisinapiisísaapittakiwa** he will cut strips on a slant.

ISÍNATA'PSSI *vai*; be involved in a dispute/ be frantically busy; **miináttsisínata'pssik!** don't dispute again!; **áaksisínata'pssiwa** he will be involved in a dispute; **isínata'pssiwa** she was frantically busy; **nitsíísinata'pssi** I was frantically busy; *also* **sínata'pssi**; *Rel. stem: vii* **isinata'pii** be in confusion.

ISINA'SAT *vta*; tend to, take care of; **isiná'satsisa!** take care of him!; **áaksisina'satsiiwa** she will take of him; **iisiná'satsiiwa** he took care of her; **nitsíísina'sakka** she took care of me; *Rel. stems: vti* **isina'satoo**, *vai* **isina'si** tend to, be busy.

ISINA'SI *vai*; be busy; **siná'sit** be busy!; **áaksisina'siwa** he will be busy; **isiná'siwa** he was busy; **nitsíísina'si** I was busy.

ISISOWATOO *vti*; cut with a knife; **sisówatoot!** cut it with the knife!; **áaksisisowatooma** she will cut it with the knife; **isísowatooma** he cut it with a knife; **nitsíísísowatoo'pa** I cut it with a knife

ISITSIPOHTAKO *vii*; be a sound that breaks the silence; **áaksisitsipohtakowa** it will rattle; **iisitsípohtakowa** it rattled.

ISKSKSÍNITAKSSIN *nin*; minute (time); **ni'tssksksínitakssini** one minute.

ISO *adt*; on a horizontal surface; see **isoihtaa** place food on one's dish; *see* **iitáísóoyo'p** table (more lit: where we eat upon); **áaksisoohtoyiiwa** she will place food on his dish.

ISOIHTAA *vai*; place food on one's dish, dish food for one's self; **soihtáát!** place food on your dish!; **áaksisoihtaawa** she will place food on her (own) dish; **isóihtaawa** he placed food on his (own) dish; **nitsíísoihtaa** I placed food on my dish; *Rel. stems: vta* **isoihtat**. *vti* **isoihtatoo** place (food).

ISOMAANANIIPITSI *vai*; be one who makes indirect negative comments about others: (**somaananiipitsit!** be one who ...) **áaksisomaananiipitsiwa** she will be ...; **iiksisomaananiipitsiwa** he is one who ...; **nitsísomaananiipitsi** I am one who ....

ISOMATOO *vti*; place a covering on (a horizontal surface); **somatoot!** place a covering on it!; **áaksisomatooma ánni oksíkkokóówaayi** she will place a covering on the floor of her tent; **isómatooma** he placed a covering on it; **nítssomatoo'pa/ nitsíssomatoo'pa** I placed a covering on it.

ISOOHTOO *vti*; put on a dish; **soohtóót!** put it on a dish!;
áaksisoohtooma she will place it on a dish; **isóóhtooma** he placed
it on a dish; **nitsíísoohtoo'pa** I placed it on a dish; *Rel. stem:*
vta **isoohto** place food on the plate of

ISOOMOONI *vti*; wrap with an outer covering; **soomóónit!** wrap
it!; **áaksisoomoonima** she will wrap it; **iisoomóónima** he wrapped
it; **nitsíísoomoonii'pa** I wrapped it; *Rel. stems: vta* **isoomoon**, *vai*
isoomoonaki wrap.

ISOOMOONOMO *vta*; present a gift to; **isoomoonomoosa!** gift
him!; **áaksisoomonomoyiiwa** she will gift him; **iihkóísoomoo-
nomoawa** he was gifted; **nitsíísoomoonomook a** I was given a
gift; *cf.* **isoomooni**.

ISOYIIKÁAPIKSSI *vai*; make quick stretching or kicking motions
with one's own legs while lying down; **soyiikáapikssit!** make quick
stretching motions with your legs!; **áaksisoyiikáapikssiwa** she will
make quick stretching motions with her legs; **iisóyiikáapikssiwa** he
made ...; **nitsíísoyiikáapikssi** I made ....

ISO'PI *vta*; wrap a scarf around the head of; **isó'piisa!** wrap a scarf
around her head!; **áaksiso'piyiiwa** she will wrap a scarf around his
head; **iisó'piyiiwa** he wrapped a scarf around her head;
nitsííso'piooka she wrapped a scarf around my head.

ISS *nar*; son-in-law; **níssiksi** my sons-in-law; **óssiksi** his/her sons-in-
law.

ISS *adt*; in front, forward; **issóóhtsi** in front/ frontward;
nitáakitsissopii I am going to sit in front; *see* **issohkat** foreleg; *see*
issoohtsik future; *see* **yissaat** move in front of.

ISS *adt*; young; *see* **issohkiimaan** youngest wife; *see* **issoko's**
grandchild.

ISSÁANA'KIMA'TSIS *nin*; candle, lit: fat lamp;
issáana'kima'tsiistsi candles; **nitsssáana'kima'tsisi** my candle.

ISSAOKAASI *vai*; trip; **issáókaasit!** trip!; **áaksissáókaasiwa** she
will trip; **issáokaasiwa** he tripped; **nitsíssáókaasi** I tripped.

ISSAPIÁ'TSIS *nin*; telescope/binoculars; **issapiá'tsiistsi** binoculars;
ómahksssapiá'tsiistsi big field glasses; **nítsssapiá'tsisi** my tele-
scope; *cf.* **ssapi**.

ISSAPÓ *nan*; Crow tribe; **Issapóíkoaiksi** persons of the Crow tribe.

ISSI *vai*; have endurance; **míssit!** have endurance!; **áaksissiwa** he
will ...; **iksíssiwa** he has endurance; **nitsííksissi** I have endurance;
míssiwa he has endurance.

ISSIISTSTAAN *nin*; stomach lining; **issíístststaanistsi** stomach linings; **nítsssiiststaanistsi** my stomach lining; **póksssiiststaani** small stomach lining.

ISSIKAOKAYI *nan*; chestnut collared longspur, Lat: Calcarius ornatus/ Swainson's hawk; **issikáókayiiksi** chestnut collared longspurs; *cf.* **maokayis**.

ISSIKATOYIIKSISTSIKO *nin*; Monday (lit: the holy day ends); **Issikátoyiiksistsikoistsi** Mondays

ÍSSIKOTOYI *nan*; black-tailed deer; **íssikotoyiiksi** black-tailed deer (pl); *also* **sikohtoyi**.

ISSIKOTOYIIPASSKAAN *nin*; black tailed deer dance; **íssikoto-yiipasskaanistsi** black tailed deer dances; *cf.* **ssikotoyiipasskaa**.

ISSIS *nin*; fat; **issíístsi** fats; **ákaissisa** it is old fat.

ISSISS *nan*; younger sibling of a female; *see* **iihsiss**.

ISSÍSSKIOOHSA'TSIS *nin*; bar soap; **nitsssísskioohsa'tsiistsi** my bars of soap.

ISSISTSÁAKII *nan*; wolverine in the form of a woman; **issistsáakiiksi** wolverine women; **mátóomaitapiwa ámoksayi máátaisstonnoyiiwaiksaawa ámokskayi niitáínihkatayi issistsáakiiyi, áípi'kaakiiwa'siyaawa** the first People, those, they were the ones who were not afraid of the ones who were called wolverines, who became imposter women; *cf.* **issistsii+aakii**.

ISSISTSII *vai*; deceive/ be a woman imposter (said of a wolverine); **issistsíít!** be a woman imposter!; **áaksissistsiiwa** she will deceive; **issistsííwa** she deceived; **kitsíssistsii** you deceived.

ISSITSIMAAN *nan*; baby; **issitsímaaniksi** babies; **ótsssitsimaani** his/her baby; *cf.* **ssitsimaa**

ISSITSÍMAA'TSIS *nin*; baby things, usually a diaper; **nítsssitsimaa'tsiistsi** my baby things.

ISSÍKOTOYI *nan*; black-tailed deer, Lat: Odocoileus hemionus; **issíkotoyiiksi** black-tailed deer (pl.); *also* **sikohtoyi**.

ISSK *nan*; pail; **ísskiksi** pails; **nóóhkiksi** my pails; **ómahkohka** big pail.

ISSK *adt*; past; *see* **isskóóhtsik** long ago.

ISSKÁN *nar*; younger sibling of male; **nisskániksi/nisskáíksi** my younger siblings (male speaker); **osskáni** his younger sibling.

ISSKIHTA' *adt*; east (of speaker)/ toward the open prairie, usually an uninhabited or sparsely populated area; **isskihtaoohtsi** in the direction of the open prairie/ east (of speaker); **isskihtáí'tapiiyiwa** person who lives on the open prairie.

ISSKIMÁA'TSIS *nan*; steel sharpener; **póksskimáa'tsiiksi** small steel sharpeners; **nítsskimáa'tsisa** my sharpener; *cf.* **sskimaa** *also* **sskimaa'tsis**

ISSKITSÍÍSAINAKA'SI *nan*; Red River cart; **isskitsíísainaka'siiksi** Red River carts.

ISSKOOHTSIK *nin*; past, long ago; **isskóóhtsika** long ago.

ÍSSKOYIPISTAA'TSIS *nan*; bridle, bit (horse's); **ísskoyipistaa'tsiiksi** bridles, bits; **nitsísskoyipistaa'tsisa** my bridle.

ISSKSIMÁTAKSSIN *nin*; woven article (woven from strand-like material, i.e. knitting, crocheting); **issksimátakssiistsi** woven articles; **nítssksimátakssini** my woven article.

ISSKSISTSOOHSI *vai*; put beads on one's own garment; put beads on your garment!; **áaksissksistsoohsiwa** she will bead her garment; **issksistsoohsiwa** she put beads on her garment; **nitsíssksistsoohsi** I put beads on my garment; *Rel. stem: vai* **issksistsaaki** issksistsoohsit!

ISSKSI'SIPÍSTAA'TSIS *nin*; cinch; **issksi'sípistaa'tsiistsi** cinches; **nitsíssksi'sipistaa'tsisa** my cinch.

ISSKSKÁ'TAKSSIN *nin*; thought, reflection; **isskská'takssistsi** thoughts, reflections; *cf.* **isskska'taki**.

ISSKSSÍÍNAA *nan*; insect; **issksssíínaiksi** insects; **ómahksskssiinaawa** big insect.

ISSKSSIINAINIKIMM *nan*; rice; **issksssíínainikimmiksi** rice; **sikáísskssiinainikimma** brown rice.

ISSOHKAT *nin*; foreleg; **otsíssohkatsistsi** his forelegs; *cf.* **mohkat**.

ISSOHKIIMAAN *nar*; youngest wife; **issohkíímaaniksi** youngest wives; **nitsíssohkiimaana** my youngest wife; *cf.* **ohkiimaan**.

ISSOHKO *nar*; grandson; **níssohkoiksi** my grandsons; *cf.* **ohko**.

ÍSSOKO'S *nar*; grandchild; **níssoko'siksi** my grandchildren; **óssoko'si** his/her grandchild; *cf.* **oko's**.

ISSOOHKITOOHTSI *nin*; edge of hill; **nitsitsipoyi íssóóhkitoohtsi** I stood at the edge of the hill.

ÍSSOOHTSIK *nin*; future; **íssoohtsika** in the future.

ISSOTAN *nar*; granddaughter; **níssotaniksi** my granddaughters; **óssotani** their granddaughter; *cf.* **itan**.

ISSOYI *nan*; a cooking pot with one long handle/ dipper; **íssoyiiksi** long-handled cooking pots/ dippers.

ISSPAHKO *nin*; upland, highland; **isspahkóístsi** uplands, highlands.

ISSPAHKÓ *nin*; hill; **isspahkóístsi** hills; **póksspahkoistsi** small hills.

ISSPAKÓÓTOHTONAITSIKIN *nin*; high-topped moccasin; **nitsspakóótohtonaitsikiistsi** my high-topped moccasins.

ISSPÁNOKÓÍSTTSOMO'KAAN *nin*; western hat; **máóhksspanokóísttsomo'kaanistsi** red western hats; **nítsspanokóísttsomo'kaani** my western hat; *cf.* **isttsomo'kaan.**

ISSPAYSSTOO *nan*; mule deer or black-tailed deer, Lat: Odocoileus hemionus; **isspáysstoiksi** mule deers; *see also* **issikotoyi.**

ISSPIK *adt*; thick/heavy; *see* **isspiksístawa'si** stout, heavyset; *see* **isspikssko.**

ISSPIKSÍSOKA'SIM *nin*; coat, lit: thick garment; **nítsspiksísoka'siistsi** my coats; *cf.* **sspik+asóka'sim.**

ISSPIKSISTAWA'SI *vai*; stout, heavyset; (**mísspiksistawa'sit!** be stout!); **áaksisspiksistawa'siwa** she will be stout; **isspiksístawa'siwa** he is stout; **nítsisspiksistawa'si** I am stout; *cf.* **isspik;** *Rel. stem: vii* **isspikii** thick.

ISSPIKSISTTOHKSAAN *nan*; thick shawl, e.g. one made from a pendleton (wool) blanket; **isspiksísttohksaaniksi** thick shawls; **nítsspiksísttohksaana** my thick shawl; *cf.* **sspik+isttohksaan.**

ISSPÍKSSKO *nin*; high forest (of tall trees, e.g. evergreens).

ISSPOHKÍTSÍKAHP *nin*; instep; **isspohkítsíkahpistsi** insteps; **nítsspohkítsíkahpi** my instep; **póksspohkítsíkahpistsi** small insteps.

ISSPSSÁÍSSKITSIMAO'P *nin*; January, lit: we have a high pile of (discarded) ashes.

ISSTÁÁTO'S *nan*; December, lit: cold month.

ISSTAHPIKSSI *nan*; haunting ghost; **isstahpíkssiiksi** haunting ghosts.

ISSTAHTSIKÍMAA'TSIS *nan*; pipe cleaner; **nítsstahtsíkimaa'tsisa** my pipe cleaner; **isstahtsíkimaa'tsiiksi** pipe cleaners; **póksstahtsíkimaa'tsisa** small pipe cleaner.

ISSTAHTSIMAA'TSIS *nan*; ramrod for powder rifle/ flint; **nitsisstahtsímaa'tsiiksi** my ramrods

ISSTAMO *nar*; brother-in-law of a male, i.e. his sister's husband; **nisstamóíksi** my (male speaking) sisters' husbands; **osstamóyi** his brother-in-law

ISSTAMOOHKO *nar*; brother-in-law of a male, i.e. his wife's brother; **nisstamóóhkoiksi** my brothers-in-law; **osstamóóhkoyi** his brother-in-law

ISSTOHKANA *adt*; most, superlative; **isstohkánaomahksima** he is the oldest of all; **isstohkánaokakiwa** she is the smartest of all.

ISSTOOHPOYI *nin*; 'cold' ointment, e.g. mentholatum; isstóóhpoyiistsi 'cold' ointments; póksstóóhpoyiyi small (jar of) mentholatum.

ISSTOOWAHSIN *nin*; ice cream (North Peigan)/ lit: cold food; isstóówahsiistsi ice cream (plural)

ISSTOYI *vai*; have a beard; nitáaksisstoyi I will have a beard; *see* o'taksisstoyi Hutterite

ISSTOYIISISTTSI *nan*; snow bunting (lit: winter bird), Lat: Plectrophenax nivalis; isstóyiisisttsiiksi snow buntings; *cf.* sisttsi.

ISSTSÁÍNAKA'SI *nan*; train; isstsáínaka'siiksi trains; *cf.* áínaka'si.

ISSTSÍÍSOOTA'SI *nan*; one who owns a horse with a cropped tail (signifies his ability as a deadly warrior, usu. North Peigan or South Peigan); Isstsíísoota'siiksi ones who own horses with cropped tails.

ISSTSIIYAINAKA'SI *nan*; train (lit: steam wagon); isstsííyainaka'siiksi trains; aawahká'tsisstsiiyainaka'siwa toy train; póksstsiiyainaka'siiksi little trains

ISSTSIKAHKO *nin*; a slight depression on an otherwise flat ground surface; isstsíkahkoistsi depressions on the ground.

ISSTSIKAHKO *nin*; depression in land surface, dip; (i)sstsíkahkoistsi dips.

ISSTSIMAMSSKAAPOO *nan*; pineapple, lit: reluctant to go south; isstsimámsskaapoiksi pineapples; *cf.* sstsim+waamsskaap+oo.

ISSTSIMM *vta*; be annoyed with/ be bothered by; áaksisstsimmiiwayi she will be annoyed with him; nitsiksísstsimmoka she was annoyed with me (i.e. I bothered her); *Rel. stem: vti* isstsi'tsi be annoyed by.

ISSTSIPÍSIMAA'TSIS *nin*; whip; nítsstsipísimaa'tsiistsi my whips; ómahksstsipísimaa'tsisi big whip; *cf.* sstsipisimaa.

ÍSSTSÍ'KINIIPITSI *nan*; wren (lit: habitually noisy); ísstsíí'kiniipitsiiksi wrens; *cf.* yisstsi'kini+ipitsi.

ÍSSTSO'KINI *vai*; hardy, strong; ísstso'kinit! be hardy!; áaksísstso'kiniwa she will be hardy; ísstso'kiniwa he is hardy; nitsísstso'kini I am hardy.

ISSTSSIMÁÁN *nin*; brand (i.e. on livestock); ómahksstssimáánistsi big brands; nítsstssimááni my brand.

ISSTSSIMÁA'TSIS *nin*; match; ómahksstssimáa'tsiistsi big matches; nitsstssimáa'tsisi my match; noohkohpómmookit ataksííyi'pi isstssimáa'tsiistsi would you buy me a box of matches; *also* isstssíma'tsis *cf.* sstssimaa.

ISSTSSKÁÁN *nin*; dust; **isstsskáístsi** dust (pl.); **síksstsskayi** black dust.

IST *adt*; two, or double; **naamistsitáópiihpinnaana** there are only the two of us at home; **áaksistó'kammiaawa** there will be two of them; *see* **niistsimii** twin.

ISTÁAAPSSI *vai*; lazy; **istáaapssit!** be lazy!; **áaksistáaapssiwa** he will be lazy; **iistáaapssiwa** he is lazy; **nitsíístáaapssi** I am lazy; *Rel.* *stems*: *vti* **istaaapssatoo**, *vta* **istaaapssat** be lazy toward.

ISTAAHT *adt*; under; **istááhtoowa** he went under; **stááhtoohtsi** in the direction of under; **áaksistaahtoowa** id: he will go to Hell (lit: he will go under).

ISTAAHTSISTOTOOHSIN *nin*; underwear; **ksikksistááhtsistotoohsiistsi** white underwear.

ISTAAKO *vii*; have a dull point or edge; **áaksistaakowa** it will be dull; **iiksistaakowa amo nomohtáísínaakihpi** it has a dull point, this which I am writing with; *also* **istaaiko**.

ISTÁÍAIKIMM *vai*; have a dull edge (said of a cutting instrument); **nottóána áaksistáíaikimma** my knife will be dull; **istáíaikimmi nisisóya'tsiiksi** my scissors are dull.

ISTAWAT *vta*; raise (a child or young animal); **istawátsisa!** raise him!; **áaksistawatsiiwa anní óko'siipokaayi** she will raise the colt; **istawátsiiwa anní pookááyi** she raised the child; **nitsíístawakka** she raised me; **nitsíístawatawa** I raised him; *Rel.* *stems*: *vai* **istawatsimaa**, *vai* **istawa'si** raise s.t., grow (to maturity).

ISTAWA'SI *vai*; grow (to maturity); (**stawa'sit!** grow!); **áaksistawa'siwa** he will grow; **iistawá'siwa** she grew; **nitsíístawa'si** I grew; **iistáwa'sao'pa** we (incl) grew up; *Note: i˜o.*

ISTOHKOOTOHKITÓPII *vai*; ride double, e.g. on a horse or a bike; **niistohkóótohkitópiika!** ride double!; **áaksistohkootohkitópiiyaawa** they will ride double; **iistohkóótohkitópiiyaawa** they rode double; **nitsíístohkootohkitópiihpinnaana** we rode double.

ISTOKAHKO *vta*; trip; **istókahkoosa!** trip him!; **áaksistokahkoyiiwa** she will trip him; **iistókahkoyiiwa** he tripped her; **nitsíístokahkooka** she tripped me; *Rel. stem: vai* **istokahkaki** trip (someone).

ISTÓMATOO *vti*; become addicted/accustomed to; **miinsstómatoot kisímssini!** do not become addicted to drinking!; **áaksistomatooma** she will become addicted to it; **iistomátooma otáísaómmitsska'si** he became accustomed to doing sneaky things; **nitsíístomatoo'pa** I became addicted to it.

ISTOOKIIKI'TAWÁAT *vta*; double-cross, cheat on, be unfaithful to spouse; **istóókiiki'tawáatsisa!** double-cross her!; **áaksistookiiki'tawáatsiiwa** she will double-cross him; **istóókiiki'tawaatsiiwa** she double-crossed him; **kitsíístookiiki'tawáakka** she double-crossed you; **áístookiiki'tawaatsiiwa otohkíímaani** he is cheating on his wife.

ISTOT *adt*; similar; *see* **istótahsinat** observe the resemblance of to someone; *see* **istotsi** find similar to s.o..

ISTOTAHSINAT *vta*; observe the resemblance of (to another); **istótahsinatsisa!** observe her resemblance (to him)!; **áaksistotahsinatsiiwa kiistóyi** she will observe her resemblance to you; **istotahsinatsiiwa oksísstsi** he observed her resemblance to her mother; **nitsíístotahsinakka nínni** she observed a resemblance in me to my father.

ISTOTOOHSI *vai*; be clothed; **istotóóhsit!** clothe yourself!; **áaksistotoohsiwa** he will be clothed; **iistotóóhsiwa** he was clothed; **nitsíístotoohsi** I am clothed.

ISTOTOOHSIN *nin*; clothes; **otsístotoohsiistsi** her clothes; **nikínnistotoohsiistsi** my warm clothes

ISTOTSI *vti*; acquire facility in, become experienced at, become good at; **miinóóhkáttsistótsit simssini!** don't (be like others who have) become involved with drinking!; **áaksistotsima** she will be active in it; **istotsíma** he was active in it; **nitsíístotsii'pa** I did it; **ninóóhkaistotsii'pa kaná'pssini** I have acquired facility in rodeo.

ISTOTSIMM *vta*; find similar (to another); **istotsímmisa!** find her similar (to him!); **áaksistotsimmiiwa** she will find her similar (to him); **iistotsímmiiwa** he found her similar (to him); **nitsíístotsimmoka nínni** she found me similar to my father.

ISTOKAASI *vai*: stumble, trip over something; **istókaasit!** stumble!; **áaksistókaasiwa** she will stumble; **iistókaasiwa** he tripped; **nitsíístókaasi** I tripped.

ISTÓ'KAO'SI *vai*: be in a quandary, experience indecision over two alternatives; (**sto'kao'sit!** experience indecision!); **áaksisto'kao'siwa** she will be undecided; **íístó'kao'siwa** he was in a quandary; **nitsíísto'kao'si** I was undecided.

ISTSA' *adt*; last or final time; **(i)stsáó'ohtokska'sit!** run (e.g. the course) for the last time; **nitsíístsai'noawa** I saw her for the final time; **kitáaksístsaa'nisto** I will tell you for the last time.

ISTSIKAPOISÍNAII *vti;* mark with two stripes/ repeat a stripe pattern on twice; **náátsikapoisínaiit!** mark it with two stripes; **áaksistsikapoisínaima** she will repeat the stripe pattern twice; **náátsikapoisínaima** she marked it with two stripes; **nitsíístsikapoisínaii'pa** I repeated the stripe pattern on it twice.

ISTSIKII *vii;* be a slippery, smooth surface; **ánni kaapoksíínimaani áaksisttsikiiwa** that floor will be slippery; **isttsikííwa** it is slippery

ISTSITSII *vii;* melt; **áaksistsitsiiwa** it will melt; **istsitsííwa** it melted; *Rel. stems: vai* **istssoyi,** *vti* **istssi,** *vta* **istssi** melt, thaw.

ISTSI'TSAANA'PSSI *vai;* become pregnant; (**istsi'tsaana'pssit!** become pregnant!); **áaksistsí'tsaana'pssiwa** she will become pregnant; **iistsí'tsaana'pssiwa/naatsi'tsaana'pssiwa** she is pregnant; **nitsíístsi'tsaana'pssi** I am pregnant

ISTSTAKI *fin;* with back and forth motion; *see* **ikahksiststaki** saw; *see* **ssiiststaki** wash (clothes); *Note: forms vai.*

ISTTÁÁTSI *vai;* sink; **ísttáátsit!** sink!; **áaksisttáátsiwa** she will sink; **isttáátsiwa** she sank; **nitsísttáátsi** I sank.

ISTTAHKAPI *vai;* crawl into/under s.t.(a small enclosed space)/ id: sunset; **isttahkápit!** crawl into (s.t.)!; **áaksisttahkapiwa** the sun will set; **isttahkápiwa** the sun has set; **kitsísttahkapi** you crawled under (s.t.); *Rel. stem: vta* **isttahkapsskohto** crawl under.

ISTTAINN *vta;* fix (blade of an instrument) firmly into place (by using a stabbing motion); **isttáínnisa!** stab it!; **áaksisttainniiwa** she will ...; **isttáínniiwa** he put the blade into it; **iitsísttáínniiwayi ottoáni anní moksipistákssini** he fixed the blade of his knife firmly into the bale; **annááhka nitótonaoksiima nitsitsísttainnawa nitsísttohksisóka'sima** I put my needle into my shirt; *Rel. stem: vti* **istainni** fix pointed object firmly in.

ISTTAKOYII *vii;* go down (said of water level); **áaksisttakoyíiwa anni niítahtayi** the level of the river will go down; **isttákoyíiwa niítahtayi** the river level went down.

ISTTAKOYSSTOO *vti;* lower the liquid level of, drain/ cause to submerge; **isttakóysstoot!** drain it!; **áaksisttakóysstooma** she will lower the level of it; **isttakóysstooma** he drained the liquid; **nitsísttakoysstoo'pa aohkííyi** I drained the water; **nitáaksisttakoysstoo'pa ámoyi saakókotoisskoyi** I will submerge this bottle.

ISTTAMI *vai;* eat lean meat simultaneously with a side serving of fat; **isttamít!** eat the meat with the fat; **áaksisttamiwa** she will ...; **isttamíwa** he ate the meat with fat; **nitsísttami** I ate the meat with fat; *Rel. stem: vti* **isttamatoo** eat (lean meat) with fat.

ISTTANAI'PIKSI *vti*; tuck in; **noohksísttanai'piksit kisóka'simi!** tuck in your shirt!; **áaksisttanai'piksima** she will tuck it in; **isttanáí'piksima** he tucked it in; **nitsísttanai'piksii'pa** I tucked it (in); *Rel. stems: vta* **isttanai'piksist,** *vai* **isttanai'piksistaki** tuck, tuck (s.t.)

ISTTANI *adt*; down (below surface or top); *see* **isttaniokska'si** run down the hill; **nitsísttanisoo** I went to B.C./northwest United States, lit: I went down (over the Rocky Mtns.); **áaksisttaniiko-yiwa** it will seep down (into the surface).

ISTTANIOKSKA'SI *vai*; disappear over a hill or ridge while running; **isttaniókska'sit!** disappear over the ridge; **áaksisttaniok-ska'siwa** she will ...; **isttaniókska'siwa** he ran and disappeared over the hill; **nitsísttaniokska'si** I ran and disappeared over the hill.

ISTTAPINNAKSSIN *nin*; loomwork, weaving (made by interlacing warp and filling threads. May have beads on it); **isttapínnakssi-istsi** loomworks; **nitsísttapinnakssini** my weaving.

ISTTAPINNI *vti*; lace (as in leather work), weave, thread; **isttapínnit!** weave it!; **áaksisttapinnima** she will weave it; **isttapínnima** he wove it; **nitsísttapinnii'pa** I wove it; *Rel. stems: vta* **isttapinn,** *vai* **isttapinnaki** weave.

ISTTAPÓMAO'SI *vai*; place something whole into one's own mouth; **isttapómao'sit!** place s.t. whole in your mouth!; **áaksisttapom-ao'siwa** she will ... her own mouth; **isttapómao'siwa** he put ... in his own mouth; **nitsísttapomao'si** I put ...in my mouth; **iitómahksisttapómao'siwa owáí** then he placed a whole portion of eggs into his mouth.

ISTTAPOYITTSI *vii*; be soaked with grease or oil (e.g. clothing); **áaksisttapoyittsiwa** it will be soaked with grease; **itsísttapo-yittsiwa** it was soaked with grease; **piiná'soyinnit anni poyííyi, áakitsisttapoyittsiiwa anní nisómaana** don't spill the oil, it will soak into my rug.

ISTTAYI *vai*; dive; **isttayít!** dive!; **áaksisttayiwa** he will dive; **isttayíwa** he dove; **nitsísttayi** I dove.

ISTTA'PIN *vta*; dunk/dip; **isttá'pinisa!** dunk him!; **áaksisttá'piniiwa** she will dunk him; **isttá'piniiwa** he dunked her; **nitsísttá'pinoka** she dunked me; *Rel. stem: vai* **istta'pinaki** dunk (s.t.).

ISTTÁ'PSSKO *vta*; drown out (with noise); **isttá'psskoosa!** drown her out!; **áaksisttá'psskoyiiwa** she will drown her out; **isttá'psskoyiiwa** he drowned her out; **nitsísttá'psskooka** she drowned me out.

ISTTO *vta*; assist by suggesting the content of a narration or recital; **isttóósa!** suggest the content of her story!; **áaksisttoyiiwa** she will suggest the content of his recital; **isttoyííwa** he suggested ...; **nitsísttooka** she suggested ... to me; **nitáaksisttaawa mááhkanistssokaniihpi áí'psstsi'poyisi anni otáni** when her daughter comes in to speak, I will coach her as to how best to say it.

ISTTOÁN *nan*; knife; **poksísttoaiksi** small knives; **nottoána** my knife; **innísttoana/innóísttoana** long knife.

ISTTOHK *adt*; thin/flat; *see* **isttohksisoka'sim** shirt, lit: thin clothing; **niitá'pisttohkiiwa ánni osóka'simi** his clothing/jacket is really thin; see **isttohkihkiitaa** make pancakes, lit: bake thin; *see* **isttohkihtsii** lie flat.

ISTTOHKAIIPISSTSI *nin*; thin, lightweight fabric; **isttohkáíipisstsiistsi** thin, lightweight fabrics; *cf.* **naiipisstsi**.

ISTTOHKATAPIKSIST *vta*; throw (or pull down) to the ground; **isttohkátapiksistsisa!** throw him to the ground!; **áaksisttohkatapiksistsiiwa** she will throw him to the ground; **isttohkatapiksistsiiwa** he threw him to the ground; **nitsísttohkatapiksikka** she threw me to the ground; **nitsísttohkatapiksistawa** I threw her to the ground.

ISTTOHKI *vii*; be thin; **áaksisttohkiwa anní osóka'simi** his jacket will be thin; **isttohkíwa** it is/was thin.

ISTTOHKIHKIITAA *vai*; make pancakes; **isttohkihkííttaat!** make pancakes!; **áaksisttohkihkiitaawa** she will...; **isttohkihkíítaawa** he made pancakes; **nitsísttohkihkiitaa** I made pancakes.

ISTTOHKIHKIITAAN *nin*; pancake (lit: flat, thin baking); **isttohkihkííítaanistsi** pancakes

ISTTOHKIHTSII *vai*; lie down; **isttohkihtsííít!** lie down!; **áaksisttohkihtsiiwa** she will ...; **isttohkihtsííwa** he lay down; **nitsísttohkihtsii** I lay down; *Rel. stems: vta* **isttohkihtsi**, *vti* **isttohkohtoo** lay down.

ISTTOHKOHPA'WANI *vai*; (deliberately) drop one's own body to the ground; **isttohkohpá'wanit!** fall to the ground; **áaksisttohkohpa'waniwa** she will ...; **isttohkohpá'waniwa** he dropped to the ground; **nitsísttohkohpá'wani** I dropped to the ground.

ISTTOHKOHPI'YI *vai*; fall down; **isttohkohpí'yit!** fall down!; **áaksisttohkohpi'yiwa** she will ...; **isttohkohpí'yiwa** he fell down; **nitsísttohkohpi'yi** I fell down.

ISTTOHKSAAN *nan*; shawl, thin robe; **isttohksáániksi** shawls, thin robes.

ISTTOHKSÍÍSTSINI *vti*; cut thin; **isttohksíístsinit!** cut it thin!; **áaksisttohksiistsinima anni kiitááni** she will cut the baked (bread) thinly; **isttohksíístsinima** he cut it thin; **nitsísttohksíístsinii'pa** I cut it thin.

ISTTOHKSISOKA'SIM *nin*; shirt; **isttohksísoka'siistsi** shirts; *cf.* **asoka'sim.**

ISTTÓKI *vta*; knock on; **isttókiisa!** knock on him!, id: knock on his door!; **kááksisttókiyiiwa** she just knocked on him; **isttókiyiiwa** he knocked on her (door); **nitsísttókiooka** she knocked on me

ISTTÓKIAAKI *vai*; knock; **isttókiaakit!** knock!; **áaksisttóki-aakiwa** she will knock; **isttókiaakiwa** he knocked; **nitsísttókiaaki** I knocked; *Rel. stems: vti* **isttoki,** *vta* **isttoki** knock

ISTTOKIISI *vai*; make a clattering noise upon reaching the end of a fall/ id: seize up (said of an engine); (**isttokiisit!** make a noise at the end of your fall!); **áaksisttókiisiwa** it will make a clattering noise when it drops; **isttókiisiwa** it (the engine) seized; **ninííTsisttókiisi nitáíaisttohkohpiyssi** I made a noise when I fell.

ISTTÓKIMAA *vai*; drum; **isttókimaat!** drum!; **áaksisttókimaawa** he will drum; **isttókimaawa** he drummed; **nitsísttókimaa** I drummed; *Rel. stems: vta* **isttokomo,** *vti* **isttokimatoo,** *vti* **isttoki** drum for, use as a drum, drum/beat on.

ISTTOKIMAAN *nin*; lit: drumming, id: a drummed song; **isttókimaanistsi** drummed songs.

ISTTÓKIMAA'TSIS *nin*; drum; **nitsísttókimaa'tsiistsi** my drums.

ISTTÓKINSSI *vti*; burn with a blazing and crackling fire; **isttókinssit!** make it (the firewood) blaze!; **áaksisttókinssima** she will make it blaze and crackle; **isttókinssima matóyihkoyi** he made the grass blaze and crackle; **nitsísttókinssii'pa** I made the fire blaze; **ákaisttokinssima ookóówayi** he has destroyed his house with a blazing fire.

ISTTONNIHKI *vai*; add a message to one's own song, lyricize; **isttónnihkit!** add a message to your song; **áaksisttonnihkiwa** he will lyricize his song; **isttónnihkiwa** he added a message to his song; **nitsísttonnihki** I added a message to my song.

ISTTO'T *adt*; together; **isttó'tssai'piiyaawa/náyistto'tssaawai'pii-yaawa** they walked out together; **áaksistto'tsitapóoyaawa** they will go there together.

ISTTSÁ'PISTOTO *vta*; taunt, harass, tease; **isttsá'pistotoosa!** taunt her!; **áakisttsá'pistotoyiiwa** he will harass him; **isttsá'pistotoyiiwa** he taunted her; **nitsísttsá'pistotooka** she harassed me.

ISTTSII *vii*; pain/ache/hurt; **áaksisttsiiwa** it will hurt; **iiksísttsii-wa** it aches a lot; **no'tokááni áísttsiiwa** my head aches.

ISTTSÍÍKA'YI *vai*; limp; **isttsííka'yit!** limp!; **áaksisttsiika'yiwa** she will limp; **isttsííka'yiwa** he limped; **nitsísttsííka'yi** I limped; **nitáísttsííka'yi** I am limping; **istsííka'yssini** limp (n.).

ISTTSÍÍKINAKI *vai*; have sore, aching legs; **isttsííkinakit!** have sore, aching legs!; **áaksisttsííkinakimma** she will have sore legs; **isttsííkinakimma** she has sore legs; **nitsísttsiikinaki** my leg aches; *cf.* **ikinaki** *Note: 3mm.*

ISTTSÍÍKINI *vai*; have a tooth ache; (**isttsííkinit!** have a tooth ache!); **áaksisttsííkiniwa** he will have a tooth ache; **isttsíík-iniwa** he had a tooth ache; **nitsísttsííkini** I had a tooth ache

ISTTSIIP *vrt*; itch; *see* **isttsiipsskini** have an itchy throat; **nitsiksísttsiipohtooki** I have itchy ears.

ISTTSIIPAOKAYII *nan*; Belted kingfisher, lit: has an itchy breast; **isttsíípaokayiiksi** kingfishers

ISTTSIIPIHKINIINAA *nan*; king, male sovereign/ King (playing card), lit: itchy-head chief; **isttsíípihkiníínaiksi** kings.

ISTTSIIPII *vii*; be itchy; **áaksisttsiipiiwa** it will be itchy; **nohtóókisi iikohtsísttsiipiiwa ótohpákoyi'sahsi** my ear is itchy because she was blowing in it; *Rel. stem: vai* **isttsiipssi** be itchy.

ISTTSIIPSSKINI *vai*; have an itching throat, that results in an irritating cough; (**isttsiipsskinit!** have an itching throat!); **áaksísttsiipsskiniwa** she will ...; **isttsíípsskiniwa** he had an itching throat; **nitsísttsiipsskini** I had an itching throat;

ISTTSIISTOKÍNIISI *vai*; having sore or aching muscles from overexertion or being cramped (e.g. being sore from sleeping on a hard or uncomfortable mattress); (**ísttsiistokiniisit!** have a sore or aching body!); **áaksisttsiistokíniisiwa** she will have sore muscles; **isttsíístokíniisiwa** he had sore muscles; **nitsítsisttsiistokíniisi anni kitókssini** I got sore muscles from your bed.

ISTTSIISTOMI *vai*; be ill/ id: give birth; **miinísttsiistomit!** don't be ill!; **áaksisttsiistomiwa** she will be ill; **isttsíístomiwa** he was ill; **nikáísttsiistomi** I have given birth; **nitsísttsiistomi** I was ill; **áísttsiistomiwa** she's sick.

ISTTSÍÍSTOMSSIN *nin*; sickness, illness; **isttsíístomssiistsi** illnesses.

ISTTSIISTOTO *vta*; tease, taunt; **isttsíístotoosa!** tease him!; **áaksisttsiistotoyiiwa** she will tease him; **isttsíístotoyiiwa** he teased her; **nitsísttsiistotooka** she teased me; *Rel. stem: vai* **isttsiistotaki** tease (s.o.).

ISTTSIIYÁKSIISI *vai*; suffer physically; (**isttsiiyaksiisit! suffer!**);
áaksisttsiiyáksiisiwa she will suffer; **isttsííyáksiisiwa** he suffered;
nitsísttsiiyáksiisi I suffered.

ISTTSIK *adt*; smooth, shiny, slippery; *see* **isttsíkihkini** bald; **nii
kaapoksíínimaani iikáísttsikiiwa** that floor is usually slippery.

ISTTSIKÁÁHKIAAKI *vai*; iron; **isttsikááhkiaakit!** iron!;
áaksisttsikááhkiaakiwa he will iron; **isttsikááhkiaakiwa** he
ironed; **nitsísttsikááhkiaaki** I ironed; *Rel. stems: vti* **isttsikaahki,**
vta **isttsikaahki** iron.

ISTTSIKÁÁHKIMAA *vai*; spread a food (as on bread or a cracker);
isttsikááhkimaat! spread s.t.!; **áakohtsisttsikááhkimaawa
immistsíí** she will use grease drippings as a spread; **isttsikááhk-
imaawa** he spread (s.t.); **nitsísttsikááhkimaa** I spread (s.t.).

ISTTSIKÁÁNIHKA'SI *vai*; bear ill will or resentment (to someone),
tending to active hostility; **isttsikáánihka'sit!** act malevolently!;
áaksisstsikáánihka'siwa he will bear ill will; **isttsikáánihka'si-
wa** he bore resentment; **nitsísttsikaanihka'si** I bore resentment;
Rel. stem: vta **isttsikaanihka'sat** bear ill will or resentment toward.

ISTTSIKAANIMM *vta*; cause discomfort for another because of
jealousy or envy; **isttsikáánimmisa!** cause her discomfort!;
áaksisttsikaanimmiiwa she will cause him discomfort;
isttsikáánimmiiwa he caused her discomfort;
nitsísttsikáánimmoka she caused me discomfort.

ISTTSIKAHKO *vii*; slippery ground conditions; **áaksisttsikahkowa**
it will be slippery; **isttsíkahkowa** it is slippery.

ISTTSÍKAITTSI *vii*; shine, glitter; **áaksisttsíkaittsiwa anní
kaapoksíínimaani** the floor will shine; **isttsíkaittsiwa** it glittered.

ISTTSIKÁKKI *vii*; form shiny scar tissue; **áaksisttsikákkiwa** shiny
scar tissue will form; **isttsikákkiwa** shiny scar tissue formed.

ISTTSIKAKKSSIN *nin*; scar; **otsísttsikákkssini** his scar.

ISTTSIKÁNOKO *nin*; linoleum/ smooth, slippery cloth or covering,
e.g. leather, oil cloth: **isttsikánokoistsi** smooth, slippery cloths.

ISTTSIKÁNOKOISOKA'SIM *nin*; leather jacket, coats; **otsísttsik-
anokoisoka'siistsi** his leather jackets; *also* **isttsikapokoisoka'sim.**

ISTTSIKAPOKO *nin*; leather; **isttsikápokoistsi** leather;
nitsísttsikapokoomáíipssimi my leather belt.

ISTTSIKIHKAKI *vai*; slide, slip (while on foot); **isttsíkihkakit!**
slip!; **áaksistsikihkakiwa** she will slip; **isttsíkihkakiwa** he slipped;
nitsísttsikihkaki I slipped.

ISTTSIKIHKINA'SI *nin*; cheque; **isttsíkihkina'siistsi** cheques;
nitsísttsikihkina'siimi my cheque.

ISTTSIKIHKINI *vai*; be bald; **áaksisttsíkihkiniwa** she will be bald; **isttsíkihkiniwa** he is bald; **nitsísttsikihkini** I am bald; *cf.* **isttsik+ihkin.**

ISTTSIKÍTSIKIN *nin*; leather shoe, boot, (footwear); **ksikksisttsíkitsikiistsi** white leather shoes; **nitsísttsikitsikini** my leather shoe; *cf.* **atsikin.**

ISTTSIKÍTSIS *nan*; leather chaps; **isttsikítsiiksi** leather chaps (more than one pair); *cf.* **atsis** *also* **isttsikápokoitsis.**

ISTTSIKOHPO *adt*; grimy; **ísttsikohpoiitsitsikiniwa** he has grimy moccasins; **áaksisttsikohpoináttsiwa** it will have a grimy appearance.

ISTTSIKÓKSSPAINNI *vti*; paint with a sticky substance; **isttsikóksspainnit!** make it sticky by painting it!; **áaksisttsikoksspainnima** she will paint it with a sticky substance; **isstsikóksspainnima** he painted it with a sticky substance; **nitsísttsikóksspainnii'pa** I painted it with a sticky substance.

ISTTSIKÓNISTSI *nin*; sleigh/ sled; **isttsikónistsiistsi** sleighs; *cf.* **manistsi.**

ISTTSIKSIKA *vai*; become a widower or be deserted by one's wife; (**isttsiksikat!** be a man whose wife has left him!); **áaksisttsiksikawa** he will be a man whose wife has left him; **isttsiksíkawa** he was left by his wife; **nitsísttsiksika** I was left by my wife; **isttsíksikawa** joking name given to a bachelor.

ISTTSIKSIPOKO *nin*; salt; **isttsiksípokoistsi** salts; **nitsísttsiksípokoomi** my salt.

ISTTSÍKSSAAKOKOTAAHKO *vii*; glare ice ground conditions; **áaksisttsíkssaakokotaahkowa** there will be glare ice conditions; **isttsíkssaakokotaahkowa** there are/were glare ice conditions.

ISTTSÍKSSAISSKINAAN *nin*; consumption/tuberculosis

ISTTSIMAT *vta*; ask to stay longer; **isttsímatsisa!** ask her to stay awhile longer!; **áaksisttsimatsiiwa** she will ask him to stay; **isttsímatsiiwa** he asked her to stay longer; **nitsísttsimakka** she asked me to remain a while; *Rel. stem: vti* **isttsimatoo** retain.

ISTTSINAA *vai*; draw rations; **isttsináát** draw rations!; **áaksisttsinaawa** she will draw rations; **isttsinááwa** he drew rations; **nitsísttsinaa** I drew rations; *Rel. stems: vti* **isttsinatoo,** *vta* **isttsinat,** *vta* **isttsinaahko** ration, ask for rations, give rations to.

ISTTSINAAN *nin*; ration; **isttsináánistsi** rations.

ISTTSINAIKSISTSIKO *nin*; lit: ration day/ Tuesday (North Peigan)/ Thursday (Blood); **Isttsináíksistsikoistsi** Tuesdays/Thursdays.

ISTTSIP *adt*; side; **isttsipoohtsi** on the side; **áaksisttsipopiiwa** she will sit sideways

ISTTSIPATAKKAYAYI *vai*; run; **omatapísttsipatakkayayit!** start running!; **áakohtsisttsipatakkayayiwa** he will run past; **iihtsítsksisttsipatakkayayiwa** she ran past; **nitó'tamisttsipatakkayayi** I ran over the ridge; *Note: adt req.*

ISTTSISSPI *vai*; have a headache; (**isttsísspit!** have a headache!); **áaksisttsisspiwa** she will have a headache; **isttsísspiwa** he had a headache; **nitsísttsisspi** I had a headache; *cf.* **sspi.**

ISTTSISSPIISAAM *nin*; headache medicine, aspirin; **isttsísspiisaamistsi** aspirins; *cf.* **saam**

ISTTSISSPSSIN *nin*; headache; *cf.* **isttsisspi.**

ISTTSITAA *vai*; roast (s.t.) whole in coals; **isttsitáát!** roast (s.t.) (whole)!; **áaksisttsitaawa** she will roast (e.g. potatoes); **isttsitááwa** he roasted (s.t.); **nitsísttsitaa** I roasted (s.t.); *Rel. stems: vta:* **isttsitat**, *vti:* **isttsitatoo** roast.

ISTTSITAAN *nin*; roasted food; **isttsitáánistsi** roasted foods; **nitsísttsitaani** my roasted food.

ISTTSITATOO *vti*; bake, roast; **isttsítatoot!** bake it!; **áaksisttsitatooma** she will bake it; **isttsítatooma** he baked it; **nitsísttsitatoo'pa** I baked it.

ISTTSITSA *adt*; at the very first/beginning, but no longer; **isttsitsáómatapa'po'takiwa** at the beginning she started to work but she no longer does; **isttsitsáó'tóoyaawa** at first they came, but not any longer; **áaksisttsitsaisokihka'siwa** in the beginning he will act good, but not later.

ISTTSITSI *vta*; throw into ashes; **isttsítsiisa!** throw her in the ashes!; **áaksisttsitsiyiiwa** she will throw him into the ashes; **isttsítsiyiiwa** he threw her into the ashes; **nitsísttsitsooka** she threw me into the ashes.

ISTTSÍTSSKIM *vta*; rub the face of in a powdery substance; **isttsítsskimisa!** rub his face in s.t. (e.g. ashes)!; **áaksisttsítsskimiiwa** she will rub his face ...; **isttsítsskimiiwa** he rubbed her face in ...; **nitsísttsítsskimoka** he rubbed my face ...; **itáísttsítsskimiiwa óko'si kóónsskoyi** she is rubbing her child's face in the snow.

ISTTSÍTTSSKO *vta*; dunk into the snow (as a disciplinary measure); **isttsittsskoosa!** dunk him!; **áaksisttsíttsskoyiiwa** he will dunk him; **isttsíttsskoyiiwa** he dunked him; **nitsísttsíttsskooka** he dunked me; *Rel. stem: vai* **isttsittsskimaa** dunk s.o. (a misbehaved child).

ISTTSKSI *vta*; test the knowledge of; **isttsksíísa!** test her knowledge!; **áaksisttsksiyiiwa** she will test his knowledge; **isttsksíyiiwa** he tested her knowledge; **nitsísttsksooka** she tested my knowledge

ISTTSKSSI *vai*; be crafty/wily, be capable of evasive movement (indicative of a tricky nature); **isttskssít!** be crafty/wily!; **áaksisttskssiwa** she will be tricky; **isttskssíwa** he is capable of evasive movement; **nitsísttskssi** I am wily.

ISTTSOMO'KAAN *nin*; hat; **isttsómo'kaanistsi** hats; **nottsómo'kaani** my hat.

ISTTSÓOYI *vai*; be foul mouthed, insolent, impudent; **isttsóoyit!** be foul mouthed!; **áaksisttsóoyiwa** he will be insolent; **isttsóoyiwa** he is/was impudent; **nitsísttsóoyi** I am foul mouthed.

ISTTSÓOYIHKAA *vai*; be belligerent; **isttsóoyihkaat!** be belligerent!; **áaksisttsóoyihkaawa** she will be belligerent; **isttsóoyihkaawa** she was belligerent; **nitsísttsóoyihkaa** I was belligerent; *Rel. stem: vta* **isttsooyihkat** be belligerent towards.

ISTTSO'KINI *vai*; be hungry; (**isttsó'kinit!** be hungry!); **áaksisttso'kiniwa** she will be hungry; **ísttso'kiniwa** he was hungry; **nitsísttso'kini** I was/am hungry; *cf.* **isttsii+mo'kin.**

ISTTSSI *adt*; in the forest; *see* **isttssoo** go into the forest; **itsísttssaisskinao'siwa** he is shouting in the forest.

ISTTSSOO *vai*; go into the forest; **miinísttssoot!** go into the forest!; **áaksisttssoowa** he will go into the forest; **isttssóowa** he went into the forest; **nitsísttssoo** I went into the forest; *Note: oo˜ao; cf.* **oo.**

ISTTSTSÁÁPIKIMM *nan*; barbed wire; **isttstsáápikimmiksi** barbed wires; **nitsísttstsáápikimma** my barbed wire.

ISTTSTSISSII *nan*; thistle, Lat: Circium vulgare; **isttstsíssiiksi** thistles; **nitsísttstsissiimiksi** my thistles; *also* **isttstsá'pssi.**

ISTTSTSISSII *vii*; be prickly, of rough texture; **áaksisttstsissiiwa** it will be prickly; **iiksísttstsissiiwa no'tsísi** (the skin on) my hand is rough; *Rel. stem: vai* **isttsta'pssi** be prickly.

IT *adt*; then, at a certain time (at a certain place); **iitsíksksowai'to'toowa** he happened to arrive at that time; **tsá anistsííyi kitsítsoyihpa?** when did you eat?; *Note: linker.*

IT *adt*; there, at a place; **itáópiiwa** she is sitting there/ she is living there; **nitsítáyo'kaahpi** where I sleep; **tsimá kitsítso'kááhpa?** where did you sleep?; *Note: linker.*

ITÁAK *adt*; continuous; **iitáakanistoomayi** he continuously said it (e.g. a phrase); **nitsítáaka'po'tsii'pa** I worked on it continuously; **áakitáakitópiiwa** she will continue to sit there.

ITAI'TAKI *vai*; sense a presence; (**itáí'takit!** sense a presence!); **áakitai'takiwa** she will ...; **itáí'takiwa** he senses a presence; **nitsítai'taki** I sense a presence.

ITÁKKAA *nar*; friend, peer, person who is of the same age (less than a year difference); **kitákkaiksi** your friends; **nitákkaawa** my peer.

ITAM *adt*; only; **itámitaitapoowa kamáakitohkoináanissi** she only goes there if she will receive money there; **nitsitámitaohkoináani ai'ksistá'po'takiyiniki** I receive my pay only after I finish working.

ITAN *nar*; daughter; **kitómahkotaniksi** your older daughters; **nitána** my daughter.

ITANII *vai*; read (North Peigan); **itaníít** read!; **áakitaniiwa ánni sináákia'tsisi** he will read the book; **itanííwa** he read; **nitsítanii** I read; **itáwáániiwa** he is reading; *cf.* **waanii**

ITAP *adt*; toward; **iitápsskonakiwa nookóówayi** he shot toward my house; *see* **itapoo** go toward; *Note: linker.*

ITAPANIST *vta*; state assumptions concerning the whereabouts or activities of/ accuse of an illicit affair; **miináttsitapanistsisa!** stop accusing him!; **áakitapanistsiiwa ami Coaldale** she will state her assumption that he is in Coaldale; **itapánistsiiwa annííksi íítsskina'yiiksi** he assumed she was an active member of the Horns Society; **nitsitapanikka** she accused me; **ki naa kitáítapanikka anní óomi** she accused you of an affair with her husband.

ITAPIKKSTSII *vii*; taper in; **áakitapikkstsiiwa** it will taper in; **otopáíhpiisoka'simi itapíkkstsiiwa** her skirt tapers in.

ITAPÍPI *vta*; take (to a location); **stapipiisa!** take him there!; **áakitapípiyiiwa** he will take her; **iitapípiyiiwa** she took him; **nitsítapípiooka** she took me; *Rel. stems: vti* **itapipohtoo**, *vai* **itapipihtaki** take to a location, take (s.t.) to a location.

ITAPÍSSKATSIMAA *vai*; do a weather dance/ perform the Sundance ceremony; **itapísskatsimaat!** weather dance!; **áakitapísskatsimaawa** he will weather dance; **iitapísskatsimaawa** he performed the Sundance ceremony; **nitsíítapisskatsimaa** I weather danced.

ITAPISSKO *vii*; be inhabited/ be inhabited with power; **Stámitapoot amííma nookóówayi! Áakitapisskowa.** Just go to my house. There will be someone there.; **iitapísskowa anní otááhkoyinnimaani** his pipe is inhabited by a power; *cf.* **matapi.**

ITAPÍWA'SI *vai*; become alive or become a human being; **itapíwa'sit!** become alive!; **áakitapiwa'siwa** it will become alive; **itapíwa'siwa** it became alive; **nitsítapiwa'si** I became alive; *cf.* **matapi**

ITÁPOO *vai*; go toward a location; **stápoot!** go there!; **áakitapoowa** she will go there; **iitapóówa** he went there; **nitsítapoo** I went there; *Note: oo˘ao; cf.* **itap+oo**.

ITAPSSAATAKI *vai*; accidentally hit something other than intended target; **iitápssáatakit!** hit other than the intended target!; **áakitapssáatakiwa** she will hit ...; **iitápssáatakiwa** he hit ...; **nitsítapssáataki** I accidentally hit something other than the intended target.

ITAPSSI *vai*; be partial (to something); **itápssit!** be partial (e.g. to her story!); **áakitapssiwa anní kóomi** he will be partial to your husband's (e.g. predicament); **iitápssiwa** he was partial; **nitsítapssi** I was partial.

ITÁ'PAOHPI'YI *vai*; stagger/fall around there; **itá'páóhpi'yit!** stagger around there!; **áakita'paohpi'(yi)wa** she will be falling around there; **iitá'paohpi'(yi)wa** he is staggering around there; **nitsíta'paohpi'yi** I am staggering around there; *Note: yi loss.*

ITOHKÍTAMIA'YI *vai*; step on, walk on something; **istohkítamia'yit!** step on (it)!; **áakitohkítamia'yiwa** she will step on it; **itohkítamia'yiwa** he stepped on s.t.; **nitsítohkitamia'yi** I stepped on s.t..

ITOHSISTSSIN *vai*; be the next younger sibling (of a male or female); **otohsistssínáyi** he/she is his/her next younger sibling.

ITOHTOKA'SI *vai*; be a wallflower at a dance (lit: turn into a pine tree there); **áakitohtoka'siwa** she will be a wallflower; **itohtóka'siwa** she was a wallflower; **nitsítohtoka'si** I was a wallflower.

ITOTA'PII *vti*; at fault, to blame; **áakitota'piihpa maanistáyoohksipoyihpi oma itáyoohksipoyiwa** the way the goalie tends goals will be at fault; **iitotá'piihpa** it was to blame; *Note: requires unspecified subject.*

ITOTOISAPANII *vai*; quote (someone); **itotóísapaniit!** quote (s.o.)!; **áakitotoisapaniiwa** she will quote s.o.; **iitotóísapaniiwa** he quoted s.o.; **nitsítotoisapanii** I quoted s.o..

ITOTOISAPÓO *vai*; copy, emulate s.o. or s.t.; **itotóísapóot!** use it as a model!; **áakitotoisapóowa anníístsi nitahkániaakssiistsi** he will use those which I sewed as models; **iitóísapóowa** he copied; **nitsítotoisapóo nínna** I emulated my father.

ITOTOISSKSKANII *vai*; refer to a past event, use a past event as
an example; **itotóísskskaniit!** refer back (to it)!;
áakitotoisskaniiwa she will refer back; **iitotóísskskaniiwa** he used
s.t. as an example; **nitsítotoisskanii** I referred back;
áítotoisskskaniiwa isstoyííhka otsítsipokaayihpi he is referring
back to the year in which he was born.

ITOTOISTTOO *vai*; refer to, mention (something); **itotóísttoot!**
mention (it)!; **áakitotoisttoowa** she will refer (to s.t.);
itotóísttoowa amí máaksipasskaani he mentioned the upcoming
dance; **nitsítotoisttoo** I referred (to s.t.).

ITOTOITSIIHTAA *vai*; wish for s.t./ hope to acquire s.t.;
itotóítsiihtaat! wish to acquire (it)!; **áakitotoitsiihtaawa** she will
wish to acquire it; **itotóítsiihtaawa annístsi atsikíístsi** he hoped
to acquire those shoes; **nitsítotoitsiihtaa anni osóka'simi** I wish
that I could have her dress.

ÍTOTO'TSIM *vta*; remind (of something); **itotó'tsimisa!** remind
her!; **áakitoto'tsimiiwa maanistáyika'pao'takihpi** she will remind
him of how hard he works; **itotó'tsimiiwa otsítomaisska'kayi'pi
tsikatsííksi** he reminded her of the time when there were many
grasshoppers; **nitsítoto'tsimoka** she reminded me (of s.t.);
nitsítoto'tsimawa I reminded him (of s.t.).

ITOWAISSTAAKSSIN *nin*; ceiling; **itowáísstaakssiistsi** ceilings.

ITO'TSISAMSSOOTAA *vii*; be June, lit: when the long rains come;
áakito'tsisamssootaawa it will be June; **itó'tsisamssootaawa** then
the long rains came; **iitáó'tsisamssootaawa** June.

ITSA'TA *vai*; be well known for, noted for; **áakítsa'tamma
otáísínaakssi** she will be noted for her artistic ability; **itsá'tamma
opowaa'pssini** he is well known for his antagonistic behaviour;
nitsiikítsa'ta nipí'ksikahtssini I am well known for my
handgame-playing; *Note: 3mm.*

ITSI. *adt*; high quality/ pretty; **iikítsiyinamma** it looks of high
quality; **matsówohkitópii** rider on a fine horse; **áakitsówaakiiwa**
she will be pretty; **iikítsowookooyiwa** he has a fine home;
nitsííkitsowohkitópii I rode a fine horse (and gear); *cf.* **matsi.**;
Note: y˜w.

ITSIIHTAA *vai*; have a state of mind; **miiná'pitsiihtaat!** don't
worry!; **áaki'taamitsiihtaawa** she will be in a happy state of mind;
Note: adt req.

ITSIIHTAAN *nin*; plans, state of mind, will, thoughts;
nitsitsííhtaanistsi my thoughts, plans.

ITSIINOHKSIKANIKIMM *nan*; snow goose (lit: dark-tipped feathers), Lat: Chen CA; **itsíínohksikanikimmiksi** snow geese.

ITSIIYIHKA'SI *vai*; act proud; **miináítsiiyihka'sit!** do not act proud!; **áakitsiiyihka'siwa** she will act proud; **iikítsiiyihka'siwa** she acted proud; **nítohtsitsiiyihka'si nitána** I acted proud of my daughter.

ITSIIYIMIÓ'SI *vai*; use perfume; **itsííyimió'sit!** use perfume!; **áakitsiiyimió'siwa** she will use perfume; **itsííyimio'siwa** she used perfume; **nitsítsiiyimio'si** I used perfume.

ITSIIYIMO *vii*; have a fragrant odor; **áakitsiiyimowa** it will be fragrant; **itsiiyímowa** it is fragrant; **(ss)káí'tsiiyimowa** it smells good

ITSIIYIPOKO *vii*; be sweet-tasting; **áakitsiiyipokowa** it will taste sweet; **itsiiyípokowa** it is sweet-tasting

ITSIKAPINI *vai*; have sickly eyes; (**itsikápinit!** have sickly eyes!); **áakitsikapiniwa** she will have sickly eyes; **itsikápiniwa** he has sickly eyes; **nitsítsikapini** I have sickly eyes.

ITSIKIIHKAA *vai*; buy or acquire shoes; **atsikííhkaat!**/ **itsikííhkaat!** buy shoes!; **áakitsikiihkaawa** she will buy shoes; **iitsikííhkaawa** he bought shoes; **nitsíítsikiihkaa** I got new shoes; *cf.* atsikin+hkaa

ITSIKI'TAKI *vai*; expect to come upon something; (**itsikí'takit!** expect to come upon s.t.!); **áakitsiki'takiwa mááhkitohkóoyssi anni kitsítáísstoyihtákihpi** she will expect to come upon something to eat in your fridge; **iitsiki'takiwa** he expected to come upon s.t.; **nitsítsiki'taki** I expected to come upon s.t.; **anná kitohpóósiima ááhkssooko'tsitaitsiki'takiwa káánaisskiinai** your cat is probably expecting to come upon a mouse.

ITSIKKITÁÓPII *vai*; sit alone/ stay (behind) alone; **itsíkkitáópiit!** stay alone!; **áakitsikkitáópiiwa** she will stay alone; **iitsíkkitáópiiwa** he stayed alone; **nitsítsikkitáópii** I stayed alone; *cf.* opii.

ITSIKSINA *vai*; appear weak; (**itsiksinat!** appear weak!); **itsiksínamma** he appears weak; **nitsíítsiksina** I look weak; *Note: 3mm.*

ITSIKSSI *vai*; be weak; (**itsikssit!** be weak!); **áakitsikssiwa** she will be weak; **itsíkssiwa** he is weak; **nitsíítsikssi** I am weak.

ITSIKSSKINI *vai*; have a weak, sickly voice; **itsíksskinit!** have a weak, sickly voice; **áakitsiksskiniwa** she will have a weak voice; **itsíksskiniwa** she had a sickly voice; **nitsíítsiksskini** I had a weak voice; **niitsitsiksskiniwa** he had a real weak, sickly voice

ITSIMO *vii*; stink; **áakitsimowa** it will stink; **iitsimówa** it stunk.

ITSIMSSKIISI *vai*; have a nose bleed; **(tsimsskíísit!** have a nose bleed!); **áakitsimsskiisiwa** she will have a nose bleed; **iitsímsskiisiwa** he had a nose bleed; **nitsíítsímsskiisi** I had a nose bleed.

ITSIN *adt*; among; **iitsínssiwa** he was among them; **máátsitsin-ópííwaatsiksi** he did not sit among them; *see* **itsinohtoo** place among the rest.

ITSINAAN *nin*; private possession/ money; **nitsináánistsi** my possessions/ my money (plural)

ITSINIKA'SI *vai*; relate, tell about a part of one's own life; **itsiníka'sit!** tell about a part of your life!; **áakitsinika'siwa** she will tell about a part of her life; **iitsiníka'siwa** he told about a part of his life; **nitsíítsinika'si** I told about a part of my life.

ITSINIKI *vai*; recount, relate a story; **atsinikít!**/(i)**tsinikít!** relate a story!; **nitáyaakitsiniki** I will relate; **iitsiníkiwa** he told a story; **nitsíítsiniki** I told a story; **nitáítsiniki** I am relating a story; **noohkitsínikit!** please tell a story!; *Rel. stems:* *vta* **itsíniko,** *vta* **itsínikat** tell a story to, tell a story of.

ITSINOHTOO *vti*; place among the rest; **itsínohtoot!** place it among the rest; **áakitsinohtooma** he will place it among the rest; **ámoyi kó'si iitsínohtooma** this cup, he placed it among the rest; **nitsítsinohtoo'pa** I placed it among the rest.

ITSIPSSTSÓ'KIOOHSI *vai*; shut oneself in; **itsípsstsó'kioohsit!** shut yourself in there; **áakitsípsstsó'kioohsiwa otsítáyo'kaahpi** she will shut herself in her room; **iitsípsstso'kioohsiwa** he shut himself in there; **nitsítsipsstsó'kioohsi** I shut myself in there.

ITSISA *adt*; through, from the other side of; **itsisáí'poyiwa anní moyísi** she spoke from the other side of the tipi wall; **áakitsisaisápsskiiwa** she will punch him from the other side of it.

ITSÍSOIPIITSIIHTAA *vai*; be lazy, feel unmotivated to complete what might be considered a tedious task; (**itsisoipiitsiihtaat!** lose your motivation to complete it!); **áakitsísoipiitsiihtaawa** he will ...; **itsísoipiitsiihtaawa** he lost his motivation to complete s.t.; **nitsítsísoipiitsiihtaa** I lost my ...; *Rel. stem: vti* **itsisoipiitsiihtatoo** lose motivation to complete.

ITSISSII *vii*; become infected (e.g. a wound); **anni ookítsisi otsítakaahsspi áakitsissíyinayi** that place on her finger where she hurt herself, it will become infected; **iitsíssiiwa** it was infected.

ITSISTTÁKAAKI *vai*; put one's foot into s.t. (e.g. a shoe); stámitsisttákaakit! put your foot into (s.t.)!; áakitsisttakaakiwa katsikíi he will put his feet into your shoes; itsísttákaakiwa she put her foot into (s.t.); nitsítsisttákaaki I put my feet into (s.t.).

ITSISTTSIMA'SI *vai*; refuse to leave; itsísttsima'sit! refuse to leave!; áakitsisttsima'siwa she will ...; itsísttsima'siwa he refused to leave; nitsítsisttsima'si I refused to leave.

ITSIT *vta*; catch up to; itsitsísa! catch up to him!; áakitsitsiiwáyi she will catch up to him; iitsitsííwa he caught up to her; nitsíítsikka she caught up to me.

ITSK *adt*; past, by; itskihpíyiwa she danced past; stámohtsitskoohsokoyináyi then her tracks went past him; ákaohtaitskihpiyiwa she has danced past.

ITSKAITSI *vai*; reminisce; itskáítsit! reminisce!; áakitskaitsiwa she will reminisce; iitskáítsiwa he reminisced; matónniyi nitsítáítskaitsi Yesterday, I kept reminiscing.

ITSKI *vti*; leave behind; istskít!/itskít! leave it!; áakitskima she will leave it; itskíma he left it; nitsítskii'pa annííhka sináákia'tsisi I left the book behind.

ITSKIT *vta*; leave (behind); itskítsisa! leave her!; áakitskitsiiwa she will leave him; itskítsiiwa he left her; nitsítskikka she left me there.

ITSKSÍ'POYI *vai*; imply, insinuate; itsksí'poyit! insinuate!; áakitsksí'poyiwa she will imply; itsksí'poyiwa she implied; nitsítsksi'poyi I insinuated; *cf.* i'poyi.

ITSÓWAAKIIYI *vai*; be a pretty woman; (itsówaakiiyit! be pretty!); áakitsówaakiiyiwa she will be pretty; (iik)itsówaakiiyiwa she is pretty; nitsíítsówaakiiyi I am pretty; *cf.* matsi..

ITSÓWA'PII *vii*; be of fine quality; itsówa'piiwa it is of fine quality: *Rel. stem: vai* itsówa'pssi be handsome.

ITSÓ'KINI *vai*; have phlegm associated with congestion in the chest; (itsó'kinit! have phlegm!); áakitsó'kiniwa she will have phlegm; iitsó'kiniwa he had/has phlegm; nitsíítso'kini I had/have phlegm

ITSSAP *adt*; within, inside; itssápihtsii'pa there is something inside of it; máátsitssapaihtsiwa it is not inside of it; áakitssapáópiiwa she will be sitting inside of it; *see* itssápipo'to place within; áakitáísapaohkiimao'pi we will put water in there; *Note: linker.*

ITSSAPA'PÁÓ'KAASI *vai*; grope within (s.t., e.g. a box, bag, pocket); **itssapá'pao'kaasit!** grope around!; **áakitssapa'páó'k- aasiwa osóókayisi** she will grope around in her suitcase; **iitssápa'páó'kaasiwa** he groped around; **nitsítssapa'páó'kaasi** I groped around; **itáísapa'páó'kaasiwa kisóóhpommaa'tsisi** he is digging in your purse.

ITSSAPIPO'TO *vta*; place inside s.t.; **itssápipo'toosa!** place her inside (e.g. the cradle); **áakitssapipo'toyiiwa otómitaama omi ataksáakssini** she will place her dog inside the box; **iitssápipo'toyiiwa** he placed her inside s.t.; **nitsítssapipo'tooka** she placed me inside s.t.; **itáísapipo'toyiiwa ánni ataksáakssini** she puts him in that box; *Note: durative follows it-.*

ITSSAYÓ'KI *vta*; shut out of s.t.; **itssáyó'kiisa!** shut her out!; **áakitssayó'kiyiiwa** she will shut him out; **iitssáyó'kiyiiwa** he shut her out; **nitsítssayó'kiooka** she shut me out.

ITSSKIHTAT *vta*; take revenge on; **itsskihtátsisa!** get revenge on him!; **áakitsskihtatsiiwa** he will get revenge on her; **itsskihtátsiiwa** she got revenge on him; **nitsítsskihtakka** she got revenge on me.

ITSSOKSIISI *vai*; become caught/snagged on a sharp protrusion, e.g. a hook or barb; **itssóksiisit!** become caught!; **áakitssoksiisiwa** she will become caught; **itssóksiisiwa** he became caught on the wire; **nitsítssoksiisi** I became caught.

ITSSOYOTTAKSI *vai*; reflect on the water; (**itssóyottaksit!** reflect on the water!); **áakitssoyottaksiwa** it will reflect on the water; **iitssóyottaksiwa** it reflected on the water; **nitsítssoyottaksi** I reflected on the water.

ITSSPA'KIHTSII *vii*; be piled high; **áakitsspa'kihtsiiyi otsístotoohsiistsi** her clothes will be piled high; **iitsspá'kihtsiiwa** it is piled high.

ITSSPIOOHTOO *vti*; put among s.t.; **itsspióóhtoot!** put it among...!; **áakitsspioohtooma** she will put it among...; **ánni ottsómo'kaani itsspióóhtooma ánnistsi ííkaitstsiistsi** he put his hat among those already there; **nitsspióóhtoo'pa** I put it among ..; *Rel. stems: vta* **itsspiihtsi**, *vai* **itsspiihtaki** place among, place s.t. among.

ITSSSOKIHKA'SI *vai*; rest all of one's weight on (something), hang on (s.t.); **itsssókihka'sit ánni a'písi!** hang on the rope!; **áakitsssokihka'siwa** she will hang (e.g. on the cross-bar); **iitsssókihka'siwa anni iitawááwao'píniisao'pi** he put all his weight on the swing; **nitsítsssokihka'si** I put all my weight on s.t.; **itaissokihka'siwa** he's resting all his weight on s.t.; *cf.* **ssok.**

ITSST *adt*; pressed against a surface; **iitsstáwaawayákiyiiwa** she hit him while he was down; **áakítsstsisskoyiiwa** she will use her body to flatten him down on the ground; **áakítsstsskiisiwa** she will fall down on her face; **stapitsstsipoyit!** stand pressed against s.t.!

ITSSTOYIIMI *vai*; winter at; **stámitsstoyiimit!** winter there!; **áakitsstoyiimiwa amiima káta'yaisstoyiwa** she will winter in California; **annóóma iitsstóyiimiwa** he wintered here; **nitsítsstoyiimi nínna ookóówayi** I wintered at my father's home; *cf.* **it+sstoyiimi**

ITSSTSAAWAANIST *vta*; be blunt, callous with; **itsstsááwaanistsisa!** be blunt, callous with her!; **áakitsstsaawaanistsiiwa** she will be blunt with him; **itsstsááwaanistsiiwa** he was blunt with her; **nitsítsstsaawaanikka** she was blunt with me; *cf.* **waanist.**

ITSSTSIPAANISTSTSOOHSI *vai*; take undeserved credit for s.t./ take s.t. for granted (usually tinged with humour); **itsstsipáánist-stsoohsit!** take false credit for it!; **áakitsstsipaaniststsoohsiwa** she will take it for granted; **iitsstsipáániststsoohsiwa** he took false credit for it.

ITSTAKI *vai*; have (something).

ITSTSII *vii*; be/exist; **áakitstsii'pa aohkííyi** there will be water; **itstsíí'pa** there is some; **máátsitstsii'pa** there isn't any.

ITTAHSI *vai*; be triumphant (about a victory); **ittahsit!** be triumphant!; **áaksittahsiwa** he will be triumphant; **ittahsiwa** he was triumphant; **nitsittahsi** I was triumphant; *Rel. stem: vti* **ittahsatoo** be triumphant over.

ITTAHSIINIHKI *vai*; sing a victory song; **ittahsíínihkit!** sing a victory song; **áaksittahsiinihkiwa** he will sing a victory song; **ittahsíínihkiwa** he sang a victory song; **nitsíttahsiinihki** I sang a victory song; *cf.* **inihki**; *Rel. stems: vti* **ittahsiinihkihtsi**, *vta* **ittahsiinihkohto** sing a victory song about, sing a victory song to.

ITTAHSOOHKOMI *vai*; cheer in victory; **ittahsóóhkomit!** cheer in victory!; **áaksittahsoohkomiwa** he will cheer in victory; **ittahsóóhkomiwa** he cheered in victory; **nitsíttahsoohkomi** I cheered in victory; *cf.* **ohkomi**; *Rel. stems: vta* **ittahsoohkomat,** *vti* **ittahsoohkomatoo** cheer in victory, cheer in victory about (the win).

IYII *vai*; have/wear a shawl/robe; **iyiit!** wear a shawl!; **áaksiyiiwa** she will ...; **nitsiyiihpinnaana** we have shawls; **nimáátohkóó-yiihpinnaana** we did not receive a shawl; **iinistááhsiyiiwa** he has a calf robe.

IYINNAKIIKOAN *nan*; policeman; **iyínnakiikoaiksi** policemen; *cf.* **yinnaki.**

IYÍ'TAAN *nin*; saddle; **nitsiyí'taanistsi/nitsí'taanistsi** my saddles.

IYOOMOKSIKSII *nin*; crooked stick; **iyóómoksiksiistsi** crooked sticks.

IYOSSTSIKINA *vrt*; fibrous; *see* **yosstsikina.**

IYO'KIMAA'TSIS *nin*; breechcloth; *cf.* **yo'kimaa.**

Í'KAASI *vai*; develop blisters on one's (own) foot; **i'káásit!** have blisters!; **áaksí'kaasiwa** she will get blisters on her feet; **i'káásiwa** he got blisters on his feet; **nitsí'kaasi** I got blisters on my feet.

I'KAYSSI *nan*; golden mantle ground-squirrel, Lat: Spermophilus lateralis/ chipmunk; **í'kayssiiksi** chipmunks

I'KI *vrt*; pink; **iksí'kisskiwa** he has a pinkish face; **nííitsí'kiimiwa ama issitsímaana** the baby's body is pink.

I'KIISI *vai*; have a blister (usually on one's foot); **i'kíísit!** blister!; **áaksí'kiisiwa** she will blister; **i'kíísiwa** she blistered; **nitsí'kiisi** I got a blister; *Rel. stem: vta* **i'ki** cause to blister.

I'KOKAA *vai*; paint a lodge design; **(m)i'kokáát** paint a lodge design!; **áaksi'kokaawa** he will paint a lodge design; **i'kokááwa** he painted a lodge design; **nitsí'kokaa** I painted a lodge design.

I'KÓKATOO *vti*; paint, make designs on (a tipi); **i'kókatoot!** make designs on it; **áaksi'kókatooma** she will make designs on it; **i'kókatooma** he made designs on it; **nitsí'kókatoo'pa** I made designs on it (the tipi).

I'KOTSÁÁPIKIHSIN *nin*; measles, lit: red skin eruptions; *also* **mi'kotsaapikihsin.**

I'KOTSAAPINAKO *vii*; red sunrise (portends wind); **áaki'kotsaapinakowa** there will be a red sunrise; **i'kotsáápinakowa** there is/was a red sunrise; *cf.* **mi'kotsi** *also* **maohkapinako.**

I'KOTSÓÓMII *nan*; golden trout, Lat: Salmo aguabonita/ salmon (lit: pink fish); **i'kotsóómiiksi** salmon (plural); *cf.* **mi'kotsi.**

I'KOWANI *vai*; wrestle playfully; **i'kowánit!** be playful!; **áaksi'kowaniwa** he will wrestle playfully; **i'kowániwa** he wrestled ...; **nitsí'kowani** I wrestled playfully.

I'KOWANISTTOTO *vta*; tickle (playfully); **i'kowánisttotoosa!** tickle her!; **áaksi'kowanisttotoyiiwa** she will tickle him; **i'kowánisttotoyiiwa** he tickled her; **nitsí'kowanisttotooka** she tickled me.

I'KSÍNIISI *vai*; injure oneself by scraping on a rough surface; miiní'ksíniisit! don't scrape yourself!; áaksi'ksíniisiwa she will scrape herself; i'ksíniisiwa he scraped himself; nitsí'ksíniisi I scraped myself.

I'KSINISSI *vai*; have soreness in the throat due to a prolonged vocal outburst e.g. laughter or a crying fit; i'ksiníssit! (laugh until you) get sore in the throat!; áaksi'ksinissiwa she will ...; i'ksiníssiwa he got a sore throat; nitsí'ksinissi I got a sore throat.

I'KSINO'TAKI *vai*; peel, pare; i'ksinó'takit! peel!; áaksi'ksino't-akiwa she will pare; i'ksinó'takiwa she pared; nitsí'ksino'taki I peeled; *Rel. stem: vti* i'ksino'tsi peel.

I'KSINO'TAKKSSIN *nin*; peeling (e.g. from eggs, oranges); i'ksinó'takkssiistsi peelings

I'KSISAKO *nin*; meat; í'ksisakoistsi meats; ponokáí'ksisakoyi elk meat.

I'KSISAKOMM *nan*; water ouzel, American dipper, Lat: Cinclus mexicanus unicolor; í'ksisakommiksi water ouzels.

I'KSSISTSINAA *vai*; be ostentatious, show-off in public (to be seen by all); i'kssistsinaat! be ostentatious!; áaksi'kssistsinaawa she will show-off in public; i'kssistsinaawa she showed off; nitsi'kssistsinaa I was ostentatious.

I'KSSKII'SI *vai*; have a scarred/marred face; íí'ksskii'siwa he has a scarred/scratched face.

I'KSSKITA *nan*; abandoned child; i'ksskitaiksi abandoned children; *cf.* o'ksskit.

I'NAAKI *vai*; be thirsty; (í'naakit! be thirsty!); áaksi'naakiwa she will be thirsty; i'náákiwa he was thirsty; nitsí'naaki I am thirsty.

I'NÁK *adt*; small; áaksi'nákimiwa it will be small; i'naksípokaawa small child.

I'NAKÁNAO'KSSI *nan*; quarter (of a dollar), *i.e.* 25 cent piece; i'nakánao'kssiiksi quarters.

I'NAKAWAATSI *vii*; shrink; áaksi'nakawaatsiwa it will shrink; i'nakáwaatsiwa anni kitsísttohksisoka'simi your shirt shrank.

I'NAKOHPOMMAIKSISTSIKO *nin*; Friday, (lit: small shopping day); I'nákohpommaiksistsikoistsi Fridays.

I'NÁKSIIN *nin*; raisin (lit: small berry); i'náksiinistsi raisins; *cf.* miin.

I'NAKSÍPOKAA *nan*; baby, infant; i'naksípokaiksi babies; kitsí'naksípokaama your baby; *cf.* pookaa.

I'NÁKSTSSI *vai*; be young/small; (**i'nakstssit!** be young!);
áaksi'nakstssimma she will be young; i'nákstssimma he is young;
nitsí'nakstssi I am small; **Naa nisíssa i'nákstssimma, ki anná
kisíssa noohkáttsiistapi'nákstssimma** my younger sibling is
young, and your younger sibling is even younger; **niisk otákkaayi
i'nákstssimmináyi** his friend is younger (than he); *Note: 3mm.*

I'NI *vai*; die; **miiní'nit** don't die!; áaksi'niwa he will die; i'níwa
he died; (nitsi'ni I died); ákai'niwa he has died; *Rel. stems: vta*
i'nit, *vti* **i'nohtoo** kill.

I'NI *vai*; be the last day of the last quarter (no moon); ákai'niwa
lit: it (the moon) has died; *Note: stem gender uncertain.*

I'NÍÍPITSI *vai*; freeze or become very cold; (**i'níípitsit!** be cold!);
áaksi'níípitsiwa she will become cold; i'níípitsiwa he froze;
nitsí'niipitsi I became cold; **nitsi'niipitsstooki** my ears froze

I'NIMM *vta*; be present at the death of; i'nímmisa! be present at
his death!; áaksi'nimmiiwa she will be present at his death;
i'nímmiiwa he was present at her death.

I'NIMMIHTAA *vai*; be bereft of a family member; i'nímmihtaa-
yaawa they had a death in their family; nitsí'nimmihtaa I had a
death in my family; ákai'nimmihtaayaawa they have had a death
in their family.

I'NIT *vta*; kill; i'nitsísa! kill him!; áaksi'nitsiiwa he will kill her;
i'nitsííwa he killed her; nitsí'nikka she killed me.

I'NOKAA *vai*; dig, shovel; i'nokáát! dig!; áaksi'nokaawa she will
shovel; i'nokááwa she shoveled; nitsí'nokaa I shoveled; *Rel. stems:*
vti i'nokatoo, *vta* i'nokat dig up (unearth).

I'NOKÁÁ'TSIS *nan*; shovel; omahksi'nokaa'tsiiksi big shovels.

I'NSSIMAA *vai*; plant/sow seed; i'nssimáát! plant!; áaksi'nssim-
aawa she will plant; i'nssimááwa he planted; nitsí'nssimaa I
planted; *Rel. stems: vti* i'nssimatoo, *vta* i'nssimat plant

I'PIISTSTOO *vti*; wet; i'pííststoot! wet it!; áaksi'piiststooma
she will wet it; i'pííststooma he wet it; nitsí'piiststoo'pa I wet
it; *Rel. stem: vii* i'pii be wet.

I'PÍKAASI *vai*; get one's own feet wet; i'píkaasit! get your feet
wet!; áaksi'píkaasiwa she will get her feet wet; i'píkaasiwa he got
his feet wet; nitsí'píkaasi I got my feet wet.

I'PISTOTSI *vti*; wet; i'pistótsit! wet it!; áaksi'pistotsima she will
wet it; i'pistótsima he wet it; nitsí'pistotsii'pa I wet it;
miiní'pistotsit, nikáíssíí'pa anní iitáísooyo'pi don't wet it, I
have wiped the table; *see also* i'piiststoo

123

I'POHKIIMI *vai*; be a widower; **áaksi'pohkiimiwa** he will be a widower; **i'pohkíímiwa** he is a widower; **nitsí'pohkiimi** I am a widower.

I'POOMI *vai*; be a widow; **áaksi'póomiwa** she will be a widow; **i'póómiwa** she is a widow; **nitsí'póomi** I am a widow.

I'PÓWAHSIN *nin*; language, talk, speech; **i'pówahsiistsi** talk; *cf.* **i'poyi.**

I'POWATOMO *vta*; speak for (speak vicariously); **i'pówatomoosa!** speak for him!; **áaksi'powatomoyiiwa** she will speak for him; **i'pówatomoyiiwa** he spoke for her; **nitsí'powatomooka** she spoke for me.

I'POYI *vai*; talk, speak/ speak harshly; **i'poyít** talk!; **áaksi'poyiwa** she'll talk; **i'póyiwa** she spoke; **nitsí'poyi** I spoke; *Rel. stems:* *vti* **i'powatoo,** *vta* **i'powat** speak, speak (harshly) to.

I'POYIIPITSI *vai*; be a habitual talker; **i'poyíípitsit!** be a habitual talker; **áaksí'poyiipitsiwa** she will be a habitual talker; **i'poyíípitsiwa** he is a habitual talker; **nitsí'poyiipitsi** I am a habitual talker.

I'S *nar*; older brother; **ní'siksi** my older brothers; **ó'si** his/her older brother.

I'SAAHKAA *vai*; acquire, get (some) ochre; **i'sááhkaat!** get ochre!; **áaksi'saahkaawa** he will get ochre; **ii'sááhkaawa** he got ochre; **nitsí'saahkaa** I got ochre.

I'SA'PII *vii*; be a risky situation; **áaksi'sa'piiwa** it will be a risky situation; **i'sá'piiwa** it is a risky situation.

I'SI *vti*; dye; **i'sít!** dye it!; **áaksi'sima o'tokááni** she will dye her hair; **i'síma** he dyed it; **nitsí'sii'pa** I dyed it.

I'SIMAA *vai*; finish preparation of a meal; **i'simáát!** finish preparation of the meal!; **áaksi'simaawa** she will finish preparation of the meal; **i'simááwa** he finished preparation of the meal; **nikáí'simaa** I have finished preparation of the meal.

I'SIMÁÁN *nin*; roach headpiece (usually made of porcupine hair); **i'simáánistsi** roaches; **otsí'simaani** his roach headpiece.

I'SIMI *vai*; be wild (said of animals); (**i'simit!** be wild!); **áaksí'simiwa** he will be wild; **i'símiyini óta'si** his horse is wild; **nitsí'simi** I am wild.

I'SIMM *vta*; distrust, fear; **i'símmisa!** distrust her!; **áaksi'simmiiwa** she will distrust him; **i'símmiiwa** he distrusted her; **nitsí'simmoka** she distrusted me.

I'SOHKIIMAAN *nar*; least favored wife (whose association with her husband was of a non-intimate nature and who also usually tended to domestic chores); **otsí'sohkiimaani** his least favored wife.

I'SOHKOOHSI *vai*; restrain oneself against excess; **i'sohkóóhsit!** restrain yourself!; **áaksi'sohkoohsiwa** she will ...; **i'sohkóóhsiwa** he restrained himself; **nitsí'sohkoohsi** I restrained myself; **ííkssawai'sohkoohsiwa maanistá'pao'takihpi** she doesn't guard against overworking herself.

I'SSKAAN *adt*; dangerous or risky; see **i'sskaana'pii** be a dangerous situation; **iiksí'sskaanihtsiwa** it is lying in a dangerous position.

I'SSKAANA'PII *vii*; be risky, dangerous; **áaksi'sskaana'piiwa, miinohtóót!** it will be risky, don't walk through there; **i'sskáána'piiwa** it is risky; **iiksí'sskaana'piiwa kiááhkao'tsisissi** it is very risky for you to smoke; *Rel. stem: vai* **i'sskaana'pssi** be dangerous.

I'SSKAT *vta*; worry about, be concerned for; **i'sskatsisa!** be worried for her!; **áaksi'sskatsiiwa** she will be concerned for him; **i'sskatsiiwa** he is concerned for her; **nitsiiksí'sskakka anna nááhki'tsitáópissi annóó nookóówayi** she was worried about me, that I would be alone at my home; **áí'sskatsiiwa ánni pookááyi** she is worried about the child.

I'STÁÁN *nin*; dung, feces, excrement; **i'stáánistsi** excrements.

I'STÁAPIKSSI *vai*; defecate (unwillingly); (**í'stáapikssit!** defecate!); **áaksi'stáapikssiwa** she will defecate; **íí'stáapikssiwa** he defecated; **nitsí'stáapikssi** I defecated.

I'TÁÁM *adt*; happy/pleasant/enjoyable; **i'tááma'piiwa** it is enjoyable; **áaki'táámiksistsikowa** it will be a pleasant day; **i'táámi'takiwa** he is happy.

I'TÁÁMIKSISTSIKO *vii*; good weather/ lit: happy day; **áaksi'táámiksistsikowa** it will be good weather; **i'táámiksistsikowa** it is/was a happy day.

I'TÁÁMOMAHKATOYIIKSISTSIKOMI *vai*; have a merry Christmas, lit: happy big holy day; **i'táámomahkatoyiiksistsikomit!** have a merry Christmas!; **áaki'táámomahkatoyiiksistsikomiwa** she will have a merry Christmas; **i'táámomahkatoyiiksistsikomiwa** he had a merry Christmas; **kitsí'táámomahkatoyiiksistsikomi** you had a merry Christmas.

I'TAKI *vai*; feel emotion/ sense; **isttsí'takit!** feel angry!; **áaki'táámi'takiwa** he will feel happy; **iikááhsi'takiwa** he felt pleased; **nitsíínapi'taki** I was aware of it; *Note: adt req.*

I'TOMANISTANIKKOHKSIIM *vta*; be the same size, height, or age as; **(i'tomanistanikkohksiimisa!** be the same height as him!); **áaksi'tomanistanikkohksiimiiwa** she will be the same size as her; **nitsíí'tomanistanikkohksiimoka** she is the same height as me.

I'TOMIKÁÓHPAI'PIYI *vai*; hop; **i'tomíkaohpai'piyit!** hop!; **áaksi'tomikáóhpai'piwa** she will hop; **i'tomíkaohpai'piwa** he hopped; **nitsí'tomikáóhpai'piyi** I hopped; *Note: yi loss.*

I'TOMO *vta*; feel emotion for/toward; **ánni otohkóko'si noohksiksímatsi'tomoosa!** be appreciative of her (new) found baby for her!; **ánni otsipásskaani áakohtoksistsi'tomoyiiwayi iihtáóhpommao'pi** she will eagerly partake in his dance for money; **iiniiyíí'tomoyiiwayi** she showed respect for it for her sake; **nitsííksimatsi'tomooka** she appreciated it for my sake; *Note: adt req*; *Rel. stems: vai* **i'taki**, *vti* **i'tsi** feel emotion, feel emotion for.

I'TÓÓHKSKAPI *vai*; crawl/move into an open area; **i'tóóhkskapit!** crawl into the open!; **áaki'tóóhkskapiwa naató'siwa** the sun will move into the open; **i'tóóhkskapiwa** it crawled into the open; **nitsí'toohkskapi** I crawled into the open; **naa piksííksiinaawa ákai'toohkskapiwa** the snake has crawled into the open.

I'TOYAAKI *vai*; hold up one's own tail (said of animals); **i'toyáákit!** hold your tail up!; **áaksi'toyaakiwa** she will ...; **ii'toyáákiwa** he held his tail up.

I'TSAAWAAHKAA *vai*; pack a lunch; **i'tsááwaahkaat!** pack a lunch!; **áaki'tsaawaahkaawa** she will ...; **i'tsááwaahkaawa** he packed a lunch; **nitsí'tsaawaahkaa** I packed a lunch.

I'TSAAWAAHKO *vta*; pack a lunch for; **i'tsááwaahkoosa!** pack a lunch for him!; **áaki'tsaawaahkoyiiwa** she will pack a lunch for him; **i'tsááwaahkoyiiwa** he packed a lunch for her; **nitsí'tsaawaahkooka** she packed a lunch for me.

I'TSI *vti*; feel emotion/attitude toward; **nitsiikóki'tsii'pa** I have a bad feeling toward it; *Note: adt req.*

I'TSIIHKÍNI *vta*; slap on the head; **i'tsííhkíniisa!** slap his head!; **kitáaki'tsiihkíniaawa** you will slap his head; **i'tsííhkíniiwayi** he slapped her on the head; **nitsí'tsiihkíniooka** she slapped my head; *cf.* ihkin.

I'TSIISI *vai*; full, unable to eat more (due to gluttony, over satiation); **i'tsiisit!** be unable to eat anymore!; **áaki'tsiisiwa** he will be unable to eat more; **i'tsiisiwa** he was unable to eat anymore; **nitsi'tsiisi** I was unable to eat anymore; **nikáí'tsiisi** I am full.

I'TSIIYISKO *vta*; kick the derriere of; **i'tsííyiskoosa!** kick his derriere!; **áaki'tsiiyiskoyiiwa** she will kick his derriere; **i'tsííyiskoyiiwa** he kicked her derriere; **nitsí'tsiiyiskooka** she kicked my derriere.

I'TSIKANIHKAKI *vai*; spray or throw back small objects/particles by movement e.g. gravel, dirt, debris; **i'tsikánihkakit!** spray gravel!; **áaki'tsikanihkakiwa** she will spray gravel; **i'tsikánihkakiwa** he sprayed gravel; **nitsí'tsikanihkaki** I sprayed gravel; **naa kóta'si otsíístapokska'ssi, niitsí'tsikanihkaki** your horse, when he ran away he just sprayed back small particles (with his hooves).

I'TSIKÍNSSTSOOHSI *vai*; clap one's own hands; **i'tsikínsstsoohsit!** clap your hands!; **áaki'tsikínsstsoohsiwa** he will clap; **i'tsikínsstsoohsiwa** he clapped his hands; **nitsí'tsikínsstsoohsi** I clapped.

I'TSINI *adt*; everything; **i'tsinióowatooma** he ate everything; **itsí'tsinihkaawa** then everything was gone; **i'tsiníítsinssiwa** he joins everything.

I'TSINIHKAA *vii*; be used up, exhausted, depleted; **áaki'tsinihkaawa** it will become used up; **i'tsínihkaawa** it was depleted.

I'TSÍNIMMAA *vai*; paw (the ground); **i'tsínimmaat!** paw the ground!; **áaki'tsínimmaawa** she will paw the ground; **i'tsínimmaawa** he pawed the ground; **nitsí'tsínimmaa** I pawed the ground; **oma áísaayoohkomiwa áí'tsinimmaawa** that bull is pawing the ground.

I'TSINOKOOPSSIMAA *vai*; completely use up an available supply of a combustible liquid; **miiní'tsinokoopssimaat!** don't run out of gas!; **áaki'tsinokoopssimaawa** she will run out (e.g. of propane); **i'tsínokoopssimaawa** he ran out of s.t.; **nimáátattahkááhkiitaahpa, nitsí'tsinokoopssimaa** I have no more gas, I used it up completely.

I'TSINOPAA *vai*; deplete, exhaust one's (own) supply; **i'tsinópaat!** exhaust your supply!; **áaki'tsinopaawa** he will exhaust his supply; **i'tsinópaawa** he depleted his supply; **nitsí'tsinopaa** I depleted my supply.

I'TSINSSAKI *vai*; toast s.t. (usu. bread)/ char or burn; **i'tsínssakit!** toast (it)!; **áaki'tsinssakiwa** she will char s.t.; **i'tsínssakiwa** he charred s.t.; **nitsí'tsinssaki** I charred s.t..

I'TSÍPPOYI'KAA *vii*; splash; **áaki'tsíppoyi'kaawa** it will splash; **i'tsíppoyi'kaawa** it splashed; **isskská'takit, óma ksisóyiwa áí'tsippoyi'kaawa** watch it, that kettle splashes!; *Rel. stems: vai* **i'tsippoyi'ka**, *vti* **i'tsippoyi'ki** soak, splash.

I'TSIPPOYI'KAKI *vai*; splash water with one's legs; **i'tsíppoyi'kakit!** splash water with your legs!; **áaki'tsippoyi'kakiwa** she will ...; **i'tsíppoyi'kakiwa** he splashed water ...; **nitsí'tsippoyi'kaki** I splashed the water with my legs.

I'TSISSPÍNI *vta*; slap on the face; **i'tsísspíniisa!** slap his face!; **áaki'tsisspíniyiiwa** she will slap his face; **i'tsísspíniyiiwa** he slapped her face; **nitsí'tsisspíniooka** she slapped my face.

I'TSK *adt*; bare, lacking a usual or appropriate or natural covering; **nimáátáakohkottsitsí'tskso'kaahpa** I won't be able to sleep on it if it is not covered; **itsí'tskaópiiwa** he is sitting there though it has no covering/ he is sitting there with no clothing on; *see* **i'tsksoyi** picnic

I'TSKA'KI *vti*; discover (a secret or concealment, usually in a political context)/ expose; **i'tská'kit!** expose it!; **áaki'tska'kima** she will discover it; **i'tská'kima** he discovered it; **nitsí'tska'kii'pa** I discovered it; **ákai'tska'kima otsítohkoonimaahpoaayi poyíí** he has found out where they discovered oil.

I'TSKITSIIHTAA *vai*; be premature in one's actions, thoughts or desires; **(i'tskitsiihtaat!** be premature in your actions!); **áaki'tskitsiihtaawa** she will be premature in her desire e.g. to learn; **iikí'tskitsiihtaawa mááhkáttohkitópissi** he is premature in his desire to ride in the rodeo again so soon (after his injury).

I'TSKSOYI *vai*; picnic (lit: eat in the open); **i'tsksoyít!** picnic!; **áakí'tsksoyiwa** he will picnic; **i'tsksoyíwa** he picnicked; **kitsí'tsksoyi** you picnicked; *cf.* **ooyi**.

I'TSOOHKSISTONI *vta*; hit the throat of; **i'tsóóhksistóniisa!** hit her in the throat!; **áaksi'tsóóhksistóniyiiwa** she will hit his throat; **i'tsóóhksistóniyiiwa** he hit her throat; **nitsí'tsoohksistóniooka** she hit me in the throat; *cf.* **ohksiston**.

I'TSOOTSISTSINAA *vai*; repeatedly flap one's own tongue on the roof of mouth to make sound of praise/ trill as a sound of praise; **miináttsi'tsootsistsinaat!** stop that trilling!; **áaki'tsootsistsinaawa** she will trill as a sound of praise; **i'tsóótsistsinaawa** he trilled; **nitsí'tsootsistsinaa** I trilled as a sound of praise.

I'TSOYI *vii*; be ripe/cooked; **áaksi'tsoyimma** it will be cooked; **ákai'tsoyimmi anniksi pi'ksííksi** the chickens are done; *Rel. stem:* *vii* **i'tsi** be cooked/ripe.

K

KAAHKSIKA *nan*; the moon (lit: severed leg, from a legend); *cf.* ikahk+ika.

KAAHTOMÁÁN *nan*; enemy, adversary; **kaahtomáániksi** enemies; **kikahtómaaniksi** your enemies; *cf.* ikahtomaa.

KAAHTOMIN *nan*; opponent; **kaahtomííksi** opponents; **kikahtominnooniksi** our opponents; *cf.* ikahtsi.

KAAHTSÁ'TSIS *nin*; game playing cards; **póksikahtsa'tsiistsi** little playing cards; *cf.* ikahtsi.

KAAHTSSÍN *nin*: game, usually a gambling game (not a vigorous physical game or sport); **ómahksíkahtssiistsi** a big games; *cf.* ikahtsi.

KÁÁK *adt*; merely, just, i.e. of no great importance; **kaakomítaawa** It's just a dog; **nikáákanistaawa** I merely told him ... (something which is of no great importance).

KAAMIHTÁÁN *nin*: dried dung (in the past, it was sometimes used as fuel in place of firewood); **kaamihtáístsi** dried dung (pl.).

KAANAISSKIINAA *nan*: mouse; **káánaisskiinaiksi** mice; **ómahksikánaisskiinaawa** rat. lit: big mouse

KAAPOKSÍÍNAKSSIN *nin*; platform, structured flooring (an independent structure, not necessarily part of larger structure); **kaapoksíínakssiistsi** platforms

KAAPOKSIINIMAAN *nin*; floor/ floor covering of an enclosed shelter or building (part of the shelter); **kaapoksíínimaanistsi** floors; *cf.* ikaapoksiinimaa

KAAT *adt*; result; **iikáóksistotoyiiwa anniiska otómitaamiska káátsiistapóoyináyi** she treated her dog badly, that is why he left; **iikááhtsamotoisssksinimá'tsaawa káátokakiwa** he went to school at a young age, that is why he is smart.

KAATSI *nin;* driftwood (found along the river); **káatsiistsi** pieces of driftwood; **káatsisskoyi** an area of driftwood.

KÁÁTSISTO *adt;* abreast (in a straight line) (arch.); **káátsisto-ipoyiyaawa** they are standing abreast.

KAAWAHKÓ *nin;* coulee; **kaawahkóístsi** coulees.

KAAWÁ'POMAAHKAA *nan;* animal, lit: runs about on the ground; **kaawá'pomaahkaiksi** animals; *cf.* ikaaw+a'p+omaahkaa.

KÁÁYIHKIMIKO *nin;* opening in a hill which appears to be divided, where the division is used as a passageway, pass.

KÁÁYII *nan;* gull, Lat: Larus delawarensis; **pokohkááyiiksi** small gulls.

KAAYÍÍS *nin;* quill; **pokohkaayíístsi** small quills.

KÁÁY'SSPAA *nan;* Grass Dancer; **kááy'sspaiksi** Grass Dancers.

KAINAA *nan;* Blood band of the Blackfoot tribe; **káínaikoaiksi** Blood indian persons; *also* **kááínaa;** *cf.* **ninaa**.

KAI'NIKSI *nin;* tree branches (cut off); **káí'niksiistsi** tree branches.

KAI'SKÁÁHP *nan;* porcupine, Lat: Erethizon dorsatum; **kai'skááhpiksi** porcupines.

KAKAHSIIN *nin;* kinnikinnick, dried leaves of plant used for mellowing strong tobacco, Lat: Arctos-taphylos uva-uris; **kákahsiinistsi** kinnikinnick (pl.).

KAKANOTT *adt;* sparse, meager; **skáí'kakanottssaisskiiyi anníístsi nipisátssaisskiimistsi** my flowers are growing very sparsely; **ikákanottotoyihkowa** the grass is sparse; **skáí'kákanottsiiyiistskowa** trees are sparse in this area.

KÁKANOTTSSTOOKII *nan;* horned owl (lit: has meager ears), Lat: Bubo virginianus; **kákanottsstookiiksi** horned owls.

KAKATÓ'SI *nan;* star/mushroom/puffball, Lat: Lycoperdon spp.; **kakató'siiksi** stars.

KAKKÓÓ *nan;* dove/ domestic pigeon, Lat: Columba livia; **kakkóíksi** pigeons.

KAKÓ *und;* Go ahead!/ Do it!

KAKSAAKIN *nan;* axe; **omahkohkáksáakiniksi** big axes; **nítohkáksaakini** my axe.

KAMOTÁÁNA *und;* said at the end of a prayer, lit: escape (from danger).

KAN *adt;* all; *see* **ohkan**.

KANÁKKÁÁATSI *nan;* society, group of friends; **kanákkááatsiiksi** group of friends.

KANÁTTSOOMITAA *nan*; a member of the Crazy Dog Society; **kanáttsoomitaiksi** the Crazy Dog Society; *cf.* **ohkan+mattsi+imitaa.**

KANÁ'PSSIN *nin*; rodeo; **kaná'pssiistsi** rodeos; *cf.* **ohkana'pssi.**

KANIKSÍ *nin*; dry branch; **kaniksíístsi** dry branches.

KANIKSSKO *nin*; area of dead trees; **kaníksskoistsi** areas of dead trees.

KANO'TSISISSIN *nin*; smoke ceremony, lit: all smoking; **kanó'tsisíssiistsi** smoke ceremonies

KAOOKIHKAAN *nin*; tree stump, lit: decapitated; **kaóókihkaistsi** stumps.

KAOO'PI *nin*; arrow with special head designed to render unconscious, rather than to kill; **kaoo'piistsi** arrows; **nitokaoo'piimi** my arrow.

KAPAAM *nan*; bunion; **kikapáámiksi** your bunions.

KAPIMÁÁN *nin*; cradle board; **kapimáánistsi** cradle boards.

KÁTAI'POYI *nan*; mute, dumb person; **kátai'poyiiksi** persons who do not speak; *cf.* **i'poyi.**

KÁTA' *adt*; interrogative prefix/ negative (on nouns); **kikátao'kska'sspa?/kítao'kska'sspa?** did you run?; *see* **káta'yaohkiimi bachelor.**

KÁTA'YAOHKIIMI *nan*; bachelor (male who is not married); **káta'yaohkiimiiksi** bachelors

KATA'YAYIMMI *nan*; Never Laughs Clan (Peigan); **Káta'yáyimmiiksi** Never Laughs Clan/ members of the Never Laughs Clan.

KATOYÍS *nan*; blood clot; **katoyííksi** blood clots.

KÁTOYISS *nan*; sweet pine. Alpine fir (used for incense), Lat: Abies lasiocarpa; **kátoyissiksi** sweet pines.

KATSIIKINAKO *nin*; root of a tree; **katsiikinakoistsi** roots.

KATSIIKSI *nan*; root.

KATSIKSISTO'KO *nin*; midnight (in the middle of the night) (archaic); **katsíksistó'koyi** midnight

KATSISTOYIIKOAN *nan*; yearling; **katsistoyiikoaiksi** yearlings.

KAYÍÍWA *und*; what is it (that you want)?

KAYIKKAO'KIIKIN *nan*; White Chest Clan (Peigan); **Káyikkao'kiikiiksi** White Chest Clan/ members of the White Chest Clan; *cf.* **mo'kiikin.**

KAYIIS *nin*; dried meat, jerky; **nítohkáyiimistsi** my dried meats.

KA'KITSÍMO *nin*; peppermint herb; **ka'kitsímoistsi** peppermint herbs.

KA'KSIMÓ *nin*; sage, Lat: Artemisia spp./ aromatic herb; **ka'ksimóístsi** sages, aromatic herbs; *also* **ka'ksimí**.

KA'KSIMÓYIITAPI *nan*; Osage person; **ka'ksimóyiitapiiksi** Osage persons.

KÍ *und*; come on, let's go! (short form of **okí**).

KI *und*; connective similar to English 'and'.

KIÁÁMAAHTSIKSI *und*; actually, in fact; **sokstááhka'pao'takiwa, kiáámaahtsiksi káákayo'kaawa** I thought she was working, but in fact she was sleeping

KIÁÁYO *nan*; bear; **pókohkiaayoiksi** small bears; **nitohkiááyoma** my bear; **sikohkiááyowa** black bear.

KIAAYOOTOKIS *nan*; bear skin/robe; **kiááyootokiiksi** bear skins.

KIÁÍ' *und*; expression of distaste, disgust (used only by females).

KIÁNNIAYI *und*; expression like "and that is all", or "enough"; cf. **ki+anniayi**.

KÍIHTSÍPIMI *adt*; spotted; *see* **kííhtsípimiota's** pinto

KIIHTSIPIMIITAPI *nan*; member of Cheyenne tribe, lit: spotted (pinto) people; **kííhtsípimiitapiiksi** persons of the Cheyenne tribe.

KÍIHTSÍPIMIOTA'S *nan*; pinto horse; **nikííhtsípimiota'siksi** my pinto horses.

KÍIHTSÍPIMISA'AI *nan*; common goldeneye (duck); **kííhtsípimisa'aiksi** common goldeneyes.

KIIPÁÁNAO'KSSI *nan*; dime/lit: ten halves; **kiipáánao'kssiiksi** dimes; *cf.* **waanao'k**

KIIPÓ *adt*; ten; **kiipóyaawa** they are ten; **kiipóísskinítsiihpiaawa** they are in ten bags; **kiipíppo** hundred.

KIIPÓYI *nin*; ten.

KIISTÓ *pro*: you (sg.); *see* **iisto**

KIITAAN *nin*; baked item; **kiitáánistsi** baked items; **nítsskiitaani** my baking; *cf.* **ihkiitaa**

KÍITOHKOMII *nan*; sucker (fish); **kíítohkomiiksi** suckers.

KÍITOKII *nan*; sharp-tailed grouse, prairie chicken, Lat: Pedioecetes phasianellus; **kíítokiiksi** sharp-tailed grouses.

KIITSÍPITSIKAYII *nan*; upland plover, Lat: Bartramia longicauda; **kiitsípitsikayiiksi** upland plovers.

KIIYÍ'TAAN *nin*; saddle horn; **kiiyí'taanistsi** saddle horns; *cf.* **iyi'taan**.

KÍKA *und*; wait!

KÍMMATÁ'PIAAPIIKOAN *nan*; hobo, tramp, vagabond; **kímmatá'piaapiikoaiksi** hobos; *cf.* ikimmat+a'p+naapiikoan.

KINAKÍN *nin*; liver; **kinakíístsi** livers; **nohkinákini** my liver.

KINÍÍ *nan*; tomato/ rosehip, Lat: Rosa spp.; **kinííksi** tomatoes; **saokióhkiniiksi** prairie tomatoes.

KINÍÍNOKO *nin*; seed; **kinífnokoistsi** seeds.

KINSSTA'TSIS *nin*; harness; **kinssta'tsiistsi** harnesses.

KINSSTÓÓKIPSSA'TSIS *nan*; scarf, earmuffs; **kítsikinsstóokipssa'tsiiksi** your earmuffs; *cf.* **sstooki**.

KIPITA *adt*; aged, elderly (usu. said of women); *see* **kipitáaakii** elderly woman; **áaksippitaistawatawa** she will be raised by the elderly; **ákaiita'pippitainamma** she has become quite elderly looking; **kipitáíitsaapiáakiiwa** aged 'white' woman; *see* **ippitaam** wife.

KIPITÁAAKII *nan*; old woman; **poksíppitáaakiiksi** little old women.

KIPITÁÍPOKAA *nan*; child raised by elderly parents/guardians; **kipitáípokaiksi** children raised by elderly parents; *cf.* **pookaa**.

KIPPIAAPI *nan*; crocus flower; **kippiáápiiksi** crocuses.

KÍSSKA'TSIS *nin*; willow backrest/ pillow; **kísska'tsiistsi** pillows.

KITSÍM *nin*; door; **síkohkitsímistsi** black doors.

KITSISOMAHKOKATA *nan*; mountain gopher (striped)/ black tailed prairie dog ; **kitsisómahkokataiksi** mountain gophers; *cf.* **omahkokata**; (*also* ki'tsisomahkokata ?).

KITSSÍ'TSOMM *nan*; Franklin's grouse, Lat: Canachites canadensis; **kitssí'tsommiksi** Franklin's grouses.

KI'SÓMM *nan*; sun/moon; **ki'sómmiksi** moons.

KI'TA. *adt*; across; **ki'tawóóhtsi** in the direction of across; **áaksiki'tawóowa** he will go across; **áaksiki'tawaawaniwa** she will fly across.

KI'TAKÁPSSIN *nin*; garter; **kitsikí'takapssiistsi** your garters.

KI'TSI *adt*; plateau, crown of a hill, top; **ki'tssówoohtsi** in the direction of, on a plateau; **ki'tsíísaokiwa** plateau, plain on top of a hill; **kitsítsiki'tsiihtsaawa anna áísopomitaka'siwa** you placed the fan on top there; **ki'tsóóht** on top.

KOKÓTO *nin*; ice; **kokótoistsi** ice (plural); **nitsikókotoomi** my ice; *also* **pokoto**

KOKÓTO *vii*; be frozen; **áaksikokotowa** it will be frozen; **iikokótowa** it is frozen.

KOMÁÁPINSSIN *nan*; eyeball; **kitohkomáápinssiiksi** your eyeballs; **nitohkomápinssina** my eyeball.

KOMIHKÍÍTAAN *nin*; bun, round loaf of bread; **kitohkómihkiitaanistsi** the buns you baked; *cf.* **ohkom+ihkiitaa.**

KOMINOKO *nin*; marble/pill; **kominokóístsi** marbles; **nítohkóminokoistsi** my marbles; *see also* **komssko.**

KÓMMOYO'KSTSIIKINAKIMM *nan*; earthworm; **kómmoyo'kstsiikinakimmiksi** earthworms.

KOMONO *adt*; violet/green; **komonóínattsiwa** violet in color; **niitohkomonaikimiwa** the body of water was greenish in color; **iihkómonaapiniwa** she has green eyes.

KOMONÓÍTAPIIKOAN *nan*; member of the Nez Perce Indian tribe; **Komonóitapiikoaiksi** members of the Nez Perce Indian tribe.

KÓMSSKO *nin*; marble; **kómsskoistsi** marbles.

KOOHPÁÁTTSTAAN *nin*; yeast bread; **koohpááttstaanistsi** yeast breads.

KÓÓKONAA *und*; daughter! (vocative)/ term of address to a younger female.

KÓÓKOWAA *und*; vocative, address to a younger female (with intent of asking a great favor), plea; **kóókowaa, kippóóhkssiksi-kimssomookit!** young girl, would you please make me some tea!

KOON *nan*; frozen water, ice; **kóóniksi** ice cubes.

KÓÓNSSKO *nin*; snow; **kóónsskoyi** snow covered area.

KOOPIISOPO *nin*; chinook, lit: broth wind; **kóópiisopoistsi** chinooks.

KOOPIMMISTSII *nin*; broth, skimmings; **kóópimmistsiistsi** broths, skimmings; *cf.* **immistsii**

KÓÓPIS *nin*; broth, soup; **kóópiistsi** soups; *also* **akoopis.**

KOOTOKIAAPINAAN *nin*; eyelash; **kootokiaapinaanistsi** eyelashes.

KOOTSAAKIIYI'TAA *nan*; Padded Saddle Clan (Peigan); **Kootsaakiiyi'taiksi** Padded Saddle Clan/ members of the Padded Saddle Clan; a.k.a. **Immoyissksisi**

KOPOTTSSKSISI *nan*; Red-breasted nuthatch (lit: tight nose ?), Lat: Sitta canadensis; **kopóttssksisiiksi** nuthatches; *cf.* **hksis.**

KOTOKIAANOKO *nin*; rawhide; **kotokiáánokoistsi** rawhide(s).

KOTOKIAAPOKO *nin*; rawhide rope; **kotokiáápokoistsi** rawhide ropes; **nikotokiáápokoima** my rawhide rope

KOTONÁAIKOAN *nan*; member of the Kootenay Indian tribe; **Kotonáaikoaiksi** members of the Kootenay Indians; *Note: kotona'-.*

KOTSKI *adt*; extreme; **kootskiáísayáakiiwa** she is a terrible liar; **áaksikotskiáísstoyiwa** it will be extremely cold.

KOTTSÁÁKIISI'KAAN *nin*; mattress (lit: stuffed blanket); **kikóttsaakiisi'kaanistsi** your mattresses

KO'KÍ *nin*; corner; **ko'kíístsi** corners; **saiáíko'kiyi** outside corner; **pistsikó'kiyi** inside corner.

KO'KÓ *vii*; be night; **ákáaksiko'kowa** it will be night soon; **ákaiko'kowa** it is night.

KO'KOMÍKI'SOMM *nan*; moon; **ko'komíki'sommiksi** moons; *cf.* **ko'ko+ki'somm.**

KO'S *nin*; dish (earthenware or wooden); **kó'sistsi** dishes; **nóóhko'si** my dish.

KO'S *nan*; dish, bowl (made from tin or metal); **kó'siksi** dishes; **nóóhko'sa** my dish

KSÁÁHKO *nin*; dirt, land; **ksááhkoistsi** lands; **kanáómia'nistssksaahkoyi** all kinds of dirt

KSAAHKOIIKIMSSKOMO *vta*; muddy waters for/ upset the plans of with one's own; **ksááhkoiikimmsskomoosa!** upset her plans!; **áaksiksááhkoiikimmsskomoyiiwa** she will upset his plans; **ksááhkoiikimmsskomoyiiwa** she upset his plans; **nítssksááhkoiikimmsskomooka** she muddied waters for me.

KSAAHKOMM *nan*; earth; **ksááhkomma** the earth.

KSAAMÁ'PSSIN *nan*; cancerous tumor; **ksaamá'pssiiksi** cancerous tumors; **oksáma'pssini** his cancerous tumor

KSIINI *nan*; cowbird, Lat: Molothrus ater; **ksííniiksi** cowbirds.

KSIISTOYI *vii*; hot; *cf.* iksistoyi

KSIISTSIKÍMISSTAAN *nin*; herb drink; **ksiistsikímisstaanistsi** herbal brews.

KSIISTSIKÓ *nin*; day; **ksiistsikóístsi** days.

KSIISTSIKÓMIIPI'KSSI *nan*; Thunderbird

KSIISTSIKOMM *nan*; thunder; **ksiistsikómma** thunder; *also* **áóhkomiksiistsikomm.**

KSIISTSIKÓMMSSTAAN *nin*; window; **ksiistsikómmsstaanistsi** windows: **ómahksiksistsikomsstaani** big window.

KSIISTSIMAAN *nin*; bead; **ksiistsímaanistsi** beads; **i'naksíksistsimaanistsi** little beads.

KSIKK *adt*; white; *see* **ksikkokoowa** tent; *see* **ksikksina** be white; *see* **Kayikkao'kiikin** White Chest clan; *Note: init chg.*

KSIKKAPIITAIPANIKIMM *nan*; redtail hawk; **ksikkapiitaipanikimmiksi** redtail hawks.

KSIKKAPÍNSSIS *nin*; white of eye, sclera; **ksikkapínssiistsi** whites of eyes; **níksikkapínssisi** the white of my eye.

135

KSÍKKA'S *nan*; white turnip; **omahksiksíkka'siksi** big white turnips; *cf.* **ma's**.

KSIKKIHKIMIKO *nin*; white ochre, white soil (usu. clay); **ksikkihkímikoistsi** white paints; **nitsiksíkkihkimikoomi** my white ochre.

KSIKKIHKÍNI *nan*; bald eagle (lit: white head), Lat: Haliaeetus leucocephalus; **ksikkihkíniiksi** bald eagles.

KSIKKOKÓÓWA *nin*; white tent, lit: white dwelling; **ksikkokóówaistsi** white tents.

KSIKKOMAHKAYII *nan*; swan or whooping crane (lit: white large gull), Lat: Grus americana; **ksikkómahkayííksi** swans or whooping cranes.

KSIKKSINA *vai*; be white; **nóóhka áaksiksikksinamma** my pail will be white; **ksikksinámma** it's white; *Note: 3mm*; *Rel. stem: vii* **ksikksinattsi** be white.

KSIKKSINATTSIISAAM *nin*; white coloured medicine; **ksíkksináttsiisaamistsi** white-coloured medicines; *cf.* **saam**.

KSIKKSISÓKA'SIMI *nan*; White Robe Clan (Peigan)/ Anglican; **Ksikksisóka'simiiksi** White Robes Clan/ members of the White Robes Clan/ Anglicans.

KSINA'OO *nan*; male coyote; **pokohksina'oiksi** small coyotes.

KSINÓ'TAKSSIN *nin*; remnant of cloth; **kitohksinó'takssiistsi** your remnants of cloth.

KSIPPOTSÍKAMAAN *nan*; tipi door flap stick, inserted in a hem at the bottom of the door flap;

KSIS *adt*; pointed, sharp; *see* **ksisisttsomo'ki** person of German descent; *see* **ksisoyi** tea kettle

KSISAIKI'TAAN *nan*; cartridge (for gun powder); **ksisaiki'taaniksi** cartridges; **niksisaiki'taana** my cartridge.

KSISÁIKI'TAAN *nin*; arrowhead; **ómahksiksisáíki'taanistsi** arrowheads.

KSISÍÍS *nan*; thornbush; **ksisííksi** thornbushes; **pókohksisiisa** small thornbush.

KSISÍSTTSOMO'KI *nan*; a person of German descent, lit: having pointed hat; **ksisísttsomo'kiiksi** Germans.

KSISOHKSÍSI *nan*; mosquito, lit: has a sharp nose; **ksisohksísiiksi** mosquitoes; *also* **ikkstohksisi**.

KSISÓYI *nan*; tea kettle (lit: pointed mouth); **póksiksisóyiiksi** little kettles or teapots

KSISSKANÁÓTONNI *nin*; (this) morning; cf. **ikskanaotonni**.

KSISSKIOOMII *nan*; grayling (fish); **ksisskióómiiksi** graylings.

KSÍSSKSTAKI *nan*; beaver, Lat: Castor canadensis; **poksiksísskstakiiksi** small beavers.

KSÍSSKSTAKIÓHPOYIS *nin*; castor oil/ lit: beaver oil; **ksísskstakióhpoyiistsi** castor oils; **nitsiksísskstakióhpoyiimi** my castor oil.

KSÍSSTA'PSSI *nan*; spirit; **ksíssta'pssiiksi** spirits of the dead.

KSISSTONÍMMAAN *nin*; hair bangs; **oksstonímmaanistsi** her hair bangs; *cf.* **ikstonimmaa**; *also* **ksstonímaan**

KSISSTONÍMMAAPIOYIS *nin*; shack, shed, lit: straight frame house; **ksisstonímmaapioyiistsi** sheds; **niksstonimmaapioyisi** my shack; *also* **ksstonímaapioyis**

KSISTOPÍSSTAKIOHKISSKA'TSIS *nin*; backrest, made from willow sticks woven together; **ksistopísstakiohkisska'tsiistsi** backrests; *cf.* **kisska'tsis**.

KSIW *adt*; low, at ground level; *see* **ksiwawakaasi** spider; *see* **iksiwainaka'si** roll on the ground; *see* **iksow**.

KSIWÁÍNAKA'SI *nan*; bicycle; **ksiwáínaka'siiksi** bicycles; *cf.* **ksiw+inaka'si**.

KSIWÁWÁKAASI *nan*; spider (lit: ground or low deer); **ómahksiksiwáwákaasiiksi** big spiders

KSSTSÍÍ *nan*; sea-shell; *var. of* **aksstsii**.

M

MAAÁÍ *nan*; robe/shawl; **naaáíksi** my robes; **maaáíwa** it is a robe; *also* **maiáí**

MAAK *adt*; forthcoming, planned; **máaksowahsini** the upcoming meal; **máakssootaani** the forthcoming rain.

MÁAK *vrt*: arrange; *see* **yáak**

MÁAK *adt*; why (rhetorical inquiry); **máaksstahpíko'toowa?** why did she imprudently desire to come here?; **kimáaksowatowahtsiksi?** why did you eat it?; *also* **maok**.

MÁAKÁÁHKIMA'TSIS *nan*; ammunition; **otáakááhkima'tsiiksi** his ammunition (plural).

MÁAKÁÍ'PIIYI *nin*; blizzard, a short burst of blinding snow, which usually occurs during early February; **máakai'piiyiistsi** blizzards.

MAAKOHKIMMA'TSIS *nin*: rein; **maakohkimma'tsiistsi** reins.

MAAM *adt*; only, just; **máámita'paissiiyaawa/iyáámita'paissiiyaawa** they were just 'hanging' around; **namistsitáópiihpinnaana** there are only the two of us at home.

MAAN *adt*; recently, new, young; **mááno'toowa** she recently arrived; **ááhkaanipoáoowa/ááhkomaanipoáóowa** she has probably just arisen from sleep; *see* **máánikapi** bachelor.

MAANÁ'PII *vii*; be recent; **maaná'piiwa** it was recent; **kátao'maana'piiwaatsiksi?** Was it recent?

MAANII *vii*: be new, recent; **áakaniiwa** it will be new; **maanííwa** it is new.

MAANIKÁPI *nan*; bachelor; **ómahkaanikapiiksi** older bachelors i.e. males who are not married and are of marriageable age or older; **nimáánikapiima** my bachelor.

MAANIKÍNAKO *vii*; be the fad, in fashion, in style; **áakaanikinakowa** it will be in fashion; **maanikinakowa** it is in style.

MAANITÁPI *nan*; youth; **maanitápiiksi** young people.

MAANSSTOYI *vii*; New Year; **áakansstoyiwa apinákosi** it will be the New Year tomorrow; **maansstóyiwa matónni** it was the New Year, yesterday.

MAAT *adt*; negative; **máátomaniiwaatsiksi** he did not tell the truth; **máátsstsisóowaatsiksi** she did not go to town.

MAATÁÁK *nin*; potato; **maatáákistsi** potatoes; **ómahkataaki** big potato/ sweet potato; *also* **paataak**.

MAATÁÁSII *nan*; burrowing owl, Lat: Speotyto cunicularia; **maatáásiiksi** burrowing owls; *also* **ma'taasii**.

MAATAIKSISAAHKIMAA *nan*; wren, Lat: Troglodytidae; **máátaiksisaahkimaiksi** wrens.

MÁÁTAOMMITA'P *adt*; not out of the question/ possible; **máátaommita'pssko'toowaatsi** it is not out of the question that she will return.

MÁÍIPSSIM *nin*; belt; **máíipssiistsi** belts; **nomáíipssima** my belt.

MAI'STÓÓ *nan*; crow, Lat: Corvus brachyrhynchos; **mai'stóíksi** crows; **ómahkai'stoowa** big crow; **Mí'kiai'stoowa/ Mí'kai'stoowa** Red Crow (personal name).

MAI'STÓÓHPAATAKI *nan*; crow-carrier society; **mai'stóóhpaatakiiksi** crow carriers' society

MAI'STÓÓNATA *nan*; crow root, a.k.a. dotted blazing star, Lat: Lacinaria punctata; **mai'stóónataiksi** crow roots.

MAK *adt*; bad; *see* **maká'pii** be bad; *see* **oksina** be in a bad mood; *see* **maka'pato'si**

MAKÁ *adt*; short, stunted: **Makáísináaakiiwa** Short Cree woman (a name); *see* **makáínnokaomitaa** stunted horse/ Shetland pony; *see* **makáíitapi** midget

MAKAINNOKAOMITAA *nan*; horse of stunted growth e.g. a Shetland pony; **makáínnokaomitaiksi** Shetland ponies.

MAKÁÍTAPI *nan*; midget; **makáítapiiksi** midgets; *cf.* **matapi**.

MAKÁ'PATO'SI *nan*; bad spirit/ evil spirit; **maká'pato'siiksi** bad spirits.

MAKA'PII *vii*; be bad; **áakoka'piiwa** it will be bad; **maká'piiwa** it is bad; *Rel. stem: vai* **maka'pssi** bad.

MAKÁ'PIPIITAA *nan*; bat, lit: bad eagle; **maká'pipiitaiksi** bats; **kitoká'pipiitaama** your bat.

MAKÁ'PIPI'KSSI *nan*; bat, lit: bad bird; **maká'pipi'kssiiksi** bats.

MAKÁ'PSSÁÍSSKI *nin*; weed; **maká'pssáísskiistsi** *cf.* **saisski**.

139

MAKÍÍNIMAA *nan*; curlew (lit: burial lodge), Lat: Numenius americanus; **makíínimaiksi** curlews; *cf.* **okiin.**

MAKKOOKIIM *nan*; Clark's nutcracker (lit: colour of old lodge cover), Lat: Nucifraga columbiana; **makkookiimiksi** Clark's nutcrackers.

MAKÓYI *nan*; wolf (archaic), Lat: Canis lupus; **ómahkokóyiiksi** big wolves.

MAKÓYISTTSOMO'KI *nin*; quick storm; **makóyisttsomo'kiistsi** quick storms.

MAKÓYOOHSOKOYI *nin*; milky way (lit: wolf road).

MAKSINÍ *nan*; carcass; **maksinííksi** carcasses; **nitoksinííma** my carcass (the animal I killed).

MAKSÍSSKOMM *nan*; well, spring; **maksísskommiksi** wells, springs; **nitoksísskomma** my well.

MAKSSKITSI *nin*; ash; **maksskitsiistsi** ashes.

MAMIÁ'TSÍKIMI *nan*; magpie, Lat: Pica pica; **mamiá'tsíkimiiksi** magpies.

MAMÍÍ *nan*; fish; **mamííksi** fishes; **ksikkomííwa** white fish; **mamíípokowa** fishy taste.

MAMIIKSISTSIKO *nin*; Friday (lit: fish day); **Mamííksistsikoistsi** Fridays.

MAMÍÍYI *nin*; firewood; **mamííyiistsi** firewood (pl).

MAMÍÍYINNIMAA *nan*; kingfisher (lit: fish catcher); **mamííyínnimaiksi** kingfishers.

MAMÍNN *nin*; wing; **ómahkomínnistsi** big wings.

MAMIÓHPOYIS *nin*; cod liver oil, lit: fish oil; **mamióhpoyiistsi** cod liver oils; **nitomióhpoyiimi** my cod liver oil.

MAMIÓ'KAKÍÍKIN *nin*; backbone of a fish; **ómahkomio'kakííkinistsi** big fish backbones; *cf.* **mo'kakiikin.**

MÁMMA'PIS *nin*; tipi ring made of rocks; **mámma'piistsi** tipi rings; **nómma'pisi** my tipi ring; **ákáómma'pisi** old tipi ring.

MANÁ'TSIS *nin*; anchor stake in the centre of a tipi; **maná'tsiistsi** anchor stakes in the centre of a tipi.

MANISTSÍ *nin*; travois; **i'nakónistsiistsi** small travois (pl).

MANISTSÍ'SSTAAN *nin*; travois; **otónistsi'sstaanistsi** her travois (pl.).

MÁNO *nin*; flank (cut of meat); **mánoistsi** cuts of flank.

MÁNSSTAAM *nan*; tipi pole; **mánsstaamiksi** tipi poles; **nitsínsstaama** my tipi pole.

MÁÓHK *adt*; red; **máóhksináttsiwa** it is a red color; *see* **maohkowa'si** roan;; **níítomáóhksskiwa** she had a really red face.

MÁÓHKA'SAAN *nin*; red ochre, paint; **máóhki'saanistsi** red paints; **nitómáóhka'saani** my red ochre; *also* **máóhki'saan** (Peigan).

MÁÓHKATAATOYI *nan*; red fox, Lat: Vulpes vulpes; **máóhkataatoyiiksi** red foxes; *cf.* **otáátoyi**

MÁÓHKIHKINI *nan*; Jack (face card), lit: redhead; **máóhkihkíniiksi** Jacks.

MÁÓHKOTOOKSSKAA *nan*; band councillor; **máóhkotooksskaiksi** band councillors; *also* **máóhkotooksi**

MÁÓHKOWA'SI *nan*; roan horse; **máóhkowa'siiksi** roan horses.

MÁÓHKSIIPSSI *nan*; red belt society; **máóhksiipssiiksi** red belt society members.

MÁÓKAYIS *nin*; chest,breast; **máókayiistsi** chests; **nomáókayisi** my chest.

MÁÓKII *nan*; monkey (Blood); **ómahkómaokiiksi** big monkeys; **nitómaokiima** my monkey.

MÁÓKOM *nin*; jowl; **máókomistsi** jowls; **nomáókomi** my jowl.

MAOÓ *nin*; mouth; **maoówaawaistsi** their mouths; **naoóyi** my mouth.

MAOTOYÓÓPAN *nin*; rye grass (tall grass); **maotoyóópaistsi** rye grasses.

MÁÓTO'KIIKSI *nan*; Buffalo women's society (plays a crucial role preparatory to the Ookaan of the Sundance); *also* **máóoto'kiiksi.**

MÁO'K *adt*; why (So. Peigan); **máo'kawaasai'niwa?** why is she crying?; **kimáo'kaniihtsiksi kááhkahkayssi?** why did you say that you wanted to go home?

MATÁPI *nan*; person/ eye pupil; **matápiiksi** people/ pupils; *see* **makaitapi** midget.

MATÓNNI *vii*; be yesterday; **matónniwa** it was yesterday.

MATÓÓM *adt*; former, first; **matóómoohtsi** of a former time; **áakotóómitapoowa** she will go there first.

MATOYÍ'NSSIMAAN *nin*; oats; **matoyí'nssimaanistsi** oats; *cf.* **i'nssimaa.**

MATÓYIHKO *nin*; area of grass; **matóyihkoistsi** areas of grass; **ákaotoyihkoyi** old grass.

MATOYÍSTTSOMO'KAAN *nin*; straw hat;**matoyísttsomo'k-aanistsi** my straw hats; *cf.* **isttsomo'kaan.**

MATSI. *adt*; good, valued, pretty, of high quality, fine; *see* **itsi.**
Note: y ˜w.

MATSINÁWAISSTAAM *nin*; Moose Jaw, lit: tongue flag;
matsináwaisstaamistsi tongue flags.

MATSINÍ *nin*; tongue; **matsiníístsi** tongues; **natsiníyi** my tongue;
matsiníyi his tongue.

MATSIYÍKKAPISAA *nan*; frog; **pokitsiyíkkapisaiksi** little frogs.

MATSIYÍKKAPISAIKI'SOMM *nan*; April/ lit: frog moon;
Matsiyíkkapisaiki'sommiksi Frog moon; *also* **Matsiyíkkapis-
aato's.**

MATSÍ'SAI'PIYI *nan*; common loon (lit: fine charger), Lat: Gavia
immer; **matsí'sai'piyiksi** loons (fine chargers).

MATSOWÁ'P *adt*; handsome, beautiful, fine, good;
iikítsowa'pssiwa he is handsome; **matsowá'pínaawa** he is a good
man; **matsowá'páákiiwa** fine woman; *cf.* **matsiw+a'p.**

MATT *adt*; again, additionally; **máttsistáóoyit!** eat again!;
kiááhksiistattohtáíksimsstááhpoaawa you probably don't think of
this any longer; **mattsistáa'niit!** say it again!;
áakattsistaa'nisttsiwa he will do it again; **máttsstsíkiiksi** still
others.

MÁTTSÁAKII *nan*; prostitute; **máttsáákiiksi** whores, prostitutes;
ómahkáttsáakiiwa big whore; *cf.* **mattsi+aakii.**

MATTSI *adt*; bad/ crazy; *see* **máttsaakii** whore.

MÁTTSIIPÍÍTAA *nan*; bat; **máttsiipíítaiksi** bats; *cf.*
mattsi+piitaa.

MATTSIKAAN *nan*; scraper (archaic); **nimattsikaaniksi** my
scrapers.

MATTSISTÁ' *adt*; again, repeated; **máttsistáa'niita!** say it again!;
máátáakattsistáa'nisttsiwa! she will not do it again!;
máttsistáí'ihpiyit! dance again!; **ássattsistáa'nístoot!** say it
again!

MA'KAKÍÍNIMAAN *nin*; central or main support in a mechanism or
building (e.g. axle, tent ridge pole); **ma'kakíínimaanistsi** axles,
supports; **innó'kakiinimaani** long ridge pole.

MA'S *nan*; edible bulbous root, 'Indian turnip', Lat: Psoralea es-
culenta; **má'siksi** roots.

MA'TSI *vti*; take; *see* **o'tsi.**

MI'KÓTSO'TOKAAN *nan*; red-naped sap-sucker (lit: red-head), Lat:
Sphyrapicus varius nuchalis; **mi'kótso'tokaaniksi** red-naped sap-
suckers.

MIÁÁPINAAN *nin*; eyebrow; **komiáápinaanistsi** your eyebrows.

MIAAWAAHPITSII *nan*; Never Lonesome Clan (Peigan); **Miááwaahpitsiiksi** Never Lonesome Clan/ members of the Never Lonesome Clan.

MIÁ'NISTSÍPSSAAKSSIN *nan*; patchwork quilt; **pokómia'nistsípssaaksiiksi** small quilts; *cf.* **omia'nistsipssaaki.**

MIA'TSII *nan*; horned lark, Lat: Eremophila alpestris; **miá'tsiiksi** horned larks.

MII *adt*; hardy, hard; *see* **miisa'ai** merganser; *see* **mioohpokon** baseball.

MIIN *adt*; negative (used only in imperatives); **miinó'tsit!** don't take it!; *also* **piin.**

MÍÍN *nin*; berry; **máóhksiinistsi** red berries.

MÍÍNIAOHKII *nin*; wine, lit: berry water; **mííniaohkiistsi** wines.

MÍÍNIAOHTAISTTSIKÁÁHKIMAO'P *nin*; jam, lit: berry spread.

MIINIINOKOO *nin*; wheat; **mííniinokoistsi** wheat (plural).

MIINIIWAN *nin*; store of berry preserves; **mííniiwanistsi** stores of berries; **otsinííwani noohkohtáyaakohkokka** she is going to give me (berries) from her store of berries.

MIINIIYOOKAAKIN *nin*; a mixture of berries, dried meat and grease; **mííniiyookaakiistsi** a mixture of dried meat, berries and grease; *cf.* **mookaakin**

MIINOHK *adt*; at the edge/ toward the end (of a sequence or queue); **míínohkoohtsi** toward the end; **isstsíínohkohtoot!** place it toward the edge/end; **áakitsiinohkópiiwa** she will sit at the edge.

MÍÍSA'AI *nan*; common merganser (lit: hardy duck), Lat: Mergus merganser; **miisa'aiksi** mergansers; *see also* **missi.**

MÍÍSINSSKI *nan*; badger, Lat: Taxidea taxus; **omahksíísinsskiiksi** big badgers; **Míísinsskiaaki** badger-woman (name).

MIISTÁK *nin*; mountain; **miistákistsi** mountains; **poksíístaki** little mountain.

MIISTÁKSOOMAHKIHKINAA *nan*; bighorn sheep, lit: mountain sheep. Lat: Ovis canadensis; **miistáksoomahkihkinaiksi** bighorn sheep (plural).

MIISTÁKSSKO *nin*; cliff, with a rocky out-crop/ an area, with a lot of rocks, resembling the mountains; lit: place of mountains.

MÍÍSTAP *adt*; away from; **míístapoot!** go away!; **kippíístapokska'sit!** please run away!

MIISTSÁÁPAAA *nan*; least weasel, lit: wood weasel, Mustela spp.; **miistsáápaaiksi** least weasels; **amoksi niitáínihkatayi 'miistsaapaaayi', iikáóhpokimiiyaawa** these which we call 'least weasels', they are small bodied.

MIISTSÍS *nin*; stick, branch; miistsíístsi branches; miinohtó'takit anníístsi nitsíístsiimistsi! don't take any of my sticks!

MIISTSÍS *nan*; tree; miistsííksi trees; nitsíístsiima my tree; ómahksiistsisa big tree.

MIISTSOOHTAAPIIKAMMAA *nan*; Unsaddles With Stick Clan (they had very wild horses and they needed sticks to unsaddle); Miistsóóhtaapiikammaiksi members of the Unsaddles With Stick Clan.

MIISTSÓYIS *nin*; house of wood; miistsóyiistsi log houses; *cf.* moyis.

MIITSIKSIKAAHP *nin*; sole of the foot; nomíítsikaahpi ikáisttsiwa nitáíitsiitsitsikini the sole of my foot hurts when I wear moccasins; *also* mi'tsiksikaahp.

MIITSÍKSIKINSSTSSP *nin*; palm of hand; miitsíksikinsstsspistsi palms; nomíítsiksikinsstsspi my palm.

MIIYÁTTSI'KAYI *nan*; ground squirrel; miiyáttsiikayiiksi ground squirrels.

MIKKSK *adt*; brittle/hard; míkkskapayini cracker, biscuit (lit: brittle bread); omi nitsskíítaani, iiksskáí'yikkskiwa that which I baked, it is extremely brittle.

MINÍ *nin*; island; miníístsi islands; ómahksiniyi big island.

MINÍÍ'POKAA *nan*; favorite/special child; miníí'pokaiksi special children.

MIÓHPOKOIKSI *nan*; bunch/ a constellation of stars (Pleiades ?).

MIÓHPOKON *nan*; baseball, fastball, hardball; mióhpokoiksi baseballs: *cf.* mii+pokon

MISAM *adt*; long time; iisamókska'siwa he ran a long time; ákááisamowa it's been a long time: skáí'samitsinikiwa she is telling a long story; áí'samoyi a long time ago or "in olden times": misámipaitapiyssina people of long ago.

MISÁMAAHKOYINNIMAAN *nin*; "long time pipe" bundle.

MISÁMIKO'KOMIAATO'S *nan*; December, lit: long night month; Misámiko'komiaato'siksi Decembers

MISISÁÓYIS *nin*; outhouse, privy; misisáóyiistsi outhouses; *cf.* moyis.

MISSI *nan*; merganser (lit: hardy being), Lat: Mergus merganser; míssiiksi mergansers: *cf.* issi.

MÍSSTOAN *nin*; beard; omísstoaistsi their beards.

MI'K *adt*; red; mi'kotsíínaama red gun; Mí'kiai'stoowa/Mí'kai'stoowa Red Crow; iiksí'kiinattsiwa it looks reddish.

MI'KANÍKI'SOYII *nan*; red shafted flicker (lit: flashes red feathers), Lat: Colaptes cafer; **mi'kaníki'soyiiksi** red shafted flickers.

MI'KAPIKSSOYI *nan*; dog-wood; **mi'kapikssoyiiksi** dog-wood (pl.).

MI'KIÁKKSSIN *nin*; red scar; **mi'kiákkssiistsi** red scars; **kitsí'kiákkssini** your red scar.

MI'KIIMATA *nan*; red-headed woodpecker (lit: fire-reddened breast?), Lat: Melanerpes erythrocephalus; **mi'kiimataiksi** redheaded woodpeckers.

MI'KOKÁÁN *nin*; lodge painting; **Mai'stóyi'kokaani** Crow Lodge Painting (proper name for a specific painting); *cf.* **i'kokaa.**

MI'KÓTAIKIMM *nan*; copper, gold; **mi'kótaikimmiksi** coppers.

MI'KOTSI *adt*; red; *see* **mi'kotsiinaam** red gun; *see* **i'kotsoomii** salmon.

MI'KOTSÍÍPIIYIS *nan*; red willow; **mi'kotsíípiiyiistsi** red willows; **mi'kotsíípisskowa** area of red willows

MÍ'KO'TOKAAN *nan*; western tanager (lit: red head), Lat: Piranga ludoviciana; **mí'ko'tokaaniiksi** western tanagers.

MI'KSIKÁTSI *nan*; mallard duck; **mi'ksikátsiiksi** mallard ducks.

MI'KSINÍTTSIIM *nan*; bull-berry, buffalo berry, Lat: Shepherdia argentia; **mi'ksiníttsiimiksi** bull-berries, buffalo berries.

MÍ'KSISTTAYI *nan*; grebe (lit: red diver), Lat: Colymbus grisegena; **mí'ksisttayiiksi** grebes.

MI'KSSÍÍKAMM *nan*; red crane; **mi'kssííkammiksi** red cranes.

MÍ'KSSKIMM *nan*; anything having the properties of a metal; **nitsí'ksskimmiksi** my metal objects.

MÍ'KSSKIMMIIKSÍSOYI *nan*; metal kettle; **mí'ksskimmiiksísoyiiksi** metal kettles; *cf.* **ksisoyi.**

MÍ'SOHPSSKI *nan*; muskrat, Lat: Ondatra zibethicus; **poksí'sohpsskiiksi** small or baby muskrats; **nitsí'sohpsskiima** my muskrat.

MI'TSIKSIKAAHP *nin*; sole of the foot; *see* **MIITSIKSIKAAHP.**

MOÁPAHKIS *nin*; bladder; **ómahkoapahkiistsi** big bladders; **noápahkisi** my bladder.

MOÁPISAKIS *nin*; thigh; **moápisakiistsi** thighs; **nowápisakisi** my thigh.

MOÁPSSP *nan*; eye; **moápsspiksi** eyes; **noápsspa** my eye; **sikoápsspa** black eye; **oápsspi** his eye.

MOHKAMMII *nan*; blue heron, Lat: Ardea herodias; **móhkammiiksi** blue herons.

MOHKÁT *nin*; leg/foot; **nohkátsistsi** my legs/feet.

MOHKÍÍTOHKSISTON   *nan*; larynx; **mohkíítohksistoniksi** larynxes; **nohkíítohksistona** my larynx.

MOHKINÁN   *nan*; calf (of the leg); **mohkináíksi** calves; **nohkinána** my calf.

MOHKÍNSSTSIS   *nin*; elbow; **nohkínsstsiistsi** my elbows; **Mohkínsstsisi** place name: Calgary, Alberta

MOHKOKÍN   *nin*; neck; **mohkokínistsi** necks; **nohkokíni** my neck.

MOHKSISÍS   *nin*; nose; **mohksisíístsi** noses; **nohksisísi** my nose.

MOHKSISTÓN   *nan*; throat; **mohksistóniksi** throats; **nohksistóna** my throat.

MOHPÍÍKIN   *nin*; tooth; **mohpííkiistsi** teeth; **nohpííkini** my tooth.

MOHPIKÍS   *nin*; rib; **mohpikíístsi** ribs; **nohpikíístsi** my ribs.

MOHPÍN   *nin*; lung; **ohpíístsi** his lungs; **nohpíni** my lung.

MOHPSSKÍNA'   *nin*; chin/jaw; **mohpsskína'aistsi** chins/jaws; **nohpskína'yi** my chin.

MOHSISTSÍÍKIN   *nan*; hoof/horse-shoe; **ohsistsííkiiksi** his hooves.

MOHSOKÓ   *nin*; road; **maká'pohsokoistsi** bad roads.

MOHSÓÓA'TSIS   *nin*; tail-feather; **ohsóóa'tsiistsi** his tail-feathers.

MOHSOYÍS   *nin*; tail; **sááhkohsoyiistsi** short tails; *see* **innóóhsoyis** spoon, lit: long tail.

MOHTÓÓKIS   *nin*; ear; **mohtóókiistsi** ears; **nohtóókisi** my ear.

MOISTÓM   *nin*; body; **moistómistsi** bodies; **koistómi** your body; *also* **moostom**

MOKÁMIIPOOHKO'S   *nan*; tall can/vase; **mokámiipoohko'siksi** tall vases/cans.

MÓKKOYIS   *nin*; animal fur; **sikókkoyiistsi** black furs.

MOKSÍS   *nan*; awl; **ómahkoksiiksi** big awls; **noksísa** my awl.

MÓNNIKIS   *nin*; udder, teat, Lat: Mamma; **konnikíístsi** your breasts; **iiksíka'ki'tsimiyi annííksi ápotskinaiksi ónnikiowaawaistsi** the cows are feeling quite sensitive in their udder areas.

MÓÓKAAKIN   *nin*; pemmican, a mixture of dried crushed meat, grease and berries; **móókaakiistsi** mixtures of dried meat, grease and berries.

MÓÓKIMAAN   *nin*; pemmican; **móókimaanistsi** pemmican; **nitóókimaani** my pemmican.

MOOKÍTSIS   *nan*; toe/finger; **mookítsiiksi** toes/fingers; **nookítsiiksi** my fingers.

MÓÓKOAN   *nin*; stomach; **móókoanistsi** stomachs; **nóókoani** my stomach.

MOONÍ'SI *nin*; forehead; **koonî'sinnoonistsi** our foreheads; *see also* **moonsskis**.

MOONSSKÍS *nin*; forehead; **moonsskíístsi** foreheads; **noonsskísi** my forehead.

MÓÓPIKKINAAN *nin*; nostril; **móópikkinaanistsi** nostrils; **nóópikkinaani** my nostril.

MÓÓS *nan*; derriere; **móósiksi** derrieres; **nóósa** my derriere.

MOOTOHTÓN *nin*; heel; **mootohtónistsi** heels; **nootohtóni** my heel.

MOOTÓÓPIS *nin*; buttock; **kootóópiistsi** your buttocks; **nootóópisi** my buttock.

MÓÓTOYI'S *nan*; navel; **móótoyi'siksi** navels; **nóótoyi'sa** my navel.

MÓÓTSIKKINAAN *nan*; mucous; **nóótsikkinaaniksi** my mucous (pl).

MÓÓTSINIIPIITAA *nan*; bat (lit: clitoris-eagle)[taboo]; **móótsiniipíítaiksi** bats.

MOOTSKINAIISAAM *nin*; Horn society headdress; **mootskinaiisaamistsi** Horn society headdresses; *cf.* **saam**.

MOOTSKÍNA'YI *nan*; an animal horn; **mootskína'yiiksi** animal horns; *see* **iitskinaiksi** Horn society.

MOOTSTSÍPINNAAN *nin*; cheek; **nootstsípinnaanistsi** my cheeks.

MÓSSKITSIPAHP *nin*; heart; **mósskitsipahpistsi** hearts; **nósskitsipahpi** my heart.

MOSSTOKSÍS *nin*; face; **mosstoksíístsi** faces.

MOTO *nin*; spring (season); **motóyi** spring; *cf.* **oto**.

MOTÓÍSISTTSII *nan*; junco (lit: spring bird); **motóísisttsiiksi** juncoes.

MOTOKÍS *nan*; skin or hide; **motokííksi** skins or hides; **notokísa** my skin; **ponokáómitaotokisa** horsehide; *see also* **atokis**.

MÓTOOKIS *nin*; kidney; **ótookiistsi** his kidneys.

MOTTÁKK *nan*; shadow/spirit; **ómahkottákkiksi** large shadows; **nottákka** my shadow.

MOTTOKSÍÍNANN *nin*; portion of thigh just above the knee; **nottoksíínannistsi** my thighs

MOTTOKSÍS *nan*; knee; **nottoksííksi** my knees; **pokóttoksisa** little knee.

MOTTSIKÍS *nin*; shoulder; **ottsikíístsi** his shoulders; **nottsikísi** my shoulder.

MOTTSÍS *nin*; gut, intestine; **nottsíístsi** my guts; **sohkittsii** big gut.

MOYÍS *nin*; shelter/house/lodge; **ómahkoyiistsi** big lodges; **noyísi** my lodge; *see* **niitóyisi** tipi.

MO'KÁÁTO'S *nan*; October, lit: fall month; **mo'kááto'siksi** fall months.

MO'KAKÍN *nin*; back; **mo'kakínistsi** backs; **no'kakíni** my back.

MO'KÍIKIN *nin*; breastbone; **o'kííkiistsi** his breastbones; **no'kííkini** my breastbone.

MO'KÍN *nin*; trunk of body/ torso; **mo'kíístsi** trunks; **no'kíni** my trunk.

MO'KÓ *vii*; autumn; **ákáó'kowa** it has become autumn; **mo'kóóhpotaawa** the first snowstorm, which usually falls around mid-Sept..

MO'KSÍS *nin*; armpit; **no'ksíístsi** my armpits.

MO'TÓÍNSSTAAM *nan*; bat (the mammal); **mo'tóínsstaamiksi** bats; **kitó'toinsstaama** your bat.

MO'TOKÁÁN *nin*; head/hair; **o'tokáánoaawaistsi** their heads; **no'tokááni** my head.

MO'TÓYAOHKII *nin*; ocean; **mo'tóyaohkiistsi** oceans.

MO'TSÍS *nin*; arm/hand; **no'tsíístsi** my arms.

N

NÁÁM *adt*; needless(ly), useless(ly); **náámohta'paomaahkaawa** he is needlessly driving around; **áaksamito'toowa** she will arrive here needlessly; **náámitaoksistotsima nii otsówahsini** she was needlessly ruining her meal.

NÁÁMAA *nan*; gun; **náámaiksi** guns; **ómahksínaamaiksi**; big guns.

NÁÁMIKSISTSIKO *nin*; Thursday (North Peigan), lit: nothing day; **Náámiksistsikoistsi** Thursdays

NAAMÓÍSISTTSII *nan*; hummingbird, lit: bee bird, Lat: Trochilidae.

NAAMÓÍ'STAAN *nin*; honey, lit: bee excrement; **naamóí'staanistsi** honey, e.g. jars of; **máánamoi'staani** new honey; *cf.* **i'staan**.

NAAMÓÓ *nan*; bee; **pokáámoiksi** small bees; *see* **naamóí'sstaan** honey.

NAAMSSKÍÍ *nan*; lizard, lit: has a nothing face; **naamsskííksi** lizards.

NÁÁNAAN *und*; expression used to warn young children of s.t. or s.o. dangerous.

NÁÁNISOYI *nin*: eight.

NÁÁPIAAKII *nan*; woman possessing caucasoid features, white woman; **ómahksáápiáákiiksi** big white women; **náápiaakiiwa** Blood id: milk can.

NÁÁIAOHKII *nin*; whiskey, lit: white man's water; **náápiaohkiistsi** whiskeys; **ksikksáápiaohkiiyi** white whiskey.

NÁÁPIA'PII *vii*; be whiteman's culture; **áaksáápia'piiwa** it will be like the whiteman's culture.

NÁÁPIIHTAAN *nin*; pocket, lit: Old Man's place for belongings; **náápiihtaanistsi** pockets; **i'náksáápiihtaanistsi** little pockets.

NÁÁPIIKOAN *nan*; member of the Caucasian race, white person; Náápiikoaiksi members of the Caucasian race; poksáápiikoana small white man.

NÁÁPIINIIWAN *nin*; sugar; náápiiniiwanistsi sugars; ksikksááp- iiniiwanistsi white sugars; *also* naapiiniowan *cf.* miiniiwan.

NAAPÍM *nan*; male animal; pokapímiksi small male animals.

NÁÁPIOOYIS *nin*; house; poksáápiooyiistsi small houses.

NAAPISSKO *nan*; male gopher; naapisskoiksi male gophers; kinaapisskooma your male gopher.

NAAPÍTTAHSIN *nin*; song of exultation and praise.

NÁÁPIWA OTOKÁA'TSIS *nin*; rainbow/ lit: Naapi's rope; Náápiwa otokáa'tsiistsi rainbows; *cf.* akáa'tsis *see also* Náápiwa otó'piim

NÁÁPIWA OTÓ'PIIM *nin*; rainbow, lit: Naapi's rope; Náápi- wa otó'piimistsi rainbows; *see also* Naapiwa otoka'tsis.

NAAT *adt*; fortunately; náátakaináaniiwa iihtáóhpommao'pi for- tunately he had lots of money; kináátsspommoawa fortunately, you helped her.

NAATO. *adt*; holy, sacred; *see* naatowa'pii religious article; *see* naatoyaapiikoan priest; *Note: y~w.*

NAATOWÁ'S *nan*; sacred Indian turnip, Lat: Lithospernum ruderale; *cf.* ma's.

NAATOWÁ'PAAKII *nan*; nun/ female belonging to a religious or- der; naatowá'paakiiksi nuns; *cf.* naato..

NAATOWÁ'PII *nin*; religious article; pókatowá'piistsi small religious articles.

NAATOWÁ'PÍNAA *nan*: holy man; naatowá'pínaiksi holy men.

NAATÓYAAPIIKOAN *nan*; priest. a male belonging to a religious order; naatóyaapiikoaiksi priests; *cf.* naato..

NAATOYÍKSISTSIKO *nin*; Sunday (lit: holy day); Naatoyíksistsi- koistsi Sundays.

NAATÓYINAIMSSKÁAKII *nan*: holy medicine-pipe woman; naatóyinaimsskáakiiksi holy medicine pipe women.

NAATOYÍPI'KSIKKAHTSSIN *nin*; feather game, lit: holy hand- game: ómahkatoyípi'ksikkahtssiistsi big feather games.

NAATOYÍPI'KSSII *nan*; American bittern (lit: sacred bird, i.e. any bird skin or bird that may be used as some part of a bundle or any kind of religious ceremony); naatoyípi'kssiiksi American bitterns; sikatoyípi'kssiiksi black American bitterns.

NAATÓYSSPIKSSÍNAAKSSIN *nin*; Bible, lit: holy thick writing; pokatóysspikssínaakssiistsi small bibles.

NÁÁTO'K *adt*; two; **nááto'kiisopokssi** two dollars; **nááto'kám-miaawa** they are two.

NAATÓ'SI *nan*; sun/ holy-one/ month; **naató'siiksi** months, holy people; **nááto'kiaato'siiksi** two months.

NAATSA *adt*; at the end of a sequence, last in succession; **náátsaoohtsi** at the end; **náátsaoohpapiiyi** the youngest relative.

NÁÁTSIKOPOTTO *nin*; twelve.

NÁÁTSIPPO *nin*; twenty; **náátsippoyaawa** they are twenty in number.

NAAW *adt*; left; **nááwoohtsi** leftward

NÁÍIPISSTSÁÁPIKIMM *nan*; cloth string; **náíipisstsáápikimmiksi** strings.

NÁÍIPISSTSI *nan*; cloth; **sikáíipisstsiiksi** black cloths; **náíipisstsiwa** cloth.

NAIIPISSTSIITSIKIN *nin*; sport shoe, sneaker, lit: cloth (canvas) shoe; **nináiipisstsiitsikiistsi** my sneakers; *cf.* **atsikin**.

NÁÍSTTOOYIIKSIKKSSOOA'TSIS *nan*; Townsend's solitaire (lit: outside white tailfeathers), Lat: Myadestes townsendi; **náísttooyiiksikkssóóa'tsiiksi** Townsend's solitaires.

NAMÁÁHKIMA'TSIS *nin*; broom; **nitsamááhkima'tsiistsi** my brooms.

NÁMAAKII *nan*; unmarried/single woman; **námaakiiksi** single women.

NÁÓO *vai*; six; **náóóyaawa** they are six in number; *Rel. stem: vii* **nááí** six.

NAPAYÍN *nin*; bread; **napayínistsi** breads; **sikapayíni** brown bread.

NAPAYÍNI'NSSIMAAN *nin*; wheat plant; **napayíni'nssimaanistsi** wheat plants.

NAPÍ *und*; friend (vocative to male of same age group); **óki napí!** welcome friend! (most common in this context); *see also* **pokáá**.

NATÁYO *nan*; lynx, Lat: Lynx lynx; **natáyoiksi** lynxes; *see* **omahkatayo** mountain lion; *also* **natááyo**.

NA'Á *und*; vocative, address to mother by her child; **na'á, assáaksikkamaistoot?** mother, will you please come here quickly?

NIIÍPPO *nin*; thirty.

NIIMIÁ'PII *nin*; dirt/mess/miscellaneous belongings; **niimiá'piistsi** dirt/messes.

NIINÁWAAKII *nan*; queen (of England); **niináwaakiiksi** queens (of England).

NIINSKÍMAO'SA'TSIS *nan*; pin used as a fastener, safety pin; niinskímao'sa'tsiiksi fastening pins.

NIÍP *nin*; leaf; omahksíípistsi big leaves.

NIIPÁÍTAPIIWAHSIN *nin*; life-style; opáítapiiwahsini his life-style; niitsitápiipaitapiiwahsini Indian lifestyle.

NIIPÁÍTAPIIYSSIN *nin*; life; niistó niipáítapiiyssini it's my life; *cf.* itapiyi

NIÍPIAATO'S *nan*; June, lit: summer month; Niípiaato'siiksi Summer months.

NIIPÍSTSI OTSÍTAINNISI'YIHPI *nin*; October, lit: when leaves fall.

NÍÍPOMAKII *nan*; black-capped chickadee, Lat: Parus atricapillus; níípomakiiksi chickadees.

NIIPÓÓMAHKÁTOYIIKSISTSIKAATO'S *nan*; July/ lit: summer big holy day month; Niipóómahkátoyiiksistsikaato'siksi Julys.

NIIPÓ *vii*; be summer; *see* yiipo

NIIPÓÍNSSTAAM *nan*; tipi pole; niipóínsstaamiksi tipi poles; ómahksipoinsstaama big tipi pole.

NIISIT *adt*; five; áaksisitsitapiyaawa there will be five (people).

NIISÓ *adt*; four; ááhksísoyimmiaawa there may have been four (animate).

NIISTÓ *pro*; I; *see* iisto.

NIISTSÍÍPISSKAN *nin*; fence; ómahksistsiipisskanistsi big fences; nitsistsíípisskani my fence; *cf.* pisskan.

NIISTSIKÁP *adt*; both, double; niistsikápáyinnimaat! hold it with two hands; niníítsistsikápawaaniihpinnaana we both said it; *see* niistsikápa's squaw root.

NIISTSIKÁPA'S *nan*; squaw root, lit: double root, Lat: Carum gairdneri/ carrot.

NIISTSÍMII *nan*: twin (not necessarily identical); niistsímiiksi twins; niistsímiipokaayaawa they are twin children.

NIIT *adt*; original, genuine: *see* niitoyis tipi (original dwelling); *see* niitsisinaa Assiniboine.

NIIT *adt*; manner; *see* aanist

NÍÍTAAK *adt*; independent, on one's own, separate; níítáakáópiiwa she is living on her own: áaksíítaakawáttoowa he will operate independently (now); ákáíitaakáópiiwa she is now living independently

NIÍTAHTAA *nin*; river; niítahtaistsi rivers.

NIITÁ'P *adt*; really, truly; niitá'páwooka'pssiwa she is truly independent; áaksiita'pakaahsiwa he will really get hurt.

NIITÁ'PAISIKSIKIMII *nin*; coffee; **niitá'paisiksikimiistsi** coffee (pl.), e.g. types of coffee; *cf.* **niita'p+á+siksikimii**

NIITÁ'PIAAPIIKOAN *nan*; person of English descent (No. Peigan), lit: real white-man; **niitá'piaapiikoaiksi** real whitemen.

NIITÁ'POMII *nan*; trout (generic term); **niitá'pomiiksi** trout (plural); *cf.* **mamii**

NIITÓYIS *nin*; tipi/lodge; **niitóyiistsi** tipis; *cf.* **niit+moyis.**

NIITSÁÁPIIKOAN *nan*; French person, lit: original whiteman; **Niitsáápiikoaiksi** French persons.

NÍÍTSANATTSI *vii*; appear striking, evident; **áakiitsanattsiwa** it will appear striking; **nííTsanattsiwa** it appeared striking; *Rel. stem:* *vai* **nííTsanamma** be prominent.

NIITSII *vii*; be true, be the case; **áakanistsiiwa** it will be the case; **niitsííwa** it is the truth; **ináó'kitanistsiiwa iikóka'pitapiwa** but, it is also the case that he is a very bad person; *cf.* **aanist**

NIITSÍSINAA *nan*; Assiniboine, lit: original Cree; **niitsísinaiksi** Assiniboines; *cf.* **asinaa.**

NIITSISTOWAHSIN *nar*; brother/ relative; **onííTsistowahsini** his brother; **tahkáa kinóóhkiitsistowahsina?** who are your relatives?

NIITSÍTAPI *nan*; Native American, American Indian; **niitsítapiiksi** American Indians; *cf.* **niit+matapi.**

NIITSÍTAPIA'PII *nin*; Native (Indian) culture.

NIITSÍTAPIIKOAN *nan*; male of Native American (Indian) descent; **niitsítapiikoaiksi** Native American persons.

NIITSÍTSIKIN *nin*; moccasin; **ninííTsitsikiistsi/nitsííTsitsikiistsi** my moccasins; *cf.* **niit+ atsikin.**

NIITSITSSTSÍMINI *vai*; sob, draw breath in convulsive gasps with crying; **niitsíTsstsíminit!** sob!; **áakiitsitsstsíminiwa** she will sob; **níitsitsstsíminiwa** she sobbed; **nítsiitsitsstsíminí** I sobbed.

NIITSSKIMAAN *adt*; direct, brusque, blunt; **níitsskimáánaniiwa otáyaakahkayssi** she bluntly said that she was going home; **sóótamiitsskimaaní tapai'piiyiwa** he brusquely walked over there; **áakiitsskimaananistsiiwayi** she will bluntly tell him; **ikkamííTsskimaananiiyiniki, kitáakohtsistotoawa omá matápiwa** if you talk directly, you will overcome a person.

NIMM *adj*; west; **nímmoohtsi** westward, on the west side.

NÍNAA *nan*; leader, chief; **ómahksínaiksi** main councillors/ foremen; **kinníínaiksi** head chiefs; **nitsínaima** my boss; **a'sínaawa** young chief.

NÍNAA *nan*; man; **nínaiksi** men; **ómahkínaawa** old man; **saahkínaawa** young man

NINAAIKA'KSIMO *nin*; man sage, Lat: Artemisia ludoviciana; *cf.* ninaa+ka'ksimo.

NÍNAIISTÁKO *nin*; chief mountain; *cf.* **miistak.**

NINÁÍMSSKÁÁAKII *nan*; female owner of the religious bundle; **nináímsskááakiiksi** female owners of the religious bundle.

NINAIMSSKAAHKOYINNIMAAN *nin*; medicine-pipe bundle; **nináímsskaahkóyinnimaanistsi** medicine pipe bundles.

NINÁÍMSSKAAN *nan*; independent bundle owner (male); **nináímsskaaniksi** male bundle owners

NININIHKSSÍN *nin*; song; *cf.* **inihki**

NIOÓKSKA *adt*; three; **áaksookskaiksistsikowa** it will be three days.

NIOOMÍTAA *nan*; stallion, stud; **nioomítaiksi** stallions.

NIÓWAA *und*; move out of my way!

NÍOWAAKIAAKI *und*; a gentle warning: please move out of the way!

NISÁÁ *und*; term of address to a relative (usually a sibling), or to an acquaintance to express or fake affinity.

NI'ÍÍTSI'SAAN *nin*; dark red ochre, paint (found in the north & east); **ni'íítsi'saanistsi** dark red paints; **nini'íítsi'saani** my dark red ochre; *also* **niiyiitsi'saan.**

NÍ'POHKIIM *nan*; widower; **ní'pohkiimiksi** widowers.

NÍ'POOMI *nan*; widow; **ní'poomiiksi** widows.

NI'T *adt*; only, alone; **ní'tsitáópiiwa** lit: he is sitting alone, he is alone at home; **nitsí'taitapoo** I went there alone; **ni'topókaawa** only child.

NI'T *adt*; one; *see* **ni'tokska** one; **ni'tsssksksínitakssini** one minute; **ni'tó'takoohssini** one hour.

NI'TAIITSSKAA *nan*; Lone Fighters Clan (Peigan); **Ni'táíitsskaiksi** Lone Fighter Clan/ members of the Lone Fighter Clan.

NI'TAWÁAKII *nan*; domestic hen (lit: lone woman?); **ni'tawáakiiksi** hens; **pokí'tawáakiiksi** small hens.

NI'TO *adt*; same; **ni'tóyiyao'ka** it is the same; **iimatsí'tómanistsinammiaawa** the way they looked was almost the same; **áaki'tomanistáópiiyaawa** they will stay at the same place together; **niistó, ni'tóyi!** me too! (same here!).

NI'TOHKÁTSAINAKA'SI *nan*; wheel-barrow; **ni'tohkátsainaka'si-iksi** wheel-barrows; **nitsí'tohkátsainaka'siimiksi** my wheel-barrows.

NI'TÓKSKAA   *vai*; one; **ni'tókskaamma** there is one; **ikkamí't-okskaahsi piináístskoosa!** if there is one don't chase it over here!; **ni'tsitáí poyi oma (ni')tókskaamma ápotskinawa** that single cow is standing alone.

NI'TÓMMO   *nin*; hill; **ni'tómmoistsi** hills.

NI'TÓÓHK   *adt*; visible; **ni'tóóhkainakowa** it was visible (obvious); **áaksi'tóóhkaapiksima** he will make it visible (uncover it).

NI'TSIKÓPOTTO   *nin*; eleven.

NOHKÁTT   *adt*; too, also; **nohkáttáóoyiwa** he's eating too; **nitohkáttanikkowa 'Don'** I'm also called 'Don'.

NOOHK   *adt*; counter-expectation/please; **ninóóhksináani** but I have money/ but that's mine (why do you have it?); **iikóóhkomahko-wa** it is big (even though it was expected not to be); **áakóóhksoyiwa** she should eat (assuming she has not been eating); **noohkáístoot!** please come here!; **noohkohkókkit!** please give it to me!

NOOHKÍÍTSITAPI   *nan*; person from a different place/ foreigner; **noohkíítsitapiiksi** people from a different place; **pokóóhkiits-itapiwa** small foreigner.

O

OHKAAMAT *vta*; threaten; **ohkáamatsisa!** threaten him!; **áak-ohkáamatsiiwa** she will threaten him; **iihkáamatsiiwa** he threatened her; **nítohkáamakka** she threatened me.

OHKAATSI *vii*; cease drifting; **áakitohkaatsiwa kisóka'simi ami pináápoohtsi** your jacket will cease drifting further down east; **iihkaatsiwa** it ceased drifting.

OHKÁKOTSII *vii*; reach a concluding point, lit: where the boiling stops/ends; **áakohkákotsiiwa** this will be the concluding point (e.g in the dispute); **ki ánnimáyi iihkakótsiiwa** and that is where it concludes (espec. a story).

OHKAN *adt*; all (individuated); **ohkanánistawa** she was told by all (each one); **áóhkanokimmawa** he is scolded by all; **áakohkánssammawa** she will be watched by all.

OHKANA *adt*; all; **kanáítapiwa** all people; **kanáíksistsikoistsi** all days (every day); **stámohkanaitapóoyaawa** they all went there.

OHKANA'PSSI *vai*; gather for a recreational or sporting event/ rodeo; **kaná'pssik!** you (pl.) gather for an ... event!; **áakohkaná'pssiyaawa** they will gather for a sporting event; **iihkaná'pssiyaawa** they gathered for a recreational event; **nítohkaná'psspinnaana** we participated in a rodeo; *cf*. **ohkan**.

OHKANOHKIMAA *vai*; all co-operate for a specific purpose; **kanohkimááka!** all co-operate!; **amí'tsitapiwa áakohkánohkim-aawa opí'ksikahtssini** the south people will all co-operate in their handgame; **iihkánohkimaayaawa** they all co-operated; **nítohkanohkimaahpinnaana nitá'yiisowahsinnaani ómahkitapiiksi** we all co-operated when we fed the elders.

OHKANOO *vai*; assemble, convene at a meeting; **stámohkanook!** you (pl.) convene at a meeting!; **áakohkanóoyaawa** they will convene at a meeting; **iihkanóoyaawa** they convened at a meeting; **nítohkanoohpinnaana** we assembled at a meeting.

OHKANO'TSISII *vai*; hold a medicine pipe ceremony; **ohkanó'tsisiik!** you (plural) hold a medicine pipe ceremony; **áakohkano'tsisiiwa** he will ...; **ohkanó'tsisiiwa** he held a medicine pipe ceremony; **nítohkano'tsisiihpinnaan** we (exclusive) held a medicine pipe ceremony; *cf.* o'tsisii.

OHKAT *vta*; bark at; **miináttohkatsisa!** don't bark at him!; **áakohkatsiiwa** she will bark at him; **iihkatsííwa** he barked at him; **nítohkakka anna kitómitaama** your dog barked at me; *Rel. stem: vai* **ohki** bark.

OHKATSIIMSSTAA *vai*; assemble a smoking pipe by fitting the bowl and stem together, lit: put legs/feet on an object; **ohkatsíímsstaat!** make up a smoking pipe!; **áakohkatsiimsstaawa** she will make a pipe; **iihkatsíímsstaawa** he made a pipe; **nítohkatsiimsstaa** I made a pipe

OHKATT *adt*; also; *cf.* nohkatt

OHKA'PSSI *vai*; id: die, lit: cease to be; (**ohka'pssit!** pass away!); **áakohka'pssiwa** she will pass away; **iihká'pssiwa** he died; (**nitohka'pssi** I died); **ákáóhka'pssiwa** he has died.

OHKI *vai*; bark; **aohkít!** bark!; **áakohkiwa** she will bark; **iihkíwa** he barked; **áóhkiyi omiksi imitáíksi** those dogs are barking

OHKIAAPIKSSI *vai*; move one's own head in a butting motion, butt; **ohkiáapikssit!** butt your head!; **áakohkiáapikssiwa** it will butt its own head; **iihkiáapikssiwa óma ápotskinaawa** the cow butted its head; **nítohkiáapikssi** I butted my head.

OHKIAAYOWA'SI *vai*; id: become angry, enraged, lit: become a bear; **ohkiááyowa'sit!** get angry!; **áakohkiaayowa'siwa** he will become enraged; **ohkiááyowa'siwa** he became angry; **nítohkiaayowa'si** I became enraged.

OHKIIMAAN *nan*; wife; **nitohkíímaaniksi** my wives; **otohkíímaani** his wife; *see* **ootoohkiimaan** sister-in-law (lit: distant wife).

OHKIIMI *vai*; have a wife; **ohkíímit!** have a wife!; **áakohkiimiwa** he will have a wife; **iihkíímiwa** he has a wife; **nítohkiimi** I have a wife.

OHKIN *nin*; bone; **ohkíístsi** bones; **nohkíístsi** my bones.

OHKINAYO'SI *vai*; tie one's own hair in a topknot (only males of certain social stature); **ohkínayo'sit!** topknot your hair!; **áakohkínayo'siwa** he will topknot his hair; **iihkínayo'siwa** he topknotted his (own) hair; **nítohkínayo'si** I topknotted my hair; **áóhkínayo'siwa Nináímsskaiksi** Medicine Pipe Holders topknot their hair; *Rel. stems:* vti **ohkinayo'satoo,** vta **ohkinayo'sat** tie a topknot using (e.g. a bone), tie a topknot on the head of.

OHKÍNAYO'SSIN *nin*; scalplock, topknot, a hairstyle where the hair is braided, folded, and tied above the forehead, near the hairline; **otohkínayo'ssini** his scalp lock; **kai'sskááhpohkínayo'ssini** porcupine topknot/roach; *cf.* **ohkinayo'si.**

OHKINIIMO *nin*; cedar leaf: **ohkiniimoistsi** cedar leaves.

OHKINIMMI *vai*; be an outstanding player (in any game not primarily athletic); (**ohkinímmit!** be an outstanding player!); **áakohkinimmiwa** he will be an outstanding player; **iihkinímmiwa pi'ksíkahtssini** she was an outstanding player at handgames; **nitsííkohkinimmi** I am an outstanding player; **nitsííkitohkinimmi ohsistsííkini** I am an outstanding player at horseshoes.

OHKINNATOO *vti*; wear around the neck, wear as a necklace; **ohkínnatoot!** wear it around your neck!; **áakohkinnatooma oohkínnistsi** she will wear her necklace of beads; **iihkínnatooma**; he wore it around his neck; **nítohkinnatoo'pa** I wore it around my neck

OHKINNI *vai*; wear a necklace; (**oh)kínnit!** wear a necklace!; **áakohkinniwa** she will wear a necklace; **iihkínniwa** he wore a necklace; **nítohkinni** I wore a necklace.

OHKINNIINAA *nan*; head chief, lit: necklace leader; **ohkínníínaiksi** chead hiefs.

OHKINOHKOMI *vai*; shoot skillfully/ be a skillful shooter; **ohkínohkomit!** shoot skillfully!; **áakohkinohkomiwa** he will be a skillful shooter: **ohkínohkomiwa** he shot skillfully; **nítohkinohkomi** I am a skillful shooter; *also* **ohkinahkomi.**

OHKIPISTAA *vai*: use or own a team of horses: **ohkipístaat!** use a team of horses!; **áakohkipistaawa** she will use a team of horses; **iihkipístaawa** he used a team of horses; **nítohkipistaa** I used a team of horses.

OHKISSKAA *vai*; use a pillow; **ohkísskaat!** use a pillow!; **áakohkisskaawa** she will use a pillow; **iihkísskaawa** he used a pillow; **nítohkisskaa** I used a pillow.

OHKISSKATOO *vti*; use as a pillow, e.g. use a jacket under one's head; **kisskátoot!** use it as a pillow!; **áakohkísskatooma** she will use it as a pillow; **iihkísskatooma osóka'simi** he used his jacket as a pillow; **nítohkísskatoo'pa** I used it as a pillow.

OHKIT *adt*; top, upon; **kitoohtsi** top, summit; **stápohkitáóot!** walk on top of it!; *see* **ohkitopii** ride.

OHKITÓPII *vai*; ride on horseback, lit: sit upon; **ohkitópiit!** ride!; **áakohkitópiiwa** she will ride; **iihkitópiiwa** he rode; **nítohkitópii** I rode.

OHKITSIKA *vai*; be seven; **áakohkitsíkammiaawa** they will be seven; **iihkitsíkammiaawa** they were seven; *Note: 3mm.*

OHKITSTSI'SI *vai*; berate someone on behalf of a relative or acquaintance; **ohkítstsi'sit!** berate (s.o.)!; **áakohkítstsi'siwa** she will berate s.o.; **iihkítstsi'siwa** he berated s.o.; **nítohkítstsi'si** I berated s.o..

OHKO *adt*; contrary; **ohkóí'tsima** he objected/ was displeased; **áakohkoissksinoyiiwa** she will find out the contrary about him, expose his actions; **áóhkoimmohsiwa** she is feeling contrary to her usual good health, she is feeling ill.

OHKO *adt*; have the wherewithal for; **iihkóoyiwa** he had something to eat; **nítohká'po'taki** I got a job.

OHKÓ *nar*; son; **nohkóíksi** my sons; **nimáátohkowaatsiksi** he's not my son.

OHKOHTAA *vai*; gather firewood; **ohkohtáát!** gather wood!; **áakohkohtaawa** she will gather wood; **iihkohtááwa** he gathered wood; **nítohkohtaa** I gathered wood.

OHKOIMM *vta*; find fault with; **ohkóímmisa!** find fault with him; **áakohkoimmiiwa** she will find fault with him; **iihkóímmiiwa** he found fault with her; **nítohkoimmoka** she found fault with me.

OHKOIMMOHSI *vai*; feel sick, lit: feel contrary to one's usual good health: (**ohkóímmohsit!** feel sick!); **áakohkoimmohsiwa** he will feel sick. **iihkóímmohsiwa** he felt sick; **nítohkóímmohsi** I felt sick.

OHKOISSI *vai*; have a sickness/ menstruate (euphemism); **áakohkoissiwa** she will menstruate; **iihkóíssiwa** she menstruated; **nítohkoissi** I menstruated.

OHKOISSKSINO *vta*; find out about, inquire about; **ohkóíssksinoosa!** find out about her!; **áakohkóíssksinoyiiwa** she will find out about him; **iihkóíssksinoyiiwa** he found out about her; **nítohkoissksinooka** she found out about me.

OHKOITAPIIYI *vai*; receive a gift; **ohkóítapiiyit!** receive a gift!; **áakohkoitapiiyiwa** she will receive a gift; **iihkóítapiiyiwa** he received a gift; **nítohkoitapiiyi** I received a gift.

OHKOI'SSKI *vta*; track, follow; **ohkoi'sskiisa!** track him!; **áakohkoi'sskiyiiwa** she will track him; **iihkóí'sskiyiiwa** he tracked him; **nítohkóí'sskiooka** he tracked me.

OHKOI'TSI *vti*; take offense at/ find fault with; **ohkóí'tsit!** take offense at it/ find fault with it!; **áakohkoi'tsima** she will take offense at it; **iihkóí'tsima** he took offense at it; **nítohkoi'tsii'pa** I took offense at it; *Rel. stem: vta* **ohkoi'to** find fault with/ be offended by.

OHKOMAPINSSIN *nin*; eyeball; *see* **komapinssin.**

OHKOMAT *vta*; utter a sound at/ drive, steer, herd; **ohkomátsisa!** utter a sound at her!; **áakohkomatsiiyi anniiksi nitsínaka'siimiksi** she will drive my vehicle; **iihkomátsiiwa** he uttered a sound at him; **nítohkomakka** she uttered a sound at me; **káákohtsikkina'páóhkomatayi annííksi ápotskinaiksi** I was just slowly directing the herd.

OHKOMATAKI *vai*; oildrive (s.t.); **ohkomátakit!** drive!; **anna ómahkínaawa áakohkomatakiwa** the old man, he will drive; **iihkómatakiwa** she drove; **nítohkomataki** I drove.

OHKOMI *vai*; utter a vocal sound, use one's voice; **ohkomít!** utter a sound!: **naahka síípisttowahka áakohkomiwa** the owl will call; **iihkomíwa** he uttered a sound; **nítohkomi** I uttered a sound.

OHKOMIAAPIINIIWAAN *nin*; candy (lit: round sugar); **ohkomiáápiiniiwaanistsi** candies.

OHKOMIHKA'SI *vai*; be difficult, act up; (**óhkomihka'sit!** act difficult!); **áakohkomihka'siwa** she will act up; **iihkómihka'siwa** he acted up; **nítohkomihka'si** I acted up; *cf.* **ihka'si.**

OHKOMÍÍ *vii*; be round; **komííwa** it is round; **áakohkomiwa** it will be round.

OHKÓMSSI *vai*; be round; **áakohkomssiwa** it will be round; **kómssiwa annááhka nóóhko'sahka** it is round, my dish; *Rel. stem: vii* **ohkomii** round.

OHKONA'PSSI *vai*; be a disappointment; (**ohkona'pssit!** be a disappointment!); **áakohkona'pssiwa** she will be a disappointment; **iikohkóna'pssiiyaawa otssáwotoisokináápiaahsaawa onáápiimoaayi** they are a disappointment in that they didn't get medical help for their old man; **nitsííkohkona'pssi nitssáwohksipanao'toohsi** I am a disappointment in that I didn't arrive earlier

OHKONIITSIIHTAA *vai*; be so sad as to feel like crying; (**ohkoniitsiihtaat!** feel like crying!); **áakohkoniitsiihtaawa** she will feel like crying; **iihkoníítsiihtaawa** he felt like crying; **nítohkoniitsiihtaa** I felt like crying.

OHKONI'POYI *vai*; speak while choked up with emotion; (**ohkoní'poyit!** become choked up!); **áakohkoní'poyiwa** she will become choked up; **iihkoní'poyiwa** he became choked up; **nítohkoni'poyi** I became choked up.

OHKOOKSINIIMI *vai*; have a large animal to kill for food; (**ohkooksiniimit!** have an animal to kill for food!); **áakohkooksiniimiwa** he will have an animal to kill for food; **iihkooksiniimiwa** she had a large animal which she killed for food; **nitohkooksiniimi** I had an animal which I killed for food.

OHKOONI *vti*; find; **ohkóónit!** find it!; **áakohkoonima** he will find it; **iihkóónima** he found it; **nítohkoonii'pa** I found it; *Rel. stem: vta* **ohkoono** find.

OHKOONIMÁTT *vta*; assault, beat; **ohkóónimáttsiisa!** beat him!; **áakohkoonimáttsiiwa** she will beat him; **iihkóónimáttsiiwa** he beat her; **nítohkoonimáttsooka** she beat me.

OHKÓOTATOO *vti*; beg for to eat; **ohkóotatoot!** beg to eat it!; **áakohkóotatooma** annistsi immistsííhkiitaanistsi he will beg for those fried breads; **iihkóotatooma** he begged for it; **nítohkóotatoo'pa** I begged for it; *also* **ohkoóótatoo**; *Rel. stem: vta* **ohkóotat** beg for to eat.

OHKÓOTSI *vai*; beg for food; **ohkóotsit!** beg for food!; **áakohkóotsiwa** she will beg for food; **iihkóotsiwa** he begged for food; **nítohkóotsi** I begged for food; *also* **ohkoóótsi**.

OHKOT *vta*; give (something) to; **kotsísa!** give (it) to him!; **áakohkotsiiwa** she will give to him; **iihkotsííwa** he gave to her; **nítohkokka** she gave to me; **nítohkotawa** I gave to her.

OHKOTT *adt*; able: **nimáátaakohkottahkayihpa** I will not be able to go home: **iihkóttsipiima** he was able to enter/ he should have come in: **iihkóttssawomatapoowa** he shouldn't have left.

OHKOTTAIMM *vta*; persuade/ repair, cause to operate; **ssáakohkóttaimmisa!** try to persuade her!; **áakohkóttaimmiiwa** anní iihtáí'tsínssakio'pa she will be able to determine what the problem is with the toaster; **iihkóttaimmiiwa** he was able to persuade her; **nítohkóttaimmoka** she was able to persuade me; **nítohkóttaimmawa** mááhkotoissksinimá'tsaahsi I was able to persuade her to go to school.

OHKOTTAI'TSI *vti*; be able to solve, figure out; **(stam)ohkott-ai'tsit!** figure it out!; **áakohkottai'tsima** she will be able to solve it; **iihkottai'tsima** he was able to figure it out; **nitohkott-ai'tsii'pa** I was able to figure it out.

OHKOTTOTO *vta*; cure of illness; **ohkóttotoosa!** cure him!; **áakohkottotoyiiwa** she will cure him; **iihkóttotoyiiwa** he cured her; **nítohkóttotooka** she cured me.

OHKOWAIMM *vta*; find useful/beneficial/helpful; **ohkowáímmisa!** find her useful!; **áakohkowaimmiiwa anní otssítsimaani** she will find her baby useful; **iihkowáímmiiwa** she found him useful; **nítohkowaimmoka** she found me useful.

OHKOWAITSIM *vta*; complain about; **ohkówaitsimisa!** complain about him!; **áakohkowaitsimiiwa** she will complain about him; **iihkówaitsimiiwa** he complained about her; **nitohkówaitsimoka** he complained about me.

OHKÓWAI'TSI *vti*; find useful, handy; **(ohkowai'tsit!** find it useful!); **áakohkówai'tsima** she will find it useful; **iihkowáí'ts-ima** he found it useful; **nítohkowai'tsii'pa** I found it useful.

OHKOWA'PII *vii*; be useful, helpful; **áakohkowa'piiwa** it will be useful; **ohkowá'piiwa** it is useful.

OHKOYI *vai*; go through a period of one's life; **(miinokohkoyit!** do not encounter bad times!); **áakaahsohkoyimma** she will have it good (i.e. comfort, security, peace of mind) during that particular life episode; **iikókohkoyimma** he underwent a traumatic experience; **nitsiiksísttsoohkoyi** I am very painfully ill; *Note: adt req, 3mm.*

OHKOYIMA'TSIS *nan*: lid; **ohkóyima'tsiiksi** lids.

OHKOYIMM *vta*; adopt as son/ develop an emotional attachment for as a son; **ohkoyímmisa!** adopt him as your son!; **áakohko-yimmiiwa** she will adopt him as her son; **iihkoyímmiiwa** he adopted him as a son; **nítohkoyimmoka** she adopted me as her son

OHKO'KAKINIÁAPIKSSI *vai*; buck; **ohkó'kakiniáapikssit!** buck!; **áakohko'kakiniáapikssiwa** he will buck; **óta'si iihkó'kakiniáap-ikssíyináyi** his horse bucked; **nítohko'kakiniáapikssi** I bucked; *also* **ohko'kakináapikssi**.

OHKÓ'MISTOTO *vta*: treat tactlessly; **ohkó'místotoosa!** treat her tactlessly!; **áakohko'mistotoyiiwa** she will treat her tactlessly; **ohkó'mistotoyiiwa** she treated her tactlessly; **nítohko'místot-ooka** she treated me tactlessly.

OHKO'TSIMAA *vai*; acquire; **ohkó'tsimaat!** acquire (something); **áakohko'tsimaawa** she will acquire; **iihkó'tsimaawa** he acquired (something); **nítohko'tsimaa** I acquired (something).

162

OHKSINOMMO *vta*; take blood from; **ohksinommoosa!** take blood from him!; **áakohksinommoyiiwa** she will take blood from him; **iihksínommoyiiwa/ohksinommoyiiwa** he took blood from her; **nítohksinommooka** she took blood from me.

OHKSISSTAA *vai*; set aside, have a remainder/leftover; **ohksísstaat!** save some!; **iitóówahsoohpommaawa, ki áakohksisstaawa mááhkohtahkiitaahpi** he went grocery shopping, and he will have some leftover (money) so that he may get gas; **iihksísstaawa** he had a leftover; **nitohksisstaa** I had a left over.

OHKSSSAANIINA *vai*; be pitiful looking; (**ohksssaaniinat!** be pitiful looking!); **áakohksssaaniinamma** she will be pitiful looking; **ohksssáániinamma** he is pitiful looking; **nítohksssaaniina** I am pitiful looking; *also* **ohkihssaaniina** *Note: 3mm.*

OHKSSSAMM *vta*; pity, feel compassion for; **ohksssámmisa!** pity her!; **áakohksssammiiwa** she will pity him; **iihksssámmiiwa** he pitied her; **nítohksssammoka** she pitied me; *also* **ohkihssamm**

OHP *adt*; associative, with; **iihpáóoyo'pa í'ksisakoi** we eat it with meat; **anniistsi sinááia'tsiisti áakohpinnisi'wa** it will fall with those books; **nomohppínnisi'ihpinnaanaistsi** we fell with them.

OHPÁÁATTSI *vta*; depend upon/ trust to purchase in one's place; **ohpááattsiisa!** entrust her with buying!; **áakohpááattsiyiiwa anní, mááhkohpommoisáyi napayíni** she will entrust him with buying bread for her; **iihpááattsiyiiwa** he entrusted her with buying; **nítohpááattsooka nááhkohpommoahsi ónnikii** she entrusted me with buying milk for her.

OHPÁAKSKINIIHTAA *vai*; put something in one's own pocket!; **páakskinííhtaat!** pocket it!; **áakohpáakskiniihtaawa ottsómo'kaani** she will put her hat in her pocket; **iihpáakskiniihtaawa** he put it in his pocket; **nítohpáakskiniihtaa** I put it in my pocket; *var. of* **ohpsskiniihtaa.**

OHPÁANINN *vta*; oil, treat (a hide in tanning process); **ohpáaninnisa!** oil it (the hide)!; **áakohpaaninniiwa anni otokísi** she will treat the hide; **iihpáaninniiwa** he oiled it; **iihpáaninnawa anna otokísa** the hide has been oiled; *Rel. stem: vai* **ohpaaninnimaa** oil (a hide).

OHPÁANINNIMAA *vai*; oil a prepared (scraped, fleshed, stretched and dried) hide, by hand on both sides; **ohpáaninnimaat!** oil the hide!; **áakohpaaninnimaawa** she will oil (the hide); **iihpáaninnimaawa** she will oil (the hide); **nítohpáaninnimaa** I oiled (the hide)

OHPÁATAKI *vai*; carry s.t.; **ohpáatakit!** carry!; **áakohpáatakiwa** he will carry; **iihpáatakiwa** he carried; **nítohpáataki** I carried s.t..

OHPÁATOO   *vti*; carry; **ohpáatoot!** carry it!; **áakohpáatooma** he will carry it; **iihpáatooma** he carried it; **nítohpáatoo'pa** I carried it.

OHPAI'KÍMSSKAA   *vii*; wave (of water), ripple; **áakohpai'kímsskaawa** it will ripple; **iihpáí'kímsskaawa** it rippled.

OHPAI'PIIYI   *vai*; jump; **ohpáí'piiyit!** jump!; **áakohpai'piiyiwa** she will jump; **iihpáí'piiyiwa** he jumped; **nítohpai'piiyi** I jumped; **áisspohpáí'piiyiwa** he is jumping up.

OHPÁÍ'SKSISTÓNIISI   *vai*; hiccup; **ohpáí'sksistóniisit!** hiccup!; **áakohpáí'sksistóniisiwa** she will hiccup; **iihpáí'sksistóniisiwa** he hiccupped; **nítohpáí'sksistóniisi** I hiccupped.

OHPAKÓYITTSI   *vii*; catch fire, ignite; **áakohpakóyittsiwa** it will catch fire; **iihpakóyittsiwa** it caught fire.

OHPAKÓYI'S   *vta*; doctor with a hollow eagle bone/lit: blow at; **pakóyi'sisa!** doctor him ..!; **áakohpakóyi'siiwayi** he will doctor her with an eagle bone; **iihpakóyi'siiwayi** she doctored him with ...; **nítohpakóyi'soka** he doctored me ....

OHPAKÓYI'SAKI   *vai*; blow, doctor by blowing (usu. herbs) into/over affected area with a hollow bone; **pakóyi'sakit!** blow!; **áakohpakóyi'sakiwa** he will doctor ...; **iihpakóyi'sakiwa** he doctored ...; **nítohpakóyi'saki** I blew ....

OHPAKÓYI'SI   *vti*; blow on; **ohpakóyi'sit!** blow on it!; **áakohpakóyi'sima** she will blow on it; **ohpakóyi'sima** he blew on it; **nítohpakóyi'sii'pa nipo'taani** I blew on my fire.

OHPANI'KAHTAA   *vai*; line a tipi (i.e. put up tipi lining); **(oh)pani'kahtaat!** line the tipi!; **áakohpani'kahtaawa** she will...; **iihpani'kahtaawa** she lined a tipi.

OHPAPIIYIHP   *nar*; relative; **nitánao'kohpapiiyihpiksi** my half-relatives; **nómohpapiiyihpiksi** my relatives

OHPAPOKAI'   *vii*: move by wind, be blown, be moved by air movement; **áaksiistapohpapokai'wa** it will blow away; **iipóóhsapohpapokai'wa** it blew toward me; **áaksiistapohpapokai'yaawa** they will blow away; *Note: adt req.*

OHPATOOM   *nar*; boyfriend, male friend of a female; **kitohpatóomiksi** your male friends.

OHPATÓTTSSIN   *nan*; appendix; **ohpatóttssiiksi** appendices; **nitohpatóttssina** my appendix.

OHPÁTTSOOHSI   *vai*; walk on crutches; **oohpáttsoohsit!** walk on crutches!; **áakohpáttsoohsiwa** he will walk on crutches; **áóhpáttsoohsiwa** he walks on crutches; **nítohpáttsoohsi** I walked on crutches

OHPATTSSKO *vta*; bump with one's body weight/ id: borrow
money from; ohpáttsskoosa! bump her!; áakohpáttsskoyiiwa she
will bump him; iihpáttsskoyiiwa he borrowed money from her;
nítohpáttsskooka she bumped me.

OHPAWAKKI *vii*; scar tissue forms; áakohpawákkiwa it will form
scar tissue; iihpawákkiwa scar tissue formed; ákááohpawakkiwa
otsítssa'kssoyihpi scar tissue has formed where he got burned.

OHPA'TAA *vai*; dunk/dip food; ohpá'taat! dunk, dip your food!;
áakohpa'taawa she will dip her food; iihpá'taawa he dunked,
dipped his food; nítohpa'taa I dipped my food.

OHPA'WANI *vai*; ditch (in a vehicle); ohpá'wanit! hit the ditch!;
áakohpa'waniwa she will ditch; iihpá'waniwa he ditched;
nítohpa'wani I ditched.

OHPIHKA'SI *vai*; associate oneself with an entity (institution/area)
perceived as elevating/enhancing one's image; ohpihká'sit! associate
yourself with s.t.!; áakohpihka'siwa Moohkínsstsisi she will as-
sociate herself with Calgary in order to enhance her image;
ohpihka'siwa/iihpihká'siwa anní osínaakssini she associated her-
self with his drawing to elevate her image; nítohpihka'si I as-
sociated myself with s.t. to enhance my self-image.

OHPII. *adt*; hurried; áóhpiiwa'pssiwa she is in a hurry;
ííkohpiiyitsiihtaawa she is in a hurried frame of mind; *Note: y~w.*

OHPIISTAP *adt*; immediately; áakohpiistapipistsi'tootsiiyao'pa
we will immediately notice our differences;
stámohpiistapomatapí'poyiwa she immediately began to talk.

OHPIIYISTOTO *vta*; rush, force to act hastily; ohpííyistotoosa!
rush her!; áakohpiiyistotoyiiwa she will rush him; iihpííyist-
otoyiiwa he hastened her; nítohpiiyistotooka she rushed me.

OHPIIYISTOTOOHSI *vai*; hurry oneself; ohpííyistotoohsit! hurry
yourself!; áakohpiiyistotoohsiwa she will hurry herself;
iihpííyistotoohsiwa he hurried himself; nítohpiiyistotoohsi I
hurried myself

OHPIKÍÍPAISSTSIMI *vai*; develop pneumonia; nítohpikiipaisstsimi
I have pneumonia; *cf.* moohpikis

OHPIKIIPASSTSIMI'SI *vai*; have pneumonia; (ohpikiipasstsimi's-
it! have pneumonia!); áakohpikiipaísstsimi'siwa she will have
pneumonia; iihpikíípasstsimi'siwa he has pneumonia;
nitohpikiipasstsimi'si I have pneumonia.

OHPIKSISA'SI *vai*; hide knowledge about something shameful or reprehensible; **ohpiksísa'sit!** keep secret (what you've done)!; **áakohpiksisa'siwa** she will hide her knowledge of s.t.; **iihpiksísa'siwa** he hid his knowledge of s.t.; **nítohpiksisa'si** I hid my knowledge of it; **iihpáíksisa'siwa ki issksinóyiiwa otsikamó'ssayi iihtáóhpommao'pi** she is keeping secret her knowledge of it and she knows he stole money.

OHPIMM *vta*; associate with something or someone; **ohpímmisa!** associate her with ...; **áakohpimmiiwa** she will associate him with ...; **iihpímmiiwa** he associated her with ...; **nítohpimmoka** she associated me with ...; **nítohpimmokowa oma nínaawa** I was associated with that man (by someone); **nitsííkohpaimmawa isstónnikii ki sítokihkiitaani** I associate her with ice cream and pie; *Note: durative follows ohp.*

OHPI'SI *vai*; be in a rush; **ohpí'sit!** be in a rush!; **áakohpi'siwa** she will be in a rush; **ohpí'siwa** he was in a rush; **nítohpi'si** I was in a rush; **nitáóhpi'si** I'm rushing.

OHPI'YI *vai*; fall; **miiná'kikáóhpi'yit!** don't fall backwards; **áakohtohpi'wa** it will fall by; **iihtsítskohpi'wa** it fell past; **nitsííksskao'ohpi'yi** I had a great fall; *Note: adt req, yi loss; Rel. stem: vii ohpi'yi fall.*

OHPO *adt*; greasy, oily; **niitohpáóoyaakiwa** he had a greasy mouth; **áakohpoikinsstsiyiiwa** he will add lotion to her hands; **ííkohpoinattsiwa** it looks greasy.

OHPOHTOO *vti*; add sugar to, lit: put (s.t.) with; **ohpohtóót!** add sugar to it!; **áakohpohtooma** she will add sugar to it; **iihpoht-óóma anni aoó'sssini** he added sugar to the berry soup; **nítohpohtoo'pa** I added sugar to it.

OHPOISSKIN *vta*; paint the face of; **ohpóísskinisa!** paint his face!; **áakohpoisskiniiwa** she will paint his face; **iihpóísskiniiwa** he painted her face; **nítohpoisskinoka** she painted my face.

OHPOK *adt*; small; **pokitapíwa** small person; **ííkohpokapiniwa** he has small eyes; **áakohpokssiwa** he will be small.

OHPOK *adt*; with/accompany; **nítohpoksoyiimawa** I ate with him; *Note: usually with fin -(i)m.*

OHPOKANIKKOHKSIIM *vta*; be the same height as; (**ohpokanik-kohksiimisa!** be the same height as another!); **áakohpokanikk-ohksiimiiwa** she will be the same height as him; **iihpokánikk-ohksiimiiwa** he is the same height; **nikáóhpokanikkohksiimawa** I am the same height as him; **amoo nohkówa nikáóhpokanikkohksiimoka** my son has reached my height.

OHPOKÁÓPIIM   *vta*; live with; **pokáópiimisa!** live with her!;
áakohpokáópiimiiwa she will live with him; **iihpokáópiimiiwa** he
lived with her; **nítohpokáópiimoka** he lived with me; *cf.* **opii.**

OHPOKÁPSSKAA   *vai*; squint; **ohpokápsskaat!** squint!;
áakohpokápsskaawa she will squint; **iihpokápsskaawa** he
squinted; **nítohpokápsskaa** I squinted.

OHPÓKIHKA'SIIM   *vta*; affect/pretend affinity with; **pókihka'siim-
isa!** pretend affinity with him!; **áakohpokihka'siimiiwa
iiyínnakiikoaiksi** she will affect affinity with the police;
iihpókihka'siimiiwa he ...; **nítohpókihka'siimoka** she pretended
affinity with me; *cf.* **ihka'si.**

OHPOKINNAKIHSIN   *nin*; handfull; **ni'tohpókinnakihsini** one
handfull; *Note: adt req.*

OHPOKOKÁ'TSIIM   *vta*; room with; **(oh)pokoká'tsiimisa!** room
with her!; **áakohpokoka'tsiimiiwa** she will room with her;
iihpókoka'tsiimiiwa he roomed with him; **nítohpokoká'tsiimoka**
she roomed with me.

OHPOKÓOYISSKAT   *vta*; ask to accompany oneself; **ohpokóoyiss-
katsisa!** ask her to accompany you!; **áakohpokóoyisskatsiiwa** she
will ask him to accompany her; **iihpokóoyisskatsiiwa** he asked her
to accompany him; **nítohpokóoyisskakka** she asked me to accom-
pany her.

OHPOMMAA   *vai*; buy (s.t.); **pommáát!** buy!; **áakohpommaawa**
she will buy; **iihpómmaawa** she bought; **nítohpommaa** I bought;
Rel. stems: vta **ohpommat,** *vti* **ohpommatoo** buy.

OHPÓNNAT   *vta*; wear around the wrist, e.g. as a bracelet;
ohpónnatsisa! wear it around your wrist!; **áakohponnatsiiwa
ómohtáíksistsikómihpi** she will wear her watch on her wrist;
iihpónnatsiiwa he wore it around his wrist; **nítohpónnatawa** I
wore it around my wrist.

OHPOONI   *vti*; lubricate, grease or oil; **ohpóónit!** oil it!; **áak-
ohpoonima** he will oil it; **iihpóónima matsikíístsi** he oiled his
shoes; **nítohpoonii'pa** I oiled it; *Rel. stem: vta* **ohpoon** lubricate.

OHPOOTSI   *vta*; chase, drive off (usually an animal such as a horse)
by waving something; **ohpootsiisa!** chase him away!;
áakohpootsiyiiwa he will chase it away; **iihpootsiyiiwa** he drove it
off; **nitohpootsaawa oma ponokáómitaawa** I drove off the horse.

167

OHPÓPAAT *vta*; hold on one's lap; **pópaatsisa!** hold him on your lap!; **áakohpópaatsiiwa** she will hold him on her lap; **iihpópaatsiiwa anni issitsímaan** he held the baby on his lap; **nítohpópaakka** he held me on his lap; **nitohpópaatawa** I held him on my lap.

OHPOPAATOMO *vta*; babysit for/ watch the child of; **ohpópaatomoosa!** babysit for her!; **áakohpópaatomoyiiwa anní oksísstsi** she will babysit for her own mother; **iihpópaatomoyiiwa otákkaayi** he babysat for his friend; **nítohpópaatomooka** she babysat for me.

OHPOTAA *vii*; snow; **áakohpotaayiihka apinákosi** it will snow; **iihpotááwa** it snowed; **áóhpotaawa** it is snowing.

OHPOWAANSSI *vai*; (unjustly) claim (something) as one's own; **ohpowáánssit!** claim (s.t.) as your own!; **áakohpowaanssiwa** she will claim (s.t.) as her own; **iihpowáánssiwa** he is unjustly claiming (s.t.) as his own; **nítohpowaanssi** I claimed (s.t.) as my own.

OHPO'KI *adt*; with; **po'kíísaksit!** follow (me) out!; *see* **ohpo'k-iiyoo** follow; **po'kiá'poot!** travel with (s.o.).

OHPO'KIAANIKKOHKSIIM *vta*; be next smaller/ younger than (but larger/older than any others in the relevant group, i.e. closest in size/age sequence); **ohpó'kianikkohksiimisa!** be smaller than her!; **áakohpo'kianikkohksiimiiwa** he will be smaller than him; **ohpó'kianikkohksiimiiwa** he was smaller than him; **nítohpo'k-ianikkohksiimoka** she is younger than me; *Rel. stem: vai* **ohpo'kianikkohksi** be smaller/ be younger.

OHPO'KIAASAI'NI *vai*; cry to accompany someone, e.g. a child with its parent; **ohpó'kiaasai'nit!** cry to go with s.o.!; **áakohpo'kiaasai'niwa** she will cry to go with (e.g. her dad); **oma pookááwa iihpó'kiaasai'niwa oksísstsi** that child cried to go with his mom; **nítohpo'kiaasai'ni** I cried to go; *cf.* **waasai'ni** *see also* **sapasai'ni**

OHPO'KIIYOO *vai*; follow, go with (s.o.); **po'kííyóót!** follow!; **áakohpó'kiiyoowa** he will follow; **iihpó'kiiyóówa** he followed; **nítohpó'kiiyóó** I followed; *also* **po'kioot** *cf.* **ohpo'ki+oo**

OHPO'SIM *vii*; greasy; **áakohpo'sima** it will be greasy; **iihpó'sima** it was/is greasy.

OHPSSKINIIHTAA *vai*; put in one's own pocket; **psskinííhtaat!** pocket it!; **áakohpsskiniihtaawa** she will pocket it; **iihpsskin-ííhtaawa** he pocketed it; **nítohpsskiniihtaa** I pocketed it.

OHPSSKONAKA'SI *vii*; spurt, flow rapidly (said of liquids); áakohpsskonaka'siwa it will spurt; iihpsskónaka'siwa it flowed rapidly.

OHPSSKONAKA'SI *nin*; waterfall, geyser; ohpsskónaka'siistsi waterfalls.

OHSI *fin*; reflexive; *see* ssisskioohsi wipe one's own face; *see* ssoohsi dry oneself; *Note: forms ai.*

OHSIIHKAAN *nin*; chosen, selected or claimed area, e.g. a tract of land.

OHSIIHKATOO *vti*; claim, choose, select for one's own use; ohsííhkatoot! claim it!; áakohsiihkatooma mááhkawá'komootsiiyisi he will choose to play hockey; iihsííhkatooma he claimed it; nítohsííhkatoo'pa anni ksááhkoyi I claimed that land; *Rel. stems: vai* ohsiihkaa, *vta* ohsiihkat claim (s.t.), claim.

OHSISTSI *vai*; have a next younger sibling; (ohsistsit! have a next younger sibling!); áakohsistsiwa she will have a next younger sibling; ohsistsíwa he now has a next younger sibling; nítohsistsi I have a next younger sibling.

OHSISTSINIIMSSTAA *vai*; shoe (an animal); ohsistsiníímsstaat! shoe (an animal)!; áakohsistsiniimsstaawa she will shoe (an animal); ohsistsiníímsstaawa he has shod (the horse); nítohsistsiniimsstaa I shod (the horse); *also* ohsistsiniimsskaa.

OHSO'K *adt*; outer edge; oohsó'kapoot! walk around the outer edge; kaakitohso'kapaipoyiwa he was just standing at the outer edge; iihsó'kapaatooma akóka'tssini he walked around the outer edge of the Sundance camp.

OHSOHKAT *adt*; the rear periphery of a group (e.g. animals or buildings); oohsohkatóóhtsi in the direction of the rear of a group; iihtohsohkatoowa she walked around the rear of the group (so as not to be seen).

OHSOTO'KINO *vta*; recognize the voice of (without seeing); ohsotó'kinoosa! recognize his voice!; áakohsoto'kinoyiiwa she will recognize his voice; iihsotó'kinoyiiwa he recognized her voice; nítohsoto'kinooka she recognized my voice.

OHSO'KAP *adt*; outer periphery of, around/ on the outside of an enclosed area (e.g. a fenced or dancing area); káákohta'paomááhkao'pa oohsó'kapoohtsi we are just driving along the outer periphery (e.g. of town); káákitohsó'kapáópiiwa he was just sitting on the outer periphery (e.g. at the dance).

OHT *adt*; linker for source, instrument, means, or content; **iihtáísinaakio'pa** writing instrument; **nomohtsiksiwoo** I walked; **áakohto'toowa aapátohsoohtsi** she will come from the north; *Note: linker.*

OHTAISSKAPAT *vta*; drag along; **ohtáísskapatsisa!** drag her along!; **áakohtaisskapatsiiwa** he will drag her along; **iihtáísskapatsiiwa** she dragged him along; **nómohtaisskapakka** she dragged me along.

OHTAKO *vii*; make a sound; **áakohtakowa** it will make a sound; **iihtakówa** it made a sound; **sopóyi áóhtakowa** the wind is making a sound.

OHTÁMOHSI *vai*; receive an electric shock; **miinohtámohsit!** do not receive an electric shock!; **áakohtámohsiwa** she will receive an electric shock; **iihtámohsiwa** he received an electric shock; **nómohtamohsi** I received an electric shock.

OHTÁÓHSOKOYI *vai*; leave a trail (e.g. of footprints or food, etc.); **ohtáóhsokoyit!** leave a trail!; **áakohtaohsokoyiwa** she will leave a trail; **iihtáóhsokoyiwa** he left a trail; **nómohtaohsokoyi** I left a trail; **níítohtáóhsokoyiwa otohkohtáánistsi** he left a trail of firewood.

OHTO. *adt*; close to, close in to; *see* **ohtowáat** approach; **áakohtoyihkahtoo'pi aáówahsii** there will be food passed to everyone; *Note: y~w.*

OHTOHKINNI *vai*; lit: wear (something from a group, e.g.) around one's neck/ id: have thorough knowledge of (s.t.); **ohtohkínnit!** wear one around your neck!; **áakohtohkinniwa maanistáíhka's-spi omi saahkómaapiyi** she will have thorough knowledge of the boy's behaviour; **iihtohkínniwa awóí'sstakssina** he wore around his neck, a cross: **nómohtohkinni** I have one around my neck; **niitohtohkínniwa** he had thorough knowledge of it.

OHTOHKITOO *vai*; walk over/on (something); **ohtohkitóót!** walk over/on s.t.!; **áakohtohkitoowa** she will walk over/on s.t.; **iihtohkítoowa** he walked over/on s.t.; **nomohtohkitoowa** I walked over/on s.t.

OHTOHPANI'KAHTAA *vai*; use some material as a tipi lining; **stamohtohpaní'kahtaat!** use s.t. as a tipi lining!; **áakoht-ohpani'kahtaawa** she will use s.t. as a tipi lining; **iihtohpáni'k-ahtaawa** she used s.t. as a tipi lining; **nítohtohpani'kahtaa** I used s.t. as a tipi lining.

OHTÓÍSSAMM *vta*; examine, look at individually; **ohtóíssammis-aawa!** look at each one of them!; **áakohtoissammiiwaiksi** she will look at each one of them; **iihtóíssammiiwaiksi** he looked at each one of them; **omiiksi áísokinakiiksi nítohtoissammokiaawa** the doctors each looked at me; *cf.* **ssamm.**

OHTÓÍSSKIMAA *vai*; round-up or herd livestock; **ohtóísskimaat!** round up (e.g. cattle); **áakohtóísskimaawa** she will herd (e.g. calves); **iihtóísskimaawa** he rounded up (the horses); **nítohtoisskimaa** I herded.

OHTOI'TSII *vii*; full (of anything); **áakohtoi'tsiiwa** it will be full; **iihtóí'tsiiwa** it is full.

OHTOMAAHKAA *vai*; drive or travel along/run along; **ohtom-ááhkaat!** drive along!; **áakohtomaahkaawa** she will drive along; **iihtomááhkaawa** he drove along; **nítohtomaahkaa** I drove along.

OHTOOKIINATTSI *nin*; dried apples, lit: appear like ears; **ohtóókiinattsiistsi** dried apples; *cf.* **mohtooki.**

OHTOOKIMII *vii*; full of liquid (e.g. water); **áakohtookimiiwa** it will be full of liquid; **iihtóókimiiwa** it is full; *Rel. stem: vti* **ohtookimsstoo** fill (with liquid).

OHTOOKIPIS *nan*; earring; **noohtóókipiiksi** my earrings; **pók-ohtookipisi** small earring; *cf.* **mohtooki.**

OHTOOKISAT *vta*; ask to translate/interpret for oneself; **ohtóókisatsisa!** ask her to interpret for you!; **áakohtookisatsiiwa** he will ask her to interpret for him; **iihtóókisatsiiwa** she asked him to interpret for her; **nítohtookisakka** she asked me to interpret for her; **nítohtookisatawa** I asked her to interpret for me; *cf.* **moohtookis+wat.**

OHTOOKOAPSSKAA *vai*; become teary-eyed; **ohtóókoapsskaat!** become teary-eyed!; **áakohtookoapsskaawa** she will become teary-eyed; **iihtóókoapsskaawa** he became teary-eyed; **nítohtookoap-sskaa** I became teary-eyed

OHTOONIMAA *vai*; save a portion of (something); **ohtóónimaat!** save (e.g. a portion of your meal)!; **áakohtoonimaawa** he will save; **iihtóónimaawa** she saved; **nítohtoonimaa** I saved a portion of s.t.

OHTOTÓÍSSKSKOMAA *vai*; go to pawn (something); **ohtotóíssk-skomaat!** go to pawn s.t.!; **áakohtotóísskskomaawa** she will go to pawn s.t.; **iihtotóíssskskomaawa** he went to pawn s.t.; **nómohtotoisskskomaa otsiyí'taanistsi** I went to pawn his saddles.

OHTOWÁAAT *vta*; approach; **ohtowáaatsisa!** approach him!; **áakohtowáaatsiiwaiksi** he will approach them; **iihtowáaatsiiwa** he approached her; **nítohtowáaakka** she approached me; *cf.* **ohto.+oo**; *Rel. stem: vai* **ohtowoo** approach (s.o. or s.t.).

OHTO'TSIPAKKIO'TAKI *vai*; make a nonsense/irrelevant interjection or comment, utter a non-sequitur; **ohtó'tsipakkio'takit!** make a nonsense interjection/comment!; **áakohtó'tsipakkio'takiwa** she will make a nonsense comment; **iihtó'tsipakkio'takiwa** he made an irrelevant comment; **nítohtó'tsipakkio'taki** I made a nonsense interjection.

OHTO'TSTSII *vii*; originate from; **áakohto'tstsiiwa apátohsoohtsi** it will come from the north; **ánnihka niinihkssíni iihtó'tstsiiwa Issapóóyi** that song originated with the Crow Indians.

OHTSIKII *vai*; care about something; **miinohtsíkiit!** don't care (about s.t.)!; **áakohtsikiiwa** she will care; **ííkohtsikiiwa** he cared; **nómohtsikii** I cared; **ííkohtaikiiwa iihtáóhpommao'piksi** he really cares about money; *cf.* **ikii**.

OHTSIMAA *vai*; read/ hear (news); **ohtsimáát!** read!; **áakohtsimaawa** he will read; **iihtsimaawa** he read; **nítohtsimaa kitáyaaksiistapisttotssi** I heard you are moving away.

OHTSINSSOYI *vai*; lose one's sense of smell due to a pungent odor; (**ohtsinssoyit!** lose your sense of smell because of the odor!); **áakohtsinssoyiwa** she will lose her sense of smell; **iihtsínssoyiwa** he lost his sense of smell because of ...; **nómohtsinssoyi otó'tsisissini** I lost my sense of smell because of her cigarette smoke.

OHTSIPOKA *vii*; blow by or through; **áakohtsipokawa** it will blow by; **iihtsipókawa** it (the storm) blew through; **áakohtsipokawa isttsíístomssini** sickness will blow through.

OHTSIPOTTSKAA *vai*; choke to death (on an object); (**ohtsipóttskaat!** choke to death!); **áakohtsipóttskaawa** she will choke to death (on s.t.); **iihtsipóttskaawa anní otsówahsini** she choked to death on her food; (**nómohtsipottskaa** I choked to death on it); *cf.* **oht**.

OHTSISSITAPII *vai*; use (something); **ohtsíssitapiit iihtáísín-aakio'pi!** use a pen!; **áakohtsíssitapiiwa** she will use (s.t.); **iihtsíssitapiiwa** he used (s.t.); **nómohtsissitapii** I used (s.t.).

OHTSÍSSTSI'KINI *vai*; raise a fuss (over an issue); **ohtsísstsi'kinit!** raise a fuss!; **áakohtsísstsi'kiniwa ksiiwáattsaahsi otá'po'tak-ssini** she will raise a fuss over her dismissal from the job; **ííkohtsísstsi'kiniwa** he raised a fuss; **nómohtsísstsi'kini** I raised a fuss; *cf.* **oht**.

OHTSISTOTO *vta*; surprise or shock with news; **ohtsístótoosa!** surprise, shock him; **áakohtsistótoyiiwa** she will shock her; **iihtsístótoyiiwa** he surprised her; **nítohtsistotooka** she shocked me with the news

OHTSISTTSISSKINI *vai*; be agitated/troubled/frustrated because of uncertainty in circumstances; **(miin)ohtsisttsisskinit!** (don't) be toubled over it!; **áakohtsísttsisskiniwa** she will be ...; **íí kohtsisttsisskiniwa anníí ska iihtsíí stapomaahkaayiska otsínaká'siimiksi** he is agitated about the person who drove away with his car; **nómohtsisttsisskini otáíkakaoki'takssi** I was frustrated because he was always getting angry (for reasons unknown to me); *cf.* **oht.**

OHTSITOMMA'PIIMI *vai*; leave something behind as a marker at vacated campsite; **iihtsitomma'piimit!** leave s.t. behind at your vacated campsite!; **áakohtsitomma'piimiwa** she will ...; **iihtsitomma'piimiwa** he left s.t. behind ...; **nomohtsitomma'piimi** I left s.t. as a ...; **kaakohtsitomma'piimiwa anniistsi matsikííí stsi** she just left her shoes behind as markers that she had camped there.

OHTSITSKANII *vai*; make an insinuating remark about someone; **ohtsítskaniit!** make an insinuating remark!; **áakohtsitskaniiwa kiistóyi** she will ... about you; **iihtsítskaniiwa** he made an ...; **nítohtsitskanii/nómohtsitskanii** I made an ....

OHTSSAPÍPI *vta*; bring along a course; **ohtssápípiisa!** bring her along the course; **áakohtssapípiyiiwa** she will bring him along the course; **iihtssapípiyiiwa** he brought her along the course; **nómohtssapípiooka** she brought me along the course; *cf.* **oht.**

OISSIMM *vta*; regard as a son-in-law; **óíssimmisa!** regard him as your son-in-law!; **áakoissimmiiwa** she will regard him as her son-in-law; **óíssimmiiwa** he regarded him as his son-in-law; **nitóíssimmoka** she regarded me as her son-in-law; **áakoisskatsiiwáyi** he will ask him to be his son-in-law.

OK *adt*; bad; *see* **mak.**

OKAA *vai*; rope/snare; **okaat!** rope!; **áakokaawa** he will rope; **iikááwa** he roped; **nitsííkaa** I roped; *Rel. stems: vti* **okatoo,** *vta* **okat** rope.

OKAHSII *vii*; coagulate/congeal/gel; **áakokahsiiwa ámoyi ónnikiyi** this milk will coagulate; **ámoyi pomísi ákáókahsiiwa** this grease has congealed.

OKAHSINAT *vta*; have a negative perception of, be displeased with; (**okahsínatsisa!** have a negative perception of him!); **áakokahsinatsiiwa** she will have a negative perception of him; **áókahsinatsiiwa** she has a negative perception of him; **nitsikáókahsinatawa** I have a negative perception of her.

OKAKI *vai*; smart/wise; (**m)okákit!** be smart!; **áakokakiwa** she will be smart; **iikókakiwa** he is smart; **nitsikókaki** I am smart.

OKAKIAANIST *vta*; advise, lit: wise tell; (**m)okakiáánistsisa!** advise him!; **áakokakiaanistsiiwa** he will advise him; **iikakiáánistsiiwa** he advised her; **nitsííkakiaanikka** he advised me.

OKAKIHTSIMAA *vai*; decide; (**m)okákihtsimaat!** decide!; **áakokakihtsimaawa** he will decide; **iikákihtsimaawa** he decided; **nitsííkakihtsimaa** I decided.

OKAKIO'SATOO *vti*; study before making a decision, deliberate, look carefully/closely; **okakíó'satoot anni kítohkitsimiimi!** look at your door carefully!; **áakokakio'satooma otáyaakanistomaahkaahpi** she will study the route to decide which way to drive it; **iikakíó'satooma** he watched it closely; **nitsííkakio'satoo'pa amo sináákssini** I deliberated over this writing.

OKAKISSKO *vta*; make aware; **okakísskoosa!** make him aware!; **áakokakisskoyiiwa ómiksi awákaasiiksi** he will make the deer aware of him; **iikakísskoyiiwa** he made them aware; **nitsííkakisskoayaawa** I made them aware; **nikáókakisskoawa anná maká'pipokaawa** I have 'wised up' that brat.

OKAMAINO *vta*; witness in an act; **okamáínoosa!** witness what he is doing!; **áakokamainoyiiwa** she will ...; **iikamáínoyiiwaiksi otá'yaikamo'ssaawa aoówahsii** he witnessed them when they were stealing food; **sopówahtsi'satsisa! nitsííkamainooka nitao'htokska'sssi** ask him! he witnessed me when I ran through (here).

OKAMANII *vai*; ask for, ask permission, beg; **okamániit!** beg!; **áakókamaniiwa** he will beg; **iikamániiwa** she begged; **nitsííkamanii** I asked.

OKAMO'T *adt*; straight/honest/right; **ókamó'tsipoyit!** stand straight!; *see* **okamo'tsitapiiyi** be an honest person.

ÓKAMO'TSITAPIIYI *vai*; honest; **mókamó'tsitapiiyit!** be honest!; **áakókamo'tsitapiiyiwa** she will be honest; **ikamó'tsitapiiyiwa** he is honest; **nitsííkamo'tsitapiiyi** I am honest.

OKAMO'TSTSII *vii*; exactly straight; **áakókamo'tstsiiwa** it will be straight; **iikamó'tstsiiwa** it was straight

OKA'P *adt*; bad; **maká'paakiiwa** bad (mean) woman; **iikóka'páttsiistotóókiyaawa** they cheated us very badly; **maká'piiwa** it is bad; *cf.* **mak.**

OKA'PAHSINATOO *vti*; dislike the appearance of; (**oka'pahsinatoot!** dislike its appearance!); **áakoka'pahsinatooma** she will dislike its appearance; **iiká'pahsinatooma** he disliked its appearance; **nítoka'pahsinatoo'pa** I disliked its appearance.

OKA'PIHTSII *vii*; spoil, rot, go bad; **áakoka'pihtsiiwa** it will rot; **iiká'pihtsiiwa** it went bad; *cf.* **mak.**

OKA'PÍ'POYI *vai*; swear (speak badly); **oká'pí'poyit!** swear!; **áakoká'pí'poyiwa** she will swear; **oká'pí'poyiwa** she swore; **nitóka'pí'poyi** I swore.

OKÁ'PSSI *vai*; be bad, mean; **áakoka'pssiwa** she will be mean; **maká'pssiwa** he is bad; **nitoká'psstopi nitáaksstamitáóhkoonimáttsaawa** if I were mean, I would've beaten him then and there.

OKÍ *und*; expression similar to English 'come on!', 'let's go!'.

OKIHKA'SI *vai*; resist/oppose/defy (some authority), misbehave, lit: act bad; **okihká'sit!** resist authority!; **áakokihka'siwa** he will ...; **okihká'siwa** he misbehaved; **nitókihka'si** I defied authority; **Aókihka'siwa anná nitsítohkitopiihpa. Áísikstakiwa.** That horse which I rode is acting bad. He bites.; *cf.* **ihka'si**; *Rel. stem:* *vta* **okihka'sat** act bad toward/ defy.

OKIIN *vta*; bury in an elevated cache; **okiinisa!** bury him in a cache!; **áakokiiniiwa** she will bury him in an elevated cache; **iikiiniiwa** he buried her in an elevated cache; (**nitsiikiinoka** she buried me in an elevated cache).

OKIMM *vta*; scold; **matóókimmisa!** go scold her!; **áakokimmiiwa** she will scold him; **stámokimmiiwa** he scolded her; **nitsítaakokimmoka** she kept scolding me.

OKITSKAA *vai*; vomit; **okítskaat!** vomit!; **áakokitskaawa** she will vomit; **iikítskaawa** he vomited; **nitsííkitskaa** I vomited.

OKI'KAA *vai*; camp; **okí'kaat!** camp!; **áakoki'kaawa** she will camp; **iikí'kaawa** she camped; **nitsííki'kaa** I camped.

OKKSISÁKÁÓO'SIN *nin*; stew (which has meat cut in pieces); **okksisákáóo'siistsi** meat stews.

ÓKOHKOYI *vai*; suffer; **áakókohkoyimma** he will suffer; **iikókohkoyimma** she suffered greatly; **nitókohkoyi** I suffered; *Note: 3mm.*

OKONNAAYI *vai*; reside; **ánnoma istokónnaayit** reside here!; **áakitokónnaayiyaawa** they will reside there; **annááka isskóóhtaka itokónnaayi isttssóóhtsistsi** the people from the past resided in the woods; **nítsitókonnaayi** I resided there; **otsítsisamokónnaayihpi** where he had long resided; *Note: adt req.*

OKONOK *nin*; saskatoon (sarvis/service) berry, Lat: Amelancier alnifolia; **ókonokistsi** saskatoons

ÓKONOKISTSI OTSÍTSI'TSSP *nin*; July, lit: when saskatoons are ripe.

OKOOPIHKAA *vai*; make soup; **akóópihkaat!** make soup!; **áakokóópihkaawa** he will make soup; **iikóópihkaawa** he made soup; **nitsííkoopihkaa** Imade soup; *also* **okoopskaa.**

OKOOYI *vai*; possess a shelter, e.g. a house; **okóóyit!** have a house; **áakokooyiwa** she will have a house; **iikóóyiwa** he has a house; **nitsííkooyi** I have a house.

OKOOYSSKAA *vai*; build a house; **okóóysskaat!** build a house!; **áakokooysskaawa** she will build a house; **iikóóysskaawa** he built a house; **nitsííkooysskaa** I built a house.

OKOYI *vai*; be full (from eating); **okoyít!** be full!; **áakokoyiwa** she will become full; **iikoyíwa** he was full; **nitsííkoyi** I became full; **nikáókoyi** I'm full.

OKOYIIM *nan*; semen, lit: his wolves; **okóyiimiksi** semen (pl.); *cf.* **makoyi.**

OKO'S *nar*; offspring; **nóko'siksi** my children; **óko'si** his child.

OKO'SI *vai*; have a child; **miináttoko'sit!** don't have more children!; **áakoko'siwa** she will have a child; **iikó'siwa** she had a child; **nitsííko'si** I have/had a child.

ÓKO'SIIPOKAA *nan*; colt; **óko'siipokaiksi** colts.

OKSIKINAKI *vai*; become a skeleton; **áakoksikinakimma** it will become a skeleton e.g. the dead cow; **nítohkoonoawa nitómitaama ki ákaoksikinakimma** I found my dog, he had become a skeleton; **nikáóksikinaki** I have become a skeleton (because of illness); *Note: 3mm.*

OKSINA *vai*; mean, in a foul mood; **miináttoksinat!** don't be in a foul mood!; **áakoksinamma** she will be mean; **maksinámma** he is mean; **nitsiikóksina** I am very mean; *Note: 3mm.*

OKSINIHKA'SIMI *vai*; have a bad name or reputation; **oksínihka'simit!** have a bad name!; **áakoksinihka'simiwa** he will have a bad reputation; **oksínihka'simiwa** he has a bad name; **kitokskínihka'simi** you have a bad name; *also* **oksinihka'siimi;** *cf.* **mak+inihka'simi**

OKSINIIMI *vai*; kill a large animal for food; **oksiniimit!** kill an animal for food!; **áakoksiniimiwa** he will kill an animal for food; **oksiniimiwa** she killed an animal for food; **nitoksiniimi** I killed an animal for food; **iitoksiniimiyaawa** they killed (e.g. a buffalo) for food; *see also* **o'tapootsi**.

OKSINNAT *vta*; wear around the shoulders (e.g. a shawl); **oksínnatsisa anná naaáíwa!** wear my shawl around your shoulders!; **áakoksinnatsiiwa** she will wear it; **iiksínnatsiiwa** he wore it; **nitoksínnatawa** I wore it.

OKSISAISSKO *vta*; chase; **oksisáísskoosa!** chase him!; **áakoksisáísskoyiiwa** she will chase him; **iiksisáísskoyiiwa** he chased her; **nitsííksisáísskooka** she chased me.

OKSISAWOO *vai*; visit; **oksisawóót!** visit!; **áakoksisawoowa** she will visit; **iiksisáwoowa** she visited; **nitsííksisawoo** I visited; *Rel. stem: vta* **oksisawaaat** visit.

OKSISSTSIMM *vta*; develop an emotional attachment for as a mother; **oksíssstsimmisa!** take her as your mother!; **áakoksisstsimmiiwa** she will take her as her mother; **iiksísstsimmiiwa** he developed an emotional attachment for her as his mother; **nitsííksisstsimmoka** she developed an emotional attachment toward me as her mother.

OKSISSTSSI *vai*; be excited, eager to join in an activity, e.g. a game, a beadwork class, a meeting; (**oksisstssit!** be eager, e.g. to join in the game!); **áakoksisstssiwa** she will ...; **oksísstssiwa** he was excited about joining in; **nitoksísstssi** I was eager to join; *also* **oksistssi**.

OKSISTA'PII *vii*; be an abundance of appealing goods; **áakoksista'piiwa** there will be ...; **iikóksista'piiwa** there is/was ...; **skáó'ksista'piiwa** there was a great abundance of goods.

OKSISTOTAKI *vai*; be destructive, disruptive; **oksístotakit!** be destructive!; **áakoksistotakiwa** she will be destructive; **iiksístotakiwa** he was destructive; **nitsííksistotaki** I was destructive.

OKSISTOTO *vta*; abuse; **oksístotóósa!** abuse him!; **áakoksistotoyiiwa** he will abuse her; **iikóksistotoyiiwa** she abused him; **nitsiikóksistotooka** he abused me.

OKSISTSI'TOMO *vta*; show appreciation to (about that which is being presented); **oksistsí'tomoosa!** be attentive to ...!; **áakoksistsi'tomoyiiwa** otsóyo'siistsi she will be appreciative of his cooking; **annííksi paayáísskaapihtsiiksi iikóksistsi'tomoayaawa** otámmohkssoayi the dance sponsors' invitation was greatly appreciated; **nítoksistsí'tomooka/nitsííksistsi'tomooka** she was interested in what I showed her.

OKSISTSI'TSI *vti*; appreciate, have interest in; **oksistsí'tsit!** appreciate it!; **áakoksistsi'tsima** she will appreciate it; **iikoksístsi'tsima anniistsi otohkóítapiwahssiistsi** he appreciated the gifts which he received; **nitóksistsi'tsii'pa** I appreciated it; **oksistsí'tsima otá'po'takssini** he was interested in his work.

OKSKA'SI *vai*; run; **okská'sit** run!; **áakokska'siwa** he will run; **iikská'siwa** he ran; **nitsííkska'si** I ran.

OKSKOIHTSI *vta*; cover with a blanket; **okskóíhtsiisa!** cover her with a blanket!; **áakokskoihtsiyiiwa** she will cover him with a blanket; **iikskóíhtsiyiiwa** he covered her with a blanket; **nitsííkskoihtsooka** she covered me with a blanket.

OKSKOOWÓO *vai*; walk covered with a robe or blanket; **okskóówóot!** walk covered with a blanket; **áakokskoowóowa** she will walk covered with a robe; **iikskóowóowa** he walked covered with a blanket; **nitsííkskoowóo** I walked covered with a shawl.

OKSOOHSI *vai*; count, as a meter; **áakoksoohsiwa** it will count; **iiksóóhsiwa anná iihtáíksistsikomio'pa** that clock counted/chimed.

OKSPAINNAKI *vai*; stick, cause something to adhere, glue something; **okspáínnakit!** stick!; **áakókspainnakiwa** she will glue (something); **okspáínnakiwa** he glued (something); **nitókspainnaki** I glued (something); *also* **okspannaki**; *Rel. stems: vti* **okspainni**, *vta* **okspann**, *vii* **okspii** stick to, stick.

OKSPAINNI *vti*; glue, cause to stick to s.t.; **okspáínnit!** stick it on!; **áakókspainnima** he will glue it; **iikspáínnima** she glued it; **nitsííkspainnii'pa** I glued it; *Rel. stem: vai* **okspainnaki** glue (s.t.).

OKSPANÍSTTSISSIN *nin*; gravy; **ksikkókspanísttsissiistsi** white gravies.

OKSPII *vii*; be sticky/ stick (to s.t.); **áakokspiiwa** it will be sticky; **iikókspiiwa** it was/is sticky; **áókspiiwa** it is sticking.

OKSPIIPOKO *nan*; sticky root, lit: tastes sticky, Lat: Pachylobus caespitosus; *also* **apaksiipoko**

OKSSTSOOKAAN *nin*; hip; **koksstsóókaanistsi** your hips.

OKSTAKI *vai*; read/count; **okstakít/akstakít!** read!; **áakokst-akiwa** she will read; **iikstákiwa** she read; **nitsííkstaki/nitókstaki** I counted.

OKSTOO *vti*; count/read; **akstóót maanístsoohpi niitóyiistsi!** count how many tipis there are!; **áakokstooma anní sináákssini** she will read that writing; **iikstóómaistsi** she counted them; **nitókstoo'piaawa/nitsííkstoo'piaawa** I counted them; *Rel. stem: vta* **oksi** count

OKSTSIMAA *vai*; count (purposefully); **okstsimáát!** count!; **áakokstsimaawa** she will count; **okstsimááwa** he counted; **nitsííkstsimaa/nitókstsimaa** I counted.

OM *dem*; that, proximity to neither speaker nor addressee; **ómiksi pookáíksi** those children.

OMA *adt*; intemperately; **áómáóoyiwa** he eats intemperately; **káákáómaissammiiwa** he is just staring at her; **iimáísimiwa** he drank (an alcoholic beverage) intemperately.

OMA *adt*; yet; **máátomaihtsisoowa** he hasn't gone to town yet; **kátao'mainoawa?** have you seen her yet?

OMÁÁHKAA *vai*; move along on foot (animal as subject)/ travel by means of e.g. horse or car (human as subject); **isttssomááhk-aat!** ride your horse through the forest!; **áaksstsoomaahkaawa** she will drive to town; **iipióómaahkaawa** he drove far; **nítahkiaapomaahkaa** I drove home; **oma imítaawa iikáípioomaahkaawa** that dog travels far; *Note: adt req.*

OMÁAT *vta*; plague, pester; **omáatsisa!** plague her!; **áakom-áatsiiwa** she will plague him; **iimáatsiiwa** he plagued her; **nitsiimaakka** she plagued me.

ÓMAHK *adt*; big/old; **ómahkomitaawa** big dog; *see* **ómahkínaa** old man; *see* **omahkimi** be large (of animals).

OMAHKA *adt*; whole, collective whole; **ómahkáísstoyiwa** the whole winter; **itómahkawa'soyinnima** then he spilled the whole thing; **áakomahkáóowatooma anni ómahkínaotohtona** he will eat the whole pear (at once).

OMAHKAAATTSISTAA *nan*; white tailed jack rabbit (lit: big rabbit), Lat: Lepus townsendii; **omahkáaattsistaiksi** white tailed jack rabbits.

OMAHKAAPAA *nan*; long-tailed weasel (lit: big weasel), Lat: Mustela spp.; **ómahkaapaiksi** long-tailed weasels.

OMAHKAINAKA'SI *nan*; wagon used for utilitarian purposes; **ómahkáínaka'siiksi** utility wagon; *cf.* **ainaka'si.**

OMAHKAI'STOO   OMAHKOHPOKON

OMAHKAI'STOO *nan*; raven, lit: large crow, Lat: Corvus corax; **ómahkáí'stoiksi** ravens.

OMAHKANAO'KSSI *nan*; fifty cents, half a dollar, lit: big half; **ómahkanao'kssiiksi** half dollars; **nitómahkanao'kssiima** my fifty cent piece.

OMAHKANOKOISTTSOMO'KAAN *nin*; wide brim western hat; **ómahkanokóísttsomo'kaanistsi** wide brim western hats.

OMAHKAOKOMII *nan*; pelican, lit: big throat; **ómahkáókomiiksi** pelicans.

ÓMAHKAPI'SI *nan*; timber wolf, Lat: Canis lupus; **ómahkapi'siiksi** timber wolves; *cf.* **api'si**

OMAHKATAYO *nan*; mountain lion, cougar, Lat: Felis concolor; **ómahkatayoiksi** cougars; **nitómahkatayooma** my mountain lion; *cf.* **natáyo.**

OMAHKÁTOYIIKI'SOMMIAATO'S *nan*; December/ lit: big holy moon month; **Omahkátoyiiki'sommiaato'siksi** Decembers.

OMAHKÁTOYIIKSISTSIKAATO'S *nin*; December, lit: Christmas month.

OMAHKÁTOYIIKSISTSIKO *nin*; Christmas day, lit: big holy day.

ÓMAHKA'S *nan*; balsam root, Lat: Balsamorhiza sagittata/ parsnip, Lat: Leptotaenia multifida; *cf.* **omahk+ma's**

OMAHKIMI *vai*; be large (said of animals); (**omahkimit!** be large!); **áakomahkimiwa omá mamííwa** the fish will be large; **ómahkimiwa anná onistááhsa** the calf is large.

OMAHKINAA *nan*; old man; **pokómahkínaiksi** little old men.

OMAHKINAIM *nan*; elderly male co-resident; **nitómahkínaimiksi** my elderly males (e.g. relatives) who live with me.

ÓMAHKÍNAI'KSKIMM *nan*: old age pension money; **ómahkínai'kskimmiksi** old age pension monies

ÓMAHKÍNAOHTAOHPOMMAO'P *nan*: old age pension; **ómahkínaohtaohpommao'piksi** old age pension monies.

ÓMAHKÍNAOTOHTON *nan*; pear; **ómahkínaotohtoiksi** pears.

ÓMAHKÍTAISSKSINIMA'TSTOHKIO'P *nin*; university, (lit: big teaching place): **ómahkítaissksinima'tstohkio'pistsi** universities; *cf.* **iitaissksinima'tstohki.**

OMAHKITAPI *nan*; old or aged person; **ómahkitapiiksi** old people; *cf.* **matapi**

ÓMAHKI'TAWÁAKII *nan*; domestic rooster; **ómahki'tawáakiiksi** roosters; **nitómahki'tawáakiima** my rooster.

OMAHKOHPOKON *nan*; soccer ball (lit: big ball); **ómahkohpoko-iksi** soccer balls.

180

OMAHKOKATA *nan*; Richardson's ground squirrel, 'gopher', lit: big snared one, Lat: Spermophilus richardsonii; **ómahkokataiksi** gophers; *cf.* **okaa.**

ÓMAHKOKATAOOWAHSIN *nin*; ground cherry, wild potato, lit: gopher food, Lat: Solanum triflorum.

OMAHKOKATAOOYI *nan*; Gopher Eater Clan (Peigan); **Ómahk-okatáóoyiiksi** Gopher Eater Clan/ members of the Gopher Eater Clan.

OMAHKOTSSKOIISISTTSII *nan*; Stellar's Jay, lit: large blue bird, Lat: Cyanocitta stelleri; **ómahkotsskóíisisttsííksi** Stellar's Jays.

ÓMAHKOTSSKOI'NSSIMAAN *nin*; watermelon; **ómahkótsskoi'nssimaanistsi** watermelons; *cf.* **i'nssimaa.**

OMAHKOTTSIIMSKAAN *nin*; bologna; **ómahkóttsiimsskaanistsi** bologna; *cf.* **ottsiimsskaa.**

OMAHKSAKSIIN *nan*; Bronze grackle, Lat: Quiscalus quiscula; **ómahksaksiiniksi** bronze grackles.

OMAHKSI *vai*; older/large; (**omahksit!** be older!); **áakomahksimma** it (e.g. the pot) will be large; **ómahksimma** he is older; **nitómahksi** I am older; *Note: 3mm.*

OMAHKSIKAAPIIKOAN *nan*; European immigrants, usually of Slavic descent, lit: big foot whiteman; **ómahksíkaapiikoaiksi** European immigrants.

OMAHKSIKANAISSKIINAA *nan*; rat, lit: big mouse; **ómahksik-ánaisskiinaiksi** rats.

OMAHKSIKIITOKII *nan*; sage hen, lit: large grouse, Lat: Centocercus urophasianus; **ómahksíkiitokiiksi** sage hens.

ÓMAHKSÍKIMI *nin*; lake; **ómahksíkimiistsi** lakes.

ÓMAHKSÍKI'SOMM *nan*; January, lit: old moon; **Ómahksíki'sommiksi** Januarys.

ÓMAHKSÍKSKO *nin*; forest of tall trunk trees; **ómahksíkskoistsi** forests of tall trunk trees

ÓMAHKSÍPIITAA *nan*; California condor lit: large eagle, Lat: Gymnogyps californicanus; **ómahksípiitaiksi** California condors.

OMAHKSIPISSPSKSII *nan*; sharpshinned hawk, lit: large **pisspsksii** (*q.v.*), Lat: Accipiter velox; **ómahksipisspsksiiksi** sharpshinned hawks.

ÓMAHKSIPI'KSSÍÍ *nan*; turkey, lit: big bird; **ómahksipi'kssííksi** turkeys; **nitómahksipi'kssííma** my turkey.

OMAHKSÍSTTOWAAPIIKOAN *nan*; American, lit: big knife person; **ómahksísttowaapiikoaiksi** Americans

OMAHKSÍSTTSIIKSIINAA *nan*; rattlesnake/ lit: big snake; **omahksísttsiiksiinaiksi** rattlesnakes; **nitómahksísttsiiksiinaima** my rattlesnake.

OMAHKSISTTSIIPANIKIMM *nan*; Cooper's hawk, lit: large barred, or spotted feathers, Lat: Accipiter cooperi; **ómahksísttsiipanikimmiksi** Cooper's hawks

ÓMAHKSI'KIIMATA *nan*; Lewis's woodpecker (large fire-reddened breast), Lat: Asyndesmus lewis; **ómahksi'kiimataiksi** Lewis' woodpeckers.

OMAHKSSAIKIMAIKSIKKÁAA'SI *nin*; trillion; **ihkitsíkiomahkssaikimaiksikkáaa'siyaawa**; there are seven trillion; **omahkssaikimaiksikkáaa'siyi** one trillion

ÓMAHKSSA'ÁÍ *nan*; goose/ big duck; **ómahkssa'aiksi** geese/ big ducks; **nitómahkssa'aima** my goose.

OMAHKSSIIKSIKAPAANSSI *nan*; Black tern, lit: large swallow, Lat: Chlidonias niger; **omahkssiiksikapaanssiiksi** terns.

ÓMAHKSSPATSIKO *nin*; the hereafter/ sandhills/desert.

OMAHKSSTOOKI *nan*; donkey, mule, ass, (lit: big-eared); **ómahksstookiiksi** donkeys, mules, asses.

OMAHKSSTSIIKITSSITSOM *nan*; Richardson's grouse, Lat: Dendragapus obscurus.

OMAIMMOHSI *vai*; refuse to move or help oneself; **omáímmohsit!** refuse to move!; **áakómaimmohsiwa** she will refuse to move; **iimáímmohsiwa** he refused to move; **nitsíímaimmohsi/nitómaimmohsi** I refused to move.

OMAISSAPI *vai*; stare (at s.t. or s.o.); **omáíssapit!** stare!; **áakomaissapiwa** he will stare; **iimáíssapiwa** he stared; **nitsíímaissapi** I stared; *cf.* ssapi.

OMAISSTSIIYI *vai*; noon (lit: when it is in an immobile position); **áakomaisstsiiyiwa** it will be noon; **omaisstsiiyiwa** it is/was noon; **áó'maisstsiiyissi** when it is noon.

OMAI'TAKI *vai*; believe (s.t.); **omáí'takit!** believe!; **áakomai'takiwa** she will believe; **iimáí'takiwa** he believed; **nitsíímai'taki** I believed.

OMAI'TO *vta*; believe; **amáítoosa!** believe her!; **áakomai'toyiiwa** he will believe her; **iimáí'toyiiwáyi** he believed her; **nitsíímai'tooka** she believed me.

OMAI'TSI *vti*; believe; **omáí'tsit!** believe it!; **áakomai'tsimáyi** she will believe it; **iimáí'tsimáyi** he believes it; **nitsíímai'tsii'pa** I believe it; **nikáómai'tsii'pa** I have believed it.

OMANII *vai*; be truthful; **omaníít!** be truthful!; **áakomaniiwa** he will tell the truth; **íímaniiwa** he told the truth; **nitsíímanii** I told the truth.

OMAOHKAPINAKO *vii*; red sunrise (portends wind); **áakómaohkapinakowa** there will be a red sunrise; **iimáóhkapinakowa** there is/was a red sunrise; *see also* **i'kotsaapinako.**

OMAOHKSKIHKAA *vai*; blush; **miináttomaohkskihkaat!** don't blush!; **áakómaohkskihkaawa** she will blush; **iimáóhkskihkaawa** he blushed; **nitsíímaohkskihkaa** I blushed.

OMÁÓPAAT *vta*; stop annoying; **máópaatsisa!** stop annoying him!; **áakómáópaatsiiwa** she will stop annoying him; **iimáópaatsiiwa** he stopped annoying her; **nitsíímáópaakka** she left me alone; *cf.* **omaopii.**

OMÁÓPII *vai*; cease making noise/ be quiet; **máópiit!** hush up!; **áakómáópiiwa** he will be quiet; **iimáópiiwa** he quieted down; **nitsíímáópii** I quieted down; **áakomáópaoo'pa** we (incl) will quiet down; *Note: ii˜ao.*

OMAT *adt*; start/begin; **amátsskapatoot!** begin the dragging action!; **nitsíímatsskoawa** I caused her to begin action; **áakomatapoowa** she will begin to go; **ákáakomatapa'piiwa** it (an event) is about to begin; *see* **omatap** start.

OMAT *adt*; almost; *see* **iimat.**

OMATANII *vai*; begin to sing (lit: begin to speak/say); **omatanííť!** begin the song!; **áakomataniiwa** she will begin the song; **iimátaniiwa** he began to sing; **nitsíímatanii** I began the song.

OMATAP *adt*; start/begin; **iimatápioyiwa** he began to eat; **áó'matápioyiwa** he is beginning to eat.

OMATAPINNIHKO *vta*; loosen the footing of/ trample by body force or weight; **stámomatapinnihkoosa!** loosen his footing with your body force!; **áakomatapinnihkoyiiwa** he will trample him; **iimatápinnihkoyiiwa** he trampled him; **nitsíímatapinnihkooka** he started to knock me off my feet; **máátsikakaomatapinnihko-awa** I just could not begin to trample him.

OMATAPISTOTO *vta*; overpower; **omatápistotoosa!** overpower her!; **áakomatapistotoyiiwa** she will overpower him; **iimatápistotoyiiwa** he overpowered her; **nitsíímatapistotooka** she overpowered me; **nikáómatapistotoawa** I have begun to overpower her.

OMATSIIYISSI *vai;* crouch, lie in ambush (said of persons who head the war party); **matsiiyissit!** crouch!; **áakomatsiiyissiwa** he will lie in ambush; **iimatsiiyissiwa** he crouched in ambush; **nitsíímatsiiyissi** I crouched (as a sniper).

OMATSIPI *vta;* transport; **omatsípiisa!** transport him!; **áakomatsípiyiiwa** he will transport her; **iimatsípiyiiwa** she transported him; **nitsíímatsípiooka** he transported me.

OMATSKAHTAKI *vai;* give away/ distribute something; **omátskahtakit!** give away (something)!; **áakomatskahtakiwa** he will distribute (something); **iimátskahtakiwa** she gave away (something); **nitsíímatskahtaki** I gave away (something); *Rel. stem: vtiomatskahtoo* relinquish title to

OMATSKAHTOO *vti;* relinquish title to; **omátskahtoot!** relinquish title to it; **áakomatskahtooma** she will relinquish title to it; **iimátskahtooma** he relinquished title to it; **nitsíímatskahtoo'pa** I relinquished title to it.

OMATSKAOHSI *vai;* surrender/ give up/ id: pass out; **omátskaohsit!** give up!; **áyaakomatskaohsiwa** she is about to pass out; **iimátskaohsiwa** he gave up; **nitsíímatskaohsi** I gave up.

OMI *adt;* still (as in the continuance of an event or state); **iimíítainoyiiwa** she still sees her there; **ááhkomiitáípoyiwa** he is probably still standing there.

OMIA'NIST *adt;* various, different; **iihkanáómia'nistsinattsiyi anníístsi otahkániaakssiistsi** there is a variety among those that she sewed; **áakohkanáómia'nistsinao'siyaawa** they will all be dressed differently: *see* **omia'nistsipssaaki** sew a patchwork quilt.

OMIÁ'NISTSÍPSSAAKI *vai;* sew/make a patchwork quilt; **omiá'nistsípssaakit!** make a quilt!; **áakomiá'nistsípssaakiwa** she will make a quilt; **iimiá'nistsípssaakiwa** she made a quilt; **nitsíímia'nistsípssaaki** I made a quilt; *cf.* **omia'nist.**

OMIIHKAA *vai;* catch fish; **omííhkaat** catch fish!; **áakomiihkaawa** he will fish; **iimííhkaawa** he caught a fish; **nitsíímiihkaa** I caught fish.

OMIIKSIST *adt;* surrogate/ just the same as/ just as if; **omííksist-oksisstayi** she is just like his real mother; **nitáakomiksistoko's-immawa** I will be like a real mother to her; **kamítapipohtoom-iniki ámoyi nisínaakssini, nitáakomiiksistsito'too** if you bring my writing there, it will be just as if I arrived there.

OMIISI *vai*; be busy/ occupy one's self; **noohkohtómiisit anniístsi kitahkániaakssiistsi!** keep yourself busy with your sewing!; **áakomiisiwa** she will keep herself busy; **áómiisiwa** she is keeping herself busy; **nitáómiisi** I am keeping myself occupied

OMIISTOTO *vta*; keep occupied/occupy; **omíístotoosa!** keep her occupied!; **áakómiistotoyiiwa** she will keep him occupied; **áómiistotoyiiwa** he is keeping her occupied; **nitsíímiistotooka** she kept me occupied.

OMÍÍTSIKSIKAAHP *nin*; sole of the foot; *see* **mi'tsiksikaahp**

OMÍÍYISSKAA *vai*; gather firewood; **omííyisskaat!** gather firewood!; **áakomííyisskaawa** she will gather firewood; **ákaiksistomiiyisskaawa** he has finished gathering firewood; **nikáíksistomiiyisskaa** I have finished gathering firewood; *cf.* **mamiiyi+hkaa.**

OMIKINAI *vti*; chip at (said of bone); **omikinait!** chip at it!; **áakomikinaima** he will chip at it; **iimikinaima annistsi ohkíístsi** he chipped at those bones; **nitsiimikinai'pa** I chipped at it.

OMIKSKAA *vii*; splinter; **áakomikskaawa** it will splinter; **iimíkskaawa** it splintered; **ákaomikskaawa anni nitataksaakssini** my box has splintered.

OMIKSO'TSI *vti*; break a piece or splinter off of, usually wood; **omiksó'tsit!** break it off (of the wood)!; **áakomikso'tsima anni miistsísi** she will break it off of the stick; **iimiksó'tsima** he broke it off (of the wood); **nitsíímikso'tsii'pa** I broke it off; *Rel. stem: vta* **omikso'to** break off of.

OMINO'TOOHSI *vai*; be second quarter (of the moon); **ákaomino'toohsiwa naató'siwa** the moon has gone into the second quarter.

OMINO'TSI *vti*; break off with one's hands; **aminó'tsit anni napayíni!** break off a piece of that bread!; **áakomino'tsima** he will break off a piece; **iiminó'tsima anni nitsskíítaani** he broke/tore off a piece of my baking; **nitsíímino'tsii'pa anní míkkskapayini** I broke off a piece of the cracker.

OMITAO'KAASI *vai*; dog-paddle, reference to a way of swimming; **omitáó'kaasit!** dog-paddle!; **áakomitáó'kaasiwa** she will dog-paddle; **iimitáó'kaasiwa** he dog-paddled; **nitsíímitáó'kaasi** I dog-paddled

OMITSIKKINII *vai*; blow one's own nose; **omitsíkkiniit!** blow your nose!; **áakomitsikkiniiwa** she will blow her nose; **iimitsíkkiniiwa** he blew his nose; **nitsíímitsikkinii** I blew my nose.

OMI'KINAA *vai*; clear one's own throat; **omí'kinaat!** clear your throat!; **áakomi'kinaawa** she will clear her own throat; **omí'kinaawa** he cleared his own throat; **nitomi'kinaa** I cleared my throat.

OMMO *vta*; take the name of (a relative); **ommoosa!** take his name!; **áakommoyiiwa maaáhsi** he will take the name of her grandmother; **ommoyiiwa ónni** he took the name of his father; **nitommooka** she took my name; **nitommoawa** I took her name.

OMOHKOHSATTSISSKOYIHP *nin*; side of the mouth, side of the lips; **ómohkohsáttsisskoyihpistsi** sides of the mouth; **nómohk- ohsáttsisskoyihpi** at the side of my mouth; **ákaitsiinohkaihtsiwa ómohkohsáttsisskoyihpi** his negative remark is on the verge of be- ing uttered, lit: it is lying on the edge of the side of his lips.

OMÓÍPI *vta*; gather all (people) to one spot; **amóípiisaawa** gather them!; **áakomóípiyiiwaiksi** she will gather them to one spot; **iimóípiyiiwaiksi** he gathered them to one spot; **nitsíímóípiookin- naana** she gathered us in one spot.

OMOI'SSKIMAAT *vai*; herd (s.t.); **omóí'sskimaat!** herd!; **áakomoi'sskimaawa** he will herd; **iimóí'sskimaayaawa** they herded; **nitsíímoi'sskimaa** I herded.

OMOI'TSI *vai*; curl-up; **amóí'tsit!** curl up!; **áakomoi'tsiwa** he will curl up; **iimóí'tsiwa** he curled up; **nitsíímoi'tsi** I curled up.

OMOKINSSTSAAKI *vai*; clench, close one's own hand; **amokínssts- aakit!** close your hand!; **áakomokínsstsaakiwa** he will close his (own) hand; **iimokínsstsaakiwa** he closed his (own) hand; **nitsíímokínsstsaaki** I closed my hand; **nitáómokínsstsaaki** I am closing my hand; *cf*. **ikinsst**.

OMOKSIPI *vti*; gather and tie into a bundle; **omóksipit!** gather (e.g. grass) and tie it into a bundle; **áakomoksipima anníístsi otohkohtáánistsi** she will tie her firewood into a bundle; (ii)**móksipima** he gathered and tied them into a bundle; **ánnistsi astotóóhsiistsi nitsíímoksipii'pi** I gathered the clothes and tied them into a bundle.

OMOONAKA'SI *vai*; roll up/ have pneumonia (North Peigan); **omóónaka'sit!** roll up!; **áakomoonaka'siwa** she will have pneumonia; **ómi tsinikíísínaakssini iimóónaka'siwa** she has/had pneumonia; **nitsíímoonaka'si** I have/had pneumonia/ I rolled up.

OMOONI *vti*; secure by rolling into a bundle, fold; **amóónit!** secure it!; **áakomoonima** he will roll it into a bundle; **iimóónima oksíkkokóówayi** he folded his tent; **nitsíímoonii'pa** I folded it

OMOTTOTSI *vai*; camp in a group; **stámoohksipanáómottotsika!**
try to camp ahead of the usual time!; **áakomottotsiyaawa** they
will camp in a group; **iimóttotsiyaawa** they camped; **nitsíímot-**
totsspinnaana we camped; **ákaomottotsiwa Káínaawa'a** the
Bloods have camped in a group.

OMOWA'KIMAA *vai*; herd; **amowa'kimaat!** herd!; **áakomowa'k-**
imaawa she will herd; **iimowá'kimaawa** he herded;
nitomowa'kimaa I herded.

OMOWOHTOO *vti*; gather; **omówohtoot!** gather them (e.g. the
dishes)!; **áakomowohtooma otsstákssiistsi** she will gather her
belongings; **iimówohtoomaistsi** he gathered them; **nitsíím-**
owohtóó'piaawa I gathered them.

OMÓ'TSAAKI *vai*; win/be victorious; **sotámomó'tsaakit!** win!;
áakomó'tsaakiwa she will win; **iimó'tsaakiwa** he won;
nitsíímó'tsaaki I was victorious.

OMÓ'TSI *vta*; defeat/win victory over; **noohkssáakomó'tsiisa!**
please try to defeat him; **áakomó'tsiyiiwa** she will defeat him;
iimó'tsiyiiwa she defeated him; **nitsíímó'tsooka** he defeated me.

OMO'TSTAA *vai*; win in battle (archaic); **ómo'tstaat!** win!;
áakomo'tstaawa he will win; **iimó'tstaawa** he won;
nitsíímo'tstaa I won

OMSSPIKA'PSSI *vai*; be burdensome/ hard to take care of;
(**omsspika'pssit!** be hard to take care of!); **áakomsspika'pssiwa**
she will be hard to take care of; **iikómsspika'pssiwa** he is hard to
take care of; **nitsiikómsspika'pssi** I am hard to take care of.

OMSSTAKI *vai*; steal a portion/share of (e.g. food, money, etc..);
omsstakít! steal his share!; **áakomsstakiwa** she will steal his share;
omsstakíwa he stole her portion; **nitómsstaki** I stole his share;
káta'yaomsstakíwaatsi anná kitómitaama? does your dog steal
food?

OMSSTOMO *vta*; steal the share of; **omsstomóósa!** steal her
share!; **anná kitómitaama áakomsstomoyiiwa nitohpóósiima**
your dog will steal my cat's share; **iimsstómoyiiwa** he stole her
share; **nitsíímsstomooka** he stole my share; **iimahkáómsstakiwa**
anna kitómitaama your dog stole the whole portion.

OMSSTSKIIHTSII *vai*; lie face down; **omsstskííhtsiit!** lie face
down!; **áakomsstskiihtsiiwa** she will lie face down;
iimsstskííhtsiiwa he lay face down; **nitómsstskiihtsii** I lay face
down.

ON *adt*; swift; *see* **oní'taki** hurry; **áaksstamonitapoowa** she should hurry and go there; **skáí'tskitsiihtatawa mááhkono'toahsi** I'm wishing he would make a swift arrival; **áaksstamónioyiyaawa** they should be swift about beginning to eat.

ONAASI *vai*; stuck; **onáásit!** get stuck!; **áakónaasiwa** he will get stuck; **iináásiwa** she got stuck; **nitsíínaasi** I got stuck.

ONAKI *adt*; sudden, immediate; *see* **onakisttsimm** suddenly became irritated with; **máátonakiotoi'tsikatóóma(atsiksi)** he did not immediately tend to it.

ONAKIA'PII *vii*; be an abundant and appealing selection of displayed goods or foodstuff; **áakonakia'piiwa** there will be an appealing selection of goods; **iikónakia'piiwa** it is an appealing selection of goods.

ONAKISTTSIMM *vta*; experience sudden frustration over; (**onakiisttsimmisa!** experience sudden frustration over him!); **áakonakisttsimmiiwa** she will ... about him; **onakisttsimmiiwa** he experienced frustration over her; **nitonakísttsimmoka** she experienced ... over me.

ONAMATSSTAA *vai*; get stuck in mud (with a vehicle); **onamátsstaat!** get stuck in the mud!; **áakónamatsstaawa** she will get stuck in the mud; **iinamátsstaawa** he got stuck in the mud; **nitsíínamatsstaa** I got stuck in the mud (with my vehicle).

ONATAA *vai*; dig (s.t.) up from the earth; **onatáát!** dig s.t. up!; **áakonataawa mí'kotaikimmi** she will dig for gold; **iinatááwa maatááki** he dug up potatoes; **nitsíínataa** I dug s.t. up.

ONA'PSSI *vai*; hurriedly prepare to depart; **oná'pssit!** prepare yourself to leave!; **áakona'pssiwa** she will prepare herself to leave; **áóna'pssiwa** he is preparing to leave; **nitáóna'pssi** I am preparing to leave.

ONIINIIWAT *vta*; select as a warrior; **oniiniiwatsisa!** (choose, select him as a warrior!); **áakoniiniiwatsiiwa** they will select him as a warrior; **iiniiniiwatsiiwa** they selected him as a warrior; **nitsiniiniiwakkiaawa** they selected me.

ONISTAAHS *nan*; calf; **onistááhsiksi** calves.

ONI'TAKI *vai*; be in a rush/ hurry; **aní'takit!/(o)ní'takit!** hurry!; **áakoni'takiwa** she will hurry; **iiní'takiwa** he hurried; **nitsííni'taki** I hurried.

ONI'TSI *vta*; urge to hurry; **aní'tsiisa!/(o)ní'tsiisa** hurry her!; **áakoni'tsiyiiwa** she will hurry him; **iiní'tsiyiiwa** he hurried her; **nitsííni'tsooka** she hurried me.

ONNAT *adt*; few, less, low in number; **nitáótahkoinammiksi ákaonnatohsimmi** my oranges, they have become few; **iikónnatstooma otápayinistsi** he put a low price on his breads; **nitsikónnatsinaana iihtáóhpommao'pi** I have little money.

ONNATOHSII *vii*; be few, low/ dimminish; **áakonnatohsiiwa** it will become few/less; **innátohsiiwa** it is few/less; **miináttssiiststakit, nitáóhkiimi ákaonnatohsiiwa** don't wash clothes, my water supply is low; **ákaonnatohsiiyi nitsówahsiimistsi** my food goods have become fewer; *Rel. stem: vai* **onnatohsi** be few.

ONNATSTOO *vti*; lower the price of; **innátstoot annístsi kitahkániaakssiistsi!** lower the price of the articles which you sewed!; **áakonnatstooma** he will lower the price of it; **innátstooma** he lowered the price of it; **nitónnatstoo'pa** I lowered the price of it.

ÓNNIKIS *nin*; milk; **kanáómia'nistonnikiistsi** all kinds of milks (e.g. strawberry, chocolate etc ...)

ONNIMM *vta*; develop an emotional attachment for as a father; **onnímmisa!** take him as a father!; **áakonnimmiiwa** she will take him as a father; **áónnimmiiwa** he takes him as a father; **nitónnimmoka** she took me as a father.

ONNOHKATA'PII *vii*; complicated/difficult; **áakonnohkatá'piiwa** it will be difficult; **iikónnohkata'piiwa ánni otáíssksimatoo'pi** it is complicated that which she is beading; *Rel. stem: vai* **onnohkata'pssi** be complicated/difficult.

ONNOHKATSIMM *vta*; find burdensome; (**onnohkatsimmisa!** find him burdensome!); **áakonohkatsimmiiwa** she will find him burdensome; **iinnohkátsimmiiwa** he found her burdensome; **nitsíínnohkatsimmoka** she found me burdensome

ONNOPA'TSIS *nin*; hunting equipment consisting of a bow, arrows and quiver; **nonnopa'tsiistsi** my hunting equipment.

ONO *vta*; recognize; **stámsssáakonoosa!** try to recognize her!; **áakonoyiiwa** she will recognize him; **iinoyííwa** he recognized her; **nitsíínooka** he recognized me; **áónoyiiyaawáyi** they recognize him.

ONOHKOYI'TSIMATOO *vti*; stay away from/ abstain from (a vice); **onohkoyí'tsimatoot!** abstain (e.g. from your drinking)!; **áakonohkoyi'tsimatooma** she will abstain (e.g. from overeating because of doctor's orders); **osímssini, áónohkoyi'tsimatooma** his drinking, he is abstaining from it; **nitáónohkoyi'tsimatoo'pa nitó'tsisissini** I am abstaining from smoking.

ONOOHKI *vta;* cause to have a nightmare; **onóóhkiisa!** give him a nightmare!; **áakonóóhkiyiiwa** he will give her a nightmare; **iinóóhkiyiiwa** she gave him a nightmare; **nitsíínóóhkiooka** he gave me a nightmare.

ONOOKSIKSISTSIKO *vii;* inclement weather, i.e. rain or snow; **áakónooksiksistsikowa** it will be stormy; **áónooksiksistsikowa matónni** it was rainy yesterday.

ONOOTAPISSAPI *vai;* eye hungrily, crave (something) (No. Peigan); **onootapissapit!** eye hungrily!; **áakonootapissapiwa** she will crave (s.t.); **iinootapissapiwa** she eyed (s.t.) hungrily; **nitsiinootapissapi** I craved (s.t.); *Rel. stems: vti* **onootapissatoo**, *vta* **onootapissat** eye hungrily, crave.

ONOOTATOO *vti;* hunger for/ desire; **onóótatoot!** desire it!; **áakonootatooma omi pisátsskiitaani** he will hunger for that cake; **iinóótatooma** he desired it; **nitsíínootatoo'pa** I desired it; *Rel. stems: vai* **onootsi**, *vta* **onootat** hunger for/ desire.

ONOOTSI *vai;* hunger for food/ have sexual desire; **onóótsit!** hunger!; **áakonootsiwa** she will hunger; **iinóótsiwa** he was hungry; **nitsíínootsi** I was hungry/ my libido was high.

ONOOTSSKI *vai;* greedy; (**onootsskit!** be greedy!); **áakónootsskiwa** she will be greedy; **onóótsskiwa** he is greedy; **nit(sik)ónootsski** I am greedy.

ONOOTSSKISSAPI *vai;* eye greedily; *cf.* **onootsski+ssapi.**

OO *vai;* go (move, travel, ambulate); **ksiwóot!** walk!; **áakohtá'poowa** she will go through the area; **iihtóowa** he went through/ along there; *see* **sowoo** go into the water; *see* **itapoo** go toward; *Note:* adt req, oo˜ao; *Rel. stem: vta* **wáaat** go in relation to.

OOHK *nan;* pot; *see* **issk.**

OOHKAMA'TSIS *nin;* container, or bag used for storage, e.g. for water, berries etc.; **poksisoohkama'tsiistsi** little storage bags; **nisoohkama'tsisi** my bag for storing berries.

OOHKOHKO *vta;* sense the mood or intention of; **oohkohkoosa!** sense her mood!; **áakoohkohkoyiiwa** she will sense his mood; **oohkohkoyiiwa** he sensed her mood; **nitoohkohkooka** she sensed my mood.

OOHKOHTSSKAA *vai;* hang meat to dry; **oohkohtsskáát!** hang meat to dry!; **áakoohkohtsskaawa** she will hang meat to dry; **iihkohtsskááwa/oohkohtsskááwa** he hung meat to dry; **nitóóhkohtsskaa** I hung meat to dry.

ÓÓHKOTOK *nan;* large stone/rock; **sikóóhkotokiksi** black stones; **nitóóhkotokima** my rock.

ÓÓHKOTOK *nin*; small stone/rock, pebble; sikóóhkotokistsi black pebbles; óóhkotokskoyi rocky place.

OOHKOTOKSAISIKSIKIMI *nin*; coffee, lit: tea (brewed) from stones; óóhkotoksaisiksikimiistsi coffees.

OOHKOTOKSIISAHKOMAAPI *nan*; member of the Rocky Boy Reservation; Óóhkotoksiisahkómaapiiksi members of the Rocky Boy Reservation.

ÓÓHKOTOKSÍÍSINAIKOAN *nan*; member of the Rocky Boy Indian tribe; Óóhkotoksíísinaikoaiksi members of the Rocky Boy Indian tribe; *cf.* Asinaa

OOHKOTOKSIISOYINN *nin*; stone-jar, which is brown and white in color/ jug; óóhkotoksiisoyinnistsi stone-jars.

ÓÓHKSIPISTAAN *nin*; lodge flap/ entrance of a lodge; nitsóóhksipistaanistsi my tents' entrances; *also* iyóóhksipistaan.

OOHSI *adt*; nearest the wall; oohsóóhtsi nitáakohtohsstsii I will lie next to the wall; stámohtohsstsíít! lie by the wall!

OOHSINIINAMMA *und*; expression of strong dismay (considered to be swearing); *also* paahkoohsiniinamma

ÓÓHTATSIKA'PIS *nin*; crown of the head; óóhtatsika'piistsi crowns.

OOKAA *vai*; sponsor the primary religious ceremony associated with the Sundance; ookáát! sponsor ... the Sundance!; áakookaawa she will sponsor a Sundance; iikááwa she sponsored a Sundance.

OOKÁÁN *nin*; the primary religious ceremony associated with the Sundance (Bloods)/ the Sundance (No. Piegan); *cf.* ookaa.

OOKATAKI *vai*; do beadwork, bead; óokátakit bead!; áakookatakiwa she will bead; iikátakiwa she beaded; nitóókataki I beaded; áóokatakiwa anna kipitáakiwa the old lady does beadwork.

OOKATOMO *vta*; bead for; ookátomoosa! bead for her!; áakookatomoyiiwa she will bead for him; iikátomoyiiwáyi he beaded for her; nitsííkatomooka she beaded for me.

OOKITSIIHTAA *vai*; be generous; ookitsííhtaat! be generous!; áakookitsiihtaawa she will be generous; ookitsííhtaawa he was generously inclined; nitóókitsiihtaa I was generous.

OOKOAISSIS *nin*; stomach fat; otóókoaissiistsi the stomach fats which he owns.

OOKOKSISST *nar*; step-mother; nitóókoksissta my step-mother; *cf.* iksisst.

OOKONN *nar*; step-father; nitóókónna my step-father; *cf.* inn.

OOKÓÓWA *nir*; home/house; ookóówaistsi his houses; nookóówayi my house.

OOM *nar*; husband; **nóomiksi** my husbands; **óomi** her husband; *also* **ó'm.**

OOMOK *adt*; crooked, twisted, turn; **oomokóot!** turn!; **iikóóm-oksináttsiwa** it looks crooked.

OOMOWÁÁHKII *vti*; rake, gather; **omowááhkiit/ áámowááhkiit anníístsi kipohkiáákssiistsi!** rake in your grass cuttings!; **áakoomowááhkimaistsi** she will gather, rake them; **iimowááhkimaistsi** he gathered them; **nitsíímowááhkii'piaawa** I gathered them.

OONI *vii*; day; **áakitsistó'kiooniwa** it will be two days that she is there; **míssta'nístsoonihpi** there is doubt as to the exact number of days ...; **kitáá'ssksiniihpa otaanístsoonihpi?** Do you know what day it is?; *Note: adt req.*

ÓÓPAIHP *nin*; waist; **óópaihpoaawaistsi** their waists.

OOSÁK *nan*; back fat; **oosákiksi** back fat (pl.).

OOSIPISTAAN *nan*; sun dog; **oosipistaaniksi** sun dogs.

OOTAA *vai*; make leggings; **áóotaawa** she makes leggings; *Rel. stem: vta* **ooto** make leggings for.

OOTAAMAAWANO *nan*; first feather on wing; **ootaamaawanoiksi** first feathers on wings; **nootaamaawanoima** my first feather.

OOTÁÁN *nin*; legging; **ootáánistsi** leggings; *cf.* **ootaa.**

OOTO *adt*; from a distance; *see* **ootoissammii** watch from a distance; **kitóótoikso'kowaiksi** your distant relatives; **nitáíkakáóotoinoawa** I only just see him from a distance; **otóótoyóomayi** it is her brother-in-law/ it is her distant husband.

OOTO *vta*; make leggings for; **ootoosa!** make leggings for her!; **áakootoyiiwa** she will make leggings for him; **iitoyiiwa** he made leggings for her; **nitootooka** she made leggings for me; *Rel. stem: vai* **ootaa** make leggings.

OOTOHTOIIKIN *nin*; stock (of a gun); **ootohtoiikiistsi** gun stocks.

OOTOHTOYI *nan*; sora rail, lit: carrying food, Lat: Porzana carolina; **ootohtoyiiksi** sora rails.

OOTOISSAMM *vta*; watch from a distance; **ootóíssammisa!** watch him from a distance!; **áakootóíssammiiwa** she will watch him from a distance; **ootóíssammiiwa** he watched her from a distance; **nitóotoissammoka** he watched me from a distance; *also* **ootaissamm**; *cf.* **ooto+ssamm**

OOTOKIÁÁPINIHPIS *nin*; eyelid; **nootokiáápinihpiistsi** my eyelids.

OOTOKI'P *nin*; skull; **ootoki'pistsi** skulls.

OOTOOHKIIMAAN *nar*; sister-in-law of male; **nitóótoohkiimaan-iksi** my sisters-in-law (male speaker); **otóótoohkiimaani** his sister-in-law.

OOTOONÍS *nin*; lip; **ootooniistsi** his lips; **nootoonisi** my lip.

OOTOYOOM *nar*; brother-in-law of female; **nitóótoyoomiksi** my brothers-in-law (female speaker); **otóótoyoomi** her brother-in-law.

OOTSIKIIKINAOHSOA'TSIS *nan*; McCown's longspur, lit: Shoulder-bone tailfeathers, Lat: Rhynchophanes mccownii; **ootsiikiikinaohs-oa'tsiiksi** longspurs.

OOTSÍMI *nan*; sorrel-horse; **ootsímiiksi** sorrel-horses.

OOTSIMIOHKIAAYO *nan*; brown bear, lit: sorrel bear, Lat: Ursus americanus; **ootsímiohkiaayoiksi** brown bears; *see also* **sikohkiaayo** *cf.* **kiááyo**

OOTSISTSÍÍN *nin*; strawberry, Lat: Fragaria virginiana; **ootsis-tsíínistsi** strawberries.

OOTSISTSÍN *nin*; palate; **ootsistsínistsi** palates; **nootsistsíni** my palate.

OOTSTOO *vti*; gather or group; **ootstóót anníístsi kikahksísts-takssiistsi!** gather those pieces which you sawed off!; **áakootstooma otsistotóóhsiistsi** she will gather and group her clothing; **ootstóóma** he gathered; **nitóótstoo'piaawa** I gathered them

OOWAT *vta*; eat; **oowátsisa óma pi'kssííwa** eat that chicken!; **kitáaksowatawa** you will eat it; **iiwátsiiwayi** he ate him; (**nítsowakka**) (he ate me); *Rel. stems: vti* **oowatoo**, *vai* **ooyi** eat.

OOYATTSSTAA *vai*; feed livestock; **ooyáttsstaat!** feed the livestock; **áaksoyattsstaawa** she will feed the livestock; **iiyátts-staawa** he fed the livestock; **nítsoyattsstaa** I fed the livestock; **áóoyattsstaawa** he feeds livestock.

OOYI *vai*; eat; **ooyít!** eat!; **áaksoyiwa** she will eat; **iiyíwa** she ate; **nítsoyi** I ate; **áóoyiwa** he eats; **nítsoyáttsaawa** I made him eat.

OOYIIPI *vta*; take/bring to eat; **ooyiipiisa!** take him to eat!; **nitáaksoyiipiaawa** I will bring him to eat; **iiyíípiyiiwa** he took her to eat.

OOYIISTOTO *vta*; prepare a meal for; **oyíístotoosa!** prepare a meal for him!; **áaksoyiistotoyiiwa** she will prepare a meal for him; **iiyíístotoyiiwa** he prepared a meal for her; **nítsoyiistotooka** she prepared a meal for me.

OOYIITSI'TAKI *vai*; be depressed/dejected; **óóyiitsi'takit!** be depressed/dejected!; **áakooyiitsi'takiwa** she will feel dejected; **(iik)óóyiitsi'takiwa** he was depressed; **nitóóyiitsi'taki** I was depressed.

OOYI'KO *vta*; search out and provide food for; **iiyí'koosa anna kóko'sa!** look for some food for your child!; **áaksoyi'koyiiwa** she will ... for him; **iiyí'koyiiwa** he found food for her; **nítsoyi'kooka** she found food for me; **noohká'pioyi'koosa anná ómahkinaawa** look around for some food and feed the old man; **áóoyi'koyiiwa** she looks for food to feed him.

OOYO'SI *vai*; prepare food for a meal, cook; **ooyó'sit!** prepare a meal!; **áaksoyo'siwa** she will prepare a meal; **iiyó'siwa** he prepared a meal; **nítsoyo'si** I prepared a meal; **áóoyo'siwa** she is preparing a meal.

OPÁÁKAHTAAN *nin*; phallus.

OPAHKIMINNAKI *vai*; plow; **opahkimínnakit!** plow!; **áako-pahkiminnakiwa** she will plow; **iipahkimínnakiwa** he plowed; **nitsíípahkiminnaki** I plowed.

OPAKÍÍYI *vai*; break camp/ strike camp/ take down tent; **apak-ííyit!** break camp!; **áakopakiiyiwa** she will break camp; **iipakííyiyaawa** they broke camp; **nitsíípakiiyi** I took down my tent; *Rel. stem: vti* **opakiyihksstsii** break/strike camp from/ move away from.

OPAKSIKSSTO *adt*; abreast; **áópaksíksstoipoyiyaawa** they stand abreast; **áakitopaksiksstóópiiyaawa** they will sit abreast there.

OPAKSÍSTTOHKII *vii*; flat; **áakopaksísttohkiiwa** it will be flat; **apaksísttohkiiwa** it is flat.

OPAKSO'TSI *vti*; break apart (a wooden object) by hand; **opaksó'tsit anní ataksáákssini!** break apart the box!; **áakopaksó'tsima** she will break it apart; **iipaksó'tsima anni nistsíípisskaani** he broke the fence apart; **nitsíípaksó'tsii'pa** I broke it apart.

OPAM *adt*; across from one side to the opposite side, over, or through, usually a body of water; **apámoohtsi** in the direction of across; **áakopamipihtakiwa** he will take something across; **iipamóówa** he went across (the ocean) to the other side; **ákaopamohpai'pi'wa** he has jumped across (the ditch) to the other side; **i'kakoyi ki nítohkottopamáatoo'pa** it was flooded and I was able to cross.

OPANO'TSI *vti*; tear open a sealed wrapping; **opanó'tsit!** tear it open!; **áakopanó'tsima anni sináákssini** she will tear open the envelope; **nítssínomookoyi iipanó'tsima** he tore open my mail; **nitsíípanó'tsii'pa** I tore it open; *also* **opanio'tsi**.

OPASOO *vai*; yawn; **opasóót!** yawn!; **áakopasoowa** he will yawn; **iipasóówa** she yawned; **nitsíípasoo** I yawned; *Note: oo˜ao*.

OPASOO *vai*; be inoperational; **áakopasoowa** it (the machine) will become run down; **iipasóówa** it is no longer operational; **ákaopasooyi nitsinaká'siimiksi** my car has become inoperational.

OPASSKOYAAPIKSSI *vai*; crack the corners of one's own mouth; (**opasskoyaapikssit!** split the corners of your mouth, e.g. by opening your mouth wide while singing!); **áakopasskoyaapikssiwa** she will split the corners of her own mouth (e.g. on the clothesline); **iipasskoyaapikssiwa** he cracked the corners of his own mouth (e.g. because he yawned widely); **nitsiipasskoyaapikssi** I cracked the corners of my mouth.

OPA'KIIKINIT *vta*; open the chest cavity and abdomen of; **opá'kiikinitsisa!** split open its chest!; **áakopa'kiikinitsiiwa** she will split its chest open; **iipá'kiikinitsiiwa anní ápotskinayi** he split open the cow's chest; **ákaopa'kiikinitsiiwa anni ápotskinayi** he has opened the cow's chest and ....

OPA'M *vta*; lull into a state of relaxation or sleep; **apá'misa!** lull her!; **áakopa'miiwa** she will lull her; **iipá'miiwa** he lulled her; **nitsíípa'moka** she lulled me to sleep.

OPA'TAA *vai*; stop for lunch while travelling; **opa'taat!** stop for lunch!; **áakopa'taawa** he will stop for lunch; **iipa'taawa** he stopped for lunch; **nitsiipa'taa** I stopped for lunch.

OPIAAPIKKSSI *vai*; land (from the air); **opiáapikkssit!** land!; **oma kááyiiwa áakopiáapikkssiwa** the gull will land; **iipiáapikkssiwa** he landed; **nitopiáapikkssi** I landed (e.g. in a plane).

OPII *vai*; sit/stay; **apíít!** sit!; **áakopiiwa** she will sit; **ákaopiiwa** she has sat; **nikáópii** I have sat; **máátsitáópiiwaatsiksi** she's not at home; **iipiópiiwa** he sat at a distance; **áópaoo'pa** we (incl) sit; *Note: ii˜ao*.

OPIINOMO *vta*; doctor; **apíínomoosa!** doctor him!; **áakopiinomoyiiwa** she will doctor him; **iipíínomoyiiwa** he doctored him; **nitsíípiinomooka** she doctored me.

OPISAA *vai*; boil meat over an open fire; **(noohk)opisaat!** boil meat!; **áakopisaawa** she will boil meat; **iipisaawa** he boiled meat; **nitsíípisaa** I boiled meat.

OPISTTOKSISAANÓPII *vai;* kneel; opísttoksisaanópiit!/
apísttoksisaanópiit! kneel!; áakopisttoksisaanópiiwa she will
kneel; iipísttoksisaanópiiwa she knelt; nitsíípisttoksisaanópii I
knelt.

OPITSA'PAOHPI'YI *vai;* stagger out of a matter-filled area (e.g. a
mud-hole, an ash covered area); opitsá'paohpi'yit! stagger out!;
áakopitsa'paohpi'yiwa she will stagger out; iipitsá'paohpi'yiwa
he staggered out; nitsíípitsá'paohpi'yi I staggered out.

OPITSINO'TSI *vti;* peel off (said of a thin material which is ad-
hered to a surface); opitsinó'tsit! peel it off!; anni
painokáínattsiyi áakopitsino'tsima she will peel off the paper;
iipitsinó'tsima ánni aksspáínnakssini he peeled off that which is
glued on; nitsíípitsinó'tsii'pa I peeled it off.

OPITSISOWOO *vai;* come ashore; ópitsisowoot! come ashore!;
áakopitsisowoowa she will come ashore; ípitsísowoowa she came
ashore; nitsiípitsísowoowa I came ashore.

OPITSKAPATOO *vti;* peel or pull off an adhered surface covering;
opítskapatoot! peel it off!; omi paksísttohksiksiiyi áakopitsk-
apatoomayi she will pull off the plywood; iipítskapatooma he
peeled it off; nitsíípitskapatoo'pa I peeled it off.

OPITSO'TSI *vti;* remove from fire or water; opitsó'tsit! remove it
from the fire!; áakopitso'tsima she will remove it; iipitsó'tsima he
removed it from the fire; nitsíípitso'tsii'pa I removed it from the
fire; *Rel. stem: vta* opitso'to remove from fire.

OPITSSKIMIKSAAKI *vai;* uproot plants/ break up the ground;
opitsskímiksaakit! break up the ground!; áakopitsskimiksaaki-
wa she will uproot plants; iipitsskimiksaakiwa he uprooted plants;
nitsíípitsskimiksaaki I uprooted plants; *also* opahkimiksaaki.

OPITSSKIMIKSIMAAN *nin;* plant that has been pulled out by the
roots; opitsskimiksimaanistsi plants that have been pulled out.

OPÓKKSINI *vta;* smash or dent (a metal object); opókksíniisa!
smash and dent it!; anni ikksipóóhko'si áakopókksíniyiiwa she
will smash the can; iipókksíniyiiwa he dented it;
nitsíípokksíniaawa I dented them.

OPÓNIAAKI *vai;* starve; (poniaakit! starve!); áakopóniaakiwa
she will starve; iipóniaakiwa he starved; nitsíípóniaaki I starved.

OPÓÓKSKI *vti;* collapse a wooden frame supported object with
one's body weight; opóókskit! collapse it!; anni pookáísóópa'tsisi
áakopóókskima she will collapse the baby's chair with her weight;
iipookskima he collapsed it; nitsíípookskii'pa I collapsed it.

OPOONI *vti*; shatter; **opóónit!** shatter it!; **áakopóónima** he will shatter it; **iipóónima anni ksiistsikómsstaani** he shattered the window; **nitsíípóónii'pa** I broke it.

OPOTT *adt*; close/crowded; **iikópotta'piiwa** it is crowded; **áakopottópiiyaawa** they will be sitting crowded together.

OPÓTTSAAKA'SI *vai*; be stuck in between; **opóttsaaka'sit!** get stuck in between!; **áakopóttsaaka'siwa** he will get stuck; **iipóttsaaka'siwa** she got stuck; **nitsíípóttsaaka'si** I got stuck.

OPOTTSII *vii*; be tight/narrow/constricted; **áakopóttsiiwa** it will be narrow; **iikópottsiiwa ámoyi nisóka'simi** my dress is tight.

OPÓTTSIN *vta*; strangle; **pottsinísa!** strangle him!; **áakopóttsiniiwa** he will strangle him; **iipóttsiniiwa** he strangled her; **nitsíípóttsinoka** he strangled me.

OPOWAA'PSSI *vai*; be antagonistic; **opowáá'pssit!** be antagonistic!; **áakopowaa'pssiwa** she will be antagonistic; **iipowáá'pssiwa** he was antagonistic; **nitsíípowaa'pssi** I was antagonistic.

OPOWAMM *vta*; pick on/ be malicious toward/ bully; **opowám-misa!** pick on her!; **áakopowammiiwa** she will pick on him; **iipowámmiiwa** he picked on her; **nitsíípowammoka** she picked on me.

OPOYIIKSSTAKI *vai*; spit out (something liquid); **opoyííksstakit!** spit (s.t.) out!; **áakopoyiiksstakiwa** she will spit (s.t.) out; **iipoyííksstakiwa** he spit (s.t.) out; **nitsíípoyiiksstaki** I spit (s.t.) out.

ÓPPANI *nin*; phallus (archaic).

OPPITAAM *nar*; his elderly wife; *see* **ippitaam.**

OSSKAT *vta*; acquire as a son-in-law; **osskatsísa!** acquire him as a son-in-law; **áakosskatsiiwa** she will acquire him as a son-in-law; **osskatsííwa** he acquired him as a son-in-law; **nitósskakka** she acquired me as a son-in-law; *cf.* **iss.**

OSSP *nin*; gall bladder; **osspistsi** gall bladders; **nosspi** my gall bladder.

OSSTSII *vii*; be sinewy, tough; **áakosstsiiwa anni í'ksisakoyi** the meat will be tough; **iikósstsiiwa** it is sinewy.

ÓSSTSII *nan*; vein; **nósstsiiksi** my veins.

OTÁÁ *nan*; weasel that has a brown summer coat; **otáíksi** brown weasels; *also* **otaiai**; *see also* **aapaiai.**

OTAAHSOWAA *vai*; go to retrieve one's wife; **otááhsowaat!** retrieve your wife; **áakotaahsowaawa** he is going to get his wife back; **iitááhsowaawa** he went to get his wife; **nitsííhtaahsowaa** I went to get my wife.

OTÁAKISSI *vai*; go for water (with a container); **matáakissit!** go for water!; **áakotáakissiwa** she will go for water; **iitáakissiwa** he went for water; **nitsíítáakissi** I went for water; *cf.* **waakissi**.

OTAAPOHKAT *vta*; bring gifts of food to; **otáápohkatsisa!** bring her gifts of food!; **áakotaapohkatsiiwa** she will bring him gifts of food; **iitáápohkatsiiwa** he brought her gifts of food; **nitáápohkakka** she brought me gifts of food.

OTÁATOMO *vta*; accept the invitation of, be a guest of; **otáatomoosa!** accept her invitation!; **áakotáatomoyiiwa** he will accept his invitation; **iitáatomoyiiwa** he accepted his invitation; **nitsíítáatomooka** she was my guest; *see also* **otaatsim**.

OTÁÁTOYI *nan*; fox, Lat: Vulpes spp., especially Vulpes fulva; **otáátoyiiksi** foxes; **máóhkotáátoyiwa** red fox.

OTÁATSIM *vta*; accept the inyitation of/ be a guest of; **otáatsimisa!** accept her invitation!; **áakotáatsimiiwa** he will accept his invitation; **iitáatsimiiwa** he accepted his invitation; **nitsíítáatsimoka** she was my guest; *Rel. stem: vai* **otaatsimi** accept an invitation.

OTAHKÁÁPI *nan*; palamino; **otahkáápiiksi** palamino horses.

OTAHKÁÓKAYII *nan*; robin, lit: yellow breast, Lat: Turdus migratorius; **otahkáokayiiksi** robins; **nitótahkáokayiima** my robin.

OTAHKO *adt*; orange, yellow; **ótahkoináttsiwa** it is orange, yellow in appearance.

ÓTAHKOHSÓA'TSIS *nan*; redtail hawk, lit: yellow tail feathers, Lat: Buteo borealis; **ótahkóhsoa'tsiiksi** redtail hawks.

OTAHKÓÍIMI *nan*; buckskin horse; **ómahkotahkóíimiiksi** big buckskin horses.

OTAHKOÍÍTAHTA *nin*; Yellowstone river, lit: yellow river.

OTAHKOIKA *nan*; yellowlegs, lit: yellow leg, Lat: Totanus; **otahkóíkaiksi** yellowlegs (plural); *cf.* **ika**.

OTAHKÓÍSISTTSII *nan*; female goldfinch, or any other small bird of yellow plumage, lit: yellow bird; **otahkóísisttsiiksi** yellow birds.

OTAHKÓÍSSKSISI *nan*; brown (nosed) horse; **otahkóíssksisiiksi** brown (nosed) horses.

OTAHKÓÍSSKSISIYOOHKIAAYO *nan*; grizzly bear, lit: brown-nosed bear; **otahkóíssksisiyoohkiaayoiksi** grizzly bears.

OTAHKÓNSSKI *nan*; arctic three-toed woodpecker, lit: has a yellow forehead, Lat: Picoides arcticus; **otahkónsskiiksi** arctic three-toed woodpeckers.

OTAHKOOMAIKSISTOYI *vii*; be sunset (No. Peigan); **áakotahk-óómaiksistoyiwa** the sun will set; **otahkóómaiksistoyiwa** the sun set/ it was sunset

OTAHKSINI *vta*; bruise; **otahksíniisa!** bruise her!; **áakotahksíniyiiwa** he will bruise her; **iitahksíniyiiwa** she bruised him; **nitsíítahksíniooka** she bruised me.

OTAHPIAAKI *vai*; sew the sole and vamp of a mocassin together; **otahpiáákit!** sew them together!; **áakótahpiaakiwa** she will sew them together; **itahpiáákiwa** she sewed them together; **nitótahpiaaki** I sewed them together; *Rel. stem: vti* **otahpii** sew (the sole) onto the vamp.

OTAHPÍKAOHSIN *nin*; sole of a shoe; **otahpíkaohsiistsi** soles; **nitotahpikaohsini** my shoe-sole.

OTAHS *vrt*; bow or bend; **otahsskaohsit!** bend your body!

OTAHSOHKIAAKI *vai*; nod, bow one's own head; **otahsohkiáákit!** bow your head!; **áakótahsohkiaakiwa** she will bow her own head; **otahsohkiáákiwa** he bowed his own head; **nitótahsohkiaaki** I bowed my head

OTAHSOHKIÁAPIKSSI *vai*; nod one's own head; **otahsohkiáap-ikssit!** nod your head!; **áakotahsohkiáapikssiwa** she will nod her head; **otahsohkiáapikssiwa** he nodded; **nitótahsohkiáapikssi** I nodded my head.

OTAIIMI *vai*; have underarm odor, lit: smell like a weasel; (**otaiimit!** have underarm odor!); **áakotaiimimma** she will have underarm odor; **otáímiimma** he has underarm odor; **nitótaiimi** I have underarm odor; *Note: 3mm.*

OTAIKIMM *nan*; gold; **otáíkimmiksi** gold objects.

OTAIKIMMIO'TOKAAN *nan*; golden eagle, lit: gold head, Lat: Aquila chyrsaeotos; **otáíkimmio'tokaaniksi** golden eagles.

OTAKÓ *vii*; evening: **áakotakowa** it will be evening; **ao'takósi** when it is evening; **nitáakitsssko'too ao'takósi** I will return this evening

OTAM *adt*; later; **áakotámitapoowa** she will go there later; **áakotámiooyiwa** she will eat later; **iitamítsitapoowa** she went there later.

OTAMIMM *vta*; favor, treat as important; **otamímmisa!** favor her!; **áakotamimmiiwa** she will favor him; **otamímmiiwa** he favored her; **nitotamímmoka** she treated me as important.

OTAMI'TSI *vta*; have high regard for; (otami'tsiisa! have high regard for him!); áakotami'tsiyiiwa she will have high regard for him; iikotami'tsiyiiwa he had high regard for her; nitsikótami'tsooka she had high regard for me.

OTANIMM *vta*; develop an emotional attachment for as a daughter; otanímmisa! adopt her as your daughter; áakotanimmiiwa she will adopt her as a daughter; iitánimmiiwa he adopted her as his daughter; nitsíítanimmoka she adopted me as her daughter.

OTANITAKI *vai*; peel, pare with a knife; otanítakít! peel; áakotanitakiwa maatááki she will peel potatoes; otanítakiwa he peeled; nitónitaki/nitsíítanitaki I peeled.

ÓTAPI'SIN *nan*; people (collective); ótapi'sina people (group of); *cf.* matapi

OTATS *adt*; upon/on; itotátsoohtooma anníístsi otsí'nssimaanistsi she placed her plants upon it; stámitotátsaaniiwa anní otokákihtsimaani he made an over-riding statement about her decision.

OTAWANSSAKI *vai*; smoke a tanned hide so as to make it brown in color; otawánssakit! smoke a hide!; áakotawanssakiwa she will ...; iitawánssakiwa she smoked a hide; nitótawanssaki I smoked a hide.

ÓTA'S *nar*; horse of, mount; nóta'siksi my horses; óta'si his horse.

OTA'SI *vai*; own a horse; otá'sit! own a horse!; áakota'siwa she will own a horse; iitá'siwa he owns/owned a horse; nitsííta'si I own/owned a horse.

OTO *adt*; go to do; iitóómiihkaawa he went to fish; matóoyit! go eat!; áakotóíkahtsiwa she will go play in game; matóómiihkaat! go fishing; *see* otoohkohtaa go get firewood.

OTÓ *vii*; be spring (season); ao'tósi when it is spring; ákaotowa it has become spring; motoyí when it was spring.

OTOHKAT *vta*; send on an errand; otohkatsisa! send him on an errand!; áakotohkatsiiwa he will send her on an errand; otohkátsiiwa she sent him on an errand; nitsíítohkakka he sent me on an errand

OTOHKÁ'TATOO *vti*; take for repairs; aatohká'tatoot anníístsi katsikíístsi! take your shoes for repairs!; áakotohká'tatooma osóka'sima she will take her dress to be mended; iitohká'tatooma he took it for repairs; nitsíítohká'tatoo'pa I took it for repairs.

OTOHTOKSIIN *nin*; raspberry; otohtoksíínistsi raspberries.

OTOINAHKIMAA *vai*; go out on a date/ look for a mate;
otóínahkimaat! look for a mate!; **áakotoinahkimaawa** she will
look for a mate; **iitóínahkimaawa** he looked for a mate;
nitsíítoinahkimaa I looked for a mate.

OTOINNAISSTSIYI *vai*; go to make a treaty; **matoinnaisstsiyik!**
you (pl.) go to make a treaty!; **áakotoinnaisstsiyiwa** she will go to
make a treaty; **itoinnaisstsiyiwa** he went to make a treaty;
nitsiitoinnaisstsiyi I went to make a treaty.

OTÓÍ'M *vta*; accuse/blame; **otóí'misa!** blame him!;
áakotóí'mawa he will be accused; **iitóí'miiwa** he accused him;
nitsíítóí'moka he accused me; **nitáótoi'mokiaawa** they are blam-
ing me.

OTOI'TSIKAT *vta*; take care of, tend to; **otóí'tsikatsisa!** tend to
her!; **áakotóí'tsikatsiiwa** she will tend to him; **iitóí'tsikatsiiwa** he
tended to her; **nitsíítoi'tsikakka** she tended to me;
nitsíítoi'tsikatawa I tended to her.

OTOI'TSIKATOO *vti*; tend to, take care of; **matóí'tsikatoot!** tend
to it!; **áakotoi'tsikatooma anníi kitsóyo'sini** she will take care
your cooking; **iitóí'tsikatooma** he took care of it;
nitsíítoi'tsikatoo'pa I took care of it.

OTOKSSKSI *nan*; bark (of a tree); **otokssksiiksi** bark (pl.).

OTOMOHK *adt*; the last/ end point; **otómohkihtsiihpi anni
moohsokóyi** the point where the road ends.

OTÓMOHTSISTO'KISSIKATOYIIKSISTSIKOOHP *nin*; Tuesday, lit:
the second day after the holy day ends; **Otomohtsisto'kissik-
atoyiiksistsikoohpistsi** Tuesdays.

OTONATOO *vti*; do quillwork on; **atonatoot!** do quillwork on it;
áakotonatooma she will do quillwork on it; **iitonatooma** he did
quillwork; **nitsíítonatoo'pa** I did quillwork on it; *also* ottonatoo;
Rel. stem: vai otonaa do quillwork.

OTONA' *vta*; delouse by hand; **otonáí'sa!** pick lice off his head!;
áakotona'yiiwa she will pick lice off his head; **iitoná'yiiwa** he
picked lice off her head; **nitótonao'ka** she picked lice off my head.

OTOOHKOHTAA *vai*; go to get firewood; **matóóhkohtaat!** go get
firewood!; **áakotoohkohtaawa** she will go for firewood; **iitóóhk-
ohtaawa** he went for firewood; **nitsíítoohkohtaa** I went for
firewood; *cf.* ohkohtaa.

OTOOHSI *vai*; choke: **miinotóóhsit!** don't choke!; **áakotoohsiwa**
she will choke; **iitóóhsiwa** he choked; **nitsiitoohsi** I choked;
nómohtotoohsi nitsówahsini I choked on my food.

OTOOM *adt*; first; *see* **matoom**

OTOOMSOOHKOMI *vai*; worry; **matóómsoohkomit!** worry!; **áakotoomsoohkomiwa** he will worry; **iitóómsoohkomiwa** he worried; **nitsíítoomsoohkomi** I worried; *Rel. stems: vta* **otoomsoohkomat**, *vti* **otoomsoohkomatoo** worry about, worry over.

OTOOPAA *vai*; go collect one's own winnings; **matoopaat!** go collect your winnings!; **áakotoopaawa** she will go collect her money; **iitoopaawa** he went to collect his money; **nitsíítoopaa** I went to collect my winnings; **nitáakssáakotoopaa** I will try to collect my winnings.

OTOOWAHSOOHPOMMAA *vai*; grocery-shop/ go shopping for food; **matóówahsoohpommaat!** go grocery shopping!; **áakotoowahsoohpommaawa** she will go grocery shopping; **iitóówahsoohpommaawa** he went grocery shopping; **nitsíítoowahsoohpommaa** I went grocery shopping.

OTOOYI'TAKI *vai*; go to mourn e.g. at a funeral; **otooyi'takit!** go to mourn e.g. at the funeral; **áakotooyi'takiwa** she will go to mourn; **iitooyi'takiwa** she went to mourn; **nitsiitooyi'taki** I went to mourn

OTOTAA *vai*; make fire/ add fuel to fire; **ototáát/atotáát!** make fire!; **áakototaawa** she will add fuel to the fire; **iitotááwa** she made fire; **nitsíítotaa** I made fire.

OTOTOO *vti*; use as fuel/ throw in the fire; **atotóót!** throw it in the fire!; **áakototooma** she will throw it in the fire; **iitotóóma** he used it as firewood; **nitsíítotoo'pa** I used it as firewood; *Rel. stem: vta* **ototsi** throw in fire.

OTOWAANISOO *vai*; walk with a cane; **otowáánisoot!** walk with a cane!; **áakotowaanisoowa** he will walk with a cane; **iitowáánisoowa** he walked with a cane; **nitsíítowaanisoo** I walked with a cane.

OTOWOOHKAA *vai*; look for livestock; **otowóóhkaat!** look for livestock; **áakotowóóhkaawa** he will look for livestock; **iitowóóhkaawa** he looked for livestock; **nitsíítowoohkaa** I looked for animals.

OTOYIIMSSKAA *vai*; put up hay (for the winter); **matoyíímsskaat!** put up hay!; **áakotoyiimsskaawa** she will put up hay; **iitoyíímsskaawa** he put up hay; **nitsíítoyiimsskaa** I put up hay.

OTOYÓ'KI *vta*; send to jail, lit: send to be locked up; **matoyó'kiisa!** send him to jail!; **áakotoyó'kiyiiwa** he will send her to jail; **iitoyó'kiyiiwa** she sent him to jail; **nitsíítoyó'kiooka** he sent me to jail.

OTSI *vai;* swim; **otsít!** swim!; **áakotsimma** he will swim; **iitsímma** he swam; **nikáótsi** I have swum; *Note: 3mm.*

OTSIIMOKO *nin;* meadow; **otsiimokoistsi** meadows.

OTSIIPI *vta;* throw into water (as a disciplinary measure); **otsíípiisa!** throw her into the water!; **áakotsíípiyiiwa** he will throw her into the water; **iitsíípiyiiwa** he threw her into the water; **nitsíítsíípiooka** she threw me into the water; *see also* **istta'pin.**

OTSIK *adt;* to maximum capacity, full/ damp; **áótsikohtooma** he is soaking it, lit: he is placing it so that it will become full with liquid; **iikótsikoyiwa** he has full lips; **niitá'potsíksspitawa** he is heavyset and tall; *see* **otsikahko** be damp ground.

OTSIKAHKO *vii;* be damp ground; **áakotsíkahkowa** the ground will be damp; **iikótsikahkowa** the ground is damp.

OTSIKIHTAA *vai;* soak (something); **otsíkihtaat!** soak (s.t.)!; **áakotsikihtaawa** she will soak s.t.; **iitsíkihtaawa** he soaked s.t.; **nitsíítsikihtaa** I soaked s.t.; *Rel. stems: vti* **otsikohto,** *vta* **otsikiht** soak.

OTSIKOHTOO *vti;* soak; **otsíkohtoot!** soak it!; **áakotsikohtooma** she will soak it; **iitsíkohtooma** he soaked it; **nitsíítsikohtoo'pa** I soaked it.

OTSIKSIISTSIM *vta;* douse, immerse, water (e.g. a plant); **otsiksíístsimisa!** immerse/water it!; **áakotsiksiistsimiiwa** she will water it; **iitsiksíístsimiiwa** he watered it; **nitsíítsiksiistsimoka** she doused me.

OTSIKSIISTSTOO *vti;* water (plants); **otsiksííststoot!** water it!; **áakotsiksiiststooma otsí'nssimaanistsi** she will water her plants; **iitsiksííststooma** he watered it; **nitsíítsiksiiststoo'pa** I watered it.

OTSIKSSIS *nin;* tallow; **otsikssiistsi** tallow (pl.).

OTSIMIHKIAATTSIIYI *vai;* act drunk after imbibing a minimal amount of alcohol; **otsimihkiaattsiiyit!** act drunk!; **áakotsimihkiaattsiiyiwa** she will act drunk; **iitsimihkiaattsiiyiwa** he acted drunk; **nitsiitsimihkiaattsiiyi** I acted drunk.

OTSÍMIHKIS *nan;* groin; **otsimihkiiksi** groins; **notsimihkisa** my groin.

OTSÍMIHKIS *nan;* thin layer of flesh on the back of a hide; **otsimihkiiksi** thin flesh layers; **notsimihkisa** my layer of flesh on the back of a hide

OTSIMOTAA *vai;* escape, flee, make a hasty retreat; **atsimotáát!** escape!; **áakotsimotaawa** she will flee; **iitsimótaawa** he escaped; **nitsíítsimotaa** I escaped.

OTSIPIIYIS *nin*; willow, Lat: Salix spp.; **otsipííyiistsi** willows; **otsipííyissko** an area of willow trees.

OTSISA'KAA *vai*; tattoo (s.o.); **atsisá'kaat!** tattoo; **nitáakotsisa'kaa** I will ...; **iitsísa'kaawa** she tattooed; **nitsíísisa'kaa** I tattooed; *also* **otsisaakaa**.

OTSISA'KAAN *nin*; tattoo; **ototsisa'kaanistsi** her tattoos.

OTSISTAPI'TAKI *vai*; discern, understand; **otsistapí'takit!** understand it!; **áakotsistapi'takiwa** she will understand; **iitsistápi't-akiwa** he understood; **nitsíítsistapi'taki** I understood; **nimáátaotsistapi'takihpa** I don't understand; *Rel. stem: vta* **otsistapi'to** understand.

OTSISTAPI'TSI *vti*; be conscious of, understand; **otsistapí'tsit!** understand it!; **áakotsistapi'tsima** she will understand it; **iitsistápi'tsima** he understood it; **nitsíítsistapi'tsii'pa** I understood it.

OTSÍTAO'TO'WAHTAAHP *nin*; fork in the river/ where two rivers meet.

OTSÍTSINSSTAO'WAHKOHPI *nin*; flat level clearing.

OTSÍTSIPOTTAAHPI PI'KSSÍÍKSI *nin*; June or July, lit: when birds fly (No. Peigan).

OTSITTSSKIS *nin*; stomach lining, tripe; **otsíttsskiistsi** stomach linings; **omi otsíttsskisi nitáakitaisapayi'sipisaa** I am going to use that stomach lining for storing water.

OTSI' *vta*; douse/splash with water; **atsí'sa anná!** douse her with water!; **áakotsi'wa** she will douse him with water; **iitsí'yiiwa** he doused her with water; **nitsíítso'ka** she doused me with water; **nitáótso'ka** she is splashing me.

OTSI'TSIIYI *vai*; wear gloves; **otsí'tsiiyit!** wear gloves!; **áakots-i'tsiiyiwa** she will wear gloves; **iitsí'tsiiyiwa** he wore gloves; **nitsíítsi'tsiiyi** I wore gloves.

OTSKAPONAA *nan*; temple (of the head); **notskáponaiksi** my temples; **ííksskai'paiinihkaawa notskáponaawa** I have a pain in my temple.

OTSKAPONAA *nan*; temple; **notskáponaiksi** my temples; **ííksskai'paiinihkaawa notskáponaawa** I have a pain in my temple.

OTSSKO *adt*; green, blue; **ótsskoinattsiwa** it is green or blue; **ómahkótsskoi'nssimaani** watermelon; *see* **otsskoisisttsi** blue bird.

OTSSKOIITSIS *nan*; over-alls, lit: blue jeans; **nitótsskoiitsiiksi** my blue-jeans.

OTSSKOISISTTSI *nan*; Stellar's Jay, lazuli bunting or any small
bird with blue plumage, lit: blue bird; ótsskoisísttsiiksi blue birds.

ÓTSKOOHPOYI *nin*; lit: blue ointment, id: Vick's ointment.

ÓTSSKOYIINI *nin*; Oregon grape, lit: blue berry, Lat: Berberis
aquifolium.

OTSSTATSIMAAN *nin*; berry which is found within the cushion or
ball cactus, Lat: Mamillaria vivipara; ótsstatsimaanistsi berries
within the cushion or ball cactus.

OTTAKI *vai*; dip out liquid; ottakít dip out liquid!/ serve drinks!;
áakottakiwa he will serve drinks; nitóttaki I served drinks; *see*
áóttaki bartender; *Rel. stem: vta* ottako dip out for/ give a drink
to.

OTTAKO *vta*; dip out for/ give a drink to; ottakóósa! give her a
drink!; áakottakoyiiwa she will give him a drink; ottakoyííwa he
gave her a drink; nitóttakooka she gave me a drink.

OTTAPIT *adt*; behind the house; ottapítoohtsi in the direction of
behind the house; itóttapitaipoyiwa he is standing behind the
house; *also* o'tapit

ÓTTSIIMSSKAA *vai*; acquire the insides of a butchered animal;
matóttsiimsskaat! go to acquire the insides of the animal;
áakottsiimsskaawa she will acquire the insides of a butchered
animal; iihkóttsiimsskaawa she was able to acquire the insides of a
butchered animal; nitóttsiimsskaa I acquired ...; *cf.* mottsis

OTTSÍÍWAAN *nan*; gambling wheel; ottsiiwaaniksi gambling
wheels.

OTTSÍMMAHKIS *nin*; groin; ottsímmahkiistsi groins.

OWÁÁ *nin*; egg; owáístsi eggs/ his testicles; pokowááyi small
egg.

OWAHSIN *nin*; food; *see* aoowahsin

OWATSIMAAN *nin*; burrow. hole in the ground (e.g. gopher's
entrance); owátsimaanistsi holes in the ground; anna
ómahkokatawa owátsimaani the gopher's entrance.

OWAWAT *vta*; wear (pants); owáwatsisaawa! wear them (pair of
pants)!; áakowawatsiiwaiksi she will wear them; iiwáwatsii-
waiksi he wore them; nitowáwatayi katsííksi I wore your pants.

OWAYITT *vta*; castrate; owayíttsisa! castrate him!; áakowayit-
tsiiwa she will castrate him; iiwáyittsiiwa he castrated him;
nitsííwayittooka she castrated me.

OWA'S *nin*; mane (of a horse); máóhkowa'siistsi red manes.

OWA'SIYIIHTAAN *nin*; porcupine hair roach; owa'siyiihtaanistsi
roaches.

OYI *med;* mouth; *see* **ipa'koyaaki** open ones own mouth!; *see* **ikaawoyi** palate; *see* **yaamoyi** have a permanently twisted mouth; **nitsííkssohkoyi** I have a big mouth.

OYÍÍYIS *nin;* nest; **oyííyiistsi** nests; **pokoyííyisi.**

OYÍKAITSII *vii;* be shady; **áakoyíkaitsiiwa** it will be shady; **iikoyíkaitsiiwa** it is shady.

OYÍNNAA *nar;* male relative of a female (e.g. brother, uncle, cousin); **koyínnaiksi** your male relatives; **oyínnaayi** her male relative.

OYITSI'TAKI *vai;* feel sad; **miinoyitsi'takit!** don't feel sad!; **áakoyitsi'takiwa** she will feel sad; **iikoyítsi'takiwa mááhkohkoinaanssi** he feels sad about whether he might receive any money; **nitoyitsí'taki** I feel sad.

OYI'TSI *vai;* (respond with an) answer; **oyí'tsit!** answer!; **áakoyi'tsiwa** she will answer; **iiyí'tsiwa** he answered; **nitsííyi'tsi** I answered

OY'SSI *vai;* pick fruit; **óy'ssít!** pick fruit!; **áakoy'ssiwa** she will pick fruit; **oy'ssíwa** he picked fruit; **nitóy'ssi** I picked fruit.

O'K *adt;* raw; *see* **ó'kapayin** raw meal, flour; *see* **o'ksoyi** eat (s.t.) raw.

O'KÁAATTSOOHSI *vai;* overwork oneself to exhaustion; **o'káaattsoohsit!** overwork yourself!; **áako'káaattsoohsiwa** she will overwork herself; **i'káaattsoohsiwa** he overworked himself; **nitó'kaaattsoohsi** I overworked myself; *Rel. stem: vai* **o'koo** become exhausted

O'KAASAT *vta;* grab; **o'káásatsisa!** grab her!; **áakó'kaasatsiiwa** he will grab her; **i'káásatsiiwa** she grabbed it (e.g. the ball); **nitó'kaasakka** she grabbed me; **kitáakó'kaasakkowa** you will be struck by lightning

O'KAASATOO *vti;* snatch, grab suddenly; **o'káásatoot!** snatch it!; **áakó'kaasatooma anni kisóóhpomma'tsisi** she will snatch your purse; **ii'káásatooma** he snatched it; **nitó'kaasatoo'pa** I snatched it.

O'KAKOYI *vii;* flood; **áako'kakoyiwa anni niítahtayi** the river will flood; **i'kákoyiwa** it flooded.

O'KANIKSI *nin;* dead branch; **ó'kaniksiistsi** dead branches.

Ó'KAPAYIN *nin;* flour; **ó'kapayinistsi** flours; *cf.* **o'k+napayin.**

O'KI *adt*; all at once; **áako'kiowaomatapoowa ótapi'sina** everyone will leave all at once; **i'kiowáyoohtoawa otá'niisa mááhkahkayssi** everyone heard him when he said that he was going home; **i'kiowáánistawa mááhkstao'matapoohsi** everyone told him not to go.

O'KIÁAPIKSSI *vai*; gallop (of a horse); **o'kiáapikssit!** gallop!; **áako'kiáapikssiwa** she will gallop; **o'kiáapikssiwa** he galloped.

O'KIA'P *adt*; other/different (from the one which our attention is on); **noohkoksísawáakkit amostsi o'kiá'piksistsikoistsi** please visit me on these other days (but not the day which was just mentioned); *see* **o'kia'pitapi** other people.

O'KIA'PAIMM *vta*; be disappointed in the actions of; (**o'kia'paimmisa!** be disappointed in him!); **áako'kiá'paimmiiwa** she will be disappointed in his actions; **o'kiá'paimmiiwa** he was disappointed in her; **nitó'kiá'paimmoka** she was disappointed in me.

O'KIA'PITAPI *nan*; people other than us; **o'kiá'pitapiiksi** other people.

O'KINAT *vta*; fear the non-return of (e.g. son, daughter); **o'kinátsisa!** worry about whether or not she will return!; **áako'kinatsiiwa** she will worry that he may not return; **o'kinátsiiwa** she worried about whether or not he would return; **nitó'kinakka** he worried that I might not return; *Rel. stem: vti* **o'kinatoo** fear the non-return of.

O'KO *vii*; fall, autumn season; **áako'kowa** it will be fall; **mo'kówa** it was fall; **áó'kosi** when it is fall.

O'KOMI *vai*; have lice; (**o'komit!** have lice!); **áako'komiwa** she will have lice; **ii'komíwa** he had lice; **nitó'komi** I had/have lice.

O'KOO *vai*; become exhausted, deplete all of one's energy; **miinó'koot!** do not deplete all your energy!; **áako'koowa** she will become exhausted; **ii'kóówa** she became exhausted; **nitó'koo** I became exhausted.

O'KOTONAA *nan*; hard growth under the skin, lump; **ó'kotonaiksi** hard growths under the skin

O'KOTONAITAPIIYI *vai*; be a foolhardy person; (**o'kotonaitapiiyit!** act foolhardy!); **áako'kotonaitapiiyiwa** she will be a foolhardy person; **o'kótonaitapiiyiwa** he is a (very) foolhardy person; **nitó'kotonaitapiiyi** I am a foolhardy person.

O'KSIKO'KO *vii*; eclipse; **áako'ksiko'kowa** there will be an eclipse; **o'ksikó'kowa** there was an eclipse.

O'KSIKSI *nin*; any type of green wood, e.g. live trees; **o'ksiksíístsi** green branches.

O'KSIPOHSI *vai*; feel nauseous from over-indulging in a rich or greasy food; **miinó'ksipohsit!** don't become nauseous from over-indulging!; **áako'ksipohsiwa** she will become nauseous; **i'ksípohsiwa** he became nauseous from over-indulging; **nitó'ksipohsi** I became nauseous.

O'KSIPOI'NIT *vta*; stun, shock e.g. with bad news; **o'ksipóí'nitsisa!** stun her e.g. with the news!; **áako'ksipoi'nitsiiwa** she will stun him; **ii'ksípóí'nitsiiwa** he stunned her (e.g. by jumping out to frighten her); **nitó'ksipóí'nikko** I was stunned; **stámo'ksipoi'nitawa otáó'ohtsimatahsi ohsíssi ótohka'pssi** she was stunned when she heard that her younger sibling had died.

O'KSISAKAOO'SIN *nin*; meat stew; **ó'ksisakáóo'siistsi** meat stews.

O'KSKIT *vta*; abandon (a helpless person, young or old); **itó'kskitsisa!** abandon her (e.g. the old lady) there!; **áakito'kskitsiiwa annííksi óko'siksi amí Spitsíi** she will abandon her children at Pincher Creek; **iitó'kskitsiiwa** he abandoned her there; **nitsitó'kskikka** she abandoned me there; **ii'kskítaiksi** abandoned children (of Blackfoot folklore).

O'KSOYI *vai*; eat a food in its raw, unprepared state; **o'ksoyít!** eat (e.g. the uncooked liver)!; **áako'ksoyiwa** she will eat (e.g. the unprepared oatmeal); **o'ksoyíwa** he ate raw food; **nito'ksoyi** I ate raw food; *cf.* **o'k+ooyi.**

O'KSPANOHKIO'TAKI *vai*; paint (for utilitarian purposes); **o'kspánohkio'takit!** paint!; **áakó'kspanohkio'takiwa** she will paint; **o'kspánohkio'takiwa** he painted; **nitó'kspanohkio'taki** I painted; **áó'kspanohkio'tákiwa náápiooyii** he paints houses.

O'KSTSIK *adt*; raw; **o'kstsíksinattsiwa** it looks raw.

O'KSTSIKIHKINIYI *nan*; pileated woodpecker, lit: rawhead; **o'kstsíkihkiniiksi** pileated woodpeckers

O'KSTSIS *nin*; popliteal (behind knee); **omahko'kstsiistsi** big popliteals.

O'MA'PIM *vta*; overturn/roll over; **o'má'pimisa!** overturn her!; **áako'má'pimiiwa** she will overturn him; **o'má'pimiiwa omi ísski** he overturned the pail; **nitó'má'pimoka** she overturned me.

O'MOHPIYI *vai*; tip over, be overturned; **miinó'mohpiyit!** don't tip over!; **áako'mohpiyiwa** she will tip over; **íí'mohpiyiwa** he overturned; **nitsíí'mohpiyi** I overturned.

O'P *nin*; brain; **o'pístsi** brains; **nó'pi** my brain; *also* **mo'p.**

O'PIHKAT *vta*; treat in a solution (said of a hide); **o'pihkatsisa!** treat it (the hide)!; **omi otokisi, áako'pihkatsiiwa** that hide, she will treat it with a solution; **o'pihkatsiiwa** he treated the hide; **amoyi immistsíyi nitáakohto'pihkatawa** I will treat it with this grease.

O'PSSKAA *vai*; take article(s) from newly dead; **o'psskáát!** take (from the newly dead)!; **áako'psskaawa** she will take ...; **ii'psskaawa** he took ...; **nito'psskaa** I took ... from the newly dead.

Ó'PSSKAAN *nin*; possessions of a recently deceased person which one has taken; **oto'psskaanistsi** the possessions he took (e.g. from a deceased relative)

O'PSSKAT *vta*; take the possessions of (a deceased person); **o'psskatsisa!** take (the deceased's) possessions!; **áako'psskatsiiwa** she will take (the deceased's) possessions; **ii'psskatsiiyaawáyi** they took (the deceased's) possessions; **sskao'psskatsiiwa anniiska oksísstsi** he took a lot of his deceased mother's possessions.

O'SOHKII *vii*; lumpy; **áako'sohkiiwa** it will be lumpy; **anni pikkiáákssini, iikó'sohkiiwa** that porridge, it is lumpy; **stamo'to'sohkiiwa noostómi** my skin is bumpy/ I broke out in hives.

O'T *vrt*; by hand; **áíitskaahkio'tsima anni nitsíítssksiiststaani** she is kneading the dough; *see* **o'taki** take (something); **iipákkio'tsima** he burst it (by hand).

O'TAK *adt*; around; **o'takóóhtsi** in the direction of around; **áako'takoowa** she'll go around; **áako'takohpi'wa** it will spin around.

O'TÁKAAPIKSI *vti*; swing, spin around; **o'tákaapiksit!** swing it around!; **áako'tákaapiksima anníístsi sóópa'tsiistsi** she will spin the chairs around; **ii'tákaapiksima** he spun it around; **nitó'tákaapiksii'pa** I swung it around.

O'TAKÁÍNAKA'SI *nan*; wheel, tire; **ómahko'takáínaka'siiksi** big wheels; *cf.* **áínaka'si**.

O'TAKI *vai*; take (something); **o'takít!** take s.t.!; **áako'takiwa** he will take s.t.; **o'takíwa** he took s.t.; **nitó'taki** I took s.t.; *cf.* **o't**

O'TAKII *vii*; be round; **áako'takiiwa** it will be round; **o'takííwa** it is round; **áó'takiiwa** circle.

O'TAKOOHSIN *nin*; a round of the clock, hour; **ni'tó'takoohsini** one hour.

O'TAKSÍKINAKO *nin*; hoop; **o'taksíkinakoistsi** hoops.

O'TAKSIKSI *nin*; snuff; **o'taksiksiistsi** snuff (plural).

O'TAKSÍPASSKAAN *nin*; round dance or circle dance (originally was solely a womens' dance); o'taksípasskaanistsi round dances.

O'TAKSÍSSKII *vti*; secure by placing weights around on the edges of the covering material (said of a large object such a tarp, canvas etc.); o'taksísskiit! secure it!; **anni moyísi áako'taksísskiima** she will secure the shelter by ...; **ii'taksísskiima** he secured it; **nitó'taksísskii'pa** I secured it.

O'TÁKSISSTOYI *nan*; Hutterite, Doukhobor, (lit: round beard); o'táksisstoyiiksi Hutterites, Doukhobors.

O'TÁKSISSTOYIIKOAN *nan*; Hutterite male, lit: round bearded person; O'táksisstoyiikoaiksi Hutterites

O'TAKSISTTOTSI *vai*; be in a parade; o'taksísttotsit!/ ii'taksísttotsit! be in the parade!; **áako'taksisttotsiwa** she will ...; **ii'taksísttotsiwa** he was in the the parade; **nitó'taksísttotsi** I was in the parade.

O'TAMI *adt*; over the top of, above; o'tamiáípoyiwa he's standing over the top (e.g. of the cliff); **áakohto'tamissapiwa** he will look over the top of (e.g. the wall); **anni ááksi'ksaahkoyi iihtó'tamissapiwa** he looked over from the top of the cliff; *Note: linker.*

O'TAMIAATAYAYI *vai*; return from war; **áako'tamiaatayayiwa** he will return from war; o'tamiaatayayiwa he returned from war; **nito'tamiaatayayi** I returned from war.

O'TAP *adt*; return from VERBing; **máátomao'tápota'po'takíwaatsiksi** she has not yet returned from going to work; **kátao'mao'tapohpommááwaatsiksi?** has she returned from shopping yet?; **nikáó'tápaakissi** I have returned from fetching water; **tsa kitsítao'tapota'po'takihpa?** when do you return from going to work?

O'TAPIST *vta*; place in a cradleboard; o'tapistsisa! place her in a cradleboard; **anni issitsimaani áako'tapistsiiwa** she will place the baby in a cradleboard; o'tapistsiiwa he placed her in a cradleboard; **nito'tapistoka** she placed me in a cradleboard

O'TAPOOTSI *vai*; bring foodstuff (especially meat) home; o'tapootsit! bring home some food!; **áako'tapootsiwa** she will bring some food home; ii'tapootsiwa he brought food home; **nitsi'tapootsi** I brought food home

O'TA'PAISSI *vai*; stay close; o'tá'paissit! stay close!; **áako't-a'paissiwa** she will stay close; ii'tá'paissiwa he stayed close; **nitó'ta'paissi** I am close.

O'TO *vta*; take, pick up; **ma'tóósa anna issitsímaana!** pick up the baby!; **áako'toyiiwa** she will take him (e.g. the child); **ma'toyííwa** he took it (e.g. the ball); **nitó'tooka** she took me; *Rel. stem: vti* **o'tsi** take.

O'TOKIAAKI *vai*; make a hole in the ice

O'TOO *vai*; arrive; **támattssko'toot!** come back again!; **nitáakatto'too** I'm going to come again; **ii'tóówa** he arrived; **nikáó'toowa** I have arrived; **stámito'tóoyiihka** he (according to the story) arrived there.

O'TOTAMA'PSSI *vai*; be superior; (**o'totama'pssit!** be superior!); **áako'totama'pssiwa** she will be superior; **o'tótama'pssiwa** he is superior; **nitó'totáma'pssi** I am superior.

O'TÓTAMIMM *vta*; consider more important or superior; **o'tótamimmisa!** consider her more important!; **áako'tótamimmiiwa** she will consider him more important; **o'tótamimmiiwa** he considered her more important; **nitó'totamimmoka** she considered me more important

O'TOTAMSSI *vai*; be more important, have authority; (**o'totamssit!** be more important!); **áako'totamssiwa** she will be more important; **iikó'totamssiwa** he has authority; **nitsííko'totamssi** I have authority

O'TOWA'PSSI *vai*; be friendly; **o'towá'pssit!** be friendly!; **áako'towa'pssiwa** she will be friendly; **o'towá'pssiwa** he is friendly; **nitó'towa'pssi** I am (very) friendly.

O'TOYIMM *vta*; be friendly with, show kindly interest and goodwill toward; **o'toyímmisa!** be friendly with her!; **áako'toyimmiiwa** she will make friends with him; **o'toyímmiiwa** he was friendly with her; **nitó'toyimmoka** she showed kindly interest and goodwill toward me; *Rel. stem: vai* **o'towa'pssi** be friendly.

O'TSI *vti*; take; **ma'tsít!** take it!; **áako'tsima anniistsi sináákssiistsi** she will take the books; **ma'tsíma** he took it; **kitó'tsii'pa** you took it; *Rel. stems: vta* **o'to**, *vai* **o'taki** take.

O'TSIPI *vta*; transport here, bring; **o'tsípiisa!** transport him here!; **áako'tsípiyiiwa** he will transport her here; **ii'tsípiyiiwa** she transported him here; **nitó'tsípiooka** she brought me here.

O'TSIPÍKKSSI *vai*; run here for protection; **o'tsipíkkssit!** flee here for protection!; **áako'tsipíkkssiwa** she will come running ...; **ii'tsipíkkssiwa** he fled here; **nitó'tsipikkssi** I came running for protection

O'TSÍPOHTOO *vti*; bring here; **o'tsípohtoot!** bring it here!; **áako'tsípohtooma** she will bring it here; **ii'tsípohtooma** he brought it here; **nitó'tsipohtoo'pa** I brought it here.

O'TSISII *vai*; smoke tobacco; **o'tsisíít!** smoke!; **áako'tsisiiwa** she will smoke; **i'tsisííwa** he smoked; **nitó'tsisii** I smoked.

O'TSÍSTA'TSIS *nin*; apron; **ó'tsísta'tsiistsi** aprons.

O'TSÍTSIKIMM *vta*; expect to arrive; **o'tsítsikimmisa!** expect her to arrive!; **áako'tsítsikimmiiwa** she will expect her to arrive; **o'tsítsikimmiiwa anníísska ohkóyi** she expected her son to arrive; **nitsíto'tsítsikimmoka ami ookóówayi** she expected me to arrive at her home; *Rel. stems: vai* **o'tsitsiki'taki**, *vti* **o'tsitsiki'tsi** be anxious, expect.

O'TSITSKA'PSSI *vai*; be pushy, putting self first, giving own interests priority, showing no regard for others; **o'tsítska'pssit!** be aggressive!; **áako'tsitska'pssiwa** she will be aggressive to an objectionable degree; **o'tsítska'pssiwa** he is aggressive; **nitó'tsitska'pssi** I am aggressive

O'TSITSKÓÓ *vai*; overdo; **miinó'tsitskóót!** don't overdo it!; **áako'tsítskóówa** she will overdo (s.t.); **o'tsítskóowa** he overdid (s.t.); **nitó'tsitskóo** I overdid (s.t.).

O'TSSÁT *adt*; near-by; **o'tssátoohtsi** near-by; **áako'tssatopiiwa** she will sit/live near-by

O'TSSOPOKIIYI *vai*; arrive in large numbers; **o'tssópokiiyika!** don't arrive in large numbers!; **áako'tssopokimmi óta'siksi** his horses will ...; **ii'tssópokimma ótapi'sina** people arrived here in large numbers; **nikáó'tssopokiiyihpinnaana** we have arrived in large numbers; **ákao'tssopokimma asinááwa** Crees have arrived in force; *Note: yi loss, 3mm.*

O'TSTSII *vii*; arrive (climatically); **amoka sóótaayika áako'tstsiiwa** that rain will arrive; **ii'tstsííwa** it arrived; **áakao'tstsiiwa** it has arrived.

P

PAAHK *adt*; bad; **paahká'po'tokaani** he has a bad head, there is something wrong with his head, e.g. shape or thoughts; **iiksípahka'piiwa** the condition or situation is bad e.g. weather or famine.

PAAHKÓÓHSINIHKA *vai*; be cursed; **paahkóóhsinihkamma!** damn him!; *Note: 3mm.*

PAAHKOOMOKONAISIKAAYAYI *nan*; white-tailed deer (No. Peigan), Lat: Odocoileus virginianus; **paahkoomokonaisikaayayiiksi** white-tailed deers; *see also* **awatoyi**.

PAAHKSIMÍMM *nan*; bedbug; **paahksimímmiksi** bedbugs.

PAAHKSÍST *adt*; sideways (in position); **paahksíststoot!** place it sideways!: **iipahksíststsiiwa** she lay on her side.

PAAHPAKSSKSISSII *nan*; woodpecker (lit: pounding nose); **poksipaahpáksssksissiiksi** little woodpeckers

PAAHSSAAKII *nan*; firefly (beetle emitting phosphorescent light); **paahssaakiiksi** fireflies.

PAAHTSI *adt*; false; *see* **ipahtsi**

PAAHTSÍÍKSISTSIKOMM *nan*; osprey (lit: false thunder), Lat: Pandion haliaetus; **paahtsííksistsikommiksi** ospreys.

PAAHTSIISIPISTTOO *nan*; long-eared owl (lit: imitation or false owl), Lat: Asio otus; **paahtsíísipisttoiksi** long-eared owls.

PAAKAHTAAN *nan*; neck sinew; **nipáákahtaaniksi** my neck sinews.

PÁÁKSIPAA *nan*; hickory; **poksipááksipaiksi** little hickory trees.

PAANSSÍN *nan*; tanned hide; **omahkaipánssiiksi** big tanned hides; **nipánssina** my tanned hide/ the hide which 1 tanned; *cf.* **ipaninnat**.

PAAPÁÓWAHSIN *nin*; popcorn, lit: dream food; **paapáówahsiistsi** popcorns.

PAAPÁÓ'KAAN   *nin*; dream; **nipápao'kaanistsi** my dreams; *cf.* **ipapao'kaan.**

PAAPÓ'SIN   *nin*; lightning, electricity, battery; **paapó'siistsi** lightning, electricity, batteries; *see also* **moisskitsipahpi** (North Peigan).

PAATAAK   *nin*; potato; *see* **maataak**

PAHTÓK   *nan*; pine tree, id: christmas tree; **poksípahtokiksi** pine trees.

PAKKIAÓÓ'SSSIN   *nin*; chokecherry dessert soup; *cf.* **waoo'ssi.**

PÁKKI'P   *nin*; chokecherry, Lat: Prunus virginiana; **ómahksipákki'p-istsi** big chokecherries.

PÁKKI'PISTSI OTSÍTAI'TSSP   *nin*; August, lit: when choke cherries ripen.

PAKKSINÍKIMAAN   *nin*; crushed chokecherries; **pakksiníkimaan-istsi** containers of crushed chokecherries; **nipákksiníkimaani** my chokecherry crush.

PAKKSÍNI'SIMAAN   *nin*; gooseberry; **ómahksípakksiní'simaanistsi** big gooseberries.

PAKÓYITTSI   *nin*; fire; **pakóyittsiistsi** fires; **ómahkohpakóyittsiyi** big fire.

PANÁAIKSSTA'TSIS   *nin*; natural mineral substance that is used for glue (found on certain hill areas near the Old Man River) (No. Peigan); **panáaikssta'tsiistsi** mineral glues.

PANI'KAHTA'TSIS   *nin*; tipi liner; *cf.* **apani'kahta'tsis.**

PÁNI'KAHTÁÍSSTAAKSSIN   *nin*; temporary shade erected for helpers of the Aookaawa (see ookaa) (archaic)/ wall panels; **ksikksipáni'kahtáísstaakssiistsi** white wall panels; *cf.* **apani'kahta'tsis** *see also* **aapi'maan.**

PANOKÁÍNATTSI   *nin*; paper; **síksipanokáínattsiistsi** black papers; **otahkóípanokáínattsi** yellow or brown paper; *also* **painokainattsi.**

PASSKAAN   *nin*; dance; *cf.* **ipasskaa**

PASSTAAM   *nin*; tinder, punk; **passtaamistsi** tinder, punk; **ómahksipasstaami** big tinder.

PAWAHKO   *nin*; ridge; **páwahkoistsi** ridges; **ikkstohpáwahkoyi** narrow ridge.

PAWÁKKSSKI   *nan*; bumpy scarface; **ómahkohpawakksski** big bumpy scarface; *cf.* **ohpawakki.**

PÁYOO   *nin*; (lumpy) scar; **páyoistsi** scars; **nitohpáyoomi** my scar.

PA'KSIK *adt*; resembling froth, spittle or a thick liquid/ gooey; *see* pa'ksíkooyi bear, lit: drooling mouth; nitáípa'ksikawahkaa I am playing in the mud; pa'ksikáóo'sssini thick soup.

PA'KSÍKAHKO *nin*; muddy place; pa'ksíkahkoistsi muddy places.

PA'KSÍKAHKOISA'AI *nan*; black duck, lit: mud duck; pa'ksíkahkoiisa'aiksi mudhens.

PA'KSÍKOYI *nan*; bear (euphemism used by initiate of a religious society, lit: drooling mouth); pa'ksíkoyiiksi bears.

PIÁ'PII *nin*; miscellaneous item; poksipiá'piistsi small miscellaneous items.

PÍÍHKOOHTSI *nin*; east/ in front of

PIIHKSSÓ *adt*; nine; piihkssóítapiiyaawa they are nine people; piihkssóímmiaawa kó'siksi they are nine cups; *also* piihkihso.

PIIKÁNI *nan*; Peigan band of the Blackfoot tribe; piikániikoaiksi Peigan persons; apátohsipiikaniwa North Peigan.

PIIKOHKSÍKSI *nin*; small pieces of rotted wood chips; nipííkohksiksiistsi my rotted wood chips

PÍÍKOHKSIKSIMM *nan*; rotted wood; pííkohksiksimmiksi large rotted trees; ómahksipííkohksiksimma big rotted wood.

PIIKOKÍ *nan*; turkey vulture, Lat: Cathartes aura; poksipííkokííksi small turkey vultures.

PÍÍKSIISTSIMAAN *nin*; tobacco mixed with other smoking substances; nipííksiistsimaanistsi my mixtures of tobacco.

PIIKSIKAOHSI *nan*; the end of a job; áí'tamaako'toowa piiksikáóhsiwa the job end is near.

PÍÍKSSKAA *nin*: wood shaving; nipííksskaistsi my wood shavings.

PIIN *adt*; negative: *see* miin

PIINOTÓYI *nan*: wolverine, Lat: Gulo luscus; piinotóyiiksi wolverines: omahksipiinotoyi big wolverine.

PÍÍTAA *nan*; eagle. especially the golden eagle, Lat: Aquila chrysaetos: poksipíítaiksi small eagles.

PÍÍTAAIÁÍ *nan*: eagle robe; píítaiáíksi eagle robes.

PÍÍTAIKI'SOMM *nan*; February, lit: eagle moon: Píítaiki'somiksi Februaries: *also* Piitaato'si.

PIITSIYOOHK *adt*; when/ as soon as; piitsiyóóhko'toosa as soon as she arrives; piitsiyóóhki'tsisi as soon as it cooks.

PIKATÓ'SSIN *nin*; curse; anniihka otómohtai'poyihpi, pikató'ssina that which he was talking about is a curse; *cf.* ipikato'sat.

PIKÍÍPAISSTSIMSSIN   *nin*; pneumonia; **pikíípaisstsimssini** pneumonia; *cf.* **ohpikiipaisstsimi**

PIKKIÁÁKIO'KSISAKO   *nin*; ground beef, hamburger (Blood); **pikkiáákio'ksisakoistsi** ground beef (pl.); *cf.* **ipikkiaaki+i'ksisako.**

PIKKIÁÁKSSIN   *nin*; oatmeal, porridge (Blood)/ hamburger, ground beef (No. Peigan); **pikkiáákssiistsi** porridge/ hamburger; *cf.* **ipikkiaaki.**

PIKSÍÍKSIINAA   *nan*; snake; *var. of* **pitsiiksiinaa.**

PINÁÁP   *adt*; east; **pináápoohtsi** eastward; **áaksinnáápoowa** he will go east.

PINAAPISINAA   *nan*; Sioux tribe, lit: east Cree; **pináápisina- ikoana** Siouan person.

PINÁÁPSSOKIMI   *nin*; Atlantic ocean, lit: body of water to the east.

PINII'T   *adt*; bottom of (e.g. valley, coulee); **pinii'toohtsi** at the bottom; **itsinnii'topiiwa anni kaawahkóyi** he lives at the bottom of that coulee; **áaksinnii'toowa** she will walk to the bottom; *Note: linker.*

PISAT   *adt*; unusual, amazing, fancy, out of the ordinary; **pisát- sskiitaani** cake (fancy baked item); *see* **ipisata'pii** be an unusual occurrence; *see* **pisatssaisski** flower (fancy plant).

PISATSAAPIINIOWAN   *nin*; candy, lit: fancy sugar; **pisátsaapiini- owanistsi** candies; *cf.* **naapiiniiwan**

PISATSIINIKIMM   *nan*; onion; **pisátsiinikimmiksi** onions.

PISÁTSSAISSKI   *nin*; flower; **omahksipisátssaisskiistsi** big flowers; **nipisátssaisskiimistsi** my flowers; *cf.* **saisskii.**

PISÁTSSKIITAAN   *nin*; cake, lit: fancy cooking; **pisátsskiitaanistsi** cakes; *cf.* **ihkiitaa**

PISSKAN   *nin*; buffalo jump; **poksipísskanistsi** small (miniature) buffalo jumps; **nipísskanistsi** my buffalo jumps.

PISSPSKSI   *nan*; sparrow hawk, Lat: Falco sparverius; **písspsksiiksi** sparrow hawks.

PISST   *adt*: inside; *see* **ipsst**

PISSTÁÁHKAAN   *nin*; tobacco, cigarettes; **pisstááhkaanistsi** tobacco, cigarettes; *cf.* **ipsstaahkaa.**

PISSTÁÁHKAAN ÁÓOWATOO'P   *nin*; snuff, chewing tobacco (Blood). lit: tobacco that we eat; **pisstááhkaani áóowatoo'pistsi** snuff (plural).

PISSTAAHKAIPOKOO   *nin*; pepper (lit: tobacco-like taste); **pisstááhkaipokoistsi** pepper; *cf.* **ipokoo**

PISSTSKIÁ'TA *nin*; bay (landform); **pisstskiá'taistsi** bays.

PISTTOO *nan*; Common night hawk, Lat: Chordeiles minor; **pisttoiksi** night hawks.

PITSÍÍKSIINAA *nan*; snake; **pitsííksiinaiksi** snakes; **ómahksisttsiiksiinaawa** rattlesnake; *also* **piksííksiinaa** (Blood & No. Peigan).

PITSIIKSIINAITAPIIKOAN *nan*; member of the Shoshone Indian tribe; **pitsííksiinaitapiikoaiksi** members of the Shoshone Indian tribe; *also* **piksiiksiinaitapi**

PITSISTÓ *vii*; be before, first, in the first place; **pitsistóyi kááhka'pitaniksi kitáakohpo'kiiyoo'si, kitáakitoohko** you should have told me before that you were coming along, then I would have waited for you.

PIWÁ'PII *nin*; squabble, or bad scene; **omahksipiwa'piistsi** big squabbles; *cf.* **ipiwa'pssi**

PI'KÁÁKSSIN *nin*; spell/ shot by unseen shooter, especially with evil medicine; **pi'káákssiistsi** shots by an unseen shooter; *cf.* **ipi'ko.**

PI'KÁÁN *nin*; household item, personal belonging; **nipi'káánistsi** my belongings; **opi'káánistsi** his personal household belongings.

PÍ'KIHTAAN *nan*; decoration (personal or household); **poksipí'kihtaaniksi** small decorations; *cf.* **ipi'kihtaa.**

PI'KSIISTSIMAAN *nin*; tobacco mixture; *cf.* **piiksiistsimaan.**

PI'KSÍKAHTSSIN *nin*; handgame; **omahksipi'ksikahtssiistsi** big handgames; *cf.* **ipi'ksikahtsi.**

PI'KSÍSSKAAN *nin*; innard(s); **pi'ksísskaanistsi** innards.

PI'KSSÍÍ *nan*; bird; **ómahksipi'kssííksi** big birds/ turkeys; **nipí'kssiima** my bird; *cf.* **ipi'k.**

PI'KSSÍÍKSI OTSÍTAOWAYIIHPIAAWA *nin*; June, lit: when birds lay their eggs.

POINA *adt*; nuisance/frenetic/frenzied; **póínaa'pssiwa** he's a nuisance; **skáó'ohpoksipoinaa'pssiwa** he is such a little nuisance; **áípoináóoyiwa** he's eating frantically; **iikáipoináóhkomatakiwa** he drives in a frenzy.

POISSTÁMMAAN *nin*; ornament of a headdress (e.g. feather); **nipóísstámmaanistsi** my headdress ornaments.

POI'SKSÍ *nan*; bud; **poi'sksííksi** buds.

POKÁ *und*; friend! (vocative, female); *see also* **napí**.

POKÁAAKII *nan*; whirlwind; **ómahksipokáaakiiksi** whirlwinds.

POKÁAIMA'TSIS *nan*; fan; **omahksipokáaima'tsiiksi** big fans; *cf.* **ipokaaim.**

POKAKIMAAN *nin*; resin found in a pipe; **pokakimaanistsi** resins.

POKÍNSSOMO *nan*; poisonous, cramp-inducing plant similar to the wild rhubarb, a.k.a. cow parsnip; **pokínssomoiksi** wild rhubarbs; *also* **pokinssimo**.

POKÓN *nan*; ball; **máóhkohpokoiksi** red balls; **oohpokóni** her ball; **noohpokóna** my ball; **nítohpokónsskoawa** I got her a ball.

POMIÁANA'KIMA'TSIS *nin*; oil lamp; **pomiáana'kima'tsiistsi** oil lamps; **nitohpomiáana'kima'tsisi** my lamps.

POMÍÍSAAM *nin*; castor-oil, lit: oily medicine; **pomíísaamistsi** castor-oil (e.g. more than one bottle of ...); *cf.* **pomis+saaam**.

POMÍÍSISTTSII *nan*; goldfinch (lit: grease bird), Lat: Spinus tristis; **pomíísisttsiiksi** goldfinches

POMÍS *nin*; fat (dripping), lard; **pomíístsi** fat (drippings).

PÓMMAIKSISTSIKO *nin*; Saturday, lit: shopping day; **Pómmaiksistsikoistsi** Saturdays.

PÓNN *nan*; bracelet; **pónniksi** bracelets; **nitómahkohponna** my big bracelet.

PONOKÁ *nan*; elk, Lat: Cervus elaphus; **siksínnokaiksi** black elks.

PONOKÁÓMITAA *nan*; horse; **ponokáómitaiksi** horses; *see* **makainnokaomitaa** Shetland pony; *cf.* **ponoka+imitaa**.

PONOKÁÓMITAOYIS *nin*; stable; **ponokáómitaoyiistsi** stables; *cf.* **moyis**.

PONOKÁ'SISAAHTAA *nin*; North Saskatchewan River; *cf.* **waahtaa**.

POOHKÍSSTOYA'TSIS *nan*; razor, shaver; **poohkísstoya'tsiiksi** razors; **nipohkísstoya'tsisa** my shaver; *cf.* **ipohkisstoyi**.

POOHSAP *adt*; toward speaker; **póóhsapoot!** come here!; **áaksipoohsápaapiksistsiiwayi** he will throw it (anim) toward me.

POOKÁÁ *nan*; catbird (lit: child), Lat: Dumetella carolinensis; **pookáíksi** cat birds.

POOKÁÁ *nan*; child: **i'naksípokaiksi** babies, lit: little children.

POOKÁÓHTAOHPOMMAO'P *nan*; Family Allowance payment, lit: child money: **pookáóhtaohpommao'piksi** child monies.

POONISÁYI *nan*; beetle (lit: lost its mate ?); **sikohpóónisayiiksi** black beetles; *cf.* **iponisayi**.

POOS *nan*; cat; **sikohpóósiksi** black cats; **nitohpóósiima** my cat.

POOSOHSOOA'TSIS *nin*; pussywillow; *cf.* **poos+mohsooa'tsis**.

POOTSITSÍ *nin*; ash that is soft, white, and light enough to float in the air; **pootsitsíístsi** ashes; **níítsipootsitsiipokowa anni siksikimíyi** the tea tastes ashy (desirable).

POTÓTSKO *nin*; trail on prairie from moving camp; **potótskoistsi** trails.

POYÁANA'KIMAA'TSIS *nin*; oil lamp, Coleman lantern.

POYÍÍ *nin*; petroleum, gas, oil, grease; **poyíístsi** more than one can or barrel of petroleum, or oil rigs; **síkohpoyii** motor oil, lit: black petrol

POYÍÍ'KSSKIMM *nan*; oil royalty payment to individual; **poyíi'k-sskimmiksi** oil monies.

PO'KÍ *adt*; in company with; *see* **ohpo'ki**.

PO'TÁÁN *nan*; bridge of the nose, between the eyes (N. Blackfoot); *also* **po'tatsimaan** (North Peigan).

PO'TÁÁN *nin*; fire (e.g. a campfire); **opó'taanistsi** their campfires.

PO'TÁA'TSIS *nan*; stove; **po'táa'tsiiksi** stoves; **nipo'táa'tsisa** my stove.

PO'TOHKÍPISTAAN *nan*; team animal; **nipo'tohkípistaaniksi** my two animals teamed together (e.g. horses, oxen).

PO'TSTÁKSSIN *nin*; sandwich, lit: assemblage; **po'tstákssiistsi** sandwiches; **ómahksipo'tstákssini** big sandwich; **nipó'tstakssini** my sandwich; *cf.* **ipo'tstoo**.

S

SA *adt*; out; **saihtsííisa!** put it outside!; **áakitssaayo'kaawa** she will sleep outside; **áakssa'poowa** she will go out.

SAA *und*; no.

SAAÁM *nin*; headdress; **saaámistsi** headdresses; **(i)saaámiwa** he has a headdress.

SAAÁM *nin*; medicine or powers of healing; **isttsísspiisaaamistsi** aspirins, lit: head-ache medicines

SAAAMI *vai*; wear/have a warbonnet; **saaámit!** wear a warbonnet!; **áakssaamiwa** he will ...; **sáaamiwa** he has/ is wearing a warbonnet.

SÁÁAMISTTOTSI *vai*; move to a hunting camp; **sááamisttotsit!** move to a hunting camp!; **áakssááamisttotsiwa** he will move to a hunting camp; **iisááamisttotsiwa** she moved to hunting camp; **nitssááamisttotsi** I moved to a hunting camp.

SAAHK *adt*; short/small/young; **saahkapíkimma** short length of flexible rope-like material; *see* **saahkínaa** young married man.

SAAHKAI'SAT *vta*; be lonesome for; **saahkáí'satsisa!** be lonesome for her; **áakssaahkai'satsiiwa** she will be lonesome for him; **iisááhkai'satsiiwa oksíssstsi otá'ahkayssi** he was lonesome for his mother when she went home; **nítssaahkai'sakka** she was lonesome for me.

SAAHKAYI *und*; expression for "I'm joshing you", "Jokes" (a good natured joke).

SAAHKINAA *nan*; young married man; **saahkínaiksi** young married men.

SAAHKOHTSSI *vii*; light in weight; **áakssaahkohtssiwa anni aataksaakssini** it will be light, that box; **isááhkohtssiwa** it was light.

SAAHKÓMAAPI *nan*; boy; saahkómaapiiksi boys; i'náks sahkomaapiwa little boy.

SAAHKSSTSSI *vai*; light in weight; áakssaahksstssimma she will be light in weight; saahksstssímma anná pookááwa the child is light in weight; nítssaahksstssi I am light in weight; *Note: 8mm.*

SAAHSÁÍSSO'KITAKI *nan*; Stony (tribe); Saahsáísso'kitakiiksi the Stony (plural); Saahsáísso'kitakiikoana he is a person of the Stony tribe.

SAAHSI *nan*; Sarcee tribe; Saahsííkoaiksi Sarcee persons.

SAAHTSÍKAPINNI *vti*; slacken; saahtsíkapinnit! slacken it!; áakssahtsíkapinnima she will slacken it; nítssahtsíkapinnii'pa I slackened it.

SAAKI *adt*; still; saakiáítapiwa he's still living; saakiáópiiwa nitáí'to'toohsi she was still home when I arrived; ááhkssaakiattáí'poyiwa she is probably still talking.

SAAKOHSOYI *vai*; boil over (container as subject, not the liquid); áakssaakohsoyiwa it will boil over; anna isska iisáákohsoyiwa the pot boiled over; áísaakohsoyiwa it is boiling over; máátssaakohsoyiwaatsiksi it did not boil over.

SAAKÓKOTOINATTSI *nin*; alum.

SAAKÓKOTOISSKO *nin*; glass jar, bottle, or glass; saakókotoisskoistsi glass jars, bottles

SAAKOO *vii*; hail (storm); áakssaakoowa it will hail; iisáákoowa it hailed.

SAAKOOWOTSIKKINIHKAA *vai*; have a dripping discharge of nasal mucous due to illness, have a runny nose; (saakoowotsikkinihkaat! have a runny nose!); áakssaakoowotsikkinihkaawa she will have a runny nose; iisáákoowotsikkinihkaawa he had a runny nose; nítssaakoowotsikkinihkaa I had a runny nose.

SAAKOTSII *vii*; bubble up/ foam/ boil out (i.e. the liquid); áakssaakotsiiwa it will bubble out; iisáákotsiiwa it bubbled out; máátssaakotsiiwa it did not bubble over.

SAAKSINATTSOOHSI *vai*; abort one's own pregnancy (lit: cause oneself to miscarry); miinssááksináttsoohsit! don't cause yourself to miscarry!; áakssaaksináttsoohsiwa she will ...; iisááksináttsoohsiwa she caused herself to miscarry; nítssaaksináttsoohsi I caused myself to miscarry.

SAAKSINI *vai*; have a miscarriage; (saaksinit! miscarry!); áakssaaksiniwa she will miscarry; íísaaksiniwa she miscarried; nitssaaksini I miscarried; oma ápotskinawa ákaisaaksiniwa that cow has miscarried.

SÁAMI *vai*; go hunt; sáamit! hunt!; áakssáamiwa he will hunt; iisáamiwa/sáamiwa he hunted; nitssáami I hunted.

SAAMIKIN *nin*; collar-bone; sáámikinistsi collar-bones.

SAANI *vta*; miss, fail to make contact with; saaníísa! fail to make contact!; áakssaaniyiiwa anni pokóni she will fail to make contact with the ball; iisáániyiiwa annííska ikstskióómitaayi he missed the Greyhound bus; nítssaaniooka she failed to make contact with me (e.g. missed seeing me).

SAÁÓ'TAKSSIN *nin*; scalp (result of scalping someone); *also* saáó'takihsin.

SAAPÁPISTA'TSIS *nan*; lance or spear; saapápista'tsiiksi spears.

SÁAPIA'TSIS *nin*; mirror; sáapia'tsiistsi mirrors; nisáapia'tsisi my mirror; ómahksisáapia'tsisa big mirror.

SAAPÍKAAKIA'TSIS *nin*; stirrup, lit: that which is used to place one's foot into; saapíkaakia'tsiistsi stirrups; *cf.* sap+ikaaki.

SAAPÍMAAN *nin*; hood; saapímaanistsi hoods; osápimaani her hood.

SAAPO'KIT *adt*; over the brim; áakssaapo'kítohtoi'tsiiyi anníístsi otáyaaksíístaapiksistakssiistsi her garbage will be filled over the brim; iisáápo'kitsikímmsskaawa it overflowed.

SÁÁPO'P *nin*; plume; sáápo'pistsi plumes; *also* asaapo'p.

SAAT *adt*; across the mountains; saatóóhtsi in the direction of across the mountains; saatóóhta the one who is across the mountains.

SÁATAPIKSI *vti*; throw out; saatápiksit! throw it out!; áakssaatapiksima she will throw it out; isáatapiksima he threw it out; nítssáatapiksii'pa I threw it out; *also* saatapiksistsi; *Rel. stem: vta* saatapiksist throw out.

SAATÁ'PSSIN *nin*; feud; saatá'pssiistsi feuds.

SAATSTAKSSIN *nin*; beadwork design; saatstákssiistsi beadwork designs; *also* saatstáán *cf.* saatstoo

SAATSTOO *vti*; add striping, trimming to, e.g. in beadwork; saatstóót! stripe it; áakssaatstooma she will stripe it; isáatstooma he striped it; nítssaatstoo'pa I striped it; *Rel. stems: vai* saatstaki, *vai* saatstaa make designs, put designs on (s.t.)

SAAYA'PSSI *vai*; be impudent, impertinent; saaya'pssit! be impertinent!; áakssaaya'pssiwa she will impudent; saayá'pssiwa she is impudent; nitssaaya'pssi I am impudent.

SAAYII *vai*; display symptoms of mental derangement, e.g. from rabies or distemper/ go out of one's mind from lack of (e.g.) food; (**saayiit!** have distemper!); **áakssaayiiwa** she (the dog) will have rabies, distemper; **iisááyiiwa** he (the dog) had rabies; **nítssaayii** I went out of my mind from lack of (e.g.) food.

SAAYIITAPIIYI *vai*; be a person who is impertinent, impudent/ ruthless; **saayíítapiiyit!** be an impudent person!; **áakssaayiitapiiyiwa** he will be an impertinent person; **saayíítapiiyiwa** he is an impudent person; **nítssaayiitapiiyi** I am an impertinent person.

SAHP *adt*; soft/easy; **ííkssahpíni'pokaawa** she is a child who cries easily, a cry-baby; *see* **sahpio'kaasi** weak; *see* **sahpii** be fragile.

SAHPII *vii*; be fragile/soft; **áakssahpiiwa** it will be fragile; **miinítohkitópiit omi sóópa'tsisi!** **ííkssahpiiwa** don't sit on that chair! it is very fragile; **omi nitsskíítaani, iksskáí'sahpiiwa** that which I baked (e.g. bread), is extremely soft; *Rel. stem: vai* **isahpssi** fragile.

SAHPIÓ'KAASI *vai*; weak; (**sahpio'kaasit!** be weak!); **áakssahpió'kaasiwa** he will be weak; **isahpió'kaasiwa** she is weak; **nítssahpió'kaasi** I am weak.

SAHPSSI *vti*; boil a tough edible item in order to soften; **saahpssit!** boil it!; **áakssahpssima** she will boil it; **iisahpssíma** he boiled it; **nítssahpssii'pa anní mánooyi** I boiled the flank in order to soften it; **nítssahpssii'pa anní matsiníyi** I boiled the tongue in order to soften it.

SAIHPIYI *vai*; dance out/ prepare to leave for war (archaic); **saihpiyit!** prepare to leave for war!; **áakssaihpiiyaawa** they will prepare to leave for war; **isáíhpiiyaawa** they prepared to leave for war; **nítssaihpiyihpinnaana** we danced out.

SAIIKSO'TSI *vti*; take out the pegs around a tipi or tent to take it down; **saiiksó'tsit!** disassemble the tipi, tent!; **áakssaiikso'tsima** she will disassemble the tipi, tent; **isáíikso'tsima** he disassembled the tipi, tent; **nítssaiikso'tsii'pa** I disassembled the tipi, tent.

SÁÍKIMAO'TONIPSSTAAN *nin*; travois platform poles, i.e. the two smaller poles, tied across the two larger poles.

SAIKIMA' *adt*; opposite; **isaikímaoohtsi** in the direction of the opposite side; **nitáísaikimai'nihkatawa** I am calling (her name) across to her; **áakssaikimai'ihkahtooma** he will pass it to the opposite side.

SAIKIMSSKAA *vii*; leak; áakssaikimsskaawa it will leak;
isáíkimsskaawa it leaked.

SAIKINNSSI *vai*; perspire; saikínnssit! sweat!; áakssaikinnssiwa
he will sweat; isáíkinnssiwa she perspired; nítssaikinnssi I
perspired.

SAIKSISAA *vai*; charge, stampede, rampage; sáíksisaat! stampede!;
áakssaiksisaawa oma iiníwa the buffalo will charge; isáíksisaawa
it (the herd) stampeded.

SAIKSISTT *adt*; clear to the vision or understanding, evident, in
clear view; isáíksisttaihtsiwa it was lying in view;
máátsikákssaiksisttohkáíssksinima he just did not have any evi-
dent knowledge of it; *see* ssaiksisttoo move into view.

SAIKSISTTOO *vai*; walk into view/ be filmed; saiksísttoot! walk
into view; áakssaiksisttoowa oma pookááwa the child will be
filmed; iisáíksisttoowa he walked into view; nítssaiksisttoo I
walked into view.

SAIKSKAA *vii*; explode; áakssaikskaawa it will explode;
isáíkskaawa it exploded.

SAINAKOI'SSTAA *vai*; spend (usually money), expend; sáínako-
i'sstaat! spend your money!; áakssainakoi'sstaawa she will spend
her money; isáínakoi'sstaawa he spent his money;
nítssainakoi'sstaa I spent my money

SAINNIS *adt*; down; sáínnisoohtsi downward; áakssainnisoowa
she will walk down.

SAINSKAKA'P *adt*; sloppy, untidy, dirty, messy unkempt;
sáínskaka'pssiwa he is sloppy, untidy; sainskaka'piiwa it is
sloppy, untidy.

SAIP *adt*; out; *see* saipohttoo take out from; *see* saipioohsi
urinate; *see* saipokomsstsimaa blow out smoke.

SAIPAI'TAPI *nan*; outside people; saipáí'tapiiksi outside people.

SAIPÁÓÓHTSI *nin*; the area beyond a boundary or limit; amo
saipaoohtsi iikáyisstsa'piiwa it gets noisy beyond our boundary.

SAIPA' *adt*; outside of a certain boundary; *see* saipai'tapi outside
people; saipáo'ohtaka an outside group of people who are somehow
affiliated

SAIPIKOYI *vii*; flood over ice; áakssaiipikoyiwa it will flood over
the ice; ákaisaiipikoyiwa the water has flooded over the ice.

SAIPIOOHSATTSI *vta*; give a laxative to; saipióóhsáttsiisa! give
him a laxative!; áakssaipioohsáttsiyiiwa she will give him a laxa-
tive; iisáípioohsáttsiyiiwa he gave her a laxative;
nítssaipioohsáttsooka she gave me a laxative.

SAIPIOOHSI *vai*; urinate, lit: bring oneself out; **saipióóhsit!** urinate!; **áakssaipioohsiwa** she will urinate; **iisáípioohsiwa** he urinated; **nítssaipioohsi** I urinated.

SAIPOHTOO *vti*; take out from; **saipohtóót!** take it out!; **áakssaipohtooma osóka'simi, innaapssinamayi** she will take out her coat, she wrote (catalogue ordered) to the east for it; **otókssini iisáípohtoomayi** he took his bed out(side); **nítssaipohtoo'pa anni kitsí'tsinssakssini** I took outside that food which you burned.

SAIPOKOMSSTSIMAA *vai*; blow out a puff of smoke; **sáípokomsstsimaat!** blow out a puff of smoke!; **áakssaipokomsstsimaawa** he will blow out a puff of smoke; **ísaipokomsstsimaawa** she blew out a puff of smoke; **nitssáípokomsstsimaa** I blew out a puff of smoke.

SAIPSKAPATOO *vti*; stretch; **saipskápatoot!** stretch it!; **áakssaipskapatooma osóka'sima** he will stretch his shirt; **isáípskapatooma** she stretched it; **nítssaipskapatoo'pa** I stretched it.

SAIPSSTÁÁKI *vai*; stretch and stake a hide (for tanning process); **saipsstáákit!** stretch and stake a hide!; **áakssaipsstáákiwa** she will stretch and stake a hide; **isáípsstáákiwa** she stretched and staked a hide; **nítssaipsstááki** I stretched and staked a hide; *Rel. stem: vta* **saipsstaakat** stretch and stake (a hide).

SAIPSTAAHKAA *vai*; open one's own medicine pipe bundle (soon after thunder first arrives in the spring); **saipstááhkaat!** open the medicine pipe bundle!; **áakssaipstááhkaawa oma nináímsskaana** the medicine pipe holder will open his bundle; **iisáípstaahkaawa** he opened his bundle; **nitsíísaipstaahkaa/nítssaipstaahkaa** I opened my bundle.

SAIPSTAAHKI *vai*; give tobacco out (to the individuals present at the opening of a medicine pipe bundle); **saipstááhkit!** give out your tobacco!; **áakssaipstaahkiwa** he will give out tobacco; **iisáípstaahkiwa** he gave out tobacco; **nítssaipstaahki** I gave out tobacco.

SAIPSTSIMAAN *nin*; tipi flap pole, used for ventilation of tipi.

SAISÍ'TOYA'TSIS *nin*; chimney; **nisaisí'toya'tsiistsi** chimneys.

SAISSKIHSSOYI *vai*; grow (an. flora); (**saisskihssoyit!** grow!); **áakssaisskihssoyiwa oma miistsísa** that tree will grow; **iisáísskihssoyiwa** it grew.

SÁÍSSKII *vii*; grow (inan. flora); **áakssaisskiiwa anni matóyihkoyi** that grass will grow; **iisáísskiiwa** it grew; **áísaisskiiwa** it is growing.

SAISSKINAA *vai*; cough; **saisskináát!** cough!; **áakssaisskinaawa** he will cough; **iisáísskinaawa** he coughed; **nítssaisskinaa** I coughed.

SAISSKÍTSIMAA *vai*; take out ashes (from stove, fire); **saisskítsimaat!** take out ashes!; **áakssaisskitsimaawa** she will take out ashes; **isáísskítsimaawa** he took out ashes; **nítssaisskítsimaa** I took out ashes

SAISSKOMO *vta*; wheedle something out of/ coax out for; **sáísskomoosa anníístsi opisátsaapiinoanistsi!** wheedle her candy out of her!; **áakssaisskomoyiiwa** she will coax (the infection) out of his system; **iisáísskomoyiiwa** he coaxed it out of her system; **nitssaisskomooka nitóókimaani** she wheedled my pemmican out of me.

SAISSKSIIMOKO *nin*; (new) grass; **sáíssksiimokoistsi** new grasses; **sáíssksiimokoinattsiwa** having the appearance or color of new grass (green).

SAISTTOO *vai*; announce (s.t.); **saisttóót!** announce!; **áakssaisttoowa** he will announce; **iisáísttoowa** he announced; **nítssaisttoo** I announced.

SAISTTSIPATÁKKAAYAYI *vai*; run out; **saáísttsipatákkaayayit!** run out!; **áakssaisttsipatákkaayayiwa** she will run out; **isáísttsipatákkaayayiwa** he ran out; **nítssaisttsipatákkaayayi** I ran out.

SAITAMI *vai*; breathe, inhale air (North Peigan); **saitamit!** breathe!; **áakssaitamiwa** she will breathe; **iisáítamiwa** she inhaled air; **nítssaitami** I inhaled air; *also* **siitami** (Blood).

SAITTSÍKAAPIKSISTAKI *vai*; ring (s.t., e.g. a bell); **saittsíkaapiksistakit!** ring!; **áakssaittsíkaapiksistakiwa** he will ring (it); **iisáíttsikaapiksistakiwa** she rang (it); **nítssaittsíkaapiksistaki** I rang (it).

SAITTSIKKIHTAAN *nan*; bell; **sáíttsikkihtaaniksi** bells.

SÁI'ITTSIKOTOYI *nan*; rattlesnake/ lit: rattle tail; **sáí'ittsikotoyiiksi** rattlesnakes; **nitssai'itsikotoyiima** my rattlesnake; *see also* **omahksisttsiiksiinaa**.

SAI'KOYI *vai*; foal, calve, give birth (said of animals); **sai'koyít!** foal!; **áakssai'koyiwa anná ápotskinawa** the cow will calve; **iisáí'koyiwa** it calved; **kítssai'koyi** you foaled.

SAI'PIYI *vai*; charge (in battle); **sáí'piyit!** charge!; **áakssai'piyiwa** he will charge; **isáí'piyiwa** he charged; **nítssai'piyi** I charged.

SAI'SAPITAPÍÍYI *vai*; be characteristically ill-tempered, impossible to please; (**sai'sapitapiiyit!** be ill-tempered!); **áakssai'sap-itapiiyiwa** she will be ill-tempered; **iiksáí'sapitapiiyiwa** he is impossible to please; **nítssai'sapitapiiyi** I am an ill-tempered person.

SAI'SOKKITA'PSSI *vai*; be well-to-do; (**sai'sokkita'pssit!** be well-to-do!); **áakssai'sokkita'pssiwa** she will ...; **iikssai'sokkita'pssiwa** he is well-to-do; **nit(siik)ssai'sokkita'pssi** I am well-to-do.

SAKAKA'PII *vii*; precious, cherished; **áakssakaka'piiwa** it will be precious; **isákaka'piiwa** it is cherished.

SAKAKIMM *vta*; cherish; **isákakimmisa!** cherish her!; **áakssakakimmiiwa** she will cherish him; **isákakimmiiwa** he cherished her; **nítssákakimmoka** she cherished me.

SAKAKOHKOMI *vai*; make appreciative sounds; **(i)sakákohkomit!** make an appreciative sound; **áakssakakohkomiwa** she will make an appreciative sound; **ísakakohkomiwa** he made an appreciative sound; **nítssakakohkomi** I made an appreciative sound; *cf.* **ohkomi**.

SAKO *adt*; last; **sakówoohtsi ami (a)tsiníkssini** the last part of the story; **ní'tssákoyaipiima** he entered last of all.

SAKONÍMMAAN *nin*; moccasin pattern/cutout/ finished hide (Blackfoot); **nisákonimmaanistsi** my cutout leather for moccasins.

SAKSI *vai*; exit from a room or building; **saaksít!** go out!; **áakssaksiwa** he will go out; **isaksíwa** he went out; **nítssaksi** I went out

SAMÁKINN *nan*; lance, spear (N. Blackfoot)/ large knife, machete (Blood); **samákinniksi** spears/ large knives.

SAMA'KOO *nin*; stone (used for pounding or grinding); **sama'ko-istsi** pounding stones; **nisáma'koomi** my pounding stone.

SÁNAMAA *vai*; dab out a sticky substance; **sanamáát!** dab out e.g. the marrow from inside the bone; **áakssanamaawa** she will crush and dab the chokecherries in the cup, with a sapling (in order to suck the juices on the end of the stick); **isánamaawa** he dabbed out the marrow from inside the bone; **nítssánamaa** I dabbed out the marrow from inside the bone; **sánamaisstookiwa** sticky ears.

SAOHKIAAKI *vai*; stick out one's head (e.g. to look out of a window); **sáóhkiaakit!** stick out your head!; **áakssaohkiaakiwa** he will stick out his head; **isáóhkiaakiwa** she stuck out her head; **nítssáóhkiaaki** I stuck out my head.

SÁÓHPAPOKAI'SSTOO *vti*; air out in the wind; **sáóhpapok-ai'sstoot!** air it outside!; **áakssaohpaokai'sstooma** she will air it out in the wind; **iisáóhpapokai'sstooma** he aired it out in the wind; **nítssáóhpapokai'sstoo'pa** I aired it out in the wind.

SÁÓHPÁTTSISTO   *vta*; blast out with a shot; **sáóhpattsistoosa!** blast it out!; **áakssaohpáttsistoyiiwa** she will blast it out; **iisáóhpáttsistoyiiwa anni áaattsistaayi** he blasted the rabbit out (of its hole); **nítssáohpáttsistoawa** I blasted it out.

SÁÓKA'SIM   *nan*; root of the Yellow Angelica, used for religious and medicinal purposes, Lat: Angelica dawsonii; **sáóka'siiksi** roots of the Yellow Angelica

SAOKI   *adt*; flat/prairie; **saokióóhtsi** on the prairie; **itssáókioopiiwa** he is living on the prairie/ on the flat.

SAOKIAWAKAASI   *nan*; pronghorn (antelope), lit: prairie deer, Lat: Antilocapra americana; **saokiáwakaasiiksi** pronghorns.

SAOKIHTSI   *vii*; flat, horizontal; **áakssaokihtsiwa** it will be flat (e.g. a road); **isáókihtsiwa** it is flat.

SAOKIHTSII   *vai*; lie down because of exhaustion (or indulgence), lit: lie flat or straight; **saokihtsíít!** lie down!; **áakssaokihtsiiwa** she will lie down; **iisáókihtsiiwa** he lay down; **nítssaokihtsii** I lay down; *also* **saokaihtsii** (?).

SAOKIIKAKKOO   *nan*; mourning dove (lit: prairie pigeon), Lat: Zenaidura macroura; **saokííkakkoyiiksi** mourning doves.

SAOKIIPISATSIINIKIMM   *nan*; wild onion; **saokiipisatsiinikimmiksi** wild onions.

SAOKÍÍSIPISTTOO   *nan*; short-eared owl (lit: prairie owl), Lat: Asio flammeus; **saokíísipisttoiksi** short-eared owls.

SAOKÍTSIISI   *vai*; burp/ spit up the taste of a rich, greasy, or spicy food; **saokitsíísit!** spit up!; **anná issitsímaana, áakssaokítsiisiwa** the baby, he will spit up s.t. (e.g. milk); **iisáókítsiisiwa** he spit up; **kítssaokítsiisi** you burped up the taste (of s.t.).

SAOKOHTOO   *vti*; straighten out; **saokohtóót!** straighten it out!; **áakssaokohtooma** she will straighten it out; **iisáókohtooma anní miistsísi** she straightened out the stick; **nítssaokohtoo'pa anni moohsokóyi (otsítoomoksstsiihpi)** I straightened out the road (where it curves)/ I drove off the road at the curve.

SAOKSIKÍNSSTSAAKI   *vai*; stretch one's own arm; **(i)saoksikínsstsaakit!** stretch your arm; **áakssaoksikínsstsaakiwa** she will stretch her arm; **isáóksikínsstsaakiwa** he stretched his arm; **nítssaoksikínsstsaaki** I stretched my arms.

SAOKSSP   *nan*; spine; **saoksspiksi** spines (e.g. of dead animals); **osaoksspi** his spine.

SAOMMIT *adt*; shifty, furtive, crooked, underhanded, sneaky, deceptive, evasive; **ííkssaommítookitsiwa** lit: he/she has sneaky fingers; **áísaommitsska'siwa** he is acting deceptively; **anna kaaáhsa iikáísaommitomaahkaawa** your grandmother drives furtively (thereby, evading those of us who are curious about where she drives to).

SAÓMMITSAAPIIKOAN *nan*; criminal (lit: sneaky/deceptive white man); **saómmitsaapiikoaiksi** criminals

SAÓMMITSIKI'SOMM *nan*; February, lit: deceiving moon (in reference to the variable weather conditions); **saómmitsiki'sommiksi** deceiving moons.

SAOOKO'PIS *nan*; travois rope (used for fastening load down); **saooko'piiksi** travois ropes; **nitssaooko'piima** my travois rope.

SAOOTSSTSIMISTOTO *vta*; handle roughly and in an inconsiderate manner; (**saootsstsimistotoosa!** handle her in a ... manner!); **áakssaootsstsimistotoyiiwa anni issitsimaani** she will handle the baby in a ... manner; **iisáóotsstsimistotoyiiwa** he handled her ...; **nítssaootsstsimistotooka** she handled me ...; **skáí'saootsstsimistotoyiiwa anni pookááyi** he handled the child roughly.

SAOOYÍS *nin*; porch; **saooyíístsi** porches.

SÁÓPPISO'TO *vta*; squash, squish with the hand; **saoppisó'toosa!** squash him!; **áakssaoppiso'toyiiwa** she will squash him; **isáóppiso'toyiiwa** he squashed her; **nítssáóppiso'tooka** he squashed me (e.g. in a dream).

SÁÓPPISSKI *vti*; crush with one's body; **sáóppisskit!** crush it!; **áakssáóppisskima** she will crush it; **isáóppisskima** he crushed it; **nítssáóppisskii'pa** I crushed it.

SÁÓTAT *adt*; outer surface; **saotátsisowoohtsi** the outer area; **áakssáótatsiisápsskaoohsiwa** he will wear an outer garment; **isáótatsiisotsima** she will wrap it with an outer covering; **nómohtssáótatsisoomoonii'pa** I used it as a surface wrapping.

SAOTSIKKINIHKAA *vai*; have a discharge of nasal mucous; (**saotsíkkinihkaat!** discharge your nasal mucous!); **áakssaotsikkinihkaawa** she will have a discharge of nasal mucous; **iisáótsikkinihkaawa** he had a discharge of nasal mucous; **nítssaotsikkinihkaa** I had a discharge of nasal mucous; **otáwaasai'nssi itssáótsikkinihkaawa** because he was crying, he had a discharge of nasal mucous.

229

SAOTTSÍSI *vta*; disembowel, squeeze out the intestines of; **piinssáóttsisiisa anna imitááwa!** do not squeeze the dog's intestines out!; **áakssaottsísiyiiwa** she will disembowel it; **isáóttsísiyiiwa** he disemboweled it; **nitsíímatssaottsisooka** he almost squeezed my intestines out; **kítssaottsísaawa anna imitááwa** you squeezed the dog's intestines out (e.g. when you ran over him); *cf.* mottsis.

SAOTTSISSKAA *vai*; herniate in one's abdominal cavity; (**saottsisskaat!** herniate!); **áakssaottsisskaawa** she will herniate; **isáóttsisskaawa** he herniated; **nítssaottsisskaa** I herniated.

SAO'OHKA'PII *vii*; boring, inconsequential, meaningless; **áakssao'ohka'piiwa** it will be meaningless; **iikssáó'ohka'piiwa** it is boring, uninteresting.

SAO'OHPÍSSTSA'PSSI *vai*; meddlesome; (**sao'ohpísstsa'pssit!** be meddlesome!); **áakssao'ohpisstsa'pssiwa** she will be meddlesome; **ssáó'ohpísstsa'pssiwa** he is (very) meddlesome; **nítssao'ohpísstsa'pssi** I am meddlesome; *Rel. stem: vti* **sao'ohpisstsiistotsi** meddle with.

SAO'TSI *vti*; remove, take out, **sao'tsit kottsómo'kaani!** take off your hat!; **Iitssápaihtsiiwa otópaihpiisoka'simi, ómi iihtáíssiiststakio'pi.** Áakssao'tsimayi Her skirt is in that washer. She will take it out; **osóka'simi isáó'tsimayi** he took his own jacket off; **nítssao'tsii'pa nitsskíítaani** I took my baking out of it (e.g. the oven).

SAP *adt*; in, within; *see* **sapí'kínama'tsis** button; **ákaitaisapohpiiwa annááhka kottoána omí aohkííyi** your knife has fallen into the water; **áakssapáákáó'piiwa** she will get into it; **iitssápáópiiwa** she is sitting in it; **áakssapápino'toyiiwa** she will poke him in the eye; **iitssápa'páó'kaasiwa osóóhpomma'tsisi** she is digging around in her (own) purse.

SAPÁAKÁÓ'PII *vai*; board a vehicle, lit: seat oneself in; **sapáakáó'piit!** board/get in!; **áakssapáakáó'piiwa** she will board; **isapáakáó'piiwa** he got in; **nítssapáakáó'pii** I boarded.

SAPÁAKIHTAA *vai*; load one's belongings into a vehicle; **sapáákihtaat!** load your things; **áakssapaakihtaawa** she will load her things into the vehicle; **isapáakihtaawa** he loaded his things; **nítssapáakihtaa** I loaded my things; *Rel. stem: vti* **sapaakohtoo** load one's belongings into.

SAPÁAT *vta*; track/follow; **sapáatsisa!** follow her (e.g., way of life)!; **áakssapáatsiiwa** she will follow him (e.g. his lifestyle); **iisapáatsiiwa** he tracked him (e.g. the animal); **nítssapáakka** she followed me; **nítssapáatawa** I tracked her down.

SAPAATSIMAAHKO *vta*; share with, give part of one's winnings to; **sapáatsimááhkoosa!** share with her!; **áakssapaatsimááhkoyiiwa** she will give her some of her winnings; **ífsapaatsimaahkoyiiwa** she shared with him; **nitssapaatsimaahkooka** she shared with me.

SAPANII *vai*; say (something) correctly; **sápaníít!** say (it) correctly!; **áakssapaniiwa** she will say (it) correctly; **isápaniiwa** she said (it) correctly; **nítssapanii** I said (it) correctly; *Rel. stems: vta* sapanist, *vti* sapanisto respond/guess correctly to, guess correctly.

SAPANIST *vta*; respond to correctly; **sapanístsísa!** respond correctly to him!; **áakssapanistsiiwa** she will guess to him correctly; **iisápanistsiiwa** he guessed correctly in response to her; **nítssapanikka** she guessed to me correctly.

SAPANISTSIMM *vai*; be complete; **áakssapanístsimma** it will be complete; **saapanístsimma/iisápanistsimma** it is complete; *Rel. stem: vii* sapanistso complete.

SAPASAI'NI *vai*; cry to go with (s.o.); **sapasáí'nit!** cry to go along!; **áakssapai'niwa** she will ...; **iisapásai'niwa** he cried to go along

SAPA'KOT *adt*, layer, stack, **sapá'kotohtoot!** layer it (e.g the material that you are sewing)!, **anniistsi sóópa'tsiistsi, stámohkánaisapa'kotsstootaawa!** those chairs, stack all of them!

SAPA'PII *vii*; be settled (said of an issue), become legally rendered or transferred; **áakssapa'piiwa** it will become legally rendered or transferred; **isapá'piiwa** it was settled.

SAPÁ'TSIMA'PSSI *vai*; be acquiescent, be of a good natured disposition; **sapá'tsima'pssit!** be good natured!; **áakssapa'tsima'pssiwa** he will be good natured; **iisapá'tsima'pssiwa otsitsí'naksipokaahpi** he was good natured when he was a baby; **kítssapá'tsima'pssi** you are acquiescent.

SAPA'TSTAA *vai*; score a point during certain team sports which require that an object be placed into a prescribed area or container; **sapá'tstaat!** score!; **áakssapa'tstaawa** she will score (e.g. during the hockey game); **iisapá'tstaawa** he scored a point; **nítssapa'tstaa** I scored.

SAPIHTSIMAA *vti*; fill the pipe (with tobacco); **sáapihtsimáát!** fill the pipe!; **áakssapihtsimaawa** she will fill the pipe; **isápihtsimaawa** he filled the pipe; **nítssápihtsimaa** I filled the pipe.

SAPIIPOMMAA *vai*; sow, plant; **sapíípommaat!** sow, plant!; **áakssapiipommaawa** she will sow, plant; **isápiipommaawa** he sowed; **nítssapiipommaa** I planted.

SAPÍKAMAAN *nan*; handle which is inserted into a tool, e.g. an axe; **innóísapíkamaaniksi** long handles.

SAPÍKAMAA'TSIS *nin*; handle of a tool or weapon; **sapíkamaa'tsiistsi** handles.

SAPIKINAO'TOMO *vta*; realign vertebrae (or a joint) for; **sapikináó'tomoosa!** re-align her back!; **áakssapikinao'tomoyiiwa** she will re-align his back; **iisápikinao'tomoyiiwa** he re-aligned her back; **nítssapikinao'tomooka no'kakííkini** she re-aligned my backbone; **nítssapikinao'tomookowa nottoksísa** my knee joint was re-aligned for me.

SAPISTOTO *vta*; appease, or reach an agreement with; **(i)sapísto--óósa!** reach an agreement with him!; **áakssapistotoyiiwa** she will appease her (e.g. a crying child); **isapístotoyiiwa** he appeased her; **nítssapistotooka** she appeased me.

SAPI'KINAI *vti*; button; **saapi'kinait!** button it!; **áakssapi'kínaima** she will button it; **isapí'kínaima** he buttoned it; **nítssapi'kínai'pa** I buttoned it.

SAPÍ'KÍNAMAA *vai*; fasten (s.t.); **sapí'kínamaat!** fasten (s.t.)!; **áakssapi'kínamaa**.

SAPÍ'KÍNAMAA'TSIS *nan*; button; **máóhkssapi'kinamaa'tsiiksi** red buttons; *cf.* **sapi'kinamaa**.

SAPÍ'KÍNAMAA'TSIS *nin*; small peg used to button tipi seam; **sapí'kínamaa'tsiistsi** small tipi pegs.

SAPI'TO *vta*; give assent to/ show interest to by nodding; **sapí'toosa!** give your consent to him!; **áakssapi'toyiiwa** she will give her consent to him; **isapí'toyiiwa** he consented to her; **nítssapi'tooka** she showed interest in what I said, by nodding.

SAPOHKÍNN *vta*; convince, persuade; **sapohkínnisa!** convince her!; **áakssapohkínniiwayi** she will convince him; **sapohkínniiwayi** she persuaded him; **otómanissi nómohtssapohkínnoka** because she was right, she persuaded me.

SAPOHTOMO *vta*; present tobacco to as a sign of respect/ provide a cigarette for/ give tobacco to (a medicine pipe holder in requesting the aid of the pipe); **sapohtomóósa!** give him a cigarette!; **áakssápohtomoyiiwa** he will give tobacco to him (the medicine pipe holder for the services of his pipe); **iisápohtomoyiiwa** she presented tobacco to him (as a sign of respect); **nítssápohtomooka** he gave me a cigarette.

SÁPOMATOO *vti*; place into one's own mouth; **sapomatóót anni kóóni!** put the piece of ice into your mouth!; **áakssapomatooma** he will put it into his mouth; **iisápomatooma** she placed it into her mouth; **nítssápomatoo'pa anni óóhkotoki** I placed the rock in my mouth.

SAPONSSTAA *vai*; use magic, or prayer to a spirit, to gain curing powers; **sapónsstaat!** use magic!; **áakssaponsstaawa** she will use magic; **isapónsstaawa** he used magic; **nítssaponsstaa** I used magic.

SAPOTTOKSIINÁNI *vta*; hit in the thigh area above the knee, give a charlie-horse to; **sapóttoksiinániisa!** hit him ...!; **áakssapottoksiinániyiiwa** she will give ... to her; **iisapóttoksiinániyiiwa** she hit him; **nítssapottoksiinániooka** she gave me a charlie-horse; *also* sapisttaksiinani (Blood).

SAPO'KINIHKAA *vai*; have a back-ache (spine out of alignment); **sapó'kinihkaat!** have a back-ache!; **áakssapo'kinihkaawa** he will have a back-ache; **iisapó'kinihkaawa** it had a back-ache; **nítssapo'kinihkaa** I had a back-ache; *also* sapo'kakinihkaa (Blood).

SAPSKAHTOO *vti*; thread (as a bead); **sápskahtóót!** thread it!; **áakssápskahtooma anniistsi ksiistsimáánistsi** she will thread the beads; **isápskahtooma** he threaded it; **nítssapskahtoo'pa** I threaded it.

SAPSKAOHSATOO *vti*; wear (clothing); **sapskáóhsatoot!** wear it!; **áakssapskaohsatooma** he will wear it; **iisápskaohsatooma** he wore it; **nítssápskaohsatoo'pa kisóka'sima** I wore your jacket; **áísapskaohsatooma** he wears it.

SAPSKAOHSI *vai*; put on a coat or jacket; **saápskáóhsit!** put on your jacket!; **áakssapskaohsiwa** she will put on her jacket; **isápskaohsiwa** he put on his jacket; **nítssapskaohsi** I put on my jacket.

SAPSPIHKAA *vai*; have the painful taste sensation caused when eating s.t. acidic, tart, sour; (**sápspihkaat!** have a painful taste sensation caused by eating s.t. sour!); **áakssapspihkaawa** she will ...; **isápspihkaawa** he had a painful taste sensation caused by eating s.t. sour; **nítssapspihkaa** I had a painful taste sensation caused by eating s.t. tart.

SAPSSKI *vta*; punch on the face; **sapsskiisa!** punch him!; **áakssapsskiyiiwa** she will punch him; **isápsskiyiiwa** he punched her; **nítssápsskiooka** she punched me.

SAPSTOOKIO'TO *vta*; poke inside the ear of; **sapstóókio'toosa!**
poke inside his ear!; **áakssapstookio'toyiiwa** she will poke inside his
ear; **iisápstookio'toyiiwa** he poked inside her ear;
nits(íí)sápstookio'tooka he poked inside my ear; *Rel. stem: vai*
sapstookio'taki poke into an ear.

SATA *adt*; thin-skinned, overly sensitive, easily offended;
ííkssataitapiwa he is thin-skinned (or one who can't take a joke);
see **sataissi** become offended; **iisatáíksimsstaawa** he had quarrel-
some thoughts.

SATAIMM *vta*; wish evil on due to extreme anger; **satáímmisa!**
wish evil on him!; **áakssatáímmiiwa** she will wish evil on him;
iisatáímmiiwa he wished evil on her; **nitssatáímmoka** she wished
evil on me; **nitssatáímmawa** I wished evil on him.

SATAISSI *vai*; become offended at joking or teasing; **satáíssit!** be-
come offended!; **áakssataissiwa** she will become offended;
isatáíssiwa he became offended; **nítssataissi** I became offended.

SATÁÍSTOTO *vta*; purposely do or say something to in order to of-
fend or anger; **satáístotoosa!** purposely make her angry!;
áakssataistotoyiiwa she will purposely make him angry;
iisatáístotoyiiwa he purposely made her feel offended;
nítssatáístotooka she purposely made me angry.

SATÁÍ'POYI *vai*; insinuate, imply some negative point; **satáí'poyit!**
insinuate!; **áakssatai'poyiwa** she will imply some negative point;
iisatáí'poyiwa she implied ...; **nítssatáí'poyi** I implied ...; *cf.*
i'poyi; *Rel. stems: vta* **satai'powat**, *vti* **satai'powatoo** insinuate to,
insinuate about

SATA'PSSATTSIIM *vta*; quarrel with; **satá'pssáttsiimisa!** quarrel
with him!; **áakssata'pssáttsiimiiwa** she will quarrel with him;
isatá'pssáttsiimiiwa he quarrelled with her; **nítssata'pssáttsiim-**
oka she quarrelled with me.

SÁTSAAKI *vai*; shave, chip, or plane wood; **satsáákit!** plane!;
áakssátsaakiwa she will plane; **iisatsáákiwa** he planed;
nítssátsaaki I planed.

SATSÍNAAKI *vai*; scrape (s.t.); **sátsinaakit!** scrape!;
áakssatsínaakiwa he will scrape; **iisatsínaakiwa** she scraped;
nítssatsínaaki I scraped; *also* **satsiniaaki**.

SATSINÍSSTAKI *vai*; scrub while washing clothes; **satsinísstakit!**
scrub!; **áakssatsinísstakiwa** she will scrub; **isatsinísstakiwa** he
scrubbed; **nítssatsinísstaki** I scrubbed.

SATSISTOTO *vta*; attempt to distract; **satsístotoosa anná issitsímaana!** attempt to distract the baby!; **áakssatsistotoyiiwa** she will attempt to distract him; **isatsístotoyiiwa** he attempted to distract her; **nítssatsístotooka** she tried to distract me.

SÁTTAAPIKSI *vti*; slit to discharge the contents of (e.g. a swelling/ a bag); **sattáápiksit!** slit it open; **áakssáttaapiksima** she will slit it open; **anní o'kapayíni iisattaapiksima** he slit open the (bag of) flour; **nitssáttaapiksii'pa** I slit it open (e.g. the sack of grain).

SATTOTO'KAA *vii*; crack (e.g. in ice, ground); **kokotóyi ákaisattoto'kaawa** the ice has cracked.

SATTSIKANO'TAKI *vai*; scratch (something); **sáttsikano'takit!** scratch!; **áakssattsikano'takiwa** he will scratch; **isáttsikano'takiwa** she scratched; **nítssáttsikano'taki** I scratched.

SATTSIKANO'TO *vta*; scratch; **sáttsikano'toosa!** scratch her!; **áakssattsikano'toyiiwa** she will scratch him; **isáttsikano'toyiiwa** he scratched her; **nítssattsikano'tooka** she scratched me.

SATTSIKSSKAA *vii*; be a crack in wood; **áakamisáttsiksskaawa** it will crack in an upwards direction; **sayáttsiksskaistsi** fine cracks; *Note: init chg.*

SÁTTSIKSSKIO'TO *vta*; scratch on the face; **sáttsiksskio'toosa!** scratch her face!; **kitáakssattsiksskio'toawa** you will scratch her face; **iisáttsiksskio'toyiiwayi** he scratched her face; **nítssáttsiksskio'tooka** she scratched my face.

SATTSSKIMSSKAAN *nin*; crack in ground, as a result of drought; **sattsskimsskaanistsi** cracks in ground.

SAWOHKAANII *vai*; say something of no importance; **sawohkáániit!** say something of no importance!; **áakssawohkaaniiwa** she will ...; **isáwohkaaniiwa** he said something ...; **nítssawohkaanii** I said ...

SÁWOHKOIMM *vta*; be disgusted with, have a negative feeling toward; **sawohkóímmisa!** be disgusted with him!; **áakssáwohkoimmiiwa** she will have a negative feeling toward him; **isáwohkoimmiiwa** he was disgusted with her; **nítssáwohkoimmoka** she had a negative feeling toward me.

SAWOHPISSTSA'PSSI *vai*; be snoopy and curious, nosy, prone to search through another's belongings; (**sawohpísstsa'pssit!** be snoopy and curious!); **áakssawohpísstsa'pssiwa** she will be snoopy (and search through his belongings); **sawohpísstsa'pssiwa** he is snoopy and curious; **nítssawohpísstsa'pssi** I am snoopy and curious.

SAWOTSISTAP *adt*; confused, unclear; **sawotsistapi'takiwa** her understanding is confused; **iikssáwotsistapinamma** he looks very unclear/disreputable.

SAYAAHKI *vta*; hoist (as a flag); **sayááhkiisa!** hoist it; **áakssayááhkiyiiwa otawaisstaama** he will hoist his flag; **isáyaahkiyiiwa** she hoisted it; **nítssayááhkiaawa** I hoisted it.

SAYÁÁHKIMAA *vai*; hoist (as a flag); **sayááhkimaat!** hoist (the flag); **áakssayááhkimaawa** she will hoist (the flag); **isayááhkimaawa** he hoisted; **nítssayááhkimaa** I hoisted.

SÁYI *vai*; lie, make an intentionally false statement; **saayít!** lie!; **áakssayiwa** she will lie; **saayíwa** he lied; **nitssáyi** I made an intentionally false statement.

SAYIIPA'SI *vai*; leaf out; **áakssayiipa'siwa** it will leaf; **iisayiipa'siwa** it leafed; **ákáísayiipa'siwa anná miistsísa** the tree has leafed.

SAYIITSSKSSKIMSSKO *nin*; gorge/ exposed bedrock in a ravine; **sayiitssksskimsskoistsi** gorges

SAYÍNAKO *vii*; disappear/ go from sight; **áakssayinakowa** it will disappear, go from sight; **isayínakowa** it disappeared.

SAYÍNAKOYI *vai*; disappear; **sayínakoyit!** disappear!; **áakssayínakoyimma anná kitómitaama** your dog will disappear; **iisayínakoyimma annááhka kitómitaama** your dog disappeared; **kítssayinakoyi** you disappeared; *Note: 3mm*; *Rel. stem: vii* **sayinako** disappear.

SAYÍNSSKAKA'PSSI *vai*; be an untidy person; (**sayinsskaka'p-ssit!** be untidy!); **áakssayinsskaka'pssiwa** she will be untidy; (**iiks)sayínsskaka'pssiwa** he is (very) untidy; **nítssayinsskaka'pssi** I am untidy

SAYITAPII *vai*; exhausted or unconscious; (**sayítapiit!** be exhausted!); **áakssayitapiiwa** she will be exhausted; **sayítapiiwa** he is very exhausted; **nítssayitapii** I am exhausted.

SAYI'SI *vai*; vent anger, frustrations (on someone or something); **itápssayi'sit!** vent your anger toward s.t.!; **áakitapssayi'siwáyi** he will vent his frustrations toward it; **iitápssayi'siwáyi** he vented his anger toward it; **nitsítapssayi'si** I vented my anger toward s.t.; **payóóhsapssayi'siwa** he vented his anger toward me; *Note: adt req.*

SAYI'TSIMAA *vai*; deny (something); **sayí'tsimaat!** deny (it)!; **áakssayi'tsimaawa** he will deny; **iisayí'tsimaawa** he denied; **nítssayi'tsimaa** I denied; *Rel. stem: vti* **sayi'tsimatoo** deny.

SA'ÁÍ *nan*; duck; **sa'áíksi** ducks; **sa'áíwa** duck.

SA'AIKI'SOMM *nan*; March, lit: duck moon; **Sa'áíki'sommiksi** Duck months; *also* **Sa'aito's**

SA'ÁÍKSI ITÁÓMATOOYI *nin*; October, lit: when ducks leave.

SA'KAP *adt*; out from an area, e.g. river, forest, camp, etc.; **sayá'kapoowa** he went out of (e.g. the water); **iisá'kapohpai'piwa** he jumped out of (e.g. the gully); **áakssa'kapai'piwa** she will walk out of (e.g. town); *Note: init chg.*

SA'KAPAAATOO *vti*; come out from (an area, e.g. a mudhole); **sa'kapáaatoot!** come out of it!; **áakssa'kapáaatooma** he will come out of it; **sayá'kapaaatooma anni ómahksikimi** he came out of the lake; **nitssá'kapáaatoo'pa anní pa'ksíkahkoyi** I came out of the muddy area.

SA'KINOOHSAT *vta*; pay wages; **sa'kinóóhsatsisa!** pay him wages!; **áakssa'kinoohsatsiiwa** she will pay him wages; **isá'kinoohsatsiiwa** he paid her wages; **nítssa'kinoohsakka** she paid me my wages.

SA'KSISÁKII *vti*; pound (dried meat); **sa'ksisákiit anníístsi káyiistsi!** pound the dried meat!; **áakssa'ksisákima** she will pound the dried meat; **isá'ksisákima** he pounded the dried meat; **nítssa'ksisákii'pa** I pounded the dried meat.

SA'KSISÁKIMAAN *nin*; flaked dry meat; **sa'ksisákimaanistsi** flaked dry meats.

SA'KSS *vta*; burn; **sa'kssísa!** burn him!; **áakssa'kssiiwa** he will burn her; **isá'kssiiwa** he burned her; **nítssa'kssoka** she burned me.

SA'KSSOYI *vai*; burn or scald one's self; (**sa'kssoyít!** burn/scald yourself!); **áakssá'kssoyiwa** she will scald herself; **isá'kssoyiwa** he burned himself; **nítssa'kssoyi** I burned myself.

SA'NAA *vai*; lose a fingernail; (**sa'naat!** lose a fingernail!); **áakssa'naawa** she will lose a fingernail; **iisa'naawa** he lost a fingernail; **nitssa'naa** I lost a fingernail.

SA'TSOOPA'TSIS *nin*; gun-powder; **sa'tsóópa'tsiistsi** gun-powder (e.g. bags of).

SIIKAMM *nan*; Sandhill crane (archaic term believed to refer literally to long legs), Lat: Grus canadensis; **siikammiksi** cranes.

SIIKOKÍÍNA *nan*; aspen tree, Lat: Populus tremuloides.

SIIKOKÍÍNA *nin*; aspen branch, Lat: Populus tremuloides.

SÍÍKOKÍÍNIIS *nin*; birch; **sííkokííniistsi** birches.

SIIKO'TSI *vti*; gather; **siikó'tsitaawa!** gather them!; **áakssiiko'tsima annistsi astotóóhsiistsi** she will gather those clothes; **isííko'tsimaistsi** he gathered them; **nítssiiko'tsii'piaawa** I gathered them.

SÍÍKSIKAPANSSI *nan*; swallow, Lat: Hirundinidae; sííksikapanssiiksi swallows.

SIIKSIKSAAPI'MAA *vai*; make an outer covering with branches; isííksiksaapi'maat! make an outer covering with branches; áakssiiksiksaapi'maawa she will ...; íísiiksiksaapi'maawa he made ...; nitssiiksiksaapi'maa I made ....

SIIKSIKSI *nin*; branch; siiksiksíístsi branches.

SIIKSINOKO *nin*; creeping juniper, Lat: Juniperus horizontalis; siiksinokoistsi creeping junipers.

SIIKSINOKOWOHTOK *nan*; cedar tree; sííksinokowohtokiksi cedar trees.

SIIM *vta*; discipline/forbid,; siimísa! discipline her!; áakssíímiiwa he will forbid her; iisíímiiwa she forbade him; nítssíímoka he forbade me.

SIINAISSKI *nan*; badger, lit: marked face, Lat: Taxidea taxus; pókssiináísskiiksi small badgers.

SIISTONAA'PII *vii*; poor, inferior, not measuring up to standard quality; áakssiistonaa'piiwa it will not measure up (to the standard); iisíístonaa'piiwa it is/was inferior.

SIISTONAA'PSSI *vai*; less brave, less strong, weaker, not warriors; (siistonaa'pssit! be less brave!); áakssiistonaa'pssiwa she will be less strong; isíístonaa'pssiwa he is less brave; nítssiistonaa'pssi I am less strong.

SIISTONAISTOTO *vta*; demean, lower the dignity of; siistonáístotoosa! demean her!; áakssiistonaistotoyiiwa omi matápiyi he will lower the dignity of that person; iisíístonaistotoyiiwa otákkaayi he demeaned his friend; nítssíístonaistotooka she demeaned me.

SIITAMI *vai*; breathe; *var. of* saitami

SIITÁMSSIN *nin*; breath; siitámssiistsi breaths.

SIITOHTONNI *vti*; unravel a string-like object; siitohtónnit! unravel it!; áakssiitohtonnima omí áísaipihkaisoka'simi she will unravel that sweater; iisíítohtonnima he unravelled it; nitssíítohtonnii'pa ómi nisáípihkáísttsomo'kaani I unravelled my knitted toque.

SIITSINO'TO *vta*; unravel, unroll; siitsinó'toosa anná kítssksimatakssina! unravel your knitted item!; áakssiitsino'toyiiwa anni maáíyi she will unravel her shawl; iisíítsino'toyiiwa omi iitáísaamia'yo'pi he unrolled the rug; nítssiitsino'toawa I unravelled it.

SIITSOOHTOO *vti*; spread out; **siitsóóhtoot!** spread it out!;
áakssiitsoohtooma she will spread it out; **isíítsoohtooma** she
spread it out; **nítssiitsoohtoo'pa omi isttsikánokoyi** I spread the
linoleum out.

SIIYíí'KAYI *nan*; mink; *var. of* **soyíí'kayi.**

SIK *adt*; black or dark; **siksináttsiwa** it's black; **sikómitaa** black
dog; **sikapínii** black eyes/ dark eyes; **sikotahkoinattsiwa** dark
brown

SIKAAATTSISTAA *nan*; cottontail rabbit, (lit: black rabbit) Lat:
Sylvilagus nuttallii; **sikáaattsistaiksi** cottontail rabbits.

SIKAHK *vrt*; set aside, set apart, exclude; **áísikahksistotoyiiwa**
she is excluding him (e.g. from the activities); **áakssikahkoht-
ooma** she will set it aside; *see* **sikahkihka'si** be aloof.

SIKAHKAPINIÁÁPIKSSI *vai*; wink; **sikahkápiniáapikssit!** wink!;
áakssikahkapiniáapikssiwa she will wink; **isíkahkapiniáapikssi-
wa** he winked; **nítssikahkapiniáapikssi** I winked; *also*
sikahkapináapikssi.

SIKAHKIHKA'SI *vai*; be aloof; **sikahkihká'sit!** be aloof!;
áakssíkahkihka'siwa she will remain aloof; **isíkahkihka'siwa** he
remained aloof; **nítssikahkihka'si** I was aloof.

SIKAIIPISSTSI *nan*; Roman Catholic priest, lit: black cloth;
sikáíipisstsiiksi Roman Catholic priests.

SIKAOKI *nin*; red bane berry, Lat: Actaea arguta.

SIKAPISTAA *vai*; pay a ceremonial transfer payment to previous
owner; **sikápistaat!** pay!; **áakssikapistaawa** he will pay;
iisikápistaawa he paid; **nítssikapistaa** I paid; **oma
áípommakiwa iihkotáwa omistsi sikapistáánistsi** the one trans-
ferring (previous owner) was given those (material) goods as payment
(by the new owner); *Rel. stem: vta* **sikapisto** pay a ceremonial
transfer payment to.

SIKAPISTA'TSSKO *vta*; help (usu. a family member) to pay a
ceremonial transfer payment; **sikapistá'tsskoosa!** help him pay!;
áakssikapistá'tsskoyiiwa he will help her pay; **iisikápista'tssk-
oyiiwa** he helped her pay; **nítssikapista'tsskooka** she helped me
pay; *cf.* **sikapistaa.**

SIKAPOOTSI *nan*; buffalo horn spoon; **sikapootsiiksi** buffalo horn
spoons.

SIKAPSSKI *nan*; black horse with white facial marking;
sikápsskiiksi black horses with white facial markings.

SIKA'PSSI *vai*; be profanely indecent, filthy, dirty; **siká'pssit!** be indecent!; **áakssika'pssiwa** he will be indecent; **iisiká'pssiwa** he was indecent; **kítssika'pssi** you are filthy; *Rel. stem: vii* **sika'pii** obscene, filthy, dirty .

SIKÁ'SAOKKOYI *nan*; dark bay horse; **siká'saokkoyiiksi** dark bay horses.

SIKIHTSISOO *nan*; moose, Lat: Alces alces; **pókssikihtsisoiksi** small moose (pl.).

SIKIM *adt*; stingy, miserly; **sikimá'pssiwa** he's stingy; **iikssikímoyiwa** he is stingy with food (lit. stingy mouthed); **áísikími'takiwa** he is feeling miserly.

SIKIMIINIIWANII *nan*; king bird (lit: stingy with his berries), Lat: Tyrannidae; **sikimííniiwaniiksi** king birds.

SIKIMIOTA'SI *nan*; member of the Black Horse Society; **Síkimiota'siiksi** members of the Black Horse Society/ Black Horse Society.

SIKIMM *vta*; consider unclean/repugnant; **sikímmisa!** consider him unclean!; **áakssikimmiiwa** she will find her unclean; **isikímmiiwa** she found her unclean; **nítssikimmoka** she found me unclean.

SIKI'TSI *vti*; consider unclean or objectionable; **sikí'tsit!** find it unclean!; **áakssiki'tsima otsó(ó)wahsini** she will think of her food as unclean; **iisikí'tsima** she found it unclean; **nítssiki'tsii'pa** I found it objectionable.

SIKK *vrt*; decrease the mass of, lower; *see* **sikkai'piksi** lower; *see* **sikkii** go down/ decrease in size; *see* **sikkotsi** melt.

SIKKAI'PIKSI *vti*; lower; **sikkáí'piksit anni iitáísokihtakio'pa!** lower the shelf!; **áakssikkai'piksima** she will lower it; **iisíkkai'piksima anní otsitáóhkitsisttsikaahkiaakihpi** he lowered his ironing board; **nítssikkai'piksii'pa** I lowered it.

SIKKI *vii*; collapse slowly, go down slowly; **áakssikkiwa** it will go down; **iisíkkiwa** the swelling went down; **niksíkkokoowayi ákaisikkiwa** my tent has collapsed.

SIKKOHPI'YI *vii*; collapse; **áakssikkohpi'wa** it (the tent) will collapse; **ki óómi nisóópa'tsisi iisíkkohpi'wa** my chair over there collapsed.

SIKKOHSÁKKSSIN *nin*; crackling, the crisp residue left after rendering lard from meat or fat; **pókohsikkohsákkssiistsi** small cracklings.

SIKKOHSI *vti*; melt; **sikkohsít!** melt it!; **áakssikkohsima** he will melt it; **iisíkkohsima** he melted it; **nítssikkohsii'pi anniistsi atsinayíístsi** I melted the fats.

SIKKOTSI *vii*; be rendered/melted; áakssikkotsiwa it will be rendered; isíkkotsiwa it is rendered; kóónsskoyi áísikkotsiwa the snow is melting.

SIKOHKIAAYO *nan*; black bear, Lat: Ursus americanus; sikohkiááyoiksi black bears; *see also* ootsimiohkiaayo.

SÍKOHKO'S *nan*; cast iron frying pan; síkohko'siksi frying pans.

SÍKOHPOYÍ *nin*; motor oil; síkohpoyíístsi motor oil (cans of...).

SIKOHPOYITAIPANIKIMM *nan*; Swainson's hawk (lit: dark greasy or oily feathers), Lat: Buteo swainsoni; síkohpoyitaipanikimm-iksi Swainson's hawks.

SIKOHTSAAKIIKAHTSSIN *nin*; blackjack, (card game); sikohtsaakiikahtssiistsi blackjack games

SIKOMAHKSIIN *nin*; prune (lit: big black berry); sikómahksiinistsi prunes.

SIKÓÓHKOTOK *nin*; coal, lit: black rock/ Lethbridge; sikóóhkotokistsi coals.

SIKOTAHKO *adt*; brown; sikótahkoinattsiwa brown.

SIKÓ'TOKAANI *nan*; Oregon junco (lit: black head), Lat: Junco oreganus; sikó'tokaaniiksi juncoes

SIKSÁÁPIIKOAN *nan*; Black, Negro, lit: black whiteman; siksáápiikoaiksi black persons.

SIKSIKÁ *nan*; Northern Blackfoot band of the Blackfoot tribe, lit: black foot; siksikáíkoaiksi Northern Blackfoot persons.

SIKSIKANIKIISAYII *nan*; pileated woodpecker (lit: flashes black feathers), Lat: Dryocopus pileatus; síksikanikiisayiiksi pileated woodpeckers.

SIKSIKIMÍ *nin*; tea, lit: black liquid; siksikimíístsi teas; *cf.* ikimi.

SIKSIKIMSSIMAA *vai*; brew tea; siksikímssimaat! brew tea!; áakssiksikimssimaawa she will brew tea; isíksikimssimaawa he brewed tea; nítssiksikimssimaa I brewed tea.

SIKSINNAKII *nan*; Black Police (Sundance) society; **Siksínnakiiksi** Black Police.

SIKSÍ'KSSKIMM *nan*; silver, lit: black metal; siksí'ksskimmiksi silver objects.

SIKSSÍKAPII *nan*; dark grey horse with white tail and light mane; sikssíkapiiksi dark grey horses.

SIKSTAKI *vai*; bite; (i)sikstakít! bite!; áakssikstakiwa he will bite; iisíkstakiwa he bit; nítssikstaki I bit; *Rel. stem: vta* siksip bite.

SIKSTSI *vti*; bite; **sikstsít** bite it!; **sikstsímayi** he bit it; **nítssikstsii'pa** I bit it; **kítssikstsii'poaawayaawa** you (pl) bit them; *Rel. stems: vta* **siksip**, *vai* **sikstaki** bite.

SIM *vta*; stab; **simísa!** stab him!; **áakssimiiwa** she will stab him; **iisimííwayi** he stabbed her; **nítssimoka** he stabbed me; **nitáísimawa** I am stabbing him.

SIMAATAM *vta*; carry on one's own back; **simáátamisa!** pack her on your back!; **áakssimaatamiiwa** she will carry him on her back; **iisimáátamiiwa** he packed her on his own back; **nítssimaatamoka** she packed me on her back.

SIMAKATOO *vti*; pierce/lance; **isímakatoot!** lance/pierce it!; **áakssimakatooma** she will lance it; **isímakatooma** he pierced it; **nitsíísimakatoo'pa** I pierced it.

SIMATOO *vti*; drink; **simatóót!** drink it!; **áakssimatooma** she will drink it; **iisímatooma** he drank it; **nitsíísimatoo'pa/nítssimatoo'pa** I drank it.

SIMI *vai*; drink; **simít** drink!; **áakssimiwa** he will drink; **iisimíwa** he drank; **nítssimi** I drank.

SIMI *vta*; give a medicinal drink to; **simíísa!** give him a medicinal drink!; **áakssimiyiiwa** she will give him a medicinal drink; **iisimíyiiwa** he gave her a medicinal drink; **nitssímiooka** she gave me a medicinal drink.

SIMIIPI *vta*; water (livestock)/ treat to a drink; **simíípiisa!** water him!; **áakssimíípiyiiwa** he will water him; **isimíípiyiiwa** she watered him; **nítssimíípiooka** she treated me to a drink.

SIMIMM *vta*; gossip about; **simímmisa!** gossip about him!; **áakssimimmiiwa** she will gossip about her; **isimímmiiwa** he gossiped about her; **nítssimimmoka** she gossiped about me.

SIMITSIIM *nan*; waxwing (lit: tipi-cover pole), Lat: Bombycilla cedrorum; **simitsiimiksi** waxwings

SIMSSÍN *nin*; drink; **nisímssiistsi** my drinks; *cf.* **simi**.

SIMSSKINI *vai*; make noise by shouting as a group; **simsskiníka!** shout!; **áaks(skai')simsskiniyaawa** they will make noise by shouting; **isímsskiniyaawa** they made noise by shouting; **nítssimsskinihpinnaana** we made noise by shouting.

SINA *vta*; draw/take a picture of; **sináísa!** draw him!; **áakssínaiiwáyi** she will take his picture; **iisínaiiwáyi** he drew her; **nítssínaoko** I was drawn/ I had my picture taken; **nítssínaawa** I drew him; **sináótsspiksi** our pictures; *Rel. stems:* *vai* **sinaaki**, *vti* **sinai** draw/take a picture of.

SÍNAAKI *vai*; write/draw/ make images; sináákit! write/draw/
make images!; áakssínaakiwa she will draw; isínaakiwa she drew;
nítssínaaki I drew; iihtáísínaakio'pa camera.

SINÁÁKIA'TSIS *nin*; book; nisínaakia'tsiistsi my books.

SINÁÁKSSIN *nin*; writing; sináákssiistsi writings.

SÍNAOHSI *vai*; endorse, sign, register; sináóhsit! endorse (s.t.)!;
áakssínaohsiwa she will sign; isináóhsiwa he signed; nítssínaohsi
I registered.

SINIHTAKI *vai*; lick (s.t.); sinihtakít! lick!; áakssínihtakiwa she
will lick; iisínihtakiwa she licked; nitsíísinihtaki I licked.

SÍNIHTSI *vti*; lick; sínihtsít lick it!; áakssínihtsimáyi she will
lick it; iisínihtsimáyi he licked it; nítssínihtsii'pa I licked it; *Rel.
stem: vta* sinip lick.

SINNIKIMAT *vta*; take possessions from (an enemy corpse)/ make a
coup on; sínnikimatsisa! "count coup" on him!; áakssinnikimats-
iiwa he will make a coup on him; iisinnikimatsiiwa he took his
possessions; (nitssínnikimakka he made a coup on me).

SINNIKINSSTSIIPI *vta*; lead (by the hand); sinnikínsstsiipiisa!
lead her by the hand!; áakssinnikinsstsiipiyiiwa she will lead him;
iisínnikinsstsiipiyiiwa he led her; nítssinnikinsstsíípiooka she
lead me by the hand.

SINOKÓÓPAT *vta*; impoverish, drain of monetary means, i.e.
money; sinokóópatsisa! impoverish her!; áakssinokóópatsiiwa she
will impoverish him; iisinokóópatsiiwa he impoverished her;
kítssinokóópakki amiiksi áóhpommaopiiksi the storekeepers im-
poverished you.

SINOKOOPATOO *vti*; suck in, sip, slurp, (e.g. broth);
sinokóópatoot! slurp it!; áakssinokóópatooma she will slurp;
isinokóópatooma anní kóópisi he slurped the broth;
nítssinokóópatoo'pa I slurped; áísinokoopatooma ánni
osímssini he is sipping his drink.

SINOPÁÁ *nan*; swift fox, Lat: Vulpes velox; pókssinopaiksi little
foxes.

SINSSKIP *vta*; lick on the face; sinsskipísa! lick his face!;
áakssinsskipiiwa she will lick his face; iisínsskipiiwáyi he licked
her face; nitssinsskipoka she licked my face.

SIPÁTSIMO *nin*; sweetgrass, Lat: Hierchlos odorata; sipátsimoistsi
sweetgrasses.

SIPI *adt*; night; *see* sípisttoo owl; nítssipio'too I arrived at night;
áakssipioomatapoowa she will leave at night; áísipia'poowa she
travels around at night.

SIPIÁÁNA'KIMAA'TSIS *nin*; night lantern; **sipiáána'kimaa'tsiistsi** lanterns; *cf.* **ana'kimaa'tsis.**

SIPIOOMAIKSISTOYI *vii*; be a clear, full-moon night; **áakssipioomaiksistoyiwa** there will be a clear, full moon night; **iisipioomaiksistoyiwa** there is/was a clear night with a full moon.

SIPISTTOIPASSKAAN *nin*; owl dance; **sípisttoipásskaanistsi** owl dances; *cf.* **ipasskaa.**

SIPISTTOO *nan*; owl (lit: night announcer); **sípisttoiksi** owls; *cf.* **sipi.**

SISAAPITTAKI *vai*; cut into strips (e.g. a tanned hide); **sisáápittakit!** shred (the hide) into strips; **áakssisaapittakiwa** she will shred (the leather) into strips; **iisisáápittakiwa** he shredded (the leather) into strips; **nítssísaapittaki** I shredded (the hide) into strips.

SISÁKKIIKAYI *nan*; spotted horse/ apaloosa; **sisákkiikayiiksi** appaloosas.

SISÁKKOMAHKATAYO *nan*; tiger; **sisákkomahkatayoiksi** tigers; *cf.* **natáyo.**

SISÁKKOMII *nan*; bull trout (dolly varden), Lat: Salvelinus confluentus/ a type of grayling fish; **sisákkomiiksi** graylings.

SISÁKKSSKII *vai*; have a spotted or freckled face; (**sisákksskiit!** have a freckled face!); **áakssisakksskiiwa** he will have a freckled face; **isisákksskiiwa** she has a freckled face; **nítssisákksski** I have a freckled face.

SÍSAPO'KA'PSSI *vai*; be inquisitive; (**sisapo'ka'pssit!** be inquisitive!); **áakssísapo'ka'pssiwa** she will be inquisitive; **iisísapo'ka'pssiwa** he is inquisitive; **nítssísapo'ka'pssi** I am inquisitive

SISIINITAA *nan*; rasp, cutting file; **sisíínitaiksi** rasps, cutting files.

SISIK *adt*; granular/ in pieces; **see sisikohkot** give change to; *see* **sisikoohkotok** gravel

SISÍKOHKOT *vta*; give change (money) to; **sisíkohkotsisa!** give her change!; **áakssisikohkotsiiwa** she will give her change; **sisíkohkotsiiwa** she gave him change; **nítssisikohkokka** she gave me change; **nítssisikohkotawa** I gave her change.

SISÍKOHTOMO *vta*; cash a cheque for; **sisíkohtomoosa!** cash her cheque!; **áakssisikohtomoyiiwa** she will cash her cheque; **iisisíkohtomoyiiwa** he cashed a cheque for her; **nítssisíkohtomooka** he cashed a cheque for me.

SISIKÓÓHKOTOK *nin*; gravel, pebble; **sisikóóhkotokistsi** gravel (plural), pebbles.

SISIKÓÓHKOTOKSSKO   *nin*; gravelly or stony terrain; **sisik-óóhkotoksskoistsi** gravelly terrains

SISIKSINÁANI   *vai*; have money to make change; **sisiksináanit!** have change!; **áakssisiksináaniwa** he will have change; **isisíksináaniwa** he has/had change; **nítssisiksináani** I have money to make change

SISIKSINII   *vti*; smash (into pieces), grind; **sisíksiniit!** grind it!; **áakssisiksinima** she will smash it; **isisíksinima** he smashed it; **nítssisiksinii'pa** I smashed it.

SISOMM   *nan*; small dog, puppy; **sisommiksi** puppies; **nit ssisomma** my small dog.

SISÓYA'TSIS   *nan*; scissors; **sisóya'tsiiksi** scissors (pl.); *cf.* **sisoyi.**

SISOYI   *vai*; cut (s.t.) into strips; **sisóyit!** cut!; **áakssisoyiwa** she will cut; **iisisóyiwa** she cut; **nítssisoyi** I cut; **Nináímsskaisisóyaakiwa** Holy Medicine Pipe Cutting Woman; *Rel. stems: vti* **sisowatoo,** *vta* **sisowat** cut into strips.

SÍSSTSIKSII   *nin*; small branch of a tree/ sapling used as a switch; **sísstsiksiistsi** small branches.

SISTSIK   *adt*; tired, exhausted; *see* **sistsikoo** be tired; **áakssistsiksssammiiwa** he will tire of looking at him; **ákaisistsikókska'siwa** he is tired of/from running.

SISTSIKAAATTSI   *vta*; tire; **isistsikáaattsiisa!** tire her!; **áakssistsikáaattsiyiiwa** he will tire her; **óta'si isistsikáaattsiyiiwa** she tired her horse; **nítssistsikaáattsooka** he tired me/ he wore me out; *cf.* **sistsikoo+áttsi.**

SISTSIKÁAT   *vta*; tire of, grow weary of; **sistsikáatsisa!** grow weary of him!; **áakssistsikáatsiiwa anni ponokáómitaayi** she will grow weary of the horse; **sistsikáatsiiwa** she got tired of him; **nítssistsikáakka** she got tired of me; *Rel. stems: vai* **sistsikoo,** *vti* **sistsikaatoo** tire, tire of.

SISTSÍKOO   *vai*: tire; (**sistsikóót!** tire out!); **áakssistsikoowa** she will tire; **iisistsikóówa** he got tired; **nitssístsikoo/nítssistsikoo** I got tired; **íkssístsikao'pa** we (incl) are tired; *Note: oo˜ao.*

SISTSIKSSKIAAKI   *vai*; smile; **sistsíksskiáákit!** smile!; **áakssistsiksskiáákiwa** she will smile; **isistsíksskiáákiwa** she smiled; **nítssistsíksskiaaki** I smiled; *Rel. stem: vta* **sistsiksskiaakat** smile at.

SISTSIKSTSKAA   *vai*; be tired from butchering; **sistsikstskaat!** be tired from butchering; **áakssistsikstskaawa** she will be tired from butchering; **iisistsikstskaawa** she was tired from butchering; **nitsiikssistsikstskaa** I am tired from butchering.

SISTTSÍ *nan*; small bird; **sisttsííksi** small birds.

SITOK *adt*; middle, center; *see* **sitoksskit** abandon, leave unattended; **áakssitokoowa** she will go through the centre (e.g. of town).

SITOKIHKIITAAN *nin*; pie; **sitókihkiitaanistsi** pies.

SITOKSSKIT *vta*; abandon, leave unattended; **sitoksskitsisa!** abandon her!; **áakssitoksskitsiiwa** she will abandon him; **isitoksskitsiiwa** she left him unattended; **nitssitoksskikka** he abandoned me.

SITSIP *adt*; soft or rustling (said of noise); **máátsikákssitsipa'piiwa** there was not even a noise; **áakssitsipano'takiwa** she will make noise with what she is handling; **amoohka káánaisskiinaawahka káákaisitsipano'takiwa** that (out of sight) mouse is just making noise.

SITSIPSSAT *vta*; speak to/ converse with; **sitsípssatsisa!** speak to her!; **áakssitsípssatsiiwa** she will speak to him; **isitsípssatsiiwa** she spoke to him; **nitsísitsipssakka** he spoke to me.

SI'K *vrt*; cover; *see* **si'ki** cover; **áakssi'kima ánni itáísooyo'pi** she will cover the table.

SI'KÁÁN *nan*; blanket; **nisi'káániksi** my blankets.

SI'KAANOMAAHKAA *vai*; trot (of horses); **si'káánomaahkaat!** trot!; **áakssi'kaanomaahkaawa** she will trot; **isí'kaanomaahkaawa** he trotted; (**nítssi'kaanomaahkaa** I trotted); *cf.* **omaahkaa**.

SI'KAKI *vai*; kick (s.t. or s.o.); **si'kakít!** kick!; **áakssi'kakiwa** he will kick; **iisí'kakiwa** he kicked; **nítssi'kaki** I kicked.

SI'KAT *vta*; kick; **si'katsísa!** kick him!; **áakssi'katsiiwa** she will kick him; **iisí'katsiiwáyi** he kicked her; **nítssi'kakka** she kicked me.

SI'KI *vti*; cover; **si'kít!** cover it!; **áakssi'kima** he will cover it; **isí'kima** she covered it; **nítssi'kii'pa** I covered it.

SI'KII *vii*; be greasy, oily,; **áakssi'kiiwa** it will be greasy; **iikssi'kiiwa** it is greasy.

SI'KIMAIKAHTSSIN *nin*; five card stud (a kind of poker game); **si'kimaikahtssiistsi** five card stud games.

SI'KINNI *vti*; cover (while holding); **si'kínnit!** cover it!; **áakssi'kinnima** she will cover s.t.; **isí'kinnima** he covered it; **nítssí'kinnii'pi nitsówahsiistsi** I covered my food (in my hands).

SI'KOMO *vta*; cover (something) for; **si'kómoosa!** cover it for him!; **áakssi'komoyiiwa** she will cover s.t. for him; **iisí'komoyiiwa** he covered s.t. for her; **nítssí'komooka** she covered s.t. for me; **nitáísi'komoawa** I am covering (something) for him.

SI'KOPIAANII *vai*; talk deceptively, slyly; **si'kopiaaniit!** talk deceptively!; **áakssi'kopiaaniiwa** she will talk slyly; **iisi'kopiaaniiwa** he talked deceptively; **nitssi'kopiaanii** I talked deceptively; *Rel. stems:* vta **si'kopiaanist**, vti **si'kopiaanistoo** talk deceptively to, talk deceptively about.

SI'KSSOPO *nin*; chinook wind; **si'kssópoistsi** chinook winds; *cf.* **sopo.**

SI'TSII *vii*; smoke; **áakssi'tsiiwa** it will smoke; **iisí'tsiiwa kitótotannooni** our fuel smoked; **nííitssáísi'tsiiwa iitáísapihkiitao'pa** smoke really came out from the oven.

SI'TSIINATTSI *vii*; be smoky, hazy in appearance; **áakssi'tsiinattsiwa** it will be hazy; **si'tsíínattsiwa** it is hazy.

SKIIM *nan*; female animal; **skíímiksi** female animals; **i'náksskiima** small doe.

SKÍNA'S *nan*; louse; **skína'siksi** lice.

SKINÍ *adt*; enclosed; *see* **skiniihtaan** pocket; *see* **skinitsimaan** bag.

SKINÍÍHTAAN *nin*; pocket; **nitsskiníhtaanistsi** my pockets.

SKINÍTSIMAAN *nin*, bag or sack; **skinítsimaanistsi** bags or sacks; **nitsskinítsimaani** my bag.

SKINÍÍPIIKANI *nan*; North Peigan band of the Blackfoot tribe; *cf.* **skini**+**piikani**; *see also* **aamsskaapipiikani.**

SOAPÍTTAKSSIN *nin*; long fringe; **kisoapittakssiistsi** your fringes.

SÓÁ'TSIS *nin*; tail feather; *see* **mo(o)hsoa'tsis.**

SOHKATAKSAAPINI *vai*; have large eye sockets; (**sohkataksaap-init!** have large eye sockets!); **áakssohkataksaapiniwa** she will have large eye sockets; **isohkatáksaapiniwa** he had large eye sockets; **nítssohkatáksaapini** I have large eye sockets.

SOHKOYISSI *vai*; talk, sing, or cry in a loud voice, lit: big mouth voice; **isohkoyíssit!** speak loudly!; **áakssohkoyissiwa** she will speak loudly; **isohkoyíssiwa** he spoke loudly; **nítssohkoyissi** I spoke loudly.

SOI'SSTSIKAOHSI *vai*; brush snow from shoes; **sóí'sstsikaohsit!** brush the snow from your shoes!; **áakssoi'sstsikaohsiwa** she will ...; **isóí'sstsikáóhsiwa** he brushed ...; **nítssoi'sstsikaohsi** I brushed snow from my shoes.

SOI'SSTSINIO'TSI *vti*; brush off, e.g particles off clothing or leaves from a branch; **sóí'sstsinió'tsit!** brush your clothing!; **áakssoi'sstsinio'tsima otsímmoyiisoká'sima** she will brush particles off of her fur coat; **isóí'sstsinio'tsima** he brushed it; **nítssoi'sstsinio'tsii'pa** I brushed it off.

SÓI'STAAPIKSI   *vti*; sift/screen; isóí'staapiksit!   sift it!; áakssoi'staapiksima she will sift it; anníístsi otaakohtssapipommaahpistsi isóí'staapiksima he screened the seeds; nítssóí'staapiksii'pa I sifted it.

SOI'STSÍPIKIAAKI   *vai*; harvest berries, knocking to the ground by beating the bushes with a stick; soi'stsípikiaakit! knock the berries to the ground!; áakssoi'stsipikiaakiwa she will knock the berries to the ground; iisóí'stsípikiaakiwa he knocked the ...; nitssoi'stsipikiaaki I harvested berries.

SOI'STSIPÍNNAKI   *vai*; harvest; soi'stsipínnakit!   harvest!; áakssoi'stsipínnakiwa he will harvest; iisóí'stsipínnakiwa he harvested; nítssoi'stsipínnaki I harvested; *Rel. stem: vti* soi'stsipinnatoo harvest.

SOI'STSIPÍNNAKSSIN   *nin*; straw/harvest; otahkóísoi'stsip innakssiistsi yellow straws.

SOK   *adt*; good; *see* soká'piiwa good; nítssokso'kaa I slept well; soká'pssiwa she's good; soká'poot walk carefully/well.

SOKAI'PIIYI   *vai*; stop, come to a halt; sokáí'piiyit! come to a halt!; áakssokai'piiyiwa she will come to a halt; iisokáí'piiyiwa he came to a halt nítssokai'piiyi I came to a halt; ákáísokai'piiyiwa he has stopped (in his vehicle, e.g.).

SOKÁMISÁAKA'TSIS   *nin*; ladder/stair; sokámisáaka'tsiistsi stairs.

SOKA'PII   *vii*; be good; áakssoka'piiwa it will be good; Kikáóhka'po'takihpa? Soká'piiwa! You have found work? That is good!; *Rel. stem: vai* soka'pssi be good.

SOKIMMOHSI   *vai*; feel good/well; sokímmohsit!   feel good!; áakssokimmohsiwa she will feel good; iisokímmohsiwa he felt good; nítssokimmohsi I felt good.

SOKIN   *vta*; doctor, treat medically; sokinísa!   doctor him!; áakssokiniiwa he will doctor him; isokinííwa he treated him; nítssokinoka he treated me; *Rel. stem: vai* sokinaki doctor (s.o.).

SOKINÁÁPI   *vta*; doctor/ bring back to health, make well; sokináápiisa! bring her back to health!; áakssokináápiyiiwa she will bring him back to health; iisokináápiyiiwa he brought her back to health; nítssokináápiooka she doctored me.

SOKÓMMAAHKO   *vta*; honor with a gift at a public gathering; sokómmaahkoosa! honor her with a gift at the gathering!; áakssokómmaahkoyiiwa she will honor him with a gift ...; iisokómmaahkoyiiwa anní omahkínaayi she honored the old man a gift ...; nítssokómmaahkooka she honored me with a gift ...; nítssokómmaahkoawa I honored her ....

SOKOPISÁ'TSIS *nan*; chain; **(oh)pókssokopisá'tsiiksi** small chains.

SOKOTTAT *vta*; spit at; **sokottatsisa!** spit at him!; **áakssokottatsiiwa** she will spit at him; **iisokóttatsiiwa** he spit at her; **nítssokottakka** she spit at me; **nitáísokottatawa** I am spitting at him; *Rel. stem: vai* **sokottaa** spit.

SOKSAANA'PSSIN *nin*; possession; **osoksáána'pssiistsi** his possessions.

SOKSÍSSTOO *vti*; hang; **soksísstoot!** hang it!; **áakssoksísstooma** she will hang it; **iisoksísstooma ottsómo'kaani** he hung his hat; **nítssoksisstoo'pa** I hung it; *Rel. stem: vta* **soksim** hang.

SOKSISTAWA'SI *vai*; grow well, develope a good physique; *cf.* **istawa'si.**

SOKSISTOMI *vai*; have a good body; *cf.* **moistom.**

SOKSISTOTSI *vti*; groom, make look nice; **soksistotsít!** groom the area!; **áakssoksistotsima** she will make it look nice; **soksistotsíma ookóówayi** he made his home look nice; **nítssoksistotsii'pa** I made it look nice.

SOKSISTSIKÓ *nin*; cloud; **soksistsikóístsi** clouds.

SOMÁÁN *nan*; rug; **nisómaaniksi** my rugs.

SOMAANANIIPITSI *vai*; be one who belittles; **miináttssomaananiipitsit!** do not be one who belittles!; **áakssomaananiipitsiwa** she will be one who belittles; **somáánaniipitsiwa** he is one who belittles; **nítssomaananiipitsi** I am one who belittles.

SOMAANÍÍ'POYI *vai*; imply, suggest something disparaging or degrading (about s.t. or s.o.); **somáánÍÍ'poyit!** suggest something degrading!; **áakssomaanÍÍ'poyiwa** he will imply something; **somáánÍÍ'poyiwa** he suggested ...; **nítssomaanÍÍ'poyi** I suggested...; *Rel. stems: vta* **somaanii'powat,** *vti* **somaanii'powatoo** imply something degrading to, suggest something disparaging about.

SOMIIKAN *vta*; rub the back of lightly; **somÍÍkanisa!** rub her back lightly!; **áakssomiikaniiwa** she will rub his back lightly; **iisomÍÍkaniiwa** he rubbed her back lightly; **nítssomiikanoka** she rubbed my back lightly.

SOMO'SI *vai*; fetch water; **somó'sit!** fetch water!; **áakssomo'siwa** she will fetch water; **iisomó'siwa** he fetched water; **nítssomo'si** I fetched water; **itssómo'síyiihka** and then he went to fetch water.

SOMO'TO *vta*; touch lightly; **somó'toosa!** touch her lightly!; **áakssomo'toyiiwa** she will touch him lightly; **iisomó'toyiiwa** he touched her lightly; **nítssomo'tooka** she touched me lightly.

SONÁÍ'SSKIHTAKÁATOYIIKSISTSIKO *nin*; New Year's Day (lit: kissing holy day); **sonáí'sskihtakáatoyiiksistsikoistsi** New Year's Days.

SONAI'SSKIP *vta*; kiss; **sonáí'sskipisa!** kiss her!; **áakssónai'sskipiiwa** she will kiss him; **isonáí'sskipiiwa** he kissed her; **nítssónai'sskipoka** she kissed me; *also* **sinao'sskip** (No. Blackfoot).

SONIHKO *vta*; touch/brush against in passing (archaic); **sonihkoosa!** brush her in passing; **áakssonihkoyiiwa** she will touch him in passing; **iisonihkoyiiwa** he brushed against her; **nitssonihkooka** she brushed against me.

SOO *vai*; go to war; **sóót!** go to war!; **áakssoowa** he will go to war; **iitssóoyiihka** he went to war (narrative); **nitssóo** I went to war

SOOHK *adt*; big, rotund; **soohkapíniwa** he has big eyes; **áakssohkittsiwa** he will have a rotund belly; *see* **soohkaokomii** pelican.

SOOHKÁÓKOMII *nan*; pelican (lit: big throat), Lat: Pelicanus occidentalis; **soohkáókomiiksi** pelicans.

SOOHKOYÍÍNAAMAA *nan*; cannon; **sóóhkoyíínaamaiksi** cannons; *cf.* **soohk+oyi+naamaa**.

SOOHKSIISIIMSSTAAM *nan*; western meadowlark (lit: makes nest like a big anus), Lat: Sturnella neglecta; **sóóhksiisiimsstaamiksi** meadow larks.

SOOHPÓMMAA'TSIS *nin*; purse; **ómahkssoohpómmaa'tsiistsi** big purses.

SOOHTSIMM *vta*; sense the low spirits/depression of; **(soohtsimmisa!** sense his low spirits!); **áakssoohtsimmiiwa** she will sense his low spirits; **iisóóhtsimmiiwa** he sensed that she was depressed; **nítssoohtsimmoka** she sensed my low spirits.

SOOK *adt*; unexpected, suddenly; **sookomátapasai'niwa** she suddenly began to cry; **máátáakssookotsistapi'takiwa** she will not understand immediately.

SOOKAYIS *nin*; case, suitcase; **sóókayiistsi** cases (suitcases); **nisóókayisi** my suitcase.

SÓÓKSKI *vti*; break a frame-supported object by adding one's body weight onto it; **Anni sóópa'tsisi sookskít!** break the chair (e.g. by sitting on it!);; **Áakssóókskima anni aatáksaakssini. Aanistsísa mááhkssawattsitohkitsipoyssi** She will break the box. Tell her not to stand on it!; **Otókssini isóókskimayi, máttsitaohkítsspohpai'piyiwa.** He broke his bed, he was jumping on it.; **nitssóókskii'pa** I broke it.

SÓÓKSO'TSI *vti*; disassemble (e.g. toys); **sooksó'tsit!** take it apart; **áakssookso'tsima** she will disassemble it; **isóókso'tsima** he took it apart; **nítssóókso'tsii'pa** I took it apart.

SÓÓMIHTSOOHSI *vai*; undress oneself completely, i.e. to nakedness; **soomihtsóóhsit!** undress!; **áakssoomihtsoohsiwa** she will undress; **isóómihtsoohsiwa** he undressed; **nítssoomihtsoohsi** I undressed.

SÓÓMINI *vai*; undress; **sóóminit!** undress!; **áakssoominiwa** she will undress; **isóóminiwa** he undressed; **nítssóómini** I undressed.

SÓÓPA'TSIS *nin*; chair; **ómahksisóópa'tsiistsi** big chairs, armchairs; **nisóópa'tsisi** my chair; **innóísóópa'tsisi** couch, lit: long chair; *also* **asóópa'tsis**.

SOOPOYÓÓYIHKAA *vai*; drool (saliva); **soopoyóóyihkaat!** drool!; **áakssoopoyooyihkaawa** she will drool; **isóópoyóóyihkaawa** he drooled; **nítssoopoyóóyihkaa** I drooled.

SÓÓPOYOOYIHKAAN *nin*; saliva; **sóópoyóóyihkaanistsi** salivas; **nisóópoyóóyihkaani** my saliva.

SOOTAA *vii*; rain; **áakssootaawa** it will rain; **iisóótaawa/ sayóótaawa** it rained; **áísootaawa** it is raining; *Note: init chg.*

SOOTAM *adt*; despite; **sóótamanistaawa** I told her in spite of all else; **áakssootamito'tsipiima** he may walk in there despite the improbable factor(s)

SOOTAMSSTAA *nan*; Wilson's snipe, Lat: Capella gallinago; **sóótamsstaiksi** Wilson's snipes.

SOOTAMSSTAA *vai*; make rain; **sóótamsstaat!** make it rain!; **áakssootamsstaawa** she will make it rain (e.g. if she kills the frog, a superstition); **iisóótamsstaawa** he made it rain; **nítssootamsstaa** I made it rain

SÓÓTOKIAA *nan*; crazy, foolish, daring person; **sóótokiaiksi** crazy, foolish, daring persons; **sóótokiaawa** crazy, foolish, daring person.

SOOTOKIAAWATTSA'PSSI *vai*; be foolish, crazy; (**sootokíááwattsa'pssit!** be foolish, crazy!); **áakssootokiaawattsa'pssiwa** she will be ...; **isóótokiaawattsa'pssiwa** he is crazy; **nítssóótokiaawattsa'pssi** I am foolish

SOOTOMAKI *vai*; snort (of horses); (**sootomakit!** snort!); **áakssootomakiwa** she will snort; **isóótomakiwa** he snorted.

SOOTSÍMAAN *nin*; parfleche; **sootsímaanistsi** parfleches; *also* **asootsímaan**.

SOOTSI'KAA *vai*; slide (e.g. on a sled); **sootsí'kaat!** slide!; **áakssotsi'kaawa** she will slide; **sootsí'kaawa/isóótsi'kaawa** he slid; **nítssootsi'kaa** I slid/tobogganed

SOOYIIPIHTSI *nan*; leader or the organizer of a raiding party; **sooyíípihtsiiksi** leaders of raiding parties.

SOOYIKKINSSIMOYI *nan*; plant, similar to the wild rhubarb, which induces cramps/ poisonous; **sooyikkinssimoyiiksi** poisonous plants.

SOOYÍNITAKSSIN *nin*; cloth fringe/ fabric remnant; **sooyínitakssiistsi** fringes, or remnants.

SOOYINNIMATOO *vti*; handle, hold with something (to avoid direct contact between the hand and object, e.g. by using a pot holder); **sooyínnimatoot ánni ááhkoyinnimaani!** handle the pipe with something!; **áaksisooyinnimatooma** she will hold it with something; **iisóóyinnimatooma** she held it with something; **nómohtsisóoyinnimatoo'pa omi nisóka'simi** I held it using my coat as insulation; *Rel. stems: vta* **sooyinnimat**, *vai* **sooyinnimaa** handle, handle s.t. .

SOOYÓÓHPAWAHKO *nin*; underwater ridge/ Blackfoot Crossing (place name); **sooyóóhpawahkoistsi** underwater ridges.

SOPO. *adt*; clear/ thorough, detailed, meticulous; **isopówatssiwa** he regained consciousness (clarity of mind)/ he sobered up; **nítssopoyainii'pa** I saw it clearly; **ákaisopoyiikimiwa** the water (liquid) has cleared: *see* **sopoya'pssi** meticulous; *see* **sopowatomo** tattle on; *Note: y~u*.

SOPO *vii*; be windy; **áakssopowa** it will be windy; **iisopówa** it was windy; **áísopowa** it is windy.

SOPOK *adt*; finished/completely,thoroughly; **sopokanísttotsit!** complete it!; **mátáísopokanistooma** she does not finish saying it/ she does not say it completely

SOPOKÍÍTSITAPIIKOAN *nan*; full-blood Indian; **sopokíítsitapiikoaiksi** full-blood Indians

SOPOKSISTOTSI *vti*; have superior knowledge about an activity through one's experience; **sopoksístotsit!** have superior knowledge about it!; **áakssopoksistotsima** she will have superior knowledge of it; **isopóksistotsima otáaksistsiipisskihssini** he had superior knowledge about fencing; **nítssopoksistotsii'pa nipáítapiwahsini** I've "done it all", I've had extensive experience in my life.

SOPOKSSI *nan*; dollar; **niisitóísopokssiiksi** five-dollar bills; **ni'tssópokssiwa** one dollar.

SOPÓMI *vta*; fan, give (some) air; **sopómiisa!** give him air; **áakssopómiyiiwa** she will give him air/ fan him; **isopómiyiiwa** he fanned her; **nítssopómiooka** she fanned me.

SOPOWAHTSI'SI *vai*; inquire; **sopówahtsi'sit!** inquire!; **áakssopówahtsi'siwa** he will inquire; **isopówahtsi'siwa** he inquired; **nítssopówahtsi'si** I inquired; *Rel. stem: vta* **sopowahtsi'sat** inquire of, question.

SOPOWATOMO *vta*; tattle on; **sopówatomoosa!** tattle on him!; **áakssopowatomoyiiwa** she will tattle on him; **isopówatomoyiiwa** he tattled on her; **nítssopówatomooka** she tattled on me.

SOPÓWATSIKIMI *vii*; become clear (said of a waterway, and usually after a storm or spring run-off); **áakssopówatsikimiwa niítahtayi** the river will become clear; **isopówatsikimiwa anni a'siítahtayi** the creek became clear.

SOPOYA'P *adt*; careful; *see* **sópoya'pssi** be thorough; **sopoyá'po'tsima** she worked on it carefully; **iikáísopoya'pisttápomao'siwa** he chews and swallows his food carefully.

SOPOYA'PAYOOHTSIMI *vai*; hear clearly; (**sopoya'payoohtsimit!** hear clearly!); **áakssopoya'payoohtsimiwa** she will hear clearly; **iisopóya'payoohtsimiwa** he heard clearly; **nítssopóya'páyoohtsimi** I heard clearly

SOPOYA'PSSI *vai*; be thorough, meticulous; **sopoyá'pssit!** be meticulous!; **áakssopoya'pssiwa** she will be thorough; **sopoyá'pssiwa** he is meticulous; **nítssopoya'pssi** I am meticulous.

SOPOYI *vai*; tattle, report; **sopoyít!** report!; **áakssopoyiwa** she will tattle; **isópoyiiwa** she tattled; **nítssópoyi** I reported; *Rel. stems: vta* **sopowat**, *vti* **sopowatoo** report

SOPOYIINAKO *vii*; dawn/ clearing of weather (e.g. of fog); **áakssopoyiinakowa** it will dawn; **iisopóyiinakowa** it dawned; **áísopoyiinakowa** it is clearing.

SOPOYIIPITSI *vai*; be a tattler, informer; **sopóyiipitsit!** be a tattler!; **áakssopoyiipitsiwa** he will be a tattler; **sopóyiipitsiwa** he is a tattler; **nítssopóyiipitsi** I am a tattler.

SOTÁNIKIMAA *vai*; hang a cover over an opening (e.g. curtain over a door or window); **sotánikimaat!** hang a curtain over it!; **áakssotanikimaawa** he will hang a curtain over it; **isotanikimaawa** she hung a curtain over it; **nítssotanikimaa** I hung a curtain over it.

SOTÁNIKIMAA'TSIS *nan*; curtain; **máóhksisotánikimaa'tsiiksi** red curtains; *cf.* **sotanikimaa**.

SOTSSKÍMAA'TSIS *nan*; halter or bridle; **sotsskímaa'tsiiksi** bridles or halters.

SOTTOAN *nin*; knife-scabbard, sheath; **nisóttoaistsi** my knife-scabbards; *also* **asottoan**

SOWAANOPAAT *vta*; court, woo; **sowáánopaatsisa!** woo her!; **áakssowáánopaatsiiwa** he will court her; **iisowáánopaatsiiwa** he wooed her; **nítssowáánopaakka** he courted me; *Rel. stem: vai* **sowaanopii** court, woo.

SOWÓO *vai*; go into water; **sowóot** go into the water!; **áakssowóowa** he will go into the water; **(ii)sowóowa** he went into the water; **nítssowóo** I walked into the water.

SOWOTTSI *vai*; have diarrhea; **(sowottsit!** have diarrhea!); **áakssówottsiwa** she will have diarrhea; **iisówottsiwa** he had diarrhea; **nítssówottsi** I had diarrhea.

SOY'SKSÍSSI *nan*; fly; **ómahkssoy'sksíssiiksi** big flies; alt. spelling: soi'sksissi.

SOYÁÍAII'TSI *nan*; herb; **soyáíaii'tsiiksi** herbs.

SOYIIKSIINA *nan*; yellow-headed blackbird, Lat: Xanthocephalus; **omahkssoyiiksiinaiksi** big yellow-headed black birds.

SOYÍÍPOKSSKO *nin*; area of water where the underwater plants are broad-leafed.

SOYÍÍSIITSIKSSKO *nin*; marsh, slough; **soyiisiitsiksskoistsi** marshes, sloughes; *also* **soyiisiiksiksskowa**.

SOYII'KAYI *nan*; mink (lit: fast underwater), Lat: Mustela vision; **soyii'kayiiksi** platinum minks; *also* **siiyíí'kayi**.

SOYINI *vii*; winter weather change to a milder, warmer temperature; **áakssoyiniwa** it will be warm; **isoyíniwa** it warmed.

SOYIPÍTTAKSSIN *nin*; fringe (possibly a tassel).

SOYISI *vai*; stumble and fall forward; **(soyísit!** stumble and fall forward!); **áakssoyisiwa** she will stumble and fall forward; **iisoyísiwa** he stumbled and fell forward; **nítssoyisi** I stumbled and fell forward.

SOYOOHPI'YI *vai*; fall into water, fire or mud; **(soyoohpi'yit!** fall into the water!); **áakitssoyoohpi'wa anni aohkííyi** she will fall into the water; **iisoyóóhpi'wa** he fell into the mud; **nítssoyoohpi'yi** I fell into the pool; **ááhkítssoyoohpi'wa anni pakóyittsi** she might fall into the fire; *Note: yi loss.*

SOYOOPOKA'SI *vii*; blossom; **áakssoyoopoka'siwa** it will blossom; **isoyoopoka'siwa** it blossomed.

SOYÓTTAKSKA *nan*; killdeer (lit: shadow in the water), Lat: Charadrius vociferus; **soyóttakskaiksi** killdeers.

SO'SATOO *vti*; sprinkle liquid on; **so'satóót anní kisóka'simi!** sprinkle your blouse with water!; **áaksso'satooma anní otsskíítaani** he will sprinkle his baking (e.g.with milk); **iisó'satooma kítsiksistsikómsstaani** he splashed drops on your window; **nítsso'satoo'pa anni iitáísooyo'pi** I sprinkled the table.

SPÁTSIKO *nin*; sand; *see* **ómahksspátsiko** desert/ the hereafter.

SSAAHSINAA *vai*; have blurred vision; (**issááhsinaat!** have blurred vision!); **áaksssaahsinaawa** she will have blurred vision; **issááhsinaawa** she had blurred vision; **nítsssaahsinaa** I had blurred vision; *Rel. stems: vta* **ssaahsinat**, *vti* **ssaahsinatoo** see obscurely.

SSÁAK *adt*; try; **kitáíssáaksikííhpa?** what are you trying to do?; **nitsssáaksoyi** I tried to eat; **áíssáaka'po'takiwa** he's trying to work; **nitáaksssáakohka'po'taki** I will try to find work

SSÁAKI *vai*; wipe (s.t.); **issáakit!** wipe!; **áaksssáakiwa** she will wipe; **issáakiwa** he wiped; **nítsssáaki** I wiped.

SSAAKSISTTAKAAKI *vai*; try a shoe on for size; **(i)ssáaksisttákaakit!** try the shoe on!; **áaksssáaksisttákaakiwa** she will try the shoe on; **issáaksisttákaakiwa** he tried on the shoe; **nitsssáaksisttákaaki** I tried the shoe on.

SSAKIMM *vta*; recover from the pain of loss of; **issakímmisa!** recover from the loss of her!; **áaksssakimmiiwa anni otómitaami** she will recover from the pain of losing her dog; **issakímmiiwa** he recovered from the loss of her; **nítsssakimmoka** she recovered from the loss of me; **nikáíssakimawa annááhka nisahkómaapiimahka** I have recovered from the pain of the loss of my boyfriend; *Rel. stems: vti* **ssaki'tsi**, *vai* **ssaki'taki** recover from (the pain of) a loss.

SSAMM *vta*; look at; **issámmisa** look at him!; **áaksssammiiwa** I will look at him; **issámmiiwáyi** he looked at him; **nítsssammoka** she looked at me; **nitáíssammawa** I am looking at him; *Rel. stem: vti* **issa'tsí** look at.

SSANISTTSI *vai*; try, i.e. experiment; **issanísttsit!** try (it)!; **áaksssanisttsiwa** she will try s.t.; **issanísttsiwa** he tried s.t.; **nítsssanisttsi** I tried s.t.; *cf.* **waanisttsi**.

SSAPI *vai*; look (at s.t.); **issapít!** look!; **áaksssapiwa** he will look; **issapíwa** he looked; **nítsssapi** I looked; *Rel. stems: vti* **ssa'tsi**, *vta* **ssamm** look at.

SSA'TSI *vti*; look at; **issá'tsit!** look at it!; **áaksssa'tsima** she will look at it; **issá'tsima** he looked at it; **nítsssa'tsii'pa** I looked at it.

SSI *vrt*; wash, wipe; *see* **ssiikaawaatsi** wash one's feet; *see* **ssiiststaki** wash (clothes); *see* **ssisskiitsi** wash one's own face.

SSIIHKINÁÁWAATSI *vai*; wash one's own hair; **issííhkinaawaatsit!** wash your hair!; **áaksssiihkinááwaatsiwa** she will wash her own hair; **issííhkinááwaatsiwa** he washed his own hair; **nítsssiihkinááwaatsi** I washed my hair.

SSIIKAASI *vai*; wipe one's own feet; **(i)ssííkaasit!** wipe your feet!; **áaksssiikaasiwa** she will wipe her feet; **issííkaasiwa** he wiped his feet; **nítsssííkaasi** I wiped my feet.

SSIIKAAWAATSI *vai*; wash one's own feet; **(i)ssííkaawaatsit!** wash your feet!; **áaksssííkaawaatsiwa** she will wash her own feet; **issííkaawaatsiwa** he washed his own feet; **nítsssiikaawaatsi** I washed my feet.

SSIIKINIISTSI *vai*; brush one's own teeth; **(i)ssííkiniistsit!** brush your teeth!; **áaksssííkiniiistsiwa** he will brush his teeth; **issííkiniiistsiwa** he brushed his teeth; **nítsssííkiniiistsi** I brushed my teeth; **iihtáíssiikiniistso'pi** toothbrush.

SSIINATTSI *vii*; be foggy/frosty; **áaksssíinattsiwa** it will be foggy; **issíináttsiwa** it is foggy.

SSIINI *vti*; erase, wipe off; **issíínit!** erase it!; **áaksssiinima** she will erase it; **issíínima** he erased it; **nítsssiinii'pa** I erased it.

SSIISTSI *vai*; bathe, take a bath; **issíístsit!** bathe!; **áaksssiistsiwa** she will bathe; **issíístsiwa** he bathed; **nítsssiistsi** I bathed.

SSIISTSTAKI *vai*; wash (clothing)/ do laundry; **issíístststakit!** wash!; **áaksssiiststakiwa** she will wash; **issíístststakiwa** he washed; **nítsssiiststaki** I washed.

SSIIYAKI *vta*; cleanse/ purify before a religious ceremony (e.g. a person or a bundle after a mourning period); **issiiyákiisa!** cleanse him!; **áaksssiiyákiyiiwa** she will cleanse it; **issííyakiyiiwa** she cleansed her; **nítsssiiyákiooka** she cleansed me.

SSIK *adt*; injure, fracture; **issiksínsstsiisiwa** she fractured her arm; *see* **ssiksinaasi** fracture one's leg; *see* **ssiksa'pini** injure the eye of.

SSIKÁAA'SI *vii*; end (said of ongoing processes); **áakaissikáaa'siwa passkaani** the dance will come to a premature close (e.g. because of an interuption); **issikáaa'siwa** it came to a premature end; **omi á'pó'takssini ákaissikáaa'siwa** that job has come to an end.

SSIKOO *vai*; terminate, end, stop; **issikóót!** end what you're doing!; **áaksssikoowa** she will stop; **issikóówa oma iihtáíksistsikomio'pa** the clock stopped; **nítsssikoo** I stopped; **ákaissikoowa** he has died; *Rel. stems: vii* **ssikáaa'si**, *vti* **ssikáaattsstoo**, *vta* **ssikáaattsi** end.

SSIKÓPIÁTTSI *vta*; lay off from employment (usually tempoarily), lit: cause to rest; **issikópiáttsiisa!** lay him off!; **áaksssikópiáttsiyiiwa** she will lay him off; **issikópiáttsiyiiwa** he laid her off; **nítsssikópiáttsooka** she laid me off.

SSIKOPII *vai*; rest; **issikópiit** rest!; **áaksssikópiiwa** he will rest; **issikópiiwa** he rested; **nítsssikópii** I rested; *cf.* opii.

SSIKOTOYIIPASSKAA *vai*; do the "black-tailed deer dance"; *cf.* issikotoyi.

SSIKSA'PÍNI *vta*; blacken the eye of; **issiksá'piniisa!** give him a black eye!; **áaksssiksa'píniyiiwa** she will give him a black eye; **issiksá'píniyiiwa** he gave her a black eye; **nítsssiksa'píniooka** she gave me a black eye.

SSIKSÍNAASI *vai*; break one's own leg; (**issiksínaasit!** break your leg!); **áaksssiksínaasiwa** she will break her own leg; **issiksínaasiwa** he broke his own leg; **nítsssiksínaasi** I broke my leg.

SSIKSSOPO *vii*; cease blowing, i.e. the wind; **áaksssikkssopowa** it will cease blowing; **issíkkssopowa** it ceased blowing.

SSIM *vta*; pay (a curer) for treatment; **ssimisa!** pay him!; **áaksssimiiwa** she will bring him "gifts" for payment; **issimiiwa** he brought her payment; **nitsssimoka** she brought me payment; **nitsssimawa ponokáómitaayi** I paid him a horse.

SSIMATOO *vti*; smell; **issimátoot!** smell it!; **áaksssimátooma** she will smell it; **issimátooma** he smelled it; **nítsssimátoo'pa** I smelled it.

SSIMI *vta*; treat (for a disease); **simíísa!** treat him!; **áaksssimiyiiwa** she will treat him; **issimiyiiwa** he treated her; **nitsssimiooka** he treated me; **nitaissimiaawa** I'm treating him.

SSÍMIHKAA *vai*; sniff/smell (s.t.); **issimihkaat!** smell!; **áaksssímihkaawa** she will sniff; **issímihkaawa** he sniffed; **nítsssímihkaa** I sniffed.

SSINN *vta*; break with the hand/ cause to go bankrupt; **issínnisa!** break it!; **áaksssinniiwa ánni mí'ksskimmi** he will break that metal thing; **issínniiwa ónni** he bankrupted his father; **nítsssinnoka** he bankrupted me; *Rel. stems: vti* **ssinni**, *vai* **ssinnaki** break.

SSINN *vta;* measure; **issínnisa!** measure her; **áaksssinniiwa** he will measure her; **issínniiwa** she measured him; **nítsssinnoka** she measured me; *Rel. stem: vti* **ssinni** measure.

SSINNAKI *vai;* break s.t. with the hand; **issínnakit!** break s.t.!; **áaksssinnakiwa** he will break s.t.; **iissínnakiwa** he broke s.t.; **nítssinnaki** I broke s.t..

SSISSKIITSI *vai;* wash one's own face; **issísskiitsit!** wash your face!; **áaksssísskiitsiwa** she will wash her own face; **issísskiitsiwa** he washed his own face; **nítsssísskiitsi** I washed my face.

SSISSKIOOHSI *vai;* wipe one's own face; **issísskioohsit!** wipe your face; **áaksssísskioohsiwa** she will wipe her own face; **issísskioohsiwa** she wiped her own face; **nítsssísskioohsi** I will wipe my face; **issísskioohsa'tsisi** soap.

SSITSIMAA *vai;* have and care for a baby; **issitsímaawa** she has (and cares for) a baby; **nítsssitsimaa** I ....

SSK *adt;* back, return; **isskitápoowa ookóówayi** he returned to his home; **áaksskoowa** she will return (to where she came from); **nítsskitapípiaawa** I brought her back there; **isskóóhtsika** in the past; *see* **sskoo** go back.

SSKAA *vai;* break/ go bankrupt; **isskáát!** break!; **áaksskaamma** she will go bankrupt; **isskaamma anna mi'ksskímma** that iron (thing) broke/ is broken; **nitsskaa** I went bankrupt/ I'm "broke"; *Note: 3mm; Rel. stems: vti* **sski,** *vta* **ssko** break/ cause to be bankrupt.

SSKAAAT *vta;* come back to meet; **isskáaatsisa!** come back to meet him!; **áaksskáaatsiiwa** she will come back to meet him; **isskáaatsiiwa** he came back to meet her; **nítsskáaakka** he came back to meet me; **nítsskáaatawa** I came back to meet him.

SSKÁAKANI *vai;* agree, consent (to s.t.); **isskáakanit!** agree!; **áaksskáakaniwa** he will agree; **isskáakaniwa** he agreed; **nítsskáakani** I agreed; *Rel. stems: vta* **sskáakanist,** *vti* **sskáakanistoo** agree to the request of/ give permission to, consent to.

SSKAHSI'TSI *vti;* forget about/ neglect/ disregard; **isskahsí'tsit!** forget about it!; **áaksskahsi'tsima** he will neglect it; **isskahsí'tsima** he disregarded it; **nítsskahsi'tsii'pa** I forgot about it.

SSKAI'STOTO *vta;* do a shocking thing to; **sskáí'stotoosa!** do a shocking thing to him!; **áaksskai'stotoyiiwa** he will do shocking things to her; **isskáí'stotoyiiwa** she did shocking things to him; **nitsííksskáí'stotooka** she did shocking things to me.

SSKAI'TAKI *vai*; be amazed/ overwhelmed; **isskai'takit!** be
overwhelmed!; **áaksskai'takiwa** he will be overwhelmed;
isskáí'takiwa he was overwhelmed; **nítsskáí'taki** I was over-
whelmed; *Rel. stems: vta* **sskai'to,** *vti* **sskai'tsi** be shocked at.

SSKÁNI'TAAM *nar*; pet animal; **nitsskáni'taamiksi** my pets;
otsskáni'taami his pet; **skáó'mahksskani'taamiwa** she has such a
big pet.

SSKAO'MITAOOPIKKINI *vai*; crazy, daft, lit: have dog-nostrils;
(**sskao'mitaoopikkinit!** be daft!); **áaksskao'mitaoopikkiniwa** she
will be crazy; **(i)sskáó'mitaoopikkiniwa** she was daft;
kítsskao'mitaoopikkini you are (very) daft; *cf.*
sska'+imitaa+oopikkin

SSKAPAT *vta*; drag/pull; **aamísskapatsisa!** pull her up!;
áakohtsitsksskapatsiiwa she will drag him by; **iisáísskapatsiiwa**
he pulled her out; **nitáámisskapakka** she pulled me up; *Note: adt
req.*

SSKAPIIM *vta*; give moral advice and guidance to; **noohksskap-
iimisa anna kohkówa!** give moral advice and guidance to your
son!; **áaksskapiimiiwa** she will give him ...; **isskapiimiiwa** he gave
her advice; **nítsskapiimoka** she gave me guidance.

SSKATAPIKSIST *vta*; yank, jerk backwards; **isskatápiksistsisa!**
yank her backwards!; **áaksskatapiksistsiiwa** she will yank him
backwards; **isskatápiksistsiiwa** he yanked her backwards;
nítsskatapiksikka she yanked me backwards.

SSKA' *adt*; greatly, extremely, very; **isskáattómaikotski'takiwa**
she was greatly offended; **íksskai'ksistspi'takiwa** he was very expec-
tant; **isskáó'nakia'piiwa** there is a great variety of appealing things;
iikssaáóonnatohsimmiaawa they are much fewer, less.

SSKI *vti*; break; **miinsskít!** do not break it!; **áaksskima** he will
break it; **isskíma** he broke it; **nítsskii'pa** I broke it; **ákaisskima
omi sóópa'tsisi** he has broken that chair.

SSKI *adt*; dark; *see* **sskíínattsi** be dark; **áaksskíinamma** he will
be dark.

SSKI *med*; face; **síksski** have a black face; **ápoyísski** be brown
faced; **ómahksski** have a big face; **Ponokáísski** Elk Face (name);
see **ssisskiitsi** wash one's own face.

SSKIHTA *adt*; across (anything); **isskihtáóohtsi** in the direction of
across; **áaksskihtawoowa** he will walk across.

SSKÍINA *vai*; be dark; **áaksskíinamma** it will be dark;
isskíinamma it is/was dark; *Note: 3mm.*

SSKIMAA *vai*; sharpen s.t.; **isskimáát!** sharpen (s.t.);
áaksskimaawa she will sharpen (s.t.); **isskimááwa** he sharpened
(s.t.): **nitsskimaa** I sharpened (s.t.).

SSKITSIM *vta*; out-do/defeat, especially in a race; **isskítsimísa!**
defeat him!; **áaksskitsimiiwa** he will defeat her; **isskitsímiiwa** he
defeated her; **nítsskitsímoka** she defeated me.

SSKITSISTOTO *vta*; beat (physically) severely; **isskitsístotoosa!**
beat her severely!; **áaksskitsístotoyiiwa** she will beat him severely;
isskitsístotoyiiwa he beat her severely; **nítsskitsístotooka** she
beat me severely; **fíksskitsistotoyiiwa anní otómitaami** he
severely beat his dog.

SSKITSSI *vai*; egotistical, hence competitive, uninhibited, ex-
troverted, exhibitionistic; **sskitssit!** be egotistical!; **áaksskitssiwa**
she will be egotistical; **isskitssiwa** he was egotistical; **kitsiiksskitssi**
you are very egotistical.

SSKI'TSI *vta*; scare, startle, frighten; **isskí'tsiisa!** startle him!;
áaksski'tsiyiiwa she will scare him; **isskí'tsiyiiwa** he frightened
her; **nítsskí'tsooka** he frightened me.

SSKI'TSTAA *vai*; frighten (someone); **isskí'tstaat!** frighten (s.o.)!;
áaksski'tstaawa she will frighten (s.o.); **isskí'tstaawa** he frightened
(s.o.); **nítsski'tstaa** I frightened (s.o.).

SSKO *vta*; chase; **a'psskóósa!** chase her around!; **áakoksisaissko-
yiiwa** she will chase her; **iiyífstapsskoyiiwa anni imitááyi** she
chased the dog away; **nitsífstapsskooka** she chased me away; *Note:
adt req.*

SSKOHKOT *vta*; give back to; **isskohkótsisa!** give it back to
him!; **áaksskohkotsiiwa** he will give it back to her; **isskohkótsiiwa**
he gave it back to her; **nítsskohkokka** he gave it back to me; *cf.*
ohkot.

SSKOHTO *adt*; despite; **isskohtóítapiiyiwa** person who is persist-
ent; **áaksskohtoitsipiima** she will insist on entering there despite
s.t. (e.g. that she was not supposed to); **isskohtóímmohsiwa** she
did damage to herself despite s.t. (e.g. her good health).

SSKOHTOISTOTAKI *vai*; do s.t. in order to annoy/spite (s.o.), act
rebellious; **isskohtóístotakit!** act rebellious!; **áaksskohtóístotaki-
wa** she will do it in order to spite; **isskohtóístotakiwa** she did it
to be annoying; **nítsskohtóístotaki** I did it to be annoying; *Rel.
stem: vta* **sskohtoistoto** spite.

SSKOHTOISTOTO *vta*; go to an extreme to annoy/spite;
isskohtoistotoosa! do it to spite her!; **áaksskohtoistotoyiiwa** she
will force him; **isskohtoistotoyiiwa** he did it to spite her;
nítsskohtoistotooka she did it to annoy me; **skáí'sspikokspan-
ohkio'takiwa, nítssksinii'pa nitáíssaaksskohtoistotooka** he put
on a very thick coat of paint, I know he is trying to spite me.

SSKOHTOISTOTOOHSI *vai*; self-destroy, commit suicide;
isskohtóístotoohsit! kill yourself!; **áaksskohtoistotoohsiwa** she
will kill herself; **isskohtóístotoohsiwa** he killed himself;
nítsskohtoistotoohsi I killed myself (eg. in a dream).

SSKOHTOITAPIIYI *vai*; be a forceful, spiteful person/ be one who
insists on carrying an action through despite conditions favoring a
contrary action; (**isskohtóítapiiyit!** be a forceful, spiteful person!);
káaksskohtoitapiiyiwa she will be a forceful person;
isskohtóítapiiyiwa he is a spiteful person; **nítsskohtoitapiiyi** I am
a spiteful person.

SSKOHTOYIMOHSI *vai*; commit suicide; **míínsskohtóyimohsit!**
don't commit suicide!; **áaksskohtoyimohsiwa** she will commit
suicide; **isskohtóyimohsiwa** he committed suicide;
nítsskohtoyimohsi I committed suicide.

SSKONÁKAT *vta*; shoot/ shoot at; **isskonákatsisa!** shoot him!;
áaksskonákatsiiwa she will shoot him; **isskonákatsiiwa** he shot
her; **nítsskonákakka** she shot me.

SSKONAKI *vai*; shoot; **isskonákit!** shoot!; **áaksskonakiwa** she'll
shoot; **isskónakiwa** she shot; **nítsskonaki** I shot; *Rel. stem: vta*
sskonakat shoot (at).

SSKONÁT *adt*; potent, strong, industrious; *see* **sskonáta'pssi** be
strong and industrious; **áaksskonáta'piiwa** it will be potent;
isskonátahkowa it is a steep hill.

SSKONÁTA'PSSI *vai*; be industrious and strong; **isskonáta'pssit!**
be industrious!; **áaksskonáta'pssiwa** he will be industrious;
isskonáta'pssiwa he is industrious; **nítsskonáta'pssi** I am in-
dustrious.

SSKOO *vai*; go back, return; **isskóot!** go back!; **áaksskoowa** she
will go back; **isskóówa** he went back; **nítsskoo** I went back; *cf.* oo
Note: oo ~ao.

SSKO'TSI *vti*; take back, repossess; **isskó'tsit!** take it back!;
áaksskó'tsima ookóówayi she will take back her house;
isskó'tsima he took it back; **nítsskó'tsii'pa** I took it back.

SSKSI *vai*; urinate; **issksít!** urinate!; **áassksiwa** she will urinate;
issksíwa he urinated; **nítssksi** I urinated.

SSKSIKAYAA *vai*; recite, repeat from memory; **ssksikoyoot!** recite (s.t.)!; **áakssksikayaawa** he will repeat (s.t.) from memory; **issksikayaawa** he recited (s.t.); **nitssksikayaa** I recited (s.t.); **amoohka kiáakitssksikayaa, kiááhkohpo'kiisínaii'pa amóóhka kipápao'kaani** when you repeat from your memory, you write a replica of your dream (as an example); *Rel. stem: vta* **ssksikoyi** repeat.

SSKSIMATAKI *vai*; weave or knit (s.t.); **issksimátakit!** weave!; **áakssksimatakiwa** she will knit; **issksimátakiwa** she crocheted; **nítssksimataki** I knitted.

SSKSINI *vti*; know; **issksiníf!** know it!; **áakssksinii'pa** we (incl) will know; **issksinímayi** he knows it; **nítssksinii'pa** I know; *Rel. stem: vta* **ssksino** know.

SSKSINIMA'TSI *vta*; teach; **issksínima'tsiisa!** teach him!; **áakssksinima'tsiiwa** she will teach him; **issksínima'tsiiwa** he taught her; **nítssksinimá'tsooka** she taught me; *also* **ssksinimáatsi.**

SSKSINIMÁ'TSTOHKI *vai*; teach; **(i)ssksinimá'tstohkit!** teach!; **áakssksinima'tstohkiwa** she will teach; **issksinimá'tstohkiwa** he taught; **nítssksinima'tstohki** I taught.

SSKSINO *vta*; know/think about; **issksinóós!** know her!; **issksínoyiiwáyi** he knows him; **nítssksinooka** she knows me; **nitáíssksinoawa** I think of him; **nítssksinoawa** I know him; *Rel. stem: vti* **issksini** know

SSKSIPOAOO *vai*; arise again/ id: come back to life; **(i)ssksipoáóot!** get up again!; **áakssksipoáóowa** she will get up again (from her bed); **issksipoáóowa/issksipóaoowa** He (Christ) came back to life; **nítssksipoáóo** I got up again (... because I couldn't sleep).

SSKSKAAKI *vai*; measure (something); **isskskáákit!** measure!; **áakssksksaakiwa** he will measure; **isskskáákiwa** he measured; **nítssksksaaki** I measured.

SSKSKAMM *vta*; watch; **issksksámmisa!** watch her!; **áakssksksammiiwa** she will watch him; **issksksámmiiwa** he watched her; **nítssksksámmoka** she watched me.

SSKSKA'TAKI *vai*; watch, guard s.t./ contemplate, reflect on s.t./ be conscious, think of s.t.; **issksksá'takit!** reflect (upon it)!; **áakattssksksá'takiwa** she will be conscious (of s.t.) again; **issksksá'takiwa** he guarded; **nítssksksá'taki** I watched.

SSKSKÁ'TOMO *vta*; watch over for, care for (something or someone) for someone; **isskská'tomoosa!** watch over (s.t.) for him!; **isskská'tomoyiiwáyi** he watched over (something) for him/her; **nítsskska'tomooka** he ... for me.

SSKSKA'TSI *vti*; watch; **isskská'tsit!** watch it!; **áaksskska'tsima** she will watch it; **isskská'tsima** he watched it; **nítsskska'tsii'pa** I watched it.

SSKSKOMAA *vai*; pawn/hock; **isskskómaat!** pawn (s.t.)!; **áaksskskomaawa** she will pawn (s.t.); **isskskómaawa** he pawned (s.t.); **nítsskskomaa** I pawned an item.

SSKSKOTO'KAA *vii*; crack; **áaksskskoto'kaawa** it will crack; **isskskóto'kaawa** it cracked.

SSKSKSIM *vta*; send as a messenger/ send on an errand; **issksksímimisa!** send her on an errand!; **áaksskksksimiiwa** she will send him on an errand; **issksksímiiwa** he sent her on an errand; **nítsskksksimoka** she sent me with a message.

SSKSKSINIHKAA *vii*; crack/chip (said of any glass object); **áaksskskksinihkaawa** it will crack, chip; **issksksínihkaawa** it cracked, chipped

SSKSO'SAT *vta*; flesh (a hide) in preparation for tanning; **ssksó'satsisa!** flesh a hide!; **áaksskso'satsiiwa** she will flesh a hide; **isskskó'satsiiwa** he fleshed the hide; **nítsskso'sataawa** I fleshed a hide; **nitáísskso'sataawa** I am fleshing a hide.

SSKSSKÓPA' *vta*; leave behind to keep watch; **isskssskópai'sa!** leave him behind to keep watch!; **áaksskssskópaii'wa** she will leave him behind to keep watch; **isskssskópaii'wa anni óko'si, ki itsíístapa'paoy'ssiwa** she left her child behind to keep watch while she went about picking fruit; **nítsskssskópao'ka** she left me ... to watch.

SSKSSPOHPI'YI *vii*; rebound, bounce; **áaksskssspohpi'wa** it will rebound; **isskssspohpí'wa omi isttsíkihkina'siyi** the cheque bounced; **ikkámsskssspohpi'yisi** if it bounces; *Note: yi loss.*

SSO *adt*; close to the edge of; **itsssáípoyiwa anni ááksi'ksaahkoyi** he is standing close to the edge of the cliff; **stámitsssóópiiyaawa anni niítahtaayi** they lived along the edge of the river.

SSOK *vrt*; heavy; *see* **ssoko** be heavy

SSOKÁÁHKIAAKI *vai*; weigh (something); **ssokaahkiaakit!** weigh!; **kínna áakssokááhkiaakiwa matoyíi** your father he will weigh hay; **issokááhkiaakiwa** he weighed; **nítsssokááhkiaaki** I weighed (s.t.); *Rel. stem: vti* **ssokaahki** weigh.

SSOKA'PSSI *vai*; become pregnant, lit: be heavy (with child); (**ssoka'pssit!** become heavy with child!); **áaksssoka'pssiwa** she will become pregnant; **issoká'pssiwa** she is/was pregnant; **nitsssoka'pssi** I am/was heavy (with child); **ákáíssoka'pssiwa** she has become pregnant/heavy.

SSOKO *vii*; be heavy in weight; **áaksssokowa anni atáksaakssini** the box will be heavy; **íssokówa** it is heavy; *Rel. stem: vai* **ssoksi** be heavy in weight.

SSOKSKSIN *vta*; paint the face of (for initiation into a society); **issoksksinisa!** paint his face!; **áaksssoksksiniiwa** she will paint his face; **issoksksiniiwa** he painted her face; **nitsssoksksinoka** she painted my face.

SSOOHKIMAA *vai*; clean the barrel of a gun; **ssoohkimaat!** clean the barrel of a gun!; **áaksssoohkimaawa** he will clean the barrel of a gun; **issoohkimaawa** he cleaned the barrel; **nitsssoohkimaa** I cleaned the barrel of a gun; *Rel. stem: vta* **ssoohki** clean (the gun barrel).

SSOOHSI *vai*; wipe, dry one's self; wipe; **issóóhsit!** dry yourself!; **áaksssoohsiwa** she will wipe herself; **issóóhsiwa** she dried herself; **nítsssoohsi** I wiped myself; *cf.* **ssi**.

SSÓ'TO *vta*; feel (by touching); **issó'toosa!** feel him!; **áakssso'toyiiwa** she will feel him; **issó'toyiiwa** she felt him; **nítsssó'tooka** she felt me.

SSP *adt*; up, high; *see* **sspinni** lift; *see* **sspoohtsi** skyward.

SSPAAHKI *vti*; pry up; **isspááhkit!** pry it up!; **áaksspaahkimáyi** he will pry it up; **isspááhkimáyi** she pried it up; **nitsspááhkii'pa** I pried it up.

SSPAYIIKOAN *nan*; a person of Mexican descent; **sspáyiikoaiksi** persons of Mexican descent; **nítsspayiikoani** I'm Mexican.

SSPI *adt*; among; **áísookáttsitsspiihpiyiwaiksi** then she would again be dancing among them; **nitsítsspioohtoo'pa** I placed it among (s.t.); *Note: linker*.

SSPI *med*; head/hair; *see* **isttsissspi** have a headache.

SSPI *adt*; up/high; **ííksspiiwa omi náápioyisi** that house is high; *see* **sspitaa** be tall.

SSPIHKA *vta*; offer to the sun in anger, place a curse on; **sspihkáísa!** offer him to the sun!; **áaksspihkaiiwa** she will angrily offer him to the sun; **isspihkáíiwa** he angrily offered her to the sun; **nítsspihkaoka** she cursed me by offering me to the sun.

SSPIHKI *vti*; slack off in, reduce effort toward; **miináttsspihkit kitsisttsiistomssini!** don't let up in your fight against your illness!; **áaksspihkima** she will ...; **isspihkima** he slacked off in it; **nitsspihkii'pa nookóówayi** I let (the condition of) my house go.

SSPÍÍPIOOHSI *vai*; get into a critical situation or crisis, where turning back might not be possible; **miinsspíípioohsit!** don't get into a crisis!; **áaksspíípioohsiwa** she will ...; **isspíípioohsiwa** he got into a critical situation, e.g. a jail term; **nítsspíípioohsi** I came to a crisis; **ákaisspíípioinaakihpi** he has... because of buying on credit; *cf.* sspi+ip+ohsi

SSPÍÍSAO'TAKI *vai*; draw, pick something out randomly; **sspíísao'takit!** pick out randomly!; **áaksspíísao'takiwa** she will make a draw; **isspíísao'takiwa** she picked randomly; **nítsspíísao'taki** I picked randomly; **omíksi áíksisstoomatokska'siiksi, áakohtsspíísao'takiyaawa** they will draw for that car; *Rel. stems: vti* sspiisao'tsi, *vta* sspiisao'to randomly pick out .

SSPIK *adt*; thick; *see* isspiksisttohksaan thick shawl; **áaksspikssi'kaawa** she will have a thick covering (on the bed); **misspikííwa** it is thick

SSPIKINSSTSAAKI *vai*; raise the hand; **isspikínsstsaakit!** raise your hand!; **áaksspikinsstsaakiwa** he will raise his hand; **isspikínsstsaakiwa** he raised his hand; **nítsspikínsstsaaki** I raised my hand.

SSPIKSÍKKOHPAI'PIIYI *vai*; jump upward, hop; **isspiksíkkohpai'piiyit!** hop!; **áaksspiksíkkohpai'piiyiwa** he will jump; **isspiksíkkohpai'piiyiwa** he hopped; **nítsspiksíkkohpai'piiyi** I jumped; *cf.* ohpai'piiyi

SSPINATOO *vti*; suck, siphon; **isspinátoot!** siphon it!; **áaksspinatooma anni áísaakotsiiyi** she will suck the soft drink; **isspinátooma** he sucked it; **nítsspinátoo'pa** I sucked it.

SSPINNI *vti*; lift; **isspínnit!** lift it!; **áaksspinnima** she will lift it; **isspínnima** he lifted it; **nítsspínnii'pa** I lifted it; *Rel. stem: vta* sspinn lift.

SSPÍSTTSIKITSIKIN *nin*; western or cowboy boots, lit: high leather boots; **máóhksspisttsikitsikiistsi** red western boots; **nitsspísttsikitsikini** my western boot.

SSPITAA *vai*; be tall; **áaksspitaawa** he will be tall; **nítsspitaa** I am tall; **fíksspitaawa** he is very tall; **annííksi óko'siksi ííkohkanaisspitaayaawa** her children are all tall; *Rel. stem: vii* sspii tall/high.

SSPOHKITSIKAAHP *nin*; instep (above arch); *see* isspohkítsíkaahp.

SSPOMITÁPI *nan*; above-person, sky-person; **sspomitápiiksi** above-persons.

SSPOMMIHTAA *vai*; help out, assist s.o.; **(i)sspómmihtaat!** help out!; **áaksspommihtaawa** she will help out; **isspómmihtaawa** he helped out; **nítsspommihtaa** I assisted.

SSPOMMO *vta*; help; **sspómmoosa!** help her!; **áaksspommoyiiwa** she will help him; **isspómmoyiiwa** he helped her; **nítsspommooka** she helped me.

SSPOMÓO *vai*; go to heaven/ ascend into the celestial realm; **sspomóot!** ascend into the celestial realm!; **áaksspomoowa** she will go to heaven; **isspomóowa** she ascended into the celestial realm; **nítsspomóo** I ascended into the celestial realm.

SSPÓÓHTSI *nan*; skyward/heaven; *also* **isspoohtsi**.

SSPOPÍI *nan*; hawk owl (lit: sits in a high place), Lat: Surnia ulula/ turtle; **sspopííksi** hawk owls/ turtles.

SSPSSKSINIMA'TSI *vta*; teach at a high level (e.g. at university); **isspssksínimá'tsiisa!** teach her at a high level!; **áaksspssksínimá'tsiyiiwa** she will teach him at a high level; **isspssksínimá'tsiyiiwa** he taught her at a high level; **kítsspssksínimá'tsooka** he taught you at a high level; *cf.* **ssksinima'tsi**

SSTAA *vai*; suck milk/ nurse; **isstáát** suck!; **áaksstaawa** she will suck milk; **isstááwa** he sucked milk; **nitáísstaa** I am sucking milk.

SSTAA *vai*; want, desire, wish s.t. to be true; **isstáát!** wish!; **áaksstaawa** she will wish (that s.t. happen); **isstááwa mááhkohpo'kiiyoohsi** she wants to go along; **nítsstaa nááhksoy'ssi** I want to eat.

SSTAAHKAHTAA *vai*; breast feed, nurse, suckle; **isstááhkahtaat!** nurse, suckle!; **ááksstaahkahtaawa** she will nurse, suckle; **isstááhkahtaawa** she nursed, suckle; **nítsstaahkahtaa** I nursed, suckled; *Rel. stem: vta* **sstaahka** breast feed.

SSTAAKA'SI *vii*; lodge, land on end; **áaksstaaka'siwa** it will land on end; **isstááka'siwa** it landed on end.

SSTAAKI *vai*; hammer, pound/nail (into something, e.g. wood); **isstáákit!** hammer!; **áaksstaakiwa** she will hammer; **isstáákiwa** he hammered; **nítsstaaki** I hammered; *Rel. stems: vti* **sstai,** *vta* **ssta** hammer on.

SSTAAN *adt*; in place of, instead of; **(i)sstáánaikohkiá'pssiwa** she was embarrassed instead of him; **áaksstaanomatapa'po'tsimáyi** he will begin work on it (despite the fact that he is not the person originally intended for the job); *Note: linker.*

SSTAANOKO *vii*; be cold to the touch (said of a leatherlike surface covering); **áaksstaanokowa anní kitsísttsikapokoisoka'simi** your leather jacket will be cold to the touch; **ííksstaanokowa anni isttsikánokoyi** the linoleum is cold to the touch.

SSTÁÁSIISI *vai*; fall or land on one's (own) derriere (so as to be in a sitting position); **isstáásiisit!** land on your derriere!; **áaksstáásiisiwa** she will fall on her derriere; **isstáásiisiwa** she fell on her derriere; **nítsstáásiisi** I landed on my derriere

SSTÁÁSIMMOHSI *vai*; throw one's self down so as to land on one's own derriere; **isstáásimmohsit!** throw yourself down!; **áaksstáásimmohsiwa** she will throw herself down; **isstáásimmohsiwa** she threw herself down; **nítsstáásimmohsi** I threw myself down; **noohkitá'psstáásimmohsit!** id: please seat yourself anywhere!

SSTAHPIK *adt*; by choice, because of own desire; **isstahpíkitsina'paissiwa** he chose to be around; **nítsstahpíkohkoissksinii'pa** I desired (wished) to find out about it; **mááksstahpiko'toowa?** why did she come here?; **íksstahpíkitsinssiwa** he would really like to be part of the group.

SSTAHPÍKIHKA'SI *vai*; reticent, aloof; **isstahpíkihka'sit!** be reticent!; **áaksstahpíkihka'siwa** he will be reticent; **isstahpíkihka'siwa** he was reticent; **nítsstahpíkihka'si** I was aloof.

SSTAHPÍKIMMOHSI *vai*; consider one's self to be vital, essential, indispensable; **isstahpíkimmohsit!** consider yourself to be vital!; **áaksstahpíkimmohsiwa** she will consider herself to be essential; **isstahpíkimmohsiwa** she considered herself to be indispensable; **nítsstahpikimmohsi** I considered myself to be indispensable.

SSTAHPIKSSI *vai*; be a haunting ghost; **(i)sstahpíkssit!** be a haunting ghost; **áaksstahpikssiwa** he will be a haunting ghost; **iiksstahpíkssiwa** she is a haunting ghost; **kítsstahpíkssi** you are a haunting ghost; **ííksstahpikssiwa otáí'nssi** he was a haunting ghost when he died.

SSTÁKAT *vta*; depend/rely on, trust; **isstákatsisa!** rely on him!; **áaksstákatsiiwa** she will depend on her; **isstákatsiiwa** she relied on him; **nítsstákakka** she relied on me; **nitsikáísstakatawa** I place a lot of trust in him.

SSTAKSÁANANIST *vta*; tell (a person) about his/her faults in a cutting, stinging way/ tell painful words to; **isstaksáananistsisa!** tell him in a cutting way!; **áaksstaksáananistsiiwa** she will tell him about his fault in a stinging way; **isstaksáananistsiiwa** he told her about her faults in a cutting way; **nítsstaksáananikka** she told me of my faults.

SSTAKSKAA *vii*; be the site of a shooting pain, pain sharply; **áaksstákskaawa** it will pain sharply; **isstákskaawa** it pained sharply; **áíítáísstáksskaawa nottsikisi** I have a shooting pain in my shoulder.

SSTAMAT *vta*; tether to a stake; **sstamatsisa!** tether him to the stake!; **áaksstamatsiiwa otómitaami** she will tether her own dog to a stake; **isstamatsiiwa** he tethered it to a stake; **ákaotoisstamatsiiwa óta'si** he has gone to tether his own horse to a stake.

SSTAOKA'TSKAA *vai*; make stakes, pegs for securing a tent; **isstáóka'tskaat!** make pegs!; **áaksstáóka'tskaawa** she will make pegs; **isstáóka'tskaawa** he made stakes; **nítsstáóka'tskaa** I made stakes

SSTAO'TSI *vti*; pound a post or stick into the ground; **isstáó'tsit!** pound the post!; **áaksstáó'tsima** she will pound it into the the ground; **isstáó'tsima** he pounded it into the ground; **nítsstao'tsii'pa** I pounded it into the ground.

SSTATANSSI *vai*; brag, boast; **isstatánssit!** brag!; **áaksstatánssiwa** she will brag; **isstatánssiwa** he bragged; **nítsstatanssi** I bragged.

SSTATSSKA'SI *vai*; show off; **sstátsska'sit!** show off!; **áaksstátsska'siwa** he will show off; **isstátsska'siwa** he showed off; **nítsstátsska'si** I showed off.

SSTAWAT *vta*; scrape (a hide) for tanning; **noohksstawatsisa!** scrape it (the hide)!; **áaksstawatsiiwa** she will scrape it; **isstawatsiiwa** she scraped it; **nitsstawatawa** I scraped it.

SSTAYI *vai*; tie and stretch a hide in preparation for scraping; **sstáyit!** scrape the hide!; **áaksstayiwa** she will scrape the hide; **isstayiwa** he scraped the hide; **nitsstáyi** I scraped the hide

SSTOK *adt*; extensive/excessive/ to a great degree; **(i)sstoksíísoosa!** feed her a large amount!; **iikáísstokssimiwa** she drinks excessively; **ííksstokitota'piwa** he carries a great deal of the blame.

SSTOKSIINAO'SI *vai*; wear a mask; (i)sstoksíínao'sit! wear a mask!; áaksstoksíínao'siwa she will wear a mask; isstoksíínao'siwa he wore a mask; nítsstoksiinao'si I wore a mask.

SSTONNAT *adt*; extremely/dangerous/awsome; (i)sstónnatsstoyiwa it is extremely cold; ííksstónnata'pssiwa he is dangerous.

SSTONNO *vta*; fear, be afraid of; isstónnoosa! fear him!; áaksstónnoyiiwa she will fear him; isstónnoyiiwa he feared her; nítsstónnooka she was afraid of me.

SSTOOKI *med*; ear; sskáanatsstookiwa she has cute ears; ómahksstookiwa he has big ears

SSTOOPA'SI *vii*; be a cold room or building which is normally occupied by people; áaksstóópa'siwa it will ...; isstóópa'siwa it is a cold room; nimáátoohksstaahpa nááhkoksisawaatahsi, iikáísstoopa'siwa I don't wish to visit him, his place is cold; *Rel. stem: vai* sstoopii have a cold room or building.

SSTOWA'PII *vii*; be cold weather/temperature; áaksstowa'piiwa it will be cold; ííksstowa'piiwa it is cold.

SSTOYII *vii*; be cold (weather)/winter; áaksstoyiiwa it will be cold; (i)sstoyííwa it is/was cold.

SSTOYIIMI *vai*; have specified number of winters/ spend the winter; tsá kaanistsísstoyiimihpa? how old are you?; *Note: adt req.*

SSTOYÍÍMSSTAA *vai*; cause cold weather; sstoyíímsstaat! cause cold weather!; áaksstoyiimsstaawa she will cause the weather to be cold; isstoyíímsstaawa he caused the cold weather; nítsstoyíímsstaa I caused the cold weather.

SSTOYÍSI *vai*; be shy/ashamed; isstoyísit! be ashamed!; áaksstoyísiwa she will be shy; isstoyísiwa she was ashamed; nítsstoyisi I was shy.

SSTO'SI *vai*; have a cold; isstó'sit! catch a cold!; áakssto'simma he will catch a cold; isstó'simma he has a cold; nítssto'si I have a cold; *Note: 3mm.*

SSTSÁÁKAT *vta*; admire and praise; isstsáákatsisa! admire and praise her!; áaksstsáákatsiiwa she will admire and praise him; isstsáákatsiiwa he admired and praised her; nítsstsaakakka she admired and praised me.

SSTSAAKA'SI *vai*; brag about oneself; isstsááka'sit! brag!; áaksstsaaka'siwa she will brag; isstsááka'siwa he bragged; nítsstsaaka'si I bragged.

SSTSAAP *adt*; bright; isstsáápinattsiwa it has a bright appearance; áaksstsáápsssiiststakiwa she will have a bright wash.

SSTSIIHKIITAA *vai*; barbecue, cook (meat) over flame or hot coals; **(i)sstsííhkiitaat!** cook over the flame!; **áaksstsííhkiitaawa** she will barbecue; **(i)sstsííhkiitaawa** he barbecued; **nítsstsiihkiitaa** I cooked in coals; *also* **sstsi'ihkiitaa**.

SSTSIINSS *vta*; singe; **isstsíínssisa!** singe him!; **áaksstsiinssiiwa** she will singe him; **isstsíínssiiwa** he singed her; **nítsstsiinssoka** she singed me; **nómohtsstsiinssoka anni iihtáísttsikaahkiaakio'pi** she singed me with the iron.

SSTSIIPIHTAKI *vai*; bring goods to town; **(i)sstsíípihtakit!** bring something to town; **áaksstsiipihtakiwa** she will bring something to town; **isstsíípihtakiwa** he brought something to town; **nítsstsiipihtaki** I brought something to town.

SSTSIISAPIISTAKOYI *vii*; sting; **áakssttsiisapiistakoyiwa anni iihtáóhpoonssao'pi** the rubbing alcohol will sting; **isstsíísapiistakoyiwa** it stung.

SSTSIISI *vai*; be bob tailed, dock tailed; **(i)sstsiisit!** be bob tailed!; **áaksstsiisiwa anna imitááwa** the dog will be bobtailed; **isstsíísiwa anna kóta'sa** your horse was dock tailed; **kítsstsiisi** you have a bob tail; *also* **ihtsiisi**.

SSTSÍÍWA'SI *vii*; be glowing with live embers; **áaksstsiiwa'siwa** it will glow with live embers; **níítsstsiiwa'siwa** it glowed with live embers; **sáákiaisstsiiwa'siwa** it still has live embers; **sáákiaomaohksstsiiwa'siwa** it is still glowing with red hot embers.

SSTSIIYI *vai*; enter a sweat lodge; **isstsííyit!** go into a sweat lodge!; **áaksstsiiyiwa** she will enter a sweat lodge; **itóísstsiiyiwa** he went into a sweat lodge; **nitsíítoisstsiiyi** I went into a sweat lodge.

SSTSIKII *vii*; be hollow (said of land); **áaksstsikiiwa** it will be hollow; **isstsikiiwa** it is hollow.

SSTSIKÍNA *vta*; strike on the legs with a long slim object; **(i)sstsikínaisa!** strike her on the legs (with e.g. a switch); **áaksstsikínaiiwa** she will strike him on the legs; **isstsikínaiiwa** he struck her on the legs; **nítsstsikínaoka** she struck me on the legs.

SSTSIKÓMM *nin*; valley/ hollow or depression at the base of a hill.

SSTSIKONI'KAKI *vai*; cause a spray of snow, water or slush; **isstsikoni'kakit!** splash snow or slush!; **áaksstsikoni'kakiwa** she will splash snow or slush; **isstsikoni'kakiwa** he splashed snow or slush; **nítsstsikoni'kaki** I splashed snow or slush.

SSTSIM *adt*; reluctant; **áísstsimitapóowa** she is reluctant to go there; **nítsstsimanii** I was reluctant to say; *see* **sstsimimm** be reluctant to be with; **isstsimámsskapoowa** she was unwilling to go south; **áaksstsimi'takiwa** he will be reluctant.

SSTSIM *vta*; throw (as in wrestling); **isstsimísa!** throw him!;
áaksstsimiiwa she will throw him; **isstsimiiwa** he threw her;
nítsstsimoka she threw me.

SSTSIMAAHKAT *vta*; hire; **isstsimááhkatsisa!** hire him!;
áaksstsimaahkatsiiwa she will hire him; **isstsimááhkatsiiwa** he
hired her; **nítsstsimaahkakka** she hired me.

SSTSIMIIYI *vai*; wash one's own hands; **isstsimííyit!** wash your
hands!; **áaksstsimiiyiwa** she will wash her (own) hands;
isstsimííyiwa he washed his hands; **nítsstsimiiyi** I washed my
hands

SSTSIMIMM *vta*; be reluctant to keep company with; **sstsimím-
misa!** be reluctant to keep company with her!; **áaksstsimimmiiwa**
she will be reluctant to keep company with him; **isstsimímmiiwa**
he was reluctant to keep her company; **nítsstsimimmoka** she was
reluctant to keep my company.

SSTSÍMOTSIIYI *vai*; wrestle; **isstsímotsiiyik!** You (pl.) wrestle!;
nitáísstsimotsiiyi I am wrestling/ I am a wrestler;
isstsímotsiiy'ssini wrestling.

SSTSIMSSI *vai*; be groggy after a sleep; (**isstsimssit!** be groggy!);
áaksstsimssiwa she will be groggy; **iiksstsímssiwa** he is groggy;
nitsííksstsimssi nitáí'pookakssi I was groggy when I awakened.

SSTSIMSSTAA *vai*; wrestle; (**i)sstsimsstaat!** wrestle!;
áaksstsimsstaawa he will wrestle; **isstsimsstaawa** he wrestled;
nítsstsimsstaa I wrestled; **áísstsimsstaawa stámikii** he is a steer
wrestler.

SSTSINAA *vai*; make thread from sinew; **isstsinaat!** make thread
from sinew!; **áaksstsinaawa** she will make thread from sinew;
isstsinaawa he make thread from sinew; **nítsstsinaa** I made thread
from sinew.

SSTSINA' *adt*; do VERB before doing something else; **nítsstsin-
a'yáóoyi** I ate before (I went out to play); **áaksstsinaa'sai'niwa**
she cries before (she does any work); **áísstsinaa'sai'niwa
iitámitaissáakiwa** she cries before she can do the dishes.

SSTSIPÍSI *vta*; whip or punish; **isstsipísiisa!** whip him!;
áaksstsipísiyiiwa she will whip him; **isstsipísiyiiwa** he whipped
him; **nítsstssipísooka** she whipped me.

SSTSIPISIMAA *vai*; whip purposefully; **isstsipísimaat!** whip!;
áaksstsipísimaawa she will whip; **isstsipísimaawa** he whipped;
nítsstsipísimaa I whipped; *Rel. stem: vta* **sstsipisimat** whip pur-
posefully.

SSTSIPOKO *vii*; sour/bitter/spicy; **áaksstsipokowa** it will be sour; **isstsipókowa** it is sour/bitter; *cf.* **ipoko**.

SSTSISI *vii*; be the site of a smarting/stinging pain; **áaksstsisiwa míí iihtáópiinimao'pi** the medicinal herb which is used will result in stinging pain (e.g. in a wound); **nitsítsi'tsisspíniookoyi isstsisíwa** it smarts, where I got slapped.

SSTSITSíí *vii*; burn; **áaksstsitsííwa** it will burn; **isstsitsííwa nookóówayi** my house burned.

SSTSI'KITSI *vii*; be scorching hot, extreme heat; **áaksstsi'kitsiwa** it (e.g. a roof) will be extremely hot; **isstsí'kitsiyi omistsi óhkotokistsi** those rocks are scorching hot.

SSTSI'SKAA *vai*; make a sweat lodge; **sstsí'skaat!** make a sweat lodge!; **áaksstsi'skaawa** he will make a sweat lodge; **isstsí'skaawa** he made a sweat lodge; **nítsstsi'skaa** I made a sweat lodge.

SSTSI'TSI *vta*; cause to suffer loss of something cherished (e.g. a family member, a photo album, a life's savings); (**isstsí'tsiisa!** cause her to suffer a loss!); **áaksstsi'tsiyiiwa** she will cause him to suffer a loss; **isstsí'tsiyiiwa** he caused her to suffer a loss; **nítsstsí'tsooka** she caused me to suffer a loss.

SSTSKÁKI *vai*; raise dust with the feet or vehicle.

SSTSKIMIHKAKI *vai*; drag the feet while running and to raise dust as a consequence, e.g. a horse dragging its hooves; **isstskimihkak- it!** raise dust!; **áaksstskimihkakiwa** she will raise dust; **isstskimihkakiwa** he raised dust; **nítsstskimihkaki** I raised dust.

SSTSS *vta*; burn/fire, dismiss; **isstssísa!** fire him!; **áaksstssiiwa** he will burn her; **isstssííwayi** he lit it (the stove); **nítsstssoka** she burned me

SSTSSAAKOYI *vii*; drip/leak; **áaksstssaakoyiwa** it will drip; **isstssáákoyiwa** it dripped; **niksíkkokóówayi áísstssaakoyiwa** my tent is leaking.

SSTSSI *vti*; ignite, light (a fire)/ burn; **isstssít!** burn it!; **áaksstssima** she will burn it; **isstssíma** he lit it; **nítsstssii'pa** I lit it.

SSTSSIMAA *vai*; brand livestock/ light a cigarette; **isstssímaat!** brand!; **áaksstssimaawa** she will brand; **isstssímaawa** he branded; **nítsstssimaa** I branded.

SSTSSKI *vta*; whip on the face; **isstsskíísa!** whip her face!; **kitáaksstsskiaawa** you will whip her face; **nítsstsskiooka** he whipped my face.

SSTSSKIISI *vai*; fall on one's own face; **isstsskíísit!** fall on your face!; **áaksstsskiisiwa** he will fall on his face; **isstsskíísiwa** she fell on her face; **nítsstsskiisi** I fell on my face.

SSTSSKIMAT *vta*; interrogate, cross-examine, try to get the truth from; **isstsskimátsisa!** try to get the truth from her!; **áaksstsskimatsiiwa** he will interrogate her; **isstsskímatsiiwa** he cross-examined her; **nítsstsskimakka** she tried to get the truth from me.

STAAHTSITSIS *nan*; underpant; **ksikksistááhtsitsiiksi** white underpants.

STAM *adt*; just; **stámitapoot!** just go there!; **áaksstamanistsiiwa** she should just tell her.

STAMIK *nan*; steer; **stámikiksi** steers; **nitáakota'pihkaayi nistámikiimiksi** I am going to sell my steers.

STÁMIKSAOO'SIN *nin*; beef stew.

STÁ'AO *nan*; ghost/spirit; **stá'aoiksi** ghosts; (**nitsista'aomiksi** my ghosts) **miinitó'tawahkaak annííksi stá'aoiksi!** you (pl.) don't play near the (place suspected to be inhabited by) ghosts!

STA'TOKSÁÁKI *vai*; split wood; **stá'toksáákit!** split wood!; **áakssta'toksáákiwa** she will split wood; **iista'toksáákiwa** he split wood; **nítssta'toksááki** I split wood.

STA'TOKSII *vti*; split (wood); **stá'toksiit!** split it!; **áaksstá'toksiima** she will split it; **iistá'toksiima** he split it; **nítsstá'toksii'pa** omi **sóópa'tsisi** I split that chair; *Note: m doesn't shorten ii.*

STSÍKI *dem*; another; **stsíkiiksi** others (anim.); **máttsstsíkiiksi** still others; **stsíkiistsi** others (inan.).

T

TAHKÁA *pro*; who?; **Tsisskáatsiksinayi?** who is it? (subordinate third person).

TAKÁÁ *pro*; who?; **Takáatsiksi?** Who is it?; **Takáíiksaawa?** Who are they?

TAMÁ'SAHKAA *und*; poor little thing! (an expression used mainly by women).

TAPIKÁÍIMII *nan*; cricket; **síkohtapikáíimiiksi** black crickets.

TAPIMIIM *nan*; valuable horse.

TÁTSIKI *adt*; middle, center, midst; *cf.* **ihtatsiki.**

TÁTSIKIAIKSISTSIKO *nin*; in the middle of the day, noon.

TÁTSIKII'SAAN *nin*; light red ochre, paint (found in mountains); **tátsikii'saanistsi** light red paints; **nítstátsikii'saani** my light red ochre; **ki ámoistsao'ki áakstamisttsitsainihkatoo'pi** "**tátsikii'saani**"; **amo miistákiyi itáíhtsiiwa** and here is what we will name first "light red ochre"; it is found at this mountain; *see* **a'saan.**

TÁTSIKIKKÓNAMAAN *nan*; centre pole erected during the Ookaan (*see* **ookaan**); **tátsikikkónamaaniksi** centre poles that have been used during an Ookaan.

TATSIKIYAIKO'KO *nin*; midnight (in the middle of the night).

TÓ'PIINIMAAN *nin*; string, used to hold scabbard to belt; **tó'piinimaanistsi** strings, used to hold scabbard to belts.

TO'TOHTÁÁTOYIIKSISTSIKO *nin*; Saturday, (lit: the day before the holy day); **To'tohtáátoyiiksistsikoistsi** Saturdays.

TSA *und*; how?/what?; **tsá niitá'piiwa?** How are things?; **Tsá anistápiiwa?** What is it?

TSÁÁHTAI'KAYI *und*; expression said while pondering, trying to recall something.

TSAAHTAO' *und;* or, alternatively/ perhaps; **kiá'kohpo'kiióóhpa, tsááhtao' kiáakitahkiaapáópiihpa?** are you coming, or are you staying home?; *also* **tsááhta'**

TSAAPINÍÍKOAN *nan;* person of Japanese ancestry; **tsaapinííkoaiksi** Japanese persons.

TSÍÍSII *nan;* bear (arch.)/ any mammal with a cropped or short tail; **tsíísiiksi** animals with short or cropped tails.

TSIKATSÍÍ *nan;* grasshopper; **tsikatsííksi** grasshoppers.

TSÍKI *und;* son (vocative).

TSIMÁ *pro;* where? [interrogative pronoun]

TSIMAYI *vai;* "... and there it was!"; *cf.* **tsimá.**

TSKÁ *und;* why?/which?; *cf.* **takaa**

TSSS *und;* interjection expressing disapproval, disgust (usually mock disgust), or surprise.

W

WAAHKANAAPINAKO *vii*; be patches of sunlight, sunrays at sunrise (portends the arrival of cold weather before noon on the same day); **áakahkanaapinakowa** there will be patches of sunrays at sunrise; **ááhkanaapinakowa** there are/were patches of sunrays at sunrise.

WAAHKANI *vta*; make an incision in (e.g. to remove bad medicine); **aahkániisa!** make an incision in him!; **áakahkániyiiwa** she will make an incision in her; **aahkániyiiwa** he made an incision in him; **nitahkániooka** she made an incision in me; *Rel. stem: vti* **waahkanii** sew.

WAAHKANIAAKI *vai*; sew; **aahkániaakit!** sew!; **áakahkániaakiwa** she will sew; **aahkániaakiwa** he sewed; **nítahkániaaki** I sewed; **nitáwaahkániaaki** I am sewing.

WAAHKÁNIKSÁAKI *vai*; bore a hole; **aahkániksáakit!** bore a hole!; **áakahkániksáakiwa** he will bore a hole; **ááhkaniksáakiwa** he bored a hole; **nítahkániksáaki** I bored a hole; *Rel. stems: vta* **waahkaniksi.** *vti* **waahkaniksiiyi** bore a hole in.

WAAHKANISSTÓÓKI *vta*; pierce the ear(s) of; **ááhkánisstóókiisa!** pierce his ear(s)!; **áakahkanisstóókiyiiwa** she will pierce his ear(s); **ááhkanisstóókiyiiwa** he pierced her ear(s); **nítahkanisstóókiooka** she pierced my ear(s).

WAAHKAPAT *vta*; work (a hide) in order to make it soft; **ááhkapátsisa!** work it!; **áakahkapátsiiwa** she will soften it; **aahkapátsiiwa** she softened it; **nítahkapátawa ama nipánssína** I worked this my hide.

WAAHKAPI *vta*; take home; **aahkápiisa!** take her (to her own) home!; **áakahkápiyiiwa** she will bring him to his own home; **ááhkápiyiiwa** he brought her to her own home; **nítahkápiooka** she brought me to my home.

WAAHKAYI *vai*; go home; **aahkayít!** go home!; **áakahkayiwa** she will go home; **ááhkayiwa** he went home; **nítahkayi** I went home.

WAAHKIAAPIKSISTSIKO *vii*; be the day midway between the summer and winter solstice; **áakahkiaapiksistsikowa** it will be midway between the summer and the winter solstice; **aahkiaapiksistsikowa** it was/is midway between the summer and winter solstice.

WAAHKIITAA *vai*; add and mix a liquid with another liquid/ idiom: get gasoline; **aahkíítaat!** add (gas)!; **áakahkiitaawa** he will add (gas); **ááhkiitaawa** he added (gas); **nitahkiitaa** I mixed s.t.; **iitawááhkiitao'pi** gas station.

WAAHKO. *adt*: in rapid succession; **stamaahkoyitaihtsiiyi nomohtssawaakomatapoohpi** there were successive occurrences that prevented me from leaving; **áakawaahkowao'tai'piiyi áóksisawooyiksi** visitors will arrive in succession; *Note: y~w.*

WAAHKOMA'TAA *vai*; borrow (s.t.); **aahkomá'taat!** borrow!; **áakahkomá'taawa** he will borrow; **ááhkoma'taawa** he borrowed; **nítahkoma'taa** I borrowed; *Rel. stems: vta* **waahkoma'tat,** *vti* **waahkoma'tatoo** borrow from, borrow.

WAAHKOMA'TAAHKO *vta*; loan to; **ááhkomá'taahkoosa!** loan it to him!; **áakahkomá'taahkoyiiwa** he will loan it to her; **ááhkomá'taahkoyiiwa** he loaned it to him; **nítahkomá'taahkooka niisitsíyi** she loaned me five (dollars); *Rel. stem: vti* **waahkoma'taahkohkatoo** loan.

WAAHKOMA'TATOO *vti*; borrow; **aahkoma'tatoot!** borrow it!; **áakahkoma'tatooma** she will borrow it; **aahkoma'tatooma** she borrowed it; **nitahkoma'tatoo'pa** I borrowed it.

WAAHKOMI *vai*; aim: **ahkomit!** aim!; **áakahkomiwa** she will aim; **ááhkomiwa** he took aim: **nítahkomi** I aimed.

WAAHKOOMOHSI *vai*; make a promise, vow. or commitment (to do or not do something so as to entreat. usu. divine intervention, for some unfortunate circumstance); **aahkoomohsit!** make a promise!; **áakaahkoomohsiwa** she will make a commitment; **aahkoomohsiwa mááhkookaahsi** she made a vow to have a Sundance; **nitaahkoomohsi** I made a commitment.

WAAHKOWAO'TSTSI *vii*; arrive in quick succession; **áakawaahkowao'tstsiyaawa** they (e.g. the diseases) will arrive in quick succession; **ááhkowao'tstsiwa amóóhka aanóóksiksistsikoyihka** this bad weather was coming and going.

WAAHKÓ'SATOO *vti*; reach out for; **aahkó'satoot!** reach out for
it!; **áakahko'satooma** he will reach out for it; **aahkó'satooma** he
reached out for it; **nítahkó'satoo'pa** I reached out for it;
áwaahkó'satooma he is reaching out for it; *Rel. stem: vta*
waahkó'sat reach out to.

WAAHKO'SI *vai*; reach out, extend an open hand as a signal to
have an item placed in it; **aahkó'sit!** reach out!; **áakahkó'siwa**
she will reach out; **ááhko'siwa** he extended his open hand;
nítahko'si I reached out.

WAAHKO'SSKAA *vai*; give gifts of livestock, (dry) goods to
parents-in-law (of males only); **aahkó'sskaat!** give gifts to in-laws!;
áakahko'sskaawa he will give them gifts; **aahkó'sskaawa**
ponokáómitai he gave a gift of a horse to his parents-in-law;
nítahko'sskaa I gave gifts to my parents-in-law; *Rel. stem: vta*
waahko'sskat give gifts to parents-in-law (of males only).

WAAHPATOTTSII *vai*; have an appendicitis attack; (**aahpatot-
tsiit!** have an appendicitis attack!); **áakahpatottsiiwa** she will have
an an appendicitis attack; **ááhpatottsiiwa** she had an appendicitis
attack; **nítahpatottsii** I had an appendicitis attack.

WAAHSOWAT *vta*; take a wife by force\ pair up with (a female)
regardless of lack of mutual attraction; **aahsowátsisa!** force your at-
tentions upon her!; **áakahsowatsiiwa** he will take her as his wife by
force; **ááhsowatsiiwa** he paired up with her regardless of ...;
nítahsowakka he paired up with me . ..; **ákaawaahsowatawa** she
has forcefully been taken as a wife; *cf.* **aahsowa**

WAAHTAA *vii*: leave a mark or stain; **anni iihtáísinaakio'pi**
máátáakahtaawa that pen, it will not leave a mark; **iitahtááwa** it
left a print there; **miinohtsíkiit anniihka i'pówahsini,**
máátáakahtaawa do not care about the talk, it will not leave a
mark.

WAAHTAAYI'MAA *vai*; keep one's grip on (something), grasp for
stability, hold on; **aahtaayi'maat!** hold on!; **áakahtaayi'maawa**
she will hold on; **aahtaayi'maawa** he held on; **nitahtaayi'maa** I
held on; **anna issítsimaana iitáwaahtaayi'maawa anni**
iitáísooyo'pi the baby is holding on to the table.

WAAHTO *adt*; each; **ááhtowáatsisaawa!** approach each of them!;
stámaahtaanistsisaawa! tell each of them!; **áakahtoinihkatsiiyi**
óko'siksi he will call each of his children;
áakahtóíssammiiyiwaiksi she will look at each one of them.

WAAHTSAM *adt*; young; **ááhtsamaipokaayaawa** they are only young kids (and yet they act older than they actually are); **ská'waahtsamohpoksstónnata'pssiyaawa** they are very knowledgeable and inquisitive for their young age; **iikááhtsamotoissksinima'tsaawa kaátokakiwa** he went to school at a young age, that is why he is smart; **áwaahtsamotoissksinimá'tsaayi óko'siksi** her children go to school at a young age.

WAAHTSII *vti*; extinguish (fire or light); **aahtsíít!** extinguish it!; **áakahtsima** he will extinguish it; **ááhtsima** he extinguished it; **nítahtsii'pa** I extinguished it; **áwaahtsima** he is extinguishing it.

WAAHTSIMAA *vai*; extinguish (burning object)/put one's lights out; **aahtsimaat!** put your lights out!; **áakahtsimaawa** she will put out her lights; **aahtsimaawa** she extinguished s.t.; **nitahtsimaa** I put out my lights.

WAAHTSO *adt*; in the place of, substitute; **ááhtsowa'pó'tomoyiiwa** she worked in her place as a substitute; **áakahtsówaapiksistsimaawa** he will switch (s.t.).

WAAHTSOWÁAPIKSI *vti*; switch position of, exchange with something; **aahtsowáapiksit!** switch it!; **áakahtsowáapiksima** she will switch it; **aahtsowáapiksima** he switched it; **nitahtsowáapiksii'pa** I switched it; **áwaahtsowáapiksima** he is switching it around

WAAI'TOMO *vta*; propose marriage for (object always a man), or propose a reconciliation to the wife of; **aai'tomóósa!** propose a reconciliation to his wife!; **áakai'tomoyiiwa** he will propose marriage (to her) for him; **áái'tomoyiiwa** he proposed marriage (to her) for him; **nitáí'tomooka** he proposed marriage (to her) for me.

WAAKÁ *adt*; many; **akáóhkiimiiksi** the ones with many wives, id: members of the Mormon faith; **iikáwaakáítapiyaawa** they are many people.

WAAKÁA'TSIIYI *vai*; robed with a blanket or shawl up to the neck in the back and under the shoulders; **aakáa'tsiiyit!** be robed!; **áakakáa'tsiiyiwa** he will be robed; **aakáa'tsiiyiwa annaahka Náápiwa** Naapiwa was robed; **nitaakáa'tsiiyi** I was robed.

WAAKAMM *vta*; temporarily move in with in a helping capacity or to keep company; **aakámmisa!** move in with her!; **áakakammiiwa** he will move in with him; **aakámmiiwa** she moved in with her; **nitáákammoka** she moved in with me to keep me company.

WAAKÁMMAA *vai*; create a song; **aakámmaat!** create a song!; **áakakámmaawa** he will create a song; **aakámmaawa** he created a song; **kitaakámmaa** you created a song.

279

WAAKAN *vta*; injure, hurt; **aakanísa!** injure him!; **áakakaniiwa** he will injure her; **áákaniiwa** he injured her; **nitáákanoka** she hurt me.

WAAKANAKI *vai*; receive an abundance of quality gifts; **aakanakit!** receive an abundance of quality gifts!; **áakakanakiwa** she will receive gifts; **aakanakiwa** he received gifts; **nitaakanaki** I received an abundance of quality gifts.

WAAKANOHSI *vai*; hurt oneself/ id: miscarry during pregnancy; (**aakánohsit!** miscarry!); **áakakánohsiwa** she will miscarry; **aakánohsiwa** she miscarried; **nitáákanohsi** I miscarried.

WAAKÁÓHTOO *vti*; overprice, make expensive/costly; **stámakáóhtoot anni kítssksimatakssini!** make your woven item expensive!; **áakakáóhtooma anníístsi otsskíítaanistsi** she will overprice her baking; **ikákaohtooma** he made it expensive; **nitákaohtoo'pa** I made it costly; **iikákáóhtoo'pa** it is overpriced.

WAAKAYIMM *vai*; many; **iikákayimmiaawa** there are many.

WAAKA'TAKI *vai*; watch over, care for s.t. (esp. a dwelling in the absence of the owner); **aaká'takit!** watch (the house)!; **áakaka'takiwa** she will watch over s.t.; **ááka'takiwa** he watched (the house); **nitááka'taki/nitsííka'taki** I cared for (the house); **nitáakaká'tomoawa mííka ookóówayi** I will watch his house for him [benefactive]

WAAKIIPITSI *vai*; be a man who is obsessed with women; (**aakiipitsit!** be a man who is obsessed with women!); **áakaakiipitsiwa** he will be ...; **iikáákiipitsiwa** he is obsessed with women; **nitsííkaakiipitsi** I am obsessed with women (male speaker).

WAAKISSI *vai*; get water; **aakíssit!** get water!: **áakaakissiwa** he will get water; **áákissiwa** she got water: **nitáákissi** I got water.

WAAKOHKIISI *vai*; oversleep; **aakohkíísit!** sleep in!; **áakakohkiisiwa** she will oversleep; **áákohkiisiwa** she overslept; **nitáákohkiisi** I overslept.

WAAKOHKIMAA *vai*; argue: **aakohkímaat!** argue!; **áakakohkimaawa** he will argue; **áákohkímaawa** he argued; **nitáákohkimaa** I argued: **iihtáwaakohkimaawa mááhkssssko'tsissi otssksááhkoomi** he is arguing so that he may get his land back; **sa, nimáátohkottssitsipssatawa káákawaakohkimaawa** no, I wasn't able to talk with him because he just kept arguing.

WAAKOHSI *vti*; boil; **áakohsít!** boil it!; **áakakohsima annistsi owáístsi** she will boil those eggs; **áákohsima** she boiled it; **nitáákohsii'pa oomi í'ksisakoyi** I boiled the meat; *Rel. stem: vai* **waakohsimaa** boil (s.t.).

WAAKOHSOYI *vai*; boil (container as subject, not the liquid); **áakakohsoyiwa** it will boil; **áákohsoyiwa** it boiled; **nitsítakohsoyi** id: then I became angry (lit: boiled); **anna kiksísoyiima ákaawaakohsoyiwa** your kettle is boiling.

WAAKOMIMM *vta*; love, be fond of; **ákomimmisa!** love her!; **áakákomimmiiwa** he will love her; **áákomimmiiwa** she was fond of him; **nitáákomimmoka** she was fond of me; **kitsiikákomimmo** I love you.

WAAKOMITAPIIYI *vai*; be a moocher, a person who expects to be given service/goods for free or who expects payment for an ostensibly free service; **akomítapiiyit!** be a person who ...!; **áakakomitapiiyiwa** she will be...; **(iik)ákomitapiiyiwa** he will be a person who ...; **nitákomitapiiyi** I am a person who .....

WAAKOMITSIIHTAA *vai*; covet/ have a reprehensible desire to be in possession of s.t.; **ákomítsiihtaat!** covet!; **áakakomitsiihtaawa** she will ...; **ákomitsiihtaawa** he had a reprehensible desire to be in possession of s.t.; **nitákomitsiihtaa** I coveted s.t.; *Rel. stems: vta* **waakomitsiihtat,** *vti* **waakomitsiihtatoo** covet, wish to be in possession of.

WAAKOMI'TSI *vti*; like or take pleasure in; (**aakomi'tsit!** like it!); **áakakomi'tsima** she will like it; **áákomi'tsima** he took pleasure in it; **nitáákomi'tsii'pa** I took pleasure in it; **iikákomi'tsima otá'pawaawahkaani** he likes his travel; **iikákomi'tsima otáípa'ksikawahkaani** he takes pleasure in playing in the mud.

WAAKOOTSAAYI *vai*: receive an abundance of quality gifts; **aakootsaakit!** áakakootsaayiwa: **áakakootsaayiwa** he will receive an abundance of gifts: **aakóótsaayiwa** he received an abundance of gifts; **nitakóótsaayi** I received an abundance of gifts.

WAAKOOTSA'PSSI *vai*; be rich; **aakóótsa'pssit!** be rich!; **áakakootsa'pssiwa** she will be rich; **aakóótsa'pssiwa** he is rich; **nitákootsa'pssi** I was/am rich; **nitáwaakóótsa'pssiihka'si** I act rich.

WAAKOO'. *vta*; cheat; **aakóó'yisa!** cheat her!; **áakakoo'yiiwa** he will cheat him; **aakóó'yiiwa** he cheated him; **nitáákoo'ka** he cheated me; *Note:* y~w.

WAAKO'PIHTAA *vai*; wear one feather (upright feather inserted in a headband, at the back of the head); **aakó'pihtaat!** wear one feather!; **áakako'pihtaawa** he will wear one feather; **aakó'pihtaawa Náápiwa** Náápiwa wore one feather; **nitááko'pihtaa** I wore one feather.

WAAKSIPISTAA *vai*; wrap a pole with otter fur for non-ceremonial purposes/ use an otter fur wrapped pole for non-ceremonial purposes; **aaksipístaat!** use that pole!; **áakaksipistaawa** he will wrap the pole with the fur of an otter; **ááksipistaawa** he used ...; **kitááksipistaa** you used ....

WAAKSISTO *adt*; brave, determined; **aaksistówoohkotoki** brave rock (name); **iikáksistowa'pssiwa** he is brave

WÁÁKSISTOOYI'TAKI *vai*; be confident or certain of one's (own) ability to affect a favorable outcome; (**aaksistóóyi'takit!** be confident of the outcome!); **áakaksistooyi'takiwa** she will be confident of the outcome; **aaksistóóyi'takiwa** he was confident of the outcome; **nitááksistooyi'taki** I am confident of the outcome.

WAAMATONSSOYI *vai*; emit an odor while being heated; (**aamatonssoyit!** produce an odor while being heated!); **áakamatonssoyiwa** it will ...; **aamatónssoyiwa** it produced an odor while being heated; **skáá'matonssoyiwa amo má'sa** this heating turnip is producing a great (i.e. foul) odor.

WAAMATOO *vti*; smell; (**aamatóót!** smell it!); **áakamatooma** she will smell it; **áámatooma anni kitsskíítaani** he smelled that which you baked; **nitáámatoo'pi kitsoyó'ssiistsi** I smelled your cooking; **sáakamatoot!** try to smell it!

WAAMATO'SIMAA *vai*; burn incense (for prayer); **aamató'simaat!** burn incense!; **áakamato'simaawa** he will burn incense; **áámato'simaawa** he burned incense; **nitáámato'simaa** I burned incense.

WAAMI *vai*; be (the one that is identified); **aamit!** be the one identified!; **áakamiwa** it will be the thing identified; **aamiwa** it was the thing identified; **nitami** I was the one identified; **nimáátamihpaatsiksi** I am not the one.

WAAMIAO'P.II *vai*; mount, seat oneself for riding; **aamiáó'piit!** mount up!; **áakamiao'piiwa** she will seat herself for riding; **áámiao'piiwa** he seated himself for riding; **nitáámiao'pii** I seated myself for riding.

WAAMIS *adt*; uphill; **aamisóóhtsi** up(ward); **áakamisoowa** he will go up.

WAAMIWA'SI *vai;* impersonate s.o. or s.t.; **kiistówa, noohkámiwa'sit áítapióoyiwa!** you, impersonate the bogeyman (people eater)!; **nitáakamiwa'si Mí'kiai'stoowa** I will impersonate Red Crow; **áámiwa'siwa ...** he impersonated ...; **nitáámiwa'si Superman** I impersonated Superman.

WAAMI'T *adt;* west; **aamí'toohtsi** westward; **áakami'toowa** she will go west.

WAAMOHSAI'PIKSI *vti;* gather (make tucks and pleats of fabric); **áámohsáí'piksit!** gather it!; **áakamohsai'piksima** she will gather it; **áámohsai'piksima osóka'simi** she made a ruffle on her shirt; **nitáámohsai'piksii'pa** I gathered it.

WAAMOHSI *vai;* get/have a cramp; **aamohsít!** cramp up!; **áakamohsiwa** she will cramp up; **áámohsiwa** he cramped up; **nitámohsi** I got a cramp.

WAAMOHSIKAHKAA *vai;* have leg cramps; **aamohsíkahkaat!** have leg cramps!; **áakamohsikahkaawa** she will have leg cramps; **áámohsikahkaawa** she had leg cramps; **nitámohsikahkaa** I had leg cramps.

WAAMOHSOHPI' *vii;* pucker, contract into folds or wrinkles; **áakaamohsohpi'wa** it will contract; **áámohsohpi'wa anni nitá'kahkániaakssini** that which I hemmed, puckered (e.g. when I pulled on the thread); **káákawaamohsohpi'wa** it is just contracting into wrinkles.

WAAMONN *vta;* claw/ grasp and squeeze by hand; **amónnisa!** claw him!; **áakamonniiwa** she will claw him; **aamónniiwa** he grasped and squeezed her (e.g. on her arm); **nitáámonnoka** she clawed me; **naa póosa áwaamonniiwa anní issitsímaani** the cat is clawing the baby.

WAAMOTTSINAAWAATSI *vii;* shrink; **áakamottsinaawaatsiwa** it will shrink; **áámottsinaawaatsiwa** it shrank.

WAAMOTTSSKIN *vta;* grab the face of; **aamóttsskinisa!** grab her face!; **áakamóttsskiniiwa** she will grab his face; **aamottskiniiwa** he grabbed her face; **nitaamottsskinoka** she grabbed my face; *also* **waamottsskio'to.**

WAAMSSKAAP *adt;* south; **(a)amsskáápoohtsi** southward; **áakamsskáápoowa** he will go south.

WAANAOYIITANISTOO *vti;* clip (a word or phrase) by dropping one's voice; **áánaoyiitanistoot!** clip it!; **áakanaoyiitanistooma** she will clip it; **áánaoyiitanistooma** he partially said it; **nitánaoyiitanistoo'pa otsínihka'siima** I clipped his name.

WAANAOYIT *adt*; at a point before a destination, en route/ before a process is completed; **aanáóyitoohtsi** at a point preceding a destination; **nitaanáóyitssikoo** I stopped before my goal (e.g. to finish high school); **áakanáóyito'táattsiimiiwa** she will meet him on the way.

WAANAO'K *adt*; part, half, on one side; *see* **kiipaanao'kssi** dime; **kitáakohtanao'ksiiso** I will feed you half; **iitanáó'kaihtsiyi otsínaka'siimiksi** his vehicle was on its side; *see* **waanao'ki'si** tip over; **aanáó'kitapiikoana** half-breed; **áakanao'kohpattskima anni sóópa'tsisi** she will knock the chair on its side

WAANAO'KI'SI *vai*; tip over, fall on its side; **áakanao'kiisiwa anna issítsimaana, máátomaisoksipoopiiwaatsiksi** the baby will fall on its side, he does not sit up well yet; **aanao'ki'siwa** it tipped over; *also* **waanao'kiisi**: *Rel. stem: vii* **waanao'kohpi** tip over.

WAANAT *adt*; cute/nice; **aanátsinamma** she is nice looking (vai); **iikánata'pssiwa** she is cute.

WAANATSISTOTSI *vti*; beautify; **aanatsístotsit!** beautify it!; **áakanátsistotsii'pa** we'll beautify it; **áánatsistotsimayi** he beautified it; **nitáánatsistotsii'pa** I beautified it.

WAANATTSII *vii*; illuminate, light up; **áakanattsiiwa** it will light up; **áánattsiiwa** it lit up.

WAANA'KIMAA *vai*; illuminate with a lighted object, supply light with a lighted object; **aná'kimaat!** brighten with light!; **áakana'kimaawa** she will turn on the light switch; **áána'kimaawa** she supplied light; **nitáána'kimaa** I supplied light; **waana'komo** vta: supply with light (benefactive); *Rel. stem: vti* **waana'ki** illuminate.

WAANA'SSOYI *vai*; light up, be illuminated; (**aana'ssoyit!** light up!); **áakana'ssoyiwa** it will light up; **aana'ssoyiwa** it lit up; **ákaawaana'ssoyiwa anniksi otsínaka'siimiksi** his vehicle has lighted up/ his vehicle's headlights have lighted up.

WAANII *vai*; say (something); **aaníít!** say (s.t.)!; **áakaniiwa** he will ...; **áániiwa** he said (s.t.); **nitáánii** I said (s.t.).

WAANIIT *adt*; scatter; **aaniitsipíkssiyaawa** they scattered and fled; **áakániitsinnisiyaawa** they will scatter and fall in different directions.

WAANIITSINIT *vta*; cut and divide the meat of (a butchered animal); **aaníítsinitsisa!** cut and divide the meat of it; **áakaniitsinitsiiwa anni awákaasiyi** she will cut and divide the meat of the deer; **áániitsinitsiiwa** he cut and divided the meat of it; **nitááníitsinitawa** I cut and divided the meat of it.

WAANIST *vta*; say (something) to, tell; **aanistsísa** tell her!; **kitáakanistawa** you will tell him; **áánistsiiwayi** he told him; **nitáánikka** he told me; **áánistawa Tsaotsi** his name is George; *Rel. stems: vti* **waanistoo**, *vai* **waanii** say.

WAANISTÁPAOO *vai*; move aside; **(a)anistápaoot!** move aside!; **áakanistápaoowa** she will ...; **niitápaoowa** he moved aside; **nitánistápaoo** I moved aside.

WAANISTOO *vti*; say; **aanistóót** say it!; **áakanistoo'pa** we (incl) will say it; **áánistoomáyi** he said it; **nitáánistoo'pa** I said it; *Rel. stems: vai* **waanii**, *vta* **waanist** say, say to.

WAANISTSINNOMO *vta*; show to; **aanístsinnomoosa!** show it to him!; **áakanístsinnomoyiiwa** she will show it to him; **aanístsinnomoyiiwa** he showed it to her; **nitaanístsinnomooka** she showed it to me.

WAANISTSI'TO *vta*; obey; **aanistsí'toosa!** obey her!; **áakanistsi'toyiiwa** she will obey him; **aanistsí'toyiiwa** he obeyed her; **naanistsi'tooka/nitáánistsi'tooka** she obeyed me.

WAANISTTOTSI *vti*; do/ do to; **aanisttotsit!** do it!; **áakanisttotsima** she will do it; **aanisttotsima** he did it; **nimáátssksiniihpaatsiksi nitáánisttotsii'pi** I do not know what I did to it/ I do not know where I put it; **nimáátsssksiniihpaatsiksi niitánisttotsii'pi** I do not know how we (incl.) did it; *Rel. stems: vai* **waanisttsi**, *vta* **waanisttoto** do, do to.

WAANISTTSI *vai*; do (something); **aanísttsit!** do!; **áakanisttsiwa** she will do it; **áánisttsiwa** he did; **nitáánisttsi** I did; **áwaanisttsiwa** he is doing (something).

WAANOOHPA'PSSI *vai*; be fragile, be a weakling; **(anoohpa'pssit!** be a weakling!); **áakanoohpa'pssiwa** he will be a weakling; **áánoohpa'pssiwa** she is a weakling; **nitáánoohpa'pssi** I am a weakling; **iikawáánoohpa'pssiyi óko'siksi** her children are fragile.

WAANOOK *adt*; ruinously, destructively; **áánookohpattskomoyiiwayi otáwahka'tsiistsi** he ruinously scattered her playthings; **nitáánooksistotsii'pi nítsstakssiistsi** I destroyed my things; **áakanookohpattskimaistsi** he will destructively scatter them (e.g. your neat piles of paper).

WAANOOKSIKSISTSIKO *vii*; bad weather, inclement weather; **áakanooksiksistsikowa** the weather will be bad; **áánooksiksistsikowa** the weather was bad.

WAANOYO'SI *vai*; make bow and arrows/ archery equipment;
aanóyo'sit make bow and arrows!; nitáakanoyo'si I will make ...;
áánoyo'siwa he made a bow and arrows; nitáánoyo'si I made..;
nitáwaanoyo'si I was making...; kikáta'wáánoyo'sspa did you
make...?

WAAPÁÁPIKSI *vti*; undo/ open or loose by releasing a fastening;
aapáápiksit! undo it!; áakapaapiksima he will undo it;
áápaapiksima nitotsista'tsisa she undid my apron;
nitáápaapiksii'pa I undid it.

WAAPAT *adt*; behind, to the rear, back; apatoohtsi to the rear;
nitáakitapatopii I will sit in the back; áwaapatsska'siwa he is
acting reluctant (lit· acting behind).

WAAPATOHS *adt*; north; apátohsoohtsi northward;
áakapatohsoowa he will go north; *see* apatohsipiikani North
Peigan.

WÁÁPATSII'YI *vai*; be late/ id: be insufficiently supplied, have a
shortage of supplies; (aapatsii'yit! be insufficiently supplied!);
áakapatsii'wa she will ...; aapatsii'wa he was late; nitaapatsii'yi
I was insufficiently supplied; nitsiikápatsii'yi aoówahsini I am
really short of food supplies; nitáápatsii'yihpinnaana we were late;
Note: yi loss.

WAAPATSSKA'SI *vai*; be reluctant/ hesitant, (lit: acting behind);
aapátsska'sit! be reluctant!; áakapatsska'siwa she will be hesitant;
áápatsska'siwa she was reluctant; nitáápatsska'si I was reluctant

WAAPIIKAMAA *vai*; unsaddle (a horse); aapííkamaat! unsaddle!;
áakaapiikamaawa he will unsaddle; áápiikamaawa he unsaddled;
nitáápiikamaa I unsaddled; *Rel. stem: vta* waapiikan unsaddle.

WAAPIIWAANISTOTO *vta*; console; aapííwaanistotoosa! console
her!; áakapiiwaanistotoyiiwa she will console him;
áápiiwaanistotoyiiwa he consoled her; nitáápiiwaanistotooka she
consoled me; áakawaapiiwaanistotoyiiwa she will be consoling
him.

WAAPIIWAANITAPIIYI *vai*; be an altruistic person, be one who
helps people in need; aapííwaanitapiiyit! be altruistic!;
áakapiiwaanitapiiyiwa she will ...; áápiiwaanitapiiyiwa he is
altruistic; nitáápiiwaanitapiiyi I help people in need.

WAAPIKSSI *vai*; have a skin eruption, e.g. measles or scabies;
(aapíkssit! have a skin eruption!); áakapíkssiwa he will have a
skin eruption; áápíkssiwa he had a skin eruption; nitáápikssi I
had skin eruptions; áwaapíkssiwa he has skin eruptions.

WAAPINAKO *vii*; be morning, dawn; **sawómawaapinakosi, istsipoáóot!** before it dawns, then you get up!; **aapinákosi** when it's morning; **ákaawaapinakowa** it has dawned

WAAPIPITTSKO *vii*; dry up (i.e. time when berries, leaves etc. dry up); **áakapipittskowa** it will dry up; **áápipittskowa** it dried up; **aapipíttskosi áakitopakiiyiwa** when things begin to dry up, then he will break camp.

WAAPISOYIINA *vai*; appear rusty; (**apisoyiinat!** appear rusty!); **áakapisóyiinamma anna kóóhka** your pot will ...; **iikápisóyiinamma** it looks rusty; *Note: 3mm.*

WAAPISSAHKO *vii*; be barren of grass (said of a ground area where there is alkali); **áakapissahkowa** it will be barren of grass; **áápissahkowa** it is barren of grass.

WAAPISTSISSKITSII *vii*; flower or bloom; **áakapistsisskitsiiwa** it will bloom; **áápistsisskitsiiwa** it bloomed.

WAAPITSIKAI *vti*; use as a brace; **aapítsikait!** brace it!; **áakapitsikama** she will brace it; **áápitsikama** he braced it; **nitáápitsikai'pa** I braced it; *Rel. stem: vai* **waapitsikamaa** brace s.t..

WAAPITSIPOYI *vai*; stand and lean against s.t.; **apitsípoyit!** stand and lean against!; **áakapitsipoyiwa** she will stand and lean against s.t.; **áápitsipoyiwa** he stood and leaned against s.t.; **nitáápitsipoyi** I stood and leaned against s.t..

WAAPITSTSI *vti*; empty one's own mouth of; **aapítstsit!** empty your mouth of it!; **áakapitstsima** he will empty his own mouth of it; **áápitstsima** he emptied his own mouth of it; **nitáápitstsii'pa** I emptied my mouth of it; **áwaapitstsima anniistsi kiníínokoistsi** he is emptying his own mouth of those cherry pits.

WAAPI'MAA *vai*; put up a structure for shade or shelter; **aapí'maat!** make a covered shelter!; **áakapi'maawa** she will make a covered shelter; **áápi'maawa** he made a shelter; **nitáápi'maa** I made a shelter

WAAPOHKAT *vta*; bring a food treat for; **áápohkatsisa!** bring a food treat for him!; **áakapohkatsiiwa** he will bring a food treat for her; **áápohkatsiiwa** she brought a food treat for him; **nitáápohkakka** he brought me a food treat.

WAAPOYIIHKINI *vai*; be brown-haired; (**aapoyiihkinit!** have brown hair!); **áakapoyiihkiniwa** she will have brown hair; **áápoyiihkiniwa** he has brown hair; **nitáápoyiihkini** I have brown hair.

WAAPOYOOHKITTSII *vii*; bleach, fade; **áakapoyoohkittsiiwa** it will bleach, fade; **áápoyoohkittsiiwa** it bleached, faded.

WAAPO'K *adt*; reverse/opposite/inverse; **áápo'ksipoaoowa** she woke up on the wrong side; **áakapo'kapssiwa** he will do the opposite of what everyone else does; **ákaawaapo'kio'tsima anni osóka'simi** she has turned her jacket inside out; **ikápo'kapssiwa** he's backwards/ he's a contrary.

WAAPO'KA'SIISI *vai*; overturn with a mode of transportation; **apo'ka'siisit!** roll with your vehicle!; **áakapo'ka'siisiwa** she will overturn with her automobile; **áápo'ka'siisiwa** he overturned with his vehicle; **nitáápo'ka'siisi** I rolled my car.

WAAPO'KIO'TSI *vti*; turn inside out; **aapó'kio'tsit!** turn it inside out!; **áakapo'kio'tsima** she will turn it inside out; **áápo'kio'tsima** she turned it inside out; **nitáápo'kio'tsii'pa** I turned it inside out.

WAAPO'PI *vai*; be grey-haired; (**apo'pit!** have grey hair!); **áakapo'piwa** she will have grey hair; **áápo'piwa** he has grey hair; **nitáápo'pi** I have grey hair.

WAAPO'TO *vta*; free by untying, release from bonds; **aapó'toosa!** free him!; **áakapo'toyiiwa anni óta'si** he will release his horse; **áápo'toyiiwa** he freed her by untying; **nitáápo'tooka** she released me from my bonds.

WAAPSSTSITSIKINI *vai*; become barefoot, remove one's own shoes; **aapsstsítsikinit!** take off your shoes!; **áakapsstsitsikiniwa** she will take off her own shoes; **áápsstsitsikiniwa** she took off her own shoes; **nitáápsstsitsikini** I took off my shoes; *cf.* **atsikin.**

WAASAI'NI *vai*; cry; **aasáí'nit!** cry!; **áakasai'niwa** she will cry; **áásai'niwa** she cried; **nitáásai'ni** I cried; **nitáwaasai'ni** I am crying.

WAASANI'NIIPITSI *vai*; cry from being cold; (**a)asáni'niipitsit!** cry from being cold!: **áakasani'niipitsiwa** she will cry from being cold; **áásani'niipitsiwa** he cried from being cold; **nitáásani'niipitsi** I cried from being cold.

WAASO'KINI *vta*: pull the hair of; (**a)asó'kiniisa!** pull her hair; **áakaso'kiniyiiwa** he will pull her hair; **ááso'kiniyiiwa** he pulled her hair; **nitááso'kiniooka** she pulled my hair; *Rel. stem: vai* **waaso'kinaki** pull hair.

WAATAHSINAA *vai*; become dizzy; (**atahsináát!** be dizzy!); **áakatahsinaawa** she will become dizzy; **áátahsinaawa** he became dizzy; **nitáátahsinaa** I became/am dizzy.

WÁÁTAHSSOPO *vii*; whirlwind; áakatahssopowa there will be ...;
áátahssopowa there was a ...; áwaatahssopo placename of a cut-
bank on the Belly river near the Old Agency area of the Blood
Reserve.

WAATAKIMII *vti*; stir (a liquid); aatakimíít! stir it!;
áakatakimiima she will stir it; áátakimiima he stirred it;
nitáátakimii'pa I stirred it; *Note: ii not shortened by -m.*

WAATAKIMSSKAA *vii*; ripple (liquid); ikkámssoyaapiksimminiki
áakatakimsskaawa if you drop it in, it will ripple;
áátakimsskaawa it rippled; omi áóhkiiyi áwaatakimsskaawa the
water is rippling.

WAATÁNIAAKI *vai*; dig; aatániaakit! dig!; áakatániaakiwa he
will dig; áátániaakiwa he dug; nitáátániaaki I dug;
nitáwaatániaaki I am digging; *also* waatanaaki; *Rel. stem: vta*
waatani dig.

WAATANIMMAIPASSKAA *vai*; dance the last ceremony of the
Sundance; atánimmaipasskaat! dance!; áakatanimmaipasskaa-
yaawa they will dance; áátanimmaipasskaayaawa they danced;
nitáátanimmaipasskaahpinnaana annóóhka ksiistsikóyihka we
danced today.

WAATANO'TSI *vti*; dig out, hollow out by use of hand or finger;
aatanó'tsit! hollow it!; áakatáno'tsima he will dig it out;
áátano'tsima he hollowed it; nitáátano'tsii'pa I hollowed it;
káákawaatano'tsima anni nipisátsskiitaani she is just hollowing
out my cake.

WAATAPOKA'YI *vai*; collapse, fall due to sickness/weakness;
(átapoká'yit! collapse!); áakatapoka'wa she will collapse;
áátapoka'wa he collapsed; nitáátapoka'yi I collapsed; *Note: yi
loss.*

WAATAPOKO *vii*; have flavour; áakatapokowa it will have flavor;
áátapokowa it has flavour; iikátapokoyi otsskíítaanistsi her
cooking it has flavor.

WAATAPONISSKAA *vai*; spin (to become dizzy);
miináttataponisskaat! don't spin again!; áakataponisskaawa she
will spin; áátaponisskaawa he spun (to become dizzy);
nitáátaponisskaa I spun (to become dizzy)

WÁÁTATO'TO *vta*; hug, embrace; aatató'toosa! embrace her!;
áakatato'toyiiwa she will hug him; áátató'toyiiwa he embraced
her; nitáátató'tooka she embraced me.

WAATA'PIHKAA *vai*; have a migraine headache/ receive a concussion (injury to the brain by a heavy blow); (**aata'pihkaat!** have a migraine headache!); **áakata'pihkaawa** she will ...; **ááta'pihkaawa** she had a concussion; **nitááta'pihkaa** I had a migraine headache.

WAATA'PSSOYI *vai*; become dizzy from overexposure to the sun's heat; (**aata'pssoyit!** become dizzy from overexposure ...!); **áakata'pssoyiwa** she will ...; **ááta'pssoyiwa** he became dizzy; **nitááta'pssoyi** I became dizzy.

WAATA'YAYI *vai*; dark circle around the moon (indicates a chinook); **áakata'yayiwa** the moon will have a dark circle around it; **ááta'yayiwa** the moon has/had a dark circle around it.

WAATOHTAKI *vai*; taste (something); **aatohtákit!** taste!; **áakatohtakiwa** she will taste; **áátohtakiwa** he tasted; **nitáátohtaki** I tasted.

WAATOHTSI *vti*; taste; **aatohtsít!** taste it!; **áakatohtsima anni osímssini** he will taste his drink; **áátohtsima** he tasted it; **nitáátohtsii'pa** I tasted it.

WAATOKSIPISTAA *vai*; tie together the main poles in a tipi frame; (**maak)atoksípistaat** tie the first main poles together!; **áakatoksipistaawa** he will tie the poles together; **áátoksipistaawa** he tied the tipi poles together; **nitáátoksipistaa** I tied the poles together.

WAATOWA'PISTOTO *vta*; perform a religious act for/ bestow a religious blessing on; **aatowá'pistotoosa!** baptize him!; **áakatowá'pistotoyiiwa** he will bless her (e.g. with a name); **áátowa'pistotoyiiwa** he blessed him; **nitáátowa'pistotookinnaana** he married us.

WAATOYÍNNAYI *vai*; sing and pray for luck and good fortune; **aatoyínnayit!** sing and pray for good fortune (e.g. food); **áakatoyínnayiwa** she will pray for good fortune; **áátoyínnayiwa** he prayed for good luck; **nitáátoyínnayi** I prayed for good fortune.

WAATO'SI *vai*; be spiritually powerful; (**aató'sit!** be spiritually powerful!); **áakato'siwa** he will be spiritually powerful; **ááto'siwa** he was spiritually powerful; **kitááto'si** you were spiritually powerful.

WAATSIMIHKA'SI *vai*; act repentant, wish to be forgiven, act apologetic; **aatsímihka'sit!** act repentant!; **áakatsimihka'siwa** she will act apologetic; **áátsimihka'siwa** he acted repentant; **nitáátsimihka'si** I acted repentant.

WAATSÍMMA'PSSI *vai*; be one who is holy or spiritually powerful; (atsímma'pssit! be spiritual!); áakatsimma'pssiwa she will be holy; áátsimma'pssiwa he is spiritual; nitáátsimma'pssi I am spiritual

WAATSIMOYIHKAA *vai*; pray/worship; aatsímoyihkaat! pray!; áakatsímoyihkaawa she will pray; áátsimoyihkaawa he prayed; nitáátsimoyihkaahpinnaana we worshipped

WAATSISTOIHTSII *vii*; be crossed at an angle other than 90 degrees; áakatsistoihtsiiwa it will be crossed diagonally; omi moohsokóyi áátsistoihtsiiwa that road is crossed diagonally.

WAATSISTOOYINNI *vti*; hold a long object diagonally across the body with both hands/ hold with both hands; aatsistóóyinnit! hold it diagonally across your body!; áakatsistóóyinnima she will ...; áátsistóóyinnima he held it with both hands; nitáátsistóóyinnii'pa anni apaksísttohksisttohksiksiyi I held the board diagonally across my body.

WAATTSIIHKA'SI *vai*; act naughty/ be daring; aattsííhka'sit! act naughty!; áakattsiihka'siwa he will act naughty; ááttsiihka'siwa he acted naughty; kitáttsiihka'si you acted naughty; náámawááttsiihka'siwa he is the only daring person; *cf.* ihka'si.

WAATTSIISTOTO *vta*; cheat; aattsíístotoosa! cheat him!; áakattsíístotoyiiwa she will cheat him; aattsíístotoyiiwa he cheated her; nitááttsiistotooka she cheated me.

WAATTSISSKII *vai*; be mischievous, willing to take risks, daring; aattsisskiit! be mischievous!; áakattsisskiiwa she will be mischievous; (iik)ááttsisskiiwa he is mischievous; nitááttsisskii I was/am mischievous

WAATTSIYI *vai*; be drunk, intoxicated; attsíyit! be intoxicated!; áakattsiyiwa she will get drunk; aattsiyiwa he was drunk; nitááttsiyi I was drunk.

WAATTSOOHKITOPII *vai*; ride horseback daringly (a virtue rather than a vice, said of females or children); aattsóóhkitopiit! ride daringly!; áakattsoohkitopiiwa kitána your daughter will ride daringly; iikááttsoohkitopiiwa anna kohkówa your (young) son rides very daringly; nitááttsoohkitopii I rode daringly.

WAAWAAHPITSIMM *vta*; be lonely for, miss; (awááhpitsimmisa! be lonely for her!); áakawááhpitsimmiiwa she will be lonely for him; ááwaahpitsimmiiwa ohkóyi he missed his son; nitááwááhpitsimmoka she was lonely for me.

WAAWAAHSATOO *vti*; miss, feel the absence of; **awááhsatoot!**
miss it!; **áakawaahsatooma** she will feel its absence;
ááwaahsatooma he missed it; **nitááwaahsatoo'pa**
nitsámaahkima'tsisi I noted the absence of my broom; *Rel. stem:*
vta **waawaahsat** miss.

WAAWAATTSISOWOO *vai*; stagger; **ááttsisowóót!** stagger!;
áakaattsisowóowa she will stagger; **ááttsisowóowa** she staggered;
nitááttsisowoo I staggered; **áwaawaattsisowóowa** he is staggering.

WAAWAHKAA *vai*; walk/play; **aawahkáát!** walk!; **áakawahkaa-**
wa she will walk; **ááwahkaawa** he walked; **nitááwahkaa** I walked;
áwaawahkaayaawa they are playing.

WAAWAHKÁÍSÍNAAKI *vai*; sketch, draw (artistically);
aawahkáísínaakit! sketch!; **áakawahkáísínaakiwa** she will draw;
ááwahkáísínaakiwa she sketched; **nitááwahkáísínaaki** I drew;
áwaawahkáísínaakiwa she sketches/ she is an artist; *cf.* **sinaaki.**

WAAWAHKAOTSIIYI *vai*; war against one another; **aawahká-**
ótsiiyika! war against each other!; **áakawahkáótsiiyiyaawa** they
will war against each other; **ááwahkáótsiiyiyaawa** they warred
against each other; **nitááwahkáótsiiyihpinnaana** we warred against
each other; *Rel. stem: vta* **waawahkaootsiim** war against.

WAAWAI'KIMISSTOO *vti*; shake (a liquid) in a container;
ááwai'kimisstoot! shake it!; **áakawai'kimisstooma** she will shake
it; **ááwai'kimisstooma** she shook it; **nitááwai'kimisstoo'pa** I
shook it.

WAAWAI'SKAPI *vai*; crawl; **(a)awáí'skapit!** crawl!;
áakawai'skapiwa he will crawl; **ááwai'skapiwa** he crawled;
nitááwai'skapi I crawled; **ákaawaawai'skapiwa** he has crawled.

WAAWAKAAPIKSSAT *vta*; spur; **ááwakáapikssatsisa!** spur him!;
áakawakáapikssatsiiwa anni óta'si she will spur her horse;
ááwakáapikssatsiiwa he spurred him; **nitáwakáapikssatawa anna**
nóta'sa I spurred my horse; *Rel. stem: vai* **waawakaapikssi** spur
(s.t.).

WAAWAKINO'TO *vta*; search through the belongings of;
awákino'toosa! search through her things; **áakawakino'toyiiwa** she
will ...; **ááwakino'toyiiwa anní maaáhsi** she searched through her
grandfather's belongings; **nitááwakino'tooka** she searched my
belongings; *Rel. stems: vti* **waawakino'tsi,** *vai* **waawakino'taki**
search through, search through s.t.

WAAWAKKSI *vai*; chew gum; **aawákksit!** chew gum!;
áakawakksiwa she will chew gum; **ááwakksiwa** he chewed gum;
nitááwakksi I chewed gum.

WAAWAKOYII *vii*; flow; **áakawakoyiiwa** it will flow; **ááwakoyííwa** it flowed; **áwaawakoyiiwa niítahtayi** the river is flowing.

WAAWAKSSKAA *vii*; intestinal rumbling/ sudden increase in alimentary peristalsis, causing a strong urge to have a bowel movement; **áakawáksskaawa nóókowani** my stomach will rumble; **ááwáksskaawa nóókowani** my stomach rumbled.

WAAWANOOSI *vii*; move in a spiral pattern but not necessarily uniformly; **áakawanoosiwa otanísttsa'tsisa** it will spiral, her top; **ááwanoosiwa** it spiralled; **otáíkkatoo'pi kááksiistapawááwanoosiwa** her balloon just went spiralling away.

WAAWAO'PÍNIISI *vai*; swivel, swing on a fixed radius; **aawáó'píniisit!** swivel!; **áakawao'píniisiwa** she will swing; **ááwao'píniisiwa** he swiveled; **nitááwao'píniisi** I swung.

WAAWAPISTAA *vai*; make a cradle swing; **aawápistaat!** make a cradle swing; **áakawápistaawa** she will make a cradle swing; **ááwapistaawa** she made a swing; **nitááwapistaa** I made a cradle swing

WAAWAPOHSI *vai*; be chubby/fat; (**aawápohsit!** be chubby!); **áakawapohsiwa** she will be chubby; **nitááwapohsi** I was fat; **iikáwaawapohsiyi óko'siksi** her children are chubby.

WAAWATOYAAPIKSSI *vai*; wag one's own tail; **ááwatoyáapikssit!** wag your tail!; **áakawatoyáapikssiwa** she will wag her tail; **ááwatoyáapikssiwa** it wagged its tail; **naa imitááwa nitáí'noyssi itawatoyaapikssiwa** when the dog saw me it wagged its tail.

WAAWATT *adt*; on one's own initiative, independently; **ááwattsitapoowa** she went on her own initiative; **nitááwáttanisttotsii'pa** I did it on my own; **áakawáttsstsoomaahkaawa** she will drive to town on her own; **ááwátta'páísspommohsiwa** she is helping herself.

WAAWATTAAPIKSI *vti*; shake, rock; **aawáttaapiksit!** rock it!; **áakawattáápiksima** she will shake it; **ááwattáápiksima** he shook it; **nitááwattáápiksii'pa** I rocked it; **áwaawattáápiksima** she is rocking it.

WAAWATTAMOHSI *vai*; begin contractions before childbirth, go into labor; (**á)áwattamohsit!** go into labor!; **áakawáttamohsiwa** she will go into labor; **ááwattamohsiwa** she went into labor; **nitááwattamohsi** I went into labor.

293

WAAWATTOO *vai*; operate, function, run (said of a motorized object); **oma iitáísstoyihtao'pa áakawaawattoowa** the fridge will be operating; **anniiksiyi nitsínaka'siimiksi áwaawattóóyaawa** my car is running

WAAWATTOOHSI *vai*; kill one's self by shooting; **(a)awáttoohsit!** shoot yourself!; **áakawattoohsiwa** he will shoot himself; **ááwattoohsiwa** she shot herself; **(nitáwattoohsi** I killed myself with a shot).

WAAWATTSSKI *vti*; disturb, cause to move; **awáttsskit!** disturb it!; **áakawattsskima** she will send it (cause it to move); **ááwattsskima anníílhkayi sináákssini** he forwarded a letter; **nitáwaawattsskii'pa** I am causing it to move.

WAAWATTSSKO *vta*; motivate/ set in motion; **noohkawáttsskoosa mááhkitotoissksinimá'tsaawa!** set him in motion, so that he may go to school!; **áakawáttsskoyiiwa** she will motivate him; **ááwáttsskoyiiwa** he motivated her; **nitááwáttsskooka** he set me in motion; **ákaawaawáttsskoyiiwa anniksi awákaasiiksi** he has set the deer (plural) in motion.

WAAWAYAKI *vta*; strike on the body, beat; **aawayákiisa!** hit him!; **áakawayákiyiiwa** she will hit him; **ááwayákiyiiwáyi** she hit him; **nitáwayákiooka** he hit me; **áwaawayákiyiiwa** she's beating him.

WAAWÁ'KIMAA *vai*; hunt game/ herd livestock; **awá'kimaat!** hunt!/herd!; **áakawa'kimaawa** he will ...; **ááwa'kimaawa** she hunted/herded; **nitááwa'kimaa** I hunted/herded.

WAAWA'KINISOO *vai*; walk while moving upper body from side to side; **aawá'kinisoot!** go from side to side!; **áakawa'kinisoowa amá awákaasiwa** the deer will ...; **ááwa'kinisoowa** he oscillated; **nitááwa'kinisoo** I walked while moving my body from side to side.

WAAWO. *adt*; uneven, misaligned/ on the opposite, wrong side/ back and forth motion, reversed; **ááwoysstsitsikiniwa anna kóko'sa** your child's shoes are reversed; **ákaawaawoyihtsiwa** it is/was uneven; *see* **waawowaoo** walk back and forth; *Note:* y~w.

WAAWOOKA'PSSI *vai*; (inherently) independent; **áwooka'pssit!** be independent!; **áakawooka'pssiwa** she will be independent; **ááwooka'pssiwa** he is independent; **nitáwooka'pssi** I am independent; **iikáwaawooka'pssiyi óko'siksi** her children are independent.

WAAWOWAAAT *vta*; pass by; **awówaaatsisa!** pass by him!; **áakawówaaatsiiwa** he will pass by her; **áwowáaatsiiwa** she passed by him; **nitáwowáaakka** she passed by me.

WAAWOWAOO *vai*; walk back and forth; **aawowáóot!** walk back and forth!; **áakawowáóowa** she will walk back and forth; **ááwowáóowa** he walked back and forth; **nitááwowáóo** I walked back and forth.

WAAYAKSIKINAKO *vii*; bright night from a full moon; **áakayaksikinakowa** it will be a bright night; **ááyaksikinakowa** it was a bright night.

WAAYAKSSTOOKI *vai*; have impaired hearing/ listen inattentively; **aayáksstookit!** listen inattentively!; **áakayaksstookiwa** he will have impaired hearing; **ááyaksstookiwa** he has impaired hearing; **nitááyaksstooki** I have impaired hearing; *cf.* sstooki.

WAAYIPI *vti*; bind, wrap around; **ááyipit!** bind it!; **áakáyipima** o'tsísi she will bind her hand; **ááyipima** he bound it; **nitáyipii'pa** I bound it; **nikááwaayipii'pa nisapikamaani** I have bound the axe handle (onto the axe head).

WAAYIPIST *vta*; bind, wrap around; **aayipístsisa anna kookítsisa!** bind your finger!; **áakayipistsiiwa otó'piimi** she will bind her own rope; **ááyipístsiiwa** he bound it; **nitáyipistawa nookítsisa** I bound my finger; **anna iihtsipóísstao'takio'pa áwaayipistsiiwa** that post, she is wrapping s.t. around it.

WAAYI'SIPISAA *vai*; carry water in a storage container; **ayí'sipisaat!** carry a water storage container; **áakayí'sipisaawa** she will ...; **ááyi'sipisaawa** he carried ...; **nitááyí'sipisaa** I carried a water container; **áó'tá'pao'takisi áwaayi'sipisaawa** when he goes to work, he carries water in a storage container

WÁÍAI'TAKI *vai*; ask for a wife/ propose; **áíai'takit!** propose!; **áakáíai'takiwa** he will propose; **áíai'takiwa** he proposed; **nitáíai'taki** I proposed.

WAIIYAI *und*; beware!

WAIST *adt*; near; **aistoohtsi** closer, lit: the direction of close; **áwaistaihtsiiwa** it is coming; **aistóót!** come here!; *see* **waistaat** come to visit.

WAISTAAAT *vta*; come to in order to visit; **aistáaatsisa!** come and visit her!; **áakaistáaatsiiwa** she will come and visit him; **áístáaatsiiwa** he came to see her; **nitáístáaakka** she came to visit me; *cf.* waist+oo.

WAI'POHTO *vta*; haul for; **ai'pohtóósa!** haul for her!; **áakai'pohtoyiiwa** she will haul for him; **áí'pohtoyiiwa otápotsskinaamiksi** he hauled her cattle; **nitáí'pohtooka nitsstákssiistsi** she hauled my things; **nitáwai'pohtooka** she is hauling my things; *also* **wai'pohtomo**.

WAI'STAMÁTTSI *vta*; instruct/demonstrate to; **áí'stamáttsiisa!** instruct him!; **áakai'stamáttsiyiiwa** he will demonstrate to him; **áí'stamáttsiyiiwa** he instructed her; **nitáí'stamáttsooka** she demonstrated to me.

WAI'STÁ'SAT *vta*; entreat, or appeal to the mediatory powers of; **ai'stá'satsisa!** entreat her to mediate for you!; **áakai'stá'satsiiwa** she will entreat him to mediate for her; **áí'stá'satsiiwa** he appealed to her mediatory powers; **nitáí'stá'sakka** she entreated me to mediate for her; *also* **wai'ihta'sat**

WAI'TSINIMAA *vai*; paw the ground, usually in anger (said of an animal); **ai'tsínimaat!** paw the ground!; **áakai'tsinimaawa** (the animal) will paw the ground; **áí'tsinimaawa** (the animal) pawed the ground; **kitáí'tsinimaa** you pawed the ground.

WAKKAYITSIIHTAA *vai*; be avaricious, greedy for gain, wish for more than one's due; **akkayítsiihtaat!** be greedy (for gain)!; **áakakkayitsiihtaawa** she will be ...; **ákkayitsiihtaawa** he was avaricious; **nitákkayitsiihtaa** I was avaricious; **ákawakkayitsiihtaawa** he has been ....

WAKKAY'SSPI *vai*; have a lot of hair on one's head; (**akkay'sspit!** have a lot of hair!); **áakakkay'sspiwa** she will ...; **ákkay'sspiwa** he has a lot of hair; **nitákkay'sspi** I have a lot of hair.

WAKKII *vii*: heal (as a wound); **áakakkiiwa anni kipahtaní'ssini** your cut will heal; **ákkiiwa** it healed.

WAKKIOO *vai*; walk forward, advance; **akkióót!** walk forward!; **áakakkioowa** she will advance, e.g. a grade in school; **akkióówa** he walked forward; **nitákkioowa** I walked forward; *cf.* **oo.**

WAMM *vta*; invite: **ammísa!** invite her!; **áakammiiwa** she will invite him; **ammííwa/ámmiiwa** he invited her; **nitámmoka** he invited me.

WAOKSKAA *vii*; have a hole in/on the surface of; **áakaokskaawa** there will be a hole in it; **áókskaawa** there is a hole on the surface; **ómi nikapóksiinimaana ákaawáókskaawa** my linoleum has a hole on its surface.

WAOKSTSI *vti*; gnaw a hole in, chew a hole through; **aokstsít** gnaw a hole in it!; **áakaokstsima** he will gnaw a hole in it; **oma áíksiniwa áókstsima ánni kitsími** the pig gnawed a hole in the door.

WAONIHTSI *vti*; bite a hole through; **aonihtsít!** bite a hole through it!; **áakaonihtsima** he will bite a hole through it; **áónihtsima** he bit a hole through it; **nitáónihtsii'pa** I bit a hole through it.

WAONII *vti*; pierce; **aoníít!** pierce it; **áakaonima** she will pierce it; **áónima anni áíkkatoo'pi** he pierced the balloon; **nitáónii'pa** I pierced it.

WAOOHKAA *vii*; fall away as a portion from the larger mass, e.g. landslide; **áakáóohkaawa** it will fall away; **áóohkaawa** it fell away; **níístsi matoyíístsi ákaawáóohkaayi** some of the bales have fallen away from the haystack.

WAOOKAASI *vai*; puncture ones own foot by stepping on something; **áóokaasit!** step on something and puncture your foot!; **áakaookaasiwa** she will ...; **áóokaasiwa** he punctured his foot; **nitáóokaasi** I punctured my foot.

WAOOKSIISI *vai*; lit: have a hole in one's boat/ id: have one's plans go awry; **(pinoohkatt)aooksiisit!** (please don't) have your plans fall through (again!); **áakaooksiisiwa** she will ...; **áóoksiisiwa** he had a hole in his boat; **nitáóoksiisi** my plans fell through; **máátáakohkottsitapoowa, ákaawáóoksiisiwa** he will no longer be able to go, his plans have fallen through.

WAOO'SSI *vai*; make dessert soup (e.g. berry soup); **aoó'ssit** make dessert soup!; **nitáakaoo'ssi** I will ...; **aoó'ssiwa** he made dessert soup; **nítaoo'ssi** I made...; **kikáta'waoó'sspa** will you make...?; *see* **aoó'sssini**; dessert soup.

WAOO'TOKIAAKI *vai*; break ice; **áóo'tokiáákit!** break ice!; **áakaoo'tokiaakiwa** he will break the ice; **áóo'tokiaakiwa** he broke ice; **nitáóo'tokiaaki** I broke ice; *Rel. stems: vta* **waoo'tokomo,** *vti* **waoo'tokii** break ice for, break (ice).

WATAPOKA'YI *vai*; fall over unconscious, insensible; **(atápoka'yit!** fall over unconscious!); **áakatapoka'yiwa** she will fall over unconscious; **áátapoka'yiwa** he fell over insensible; **nitáátapoka'yi** I fell over insensible; **itsóóhkatapoka'yiwa** she fell insensible by the door.

WATTSÁAKIIHKA'SI *vai*; behave whorishly (said of a woman); **attsáakiihka'sit!** behave whorishly!; **áakattsáakiihka'siwa** she will behave whorishly; **áttsáakiihka'siwa** she acted whorishly; **kitáttsáakiihka'si** you acted whorishly; *cf.* **mattsaakii+ihka'si.**

WÁTTSA'PSSI *vai*; be crazy; **máttsa'pssit!** be crazy!; **áakáttsa'pssiwa** he will she crazy; **áttsa'pssiwa** he went crazy; **nitáttsa'pssi** I am crazy.

WATTSIPAMAA *vai*; mend a moccasin; **attsípamaat!** mend the moccasin; **áakattsipamaawa** she will mend the moccasin; **áttsipamaawa** he mended the moccasin; **nitáttsipamaa** I mended the moccasin.

WATTSISSKISATOO *vti*; be over-zealous with regard to, have eager and ardent interest in pursuit of; **attsísskísatoot!** be over-zealous about it!; **áakattsisskísatooma niitsítapia'pii** she will be eager in her pursuit of Indian things; **áttsisskísatooma** he was over-zealous about it; **nitáttsisskísatoo'pa** I am ... about it; *Rel. stems: vai* **wattsisski,** *vta* **wattsisskisat** be mischievous, be naughty/daring/over-zealous about.

WAYAAMINI *vai*; moan; **ayááminit!** moan!; **áakayaaminiwa** he will moan; **aayááminiwa** he moaned; **nitááyaamini** I moaned; **áwaayaaminiwa** he's moaning.

WAYÁK *adt*; both/two; **ayákiitohkotsisaawa** give (the two of) them each a share!; **áakayákiitsino'tsima** he will tear it in two; **áyakaisttsiistomiyaawa** they are both sick.

WAYAKIITOHPATTSISTSI *vti*; halve with a gunshot; **ayákiitohpattsistsit anni kitsími!** shoot the door in two!; **áakayákiitohpattsistsima** she will ...; **áyákiitohpattsistsima** he halved it with a shot; **nitáyákiitohpattsistsii'pa** I halved it with a shot; *also* **wayakiitohpattsistoo.**

WAYAKIITOO *vai*; go separate ways, split up; **ayákiitooka!** separate!; **áakayákiitóoyaawa** they will separate; **áyákiitóoyaawa** they separated; **nitáyákiitóóhpinnaana** we separated; **nikááwayákiitoohpinnaana** we have split up; *Note: plural subject only.*

WAYAKSIKSISTSIKO *vii*; be moonlit; **áakayaksiksistsikowa** it will be moonlit; **ikáyaksiksistsikowa** it is moonlit; **áwayaksiksistsikowa** it is moonlit.

WAYAMI'TAKI *vai*; take offense at something; **ayamí'takit!** take offense (at it!); **áakayami'takiwa** she will take offense; **áyami'takiwa** he took offense; **nitáyami'taki** I took offense; **ákaawayami'takiwa** she has taken offense.

WAYAMOO *vai*; depart with hurt feelings/ leave home because of a personal grievance; **ayámoot!** don't leave with hurt feelings!; **áakayamoowa** she will ...; **áyamoowa** he left with hurt feelings; **nitáyamoo** I left with hurt feelings.

WAYIKINAA *vai*; communicate with paranormal forces; **ayikínaat!** communicate with a paranormal force!; **áakayikinaawa** she will ...; **áyikinaawa** she communicated with paranormal forces; **nitáyikinaa** I communicated with paranormal forces; **áwayikinaawa anna kaaáhsa** your grandparent communicates with paranormal forces.

WA'KIAAKI *vai*; hit/strike (s.t.); **a'kiáákit!** strike!; **áaka'kiaakiwa** he will hit (s.t.); **nitá'kiaaki** I struck (s.t.).

WA'KIHTAKI *vai*; make a cairn (pile of stones as a marker); **á'kihtakit!** make a cairn!; **áaka'kihtakiwa** she will ...; **á'kihtakiwa** he made ...; **nitá'kihtaki** I made a cairn; **iitáwa'kihtakiwa** he is making a cairn there.

WA'KII *vta*; hit/strike; **a'kíísa anna iihtsipóísstao'takio'pa!** hit the post!; **á'kiiyiiwa** she hit him; **kitáaka'kiaawa** you will hit her; **nitá'kiooka** he hit me; *Rel. stem: vai* **wa'kiaakii** hit/strike

WA'KÍKAASI *vai*; fall backward; **miiná'kíkaasit!** don't fall backward!; **áaka'kíkaasiwa** he will fall backward; **á'kíkaasiwa** he fell backward; **nitá'kíkaasi** I fell backward.

WA'KÍKAIHTSI *vai*; lie on one's own back; **a'kíkáíhtsit!** lie on your back!; **áaka'kíkaihtsiwa** she will lie on her (own) back; **á'kíkaihtsiwa** he lay on his (own) back; **nitá'kíkaihtsi** I lay on my back.

WA'KÍKAOOHPI' *vii*; fall backward; **áaka'kíkaoohpi'wa** it will fall backward; **á'kíkaoohpi'wa** it fell backward.

WA'KOT *adt*; operational malfunction, dislocation; **á'kotohpattskima** she dislocated it; **itssapá'kotohpi'yini onáámayi** his gun jammed; *see* **wa'kota'pssi** become inoperative.

WA'KOTÁ'PSSI *vai*; become inoperative through breakage or wear, break down; **áaka'kotá'pssiwa** it will break down; **á'kotá'pssiyi otsínaka'siimiksi** his vehicle (wheels) broke down; **ákaawa'kotá'pssiwa** it has become inoperative.

WA'KOTSIIYI *vai*; be clumsy and careless/ be inept; (**a'kotsiiyit!** be clumsy and careless!); **áaka'kotsiiyiwa** she will be ...; (**iik**)**á'kotsiiyiwa** he is inept; **nitá'kotsiiyi** I botch things up.

WA'KOTSISTOTSIMAA *vai*; have a mechanical breakdown; **miin(átt)a'kotsistotsimaat!** don't have (another) mechanical breakdown!; **áaka'kotsistotsimaawa** she will have a mechanical breakdown; **á'kotsistotsimaawa** he had a mechnical breakdown; **nitá'kotsistotsimaa** I had a mechanical breakdown (e.g. of my car).

WA'KOYIHKA'SI *vai*; act impudent, be insolent; **a'kóyihka'sit!** act impudent!; **áaka'koyihka'siwa** she will be insolent; **á'koyihka'siwa** he acted impudent; **nitá'koyihka'si** I was insolent; *cf.* **ihka'si**

WA'KSSTSIMAT *vta*; place (a robe) in a conically folded position (for visibility); **á'ksstsimatsisa!** place it conically; **áaka'ksstsimatsiiwa** he will place it conically; **á'ksstsimatsiiwa** he placed it conically; **nitá'ksstsimatawa naaáíwa** I placed my robe conically.

WA'PIISI *vai*; roll around on the ground (said of animals), wallow; **a'píísit!** wallow!; **áaká'piisiwa** she will roll around in something; **anna ponokáómitaawa itá'piisiwa anni isstskááyi** that horse rolled around in the dust; **anna áíksiniwa iitáwa'piisiwa anni pá'ksikahkoyi** that pig is wallowing in the mud.

WA'PSSKAA *vai*; bet; **á'psskaat!** bet!; **áaka'psskaawa** he will bet; **á'psskaawa** he bet; **nitá'psskaa** I bet; **á'páísskaawa** he is betting; **itá'psskaawa anni issikóa'siwa** he bet on the.

WA'S *adt*; young; **a'sitápiwa** young person; **saakiawá'saakiiwa** she is still a young woman; *see* **a'sinnoka** caribou; *see* **a'siiitahtaa** brook, lit: young river.

WA'SAISSKAPIHTAA *vai*; go cut tree branches for the Sundance (a ritualistic ceremony); **a'saisskapihtaat!** go cut tree branches!; **áaka'saisskapihtaawa** he will go cut tree branches; **á'saisskapihtaawa** he cut tree branches; **nitá'saisskapihtaa** I cut tree branches

WA'SIIYI *vai*; sneeze; **miiná'siiyit!** don't sneeze!; **áaká'siiyiwa** he will sneeze; **á'siiyiwa** she sneezed; **nitá'siiyi** I sneezed; **nitáwa'siiyi** I am sneezing.

WA'SOK *adt*; confusion; *see* **wá'sokssko** confuse; *see* **wa'soka'pii** be confusion.

WA'SOKA'PII *vii*; bedlam, confusion, trouble; **áaka'soka'piiwa** there will be bedlam and confusion; **á'soka'piiwa** there was confusion; **itómahka'soka'piiwa** there was big trouble.

WA'SOKSSKO *vta*; cause to be confused; **á'soksskoosa!** confuse her!; **áaka'soksskoyiiwa** she will cause her to be confused; **á'soksskoyiiwa** he caused her to become confused; **anna iiyíkoyaapiikoana, nitá'soksskooka** the prosecutor, he caused me to be confused

WA'SOYINNI *vti*; pour (out), spill; **a'soyinnit!** spill it!; **áaka'soyinnima** he will spill it; **á'soyinnima** he spilled it; **nitá'soyinnii'pa** I poured it (out)

WA'TSIMAA *vai*; invite (s.o.), extend an invitation; **á'tsimáát!** extend an invitation!; **áaka'tsimaawa** she will extend an invitation; **á'tsimaawa** he extended an invitation; **nitá'tsimaa** I extended an invitation.

WA'TSTOO *vti*; lose; **á'tstóót!** lose it!; **áaka'tstooma** she will lose it; **á'tstooma** he lost it; **nitá'tstoo'pa** I lost it; *Rel. stem: vta* **wa'tsi** lose.

WA'TSTOO *vti*; be able to move; **isáaka'tstoot!** try to move it!; **áaka'tstooma** she will be able to move it; **á'tstooma** he was able to move it; **nimááta'tstoo'pa** I was not able to move it.

WA'YSSKOHTO *vta*; point out; **á'ysskohtóósa!** point him out!; **áaka'ysskohtoyiiwa** she will point at him; **a'ysskohtoyiiwa** he pointed at her; **nitá'ysskohtooka** she pointed at me.

Y

YAAHKIOOHSI *vai;* travel by boat, travel across water;
ááhkioohsit! boat!; áakaahkioohsiwa she will travel across the
water; ááhkióóhsiwa he boated; nitááhkioohsi I boated.

YAAHKITSI *vii;* smoky. áakaahkitsiwa it will be smoky;
(nay)ááhkitsiwa it is smoky. *Note: init change.*

YAAHKI'TSIMII *vn* be blowing snow; áakaahki'tsimiiwa it will
be ...; iiyááhki'tsimiiwa it was blowing snow; áyaahki'tsimiiwa it
is blowing snow

YÁÁHS *adt;* good pleasing, to one's advantage; ááhsiiwa it's good;
nitáyááhsoyi I like to eat; áyááhsookstsimaawa he likes to chew;
stamááhssaisskonakatsiyaawa they hunted with an advantage; *see*
yaahsssapi enjoy watching

YAAHSI'TSOOHSAT *vta;* gloat over the misfortune/failure of;
aahsí'tsoohsatsisa! gloat over his misfortune!;
áakaahsi'tsoohsatsiiwa she will gloat over his failure;
aahsí'tsoohsatsiiwa he gloated over her ...; nitááhsi'tsoohsakka
she gloated over my misfortune.

YAAHSSSAPI *vai;* enjoy watching; aahsssapít! enjoy watching!;
áakaahsssapiwa she will ...; ááhsssapiwa he enjoyed watching;
nitááhsssapi I enjoyed watching; *cf.* yaahs+ssapi.

YÁAK *vrt;* arrange, shape; *see* yaakohtoo arrange; *see* yaakokiiyi
erect a tipi; *see* yaakihtaa pack; *see* yaakaahkio'tsi shape by
hand.

YÁAK *adt;* future; *see* áak.

YAAKÁÁHKIMAA *vai;* load (as a gun); maakááhkimaat! load!;
áakaakááhkimaawa she will load; iyáákááhkimaawa he loaded;
nítaakááhkimaa I loaded (the gun).

302

YAAKAAHKIO'TSI *vti*; mold, shape using the hand; máakaahkio'tsit! shape it with your hand!; áakaakaahkio'tsima she will shape it with her hand; iyáakaahkio'tsima he shaped it with his hand; nítaakaahkio'tsii'pa I shaped it with my hand.

YAAKAAPIKSISTSIMAA *vai*; make the bed; máakaapiksistsimaat! make the bed!; áakaakaapiksistsimaawa she will make the bed; iiyáakaapiksistsimaawa she made the bed; nitsííyaakaapiksistsimaa I made the bed; *also* yaaka'piksistsimaa.

YAAKAINNI *vti*; bend (a straight object) into a curve or an arc; maakainnit anni kitaksipinnakssini! bend your bow into an arc!; áakaakainnima omi otsipííyisi he will bend his willow sapling into an arc; iiyaakainnima he bent it into an arc form; nitaakainnii'pa I bent it into an arc shape.

YÁAKAI'PIKSI *vti*, shift, rearrange; máakai'piksit! re-arrange it!; áakáakai'piksima she will shift it; máakai'piksima he shifted it; nitáakai'piksii'pa I shifted it.

YAAKAI'PISSKOHTO *vta*; line up in readiness to charge or rush (the enemy); maakáí'pisskohtoosa! get ready to rush him!; áakaakai'pisskohtoyiiwa she will line up to rush him; iiyaakai'pisskohtoyiiwa he readied himself to charge at him; nitáákai'pisskohtooka she readied herself to charge at me.

YÁAKATOKSIPISTAA *vai*; tie the main lodge-poles; máakatoksipistaat! tie the main lodge poles!; áakáakatoksipistaawa she will ...; iyáakatoksipistaawa he tied the main lodge poles; nitsííyaakatoksipistaa I tied the main lodge poles.

YÁAKIHKINIIYI *vai*; comb one's own hair; máakihkiniiyit! comb your hair!; áakáakihkiniiyiwa she will ...; iyáakihkiniiyiwa she combed her own hair; nitsííyáakihkiniiyi I combed my own hair.

YÁAKIHTAA *vai*; pack/ bank money; máakihtaat! pack!; áakáakihtaawa she will pack; iyáakihtaawa she banked; nitsííyáakihtaa/nitáakihtaa I banked; *also* yáakstaa.

YÁAKIHTAKI *vai*; pack; máakihtakit! pack!; áakáakihtakiwa she will pack; iyáakihtakiwa he packed; nitáakihtaki I packed.

YÁAKIHTSIIYI *vai*; go to bed, retire for the evening; máakihtsiiyit! go to bed!; áakáakihtsiiyiwa she will ...; ákaayáakihtsiiyiwa she has gone to bed; nikáyáakihtsiiyi I have gone to bed.

YÁAKI'TAA *vai*; saddle (a horse); máaki'taat! saddle (the horse)!; áakáaki'taawa she will ...; iyáaki'taawa he saddled up; nitsííyáaki'taa I saddled up.

YÁAKOHKIMMAA *vai*; steer (e.g. a car, a team of horses);
(m)áakohkimmaat! steer; áakáakohkimmaawa she will steer;
iyáakohkimmaawa he steered; nitáakohkimmaa I steered.

YÁAKOHKINSSTAA *vai*; harness (an animal); (m)áakohkinsstaat!
put the harness on; áakáakohkinsstaawa he will ...;
iyáakohkinsstaawa she put the harness on; nitáakohkinsstaa I
put the harness on.

YÁAKOHKIPISTAA *vai*; prepare a team of horses for use, i.e. har-
ness, bridle etc...; (m)áakohkipistaat! put on the harness!;
áakáakohkipistaawa she will ...; iyáakohkipistaawa he put on
the harness; nitáakohkipistaa I put the harness on.

YÁAKOHTOO *vti*; arrange, assemble; máakohtoot! arrange it!
(e.g. the content of a letter); áakáakohtooma anníístsi
otáwahka'tsiistsi she will assemble her toys; iyáakohtooma he ar-
ranged it; nitsííyáakohtoo'pa I arranged it; áyáakohtooma
maanistáaksi'poyihpi she is arranging the content of what she will
say.

YÁAKOKIIYI *vai*; erect a tipi, máakokiiyita! put up a tipi!;
áakáakokiiyiwa he will .. iyáakokiiyiwa he erected a tipi;
nitsííyáakokiiyi/nitáakokiiyi I erected a tipi.

YÁAKOTOAHSIMI *vai*; put socks on oneself; máakotoahsimit! put
socks on; áakáakotoahsimiwa she will ...; iyáakotoahsimiwa he
put socks on; nitsííyáakotoahsimi I put socks on.

YÁAKOTSI'TSIIYI *vai*; put gloves on oneself; máakotsi'tsiiyit! put
on gloves!; áakáakotsi'tsiiyiwa she will ; iyáakotsi'tsiiyiwa he
put gloves on; nitsííyáakotsi'tsiiyi I put gloves on.

YÁAKOWAYI *vai*; put pants on oneself; (m)áakowayit! put pants
on!; áakáakowayiwa she will ...; áakowayiwa/iyáakowayiwa he
put pants on; nitáakowayi/nitsííyáakowayi I put my pants on

YÁAKSIISATTSTAA *vai*; be on a runaway saddle horse or driving
a runaway team; ((m)áaksiisattstaat! be on a run-away horse!);
áakáaksiisattstaawa she will ...; iyáaksiisattstaawa he was driv-
ing a run-away team of horses; nitáaksiisattstaa I was on a run-
away horse.

YÁAKSIISI *vai*; cringe, shy (from something), stampede;
(miin)áaksiisit! (do not) cringe!; áakáaksiisiwa she will shy;
iyáaksiisiwa nóta'sa my horse shied; nitsííyáaksiisi I cringed;
otáó'matapohpakóyittsisi itohkánayáaksiisiyi ómiksi
ponokáómitaiksi when it caught on fire the horses all stampeded.

YÁAKSIISI *vai*; stampede (said of animals); miináaksiisit! do not stampede!; áakáaksiisiyaawa they will stampede; iyáaksiisiwa he stampeded.

YÁAKSIKSAAKI *vai*; sculpt; máaksiksaakit! sculpt!; áakáaksiksaakiwa he will sculpt; iyáaksiksaakiwa he sculpted; nitáaksiksaaki I sculpted.

YÁAKSÍKSII *vti*; carve, shape (wood); (m)áaksíksiit! carve, shape it!; áakáaksíksiima she will carve it; iyáaksíksiima he carved it; nitáaksíksii'pa I carved it.

YÁAKSINAO'SI *vai*; dress for a specific occasion, e.g. as a clown, as a ceremonial dancer, or for a party, etc.; (m)áaksinao'sit! dress up!; áakáaksinao'siwa she will dress up; iyáaksinao'siwa she dressed up; nitáaksinao'si I dressed up.

YÁAKSÍNAO'SI *vai*; lace one's (own) shoes, tie one's own shoelaces; máaksínao'sit! tie your shoelaces!; áakaaksínao'siwa she will ...; iyáaksínao'siwa he tied his own shoelaces; nitáaksínao'si I laced my own shoes.

YÁAKSINIT *vta*; cut (fabric) to specifications; (m)áaksinitsisa anna isttohkáíipísstsiiwa! cut the lightweight fabric (to specifications)!; áakáaksinitsiiwa anni náíipisstsiiyi she will cut the cloth (to specifications); iyáaksinitsiiwa he cut it (fabric); nikáyáaksinitawa I have cut it (the material) to specifications; *Rel. stem: vti* yaaksini cut (fabric).

YÁAKSINOMMO *vta*; cut fabric for; (m)áaksinommoosa! cut the fabric for her!; áakáaksinommoyiiwa she will cut fabric for him; áaksinommoyiiwa he cut fabric for her; nitáaksinommooka she cut fabric for me.

YÁAKSISAKIAAKI *vai*; smith, work iron; máaksisakiaakit! smith!; áakáaksisakiaakiwa she will smith; áaksisakiaakiwa he smithed; nitáaksisakiaaki I smithed.

YÁAKSISSKSIMMAA *vai*; arrange and ready a load for transport/ pack up; máaksissksimmaat! arrange and ready your load for transport!; áakáaksissksimmaawa she will get a load ready; iyáaksissksimmaawa he readied his load; nitsííyáaksissksimmaa I packed up.

YÁAKSISSKSOMMO *vta*; load up or pack a vehicle (or beast of burden) for,; áaksissksommoosa! load up his wagon!; áakáaksissksommoyiiwa she will load up his wagon; iyáaksissksommoyiiwa he loaded up her wagon; nitsííyáaksissksommooka she loaded up my vehicle.

YÁAKSISTOTOOHSI *vai*; dress; **máaksistotoohsit!** dress!;
áakáaksistotoohsiwa he will dress; **iyáaksistotoohsiwa** she
dressed; **nitsííyáaksistotoohsi** I dressed.

YÁAKSISTSIIPISSKI *vai*; build or make a fence;
máaksistsiipisskit! build a fence!; **áakáaksistsiipisskiwa** she will
...; **iyáaksistsiipisskiwa** he built a fence; **nitsííyáaksistsiipisski** I
built a fence.

YÁAKSSI'KAA *vai*; put blankets on a bed; **máakssi'kaat!** put
blankets on the bed!; **áakáakssi'kaawa** she will ...; **iyáakssi'kaawa**
he put blankets on the bed; **nitáakssi'kaa** I put blankets on the
bed.

YÁAKSSSIT *vta*; wrap in blankets (usually a baby); **máaksssitsisa!**
wrap him in a blanket; **áakáaksssitsiiwa anni issitsímaani** she
will wrap the baby; **iyáaksssitsiiwa** he wrapped it;
nitsííyáaksssikka she wrapped me.

YÁAKSSTSITSIKI *vai*; put shoes on; **máaksstsitsikit!** put your
shoes on!; **áakáaksstsitsikiwa** he will put his shoes on;
iyáaksstsitsikiwa he put his (own) shoes on; **nitáaksstsitsiki** I put
my shoes on, *Rel   stems: vti* **yaaksstsitsikatoo,** *vta*
yaaksstsitsikatomo put on (of shoes), put shoes on for.

YAAM *adt*; twisted: *see* **yaaminni** twist; *see* **yaamoyi** have a
twisted mouth; *see* **yaamsskiaaki** twist one's own face.

YAAMIKSKÁAPIKSI *vti*; twist; **aamikskáapiksit!** twist it!;
áakaamikskáapiksima she will twist it; **áámikskáapiksima** he
twisted it, **nitáámikskáapiksii'pa** I twisted it.

YAAMINNI *vti*; wrıng, twist; **ááminnit!** twist it!; **áakaaminnima**
she will twist it; **ááminnima/iyááminima** he twisted it;
nitááminnii'pa I twisted it.

YAAMITAOKSISTOTSI *vti*; needlessly destroy, waste;
miinámitaoksistotsit! do not waste it!; **áaksamitáóksistotsima**
she will waste it; **náámitaoksistotsima anníístsi napayínistsi** he
wasted the bread (pl.); **nitáámitaoksistotsii'pa** I wasted it.

YAAMOYI *vai*; have a mouth that is permanently twisted to one
side; (**iiyaamoyit!** have a permanently twisted mouth!);
áakaamoyiwa she will have a permanently twisted mouth;
iyáámoyiwa he has/had a twisted mouth; **nitsííyaamoyi** I have a
twisted mouth; **stámitsstaamoyiwa** his mouth stayed permanently
twisted; *cf.* **oyi.**

YAAMOYÍI'POYI *vai*; joke/ jest from a twisted mouth (so as to be disguised from the inhabitants of a Sundance encampment); **aamoyíi'poyit!** jest!; **áakaamoyíi'poyiwa** he will joke; **iyáámoyíi'poyiwa** he joked; **nitáámoyíi'poyi** I joked; **áyaamoyíi'poyiwa** he is joking; *Rel. stem: vta* **yaamoyii'powat** joke to (the inhabitants of a Sundance).

YAAMSSKIAAKI *vai*; distort one's own facial expression by moving one's jaw to one side; **áámsskiaakit!** twist your face to one side!; **áakáámsskiaakiwa** she will ...; **iyáámsskiaakiwa** he twisted his face ...; **nitáámsskiaaki** I twisted my face to one side

YAAMSSTOOKIO'TO *vta*; twist the ear of; **iiyáámsstookio'toosa!** twist his ear; **kitáakayaamsstookio'toawa** you will twist his ear; **iyáámsstookio'toyiiwa** he twisted her ear; *Rel. stem: vai* **yaamsstookio'taki** twist someone's ear(s).

YAAMSSTSINNI *vti*; braid; **aamsstsínnit!** braid it!; **áakaamsstsinnima** he will braid; **aamsstsínnima** he braided it; **nitáámsstsinnii'pa no'tokááni** I braided my hair.

YÁAPI *vai*; see, visualize, have vision; **iyáapit!** see!; **áaksaapiwa matápii** she will visualize a person; **iyáapiwa matápii** she visualized a person; **nítsaapi** I saw; *Rel. stems: vta* **ino**, *vti* **ini** see.

YÁAPIINIIWANA'SI *vai*; be afflicted with sugar diabetes; (**naapiiniiwana'sit!** have diabetes); **áaksaapiiniiwana'siwa** she will get ...; **iyáapiiniiwana'siwa** he is/was afflicted with sugar diabetes; **nitsáapiiniiwana'si** I have sugar diabetes; *cf.* **naapiiniiwan.**

YÁÁPIISTOTSIMAT *vta*; cause to live according to 'white' (non-Native) culture; **náápiistotsimatsisa!** cause her to live 'white'!; **áaksáápiistotsimatsiiwa** she will cause her to live white; **náápiistotsimatsiiwa** he caused her to live white; **nitsáápiistotsimakka** she caused me to live according to white culture.

YÁÁPÍí'POYI *vai*; speak English; **náápii'poyit!** (just) speak English!; **áaksaapíí'poyiwa** she will ...; **iyáápíí'poyiwa** he spoke English; **nitsáápíí'poyi** I spoke English; *cf.* **naapi+i'poyi.**

YÁAPITTAHSOHKOHTO *vta*; honor with a song in public; **iyáapittahsohkohtoosa!** honor him with a song!; **áaksaapittahsohkohtoyiiwa** she will honor him with a song; **náápittahsohkohtoyiiwa otáí'sisapo'koohsi issksíníma'tsaahpi** he honored her with a song when she graduated; **nitsííyáapittahsohkohtooka** she honored me with a song; *cf.* **ittahsi**; *Rel. stem: vai* **yáapittahsi** honor (s.o.) with a song.

YÁÁPSTSAAKI *vai*; close one's own eyes; (n)áápstsaakit! close your eyes!; áaksáápstsaakiwa she will ...; iyáápstsaakiwa he closed his (own) eyes; nitsáápstsaaki I closed my eyes.

YAAPSTSIIYI *vai*; be blind; (náápstsiiyit! be blind!); áaksaapstsiiyiwa he will ...; náápstsiiyiwa/náyaapstsiiyiwa he is blind; nitsáápstsiiyi I am/was blind; *Note: init change.*

YAATOO *vai*; howl (as a dog); aatóót! howl!; áakaatoowa she will howl; iyáátoowa he howled; nitómitaama ko'kóyi itáakaatoowa my dog, last night, kept howling.

YAATSSKINAA *vai*; produce a throaty growl just prior to attack (as an animal), áyaatsskinaat! growl!; Issámmisa! Áakaatsskinaawa. Watch him! He will growl just before he attacks.. áyaatsskinaawa she is growling; iyáátsskinaayaawa they growled

YAMAAHKIAAKI *vai*; sweep; namááhkiaakit! sweep!; áaksamááhkiaakiwa he will sweep; iyáámááhkiaakiwa he swept; nitsámaahkiaaki I swept; áyamaahkiaakiwa he is sweeping.

YAMAAKIOKO'SI *vai*; have an illegitimate child, have a child out of wedlock; namáákioko'sit! have a child out of wedlock!; áaksamáákioko'siwa she will have an illegitimate child; iiyámaakioko'siwa she had a child out of wedlock; nítsámaakioko'si I had a child out of wedlock; *Rel. stem: vta* yamaakioko'sat give birth to out of wedlock.

YAMIHKINIT *vta*; shave the head of, give a haircut to; iiyaamihkinitsisa! shave his head!; áaksamihkinitsiiwa she will shave his head; iiyaamihkinitsiiwa anni osskáni she gave her younger brother a haircut; nitsamihkinikka she shaved my head; stamiamihkinitsisa! give him a haircut!

YÁÓO *und*; an expression, normally used by females, to convey disappointment: similar to English "oh no! not again!".

YA'TAKOO *vii*; well remembered/ clearly audible from a distance, distinctly audible; áaksa'takoowa it will be clearly heard from a distance; (ííks)a'takoowa it is well remembered; skáí'ya'takoowa it is distinctly audible.

YIIHK *adt*; reportive (in narratives)/ allegedly; iinoyííyiihkayi he apparently saw her; i'tó'tsimi'kinayiihkayi he cleared his throat next to s.o..

YIIHKI *vti*; complement, be suited to; áaksiihkima maanistáaksinao'sspi she will suit the way she will dress; ííhkima/iyííhkima it suits him (lit: he suits it); nitsííyiihkii'pa it becomes me; *Rel. stem: vta* yiihko complement.

YIIHKOWA *nar*; associate; otsííhkowaiksi his associates.

YIIKANO *vta*; resemble; (iyííkanoosa! resemble him!); áaksiikanoyiiwa she will resemble her; iiyííkanoyiiwa she resembled her; kitsííyikanooka anná kitána your daughter resembles you.

YÍÍMAAPITSI *vai*; be an imitator, imitate; iimáápitsit! be an imitator!; áaksíímaapitsiwa she will ...; iimáápitsiwa he is ...; nitsíímaapitsi I am an imitator; iimáápitsiwa chimpanzee (named for its imitative behaviour); *Rel. stems: vta* yiim, *vti* yiimatoo imitate.

YIIMAT *vta*; imitate; iyíímatsisa! imitate him!; áaksiimatsiiwa she will imitate him; iiyíímatsiiwa he imitated her; nitsííyfimakka she imitated me.

YIINAPANNSSI *vai*; confess, make a confession; iyíínapannssit! confess' áaksiinapannssiwa he will ...; iiyíínapannssiwa he confessed, nitsíínapannssi I confessed; annihka ksiistsikóyihka itsíínapanssi otsíkamo'ssi iihtáóhpommao'pi on that day he confessed that he stole money.

YIINAPISTOTAKI *vai*; haunt (s.o.); (ayiinapistotakit! haunt!); áakayiinapistotakiwa she will ...; iiyíínapistotakiwa he haunted; nitsiinapistotaki I haunted.

YIINAPISTOTO *vta*; haunt; iinapístotoosa! haunt her!; áaksiinapistotoyiiwa she (the ghost) will haunt him; iyíínapistotoyiiwa he haunted her; nitsíínapistotooka she haunted me.

YIINAPSSKO *vta*; inform of a significant matter; iinápsskoosa! inform her!; áaksiinapsskoyiiwa she will inform her; iinápsskoyiiwa she informed her; nitsíínapsskooka she informed me.

YIINÍÍWAAHKAA *vai*; pick berries for storage; iinííwaahkaat! pick berries!; áaksiinííwaahkaawa she will ...; iinííwaahkaawa he picked berries. nitsíínííwaahkaa I picked berries.

YIIPISTOTSI *vti*; reduce the volume or number of (e.g. pile of workpapers, or ironing); iipístotsit! decrease the volume of it (e.g. of your load of ironing)!; áaksiipistotsima she will decrease it; iipístotsima he decreased it; nitsíípistotsii'pa I decreased it; nitáyiipistotsii'pa amo nisinaakssini I am decreasing the amount of this which I am writing.

YIIPO *vii*; be summer, 'when leaves grow'; áaksiipowa it will be summer; niipówa it was summer; ákaayiipowa it has become summer; otá'yiipohsi when it became summer.

309

YIIPONI'SAT *vta*; endure, remain with under suffering or misfortune without yielding; (stam)iiponi'satsisa! endure him!; áaksiiponi'satsiiwa she will remain with him ...; iyiiponi'satsiiwa he endured her; nitsiiyiiponi'sakka he remained with me through suffering and misfortune.

YIISAKI *vai*; feed (s.o. or s.t.)/ id: speed away in a vehicle!; (iy)íísakit! speed away in your vehicle; áaksiisakiwa she will feed (e.g. the group of people); iyíísakiwa he sped away in his car; nitsíísaki I fed (s.o.); *Rel. stem: vta* yiiso feed.

YIISTAAPIKSI *vti*; throw away, dispose of; míístaapiksit! throw it away!; áaksiistaapiksima she will throw it away; iistáápiksima he disposed of it; nitsíístaapiksii'pa I threw it away; *cf.* miistap+aapiksi.

YIISTAHTOO *vti*; pack on one's own back; íístahtoot! pack it on your back!; áaksiistahtooma osí'kaanistsi she will pack the load of bedding on her back; iiyíístahtooma he packed it on his back; nitsíístahtoo'pa I packed it on my back; *Rel. stem: vai* yiistahtaa carry (s.t.) on ones own back.

YIISTAHTSIMAA *vai*; have antlers; áaksiistahtsimaawa he will ...; iiyíístahtsimaawa he had antlers; nitsiistahtsimaa I had antlers (e.g. in a play)

YIISTAM *vta*; carry on one's (own) back; iyíístamisa! carry it on your back!; áaksiistamiiwa anni pookááyi she will carry the child on her back; iiyíístamiiwa anni awákaasiyi he carried the deer on his back; naaáhsa nitsíístamoka my grandmother carried me on her back.

YIISTAPÁÁHKIO'TSI *vti*; push away; (m)íístapááhkio'tsit! push it away!; áaksiistapááhkio'tsima she will push it away; iiyíístapááhkio'tsima he pushed it away; nitsíístapááhkio'tsii'pa I pushed it away.

YIISTAPIPO'TSI *vti*; put away, put aside; (m)íístapipo'tsit! put it aside!; áaksiistapipo'tsima otá'po'takssini she will put her work aside; iyíístapipo'tsima he put it (e.g. his rodeoing) aside; nitsíístapipo'tsii'pa nitahkániaakssini I put my sewing away.

YIISTAPOKSKA'SIIM *vta*; flee/run away from; míístapokska'siimisa! run away from her!; áaksiistapokska'siimiiwa she will flee him; iiyíístapokska'siimiiwa he ran away from her; nitsíístapokska'siimoka she fled from me.

YIISTAPOO *vai*; go away; míístapoot! go away!; áaksiistapoowa she'll go away; iiyíístapoowa she went away; nitsíístapoo I went away.

YIISTAPSSI *vai*; hang one's self, strangle one's self; **iyíístapssit!** hang yourself!; **áaksiistapssiwa** she will hang herself; **iistápssiwa** he hung himself; **nitsíístapssi** I hung myself; *Rel. stem: vta* **yiistapist** hang.

YIISTAPSSKO *vta*; chase away; **míístapsskoosa anná ápotskinawa!** chase the cow away!; **áaksiistapsskoyiiwa omi imitááyi** she will chase that dog away; **iyíístapsskoyiiwa** she chased him away; **nitsíístapsskooka** she chased me away; *Rel. stems: vai* **yiistapsskimaa**, *vti* **yiistapsskii** chase (something) away, chase.

YIISTOMSSKOOHSI *vai*; exercise, lit: harden one's own body; **iistómsskoohsit!** exercise!; **áaksiistomsskoohsiwa** she will ...; **iistómsskoohsiwa** he exercised; **nitsíístomsskoohsi** I exercised; **áyiistomsskoohsiwa** she is exercising.

YIISTSI *vii*; be transported by water, float along; **áakohtsitsksiistsiwa** it will be transported by water past us; **isá'kapiistsiwa** it was transported by water onto the shore; *Note: adt req.*

YIISTSINI *vti*; cut; **iistsiníít!** cut it!; **áaksiistsinima o'tokááni** she will cut her hair; **iiyíístsinima anniistsi napayínistsi** he cut the (loaves of) bread; **nitsíístsinii'pa** I cut it; **nitáyiistsinii'pa no'tokááni.**

YIISTSINO'TSI *vti*; tear a piece off a sheet-like object by hand, tear off a layer; **iiyíístsino'tsit anni painokáínattsiyi!** tear a piece off the paper!; **áaksiistsino'tsima amo náíipisstsiyi** she will tear off a piece of the cloth; **iiyíístsino'tsima** he tore off a piece of it; **nitsííyiistsino'tsii'pa** I tore off a piece of it.

YIISTSIPOMMATOO *vti*; unload from one's own back; **iistsipómmat-oot!** unload it from your back!; **áaksiistsipommatooma** she will unload it from her own back; **iistsipómmatooma** he unloaded it; **sootámiistsipommatoo'pa nisóka'simi** I went ahead and took off my jacket; **iikóki'takiwa niitá'payiistsipommatooma otsistotóóhsiistsi** he was so angry that he started to take his clothes off (in order to fight).

YIITSIIHTAA *vai*; bear, tolerate, put up with (something); **miitsííhtaat!** bear up!; **áakiitsiihtaawa** he will ...; **iikííitsiihtaawa** he bore with (s.t.); **nitsíítsiihtaa** I tolerated (s.t.).

YIITSIMAAHKAA *vai*; store food for the winter; **iitsimaahkaat!** store food for the winter; **áakiitsimaahkaawa** she will ...; **iiyííitsimaahkaawa** he stored food for the winter; **nitsííitsimaahkaa** I stored food for the winter.

YIITSITTSIMAA *vai*; slice meat thinly for drying; **iitsíttsimaat!** cut meat for drying; **áaksiitsittsimaawa** she will ...; **iiyíítsittsimaawa** he cut meat; **nitsíítsittsimaa** I cut meat; **áyiitsittsimaawa** she is slicing meat thinly.

YIMMI *vai*; laugh; **iyímmit!** laugh!; **áaksimmiwa** he will laugh; **iyímmiwa** he laughed; **nitsímmi** I laughed; **áyimmiwa** he's laughing

YINNAKI *vai*; grasp, hold, seize, capture (something); **iyínnakit!** grasp (it); **áaksinnakiwa** he will ...; **iyínnakiwa** he seized (s.t.); **nitsínnaki ómahkokataawa** I captured a gopher; *see* **iyínnakiikoan** policeman (one who captures).

YINNI *vti*; grasp, hold; **iyínnit!** grasp it!; **áaksinnima** she will hold it; **iyínnima** he held it; **nitsínnii'pa** I held it; **áyinnima no'tsísi** he is holding my hand; *Rel. stems: vta* **yinn**, *vai* **yinnimaa** hold, seize(purposefully)

YISSÁAAT *vta*; move in front of; **íssáaatsisa!** go in front of him; **áaksissáaatsiiwa** she will go in front of him; **iiyíssáaatsiiwa** he went in front of her; **nitsíssáaakka** she went in front of me; **ayissáaatsiiwa** she is moving in front of him.

YISSINO'TO *vta*; catch, capture; **issinó'toosa/iyíssino'toosa!** catch her!; **áaksissino'toyiiwa** she will get a hold of him; **iyíssino'toyiiwa** he got a hold of her; **nitsíssino'tooka** she caught me.

YISSITO *vta*; hit a target/ id: win a member of the opposite sex; **amatsíssitoosa annááhk áwákaasiwa!** try to hit the deer!; **áaksissitoyiiwa** she will win him; **iyíssitoyiiwa** he shot him; **nitsííyissitoawa/nitsíssitoawa** I shot him (e.g. the elk).

YISSK *adt*; down low; *see* **yissko** pin down; *see* **yisskoo** walk crouched.

YISSKI *vai*; be excessively persistent despite rejection, lit: be hard faced; (**iyísskit!** be excessively persistent!); **áaksisskiwa** she will be ...; **ííksisskiwa** he is excessively persistent; **nitsísski** I am excessively persistent; **stónnatsisskiwa, áísskitsistotoawa, ki áísookattsskitapoowa annííska óómisska** she is so excessively persistent despite rejection, she gets physical abuse and yet she keeps going back to her husband.

YISSKIHTSIIYI *vai*; lie low; **isskihtsííyit!** lie low!; **áaksisskihtsiiyiwa** she will lie low; **isskihtsííyiwa/iyísskihtsiiyiwa** she lay low; **nitsísskihtsiiyi** I lay low; *also* **yisskihtsii**; *cf.* **yissk**.

YISSKO *vta*; restrain by pinning down; **iyísskoosa!** pin him down!; **áaksisskoyiiwa** she will pin him down; **iiyísskoyiiwa** he pinned her; **nitsísskooka** she pinned me; **itsítayisskoyiiwayi** then she was pinning him there.

YISSKOO *vai*; walk low (crouched or bent); **iyísskoot!** walk low!; **áaksisskoowa** he will ...; **iyísskooyaawa** they walked crouched.

YISSKOYIPIST *vta*; tie a cover on the mouth of; **iyísskoyipistsisa!** tie a cover on her mouth!; **áaksísskoyipistsiiwa** she will tie a cover on his mouth; **iiyísskoyipistsiiwa** she tied a cover on his mouth; **nitsísskoyipistoka** she tied a cover on my mouth; *Rel. stem: vai* **yisskoyipistaa** tie a cover on (someone's) mouth.

YISSKSAANA'PII *vii*; settle, calm down; **áaksissksaana'piiwa** it will settle; **á'yissksaana'piiwa isskonákssini** now the shooting has settled down (e.g. as in warfare).

YISSKSIMMAA *vai*; transport a load in a vehicle; **issksímmaat!** transport a load!; **áaksissksimmaawa** she will ...; **iiyísssksimmaawa** he transported a load; **nitsísssksimmaa** I transported a load; **áyissksimmaawa** he transports a load in a vehicle.

YISSKSIMMAT *vta*; transport as a passenger; **iyísssksimmatsisa!** (would you) take her along as a passenger!; **áaksissksimmatsiiwa** he will take her as a passenger; **iiyísssksimmatsiiwa** she took him as a passenger; **nitsííyissksimmakka** she took me as a passenger.

YISSKSIPI *vti*; tie together/down/shut; **iyíssksipit!** tie it!; **áaksissksipima** she will tie it; **iyíssksipima no'tokaani** he tied my hair; **nitsííyissksipii'pa anní sskinítsimaani** I tied the bag (shut or down); *Rel. stem: vai* **yissksipistaki** tie (s.t.)

YISSOHKI *vti*; arrive before a deadline; **issáaksissohkit!** try to arrive before it closes!; **áaksissohkima** she will arrive in time; **iiyíssohkima iitáyaakihtao'pi** he arrived at the bank in time; **nitsíssohkii'pa amí aatsímoyihkaani** I arrived in time for the prayer service.

YISSOMAT *vta*; ambush, crouch in wait for; **íssomatsisa!** crouch in wait for him!; **áaksissomatsiiwa** she will crouch ...; **iiyíssomatsiiwa anní ómahkokataayi** he crouched in wait for the gopher; **nitsííyissomakka** she crouched in wait for me; **nitáyissomatawa annááhka ómahkatayowahka, táakitsssconakatawa** I am crouching in wait for the cougar and then I will shoot him.

YISSTOOKI *vai*; be obstinate, lit: have hard ears; (**isstookit!** be obstinate!); **áaksisstookiwa** she will ...; **iyísstookiwa** he is obstinate; **nitsísstooki** I am obstinate; *cf.* **iyi+sstooki**.

YISSTOYI *vai*; have whiskers, have a beard; **iyísstoyit!** have a beard!; **áaksisstoyiwa** he will have whiskers; **iiyísstoyiwa** he has/had whiskers; **nitsísstoyi** I have/had a beard; *Note: stative.*

YISSTSÁÁNOHKIAAKI *vai*; cock one's ear to hear, tilt head toward source of a sound to listen; **isstsáánohkiaakit!** listen!; **áaksisstsáánohkiaakiwa** she will ...; **iyísstsáánohkiaakiwa** he listened; **nitsísstsáánohkiaaki** I listened.

YISSTSIISTOTO *vta*; bother; **isstsíístotoosa!** bother him!; **áaksisstsiistotoyiiwa** he will bother him; **ísstsiistotoyiiwa** he bothered her; **nitsísstsiistotooka** he bothered me.

YISSTSIIYI *vai*; listen; **isstsííyit!** listen!; **áaksisstsiiyiwa** she will ...; **iiyísstsiiyiwa** he listened; **nitsííyisstsiiyi** I listened; **áyisstsiiyiwa** she is listening.

YISSTSI'KINI *vai*; be noisy, make noise; **isstsí'kinit!** be noisy!; **áaksisstsi'kiniwa** she will ...; **iyísstsi'kiniwa** he made noise; **nitsísstsi'kini** I made noise.

YOISSTSIKINA *adt*; lean, tough, sinewy, fibrous; **ská'yoisstsikinainamma oma imitááwa** that dog looks lean and sinewy; **ámoyi í'ksisakoyi iikóísstsikinawa'si** this meat is tough and sinewy; **ská'yoisstsikináíimiwa** she has a lean and sinewy body.

YOISSTSKAOHSI *vai*; have a difficult time motivating oneself; (**oisstskaohsit!** have a difficult time motivating yourself!); **áakoisstskaohsiwa** she will ...; **iiyóísstskaohsiwa** he had a difficult time ...; **nitsííyoisstskaohsi** I had a difficult time ....

YOOHK *adt*; at, by the entrance; **óóhkoohtsi** by the entrance; **itáyoohksipoyiiwa** he stands by the door (entrance).

YOOHKANINNI *vti*; shut (as a window); (**iy)óóhkanínnit!** shut it!; **áaksoohkaninnima anni ksiistsikómsstaani** she will shut the window; **ákaayóóhkaninnima** he has shut it; **nitsóóhkaninnii'pa** I shut it.

YOOHKATAHKIPIST *vta*; put a diaper on; **máaksoohkatahkipistsisa anná pookááwa!** put a diaper on the child!; **áaksoohkatahkipistsiiwa** she will put a diaper on him; **iiyóóhkatahkipistsiiwa** he diapered her; **kitáaksoohkatahkipikka anna kiksíssta** your mother will diaper you.

YOOHKIIT *adt*; different; **noohkíítssima** it is different; **áakoohkiitsi'takiwa** her senses will be aroused to the difference; **máátayóóhkiitsí'poyiwaiksaawa** they don't talk about different topics.

YOOHKIMAA *vai*; wait; (iy)óóhkimaat! wait!; áakoohkimaawa
she will wait; óóhkimaawa/iyóóhkimaawa he waited;
nitóóhkimaa I waited.

YOOHKO *vta*; await, wait for; oohkóósa/iyóóhkoosa! wait for
her!; áakoohkoyiiwa he will wait for her; iiyóóhkoyiiwa he waited
for her; nitsííyoohkooka she waited for me; nitóóhkoawa I waited
for her

YOOHKOYI *vta*; cover with a lid/ cover the mouth of; óóhkóyisa!
cover it with a lid; áaksoohkóyiyiiwa she will cover it with a lid;
iiyóóhkóyiyiiwa he put a lid on it; nitsóóhkóyooka she covered
my mouth.

YOOHKSSKINIHKAA *vai*; have a hoarse voice (from being
congested); (iiyóóhksskinihkaat! have a hoarse voice!); áaks-
oohksskinihkaawa she will have a hoarse voice;
iiyóóhksskinihkaawa she had a hoarse voice; nitsóóhksskinihkaa I
had a hoarse voice; *see also* ikánsskini.

YOOHSINI *vta*; knock senseless; óóhsiniisa! knock him senseless!;
áakoohsiniyiiwa she will knock him senseless; iyoohsiniyiiwa he
knocked her senseless; nitóóhsiniooka she knocked me senseless

YOOHSINÍÍNA *vai*; be aggravating, i.e. one who's behavior evokes
grumbling; áakoohsiniinamma he will be aggravating;
oohsiniinamma, máttsiistapa'pihkahtooma annistsi
omohtáíhpiiyihpistsi he is/was aggravating, he has sold his danc-
ing things away again; nitoohsiniina I am aggravating; *also*
yoohsinihkaa *Note:* mm; *Rel. stem: vii* yoohsíniinattsi be irritat-
ing

YOOHSÍNIISI *vai*; die on impact (e.g. in a car crash, or by falling
from a height); áakoohsíniisiwa she will ...; iyóóhsíniisiwa he
died on impact

YOOHTO *vta*; hear; iyóóhtoosa! hear her!; kitáakoohtoawa you
will hear her; iiyóóhtoyiiwáyi he heard her; nitsííyoohtooka she
heard me; *Rel. stem: vti* yoohtsi hear.

YOOHTOHKOOSI *vai*; be ill; (óóhtohkóóhsit! be ill!);
áakoohtohkoohsiwa she will ...; iiyóóhtohkoohsiwa he was ill;
nitsííyoohtohkoohsi I was ill.

YOOHTSIMI *vai*; listen/hear; (iy)óóhtsimit! listen!;
áakoohtsimiwa he will ...; iiyóóhtsimiwa he listened; nitóóhtsimi
I listened; nimáátáyoohtsimihpa I am deaf/ do not hear.

YOOK *adt*; characteristic, typical; **óókssókoyiiwa** it is typical of him to be convincing (have a good mouth); **áísookáíitsskaawa** he used to fight; **óókaisama'pssiwa** it is typical of her to take her time.

YOOKOWAT *vta*; gore, pierce with horn(s); **ookowatsisa!** gore him!; **anna áísaayoohkomiwa áakookowatsiiwa anní saahkómaapiyi** the bull will gore the boy; **iyóókowatsiiwa** it gored him; **nitóókowakka anna áísaayoohkomiwa** the bull gored me.

YOOKSTSIMAA *vai*; chew; **(iy)óókstsimaat!** chew!; **áakookstsimaawa** he will chew; **iiyóókstsimaawa** he chewed; **nitóókstsimaa** I chewed.

YOOMAAHKAA *vai*; be an enduring, hard runner (said of horses or joggers); **áaksoomaahkaawa** he will be a ...; **iyóómaahkaawa** he was a hard runner.

YOOTSIIMSSTA'SI *vai*; starve (one's self); **ootsíímssta'sit!** starve yourself!; **áaksootsiimssta'siwa** she will ...; **iiyóótsiimssta'siwa** he starved himself; **nitsóótsiimssta'si** I starved myself.

YOOTSIPINA *vai*; have a soiled or grimy appearance; **miinóótsipinat!** don't be grimy!; **áakootsipinamma** she will look soiled; **(iy)óótsipinamma** it was/is grimy; **nitóótsipina** I look soiled.

YOOTSIPISTOTSI *vti*; soil; **ootsípistotsit!** soil it!; **áakootsipistotsima anni osóka'simi** she will soil her jacket **iiyóótsipistotsima** he soiled it; **nitóótsipistotsii'pa** I soiled it.

YOSSTSIKINA *vrt*; fibrous; *see* **yosstsikinaisi** be fibrous; **iyósstsikinaiksimmiaawa** they are fibrous trees.

YOSSTSIKINAISI *vii*; be fibrous/gristly; **áakosstsikinaisiwa** it will be fibrous; **iyósstsikinaisiwa amoyi í'ksisakoyi** this meat is gristly.

YO'KAA *vai*; sleep; **o'káát!** sleep!; **áakso'kaawa** he will sleep; **iiyó'kaawa** he slept; **nítso'kaa/nitsííyo'kaa** I slept.

YO'KÁÁNIPOHSI *vai*; sleep or be drowsy due to satiation; **o'káánipohsit!** sleep!; **áakso'káánipohsiwa** she will be drowsy; **o'káánipohsiwa** she slept; **nítso'káánipohsi** I got drowsy.

YO'KAANOPII *vai*; doze (off); **o'káánopiit!** doze (off)!; **áakso'kaanópiiwa** he will doze (off); **iyó'kaanópiiwa** he dozed (off); **nitsó'kaanópii** I dozed (off).

YO'KI *vti*; shut/close; **o'kít kitsími!** close the door!; **áakso'kiima** she will close it; **iiyó'kiima kanóóhsini** he closed the meeting; **nitsó'kii'pa omí ksiistsikómsstaani** I closed that window; *Rel. stem: vai* **yo'kiaaki** shut.

YO'KIMAA *vai*; head off (s.t. or s.o.)/ corner (s.t. or s.o.); **áakso'kimaawa** he will ...; **iyó'kimaawa** he cornered (s.t.); **nitsó'kimaa** I headed off (s.o.); *Rel. stem: vta* **yo'kimat** head off/ corner.

YO'KO *vta*; turn back, block, head off; **o'kóósa!** block him!; **áakso'koyiiwa** she will block him; **iyó'koyiiwa omi onistááhsi** he headed off the calf; **nitsó'kooka/nitsííyo'kooka** she blocked me.

English Index

This index consists of key words, in alphabetical order, from the English gloss section of dictionary entries. Each key word is followed by the Blackfoot header (in small caps) from the same entry, its category designation, and finally the full English gloss for that entry unless it consists of no more than the key word. Asterisks mark Latin terms.

abandon IKSISSTOYI'TSI *vti* leave behind, discard, waste, abandon

abandon O'KSKIT *vta* abandon (a helpless person, young or old)

abandon SITOKSSKIT *vta* abandon, leave unattended

abandoned I'KSSKIT *nan* abandoned child

able OHKOTT *adt*

able WA'TSTOO *vti* be able to move

abnormal IKSISSTA'P *adt* confused/abnormal

abort SAAKSINATTSOOHSI *vai* abort one's own pregnancy (lit: cause oneself to miscarry)

about A'P *adt* about, around

about to AYAAK *adt* imminent future/ about to

above O'TAMI *adt* over the top of, above

above-person SSPOMITAPI *nan* above-person, sky-person

abreast IKSSTO *adt*

abreast KAATSISTO *adt* abreast (in a straight line) (arch.)

abreast OPAKSIKSSTO *adt* abreast, side-by-side

Absorbine Jr. *see* AISTTAKOYII

abstain ONOHKOYI'TSIMATOO *vti* stay away from/ abstain from (a vice)

abundance OKSISTA'PII *vii* be an abundance of appealing goods

abundant ONAKIA'PII *vii* be an abundant and appealing selection of displayed goods or foodstuff

abuse OKSISTOTO *vta*

accept OTAATOMO *vta* accept the invitation of, be a guest of

accept OTAATSIM *vta* accept the invitation of/ be a guest of

accidentally ITAPSSAATAKI *vai* accidentally hit something other than intended target

accompany
OHPOKOOYISSKAT *vta* ask to
accompany oneself

accuse ITAPANIST *vta* state
assumptions concerning the
whereabouts or activities of/
accuse of an illicit affair

accuse OTOI'M *vta*
accuse/blame

accustomed IKITAYI'TSI *vti*
become used to, accustomed
to

accustomed ISTOMATOO *vti*
become addicted/accustomed
to

ache ISTTSII *vii*
pain/ache/hurt

aching ISTTSIIKINAKI *vai*
have sore, aching legs

aching ISTTSIISTOKINIISI *vai*
having sore or aching muscles
from overexertion or being
cramped

acquiescent SAPA'TSIMA'PSSI
vai be acquiescent, be of a
good natured disposition

acquire
AAWAPSSPIINAO'SSKAA *vai*
acquire eye-glasses

acquire HKAA *fin*

acquire INAANSSKO *vta* ac-
quire for, get something for,
provide

acquire I'SAAHKAA *vai* ac-
quire, get (some) ochre

acquire OHKO'TSIMAA *vai*

acquire OSSKAT *vta* acquire
as a son-in-law

acquiring INOKI'TAKI *vai*
look forward to
acquiring/receiving food/goods
with eager anticipation

across IKI'T *adt* over, across

across KI'TA. *adt*

across OPAM *adt* across from
one side to the opposite side,
over, or through, usually a
body of water

across SAAT *adt* across the
mountains

across SSKIHTA *adt* across
(anything)

act OHKOMIHKA'SI *vai* be dif-
ficult, act up

act OTSIMIHKIAATTSIIYI *vai*
act drunk after imbibing a
minimal amount of alcohol

active IKSISAPITSISSI *vai* be
active for one's age

activity IPAPOKI'TSIMAAN
nin favorite activity

actually KIAAMAAHTSIKSI
und actually, in fact

add WAAHKIITAA *vai* add
and mix a liquid with
another liquid/ idiom get
gasoline, gas up

addicted ISTOMATOO *vti* be-
come addicted/accustomed to

additional IKA'TO *adt* extra,
additional (participant) - used
only on accomplishment verbs

additionally MATT *adt*
again, additionally

address IKSIMINIHKAT *vta*
address (a lover) by a pet
name/nickname

adequate IPPOM *adt*
adequate/correct/well

adhere OKSPAINNAKI *vai*
stick, cause something to ad-
here, glue something

admire IHTSIIYIMM *vta*

admire IHTSIIYI'TSI *vti* ad-
mire, like

admire IKSIMATSI'TOMO *vta*
demonstrably admire or ap-
preciate a new acquisition of

admire SSTSAAKAT *vta* ad-
mire and praise

adopt OHKOYIMM *vta* adopt as son/ develop an emotional attachment for as a son

advance WAKKIOO *vai* walk forward, advance

advantage YAAHS *adt* good, pleasing, to one's advantage

adversary KAAHTOMAAN *nan* enemy, adversary

advice SSKAPIIM *vta* give moral advice and guidance to

advise OKAKIAANIST *vta* advise, lit: wise tell

adze APAKSISTTOHKAKSAAKIN *nan* scraping tool, adze

affinity OHPOKIHKA'SIIM *vta* affect/pretend affinity with

afraid IKO'PO *vai* fear/be afraid

afraid SSTONNO *vta* fear, be afraid of

after INAI'T *adt* after the fact

again ATT *adt*

again MATT *adt* again, additionally

again MATTSISTA' *adt* again, repeated

age *see* SSTOYIIMI

aged IPPITA *adt* aged, elderly (usu. of women)

aged KIPITA *adt* aged, elderly (usu. said of women)

aged OMAHKITAPI *nan* old or aged person

aggravating YOOHSINIINA *vai* be aggravating, i.e. one who's behavior evokes grumbling

aggressive IITSKIMAAN *adt* aggressive, blunt, tactless

aggressive! *see* O'TSITSKA'PSSI

agitated OHTSISTTSISSKINI *vai* be agitated/troubled/ frustrated because of uncertainty in circumstances

agree SSKAAKANI *vai* agree, consent (to s.t.)

agreement SAPISTOTO *vta* appease, or reach an agreement with

aim WAAHKOMI *vai*

air SAOHPAPOKAI'SSTOO *vti* air out in the wind

air SOPOMI *vta* fan, give (some) air

alarm IKKIO'TO *vta* alarm/startle

albino AAPII *nan* albino/ white one

alive ITAPIWA'SI *vai* become alive or become a human being

all KAN *adt*

all OHKAN *adt* all (individuated)

all OHKANA *adt*

all O'KI *adt* all at once

allegedly YIIHK *adt* reportive (in narratives)/ allegedly

almost AI'TAMAAK *adt*

almost OMAT *adt*

aloft IKI'TSIIHTSI *vta* put aloft/ lift

alone ITSIKKITAOPII *vai* sit alone/ stay (behind) alone

alone NI'T *adt* only, alone

aloof SIKAHKIHKA'SI *vai* be aloof

aloof SSTAHPIKIHKA'SI *vai* reticent, aloof

also NOHKATT *adt* too, also

also OHKATT *adt*

alternatively TSAAHTAO' *und* or, alternatively/ perhaps

altruistic WAAPIIWAANITAPIIYI *vai* be an altruistic person, be one who helps people in need

alum SAAKOKOTOINATTSI
nin

alum root APAHSIPOKO *nan*
alum root, *Heuchera par-
cifolia

always AISSKAHS *adt*

amazed IPISATSI'TAKI *vai* be
fascinated, amazed

amazed SSKAI'TAKI *vai* be
amazed/ overwhelmed

amazing IPISATA'PII *vii* be
an amazing, unusual event

amazing PISAT *adt* unusual,
amazing, fancy, out of the
ordinary

ambush OMATSIIYISSI *vai*
crouch, lie in ambush (said of
persons who head the war
party)

ambush YISSOMAT *vta* am-
bush, crouch in wait for

American
OMAHKSISTTOWAAPIIKOAN
nan American, lit: big knife
person

ammunition
MAAKAAHKIMA'TSIS *nan*

among ITSIN *adt*

among ITSINOHTOO *vti* place
among the rest

among ITSSPIOOHTOO *vti*
put among s.t.

among SSPI *adt*

ancient AKA *adt* old/
belonging to a former time/
ancient

ancient IKA *adt* past, an-
cient, old

and KI *und* connective
similar to English 'and'

anemone ASAAPO'PINATTSI
nin round-fruited anemone,
a.k.a. wind flower, *Anemone
globosa

Angelica SAOKA'SIM *nan*
root of the Yellow Angelica,
used for religious and
medicinal purposes, *Angelica
dawsonii

anger SATAIMM *vta* wish evil
on due to extreme anger

anger SATAISTOTO *vta* pur-
posely do or say something
to in order to offend or anger

anger SAYI'SI *vai* vent anger,
frustrations (on someone or
something)

Anglican KSIKKSISOKA'SIMI
nan White Robe Clan
(Peigan)/ Anglican

angry INIKK *adt*
angry/sulking

angry INIKKIHKOOHSI *vai*
move one's own body in an
angry manner

angry INIKKOYIHKAAM *vta*
say angry words to

angry INIKKSIISTAPOO *vai*
go away angry

angry OHKIAAYOWA'SI *vai*
id: become angry, enraged,
lit: become a bear

angry *see* WAAKOHSOYI

animal IKSOWA'POMAAHKAA
nan

animal KAAWA'POMAAHKAA
nan animal, lit: runs about
on the ground

announce SAISTTOO *vai* an-
nounce (s.t.)

annoy SSKOHTOISTOTAKI *vai*
do s.t. in order to
annoy/spite (s.o.), act rebel-
lious

annoy SSKOHTOISTOTO *vta*
go to an extreme to
annoy/spite

annoyed with ISSTSIMM *vta*
be annoyed with/ be bothered
by

annoying OMAOPAAT *vta*
stop annoying

anomalously IPI'KSI'POYI *vai*
speak anomalously (content or
situation)

another STSIKI *dem*

answer OYI'TSI *vai* (respond
with an) answer

ant AISSKO'KIINAA *nan*

antagonistic OPOWAA'PSSI
vai be antagonistic

antelope AWAKAASI *nan*
antelope/deer

antelope SAOKIAWAKAASI
nan pronghorn (antelope), lit:
prairie deer, *Antilocapra
americana

anticipate IKSISTTSSI *vai* an-
ticipate (s.t.) eagerly

anticipation INOKI'TAKI *vai*
look forward to
acquiring/receiving food/goods
with eager anticipation

antlers YIISTAHTSIMAA *vai*
have antlers

anxious IPIKKSSI *vai* be
nervous, anxious

apaloosa SISAKKIIKAYI *nan*
spotted horse/ apaloosa

apologetic WAATSIMIHKA'SI
vai act repentant, wish to be
forgiven, act apologetic

appeal WAI'STA'SAT *vta*
entreat, or appeal to the
mediatory powers of

appealing INOKA'PII *vii* be
an appealing selection of

appealing INOKSSI *vai* have
an appealing food supply

appealing INOKSSIN *nin* an
appealing food supply

appealing OKSISTA'PII *vii* be
an abundance of appealing
goods

appealing ONAKIA'PII *vii* be
an abundant and appealing
selection of displayed goods
or foodstuff

appear AANISTSINATTSI *vii*
appear as

appear INAKO *vii* show, ap-
pear, be visible, be evident

appearance INA *vai* have
the specified appearance, look
like

appearance
OKA'PAHSINATOO *vti* dislike
the appearance of

appease SAPISTOTO *vta* ap-
pease, or reach an agreement
with

appendicitis
WAAHPATOTTSII *vai* have an
appendicitis attack

appendix OHPATOTTSSIN
nan

apple AIPASSTAAMIINAMM
nan

apples OHTOOKIINATTSI *nin*
dried apples, lit: appear like
ears

appreciate IKSIMATSI'TOMO
vta demonstrably admire or
appreciate a new acquisition
of

appreciate OKSISTSI'TSI *vti*
appreciate, have interest in

appreciative INIIYI'TAKI *vai*
feel grateful/appreciative/
thankful

appreciation OKSISTSI'TOMO
vta show appreciation to
(about that which is being
presented)

appreciative SAKAKOHKOMI
vai make appreciative sounds

apprehension IKKSTSAANISI
vai have cold chills due to
apprehension or awe

apprehensive IPOINA *vai* be
apprehensive, distressed

apprehensive IPOINAOHKOYI *vai* be apprehensive, distressed

approach OHTOWAAAT *vta*

apricot IMMOYOOHTOOKI *nin* apricot, lit: hairy ear

April MATSIYIKKAPISAIKI'SOMM *nan* April, lit: frog moon

apron O'TSISTA'TSIS *nin*

arc YAAKAINNI *vti* bend (a straight object) into a curve or an arc

arch A'KSIKAHKSSIN *nin* arch of the sole of the foot; see also MIITSIKSIKAAHP *nin* sole of the foot

archery WAANOYO'SI *vai* make bow and arrows/ archery equipment

argue WAAKOHKIMAA *vai*

argumentative IIYIKOYAAPIIKOAN *nan* lawyer/ argumentative person

arise IPOISOYAAWANI *vai* arise, get-up suddenly

arise IPOWAOO *vai* arise, get up

arise SSKSIPOAOO *vai* arise again/ id: come back to life

arm MO'TSIS *nin* arm/hand

arm SAOKSIKINSSTSAAKI *vai* stretch one's own arm

armchairs see SOOPA'TSIS

armpit MO'KSIS *nin*

aromatic herb KA'KSIMO *nin* sage, *Artemisia spp./ aromatic herb

around A'P *adt* about, around

around O'TAK *adt*

arrange A'PAI'PIKSI *vti*

arrange YAAK *vrt* arrange, shape

arrange YAAKOHTOO *vti* arrange, assemble

arrive O'TOO *vai*

arrive O'TSSOPOKIIYI *vai* arrive in large numbers

arrive O'TSTSII *vii* arrive (climatically)

arrive WAAHKOWAO'TSTSI *vii* arrive in quick succession

arrive YISSOHKI *vti* arrive before a deadline

arrogant INAIMMOHSI *vai* be arrogant, haughty, expect to be waited on

arrow APSSI *nin*

arrow KAOO'PI *nin* arrow with special head designed to render unconscious, rather than to kill

arrowhead KSISAIKI'TAAN *nin*

artist see WAAWAHKAISINAAKI

ascend SSPOMOO *vai* go to heaven/ ascend into the celestial realm

ash MAKSSKITSI *nin*

ash POOTSITSI *nin* ash that is soft, white, and light enough to float in the air

ashamed SSTOYISI *vai* be shy/ashamed

ashes SAISSKITSIMAA *vai* take out ashes (from stove, fire)

ashore OPITSISOWOO *vai* come ashore

ashtray IITAIKKAKOYISSTAO'P *nan*

ashtray IITAISAPAHTSIMAO'P *nan*

ashtray IITAISAPIISTSINIMAO'P *nan*

ashtray IITAISAPIKKAKOYISSTAO'P *nan*

ashtray IITAISAPSSOI'SSTAHKIMAO'P *nan*

aside IKSIIKSK *adt* to the side, aside

as if OMIIKSIST *adt* surrogate/ just the same as, just as if

ask INAANSSAT *vta* request of/ ask for something from

ask ISTTSIMAT *vta* ask to stay, remain longer

ask OHPOKOOYISSKAT *vta* ask to accompany oneself

ask OHTOOKISAT *vta* ask to translate/interpret for oneself

ask OKAMANII *vai* ask for, ask permission, beg

aslant ISINAP *adt* lopsided, aslant, unbalanced

aspen SIIKOKIINA *nan* aspen tree, *Populus tremuloides

aspen SIIKOKIINA *nin* aspen branch, *Populus tremuloides

aspirin ISTTSISSPIISAAM *nin* headache medicine, aspirin

ass OMAHKSSTOOKI *nan* donkey, mule, ass (Lit: big-eared)

assault OHKOONIMATT *vta* assault, beat

assemble IPO'TSTOO *vti*

assemble OHKANOO *vai* assemble, convene at a meeting

assemble YAAKOHTOO *vti* arrange, assemble

assent SAPI'TO *vta* give assent to/ show interest to by nodding

Assiniboine AYAAHKIOOHSIITAPI *nan* Assiniboine person, lit: boatman, canoeist

Assiniboine NIITSISINAA *nan* Assiniboine, lit: original Cree

assist ISTTO *vta* assist by suggesting the content of a narration or recital

assist SSPOMMIHTAA *vai* help out, assist s.o.

associate OHPIHKA'SI *vai* associate oneself with an entity (institution/area) perceived as elevating/enhancing one's image

associate OHPIMM *vta* associate with something or someone

associate YIIHKOWA *nar*

associative OHP *adt* associative, with

as soon IPIITSIIYOOHK *adt* as soon as, when

assumption *see* ITAPANIST

astray IKSISSTA'POO *vai* get lost, go astray

at IKSOW *adt* at ground level

at IT *adt* there, at a place

Atlantic PINAAPSSOKIMI *nin* Atlantic ocean, lit: body of water to the east

attack IKSIKIOWAI'PIIYI *vai* attack/charge (physically)

attempt ISAATSIMAA *vai* make another attempt at overcoming a failure, try again

audible YA'TAKOO *vii* well remembered/ clearly audible from a distance, distinctly audible

August IITAYIITSIMAAHKAO'P *nin* August, lit: when we prepare food for storage

August PAKKI'PISTSI OTSITAI'TSSP *nin* August, lit: when choke cherries ripen

aunt AAAHS *nar* elder relation (grandparent, parent-in-law, paternal aunt/uncle)

aunt IKSISST *nar* mother/ maternal aunt (of male or female)

authority O'TOTAMSSI *vai* be more important, have authority

automobile AIKSISSTOOMATAP-
ISTTSIPATAKKAYAYI *nan*
automobile
AIKSISSTOOMATOKSKA'SI *nan*
automobile
AIKSISSTOOMATOMAAHKAA
nan
automobile
AIKSISSTOOMATOO *nan*
autumn MO'KO *vii*
autumn O'KO *vii* fall,
autumn season
avaricious
WAKKAYITSIIHTAA *vai* be
avaricious, greedy for gain,
wish for more than one's due
avocet AOHKIOKIINIMAA *nan*
avocet (lit: water burial
lodge), *Recurvirostra
americana
avoid IKSIIKSKOMAHKAA *vai*
drive to the side to avoid
something
await YOOHKO *vta* await,
wait for
aware OKAKISSKO *vta* make
aware
away MIISTAP *adt* away
from
away YIISTAPAAHKIO'TSI *vti*
push away
away YIISTAPOO *vai* go
away
awe IKKSTSAANISI *vai* have
cold chills due to apprehen-
sion or awe
awl IIHTAWAONIAAKIO'P *nan*
can opener, brad awl
awl MOKSIS *nan*
awry *see* IPAKKSII
awry WAOOKSIISI *vai* lit:
have a hole in one's boat/
id: have one's plans go awry
awsome SSTONNAT *adt*
extremely/dangerous/awsome
axe KAKSAAKIN *nan*

axe SAPIKAMAAN *nan* axe
handle
baby ISSITSIMAAN *nan*
baby ISSITSIMAA'TSIS *nin*
baby things, usually a diaper
baby I'NAKSIPOKAA *nan*
baby, infant
baby SSITSIMAA *vai* have
and care for a baby
babysit OHPOPAATOMO *vta*
babysit for/ watch the child
of
bachelor *see* ISTTSIKSIKA
bachelor KATA'YAOHKIIMI
nan bachelor (male who is
not married)
bachelor MAANIKAPI *nan*
back IPAKSSKINI *vta* hit on
the back
back MO'KAKIN *nin*
back SOMIIKAN *vta* rub the
back of lightly
back SSK *adt* back, return
back SSKOHKOT *vta* give
back to
back SSKOO *vai* go back,
return
back SSKO'TSI *vti* take back,
repossess
back WAAPAT *adt* behind, to
the rear, back
back YIISTAHTOO *vti* pack
on one's own back
back-ache SAPO'KINIHKAA
vai have a back-ache (spine
out of alignment)
back and forth ISTSTAKI
fin with back and forth mo-
tion
backbone MAMIO'KAKIIKIN
nin backbone of a fish
back fat OOSAK *nan*
backrest KISSKA'TSIS *nin*
willow backrest/ pillow

backrest KSISTOPISSTAKI-
OHKISSKA'TSIS *nin* backrest,
made from willow sticks
woven together

bacon AIKSINOOSAK *nan*

bad MAK *adt*

bad MAKA'PATO'SI *nan* bad
spirit/ evil spirit

bad MAKA'PII *vii*

bad MATTSI *adt* bad/ crazy

bad OKA'P *adt*

bad OKA'PSSI *vai* be bad,
mean

bad OKSINIHKA'SIIMI *vai*
have a bad name or reputa-
tion

bad PAAHK *adt*

bad PIWA'PII *nin* squabble,
or bad scene

bad WAANOOKSIKSISTSIKO
vii bad weather, inclement
weather

badger MIISINSSKI *nan*
badger, *Taxidea taxus

badger SIINAISSKI *nan*
badger, lit: marked face,
*Taxidea taxus

bag IITSIMAISSKINITSIMAAN
nin food storage bag

bag OOHKAMA'TSIS *nin* con-
tainer, or bag used for
storage, e.g. for water, berries
etc ..

bag SKINITSIMAAN *nin* bag
or sack

bake IHKIITAA *vai* bake,
cook (by heat)

bake IKKONAMAA *vai* roast
or bake something by the
side of the fire/ barbeque

bake ISTTSITATOO *vti* bake,
roast

baked KIITAAN *nin* baked
item

bald ISTTSIKIHKINI *vai* be
bald

ball POKON *nan*

balloon AIKKATOO'P *nin*

balsam OMAHKA'S *nan* bal-
sam root, *Balsamorhiza
sagittata/ parsnip,
*Leptotaenia multifida

banana IINAN *nin*
banana/marrow

bangs IKSSTONIMMAA *vai*
have hair bangs

bangs KSISSTONIMMAAN *nin*
hair bangs

bank AAKSI'KSAAHKO *nin*
bank, embankment, cliff

bank YAAKIHTAA *vai* pack/
bank money

bankrupt SSINN *vta* break
with the hand/ cause to go
bankrupt

bankrupt SSKAA *vai* break/
go bankrupt

barbecue SSTSIIHKIITAA *vai*
barbecue, cook (meat) over
flame or hot coals

barbed wire
ISTTSTSAAPIKIMM *nan*

barbeque IKKONAMAA *vai*
roast or bake something by
the side of the fire/ barbeque

bare IPAKKSSA *adt* nothing,
bare, nude, inexperienced

bare I'TSK *adt* bare, lacking
a usual or appropriate or
natural covering

barefoot WAAPSSTSITSIKINI
vai become barefoot, remove,
take off one's own shoes

barely IPAHTSIK *adt*

barely IPSSTSIK *adt*
deceptive/ barely, very little

bark OHKAT *vta* bark at

bark OHKI *vai*

bark OTOKSSKSI *nan* bark
(of a tree)

barrel ASOYINN *nin*

barrel SSOOHKIMAA *vai* clean
the barrel of a gun

barren WAAPISSAHKO *vii* be barren of grass (said of a ground area where there is alkali)

bartender AOTTAKI *nan* bartender, lit: one who serves drinks

baseball MIOHPOKON *nan* baseball, fastball, hardball

bashful IPPATAA *vai* be shy, timid, bashful

bat MAKA'PIPIITAA *nan* bat, lit: bad eagle

bat MAKA'PIPI'KSSI *nan* bat, lit: bad bird

bat MATTSIIPIITAA *nan*

bat MOOTSINIIPIITAA *nan* bat (lit: clitoris-eagle)[taboo]

bat MO'TOINSSTAAM *nan* bat (the mammal)

bathe SSIISTSI *vai* bathe, take a bath

batter IPOT *vta* batter/beat

battery PAAPO'SIN *nin* lightning, electricity, battery

battle IPO'TAMIAPIKSSATTSIIYI *vai*

battle IPO'TSSOKIHKINIISATTSIIYI *vai* be in close battle

bawl out OHKITSTSI'SI *vai* berate, bawl out someone on behalf of a relative or acquaintance

bay PISSTSKIA'TA *nin* bay (landform)

bay SIKA'SAOKKOYI *nan* dark bay horse

be A'PII *vii* be in a specified way

be A'PSSI *vai* be in a specified way

be IMMI *vii* be deep

be IPITSI *fin* be one who VERBs habitually

be ISITSIPOHTAKO *vii* be a sound that breaks the silence

be ITSTSII *vii* be/exist

be MAANA'PII *vii* be recent

be NIIPO *vii* be summer

be SSTOYII *vii* be cold (weather)/winter

be WAAHKIAAPIKSISTSIKO *vii* be the day midway between the summer and winter solstice

be WAAMI *vai* be (the one that is identified)

bead KSIISTSIMAAN *nin*

bead OOKATAKI *vai* do beadwork, bead

bead OOKATOMO *vta* bead for

beads ISSKSISTSOOHSI *vai* put beads on one's own garment

beadwork OOKATAKI *vai* do beadwork, bead

beadwork SAATSTAKSSIN *nin* beadwork design

bear ISTTSIKAANIHKA'SI *vai* bear ill will or resentment (to someone), tending to active hostility

bear KIAAYO *nan*

bear OOTSIMIOHKIAAYO *nan* brown bear, lit: sorrel bear, *Ursus americanus

bear OTAHKOISSKSISIYOOHKIAAYO *nan* grizzly bear, lit: brown-nosed bear

bear PA'KSIKOYI *nan* bear (euphemism used by initiate of a religious society, lit: drooling mouth)

bear TSIISII *nan* bear (arch.)/ any mammal with a cropped or short tail

bear YIITSIIHTAA *vai* bear, tolerate, put up with (something)

beard MISSTOAN *nin*

beard YISSTOYI *vai* have
whiskers, have a beard
bear grass AIKSIKKOOKI *nin*
bear grass, lit: sharp stem,
*Yucca glauca
bear skin KIAAYOOTOKIS
nan bear skin/robe
beast AITAPIOOYI *nan* imagi-
nary monstrous beast men-
tioned to frighten misbehav-
ing children, lit: people-eater
beat IPOT *vta* batter/beat
beat OHKOONIMATT *vta* as-
sault, beat
beat SSKITSISTOTO *vta* beat
(physically) severely
beat WAAWAYAKI *vta* strike
on the body, beat
beautiful MATSOWA'P *adt*
handsome, beautiful, fine,
good
beautify WAANATSISTOTSI
vti
beaver KSISSKSTAKI *nan*
beaver, *Castor canadensis
beckon A'PSSTO *vta* beckon
(summon or signal with a
wave)/ make hand signs to
bed AKSSIN *nin*
bed YAAKAAPIKSISTSIMAA
vai make the bed
bed YAAKIHTSIIYI *vai* go to
bed, retire for the evening
bed YAAKSSI'KAA *vai* put
blankets on a bed
bedbug PAAHKSIMIMM *nan*
bedlam WA'SOKA'PII *vii* bed-
lam, confusion, trouble
bee NAAMOO *nan*
beef PIKKIAAKSSIN *nin* oat-
meal, porridge (Blood)/ ham-
burger, ground beef (No.
Peigan)
beer AISAAKOTSII *nin* bubbly
beverage, e.g. pop or beer,
lit: foams or bubbles out
beetle POONISAYI *nan* beetle

before ANNIIHK *und*
before PITSISTO *vii* be be-
fore, first, in the first place
before SSTSINA' *adt* do VERB
before doing something else
beg OHKOOTATOO *vti* beg for
to eat
beg OHKOOTSI *vai* beg for
food
beg OKAMANII *vai* ask for,
ask permission, beg
begin IPIITSIY *adt*
begin/commence
begin OMAT *adt* start/begin
begin OMATANII *vai* begin to
sing (lit: begin to speak/say)
begin OMATAP *adt*
start/begin
beginning ISTTSITSA *adt* at
the very first/beginning, but
no longer
behave IHKA'SI *vai* behave in
a specified manner
behave WATTSAAKIIHKA'SI
vai behave whorishly (said of
a woman)
behead IKAHKO'KI *vta* be-
head, decapitate
behind AAPAT *adj* behind,
back
behind IKSI'SOO *vai* walk
out of sight (behind
something)
behind OTTAPIT *adt* behind
the house
behind WAAPAT *adt* behind,
to the rear, back
believe OMAI'TAKI *vai*
believe (s.t.)
believe OMAI'TO *vta*
believe OMAI'TSI *vti*
belittles SOMAANANIIPITSI
vai be one who belittles
bell SAITTSIKKIHTAAN *nan*
belligerent ISTTSOOYIHKAA
vai be belligerent

belonging PI'KAAN *nin*
household item, personal
belonging

belongings IHTAKSSIN *nin*

belongings IPI'KAANI *vai*
have personal belongings

belt AMAIIPSSIM *nin*

belt APAOHPONOTSSIM *nin*
belt worn on the outside of a
breechcloth (archaic)

bench IITAISATSAAKIO'P *nin*
carpenters bench

bend OTAHS *vrt* bow or
bend

bend YAAKAINNI *vti* bend (a
straight object) into a curve
or an arc

beneficial OHKOWAIMM *vta*
find useful/beneficial/helpful

benefit AANISTAPIKII *vai*

berate OHKITSTSI'SI *vai*
berate, bawl out someone on
behalf of a relative or ac-
quaintance

bereaved IMMAKSI'NI *vai* be
orphaned, bereaved, deprived
of parents at a young age

bereft I'NIMMIHTAA *vai* be
bereft of a family member

berries ASAOHKAMA'TSIS *nan*
container used when picking
berries (in the past bags were
used, today pails are used)

berries IKAHKAINNIMAA *vai*
break a branch off for berries

berries MIINIIYOOKAAKIN *nin*
a mixture of berries, dried
meat and grease

berries SOI'STSIPIKIAAKI *vai*
harvest berries, knocking to
the ground by beating the
bushes with a stick

berries YIINIIWAAHKAA *vai*
pick berries for storage

berry AAPINIKIMM *nan* white
berry

berry APSSI *n n* white buf-
falo berry (of the misisaimiiso
bush)/ fig

berry MIIN *nin*

berry MIINIIWAN *nin* store of
berry preserves

berry MI'KSINITTSIIM *nan*
bull-berry, buffalo berry,
*Shepherdia argentia

berry OKONOK *nin* saskatoon
(sarvis/service) berry,
*Amelancier alnifolia

berry OTSSKOYIINI *nin*
Oregon grape, lit: blue berry,
*Berberis aquifolium

berry OTSSTATSIMAAN *nin*
berry which is found within
the cushion or ball cactus,
*Mamillaria vivipara

berry SIKAOKI *nin* red bane
berry, *Actaea arguta

bestow IKIMM *vta* show
kindness to, bestow power
upon, care for

bet WA'PSSKAA *vai*

beware! WAIIYAI *und*

beyond SAIPAOOHTSI *nin* the
area beyond a boundary or
limit

Bible
NAATOYSSPIKSSINAAKSSIN *nin*
Bible, lit: holy thick writing

bicycle KSIWAINAKA'SI *nan*

big OMAHK *adt*

big SOOHK *adt* big, rotund

big dipper IHKITSIKAMMIKSI
nan the big dipper, lit: the
seven (stars)

bighorn
MIISTAKSOOMAHKIHKINAA
nan bighorn sheep, lit: moun-
tain sheep, *Ovis canadensis

billion *see* IKSIKKAAA'SI

billion *see* IKSIKKAAA'SI

billow IKKANIKSOOHPAPOKA
vii flutter, billow in the wind

billow IKKANIKSOOHPI'YI *vii*
billow, flutter
bin IITAISAPA'SOYINNIMAO'P
nin bin for grains/ grain
elevator
bin IITAISAPIOYAATTSTAO'P
nin bin, manger
bind WAAYIPI *vti* bind, wrap
around
bind WAAYIPIST *vta* bind,
wrap around
binoculars ISSAPIA'TSIS *nin*
telescope/binoculars
birch SIIKOKIINIIS *nin*
bird PI'KSSII *nan*
bird SISTTSI *nan* small bird
birth IKAMOTAA *vai* give
birth/ escape a dangerous
situation/ recover from a life-
threatening illness or injury
birth ISTTSIISTOMI *vai* be ill,
sick/ id: give birth
birth SAI'KOYI *vai* foal,
calve, give birth (said of
animals)
birthday IKSISTSIKOMI *vai*
have a celebration day,
usually a birthday
birthday IKSISTSIKOMSSIN
nin
biscuit *see* MIKKSK
bison IINII *nan* bison, buf-
falo, *Bison bison
bit ISSKOYIPISTAA'TSIS *nan*
bridle, bit (horse's)
bite IKA'KSTSI *vti* bite off of
bite SIKSTAKI *vai*
bite SIKSTSI *vti*
bite WAONIHTSI *vti* bite a
hole through
bitter SSTSIPOKO *vii*
sour/bitter/spicy
bitter-tasting IKOTSKIIPOKO
vii be bitter-tasting

bittern NAATOYIPI'KSSII *nan*
American bittern (lit: sacred
bird, i.e. any bird skin or
bird that may be used as
part of a sacred bundle)
Black SIKIMIOTA'SI *nan*
member of the Black Horse
Society
Black SIKSAAPIIKOAN *nan*
Black, Negro, lit: black
whiteman
black SIK *adt* black or dark
black SIKAPSSKI *nan* black
horse with white facial mark-
ing
black SIKOHKIAAYO *nan*
black bear, *Ursus americanus
blackbird
IIMAOHKOMINNIIKSIINI *nan*
redwing blackbird (lit: red
winged cowbird), *Agelaius
phoeniceus
blackbird SOYIIKSIINA *nan*
yellow-headed blackbird,
*Xanthocephalus
blacken SSIKSA'PINI *vta*
blacken the eye of
Blackfoot AIITOOHTSIMI *vai*
understand Blackfoot
(language)
Blackfoot IITSI'POYI *vai*
speak Blackfoot
Blackfoot SIKSIKA *nan*
Northern Blackfoot band of
the Blackfoot tribe, lit: black
foot
Blackfoot
SOOYOOHPAWAHKO *nin* un-
derwater ridge/ Blackfoot
Crossing (place name)
blackjack
SIKOHTSAAKIIKAHTSSIN *nin*
blackjack, (card game)
bladder MOAPAHKIS *nin*
blame ITOTA'PII *vti* at fault,
to blame

blame OTOI'M *vta*
accuse/blame

blanket AKAISATSTSAA *nan*
Hudson's Bay blanket, lit:
many-striped

blanket OKSKOIHTSI *vta*
cover with a blanket

blanket SI'KAAN *nan*

blankets YAAKSSI'KAA *vai*
put blankets on a bed

blankets YAAKSSSIT *vta*
wrap in blankets (usually a
baby)

blast SAOHPATTSISTO *vta*
blast out with a shot

blaze AAPSKSISI *nan* horse
with white facial marking,
blaze, lit: white nose

blazing ISTTOKINSSI *vti* burn
with a blazing and crackling
fire

bleach WAAPOYOOHKITTSII
vii bleach, fade

blessing WAATOWA'PISTOTO
vta perform a religious act
for/ bestow a religious bless-
ing on

blind YAAPSTSIIYI *vai* be
blind

blink IPAHPAAPINAAPIKSSI
vai flutter one's own eyelids,
i.e. blink rapidly

blister IKKATSIMAANISI'YI
nin

blister I'KIISI *vai* have a
blister (usually on one's foot)

blisters I'KAASI *vai* develop
blisters on one's (own) foot

blizzard MAAKAI'PIIYI *nin*
blizzard, a short burst of
blinding snow, which usually
occurs during early February

block YO'KO *vta* turn back,
block, head off

Blood KAINAA *nan* Blood
band of the Blackfoot tribe

blood AAAPAN *nin*

blood AAAPAOO'SSIN *nin*
blood soup

blood OHKSINOMMO *vta* take
blood from

bloody nose ITSIMSSKIISI
vai get a nose bleed, bloody
nose

bloom WAAPISTSISSKITSII *vii*
flower or bloom

blossom AAPISTSISSKITSI *nin*
flower/blossom

blossom SOYOOPOKA'SI *vii*

blow IKKI *vai* blow into a
trumpet, whistle, or other
wind instrument

blow OHPAKOYI'S *vta* doctor
with a hollow eagle bone/lit:
blow at

blow OHPAKOYI'SAKI *vai*
blow, doctor by blowing (usu.
herbs) into/over affected area
with a hollow bone

blow OHPAKOYI'SI *vti* blow
on

blow OHTSIPOKA *vii* blow by
or through

blow OMITSIKKINII *vai* blow
one's own nose

blow SAIPOKOMSSTSIMAA *vai*
blow out a puff of smoke

blow down IKOOHPAPOKAA
vii blow down, collapse due
to wind (said of a structure)

blowing IPOIPOKA *vii* be a
blowing into the air of loose
ground particles, dust by a
sudden wind

blown OHPAPOKAI' *vii* move
by wind, be blown, be moved
by air movement

blue OTSSKO *adt* green, blue

blunt IITSKIMAAN *adt* ag-
gressive, blunt, tactless

blunt ITSSTSAAWAANIST *vta*
be blunt, callous with

blunt NIITSSKIMAAN *adt*
direct, brusque, blunt

blurred SSAAHSINAA *vai*
have blurred vision
blush OMAOHKSKIHKAA *vai*
board KAPIMAAN *nin* cradle
board
board SAPAAKAO'PII *vai*
board a vehicle, lit: seat
oneself in
boarding school
IKKAKOTOOPII *vai* go to
boarding school at a young
age
boast SSTATANSSI *vai* brag,
boast
boat AAHKIOOHSA'TSIS *nin*
boat AIKKANIKSIPII'P *nin*
sail boat
boat YAAHKIOOHSI *vai* travel
by boat, travel across water
boatman
AYAAHKIOOHSIITAPI *nan* As-
siniboine person, lit: boatman,
canoeist
bobolink ATSIINAISISTTSII
nan bobolink (lit: Gros ventre
bird), *Dolichonyx oryzivorus
bob tailed SSTSIISI *vai* be
bob tailed, dock tailed
body INIKKIHKOOHSI *vai*
move one's own body in an
angry manner
body MOISTOM *nin*
body SOKSISTOMI *vai* have a
good body
boil IKKIHKAA *vai* have a
boil
boil INNIHTAA *vai* boil food
boil INSSTAT *vta*
boil OPISAA *vai* boil meat
over an open fire
boil SAAKOHSOYI *vai* boil
over (container as subject,
not the liquid)
boil SAAKOTSII *vii* bubble
up/ foam/ boil out (i.e. the
liquid)

boil SAHPSSI *vti* boil a tough
edible item in order to soften
boil WAAKOHSI *vti*
boil WAAKOHSOYI *vai* boil
(container as subject, not the
liquid)
boiling INNIKINAA *vai* soften
bones by boiling
bologna
OMAHKOTTSIIMSKAAN *nin*
bone IIHTAOHPAKOYI'SAKIO'P
nin hollow bone used when
doctoring with herbs
bone OHKIN *nin*
book SINAAKIA'TSIS *nin*
boot ISTTSIKITSIKIN *nin* lea-
ther shoe, boot, (footwear)
boots SSPISTTSIKITSIKIN *nin*
western or cowboy boots, lit:
high leather boots
bore WAAHKANIKSAAKI *vai*
bore a hole
boring IKKIHKINI *adt*
sad/dull/depressing/boring/
insipid
boring SAO'OHKA'PII *vii*
boring, inconsequential, mean-
ingless
born IPOKAAWA'SI *vai* be
born
borrow OHPATTSSKO *vta*
bump with one's body
weight/ id: borrow money
from
borrow WAAHKOMA'TAA *vai*
borrow (s.t.)
borrow WAAHKOMA'TATOO
vti
bossy INAIHKA'SI *vai* act
bossy, domineering
both AYAK *adt*
both NIISTSIKAP *adt* both,
double
both WAYAK *adt* both/two
bother YISSTSIISTOTO *vta*

bothered by ISSTSIMM *vta*
be annoyed with/ be bothered
by
bottle SAAKOKOTOISSKO *nin*
glass jar, bottle, or glass
bottom MOOS *nan* derriere,
bottom, bum
bottom PINII'T *adt* bottom
of (e.g. valley, coulee)
bounce SSKSSPOHPI'YI *vii*
rebound, bounce
bow AKSIPINNAKSSIN *nin*
bow (for hunting or sport)
bow OTAHS *vrt* bow or bend
bow OTAHSOHKIAAKI *vai*
nod, bow one's own head
bow WAANOYO'SI *vai* make
bow and arrows/ archery
equipment
bowl KO'S *nan* dish, bowl
(made from tin or metal)
box AAPATATAKSAAKSSIN
nin truck box or a type of
wagon, lit: box in the back
box ATAKSAAKSSIN *nin*
boy SAAHKOMAAPI *nan*
boyfriend ISAHKOMAAPIIM
nar boyfriend/hireling
boyfriend OHPATOOM *nar*
boyfriend, male friend of a
female
brace AAPITSIKAMAAN *nin*
brace/ stick for support, (e.g.
used to hang a pot over a
fire)
brace WAAPITSIKAI *vti* use
as a brace
bracelet OHPONNAT *vta* wear
around the wrist, e.g. as a
bracelet
bracelet PONN *nan*
brag SSTATANSSI *vai* brag,
boast
brag SSTSAAKA'SI *vai* brag
about oneself
braid IPPOTSIPISTAAN *nin*
braid YAAMSSTSINNI *vti*

braid-in-back
AAPATAAMSSTSINNIMAA *nan*
Chinese person, lit: braid-in-
back
braids IPPOTSIPISTAA *vai*
wear braids
brain O'P *nin*
branch KANIKSI *nin* dry
branch
branch MIISTSIS *nin* stick,
branch
branch O'KANIKSI *nin* dead
branch
branch SIIKSIKSI *nin*
branch SISSTSIKSII *nin* small
branch of a tree/ sapling
used as a switch
branches KAI'NIKSI *nin* tree
branches (cut off)
branches WA'SAISSKAPIHTAA
vai go cut tree branches for
the Sundance (a ritualistic
ceremony)
brand ISSTSSIMAAN *nin*
brand (i.e. on livestock)
brand SSTSSIMAA *vai* brand
livestock/ light a cigarette
branding iron
IIHTAISSTSSIMAO'P *nan*
branding iron or cigarette
lighter (lit: what we
light/burn with)
brassiere
IIHTAISIKKONNIKIPSSO'P *nin*
brassiere, breast binder
brave IIYIKITAPIIYI *vai* be
brave, fearless
brave WAAKSISTO *adt* brave,
determined
bread IKOHPATTSSTAA *vai*
make yeast bread
bread KOMIHKIITAAN *nin*
bun, round loaf of bread
bread KOOHPAATTSTAAN *nin*
yeast bread
bread NAPAYIN *nin*

break IKAHKAINNIMAA *vai* break a branch off for berries

break IKAHKAPI'KAA *vii* break (said of a rope/ string-like object)

break IKAWOHPATTSII *vti* break open with an instrument

break IPAKKSSKAA *vai* burst, break open

break OMIKSO'TSI *vti* break a piece or splinter off of, usually wood

break OMINO'TSI *vti* break off with one's hands

break OPAKSO'TSI *vti* break apart (a wooden object) by hand

break OPITSSKIMIKSAAKI *vai* uproot plants/ break up the ground

break SOOKSKI *vti* break a frame-supported object by adding one's body weight onto it

break SSIKSINAASI *vai* break one's own leg

break SSINN *vta* break with the hand/ cause to go bankrupt

break SSINNAKI *vai* break s.t. with the hand

break SSKAA *vai* break/ go bankrupt

break SSKI *vti*

break WAOO'TOKIAAKI *vai* break ice

break-free IPOKKITSAAPIKKSSI *vai* break-free, break-away

break-wind IPISTTSI *vai* expel intestinal gas, break-wind, fart (usually considered vulgar)

break camp OPAKIIYI *vai* break camp/ strike camp/ take down tent

break down WA'KOTA'PSSI *vai* become inoperative through breakage or wear, break down

breakdown WA'KOTSISTOTSIMAA *vai* have a mechanical breakdown

breast MAOKAYIS *nin* chest, breast

breast MONNIKIS *nin* breast, udder, teat, *Mamma

breastbone MO'KIIKIN *nin*

breast feed SSTAAHKAHTAA *vai* breast feed, nurse, suckle

breath SIITAMSSIN *nin*

breathe SAITAMI *vai* breathe, inhale air (North Peigan)

breathe SIITAMI *vai*

breathless IKKOHPONI *vai* be breathless, suffocate

breech-cloth AAPATSSTAAN *nin* the back apron of a breech-cloth

breech-cloth IIHTAYO'KIMAO'P *nin* breech-cloth, lit: what one closes with

breechcloth IYO'KIMAA'TSIS *nin*

brew IKSISTSIKIMISSTAA *vai* brew a (medicinal or alcoholic) drink

brew SIKSIKIMSSIMAA *vai* brew tea

bridge APASSTAAN *nin*

bridge PO'TAAN *nan* bridge of the nose, between the eyes (N. Blackfoot)

bridle ISSKOYIPISTAA'TSIS *nan* bridle, bit (horse's)

bridle SOTSSKIMAA'TSIS *nan* halter or bridle

briefly IKIPP *adt*

bright SSTSAAP *adt*

bring IHTSIIPI *vta* bring to town

bring IKAMOTSIIPI *vta* bring to safety/ rescue

bring IP *vrt* move a tangible object from one point to another, bring

bring IPSSTSIPOHTOO *vti* bring inside (indoors/ into a group)

bring OHTSSAPIPI *vta* bring along a course

bring OOYIIPI *vta* take/bring to eat

bring O'TSIPI *vta* transport here, bring

bring O'TSIPOHTOO *vti* bring here

bring SSTSIIPIHTAKI *vai* bring goods to town

brittle MIKKSK *adt* brittle/hard

broke IPIIKSKAA *vai* go broke, end up penniless

bronc-ride IKKISSTAA *vai* bronc-ride/ break or tame a horse

bronchial IPAKSKA *adt* involving bronchial noise

brook A'SIITAHTAA *nin* brook, stream, creek lit: young river

broom NAMAAHKIMA'TSIS *nin*

broth KOOPIMMISTSII *nin* broth, skimmings

broth KOOPIS *nin* broth, soup

brother I'S *nar* older brother

brother NIITSISTOWAHSIN *nar* brother/ relative

brother-in-law ISSTAMO *nar* brother-in-law of a male, i.e. his sister's husband

brother-in-law ISSTAMOOHKO *nar* brother-in-law of a male, i.e. his wife's brother

brother-in-law OOTOYOOM *nar* brother-in-law of female

brown APOYI *adt* brown (or any earth tone)

brown APOYIINATTSI *vii* be brown/ earth toned

brown OOTSIMIOHKIAAYO *nan* brown bear, lit: sorrel bear, *Ursus americanus

brown SIKOTAHKO *adt*

brown-haired WAAPOYIIHKINI *vai* be brown-haired

brown rice *see* ISSKSSIINAINIKIMM

bruise OTAHKSINI *vta*

brush SOI'SSTSIKAOHSI *vai* brush snow from shoes

brush SSIIKINIISTSI *vai* brush one's own teeth

brush off SOI'SSTSINIO'TSI *vti* brush off, e.g. particles off clothing or leaves from a branch

brusque NIITSSKIMAAN *adt* direct, brusque, blunt

bubble SAAKOTSII *vii* bubble up/ foam/ boil out (i.e. the liquid)

bubbly AISAAKOTSII *nin* bubbly beverage, e.g. pop or beer, lit: foams or bubbles out

buck OHKO'KAKINIAAPIKSSI *vai*

buckskin INNOISOOYIINII'P *nin* fringed buckskin outfit, lit: what has been long fringed

buckskin OTAHKOIIMI *nan* buckskin horse

buckskin clothing AWAKAASIISTOTOOHSIN *nin*

bud POI'SKSI *nan*

buddy ITAKKAA *nan* friend, pal, buddy, peer, person who is of the same age (less than a year difference)

buffalo IINII *nan* bison, buffalo, *Bison bison

buffalo IINISSKIMM *nan* buffalo stone (a stone thought to possess powers)

buffalo berry APSSI *nin* white buffalo berry (of the misisaimiiso bush)/ fig

buffalo jump PISSKAN *nin*

Buffalo women's MAOTO'KIIKSI *nan* Buffalo women's society (plays a crucial role preparatory to the Ookaan of the Sundance)

buggy IKKSTAINAKA'SI *nan* buggy/ wagon used for leisure purposes

build OKOOYSSKAA *vai* build a house

bulb AWAPAHKIAANA'KIMAA'TSIS *nin* light bulb/ propane lantern

bull AISAAYOOHKOMI *nan*

bull-berry MI'KSINITTSIIM *nan* bull-berry, buffalo berry, *Shepherdia argentia

bullet AWAKKSOOPAN *nan*

Bullrushes AAPAIAITAPI *nan* Bullrushes or Cattail Clan (Peigan)

bully OPOWAMM *vta* pick on/ be malicious toward/ bully

bum MOOS *nan* derriere, bottom, bum

bump IKKAKSSKIISI *vai* accidentally bump one's own face on a low object

bump OHPATTSSKO *vta* bump with one's body weight/ id: borrow money from

bun KOMIHKIITAAN *nin* bun, round loaf of bread

bunch MIOHPOKOIKSI *nan* bunch/ a constellation of stars (Pleiades ?)

bundle AMOPISTAAN *nin* ceremonial bundle (religious)

bundle MISAMAAHKOYINNIMAAN *nin* "long time pipe" bundle

bundle NINAIMSSKAAAKII *nan* female owner of the religious bundle

bundle NINAIMSSKAAHKOYINNIMAAN *nin* medicine-pipe bundle

bundle NINAIMSSKAAN *nan* independent bundle owner (male)

bundle SAIPSTAAHKAA *vai* open one's own medicine pipe bundle (soon after thunder first arrives in the spring)

bunion KAPAAM *nan*

bunting ISSTOYIISISTTSI *nan* snow bunting (lit: winter bird), *Plectrophenax nivalis

burdensome OMSSPIKA'PSSI *vai* be burdensome/ hard to take care of

burdensome ONNOHKATSIMM *vta* find burdensome

burn IPAINSSAKI *vai* burn an area of land

burn IPAITSII *vii* burn (a land area)

burn I'TSINSSAKI *vai* toast s.t. (usu. bread)/ char or burn

burn SA'KSS *vta*

burn SA'KSSOYI *vai* burn or scald one's self

burn SSTSITSII *vii*

burn SSTSS *vta* burn/fire, dismiss

burp SAOKITSIISI *vai* burp/
spit up the taste of a rich,
greasy, or spicy food

burr AAHSOWA *nan* burr,
*Glycyrrhiza lepidota

burrow OWATSIMAAN *nin*
burrow, hole in the ground
(e.g. gopher's entrance)

burst IPAKK *vrt*

burst IPAKKSII *vii* bust,
burst/ id: have a plan fall
through

burst IPAKKSSKAA *vai* burst,
break open

burst IPAKKSSTSI *vti* burst
(with teeth)

burst IPATTSII *vii* crack or
burst due to a temperature
extreme

bury OKIIN *vta* bury in an
elevated cache

bus IKKSTSKIOMITAA *nan*
Greyhound bus/ greyhound
dog (lit: slim-faced dog)

bushy ATSOWA'SSKO *nin*
bushy area, forest

bust IPAKKSII *vii* bust,
burst/ id: have a plan fall
through

busy ISINATA'PSSI *vai* be in-
volved in a dispute/ be fran-
tically busy

busy ISINA'SI *vai* be busy

busy OMIISI *vai* be busy/
occupy one's self

butcher INNOOTAA *vai*

butcher INNOOTAT *vta* skin,
butcher

butchered OTTSIIMSSKAA
vai acquire the insides of a
butchered animal

butchered WAANIITSINIT *vta*
cut and divide the meat of (a
butchered animal)

butchering SISTSIKSTSKAA
vai be tired from butchering

butt OHKIAAPIKSSI *vai* move
one's own head in a butting
motion, butt

butterfly APANII *nan*
butterfly/ moth

buttock MOOTOOPIS *nin*

button SAPI'KINAI *vti*

button SAPI'KINAMAA'TSIS
nan

buy IKAISINAAKI *vai* buy on
credit

buy OHPOMMAA *vai* buy
(s.t.)

by *see* IPIIHKOO

by ITSK *adt* past, by

cairn A'KIHTAKSSIN *nin*
cairn/ stones as a marker or
memorial

cairn WA'KIHTAKI *vai* make
a cairn (pile of stones as a
marker)

cake PISATSSKIITAAN *nin*
cake, lit: fancy cooking

calf MOHKINAN *nan* calf (of
the leg)

calf ONISTAAHS *nan*

California *see* ITSSTOYIIMI

call INIHKAT *vta* call, name

call INIHKATSIMAT *vta* call
on for help

callous ITSSTSAAWAANIST
vta be blunt, callous with

calm YISSKSAANA'PII *vii* set-
tle, calm down

calve SAI'KOYI *vai* foal,
calve, give birth (said of
animals)

camera IIHTAISINAAKIO'P
nan

camp AKI'KAAN *nin*

camp AKOKA'TSSIN *nin* circle
camp

camp OKI'KAA *vai*

camp OMOTTOTSI *vai* camp
in a group

camp OPAKIIYI *vai* break
camp/ strike camp/ take
down tent

can IKKSIPOOHKO'S *nan* tin
can

can MOKAMIIPOOHKO'S *nan*
tall can/vase

cancer AANIITOHKATSI *nan*
cancer, lit: many centrally
connected legs

candle ISSAANA'KIMA'TSIS
nin candle, lit: fat lamp

candy AISAPIKAII'P *nin*
candy sucker

candy OHKOMIAAPIINIIWAAN
nin candy (Lit: round sugar)

candy PISATSAAPIINIOWAN
nin candy, lit: fancy sugar

cane ATOWA'TSIS *nin*

cane OTOWAANISOO *vai* walk
with a cane

canine AKOOKINSSIN *nin* eye
tooth, canine tooth (a conical
pointed tooth)

cannon SOOHKOYIINAAMAA
nan

can opener
IIHTAIKAYINNAKIO'P *nan* can
opener, lit: what one opens
by hand with

can opener
IIHTAWAONIAAKIO'P *nan* can
opener, brad awl

canteen AAYI'SIPISAAN *nin*
liquid carried in a storage
container, e.g. canteen, ther-
mos

cap ANOOTAPISTTSOMO'KAAN
nin

cap IMMIKSKISTTSOMO'KAAN
nin (visored) cap

capable IKOTSA'PSSI *vai* be
physically capable

capacity ΛKKΛWΛ'PSSI *vai*
have a large holding capacity

capture YINNAKI *vai* grasp,
hold, seize, capture
(something)

capture YISSINO'TO *vta*
catch, capture

car IITAISAPOPAO'P *nan* car/
container or receptacle we sit
in, automobile

carcass MAKSINI *nan*

cards KAAHTSA'TSIS *nin*
game playing cards

care IKIMM *vta* show kind-
ness to, bestow power upon,
care for

care IKSIKKIMM *vta* be
meticulous in one's care of

care INNA'KOOHSI *vai* take
special care of one's own
health e.g. during an illness

care ISINA'SAT *vta* tend to,
take care of

care OHTSIKII *vai* care about
something

care WAAKA'TAKI *vai* watch
over, care for s.t. (esp. a
dwelling in the absence of the
owner)

careful SOPOYA'P *adt*

carefully IKSIKK *adt*
white/clear/clean,
tidy/carefully, cautiously

caribou A'SINNOKA *nan*
caribou, lit: young elk,
*Rangifer tarandus

carpenter AISATSAAKI *nan*
carpenter, one who planes
(e.g. wood)

carpenter AOKOOYSSKAA
nan house-builder/carpenter/
contractor

carpenters IITAISATSAAKIO'P
nin carpenters bench

carrot *see* NIISTSIKAP

carry OHPAATAKI *vai* carry
s.t.

carry OHPAATOO *vti*

carry SIMAATAM *vta* carry
on one's own back

carry WAAYI'SIPISAA *vai*
carry water in a storage container

carry YIISTAM *vta* carry on
one's (own) back

Cart ISSKITSIISAINAKA'SI *nan*
Red River Cart

cartridge KSISAIKI'TAAN *nan*
cartridge (for gun powder)

carve YAAKSIKSII *vti* carve,
shape (wood)

cash SISIKOHTOMO *vta* cash
a cheque for

castor-oil POMIISAAM *nin*
castor-oil, lit: oily medicine

castrate OWAYITT *vta*

cat POOS *nan*

catbird POOKAA *nan* catbird
(lit: child), *Dumetella
carolinensis

catch IKANO'TAKI *vai* catch
with hands

catch IKKIAAKAT *vta* catch
in a trap

catch ITSIT *vta* catch up to

catch OMIIHKAA *vai* catch
fish

catch YISSINO'TO *vta* catch,
capture

catch fire OHPAKOYITTSI *vii*
catch fire, ignite

cattail AAPAIAI *nin* common
cattail, *Typha latifolia

Cattail AAPAIAITAPI *nan*
Bullrushes or Cattail Clan
(Peigan)

Caucasian NAAPIIKOAN *nan*
member of the Caucasian
race, white person

caught ITSSOKSIISI *vai* become caught/snagged on a
sharp protrusion, e.g. a hook
or barb

causative ATTSI *fin*

cause IKSISSTO *adt* without
apparent cause, for no reason

cause SSTOYIIMSSTAA *vai*
cause cold weather

cause WA'SOKSSKO *vta* cause
to be confused

cause YAAPIISTOTSIMAT *vta*
cause to live according to
'white' (non-Native) culture

cease IPONIP *vta* cease to
carry (offspring) in one's
teeth (said of an animal)

cease SSIKSSOPO *vii* cease
blowing, i.e. the wind

cedar OHKINIIMO *nin* cedar
leaf

cedar SIIKSINOKOWOHTOK
nan cedar tree

ceiling ITOWAISSTAAKSSIN
nin

celebration IKSISTSIKOMI *vai*
have a celebration day,
usually a birthday

center IHTATSIKI *adt* middle,
center, midst

center SITOK *adt* middle,
center

center TATSIKI *adt* middle,
center, midst

centre pole
TATSIKIKKONAMAAN *nan*
centre pole erected during the
Ookaan (see ookaan)

ceremony KANO'TSISISSIN
nin smoke ceremony, lit: all
smoking

ceremony OHKANO'TSISII *vai*
hold a medicine pipe
ceremony

certain WAAKSISTOOYI'TAKI
vai be confident or certain of
one's (own) ability to affect a
favorable outcome

chain SOKOPISA'TSIS *nan*

chair SOOPA'TSIS *nin*

challenge IKAHTOMAA *vai*
challenge (someone), compete

challenged IKSII'TAKI *vai*
feel challenged by a task
chance IKSKSOWA' *adt* by
chance
change ISAWAAI'TAKI *vai*
change states
change ISAWA' *vrt*
change SISIKOHKOT *vta* give
change (money) to
change SISIKSINAANI *vai*
have money to make change
chapped IPSSIKAHKAA *vai*
have chapped legs/feet
chapped IPSSIKINSSTSI *vai*
have chapped hands
chaps ISTTSIKITSIS *nan* lea-
ther chaps
char I'TSINSSAKI *vai* toast
s.t. (usu. bread)/ char or
burn
characteristic YOOK *adt*
characteristic, typical
charge IKSIKIOWAI'PIIYI *vai*
attack/charge (physically)
charge SAI'PIYI *vai* charge
(in battle)
charge YAAKAI'PISSKOHTO
vta line up in readiness to
charge or rush (the enemy)
charlie-horse
SAPOTTOKSIINANI *vta* hit in
the thigh area above the
knee, give a charlie-horse to
chase A'PSSKO *vta*
chase IHTSOOHKITSI. *vta*
chase INNISSKO *vta* chase off
chase OHPOOTSI *vta* chase,
drive off (usually an animal
such as a horse) by waving
something
chase OKSISAISSKO *vta*
chase SSKO *vta*
chase YIISTAPSSKO *vta* chase
away
chase after A'PSSKI *vti* seek,
try to discover, lit: chase
after

cheat IPSSTSIKA'PSSI *vai*
cheat ISTOOKIIKI'TAWAAT
vta double-cross, cheat on, be
unfaithful to spouse
cheat WAAKOO'. *vta*
cheat WAATTSIISTOTO *vta*
cheek MOOTSTSIPINNAAN *nin*
cheer ITTAHSOOHKOMI *vai*
cheer in victory
cheer up IKIAAHPIKSISTOTO
vta cheer up, make cheerful
cheese APAHSONNIKIS *nin*
curdled milk, cottage cheese
cheese IITSSKONNIKIS *nin*
cheque ISTTSIKIHKINA'SI *nin*
cheque SISIKOHTOMO *vta*
cash a cheque for
cherish SAKAKIMM *vta*
cherished SAKAKA'PII *vii*
precious, cherished
chest ITSO'KINI *vai* have
phlegm associated with con-
gestion in the chest
chest MAOKAYIS *nin* chest,
breast
chest OPA'KIIKINIT *vta* open
the chest cavity and abdomen
of
chew WAAWAKKSI *vai* chew
gum
chew WAOKSTSI *vti* gnaw a
hole in, chew a hole through
chew YOOKSTSIMAA *vai*
chewing AAWAKKSIS *nan*
chewing gum
Cheyenne KIIHTSIPIMIITAPI
nan member of Cheyenne
tribe, lit: (spotted) pinto
people
chickadee NIIPOMAKII *nan*
black-capped chickadee,
*Parus atricapillus
chief NINAA *nan* leader, chief
chief OHKINNIINAA *nan* head
chief, lit: necklace leader
chief mountain
NINAIISTAKO *nin*

child IKSAMAOKO'SI *vai* have an illegitimate child, have a child out of wedlock

child I'KSSKIT *nan* abandoned child

child KIPITAIPOKAA *nan* child raised by elderly parents/guardians

child MINII'POKAA *nan* favorite/special child

child *see* OKO'S

child OKO'SI *vai* have a child

child POOKAA *nan*

child YAMAAKIOKO'SI *vai* have an illegitimate child. have a child out of wedlock

childbirth WAAWATTAMOHSI *vai* begin contractions before childbirth, go into labor

childhood IKKAK *adt* short, low/ associated with childhood/ youth

chills IKKSTSAANISI *vai* have cold chills due to apprehension or awe

chimney SAISI'TOYA'TSIS *nin*

chimpanzee *see* YIIMAAPITSI

chin MOHPSSKINA' *nin* chin/jaw

Chinese AAPATAAMSSTSINNIMAA *nan* Chinese person, lit: braid-in-back

chinook IKOOPIISOPO *vii* chinook, lit: broth wind

chinook KOOPIISOPO *nin* chinook, lit: broth wind

chinook SI'KSSOPO *nin* chinook wind

chip IKAHKIMATOO *vti* chip at (usually the shin bone) for the marrow

chip IKKAWATOO *vti* strike repeatedly with a pointed object, peck at, chip away at

chip OMIKINAI *vti* chip at (said of bone)

chip SATSAAKI *vai* shave, chip, or plane wood

chip SSKSKSINIHKAA *vii* crack/chip (said of any glass object)

chipmunk I'KAYSSI *nan* golden mantle ground-squirrel, *Spermophilus lateralis/ chipmunk

chocolate AOPAKIITSSKII'P *nin*

choice SSTAHPIK *adt* by choice, because of own desire

choke IPOTTSKAA *vai*

choke OHTSIPOTTSKAA *vai* choke to death (on an object)

choke OTOOHSI *vai*

chokecherry PAKKIAOO'SSSIN *nin* chokecherry dessert soup

chokecherry PAKKI'P *nin* chokecherry, *Prunus virginiana

chokecherries PAKKSINIKIMAAN *nin* crushed chokecherries

choked OHKONI'POYI *vai* speak while choked up with emotion

choose OHSIIHKATOO *vti* claim, choose, select for one's own use

chop IKA'KIAAKI *vai* chop (e.g. wood)

chop IPIIKSAAKI *vai* chop wood

Christmas I'TAAMOMAHKATOYI-IKSISTSIKOMI *vai* have a merry Christmas, lit: happy big holy day

Christmas OMAHKATOYIIKSISTSIKO *nin* Christmas day, lit: big holy day

christmas PAHTOK *nan* pine tree, id: christmas tree

chubby IKOHPATTSIMI *vai*
be chubby, lit: have the appearance of being distended, or swollen

chubby WAAWAPOHSI *vai* be chubby/fat

cigarettes PISSTAAHKAAN *nin* tobacco, cigarettes

cinch ISSKSI'SIPISTAA'TSIS *nin*

circle *see* O'TAKII

circle WAATA'YAYI *vai* dark circle around the moon (indicates a chinook)

cistern IITAISAPAHKAMAO'P *nan*

claim OHPOWAANSSI *vai* (unjustly) claim (something) as one's own

claim OHSIIHKATOO *vti* claim, choose, select for one's own use

claimed OHSIIHKAAN *nin* chosen, selected or claimed area, e.g. a tract of land

Clan AAPAIAITAPI *nan* Bullrushes or Cattail Clan (Peigan)

Clan IMMOYISSKSISI *nan* Hairy Nose Clan (Peigan)

Clan KATA'YAYIMMI *nan* Never Laughs Clan (Peigan)

Clan KAYIKKAO'KIIKIN *nan* White Chest Clan (Peigan)

Clan KOOTSAAKIIYI'TAA *nan* Padded Saddle Clan (Peigan)

Clan KSIKKSISOKA'SIMI *nan* White Robe Clan (Peigan)/ Anglican

Clan MIAAWAAHPITSII *nan* Never Lonesome Clan (Peigan)

Clan OMAHKOKATAOOYI *nan* Gopher Eater Clan (Peigan)

clan AKAISTA'AO *nan* Blood clan name many ghosts/spirits

clan AKAOKIINAA *nan* Blood clan name, 'many graves'/ burial caches above the ground

clap I'TSIKINSSTSOOHSI *vai* clap one's own hands

Claresholm *see* ASOYINNAAPIOOYIS

clattering ISTTOKIISI *vai* make a clattering noise upon reaching the end of a fall/ id: seize up (said of an engine)

claw WAAMONN *vta* claw/ grasp and squeeze by hand

clay KSIKKIHKIMIKO *nin* white ochre, paint, white soil (usu. clay)

clean IKKAAHKAANISTOTO *vta* clean to make presentable, tidy up

clean IKSIKK *adt* white/clear/clean, tidy/carefully, cautiously

clean IKSIKKA'PISTOTAKI *vai* clean (an area)

clean IKSIKKA'PSSI *vai* be clean

clean SSOOHKIMAA *vai* clean the barrel of a gun

cleaner IKKAKIMA'TSIS *nan* pipe cleaner

cleaner ISSTAHTSIKIMAA'TSIS *nan* pipe cleaner

cleanse SSIIYAKI *vta* cleanse/ purify before a religious ceremony (e.g. a person or a bundle after a mourning period)

clear OMI'KINAA *vai* clear one's own throat

clear SAIKSISTT *adt* clear to the vision or understanding, evident, in clear view

clear SOPO. *adt* clear/ thorough, detailed, meticulous

clear SOPOWATSIKIMI *vii* become clear (said of a waterway, and usually after a storm or spring run-off)

clear-up IPANI *vii* weather clear-up

clearing SOPOYIINAKO *vii* dawn/ clearing of weather (e.g. of fog)

cleft palate IKAAWOYI *vai* have a cleft palate, have an opening in one's own mouth

clench OMOKINSSTSAAKI *vai* clench, close one's own hand

cliff AAKSI'KSAAHKO *nin* bank, embankment, cliff

cliff MIISTAKSSKO *nin* cliff, with a rocky out-crop, or an area, with a lot of rocks, resembling the mountains, lit: place of mountains

clip WAANAOYIITANISTOO *vti* clip (a word or phrase) by dropping one's voice

clock IIHTAIKSISTSIKOMIO'P *nan*

close INO'TSI *vti* close (the lodge flap)

close OHTO. *adt* close to, close in to

close OMOKINSSTSAAKI *vai* clench, close one's own hand

close OPOTT *adt* close/crowded

close O'TA'PAISSI *vai* stay close

close SSO *adt* close to the edge of

close YAAPSTSAAKI *vai* close one's own eyes

close YOOHKANINNI *vti* shut, close (as a window)

close YO'KI *vti* shut/close

clot KATOYIS *nan* blood clot

cloth IIHTAISSAAKIO'P *nan* dish towel, dish cloth

cloth NAIIPISSTSI *nan*

clothed ISTOTOOHSI *vai* be clothed

clothes ISTOTOOHSSIN *nin*

clothesline IITAIHKSSAKIO'P *nin*

clothing ASOKA'SIM *nin* clothing, usually a jacket or overcoat, dress, shirt

cloud SOKSISTSIKO *nin*

club APAKSA'TSIS *nan* club, consisting of a round rock tied to a short handle, used as a weapon

clumsy WA'KOTSIIYI *vai* be clumsy and careless/ be inept

co-operate OHKANOHKIMAA *vai* all co-operate for a specific purpose

coagulate OKAHSII *vii* coagulate/congeal/gel

coal SIKOOHKOTOK *nin* coal, lit: black rock/ Lethbridge

coat IMMOYIISOKA'SIM *nin* fur coat

coat ISSPIKSISOKA'SIM *nin* coat, lit: thick garment

coat SAPSKAOHSI *vai* put on a coat or jacket

coax out SAISSKOMO *vta* wheedle something out of/ coax out for

cod liver oil MAMIOHPOYIS *nin* cod liver oil, lit: fish oil

coffee NIITA'PAISIKSIKIMII *nin*

coffee OOHKOTOKSAISIKSIKIMI *nin* coffee, lit: tea (brewed) from stones

cold I'NIIPITSI *vai* freeze or become very cold

cold SSTAANOKO *vii* be cold to the touch (said of a leatherlike surface covering)

cold SSTOOPA'SI *vii* be a cold room or building which is normally occupied by people

cold SSTOWA'PII *vii* be cold weather/temperature

cold SSTOYIIMSSTAA *vai* cause cold weather

cold SSTO'SI *vai* have a cold

cold WAASANI'NIIPITSI *vai* cry from being cold

collapse IKOOHPAPOKAA *vii* blow down, collapse due to wind (said of a structure)

collapse OPOOKSKI *vti* collapse a wooden frame supported object with one's body weight

collapse SIKKI *vii* collapse slowly, go down slowly

collapse SIKKOHPI'YI *vii*

collapse WAATAPOKA'YI *vai* collapse, fall due to sickness/weakness

collar-bone SAAMIKIN *nin*

collect OTOOPAA *vai* go collect one's own winnings

collective OMAHKA *adt* whole, collective whole

colt OKO'SIIPOKAA *nan*

comb YAAKIHKINIIYI *vai* comb one's own hair

come WAISTAAAT *vta* come to in order to visit

come on KI *und* come on, let's go! (short form of OKI)

come on!' OKI *und* expression similar to English 'come on!', 'let's go!'

come out IHTSISAOO *vai* come out from a group or step forward

commence IPIITSIY *adt* begin/commence

comments ISOMAANANIIPITSI *vai* be one who makes indirect negative comments about others

communicate WAYIKINAA *vai* communicate with paranormal forces

company WAAKAMM *vta* temporarily move in with in a helping capacity or to keep company

compassion IKIMM *adt* compassion, pity

compassionate IKIMMAPIIYIPITSI *vai* be compassionate, kind

compassion OHKSSSAMM *vta* pity, feel compassion for

compete IKAHTOMAA *vai* challenge (someone), compete

competitive SSKITSSI *vai* egotistical, hence competitive, uninhibited, extroverted, exhibitionistic

complain OHKOWAITSIM *vta* complain about

complement YIIHKI *vti* complement, be suited to

complete IKSISTSII *vii*

complete SAPANISTSIMM *vai* be complete

completed IKSISTSSI *vai* be in a completed state/ ready

completely SOPOK *adt* finished/completely,thoroughly

completive AKAA *adt* perfect aspect/ completive

complicated ONNOHKATA'PII *vii* complicated/difficult

comprehend IKKSISITSI'TSI *vti* comprehend, understand

concerned I'SSKAT *vta* worry about, be concerned for

concluding OHKAKOTSII *vii* reach a concluding point, lit: where the boiling stops/ends

condor OMAHKSIPIITAA *nan*
California condor lit: large
eagle, *Gymnogyps califor-
nicanus

confess YIINAPANNSSI *vai*
confess, make a confession

confident
WAAKSISTOOYI'TAKI *vai* be
confident or certain of one's
(own) ability to affect a
favorable outcome

confused IKSISSTA'P *adt*
confused/abnormal

confused SAWOTSISTAP *adt*
confused, unclear

confusion WA'SOK *adt*

confusion WA'SOKA'PII *vii*
bedlam, confusion, trouble

congeal OKAHSII *vii*
coagulate/congeal/gel

congealed *see* IPAHS

congestion ITSO'KINI *vai*
have phlegm associated with
congestion in the chest

coniferous APAHTOK *nan*
general term for a coniferous
evergreen tree

consent SSKAAKANI *vai*
agree, consent (to s.t.)

conserve INNA'KI *vti* con-
serve, take special care to
make a supply last

console WAAPIIWAANISTOTO
vta

constantly IPSSTSIKATT *adt*
frequently, constantly

constricted OPOTTSII *vii* be
tight/narrow/constricted

consume IHTSISTTAMAA *vai*
swallow/ consume the whole
(of s.t.)

consumption
ISTTSIKSSAISSKINAAN *nin*
consumption/tuberculosis

contact IKSIIYI *vii* lightly
make contact with the ground

contact IKSIIYISI *vai* contact
the earth while moving in a
parabolic path

container AAYI'SIPISAAN *nin*
liquid carried in a storage
container, e.g. canteen, ther-
mos

container ASAOHKAMA'TSIS
nan container used when
picking berries (in the past
bags were used, today pails
are used)

container IITAIPISAO'P *nan*
container for boiling food
over an open fire

container
IITAISAPAYI'SIPISAO'P *nin*
storage container used for
carrying liquids, e.g. canteen,
thermos

container OOHKAMA'TSIS *nin*
container, or bag used for
storage, e.g. for water, berries
etc ..

contemplate SSKSKA'TAKI
vai watch, guard s.t./ con-
template, reflect on s.t./ be
conscious, think of s.t.

content OHT *adt* linker for
source, instrument, means, or
content

continuous ITAAK *adt*

contract WAAMOHSOHPI' *vii*
pucker, contract into folds or
wrinkles

contractions
WAAWATTAMOHSI *vai* begin
contractions before childbirth,
go into labor

contractor AOKOOYSSKAA
nan house-builder/carpenter/
contractor

contrary OHKO *adt*

convene OHKANOO *vai* as-
semble, convene at a meeting

convince SAPOHKINN *vta*
convince, persuade

cook OOYO'SI *vai* prepare food for a meal, cook

cook SSTSIIHKIITAA *vai* barbecue, cook (meat) over flame or hot coals

cooked I'TSOYI *vii* be ripe/cooked

coot AIKSIKKSKSISI *nan* coot (lit: white nose), *Fulica americana

copper MI'KOTAIKIMM *nan* copper, gold

copy ITOTOISAPOO *vai* copy, emulate s.o. or s.t.

corn AOHPIIKIINATTSI *nin*

corner KO'KI *nin*

corner YO'KIMAA *vai* head off (s.t. or s.o.)/ corner (s.t. or s.o.)

correct IPPOM *adt* adequate/correct/well

correctly SAPANII *vai* say (something) correctly

correctly SAPANIST *vta* respond to correctly

costly WAAKAOHTOO *vti* overprice, make expensive/costly

cottage cheese APAHSONNIKIS *nin* curdled milk, cottage cheese

couch *see* SOOPA'TSIS

cougar OMAHKATAYO *nan* mountain lion, cougar, *Felis concolor

cough ISTTSIIPSSKINI *vai* have an itching throat, that results in an irritating cough

cough SAISSKINAA *vai*

coulee KAAWAHKO *nin*

councillor MAOHKOTOOKSSKAA *nan* band councillor

councillors *see* NINAA

counsellor AOKAKI'TSI *nan* lookout, scout, one who watches, esp. for danger or opportunity. Could be used to refer to a modern day counsellor

count OKSOOHSI *vai* count, as a meter

count OKSTAKI *vai* read/count

count OKSTOO *vti* count/read

count OKSTSIMAA *vai* count (purposefully)

counter AKSTSIMA'TSIS *nan* abacus/counter/ adding machine

counter IITAOKSTSIMAO'P *nan* a type of counter (e.g. an odometer)

counteract IITSSKOOHSI *vai* exert oneself so as to counteract or defeat something

coup INAAMAAHKAA *vai* count coup/ acquire a keepsake/ take a trophy from an enemy

coup INAAMAAHKAAN *nin* coup, trophy, successful strategic acquisition

coup SINNIKIMAT *vta* take possessions from an enemy corpse/ make a coup

court IITSSIKOHKITSIMIO'P *nin* high court, Court of Queen's Bench (Lit: where we have a black door)

court ISAWAANOPAAT *vta* woo, court pay amorous attention to (female as object)

court SOWAANOPAAT *vta* court, woo

courthouse IITAI'POYO'PI *nin* courthouse (lit: a place where one talks)

courtroom IITAOKAKIHTSIMAO'P *nin*

cousin AAKIIM *nar* sister/
female cousin of a male
cover OKSKOIHTSI *vta* cover
with a blanket
cover SI'K *vrt*
cover SI'KI *vti*
cover SI'KINNI *vti* cover
(while holding)
cover SI'KOMO *vta* cover
(something) for
cover YISSKOYIPIST *vta* tie a
cover on the mouth of
cover YOOHKOYI *vta* cover
with a lid/ cover the mouth
of
covering SIIKSIKSAAPI'MAA
vai make an outer covering
with branches
covet *see* IKSIMSSTAA
covet WAAKOMITSIIHTAA *vai*
covet/ have a reprehensible
desire to be in possession of
s.t.
cow AAPOTSKINA *nan*
cow AIKSIPPOYINNOMOA *nan*
milk cow
cowardly
IKAMOTAAHPIHKAAPITSIIYI
vai be one who seeks own
safety in a dangerous situa-
tion, without regard for
others in the same situation,
se
cowbird KSIINI *nan* cowbird,
*Molothrus ater
cowboy
AAPOTSKINAISAHKOMAAPI
nan cowboy (lit: cow-boy)
cowhide IMMOYAAN *nan*
hairy robe (e.g. buffalo robe,
cowhide)
coyote AAPI'SI *nan* coyote,
*Canis latrans
coyote KSINA'OO *nan* male
coyote

crack IPATTSII *vii* to crack
or burst due to a temperature
extreme
crack OPASSKOYAAPIKSSI *vai*
split, crack the corners of
one's own mouth
crack SATTOTO'KAA *vii* crack
(e.g. in ice, ground)
crack SATTSIKSSKAA *vii* be a
crack in wood
crack SATTSSKIMSSKAAN *nin*
crack in ground, as a result
of drought
crack SSKSKOTO'KAA *vii*
crack SSKSKSINIHKAA *vii*
crack/chip (said of any glass
object)
cracker *see* MIKKSK
crackling ISTTOKINSSI *vti*
burn with a blazing and
crackling fire
crackling SIKKOHSAKKSSIN
nin crackling, the crisp
residue left after rendering
lard from meat or fat
cradle IITAISAPSSITSIMAO'P
nin cradle, where one places
a baby
cradle KAPIMAAN *nin* cradle
board
cradleboard AO'TOPISTAAN
nin
cradleboard O'TAPIST *vta*
place in a cradleboard
cradle swing AWAPISTAAN
nin cradle swing, usually used
for infants
crafty ISTTSKSSI *vai* be
crafty/wily, be capable of
evasive movement, indicative
of a tricky nature
cramp WAAMOHSI *vai*
get/have a cramp
cramps WAAMOHSIKAHKAA
vai have leg cramps

crane AAPSSIIKAM *nan* whooping crane, *Grus americana

crane KSIKKOMAHKAYII *nan* swan or whooping crane (Lit: white large gull), *Grus americana

crane MI'KSSIIKAMM *nan* red crane

crane SIIKAMM *nan* Sandhill crane, (archaic term believed to refer literally to long legs), *Grus canadensis

crave ONOOTAPISSAPI *vai* eye hungrily, crave (something) (No. Peigan)

crawl ISTTAHKAPI *vai* crawl into/under s.t.(a small enclosed space)/ id: sunset

crawl I'TOOHKSKAPI *vai* crawl/move into an open area

crawl WAAWAI'SKAPI *vai*

crayon IIHTAOKSPAINNAHKI-O'TAKIO'P *nan*

Crazy KANATTSOOMITAA *nan* a member of the Crazy Dog society

crazy ASOOTOKIAA *nan* fool, crazy

crazy MATTSI *adt* bad/ crazy

crazy SOOTOKIAA *nan* crazy, foolish, daring person

crazy SOOTOKIAAWATTSA'PSSI *vai* be foolish, crazy

crazy SSKAO'MITAOOPIKKINI *vai* crazy, daft, lit: have dog-nostrils

crazy WATTSA'PSSI *vai* be crazy

creak IPAKSKSISSKAA *vii*

create WAAKAMMAA *vai* create a song

Creator A'PISTOTOOKI *nan* God, Creator, our Maker, lit: the one who made us

credit IKAISINAAKI *vai* buy on credit

credit ITSSTSIPAANISTSTSOOHSI *vai* take undeserved credit for s.t./ take s.t. for granted, (usually tinged with humour)

Cree ASINAA *nan* Cree tribe

creek A'SIITAHTAA *nin* brook, stream, creek lit: young river

cricket TAPIKAIIMII *nan*

criminal SAOMMITSAAPIIKOAN *nan* criminal (Lit: sneaky/deceptive white man)

cringe YAAKSIISI *vai* cringe, shy (from something), stampede

crisis SSPIIPIOOHSI *vai* get into a critical situation or crisis, where turning back might not be possible

crocus KIPPIAAPI *nan* crocus flower

crooked IYOOMOKSIKSII *nin* crooked stick

crooked SAOMMIT *adt* shifty, furtive, crooked, underhanded, sneaky, deceptive, evasive

cropped TSIISII *nan* bear (arch.)/ any mammal with a cropped or short tail

cropped tail ISSTSIISOOTA'SI *nan* one who owns a horse with a cropped tail (signifies his ability as a deadly warrior, usu. North Peigan or South Peigan

cross IKI'TAWAAT *vta* cross over/ go over the head of

cross IKI'TAWAATOO *vti* cross over

cross-examine SSTSSKIMAT *vta* interrogate, cross-examine, try to get the truth from

crossed WAATSISTOIHTSII *vii*
be crossed at an angle other
than 90 degrees

crouch YISSOMAT *vta* am-
bush, crouch in wait for

crouched YISSKOO *vai* walk
low (crouched or bent)

Crow ISSAPO *nan* Crow tribe

crow MAI'STOO *nan* crow,
*Corvus brachyrhynchos

crow-carrier
MAI'STOOHPAATAKI *nan*
crow-carrier society

crowded OPOTT *adt*
close/crowded

crown KI'TSI *adt* plateau,
crown of a hill, top

crown OOHTATSIKA'PIS *nin*
crown of the head

crow root MAI'STOONATA
nan crow root, a.k.a. dotted
blazing star, *Lacinaria
punctata

crush SAOPPISSKI *vti* crush
with one's body

crutches OHPATTSOOHSI *vai*
walk on crutches

cry IPIWASAI'NI *vai* wail or
cry loudly

cry OHPO'KIAASAI'NI *vai* cry
to accompany someone, e.g. a
child with its parent

cry SAPASAI'NI *vai* cry to go
with (s.o.)

cry WAASAI'NI *vai*

cry WAASANI'NIIPITSI *vai* cry
from being cold

cultivator
IIHTAIKKINIIHKIMIKSAAKIO'P
nan cultivator, lit: what one
softens the soil with

culture NIITSITAPIA'PII *nin*
Native (Indian) culture

culture YAAPIISTOTSIMAT
vta cause to live according to
'white' (non-Native) culture

cupboard
IITAISOKOHKO'SO'P *nin* cup-
board, lit: where we put
dishes nicely

curdled IPAHS *adt* mushy,
curdled, thickened

curdled milk APAHSONNIKIS
nin curdled milk, cottage
cheese

cure OHKOTTOTO *vta* cure of
illness

curing SAPONSSTAA *vai* use
magic, or prayer to a spirit,
to gain curing powers

curious IPPAT *adt* curious
about, intrigued by, have a
lively interest in

curl-up OMOI'TSI *vai*

curlew MAKIINIMAA *nan* cur-
lew (lit: burial lodge),
*Numenius americanus

curse IPIKATO'SAT *vta*

curse PIKATO'SSIN *nin*

curse SSPIHKA *vta* offer to
the sun in anger, place a
curse on

cursed PAAHKOOHSINIHKA
vai be cursed

curtain APANI'KAHTAA'TSIS
nin tipi lining/curtain

curtain SOTANIKIMAA'TSIS
nan

curved A'KAHKO *nin*
curved/inclined geographical
feature, e.g. a bend in a
river, hill

cut IKAHK *vrt* sever, cut

cut IPAHTANI'SI *vai* ac-
cidently cut one's own hand
with a sharp instrument

cut IPIIYINOMMO *vta* cut
into small pieces for

cut IPOHKIAAKI *vai* cut hay

cut IPOHKSISTTSKINI *vta* cut
the hair of, give a haircut to

cut ISISOWATOO *vti* cut with
a knife

cut ISTTOHKSIISTSINI *vti* cut
thin

cut SISAAPITTAKI *vai* cut
into strips (e.g. a tanned
hide)

cut SISOYI *vai* cut (s.t.) into
strips

cut WA'SAISSKAPIHTAA *vai*
go cut tree branches for the
Sundance (a ritualistic
ceremony)

cut YAAKSINIT *vta* cut
(fabric) to specifications

cut YAAKSINOMMO *vta* cut
fabric for

cut YIISTSINI *vti*

cute WAANAT *adt* cute/nice

cut off IKAHKSINI *vti* cut
off, sever

cut off IKAHKSSTOOKI *vta*
cut off the ear of

cut off IPOHK *vrt* cut off/
pull out

cutout SAKONIMMAAN *nin*
moccasin pattern/cutout/
finishedhide (Blackfoot)

dab SANAMAA *vai* dab out a
sticky substance

daft SSKAO'MITAOOPIKKINI
vai crazy, daft, lit: have dog-
nostrils

damn *see* PAAHKOOHSINIHKA

damp OTSIK *adt* to max-
imum capacity, heavy, full/
damp

damp OTSIKAHKO *vii* be
damp ground

dance AAKIIPASSKAAN *nin*
women's dance

dance AOHTO'TSSSAPI *nin*
Sneak-up dance

dance IHPIYI *vai*

dance *see* IIYIKIHKAOHSI

dance IPAKOTO'KIMAA *vai*
dance or hop (on the ice)

dance IPASSKAA *vai* dance
(at a dance)

dance IPASSKOHKI *vai* put
on a dance/ sing for a dance

dance ISSIKOTOYIIPASSKAAN
nin black tailed deer dance

dance ITAPISSKATSIMAA *vai*
do a weather dance/ perform
the Sundance ceremony

dance O'TAKSIPASSKAAN *nin*
round dance or circle dance,
(originally was solely a
womens' dance)

dance PASSKAAN *nin*

dance
WAATANIMMAIPASSKAA *vai*
dance the last ceremony of
the Sundance

dance out SAIHPIYI *vai*
dance out/ prepare to leave
for war (archaic)

dancer AITAPISSKATSIMAA
nan weather dancer, person
who performs the Sundance
ceremony (that takes place
after the center pole has been
raised)

dangerous I'SSKAAN *adt*
dangerous or risky

dangerous I'SSKAANA'PII *vii*
be risky, dangerous

dangerous SSTONNAT *adt*
extremely/dangerous/awsome

daring SOOTOKIAA *nan*
crazy, foolish, daring person

daring WAATTSIIHKA'SI *vai*
act naughty/ be daring

daring WAATTSISSKII *vai* be
mischievous, willing to take
risks, daring

daringly WAATTSOOHKITOPII
vai ride horseback daringly (a
virtue rather than a vice,
said of females or children)

dark SIK *adt* black or dark

dark SSKI *adt*

dark SSKIINA *vai* be dark

date OTOINAHKIMAA *vai* go out on a date/ look for a mate

daughter ITAN *nar*

daughter OTANIMM *vta* develop an emotional attachment for as a daughter

daughter! KOOKONAA *und* daughter! (vocative)/term of address to a younger female

daughter-in-law IMSS *nar*

dawn SOPOYIINAKO *vii* dawn/ clearing of weather (e.g. of fog)

dawn WAAPINAKO *vii* be morning, dawn

day AAHKIAAPIKSISTSIKO *nin* going home day (a day midway between the summer solstice and the winter solstice)

day IKSISTSIKO *vii* be day

day KSIISTSIKO *nin*

day OONI *vii*

dead O'PSSKAA *vai* take article(s) from newly dead

death I'NIMM *vta* be present at the death of

decapitate IKAHKO'KI *vta* behead, decapitate

deceive IPSSTSIKSISTOTO *vta*

deceive ISSISTSII *vai* deceive/ be a woman imposter (said of a wolverine)

December ISSTAATO'S *nan* December, lit: cold month

December MISAMIKO'KOMIAATO'S *nan* December, lit: long night month

December OMAHKATOYIIKI'SOMMIAATO'S *nan* December, lit: big holy moon month

December OMAHKATOYIIKSISTSIKAATO'S *nin* December, lit: Christmas month

deceptive IPSSTSIK *adt* deceptive/ barely, very little

deceptively SI'KOPIAANII *vai* talk deceptively, slyly

decide OKAKIHTSIMAA *vai*

decorate IPI'KIHTAA *vai* decorate an area

decoration PI'KIHTAAN *nan* decoration (personal or household)

decrease IIPISTOTSI *vti* decrease the amount of (said of a workload)

decrease SIKK *vrt* decrease the mass of, lower

deep IMMIKO *vii* be deep snow

deep IPISTTANISII *vii* be deep

deep fry IMMISTSIIHKIITAA *vai* make fry bread/ deep fry one's own cooking

deer AWAKAASI *nan* antelope/deer

deer AWATOYI *nan* white-tailed deer, *Odocoileus virginianus

deer ISSIKOTOYI *nan* black-tailed deer, *Odocoileus hemionus

deer ISSPAYSSTOO *nan* mule deer or black-tailed deer, *Odocoileus hemionus

defeat IITSSKOOHSI *vai* exert oneself so as to counteract or defeat something

defeat OMO'TSI *vta* defeat/win victory over

defeat SSKITSIM *vta* outdo/defeat, especially in a race

defeated INII'TOTOYAAPIKSSI
vai be frightened, scared and
defeated (usu. an animal that
has been chased and caught),
lit: have one's tail do
defecate I'STAAPIKSSI *vai*
defecate (unwillingly)
defy OKIHKA'SI *vai*
resist/oppose/defy (some
authority), misbehave, lit: act
bad
degrading SOMAANII'POYI
vai imply, suggest something
disparaging or degrading
(about s.t. or s.o.)
dejected OOYIITSI'TAKI *vai*
be depressed/dejected
deliberate OKAKIO'SATOO *vti*
study before making a deci-
sion, deliberate, look
carefully/closely
deliver IPSSTSKAHTOO *vti*
hand in, deliver
delouse OTONA' *vta* delouse
by hand
demand IPAOO'TSI *vti*
reclaim, demand and/or ob-
tain the return of a gift
demean SIISTONAISTOTO *vta*
demean, lower the dignity of
demonstrate
WAI'STAMATTSI *vta*
instruct/demonstrate to
dent OPOKKSINI *vta* smash
or dent (a metal object)
deny SAYI'TSIMAA *vai* deny
(something)
depart ONA'PSSI *vai*
hurriedly prepare to depart
depart WAYAMOO *vai* depart
with hurt feelings/ leave
home because of a personal
grievance
depend OHPAAATTSI *vta*
depend upon/ trust to pur-
chase in one's place

depend SSTAKAT *vta*
depend/rely on, trust
deplete IKAKOOPAA *vai*
deplete/exhaust one's own
supply
deplete I'TSINOPAA *vai*
deplete, exhaust one's (own)
supply
depleted I'TSINIHKAA *vii* be
used up, exhausted, depleted
depress IKKIHKINIOOHSI *vai*
depress one's self by thinking
sad or unpleasant thoughts
depressed OOYIITSI'TAKI *vai*
be depressed/dejected
depressing IKKIHKINI *adt*
sad/dull/depressing/boring/
insipid
depression ISSTSIKAHKO *nin*
a slight depression on an
otherwise flat ground surface
depression SOOHTSIMM *vta*
sense the low
spirits/depression of
derangement SAAYII *vai* dis-
play symptoms of mental
derangement, e.g. from rabies
or distemper/ go out of one's
mind from lack of (e.g.) food
derriere I'TSIIYISKO *vta* kick
the derriere of
derriere MOOS *nan* derriere,
bottom, bum
derriere SSTAASIISI *vai* fall
or land on one's (own) der-
riere (so as to be in a sitting
position)
desert OMAHKSSPATSIKO *nin*
the hereafter/ sandhills/desert
deserted ISTTSIKSIKA *vai* be-
come a widower or be
deserted by one's wife,
design SAATSTAKSSIN *nin*
beadwork design
designs I'KOKATOO *vti* paint,
make designs on (a tipi)

desire IPPATSI'TSI *vti* feel a strong desire to, feel tempted to act upon (a desire generated by curiosity)

desire ONOOTATOO *vti* hunger for / desire

desire ONOOTSI *vai* hunger for food/ have sexual desire

desire SSTAA *vai* want, desire, wish s.t. to be true

desire SSTAHPIK *adt* by choice, because of own desire

despair IPAHKITAPI'TAKI *vai* feel despair

despite SOOTAM *adt*

despite SSKOHTO *adt*

despite SSKOHTOITAPIIYI *vai* be a forceful, spiteful person/ be one who insists on carrying an action through despite unfavorable conditions

dessert AOO'SSSIN *nin* berry soup/ dessert soup

dessert soup WAOO'SSI *vai* make dessert soup (e.g. berry soup)

destroy YAAMITAOKSISTOTSI *vti* needlessly destroy, waste

destructive OKSISTOTAKI *vai* be destructive, disruptive

destructively WAANOOK *adt* ruinously, destructively

detailed SOPO. *adt* clear/ thorough, detailed, meticulous

determined IKSIMMOHSI *vai* be determined, be resolute

determined WAAKSISTO *adt* brave, determined

devil AOTOTSOOKI *nan* the devil, lit: the one who throws us in the fire

diabetes YAAPIINIIWANA'SI *vai* be afflicted with sugar diabetes

diaper ISSITSIMAA'TSIS *nin* baby things, usually a diaper

diaper YOOHKATAHKIPIST *vta* put a diaper on

diarrhea SOWOTTSI *vai* have diarrhea

die IKSIPIKAASI *vai* id: die, lit: have foothold pried up

die IPONIHTSI *vai* die/be unconscious

die I'NI *vai*

die OHKA'PSSI *vai* id: die, lit: cease to be

die YOOHSINIISI *vai* die on impact (e.g. by a car crash, or by falling from a height)

died *see* IKSISSTA'PSSI

diet IKKSTSIMIATTSOOHSI *vai* diet, lit: cause oneself to be slim

diet IPIKSINIATTSOOHSI *vai* diet, lit: cause oneself to be skinny

different AYAAM *adt* wrong, different direction/ misdirected

different OMIA'NIST *adt* various, different

different O'KIA'P *adt* other/different (from the one which our attention is on)

different YOOHKIIT *adt*

difficult AKAKKOMA'PII *vii* be difficult and important

difficult IIYIKO *vii* strong, difficult, hard (intensely)

difficult IIYIKOOSI *vai* have a difficult time / be difficult

difficult OHKOMIHKA'SI *vai* be difficult, act up

difficult ONNOHKATA'PII *vii* complicated/difficult

difficult YOISSTSKAOHSI *vai* have a difficult time motivating oneself

difficulty IKKIA'. *adt* have difficulty beginning

dig I'NOKAA *vai* dig, shovel

dig ONATAA *vai* dig (s.t.) up from the earth

dig WAATANIAAKI *vai*

dig WAATANO'TSI *vti* dig out, hollow out by use of hand or finger

dignity SIISTONAISTOTO *vta* demean, lower the dignity of

dime KIIPAANAO'KSSI *nan* dime/lit: ten halves

dimminish ONNATOHSII *vii* be few, low/ dimminish

dip ISSTSIKAHKO *nin* depression in land surface, dip

dip ISTTA'PIN *vta* dunk/dip

dip OHPA'TAA *vai* dunk/dip food

dip OTTAKI *vai* dip out liquid

dip OTTAKO *vta* dip out for/ give a drink to

dipper IHKITSIKAMMIKSI *nan* the big dipper, lit: the seven (stars)

dipper IIHTAOTTAKIO'P *nan* ladle, dipper (for liquid), lit: what one dips drinks with

dipper ISSOYI *nan* a cooking pot with one long handle/ dipper

direct NIITSSKIMAAN *adt* direct, brusque, blunt

dirt KSAAHKO *nin* dirt, land

dirt NIIMIA'PII *nin* dirt/mess/miscellaneous belongings

dirty SIKA'PSSI *vai* be profanely indecent, filthy, dirty

dirty YOOTSIPINA *vai* have a soiled or grimy, dirty appearance

disagreeable IPAHKINAA *vai* be a disagreeable man (usually toward one's wife), lit: bad man

disappear IPONINA *vai* drop out of sight quickly, disappear

disappear ISTTANIOKSKA'SI *vai* disappear over a hill or ridge while running

disappear SAYINAKO *vii* disappear/ go from sight

disappear SAYINAKOYI *vai*

disappointment OHKONA'PSSI *vai* be a disappointment

disappointed O'KIA'PAIMM *vta* be disappointed in the actions of

disappointment YAOO *und* an expression, normally used by females, to convey disappointment; similar to English "oh no! not again!"

disapproval TSSS *und* interjection expressing disapproval, disgust (usually mock disgust) or surprise

disassemble SOOKSO'TSI *vti* disassemble (e.g. toys)

disc IIHTAIPIINITAKIO'P *nan* farm implement used to tear the ground into pieces, disc plough

discard IKSISSTOYI'TSI *vti* leave behind, discard, waste, abandon

discern OTSISTAPI'TAKI *vai* discern, understand

discharge SATTAAPIKSI *vti* slit: to discharge the contents of (e.g. a swelling/ a bag)

discharge SAOTSIKKINIHKAA *vai* have a discharge of nasal mucous

discipline SIIM *vta* discipline/forbid,

discover I'TSKA'KI *vti* discover (a secret or concealment, usually in a political context)/ expose

disembowel SAOTTSISI *vta*
disembowel, squeeze out the
intestines of
disgust KIAI' *und* expression
of distaste, disgust (used only
by females)
disgusted SAWOHKOIMM *vta*
be disgusted with, have a
negative feeling toward
dish ISOIHTAA *vai* place food
on one's dish, dish food for
one's self
dish ISOOHTOO *vti* put on a
dish
dish KO'S *nin* dish
(earthenware or wooden)
dish KO'S *nan* dish, bowl
(made from tin or metal)
dislike IKAI'TSI *vti*
dislike IKSSKAMM *vta* overtly
display dislike towards
dislike OKA'PAHSINATOO *vti*
dislike the appearance of
dislocation WA'KOT *adt*
operational malfunction, dis-
location
dismay OOHSINIINAMMA *und*
expression of strong dismay
(considered to be swearing)
dismiss SSTSS *vta* burn/fire,
dismiss
disown IPONIKSO'KOWAMM
vta disown (a relative)/ ter-
minate friendship with
disparaging SOMAANII'POYI
vai imply, suggest something
disparaging or degrading
(about s.t. or s.o.)
displacement A'POHPATTSKI
vti cause displacement by jar-
ring or bumping
displeased OKAHSINAT *vta*
have a negative perception of,
be displeased with
dispose YIISTAAPIKSI *vti*
throw away, dispose of

disregard IMMSOWAAT *vta*
muddy water for/
demonstrate disrespect for,
disregard
disregard SSKAHSI'TSI *vti*
forget about/ neglect/ dis-
regard
disrespect ANISTA'PAISTOTO
vta take liberties with, show
no consideration for, treat
with disrespect, regard as a
child
disrespect IMMSOWAAT *vta*
muddy water for/
demonstrate disrespect for,
disregard
disruptive OKSISTOTAKI *vai*
be destructive, disruptive
distance A'KOOHT *adt* at a
distance
distance IPII. *adt* far, long
distance, remote in space
distance OOTOISSAMM *vta*
watch from a distance
distort YAAMSSKIAAKI *vai*
distort one's own facial ex-
pression by moving one's jaw
to one side
distract SATSISTOTO *vta* at-
tempt to distract
distressed IPOINA *vai* be ap-
prehensive, distressed
distressed IPOINAOHKOYI *vai*
be apprehensive, distressed
distribute OMATSKAHTAKI
vai give away/ distribute
something
distrust I'SIMM *vta* distrust,
fear
disturb IPIYISTOTAKI *vai*
disturb s.o. or s.t., cause a
disturbance
disturb WAAWATTSSKI *vti*
disturb, cause to move
ditch OHPA'WANI *vai* ditch
(in a vehicle)
dive ISTTAYI *vai*

dizzy WAATAHSINAA *vai* become dizzy

dizzy WAATAPONISSKAA *vai* spin (to become dizzy)

dizzy WAATA'PSSOYI *vai* become dizzy from overexposure to the sun's heat

do KAKO *und* Go ahead!/ Do it!

do IKII *vai* do/ happen to

do IKIIHTO *vta* do to

do SSIKOTOYIIPASSKAA *vai* do the "black-tailed deer dance"

do SSTSINA' *adt* do VERB before doing something else

do WAANISTTOTSI *vti* do/ do to

do WAANISTTSI *vai* do (something)

dock tailed SSTSIISI *vai* be bob tailed, dock tailed

doctor AISOKINAKI *nan*

doctor OHPAKOYI'S *vta* doctor with a hollow eagle bone/lit: blow at

doctor OHPAKOYI'SAKI *vai* blow, doctor by blowing (usu. herbs) into/over affected area with a hollow bone

doctor OPIINOMO *vta*

doctor SOKIN *vta* doctor, treat medically

doctor SOKINAAPI *vta* doctor/ bring back to health, make well

dodge A'PISTTAAPIKSSI *vai* dodge around

dog IMITAA *nan*

dog SISOMM *nan* small dog, puppy

dog-paddle OMITAO'KAASI *vai* dog-paddle, reference to a way of swimming

dog-wood MI'KAPIKSSOYI *nan*

dogfoot IMITAOHKAT *nin* dogfoot, *Disporum trachycarpum

dogs KITSISOMAHKOKATA *nan* mountain gophers (striped)/ black tailed prairie dogs

doll ATAPIIM *nan*

dollar SOPOKSSI *nan*

domineering INAIHKA'SI *vai* act bossy, domineering

donkey OMAHKSSTOOKI *nan* donkey, mule, ass (Lit: big-eared)

door IPPOT *adt* by the door

door KITSIM *nin*

double IST *adt* two, or double

double ISTOHKOOTOHKITOPII *vai* ride double, e.g. on a horse or a bike

double NIISTSIKAP *adt* both, double

double NIISTSIKAPA'S *nan* squaw root, lit: double root, *Carum gairdneri

double-cross ISTOOKIIKI'TAWAAT *vta* double-cross, cheat on, be unfaithful to spouse

double-hold IISTSIKAPOOYINNI *vti*

dough IITSSKSIISTSTAA *nin*

douse OTSIKSIISTSIM *vta* douse, immerse, water (e.g. a plant)

douse OTSI' *vta* douse/splash with water

dove KAKKOO *nan* dove/ domestic pigeon, *Columba livia

dove SAOKIIKAKKOO *nan* mourning dove (lit: prairie pigeon), *Zenaidura macroura

down IKSISAP *adt*

down INN *adt*

down ISTTAKOYII *vii* go
down (said of water level)

down SAINNIS *adt*

down SIKKI *vii* collapse
slowly, go down slowly

down SSTAASIMMOHSI *vai*
throw one's self down so as
to land on one's own derriere

doze YO'KAANOPII *vai* doze
(off)

drag OHTAISSKAPAT *vta* drag
along

drag SSKAPAT *vta* drag/pull

drag SSTSKIMIHKAKI *vai*
drag the feet while running
and to raise dust as a con-
sequence, e.g. a horse drag-
ging its hooves

drain ISTTAKOYSSTOO *vti*
lower the liquid level of,
drain/ cause to submerge

draw ISTTSINAA *vai* draw
rations

draw SINA *vta* draw/take a
picture of

draw SINAAKI *vai*
write/draw/ make images

draw SSPIISAO'TAKI *vai*
draw, pick something out
randomly

draw WAAWAHKAISINAAKI
vai sketch, draw (artistically)

dream IPAPA *adt* in a dream

dream IPAPAINO *vta* see in a
dream

dream IPAPAO'KAA *vai*

dream PAAPAO'KAAN *nin*

dress ASOKA'SIM *nin* cloth-
ing, usually a jacket or over-
coat, dress, shirt

dress INAO'SI *vai* dress for a
specific occasion/ tie ones
own shoelaces

dress YAAKSINAO'SI *vai* dress
for a specific occasion, e.g. as
a clown, as a ceremonial dan-
cer, or for a party, etc...

dress YAAKSISTOTOOHSI *vai*

dried meat
MIINIIYOOKAAKIN *nin* a mix-
ture of berries, dried meat
and grease

drifting OHKAATSI *vii* cease
drifting

driftwood KAATSI *nin*
driftwood (found along the
river)

drink KSIISTSIKIMISSTAAN
nin herb drink

drink OTTAKO *vta* dip out
for/ give a drink to

drink SIMATOO *vti*

drink SIMI *vai*

drink SIMI *vta* give a
medicinal drink to

drink SIMIIPI *vta* water
(livestock)/treat to a drink

drink SIMSSIN *nin*

drip SSTSSAAKOYI *vii*
drip/leak

drive IKSIIKSKOMAHKAA *vai*
drive to the side to avoid
something

drive OHKOMAT *vta* utter a
sound at/ drive, steer, herd

drive OHKOMATAKI *vai* drive
(s.t.)

drive OHTOMAAHKAA *vai*
drive or travel along/run
along

drive off OHPOOTSI *vta*
chase, drive off (usually an
animal such as a horse) by
waving something

driver's
IIHTAOHKOMATAKIO'P *nin*
driver's license

drool SOOPOYOOYIHKAA *vai*
drool (saliva)

drooling *see* PA'KSIK

drop INNAAPIKSIST *vta*
drop/throw off from an
elevated level

drop ISTTOHKOHPA'WANI *vai* (deliberately) drop one's own body to the ground

drown IINIITSI *vai*

drown ISTTA'PSSKO *vta* drown out (with noise)

drowsy YO'KAANIPOHSI *vai* sleep or be drowsy due to satiation

drum ISTTOKIMAA *vai*

drum ISTTOKIMAA'TSIS *nin*

drumming ISTTOKIMAAN *nin* lit: drumming, id: a drummed song

drunk WAATTSIYI *vai* be drunk, intoxicated

dry IHKITSI *vii*

dry IHKSSAKI *vai* dry (something)

dry IHKSSOYI *vai* become dry

dry IKKATTSI *vii* dry, shrink, and harden (usu. a soft, pliable object, e.g. hide, paint, bread)

dry OOHKOHTSSKAA *vai* hang meat to dry

dry SSOOHSI *vai* wipe, dry one's self

dry WAAPIPITTSKO *vii* dry up (i.e. time when berries, leaves etc. dry up)

dryer IIHTAIHKITSOOHPATTS-AAKIO'P *nan* clothes dryer (Blood)

drying IITSITTSIMAAN *nin* meat (cut) for drying

duck KIIHTSIPIMISA'AI *nan* common goldeneye (duck)

duck MIISA'AI *nan* common merganser (lit: hardy duck), *Mergus merganser

duck MI'KSIKATSI *nan* mallard duck

duck OMAHKSSA'AI *nan* goose/ big duck

duck PA'KSIKAHKOISA'AI *nan* black duck, lit: mud duck

duck SA'AI *nan*

dull IKKIHKINI *adt* sad/dull/depressing/boring/ insipid

dull ISTAAKO *vii* have a dull point or edge

dull ISTAIAIKIMM *vai* have a dull edge (said of a cutting instrument)

dumb KATAI'POYI *nan* mute, dumb person

dung I'STAAN *nin* dung, feces, excrement

dung KAAMIHTAAN *nin* dried dung (in the past, it was sometimes used as fuel in place of firewood)

dunk ISTTA'PIN *vta* dunk/dip

dunk ISTTSITTSSKO *vta* dunk into the snow (as a disciplinary measure)

dunk OHPA'TAA *vai* dunk/dip food

durative A *adj* durative aspect

dust IPOIPOKA *vii* be a blowing into the air of loose ground particles, dust by a sudden wind

dust ISSTSSKAAN *nin*

dust SSTSKAKI *vai* raise dust with the feet or vehicle

dust SSTSKIMIHKAKI *vai* drag the feet while running and to raise dust as a consequence, e.g. a horse dragging its hooves

dusty-looking IKKITSINA *vai* be dusty-looking

dye I'SI *vti*

each WAAHTO *adt*

eager IKSISTSPI'TAKI *vai* be eager to begin

eager IKSISTSPI'TSI *vti* eager to try, esp. work

eager IKSISTTSSI *vai* be eager
and hopeful, look forward (to
s.t.)

eager OKSISSTSSI *vai* be ex-
cited, eager to join in an
activity, e.g. a game, a bead-
work class, a meeting

eagle KSIKKIHKINI *nan* bald
eagle (Lit: white head),
*Haliaeetus leucocephalus

eagle OTAIKIMMIO'TOKAAN
nan golden eagle, lit: gold
head, *Aquila chyrsaeotos

eagle PIITAA *nan* eagle, espe-
cially the golden eagle,
*Aquila chrysaetos

eagle catcher IPSSTSSTSII
nan eagle catcher, lit: lying
within

ear IPAKSSTOOKI *vta* slap on
the ear(s)

ear MOHTOOKIS *nin*

ear SAPSTOOKIO'TO *vta* poke
inside the ear of

ear SSTOOKI *med*

ear WAAHKANISSTOOKI *vta*
pierce the ear(s) of

ear YAAMSSTOOKIO'TO *vta*
twist the ear of

early IPANA *adt*

earmuffs
KINSSTOOKIPSSA'TSIS *nan*
scarf, earmuffs

earring OHTOOKIPIS *nan*

earth KSAAHKOMM *nan*

earth toned APOYIINATTSI
vii be brown/ earth toned

earthworm
KOMMOYO'KSTSIIKINAKIMM
nan

east INNAAP *adt*

east ISSKIHTA' *adt* east (of
speaker)/ toward the open
prairie, usually an unin-
habited or sparsely populated
area

east PIIHKOOHTSI *nin* east/
in front of

east PINAAP *adt*

east PINAAPSSOKIMI *nin* At-
lantic ocean, lit: body of
water to the east

easy IKKINISII *vii* soft, easy

easy SAHP *adt* soft/easy

eat ISTTAMI *vai* eat lean
meat simultaneously with a
side serving of fat

eat OHKOOTATOO *vti* beg for
to eat

eat OOWAT *vta*

eat OOYI *vai*

eat OOYIIPI *vta* take/bring to
eat

eat O'KSOYI *vai* eat a food
in its raw, unprepared state

eclipse O'KSIKO'KO *vii*

edge ISSOOHKITOOHTSI *nin*
edge of hill

edge MIINOHK *adt* at the
edge/ toward the end (of a
sequence or queue)

edge OHSO'K *adt* outer edge

edge SSO *adt* close to the
edge of

egg OWAA *nin*

egotistical SSKITSSI *vai*
egotistical, hence competitive,
uninhibited, extroverted, ex-
hibitionistic

eight NAANISOYI *nin*

elbow MOHKINSSTSIS *nin*

elderly KIPITA *adt* aged,
elderly (usu. said of women)

elderly KIPITAIPOKAA *nan*
child raised by elderly
parents/guardians

elderly male OMAHKINAIM
nan elderly male co-resident

electricity PAAPO'SIN *nin*
lightning, electricity, battery

electric light
AIKSISSTAÁNATTSI *nin*
electric light, flashlight

elephant INNOOHKSISI *nan*
elephant, lit: long nose
elevator
IITAISAPA'SOYINNIMAO'P *nin*
bin for grains/ grain elevator
eleven NI'TSIKOPOTTO *nin*
elk PONOKA *nan* elk, *Cervus
elaphus
elope IIYISTSIPI *vta* elope
with
embankment
AAKSI'KSAAHKO *nin* bank,
embankment, cliff
embarrass IKOHKIISTOTO
vta
embarrassed IKOHKIA'PSSI
vai be embarrassed
embarrassed IKOHKI'TAKI
vai feel embarrassed
embarrassment
IKOHKIISTOTAKI *vai* cause
embarrassment
embers SSTSIIWA'SI *vii* be
glowing with live embers
embrace WAATATO'TO *vta*
hug, embrace
emotion IMM *vta* feel emo-
tion toward
emotion I'TOMO *vta* feel
emotion for
emotion I'TSI *vti* feel
emotion/attitude toward
employer INAIM *nan* leader,
employer
empty WAAPITSTSI *vti*
empty one's own mouth of
emulate ITOTOISAPOO *vai*
copy, emulate s.o. or s.t.
encourage IKI'TSIM *vta*
incite/encourage
end IINOHK *adt* last/ at the
very end
end IKSIST *adt* finish/ at the
end
end IPON *vrt* terminate, end,
be rid of

end KAMOTAANA *und* said at
the end of a prayer, lit: es-
cape (from danger)
end MIINOHK *adt* at the
edge/ toward the end (of a
sequence or queue)
end NAATSA *adt* at the end
of a sequence, last in succes-
sion
end OTOMOHK *adt* the last/
end point
end PIIKSIKAOHSI *nan* the
end of a job
end SSIKAAA'SI *vii* end (said
of ongoing processes)
end SSIKOO *vai* terminate,
end, stop
endorse SINAOHSI *vai* en-
dorse, sign, register
ends ISSIKATOYIIKSISTSIKO
nin Monday (Lit: the holy
day ends)
endurance ISSI *vai* have en-
durance
endure IPOYISSKIHTSI *vti*
endure YIIPONI'SAT *vta* en-
dure, remain with under suf-
fering or misfortune without
yielding
enduring YOOMAAHKAA *vai*
be an enduring, hard runner
(said of horses or joggers)
enemy KAAHTOMAAN *nan*
enemy, adversary
energetic IPAKKITSA'PSSI *vai*
have a high energy level, be
energetic
English NIITA'PIAAPIIKOAN
nan person of English descent
(No. Peigan), lit: real white-
man
English YAAPII'POYI *vai*
speak English
enjoy YAAHSSSAPI *vai* enjoy
watching
enjoyable I'TAAM *adt*
happy/pleasant/enjoyable

enough ANNIAYI *und* that's enough/ that's all there is

enough KIANNIAYI *und* expression like "and that is all", or "enough"

enraged OHKIAAYOWA'SI *vai* id: become angry, enraged, lit: become a bear

en route WAANAOYIT *adt* at a point before a destination, en route/ before a process is completed

enter IPII *vai* enter (room or building)

entrance OOHKSIPISTAAN *nin* lodge flap/ entrance of a lodge

entrance YOOHK *adt* at, by the entrance

entreat WAI'STA'SAT *vta* entreat, or appeal to the mediatory powers of

envious IKSISATTSIIWAA *vai* be envious, be jealous

envy ISTTSIKAANIMM *vta* upset, cause discomfort for another because of jealousy or envy

erase SSIINI *vti* erase, wipe off

erect YAAKOKIIYI *vai* erect a tipi

ermine AAPAIAI *nan* ermine/ weasel (in winter coat), *Mustela frenata

err IPAHTSA'PSSI *vai* err, make a mistake

errand OTOHKAT *vta* send on an errand

errand SSKSKSIM *vta* send as a messenger/ send on an errand

erroneous IPAHTSI *adt* false, mistaken, erroneous, imitation

escape IKAMOTAA *vai* give birth/ escape a dangerous situation/ recover from a life-threatening illness or injury

escape KAMOTAANA *und* said at the end of a prayer, lit: escape (from danger)

European AAPAMIAAPIIKOAN *nan* European, lit: across (the ocean) person

European OMAHKSIKAAPIIKOAN *nan* European immigrants, usually of Slavic descent, lit: big foot whiteman

evasive ISTTSKSSI *vai* be crafty/wily, be capable of evasive movement, indicative of a tricky nature

even IKAK *adt* just, only, even

even IKSISTTO'SI *vai* be even on all sides, e.g. full moon or a scarf

even IMAK *adt* even if

evening AATAKO *nin* the previous evening

evening OTAKO *vii*

evergreen APAHTOK *nan* general term for a coniferous evergreen tree

everything I'TSINI *adt*

evident INAKO *vii* show, appear, be visible, be evident

evident NIITSANATTSI *vii* appear striking, evident

evident SAIKSISTT *adt* clear to the vision or understanding, evident, in clear view

evil MAKA'PATO'SI *nan* bad spirit/ evil spirit

examine OHTOISSAMM *vta* examine, look at individually

excessive SSTOK *adt* extensive/excessive/ to a great degree, much, a lot excessively OMA *adt* intemperately, excessively

exchange WAAHTSOWAAPIKSI *vti* switch position of, exchange with something

excited OKSISSTSSI *vai* be excited, eager to join in an activity, e.g. a game, a beadwork class, a meeting

exclude SIKAHK *vrt* set aside, set apart, exclude

excrement I'STAAN *nin* dung, feces, excrement

exercise YIISTOMSSKOOHSI *vai* exercise, lit: harden one's own body

exert IITSSKOOHSI *vai* exert oneself so as to counteract or defeat something

exhaust IKAKOOPAA *vai* deplete/exhaust one's own supply

exhaust I'TSINOPAA *vai* deplete, exhaust one's (own) supply

exhausted I'TSINIHKAA *vii* be used up, exhausted, depleted

exhausted O'KOO *vai* become exhausted, deplete all of one's energy

exhausted SAYITAPII *vai* exhausted or unconscious

exhausted SISTSIK *adt* tired, exhausted

exhaustion O'KAAATTSOOHSI *vai* overwork oneself to exhaustion

exhibitionistic HA' *und* expression used to show scorn for someone's showy/ exhibitionistic behaviour

exhort IIYIKSSKO *vta* exhort, urge to conduct or action considered proper or right

exist ITSTSII *vii* be/exist

exit SAKSI *vai* exit from a room or building

expect ITSIKI'TAKI *vai* expect to come upon something

expect O'TSITSIKIMM *vta* expect to arrive

expectation IKSISTTAANA'PII *vii* be ground for expectation, usu. of success or improvement/ be full of promise, likely to succeed

expensive WAAKAOHTOO *vti* overprice, make expensive/ costly

experienced ISTOTSI *vti* acquire facility in, become experienced at, become good at

explode SAIKSKAA *vii*

expose I'TSKA'KI *vti* discover (a secret or concealment, usually in a political context)/ expose

expression IPONSSKIAAKI *vai* have a sullen expression on one's own face

expression YAAMSSKIAAKI *vai* distort one's own facial expression by moving one's jaw to one side

extensive SSTOK *adt* extensive/excessive/ to a great degree, much, a lot

extinguish WAAHTSII *vti* extinguish (fire or light)

extinguish WAAHTSIMAA *vai* extinguish (burning object)/ put one's lights out

extra IKA'TO *adt* extra, additional (participant) - used only on accomplishment verbs

extravagant IKSISSTO. *adt* extravagant, waste, surplus

extravagant IKSISSTOWA'PSSI *vai* extravagant, wasteful

extreme KOTSKI *adt*

extremely SSKA' *adt* greatly,
extremely, very

extremely SSTONNAT *adt*
extremely/dangerous/awsome

extroverted SSKITSSI *vai*
egotistical, hence competitive,
uninhibited, extroverted, ex-
hibitionistic

eye KSIKKAPINSSIS *nin* white
of eye, sclera

eye MOAPSSP *nan*

eye ONOOTAPISSAPI *vai* eye
hungrily, crave (something)
(No. Peigan)

eye ONOOTSSKISSAPI *vai* eye
greedily

eye SOHKATAKSAAPINI *vai*
have large eye sockets

eye SSIKSA'PINI *vta* blacken
the eye of

eye-glasses
AAWAPSSPIINAO'SA'TSIS *nan*

eyeball IPAKKAPINI *vta* rup-
ture the eyeball(s) of

eyeball KOMAAPINSSIN *nan*

eyebrow MIAAPINAAN *nin*

eyelash KOOTOKIAAPINAAN
nin

eyelid OOTOKIAAPINIHPIS *nin*

eyelids IPAHPAAPINAAPIKSSI
vai flutter one's own eyelids,
i.e. blink rapidly

eye pupil MATAPI *nan*
person/ eye pupil

eyes ITSIKAPINI *vai* have
sickly eyes

eyes YAAPSTSAAKI *vai* close
one's own eyes

eye tooth AKOOKINSSIN *nin*
eye tooth, canine tooth (a
conical pointed tooth)

fabric ISTTOHKAIIPISSTSI *nin*
thin, lightweight fabric

face A'PAISSKIN *vta* touch
over the whole face of

face A'PSSKIAAPIKSSAT *vta*
make a face at

face IKKAKSSKIISI *vai* ac-
cidentally bump one's own
face on a low object

face IPAISSKIO'TO *vta* poke
on the face

face IPAKSSKI *vta* hit on the
face

face IPONSSKIAAKI *vai* have
a sullen expression on one's
own face

face ISTTSITSSKIM *vta* rub
the face of in a powdery
substance

face I'TSISSPINI *vta* slap on
the face

face MOSSTOKSIS *nin*

face OHPOISSKIN *vta* paint
the face of

face SINSSKIP *vta* lick on the
face

face SSISSKIITSI *vai* wash
one's own face

face SSISSKIOOHSI *vai* wipe
one's own face

face SSKI *med*

face SSOKSKSIN *vta* paint the
face of (for initiation into a
society)

face SSTSSKI *vta* whip on the
face

face SSTSSKIISI *vai* fall on
one's face

facility ISTOTSI *vti* acquire
facility in, become experienced
at, become good at

fact KIAAMAAHTSIKSI *und*
actually, in fact

fad MAANIKINAKO *vii* be the
fad, in fashion, in style

fade WAAPOYOOHKITTSII *vii*
bleach, fade

faint IKKAMI'NI *vai* faint/
have a seizure

fall IKOOSI *vai* give way, fall
due to loss of sustenance or
internal support

fall INNISI'YI *vai*

fall IPIAOHPI'YI *vai* fall forward with considerable momentum

fall ISTTOHKOHPI'YI *vai* fall down

fall OHPI'YI *vai*

fall O'KO *vii* fall, autumn season

fall SOYOOHPI'YI *vai* fall into water, fire or mud

fall SSTAASIISI *vai* fall or land on one's (own) derriere (so as to be in a sitting position)

fall SSTSSKIISI *vai* fall on one's face

fall WAANAO'KI'SI *vai* tip over, fall on its side

fall WA'KIKAASI *vai* fall backward

fall WA'KIKAOOHPI' *vii* fall backward

fall away WAOOHKAA *vii* fall away as a portion from the larger mass, e.g. landslide

false IPAHTSI *adt* false, mistaken, erroneous, imitation

false PAAHTSI *adt*

false SAYI *vai* lie, make an intentionally false statement

familiar IKITAYIMM *vta* become used to, familiar with

Family Allowance POOKAOHTAOHPOMMAO'P *nan* Family Allowance payment, lit: child money

fan AISOPOMITAKA'SI *nan* electric fan

fan IPOKAAIM *vta*

fan POKAAIMA'TSIS *nan*

fan SOPOMI *vta* fan, give (some) air

fancy PISAT *adt* unusual, amazing, fancy, out of the ordinary

far IPII. *adt* far, long distance, remote in space

far IPISTTOTSI *vai* move far away

farm IIHTAIPIINITAKIO'P *nan* farm implement used to tear the ground into pieces, disc plough

fart IPISTTSI *vai* expel intestinal gas, fart (usually considered vulgar)

fascinated IPISATSI'TAKI *vai* be fascinated, amazed

fashion MAANIKINAKO *vii* be the fad, in fashion, in style

fast IKKAM *adt* fast/quickly

fast IKKAMISTOTAKI *vai* set a fast pace

fast IKKAMSSI *vai* quick/fast

fast IKKAYA'YI *vai* become a fast runner

fastball MIOHPOKON *nan* baseball, fastball, hardball

fasten INSSKIMAA *vai* fasten one's own cape or shawl with a pin

fasten INSSKIMAO'SI *vai* fasten one's own jacket or shawl with a pin

fasten SAPI'KINAMAA *vai* fasten (s.t.)

fastener IIHTAIPPOTSIPISTAO'P *nan* hair fastener, e.g. ribbon, hide strips (Lit: what we braid with)

fastener NIINSKIMAO'SA'TSIS *nan* pin used as a fastener, safety pin

fat ATSINAYI *nin*

fat ISSIS *nin*

fat POMIS *nin* fat (dripping), lard

fat WAAWAPOHSI *vai* be chubby/fat

father INN *nar*

father ONNIMM *vta* develop an emotional attachment for as a father

father-in-law INAAAHS *nar*

fault ITOTA'PII *vti* at fault, to blame

fault OHKOIMM *vta* find fault with

fault OHKOI'TSI *vti* take offense at/ find fault with

favor OTAMIMM *vta* favor, treat as important

favorite AKOMI'TSIMAAN *nin* favorite object or habit

favorite IPAPOKI'TSIMAAN *nin* favorite activity

favorite MINII'POKAA *nan* favorite/special child

fear IKO'PO *vai* fear/ be afraid

fear I'SIMM *vta* distrust, fear

fear O'KINAT *vta* fear the non-return of (e.g. son, daughter)

fear SSTONNO *vta* fear, be afraid of

fearless IIYIKITAPIIYI *vai* be brave, fearless

feather IKKIMAANI *vai* use a feather as head ornament

feather NAATOYIPI'KSIKKAHTSSIN *nin* feather game, lit: holy hand-game

feather OOTAAMAAWANO *nan* first feather on wing

feather WAAKO'PIHTAA *vai* wear one feather (upright feather inserted in a headband, at the back of the head)

feats IPI'KA'PSSI *vai* be one who has powers to perform amazing feats

February PIITAIKI'SOMM *nan* February, lit: eagle moon

February SAOMMITSIKI'SOMM *nan* February, lit: deceiving moon (in reference to the variable weather conditions)

feces I'STAAN *nin* dung, feces, excrement

feed OOYATTSSTAA *vai* feed livestock

feed YIISAKI *vai* feed (s.o. or s.t.)/ id: speed away in a vehicle!

feel I'TAKI *vai* feel emotion/ sense

feel I'TOMO *vta* feel emotion for

feel I'TSI *vti* feel emotion/attitude toward

feel SOKIMMOHSI *vai* feel good/well

feel SSO'TO *vta* feel (by touching)

feet IPSSIKAHKAA *vai* have chapped legs/feet

feet I'PIKAASI *vai* get one's own feet wet

feet SSIIKAASI *vai* wipe one's own feet

feet SSIIKAAWAATSI *vai* wash one's own feet

feign IKIPPA' *adt* feign/pretend

fell IKOOHPATTSII *vti* fell/ knock down

female AAKIIM *nar* sister/ female cousin of a male

female KOOKOWAA *und* vocative, address to a younger female (with intent of asking a great favor), plea

female SKIIM *nan* female animal

fence NIISTSIIPISSKAN *nin*

fence YAAKSISTSIIPISSKI *vai* build or make a fence

fervently IIYIKIHKAOHSI *vai* move one's own body fervently (usually used to make joking reference to a person who is dancing energetically)

feud SAATA'PSSIN *nin*

fever IKSISTO'SI *vai* have
fever, lit: be hot
few IMMAK *adt* few, rare,
less than normal,
few ONNAT *adt* few, less, low
in number
few ONNATOHSII *vii* be few,
low/ dimminish
fibrous YOSSTSIKINA *vrt*
fibrous YOSSTSIKINAISI *vii*
be fibrous/gristly
fifty cents OMAHKANAO'KSSI
nan fifty cents, half a dollar,
lit: big half
fig APSSI *n n* white buffalo
berry (of the misisaimiiso
bush)/ fig
fight IITSSKAA *vai* fight,
scuffle
fill SAPIHTSIMAA *vti* fill the
pipe (with tobacco)
filthy SIKA'PSSI *vai* be
profanely indecent, filthy,
dirty
final ISTSA' *adt* last or final
time
find OHKOONI *vti*
find out OHKOISSKSINO *vta*
find out about, inquire about
fine ITSOWA'PII *vii* be of fine
quality
fine MATSOWA'P *adt* hand-
some, beautiful, fine, good
finger MOOKITSIS *nan*
toe/finger
fingernail SA'NAA *vai* lose a
fingernail
finish IKSIST *adt* finish/ at
the end
finished SOPOK *adt*
finished/completely,thoroughly
fir KATOYISS *nan* sweet pine,
Alpine fir (used for incense),
*Abies lasiocarpa
fire AOTOTSOOKI *nan* the
devil, lit: the one who throws
us in the fire

fire OTOTAA *vai* make fire/
add fuel to fire
fire OTOTOO *vti* use as fuel/
throw in the fire
fire PAKOYITTSI *nin*
fire PO'TAAN *nin* fire (e.g. a
campfire)
fire SSTSS *vta* burn/fire, dis-
miss
firefly PAAHSSAAKII *nan*
firefly (beetle emitting phos-
phorescent light)
firewood MAMIIYI *nin*
firewood OHKOHTAA *vai*
gather firewood
firewood OMIIYISSKAA *vai*
gather firewood
firewood OTOOHKOHTAA *vai*
go to get firewood
first ISTTSITSA *adt* at the
very first/beginning, but no
longer
first MATOOM *adt* former,
first
first PITSISTO *vii* be before,
first, in the first place
fish MAMII *nan*
fish MAMIO'KAKIIKIN *nin*
backbone of a fish
fish OMIIHKAA *vai* catch fish
fish SISAKKOMII *nan* bull
trout (dolly varden),
*Salvelinus confluentus/ a
type of grayling fish
fish oil MAMIOHPOYIS *nin*
cod liver oil, lit: fish oil
five NIISIT *adt*
flag AWAISSTAAM *nan*
flaked SA'KSISAKIMAAN *nin*
flaked dry meat
flank MANO *nin* flank (cut of
meat)
flap I'TSOOTSISTSINAA *vai*
repeatedly flap one's own
tongue on the roof of mouth
to make sound of praise/ trill
as a sound of praise

flap OOHKSIPISTAAN *nin*
lodge flap/ entrance of a
lodge
flashlight AIKSISSTAANATTSI
nin electric light, flashlight
flat APAKSISTTOHKII *vii* be
flat
flat IPAKKSIKAMATTSTAA *vai*
have a flat tire
flat ISTTOHK *adt* thin/flat
flat OPAKSISTTOHKII *vii*
flat SAOKI *adt* flat/prairie
flat SAOKIHTSI *vii* be flat,
horizontal
Flathead
APAKSISTTOHKIHKIN-
IITSITAPIIKOAN *nan* member
of the Flathead Indian tribe
flaunt ANISTSSKA'SI *vai*
flaunt one's advantage, be
pretentious
flavour WAATAPOKO *vii*
have flavour
flay II'ITTAKI *vai* flay, skin
(an animal of its pelt)
flee IPIKSSI *vai* flee, run in
fright
flee IPSSTSISTTAAPIKKSSI *vai*
flee into (indoors)
flee OTSIMOTAA *vai* escape,
flee, make a hasty retreat
flee *see* O'TSIPIKKSSI
flee YIISTAPOKSKA'SIIM *vta*
flee/run away from
flesh OTSIMIHKIS *nan* thin
layer of flesh on the back of
a hide
flesh SSKSO'SAT *vta* flesh (a
hide) in preparation for tan-
ning
flicker MI'KANIKI'SOYII *nan*
red shafted flicker (lit: flashes
red feathers), *Colaptes cafer
flint ISSTAHTSIMAA'TSIS *nan*
ramrod for powder rifle/ flint
flirtatious IPASSKATA'PSSI
vai be flirtatious

float YIISTSI *vii* be trans-
ported by water, float along
flood O'KAKOYI *vii*
flood SAIPIKOYI *vii* flood
over ice
floor IKAAPOKSIINIMAA *vai*
make a floor
floor KAAPOKSIINIMAAN *nin*
floor/ floor covering of an
enclosed shelter or building
(part of the shelter)
floor-covering
IITAISAAMIA'YAO'P *nan* floor-
covering, rug
flooring KAAPOKSIINAKSSIN
nin platform, structured floor-
ing (an independent structure,
not necessarily part of larger
structure)
flour O'KAPAYIN *nin*
flow WAAWAKOYII *vii*
flower AAPISTSISSKITSI *nin*
flower/blossom
flower PISATSSAISSKI *nin*
flush IPOTTAAHKOMO *vta*
flush fowl for (i.e. scare
wildfowl into flight for) while
hunting
flutter IKKANIKSOOHPI'YI *vii*
billow, flutter
flutter IPAHP *adt* quiver,
flutter, tremble, shiver
flutter IPAHPAAPINAAPIKSSI
vai flutter one's own eyelids,
i.e. blink rapidly
fly IPAAWANI *vai* take off for
flight/ fly
fly IPOTTAA *vai* fly/ move
through the air
fly SOY'SKSISSI *nan*
foal INNISSOOHKOYI *vai* have
one's mare foal
foal SAI'KOYI *vai* foal, calve,
give birth (said of animals)
foam SAAKOTSII *vii* bubble
up/ foam/ boil out (i.e. the
liquid)

foamy IPSSTSITSIINATTSII *vii* be foamy, sudsy (in appearance)

foggy SSIINATTSI *vii* be foggy/frosty

fold OMOONI *vti* secure by rolling into a bundle, fold

follow OHKOI'SSKI *vta* track, follow

follow OHPO'KIIYOO *vai* follow, go with (s.o.)

follow SAPAAT *vta* track/follow

food AOOWAHSIN *nin*

food A'PAOOYI'KAA *vai* look (around) for food

food IITSIMAAHKAAN *nin* stored food

food IITSIMAAN *nin* food kept in a parfleche

food IMSSKAA *vai* save food/ put aside from a meal

food INNIOOMSSTSI *vti* pull food down by biting for the purpose of stealing (usually is the action of an animal, e.g. a dog or cat)

food INOKSSIN *nin* an appealing food supply

food IPISSKI *vai* give out food

food ISOIHTAA *vai* place food on one's dish, dish food for one's self

food OHKOOTSI *vai* beg for food

food OOYI'KO *vta* search out and provide food for

food OTAAPOHKAT *vta* bring gifts of food to

food OWAHSIN *nin*

food YIITSIMAAHKAA *vai* store food for the winter

foodstuff O'TAPOOTSI *vai* bring foodstuff (especially meat) home

fool ASOOTOKIAA *nan* fool, crazy

foolhardy O'KOTONAITAPIIYI *vai* be a foolhardy person

foolish SOOTOKIAA *nan* crazy, foolish, daring person

foolish SOOTOKIAAWATTSA'PSSI *vai* be foolish, crazy

foot IKA *med*

foot IKAAKI *vai* position one's foot (in a specified place)

foot IKAAW *adt* on foot

foot IPIKKSIKAHKO *vta* step on the foot of

foot ITSISTTAKAAKI *vai* put one's foot into s.t. (e.g. a shoe)

foot MOHKAT *nin* leg/foot

foot OMIITSIKSIKAHP *nin* arch of the sole (of the foot)

football INNOOHPOKON *nan* football (Lit: long ball)

forbid SIIM *vta* discipline/forbid,

forceful SSKOHTOITAPIIYI *vai* be a forceful, spiteful person/ be one who insists on carrying an action through despite conditions favoring a

forefathers IKAITAPIITSINIKI *vai* tell old stories (of our forefathers)

forehead MOONI'SI *nin*

forehead MOONSSKIS *nin*

foreigner NOOHKIITSITAPI *nan* person from a different place/ foreigner

foreleg ISSOHKAT *nin*

foreman *see* NINAA

forest ATSOWA'SSKO *nin* bushy area, forest

forest ISSPIKSSKO *nin* high forest (of tall trees, e.g. evergreens)

forest ISSPIKSSKO *nin* high
forest (of tall trees, e.g.
evergreens)

forest ISTTSSI *adt* in the
forest

forest ISTTSSOO *vai* go into
the forest

forest OMAHKSIKSKO *nin*
forest of tall trunk trees

forget SSKAHSI'TSI *vti* forget
about/ neglect/ disregard

fork IIHTAOOYO'P *nan* fork
(lit: what one eats with)

fork OTSITAO'TO'WAHTAAHP
nin fork in the river/ where
two rivers meet

former AKA *adt* old/ belong-
ing to a former time/ ancient

former MATOOM *adt* former,
first

for now IKA' *adt* for now,
presently

Fort AKAAAPIOYIS *nin* Fort
Macleod

forthcoming MAAK *adt*
forthcoming, planned

fortunately NAAT *adt*

fortune WAATOYINNAYI *vai*
sing and pray for luck and
good fortune

forward ISS *adt* in front,
forward

foul mouthed ISTTSOOYI
vai be foul mouthed, insolent,
impudent

four NIISO *adt*

fox MAOHKATAATOYI *nan*
red fox, *Vulpes vulpes

fox OTAATOYI *nan*

fox SINOPAA *nan* swift fox,
*Vulpes velox

fracture SSIK *adt* injure,
fracture

fragile IKA'KIMM *vta* think of
as fragile

fragile SAHPII *vii* be
fragile/soft

fragile WAANOOHPA'PSSI *vai*
be fragile, be a weakling

fragrant ITSIIYIMO *vii* have
a fragrant odor

freckled SISAKKSSKII *vai*
have a spotted or freckled
face

free WAAPO'TO *vta* free by
untying, release from bonds

freeze IHKIT *vrt*

freeze IKOKOTO *vii*

freeze I'NIIPITSI *vai* freeze or
become very cold

French NIITSAAPIIKOAN *nan*
French person, lit: original
whiteman

frenzied POINA *adt*
nuisance/frenetic/frenzied

frequently IKAAP *adt*

frequently IPSSTSIKATT *adt*
frequently, constantly

Friday
I'NAKOHPOMMAIKSISTSIKO
nin Friday (Lit: small shop-
ping day)

Friday MAMIIKSISTSIKO *nin*
Friday (Lit: fish day)

friend ITAKKAA *nan* friend,
pal,buddy, peer, person who
is of the same age (less than
a year difference)

friend NAPI *und* friend
(vocative to male of same age
group)

friend! POKA *und* friend!
(vocative, female)

friendly IKSO'KOWAMM *vta*
be friendly with

friendly O'TOWA'PSSI *vai* be
friendly

friendly O'TOYIMM *vta* be
friendly with, show kindly in-
terest and goodwill toward

frighten SSKI'TSI *vta* scare,
startle, frighten

frighten SSKI'TSTAA *vai*
frighten (someone)

frightened
INII'TOTOYAAPIKSSI *vai* be
frightened, scared and
defeated (usu. an animal that
has been chased and caught),
lit: have one's tail down
fringe SOAPITTAKSSIN *nin*
long fringe
fringe SOOYINITAKSSIN *nin*
cloth fringe/ fabric remnant
fringe SOYIPITTAKSSIN *nin*
fringe (possibly a tassel)
fringed INNOISOOYIINII'P *nin*
fringed buckskin outfit, lit:
what has been long fringed
frog MATSIYIKKAPISAA *nan*
from ATSO'T *adt* from all
sides/ from more than one
direction
front IPIIHK *adt* in front of/
converging upon the path of
s.o. or s.t. moving
front ISS *adt* in front, for-
ward
front PIIHKOOHTSI *nin* east/
in front of
front YISSAAAT *vta* move in
front of
frosty SSIINATTSI *vii* be
foggy/frosty
frozen KOKOTO *vii* be frozen
frozen KOON *nan* frozen
water, ice
frustrated OHTSISTTSISSKINI
vai be
agitated/troubled/frustrated
because of uncertainty in cir-
cumstances
frustration ONAKISTTSIMM
vta experience sudden frustra-
tion over
fry IMMISTSI'SAKI *vai* fry
(s.t.)
fry bread IMMISTSIIHKIITAA
vai make fry bread/ deep fry
one's own cooking

fry bread
IMMISTSIIHKIITAAN *nin* fry
bread, lit: grease-baked goods
frying SIKOHKO'S *nan* cast
iron frying pan
fuel OTOTAA *vai* make fire/
add fuel to fire
fuel OTOTOO *vti* use as fuel/
throw in the fire
full I'TSIISI *vai* full, unable
to eat more (due to gluttony,
over satiation)
full OHTOI'TSII *vii* full (of
anything)
full OHTOOKIMII *vii* full of
liquid (e.g. water)
full OKOYI *vai* be full (from
eating)
full OTSIK *adt* to maximum
capacity, heavy, full/ damp
full WAAYAKSIKINAKO *vii*
bright night from a full moon
full-moon
SIPIOOMAIKSISTOYI *vii* be a
clear, full-moon night
function WAAWATTOO *vai*
operate, function, run (said of
a motorized object)
funny IKKAHS *adt* humorous,
funny, odd
fur IMMOYIIKANSSIN *nin* fur
leggings for male dancers
fur IMMOYIISOKA'SIM *nin* fur
coat
fur IMMOYISTTSOMO'KAAN
nin fur hat
fur MOKKOYIS *nin* animal
fur
fuss OHTSISSTSI'KINI *vai* raise
a fuss (over an issue)
future AAK *adt*
future AYAAK *adt* imminent
future/ about to
future ISSOOHTSIK *nin*
gall bladder OSSP *nin*
gallop O'KIAAPIKSSI *vai* gal-
lop (of a horse)

gambling OTTSIIWAAN *nan*
gambling wheel

game
IIHTA'PAISSKOOTSIIYO'P *nin*
game, lit: means by which
one plays

game KAAHTSSIN *nin* game,
usually a gambling game (not
a vigorous physical game or
sport)

garter KI'TAKAPSSIN *nin*

gas IPISTTSI *vai* expel intes-
tinal gas, fart (usually con-
sidered vulgar)

gas POYII *nin* petroleum, gas,
oil, grease

gather OHKANA'PSSI *vai*
gather for a recreational or
sporting event/ rodeo

gather OMOIPI *vta* gather all
(people) to one spot

gather OMOWOHTOO *vti*

gather OOMOWAAHKII *vti*
rake, gather

gather OOTSTOO *vti* gather
or group

gather SIIKO'TSI *vti*

gather WAAMOHSAI'PIKSI *vti*
gather (make tucks and
pleats of fabric)

gel OKAHSII *vii*
coagulate/congeal/gel

gelatin AIPAHPOYI *nin*
jello/gelatin

generous OOKITSIIHTAA *vai*
be generous

gentle *see* IKKIN

gentle IKKINA'PSSI *vai* tame,
gentle

genuine NIIT *adt* original,
genuine

German KSISISTTSOMO'KI
nan a person of German de-
scent, lit: having pointed hat

German Shepherd
AAPI'SOOMITAA *nan* German
Shepherd, lit: coyote-dog

get INAANSSKO *vta* acquire
for, get something for,
provide

get-up IPOISOYAAWANI *vai*
arise, get-up suddenly

get up IPOWAOO *vai* arise,
get up

ghost ISSTAHPIKSSI *nan*
haunting ghost

ghost SSTAHPIKSSI *vai* be a
haunting ghost

ghost STA'AO *nan*
ghost/spirit

ghosts AKAISTA'AO *nan*
Blood clan name many
ghosts/spirits

gift ISOOMOONOMO *vta*
present a gift to

gift OHKOITAPIIYI *vai* receive
a gift

gift SOKOMMAAHKO *vta*
honor with a gift at a public
gathering

gifts AAHKO'SSKAAN *nin* gifts
of livestock or dry goods to
in-laws

gifts OTAAPOHKAT *vta* bring
gifts of food to

gifts WAAKANAKI *vai* receive
an abundance of quality gifts

gifts WAAKOOTSAAYI *vai*
receive an abundance of
quality gifts

girdle IIHTAISIKKSINIPSSO'P
nin

girl AAKIIKOAN *nan*

girlfriend A'PAINAHKIMAA
vai look for a girlfriend

give A'PIHKA *vta* give away/
sell

give A'PIHKAHTOO *vti* give
away/ sell

give IKSISSTOOHKOT *vta* give
something to for nothing in
return

give OHKOT *vta* give
(something) to

give OTTAKO *vta* dip out
for/ give a drink to

give SAIPSTAAHKI *vai* give
tobacco out (to the in-
dividuals present at the open-
ing of a medicine pipe
bundle)

give SIMI *vta* give a
medicinal drink to

give SSKOHKOT *vta* give back
to

give WAAHKO'SSKAA *vai* give
gifts of livestock, (dry) goods
to parents-in-law (of males
only)

give away OMATSKAHTAKI
vai give away/ distribute
something

give up OMATSKAOHSI *vai*
surrender/ give up/ id: pass
out

glare ice
ISTTSIKSSAAKOKOTAAHKO *vii*
glare ice ground conditions

glass SAAKOKOTOISSKO *nin*
glass jar, bottle, or glass

glitter IKKANA *vai* glitter,
sparkle

glitter IKKANA'SOYI *vai*

glitter ISTTSIKAITTSI *vii*
shine, glitter

gloat YAAHSI'TSOOHSAT *vta*
gloat over the misfortune/
failure of

glove ATSI'TSI *nan* mitten,
glove

Glover needle
IIHTAWAI'TSINNAKIO'P *nan*
sewing machine/ Glover
needle

gloves OTSI'TSIIYI *vai* wear
gloves

gloves YAAKOTSI'TSIIYI *vai*
put gloves on oneself

glue IIHTAOKSPAINNAKIO'P
nin glue/tape

glue OKSPAINNAKI *vai* stick,
cause something to adhere,
glue something

glue OKSPAINNI *vti* glue,
cause to stick to s.t.

glue PANAAIKSSTA'TSIS *nin*
natural mineral substance
that is used for glue (found
on certain hill areas near the
Old Man River) (No. Peigan)

gnaw WAOKSTSI *vti* gnaw a
hole in, chew a hole through

go KAKO *und* Go ahead!/ Do
it!

go IHTSISOO *vai* go to town
or to a populated centre

go INIKKSIISTAPOO *vai* go
away angry

go ITAPOO *vai* go toward a
location

go OHKOYI *vai* go through a
period of one's life

go OO *vai* go (move, travel,
ambulate)

go OTAAHSOWAA *vai* go to
retrieve one's wife

go OTAAKISSI *vai* go for
water (with a container)

go OTO *adt* go to do

go SSKOO *vai* go back, return

goat AAPOMAHKIHKINAA *nan*
mountain goat, lit: white
sheep, *Oreamnos americanus

God A'PISTOTOOKI *nan* God,
Creator, our Maker, lit: the
one who made us

God IIHTSIPAITAPIIYO'PA
nan God, lit: the one through
whom we live

go home WAAHKAYI *vai*

gold MI'KOTAIKIMM *nan* cop-
per, gold

gold OTAIKIMM *nan*

golden OTAIKIMMIO'TOKAAN
nan golden eagle, lit: gold
head, *Aquila chyrsaeotos

goldfinch OTAHKOISISTTSII *nan* female goldfinch, or any other small bird of yellow plumage, lit: yellow bird

goldfinch POMIISISTTSII *nan* goldfinch (lit: grease bird), *Spinus tristis

good ISTOTSI *vti* acquire facility in, become experienced at, become good at

good I'TAAMIKSISTSIKO *vii* good weather, lit: happy day

good MATSI. *adt* good, valued, pretty, of high quality, fine

good SOK *adt*

good SOKA'PII *vii* be good

good SOKIMMOHSI *vai* feel good/well

good YAAHS *adt* good, pleasing, to one's advantage

good natured SAPA'TSIMA'PSSI *vai* be acquiescent, be of a good natured disposition

gooey PA'KSIK *adt* resembling froth, spittle or a thick liquid/ gooey

goose AAPSSPINI *nan* Canada goose, lit: white chin, *Branta Canadensis

goose ITSIINOHKSIKANIKIMM *nan* snow goose (lit: dark-tipped feathers), *Chen CA

goose OMAHKSSA'AI *nan* goose/ big duck

gooseberry PAKKSINI'SIMAAN *nin*

gopher NAAPISSKO *nan* male gopher

gopher OMAHKOKATA *nan* Richardson's ground squirrel, 'gopher', lit: big snared one, *Spermophilus richardsonii

Gopher Eater OMAHKOKATAOOYI *nan* Gopher Eater Clan (Peigan)

gophers KITSISOMAHKOKATA *nan* mountain gophers (striped)/ black tailed prairie dogs

gore YOOKOWAT *vta* gore, pierce with horn(s)

gorge SAYIITSSKSSKIMSSKO *nin* gorge/ exposed bedrock in a ravine

gossip SIMIMM *vta* gossip about

government AOKAKIHTSIMAA *nan* judge, person in government, leader (lit: one who makes decisions)

go with OHPO'KIIYOO *vai* follow, go with (s.o.)

grab O'KAASAT *vta*

grab O'KAASATOO *vti* snatch, grab suddenly

grab WAAMOTTSSKIN *vta* grab the face of

grackle OMAHKSAKSIIN *nan* Bronze grackle, *Quiscalus quiscula

grandchild ISSOKO'S *nar*

granddaughter ISSOTAN *nar*

grandparent AAAHS *nar* elder relation (grandparent, parent-in-law, paternal aunt/uncle)

grandson ISSOHKO *nar*

granular SISIK *adt* granular/ in pieces

grape IIMATAIPAKKIHKAMM *nan* grape (lit: almost bursting)

grape OTSSKOYIINI *nin* Oregon grape, lit: blue berry, *Berberis aquifolium

grasp WAAMONN *vta* claw/ grasp and squeeze by hand

grasp YINNAKI *vai* grasp, hold, seize, capture (something)

grasp YINNI *vti* grasp, hold

grass AIKSIKKOOKI *nin* bear
grass, lit: sharp stem, *Yucca
glauca
grass MAOTOYOOPAN *nin* rye
grass (tall grass)
grass MATOYIHKO *nin* area
of grass
grass SAISSKSIIMOKO *nin*
(new) grass
Grass Dancers KAAY'SSPAA
nan
grasshopper TSIKATSII *nan*
grateful INIIYI'TAKI *vai* feel
grateful/appreciative/ thankful
gravel I'TSIKANIHKAKI *vai*
spray or throw back small
objects/particles by movement
e.g. gravel, dirt, debris
gravel SISIKOOHKOTOK *nin*
gravel, pebble
gravelly
SISIKOOHKOTOKSSKO *nin*
gravelly or stony terrain
graves AKAOKIINAA *nan*
Blood clan name, 'many
graves'/ burial caches above
the ground
graveyard
IITAYAAKIHTSOOTSSP *nin*
graveyard (lit: where we are
laid to rest)
gravy OKSPANISTTSISSIN *nin*
grayling KSISSKIOOMII *nan*
grayling (fish)
grayling SISAKKOMII *nan*
bull trout (dolly varden),
*Salvelinus confluentus/ a
type of grayling fish
grease IMMISTSII *nin* grease,
lard, cooking oil
grease INNIKINAAN *nin*
grease (espec. from boiled
bones)
grease OHPOONI *vti* lubri-
cate, grease or oil
grease POYII *nin* petroleum,
gas, oil, grease

greasy OHPO *adt* greasy, oily
greasy OHPO'SIM *vii* be
greasy
greasy SI'KII *vii* be greasy,
oily,
greatly SSKA' *adt* greatly,
extremely, very
grebe AAPATSSAISSKSIKAA
nan grebe (lit: leg grows in
the back), *Podicipedidae
grebe MI'KSISTTAYI *nan*
grebe (lit: red diver),
*Colymbus grisegena
greedy ONOOTSSKI *vai*
greedy WAKKAYITSIIHTAA
vai be avaricious, greedy for
gain, wish for more than
one's due
green KOMONO *adt*
violet/green
green OTSSKO *adt* green,
blue
green O'KSIKSI *nin* any type
of green wood, e.g. live trees
green *see* SAISSKSIIMOKO
greet IKSIMATSIMM *vta*
grey IKKITSINATTSI *vii* be
grey
grey SIKSSIKAPII *nan* dark
grey horse with white tail
and light mane
grey-haired WAAPO'PI *vai*
be grey-haired
greyhound IKKSTSKIOMITAA
nan Greyhound bus/
greyhound dog (lit: slim-faced
dog)
grimy ISTTSIKOHPO *adt*
grimy YOOTSIPINA *vai* have
a soiled or grimy, dirty ap-
pearance
grind IPIKKIAAKI *vai* grind
(s.t.)
grind SISIKSINII *vti* smash
(into pieces), grind
gristly YOSSTSIKINAISI *vii* be
fibrous/gristly

grizzly
OTAHKOISSKSISIYOOHKIAAYO
nan grizzly bear, lit: brown-
nosed bear

grocery-shop
OTOOWAHSOOHPOMMAA *vai*
grocery-shop/ go shopping for
food

groggy SSTSIMSSI *vai* be
groggy after a sleep

groin OTSIMIHKIS *nan*

groin OTTSIMMAHKIS *nin*

groom SOKSISTOTSI *vti*
groom, make look nice

grope ITSSAPA'PAO'KAASI *vai*
grope within (s.t., e.g. a box,
bag, pocket)

Gros Ventre ATSIINA *nan*
Gros Ventre tribe

ground IITAI'TSSKSOYO'P *nin*
picnic ground, lit: where one
eats in the open

ground ISTTSIKAHKO *vii*
slippery ground conditions

ground KSIW *adt* low, at
ground level

ground-squirrel I'KAYSSI
nan golden mantle ground-
squirrel, *Spermophilus
lateralis/ chipmunk

ground beef
PIKKIAAKIO'KSISAKO *nin*
ground beef, hamburger
(Blood)

ground cherry
OMAHKOKATAOOWAHSIN *nin*
ground cherry, wild potato,
lit: gopher food,*Solanum tri-
florum

ground squirrel
OMAHKOKATA *nan*
Richardson's ground squirrel,
'gopher', lit: big snared one,
*Spermophilus richardsonii

group OOTSTOO *vti* gather
or group

grouse KIITOKII *nan* sharp-
tailed grouse, prairie chicken,
*Pedioecetes phasianellus

grouse KITSSI'TSOMM *nan*
Franklin's grouse, *Canachites
canadensis

grouse
OMAHKSSTSIIKITSSITSOM *nan*
Richardson's grouse,
*Dendragapus obscurus

grow ISTAWA'SI *vai* grow (to
maturity)

grow SAISSKIHSSOYI *vai*
grow (an. flora)

grow SAISSKII *vii* grow
(inan. flora)

grow SOKSISTAWA'SI *vai*
grow well, develope a good
physique

growl YAATSSKINAA *vai*
produce a throaty growl just
prior to attack (as an
animal)

growth O'KOTONAA *nan*
hard growth under the skin,
lump

guard SSKSKA'TAKI *vai*
watch, guard s.t./ con-
template, reflect on s.t./ be
conscious, think of s.t.

guest OTAATOMO *vta* accept
the invitation of, be a guest
of

guest OTAATSIM *vta* accept
the invitation of/ be a guest
of

guidance SSKAPIIM *vta* give
moral advice and guidance to

gull IIMAHKAYII *nan* Trum-
peter swan (lit: large gull),
*Olor buccinator

gull KAAYII *nan* gull, *Larus
delawarensis

gum AAWAKKSIS *nan* chew-
ing gum

gum WAAWAKKSI *vai* chew
gum

gum plant AKSSPIS *n n*
gum plant, sticky weed,
*Gindelia squarrosa

gun IKOHKIAAPITTAA'TSIS
nan cocking lever of a gun

gun NAAMAA *nan*

gun OOTOHTOIIKIN *nin* stock
(of a gun)

gun SSOOHKIMAA *vai* clean
the barrel of a gun

gun-powder SA'TSOOPA'TSIS
nin

gut MOTTSIS *nin* gut, intes-
tine

habitat AWAHSIN *nin* land,
habitat, territory

hail SAAKOO *vii* hail (storm)

hair IHKIN *med* head/hair

hair IIHTAIPPOTSIPISTAO'P
nan hair fastener, e.g. ribbon,
hide strips (Lit: what we
braid with)

hair IKAWAAHKOMO *vta*
make a part in the hair of

hair IKAYSSPOMO *vta* make
a part in hair of

hair INNOISSPI *vai* have long
hair

hair MO'TOKAAN *nin*
head/hair

hair SSIIHKINAAWAATSI *vai*
wash one's own hair

hair WAASO'KINI *vta* pull the
hair of

hair WAKKAY'SSPI *vai* have
a lot of hair on one's head

haircut IPOHKSISTTSKINI *vta*
cut the hair of, give a hair-
cut to

haircut YAMIHKINIT *vta*
shave the head of, give a
haircut to

hairy IMMOYI *adt*

Hairy Nose IMMOYISSKSISI
nan Hairy Nose Clan
(Peigan)

half WAANAO'K *adt* part,
half, on one side

half-breed
AANAO'KITAPIIKOAN *nan*
half-breed man (of any racial
combinations)

half a dollar
OMAHKANAO'KSSI *nan* fifty
cents, half a dollar, lit: big
half

hallucinate IKKITSAAPI *vai*
have a fleeting glimpse of an
object the presence of which
is not confirmed/ see things,
hallucinate

halt SOKAI'PIIYI *vai* stop,
come to a halt

halter SOTSSKIMAA'TSIS *nan*
halter or bridle

halve
WAYAKIITOHPATTSISTSI *vti*
halve with a gunshot

hamburger
PIKKIAAKIO'KSISAKO *nin*
ground beef, hamburger
(Blood)

hamburger PIKKIAAKSSIN
nin oatmeal, porridge
(Blood)/ hamburger, ground
beef (No. Peigan)

hammer IIHTAIPIKSAO'P *nan*
hammer, lit: what one hits
with

hammer SSTAAKI *vai* ham-
mer, pound/nail (into some-
thing, e.g. wood)

hand IHKAHTOO *vti* pass by
hand in a specified direction

hand IKINSST *med*

hand IPAHTANI'SI *vai* ac-
cidently cut one's own hand
with a sharp instrument

hand MO'TSIS *nin* arm/hand

hand O'T *vrt* by hand

hand SINNIKINSSTSIIPI *vta*
lead (by the hand)

hand SSPIKINSSTSAAKI *vai*
raise the hand
hand-game
NAATOYIPI'KSIKKAHTSSIN *nin*
feather game, lit: holy hand-game
handfull OHPOKINNAKIHSIN
nin
handgame PI'KSIKAHTSSIN
nin
hand in IPSSTSKAHTOO *vti*
hand in, deliver
handle SAPIKAMAAN *nan* axe
handle
handle SAPIKAMA'TSIS *nin*
handle of a tool or weapon
handle SOOYINNIMATOO *vti*
handle, hold with something
(to avoid direct contact be-
tween the hand and object,
e.g. by using a pot holder)
hands IKINSSTSI *vai* have
hands (of specified state)
hands IPSSIKINSSTSI *vai* have
chapped hands
hands SSTSIMIIYI *vai* wash
one's own hands
handy OHKOWAI'TSI *vti* find
useful, handy
hang IKO'KAPSSI *vai* hang
oneself
hang ITSSSOKIHKA'SI *vai* rest
all of one's weight on
(something), hang on (s.t.)
hang OOHKOHTSSKAA *vai*
hang meat to dry
hang SOKSISSTOO *vti*
hang SOTANIKIMAA *vai* hang
a cover over an opening (e.g.
curtain over a door or
window)
hang YIISTAPSSI *vai* hang
one's self, strangle one's self
happen IKII *vai* do/ happen
to
happy I'TAAM *adt*
happy/pleasant/enjoyable

harass ISTTSA'PISTOTO *vta*
taunt, harass, tease
hard IIYI *vii*
hard IIYIK *adt* strong/hard
hard IIYIKO *vii* strong, dif-
ficult, hard (intensely)
hard MII *adt* hardy, hard
hard MIKKSK *adt*
brittle/hard
harden IKKATTSI *vii* dry,
shrink, and harden (usu. a
soft, pliable object, e.g. hide,
paint, bread)
harden YIISTOMSSKOOHSI *vai*
exercise, lit: harden one's own
body
hardy ISSTSO'KINI *vai* hardy,
strong
hardy MII *adt* hardy, hard
hare AAPATSINNAPISI *nan*
snowshoe (varying) hare (lit:
long hind legs), *Lepus
americanus
harness KINSSTA'TSIS *nin*
harness YAAKOHKINSSTAA
vai harness (an animal)
harness YAAKOHKIPISTAA
vai prepare a team of horses
for use, i.e. harness, bridle
etc...
harvest SOI'STSIPIKIAAKI *vai*
harvest berries, knocking to
the ground by beating the
bushes with a stick
harvest SOI'STSIPINNAKI *vai*
harvest SOI'STSIPINNAKSSIN
nin straw/harvest
hat IMMOYISTTSOMO'KAAN
nin fur hat
hat
ISSPANOKOISTTSOMO'KAAN
nin western hat
hat ISTTSOMO'KAAN *nin*
hat MATOYISTTSOMO'KAAN
nin straw hat

hat OMAHKANOKOISTTS-
OMO'KAAN *nin* wide brim
western hat

hatch IPAKKOWAYIKIOOHSI
vai hatch, break out of one's
own shell

hatchet *see* A'TSIS

haughty INAIMMOHSI *vai* be
arrogant, haughty, expect to
be waited on

haul WAI'POHTO *vta* haul for

haunt YIINAPISTOTAKI *vai*
haunt (s.o.)

haunt YIINAPISTOTO *vta*

have ISSTOYI *vai* have a
beard

have ITSIMSSKIISI *vai* have a
nosebleed

have ITSTAKI *vai* have
(something)

have OHKO *adt* have the
wherewithal for

hawk AAPIIPISSOOHSI *nan*
marsh hawk (lit: white belt),
*Circus hudsonius

hawk AYINNIMAA *nan* hawk,
lit: seizer

hawk IIHPOHSOA'TSII *nan*
American rough-legged hawk
(lit: with eagle tail-feathers),
*Buteo lagopus

hawk IIPAKSSOA'TSIMIO'P
nan rough-legged hawk (lit:
we have wide tail feathers),
*Buteo lagopus

hawk ISSIKAOKAYI *nan*
chestnut collared longspur,
*Calcarius ornatus/
Swainson's hawk

hawk
KSIKKAPIITAIPANIKIMM *nan*
redtail hawk

hawk OMAHKSIPISSPSKSII
nan sharpshinned hawk, lit:
large PISSPSKSII (*q.v.*),
*Accipiter velox

hawk
OMAHKSISTTSIIPANIKIMM *nan*
Cooper's hawk, lit: large
barred, or spotted feathers,
*Accipiter cooperi

hawk OTAHKOHSOA'TSIS *nan*
redtail hawk, lit: yellow tail
feathers, *Buteo borealis

hawk PISSPSKSI *nan* sparrow
hawk, *Falco sparverius

hawk PISTTOO *nan* Common
night hawk, *Chordeiles
minor

hawk
SIKOHPOYITAIPANIKIMM *nan*
Swainson's hawk (Lit: dark
greasy or oily feathers),
*Buteo swainsoni

hay IPOHKIAAKI *vai* cut hay

hay OTOYIIMSSKAA *vai* put
up hay (for the winter)

hazy SI'TSIINATTSI *vii* be
smoky, hazy in appearance

head MO'TOKAAN *nin*
head/hair

head SSPI *med* head/hair

head IHKIN *med* head/hair

head I'TSIIHKINI *vta* slap on
the head

head OOHTATSIKA'PIS *nin*
crown of the head

headache ISTTSISSPI *vai*
have a headache

headache ISTTSISSPIISAAM
nin headache medicine,
aspirin

headache ISTTSISSPSSIN *nin*

headache WAATA'PIHKAA *vai*
have a migraine headache/
receive a concussion (injury
to the brain by a heavy
blow)

headdress AWAYIISOONII'P
nin full length headdress

headdress
MOOTSKINAIISAAM *nin* Horn
society headdress

headdress POISSTAMMAAN *nin* ornament of a headdress (e.g. feather)

headdress SAAAM *nin*

head off YO'KIMAA *vai* head off (s.t. or s.o.)/ corner (s.t. or s.o.)

head off YO'KO *vta* turn back, block, head off

headpiece I'SIMAAN *nin* roach headpiece (usually made of porcupine hair)

heal WAKKII *vii* heal (as a wound)

healing SAAAM *nin* medicine or powers of healing

health SOKINAAPI *vta* doctor/ bring back to health, make well

hear OHTSIMAA *vai* read/ hear (news)

hear SOPOYA'PAYOOHTSIMI *vai* hear clearly

hear YOOHTO *vta*

hear YOOHTSIMI *vai* listen/hear

hearing WAAYAKSSTOOKI *vai* have impaired hearing/ listen inattentively

heart MOSSKITSIPAHP *nin*

heat IKSIST *adt* hot, warm, heat

heat SSTSI'KITSI *vii* be scorching hot, extreme heat

heat WAATA'PSSOYI *vai* become dizzy from overexposure to the sun's heat

heated WAAMATONSSOYI *vai* emit an odor while being heated

heaven SSPOMOO *vai* go to heaven/ ascend into the celestial realm

heaven SSPOOHTSI *nan* skyward/heaven

heavy OTSIK *adt* to maximum capacity, heavy, full/ damp

heavy SSOK *vrt*

heavy SSOKA'PSSI *vai* become pregnant, lit: be heavy (with child)

heavy SSOKO *vii* be heavy in weight

heavyset ISSPIKSISTAWA'SI *vai* stout, heavyset

heedless IPAAHKSSTOOKI *vai* be heedless, not listen

heel MOOTOHTON *nin*

height OHPOKANIKKOHKSIIM *vta* be the same height as

help INIHKATSIMAT *vta* call on for help

help SIKAPISTA'TSSKO *vta* help (usu. a family member) to pay a ceremonial transfer payment

help SSPOMMIHTAA *vai* help out, assist s.o.

help SSPOMMO *vta*

helpful OHKOWAIMM *vta* find useful/beneficial/helpful

helpful OHKOWA'PII *vii* be useful, helpful

helps WAAPIIWAANITAPIIYI *vai* be an altruistic person, be one who helps people in need

hen NI'TAWAAKII *nan* domestic hen (lit: lone woman?)

hen OMAHKSIKIITOKII *nan* sage hen lit: large grouse, *Centocercus urophasianus

herb KSIISTSIKIMISSTAAN *nin* herb drink

herb SOYAIAII'TSI *nan*

herbs AAPIINIMA'TSIS *nin* a general, collective name for medicinal herbs

herd IPISSKI *vai*

herd OHKOMAT *vta* utter a sound at/ drive, steer, herd

herd OHTOISSKIMAA *vai* round-up or herd livestock

herd OMOI'SSKIMAAT *vai* herd (s.t.)

herd OMOWA'KIMAA *vai*

herd WAAWA'KIMAA *vai* hunt game/ herd livestock

here O'TSIPIKKSSI *vai* run here for protection

hereafter OMAHKSSPATSIKO *nin* the hereafter/ sandhills/desert

herniate SAOTTSISSKAA *vai* herniate in one's abdominal cavity

heron MOHKAMMII *nan* blue heron, *Ardea herodias

hesitant WAAPATSSKA'SI *vai* be reluctant/ hesitant (Lit: acting behind)

Hey! ASSA *und* Hey!, an expression used to get another's attention, as in "look here!" or "this is the way it is done"

hiccup OHPAI'SKSISTONIISI *vai*

hickory PAAKSIPAA *nan*

hidden IKSI'S *adt* out of sight behind an object/ hidden

hide APAHKIS *nin*

hide ATOKIS *nan*

hide IITAWANSSA *nan* smoked tanned hide

hide *see* IITSKA'SI

hide IKSA'SI *vai* hide (oneself)

hide IKSISATOO *vti*

hide MOTOKIS *nan* skin or hide

hide OHPAANINNIMAA *vai* oil a prepared (scraped, fleshed, stretched and dried) hide, by hand on both sides

hide OHPIKSISA'SI *vai* hide knowledge about something shameful or reprehensible

hide OTAWANSSAKI *vai* smoke a tanned hide so as to make it brown in color

hide PAANSSIN *nan* tanned hide

hide SAIPSSTAAKI *vai* stretch and stake a hide (for tanning process)

hide SAKONIMMAAN *nin* moccasin pattern/cutout/ finishedhide (Blackfoot)

hide SSKSO'SAT *vta* flesh (a hide) in preparation for tanning

hide SSTAWAT *vta* scrape (a hide) for tanning

hide SSTAYI *vai* tie and stretch a hide in preparation for scraping

hide WAAHKAPAT *vta* work (a hide) in order to make it soft

high IPISSPII *vii* high, far up

high *see* SSPITAA

highland ISSPAHKO *nin* upland, highland

hill ISSOOHKITOOHTSI *nin* edge of hill

hill ISSPAHKO *nin*

hill NI'TOMMO *nin*

hind leg AAPATOHKAT *nin*

hinge AAWA'KAWANI *nan*

hip OKSSTSOOKAAN *nin*

hire SSTSIMAAHKAT *vta*

hireling ISAHKOMAAPIIM *nar* boyfriend/hireling

his OPPITAAM *nar* his elderly wife

hit IKANIHKO *vta* quickly and accurately hit with any part of one's body excluding the hands

hit IKKSSPI *vta* hit on the
head to cause unconscious-
ness, knock out

hit IPAK *vrt* hit, strike with
an object (usually a stick) on
a specified portion of the
body

hit IPAKIHKINI *vta* knock, hit
on the head

hit IPAKSSKI *vta* hit on the
face

hit IPAKSSKINI *vta* hit on
the back

hit IPIKSI *vai* strike, hit (s.t.
or s.o.)

hit ITAPSSAATAKI *vai* ac-
cidentally hit something other
than intended target

hit I'TSOOHKSISTONI *vta* hit
the throat of

hit *see* WAAWAYAKI

hit WA'KIAAKI *vai* hit/strike
(s.t.)

hit WA'KII *vta* hit/strike

hit YISSITO *vta* hit a target/
id: win a member of the
opposite sex

hitch-hike IPIIHKOO *vai* id:
hitch-hike

hoarse IKANSSKINI *vai* be
hoarse (from bronchial
congestion)

hoarse IKAYSSKINI *vai* have
a hoarse voice (after
bronchial congestion breaks
up)

hoarse YOOHKSSKINIHKAA
vai have a hoarse voice (from
being congested)

hobo KIMMATA'PIAAPIIKOAN
nan hobo, tramp, vagabond

hock SSKSKOMAA *vai*
pawn/hock

hoist SAYAAHKI *vta* hoist (as
a flag)

hoist SAYAAHKIMAA *vai*
hoist (as a flag)

hold IISTSIKAPOOYINNI *vti*
double-hold

hold IPA'SOKINNI *vti* hold
open a wide and flat object,
e.g. a book

hold OHPOPAAT *vta* hold on
one's lap

hold WAATSISTOOYINNI *vti*
hold a long object diagonally
across the body with both
hands/ hold with both hands

hold YINNAKI *vai* grasp,
hold, seize, capture
(something)

hold YINNI *vti* grasp, hold

hold on WAAHTAAYI'MAA
vai keep one's grip on
(something), grasp for
stability, hold on

hole AO'TOKIAAKSSIN *nin*
man-made hole in the ice

hole OWATSIMAAN *nin* bur-
row, hole in the ground (e.g.
gopher's entrance)

hole WAOKSKAA *vii* have a
hole in/on the surface of

hole WAOOKSIISI *vai* lit:
have a hole in one's boat/
id: have one's plans go awry

hollow
IPSSTSIKAKATTOKINIISI *vii* be
hollow or have a dip in a
flat surface

hollow SSTSIKII *vii* be hollow
(said of land)

hollow WAATANO'TSI *vti* dig
out, hollow out by use of
hand or finger

holy NAATO. *adt* holy, sacred

holy NAATOWA'PINAA *nan*
holy man

holy NAATOYIKSISTSIKO *nin*
Sunday (Lit: holy day)

holy WAATSIMMA'PSSI *vai* be
one who is holy or spiritually
powerful

holy-one NAATO'SI *nan* sun/
holy-one/ month

home AAHKIAAPIKSISTSIKO
nin going home day (a day
midway between the summer
solstice and the winter
solstice)

home OOKOOWA *nir*
home/house

home WAAHKAPI *vta* take
home

home WAYAMOO *vai* depart
with hurt feelings/ leave
home because of a personal
grievance

homely IKKAHSINA *vai* be
ugly, homely (Lit: odd-
looking)

homosexual AAWOWAAKII
nan male homosexual

honest OKAMO'T *adt*
straight/honest/right

honest OKAMO'TSITAPIIYI
vai

honey NAAMOI'STAAN *nin*
honey, lit: bee excrement

honor AKIM *adt* place of
honor

honor INI'STOTO *vta* honor,
treat special, with kindness
and respect

honor SOKOMMAAHKO *vta*
honor with a gift at a public
gathering

honor YAAPITTAHSOHKOHTO
vta honor with a song in
public

hood SAAPIMAAN *nin*

hoof MOHSISTSIIKIN *nan*
hoof/horse-shoe

hoop O'TAKSIKINAKO *nin*

hoot IPAPISA *vai* yell, hoot

hop IPAKOTO'KIMAA *vai*
dance or hop (on the ice)

hop I'TOMIKAOHPAI'PIYI *vai*

hop SSPIKSIKKOHPAI'PIIYI
vai jump upward, hop

hope ITOTOITSIIHTAA *vai*
wish for s.t./ hope to acquire
s.t.

hopeful IKSISTTSSI *vai* be
eager and hopeful, look for-
ward (to s.t.)

horizontal ISO *adt* on a
horizontal surface

Horn IITSKINAIKSI *nan* Horn
society

horn KIIYI'TAAN *nin* saddle
horn

horn MOOTSKINA'YI *nan* an
animal horn

horn YOOKOWAT *vta* gore,
pierce with horn(s)

Horse SIKIMIOTA'SI *nan*
member of the Black Horse
society

horse AAPAOKOMI *nan* horse
with white neck markings

horse AAPSSKI *nan* horse
with white facial marking/
whiteface

horse IITAOHKIPISTAO'P *nan*
team horse/ work horse

horse IKI'TAYISSKSIMMAA *vai*
pack a horse (by tying on a
load)

horse IKKISSTAA *vai* bronc-
ride/ break or tame a horse

horse IPONOOHKI *vai* lose
one's horse

horse MAKAINNOKAOMITAA
nan horse of stunted growth
e.g. a Shetland pony

horse MAOHKOWA'SI *nan*
roan horse

horse OTAHKOIIMI *nan* buck-
skin horse

horse OTAHKOISSKSISI *nan*
brown (nosed) horse

horse OTA'S *nar* horse of,
mount

horse OTA'SI *vai* own a
horse

horse PONOKAOMITAA *nan*

horse SIKA'SAOKKOYI *nan*
dark bay horse

horse TAPIMIIM *nan* valuable
horse

horse-shoe MOHSISTSIIKIN
nan hoof/horse-shoe

horses A'SIMI *vai* be young
(said of horses)

horseshoe
IIHTAOHSISTSINIIMSSTAO'P
nan

hospital IITAISOKINAKIO'P
nin

hostile
IPO'TOHKOMSSKATTSIIYI *vai*
be hostile to each other (in
battle, warfare)

hot IKSIST *adt* hot, warm,
heat

hot IKSISTOYI *vii* be
warm/hot

hot IKSISTO'SI *vai* have fever,
lit be hot

hot KSIISTOYI *vii* be hot

hour O'TAKOOHSIN *nin* a
round of the clock, hour

house APAHTOKSAAPIOOYIS
nin pine log house

house
APAKSISTTOHKSIKSAAPIOOYIS
nin house made of lumber

house MIISTSOYIS *nin* house
of wood

house MOYIS *nin* shelter/
house/lodge

house NAAPIOOYIS *nin*

house OKOOYI *vai* possess a
shelter, e.g. a house

house OKOOYSSKAA *vai*
build a house

house OOKOOWA *nir*
home/house

house OTTAPIT *adt* behind
the house

house-builder
AOKOOYSSKAA *nan* house-
builder/carpenter/contractor

household PI'KAAN *nin*
household item, personal
belonging

how? TSA *und* how?/what?

however IINAO'K *adt*

howl YAATOO *vai* howl (as a
dog)

Hudson's Bay
AKAISATSTSAA *nan* Hudson's
Bay blanket, lit: many-striped

hug WAATATO'TO *vta* hug,
embrace

human ITAPIWA'SI *vai* be-
come alive or become a
human being

hummingbird
NAAMOISISTTSII *nan* hum-
mingbird, lit: bee bird,
*Trochilidae

humorous IKKAHS *adt*
humorous, funny, odd

hunchbacked
IKSAAMAISSKINII *vai* be
hunchbacked/ id: be mis-
chievous

hunger ONOOTATOO *vti*
hunger for/ desire

hunger ONOOTSI *vai* hunger
for food/ have sexual desire

hungry ISTTSO'KINI *vai* be
hungry

hunt IKSKIMAA *vai* hunt
game

hunt SAAMI *vai* go hunt

hunt WAAWA'KIMAA *vai*
hunt game/ herd livestock

hunting ONNOPA'TSIS *nin*
hunting equipment consisting
of a bow, arrows and quiver

hunting SAAAMISTTOTSI *vai*
move to a hunting camp

hurl IPAKOTTSISIM *vta* hurl
or throw to the ground

hurried OHPII. *adt*

hurriedly ONA'PSSI *vai*
hurriedly prepare to depart

hurry OHPIIYISTOTOOHSI *vai* hurry oneself

hurry *see* ON

hurry ONI'TAKI *vai* be in a rush/ hurry

hurry ONI'TSI *vta* urge to hurry

hurt ISTTSII *vii* pain/ ache/hurt

hurt WAAKAN *vta* injure, hurt

hurt WAAKANOHSI *vai* hurt oneself/ id: miscarry during pregnancy

hurt WAYAMOO *vai* depart with hurt feelings/ leave home because of a personal grievance

husband IKSIKAAKI *vai* separate temporarily from one's husband

husband INAAPIIM *nar* old man/husband

husband OOM *nar*

Hutterite O'TAKSISSTOYI *nan* Hutterite, Doukhobor (Lit round beard)

Hutterite O'TAKSISSTOYIIKOAN *nan* Hutterite male, lit: round bearded person

hyperventilate IINISSI *vai* hyperventilate from laughing or crying

I NIISTO *pro*

ice AO'TOKIAAKSSIN *nin* man-made hole in the ice

ice ISTTSIKSSAAKOKOTAAHKO *vii* glare ice ground conditions

ice KOKOTO *nin*

ice WAOO'TOKIAAKI *vai* break ice

ice cream ISSTOOWAHSIN *nin* ice cream (North Peigan), lit: cold food

identified WAAMI *vai* be (the one that is identified)

if IKKAM *adt*

ignite OHPAKOYITTSI *vii* catch fire, ignite

ignite SSTSSI *vti* ignite, light (a fire)/ burn

ill ISTTSIISTOMI *vai* be ill, sick/ id: give birth

ill YOOHTOHKOOHSI *vai* be ill

ill-fortuned IPAHKOOSI *vai* be ill-fortuned, be prone to bad luck, fall on hard times

ill-tempered SAI'SAPITAPIIYI *vai* be characteristically ill-tempered, impossible to please

illegitimate child AKAIKSIMONNIIPOKAA *nan* id: illegitimate child, lit: many secret fathers child

illegitimate IKSAMAOKO'SI *vai* have an illegitimate child. have a child out of wedlock

illegitimate IKSAMAONIIPOKAA *nan* illegitimate child

illegitimate YAMAAKIOKO'SI *vai* have an illegitimate child. have a child out of wedlock

illness ISTTSIISTOMSSIN *nin* sickness, illness

illuminate WAANATTSII *vii* illuminate, light up

illuminate WAANA'KIMAA *vai* illuminate with a lighted object, supply light with a lighted object

illuminated WAANA'SSOYI *vai* light up, be illuminated

images SINAAKI *vai* write/draw/ make images

imitate INIKATO'KAT *vta* imitate/mimic (e.g. mannerisms)

imitate YIIMAAPITSI *vai* be an imitator, imitate

imitate YIIMAT *vta*

imitation IPAHTSI *adt* false, mistaken, erroneous, imitation

imitator IIMAAPITSI *nan*
monkey (North Peigan), lit:
imitator
immediate ONAKI *adt* sud-
den, immediate
immediately OHPIISTAP *adt*
imminent AYAAK *adt* im-
minent future/ about to
impaired WAAYAKSSTOOKI
vai have impaired hearing/
listen inattentively
impersonate WAAMIWA'SI
vai impersonate s.o. or s.t.
impertinent SAAYA'PSSI *vai*
be impudent, impertinent
impertinent SAAYIITAPIIYI
vai be a person who is imper-
tinent, impudent/ruthless
implement
IIHTAIPIINITAKIO'P *nan* farm
implement used to tear the
ground into pieces, disc
plough
imply ITSKSI'POYI *vai* imply,
insinuate
imply SATAI'POYI *vai* in-
sinuate, imply some negative
point
imply SOMAANII'POYI *vai* im-
ply, suggest something dis-
paraging or degrading (about
s.t. or s.o.)
important AKAKKOMA'PII *vii*
be difficult and important
important O'TOTAMIMM *vta*
consider more important or
superior
important O'TOTAMSSI *vai*
be more important, have au-
thority
impoverish IKIMMATSISTOTO
vta impoverish/ make pitiable
impoverish SINOKOOPAT *vta*
impoverish, drain of monetary
means, i.e. money

impudent ISTTSOOYI *vai* be
foul mouthed, insolent, im-
pudent
impudent SAAYA'PSSI *vai* be
impudent, impertinent
impudent SAAYIITAPIIYI *vai*
be a person who is imper-
tinent, impudent/ruthless
impudent WA'KOYIHKA'SI
vai act impudent, be insolent
in SAP *adt* in, within
incense AMATO'SIMAAN *nin*
incense WAAMATO'SIMAA *vai*
burn incense (for prayer)
incense tongs
IIHTAWAAMATO'SIMAO'P *nan*
ceremonial tongs for incense,
incense tongs
inceptive A' *adt* inceptive
(denotes the beginning of a
state or process)
incision WAAHKANI *vta* make
an incision in (e.g. to remove
bad medicine)
incite IKI'TSIM *vta*
incite/encourage
inclement IPAHKA'PII *vii* in-
clement weather/ storm, bliz-
zard, lasting downpour of
rain
inclement
WAANOOKSIKSISTSIKO *vii* bad
weather, inclement weather
inclined A'KAHKO *nin*
curved/inclined geographical
feature, e.g. a bend in a
river, hill
inconsequential
SAO'OHKA'PII *vii* boring, in-
consequential, meaningless
indecent SIKA'PSSI *vai* be
profanely indecent, filthy,
dirty
indecision ISTO'KAO'SI *vai*
be in a quandary, experience
indecision over two alter-
natives

independent NIITAAK *adt* independent, on one's own, separate

independently WAAWATT *adt* on one's own initiative, independently

independent WAAWOOKA'PSSI *vai* (inherently) independent

Indian NIITSITAPI *nan* Native American, American Indian

Indian NIITSITAPIA'PII *nin* Native (Indian) culture

Indian NIITSITAPIIKOAN *nan* male of Native American (Indian) descent

Indian SOPOKIITSITAPIIKOAN *nan* full-blood Indian

indirect ISOMAANANIIPITSI *vai* be one who makes indirect negative comments about others

indispensable SSTAHPIKIMMOHSI *vai* consider one's self to be vital, essential, indispensable

indoors IPSSTSIPOHTOO *vti* bring inside (indoors/ into a group)

indulge *see* IPPOINAKAT

industrious SSKONAT *adt* potent, strong, industrious

industrious SSKONATA'PSSI *vai* be industrious and strong

inexperienced IPAKKSSA *adt* nothing, bare, nude, inexperienced

infant I'NAKSIPOKAA *nan* baby, infant

infected ITSISSII *vii* become infected (e.g. a wound)

inferior SIISTONAA'PII *vii* poor, inferior, not measuring up to standard quality

inflate IKKAT *vta* inflate, e.g. a tire, doll, ball

inflate IKKATOO *vti* inflate, e.g. a balloon

inform YIINAPSSKO *vta* inform of a significant matter

informer SOPOYIIPITSI *vai* be a tattler, informer

inhabited ITAPISSKO *vii* be inhabited/ be inhabited with power

inhale SAITAMI *vai* breathe, inhale air (North Peigan)

initially ISTTSITSA *adt* at the very first, but no longer

initiative WAAWATT *adt* on one's own initiative, independently

injure I'KSINIISI *vai* injure oneself by scraping on a rough surface

injure SSIK *adt* injure, fracture

injure WAAKAN *vta* injure, hurt

innard PI'KSISSKAAN *nin* innard(s)

inoperational OPASOO *vai* be inoperational

inoperative WA'KOTA'PSSI *vai* become inoperative through breakage or wear, break down

inquire OHKOISSKSINO *vta* find out about, inquire about

inquire SOPOWAHTSI'SI *vai*

inquisitive SISAPO'KA'PSSI *vai* be inquisitive

insect ISSKSSIINAA *nan*

inside IITAISAP *adt*

inside IPSST *adt*

inside IPSSTSIPOHTOO *vti* bring inside (indoors/ into a group)

inside ITSSAP *adt* within, inside

inside out WAAPO'KIO'TSI *vti* turn inside out

insides OTTSIIMSSKAA *vai* acquire the insides of a butchered animal

insinuate ITSKSI'POYI *vai* imply, insinuate

insinuate SATAI'POYI *vai* insinuate, imply some negative point

insinuating OHTSITSKANII *vai* make an insinuating remark about someone

insists SSKOHTOITAPIIYI *vai* be a forceful, spiteful person/ be one who insists on carrying an action through despite unfavorable conditions

insolent ISTTSOOYI *vai* be foul mouthed, insolent, impudent

insolent WA'KOYIHKA'SI *vai* act impudent, be insolent

instead SSTAAN *adt* in place of, instead of

instep ISSPOHKITSIKAHP *nin*

instep SSPOHKITSIKAAHP *nin* instep (above arch)

instruct WAI'STAMATTSI *vta* instruct/demonstrate to

instrument A'TSIS *fin* tool/ associated instrument

instrument OHT *adt* linker for source, instrument, means, or content

intemperately OMA *adt* intemperately, excessively

interest IPPAT *adt* curious about, intrigued by, have a lively interest in

interest OKSISTSI'TSI *vti* appreciate, have interest in

interest SAPI'TO *vta* give assent to/ show interest to by nodding

interjection OHTO'TSIPAKKIO'TAKI *vai* make a nonsense/irrelevant interjection or comment, utter a non-sequitur

interpret OHTOOKISAT *vta* ask to translate/interpret for oneself

interrogative AAKSTA' *adt* interrogative prefix (future)

interrogative KATA' *adt* interrogative prefix/ negative (on nouns)

interrogate SSTSSKIMAT *vta* interrogate, cross-examine, try to get the truth from

intestinal WAAWAKSSKAA *vii* intestinal rumbling/ sudden increase in alimentary peristalsis

intestine MOTTSIS *nin* gut, intestine

into IPSSTSIPOHTOO *vti* bring inside (indoors/ into a group)

into IPSSTSISTTOTSI *vai* move into a place

into SOYOOHPI'YI *vai* fall into water, fire or mud

intoxicated WAATTSIYI *vai* be drunk, intoxicated

intrigued IPPAT *adt* curious about, intrigued by, have a lively interest in

inverse WAAPO'K *adt* reverse/opposite/inverse

invitation OTAATOMO *vta* accept the invitation of, be a guest of

invitation OTAATSIM *vta* accept the invitation of/ be a guest of

invitation WA'TSIMAA *vai* invite (s.o.), extend an invitation

invite WAMM *vta*

invite WA'TSIMAA *vai* invite (s.o.), extend an invitation

iron
IIHTAISTTSIKAAHKIAAKIO'P
nan iron, lit: what one
smoothes with
iron ISTTSIKAAHKIAAKI *vai*
iron YAAKSISAKIAAKI *vai*
smith, work iron
irrelevant
OHTO'TSIPAKKIO'TAKI *vai*
make a nonsense/irrelevant
interjection or comment, utter
a non-sequitur
island MINI *nin*
itching ISTTSIIPSSKINI *vai*
have an itching throat, that
results in an irritating cough
itchy ISTTSIIPII *vii* be itchy
Jack MAOHKIHKINI *nan* Jack
(face card), lit: redhead
jacket ASOKA'SIM *nin* cloth-
ing, usually a jacket or over-
coat, dress, shirt
jacket
ISTTSIKANOKOISOKA'SIM *nin*
leather jacket, coats
jacket SAPSKAOHSI *vai* put
on a coat or jacket
jack rabbit
OMAHKAAATTSISTAA *nan*
white tailed jack rabbit (lit:
big rabbit), *Lepus townsen-
dii
jail IITAYO'KIAAKIO'P *nin* jail
(Lit: a place for shutting in)
jail OTOYO'KI *vta* send to
jail, lit: send to be locked up
jam MIINIAOHTAISTTSIK-
AAHKIMAO'P *nin* jam, lit:
berry spread
January AISSTOYIIMSSTAA
nin January, lit: causes cold
weather
January
ISSPSSAISSKITSIMAO'P *nin*
January, lit: we have a high
pile of (discarded) ashes

January OMAHKSIKI'SOMM
nan January, lit: old moon
Japanese IKKAKSSAAPIIKOAN
nan a person of Japanese de-
scent, lit: short whiteman
Japanese TSAAPINIIKOAN
nan person of Japanese an-
cestry
jar A'POHPATTSII *vti* jar, jolt
jar SAAKOKOTOISSKO *nin*
glass jar, bottle, or glass
jarring A'POHPATTSKI *vti*
cause displacement by jarring
or bumping
jaw MOHPSSKINA' *nin*
chin/jaw
Jay OMAHKOTSSKOIISISTTSII
nan Stellar's Jay, lit: large
blue bird, *Cyanocitta stelleri
Jay OTSSKOISISTTSI *nan*
Stellar's Jay, lazuli bunting
or any small bird with blue
plumage, lit: blue bird
jay AAPIAKONSSKI *nan* rocky
mountain jay (lit: white
forehead), *Perisoreus
canadensis canadensis
jealous IKSISATTSIIWAA *vai*
be envious, be jealous
jealousy ISTTSIKAANIMM *vta*
upset/ cause discomfort for
another because of jealousy or
envy
jello AIPAHPOYI *nin* jello/
gelatin
jerk IKOHKIAI'PIKSI *vti* jerk,
tighten
jerk SSKATAPIKSIST *vta*
yank, jerk backwards
jerky KAYIIS *nin* dried meat,
jerky
jest YAAMOYII'POYI *vai* joke/
jest from a twisted mouth (so
as to be disguised from the
inhabitants of a Sundance
encampment)

joke IKKAHSANII *vai* say humorous things, tell a joke

joke IKKAHSANISSIN *nin*

joke IKKAHSISTOTO *vta* joke around with, kid

joke YAAMOYII'POYI *vai* joke/ jest from a twisted mouth (so as to be disguised from the inhabitants of a Sundance encampment)

Jokes SAAHKAYI *und* expression for "I'm joshing you", "Jokes" (a good natured joke)

joking IKSIMM *vta* have a joking, taunting relationship with (always another male)

joking IKSIMMOTSIIM *nar* male joking partner of a male

jokingly IKSIMMINIHKAT *vta* refer jokingly to/ refer to by a joking name

jolt A'POHPATTSII *vti* jar, jolt

josh SAAHKAYI *und* expression for "I'm joshing you", "Jokes" (a good natured joke)

journey A'POOHSIN *nin* journey, trip

jowl MAOKOM *nin*

judge AOKAKIHTSIMAA *nan* judge, person in government, leader (litone who makes decisions)

jug OOHKOTOKSIISOYINN *nin* stone-jar, which is brown and white in color/ jug

July NIIPOOMAHKATOYI-IKSISTSIKAATO'S *nan* July, lit: summer big holy day month

July OKONOKISTSI OTSITSI'TSSP *nin* July, lit: when saskatoons are ripe

July OTSITSIPOTTAAHPI PI'KSSIIKSI *nin* June or July, lit: when birds fly (No. Peigan)

jump OHPAI'PIIYI *vai*

jump SSPIKSIKKOHPAI'PIIYI *vai* jump upward, hop

junco MOTOISISTTSII *nan* junco (lit: spring bird)

junco SIKO'TOKAANI *nan* Oregon junco (lit: black head), *Junco oreganus

June ITO'TSISAMSSOOTAA *vii* be June, lit: when the long rains come

June NIIPIAATO'S *nan* June, lit: summer month

June OTSITSIPOTTAAHPI PI'KSSIIKSI *nin* June or July, lit: when birds fly (No. Peigan)

June PI'KSSIIKSI OTSITAOWAYIIHPIAAWA *nin* June, lit: when birds lay their eggs

juniper SIIKSINOKO *nin* creeping juniper, *Juniperus horizontalis

just IKAK *adt* just, only, even

just KAAK *adt* merely, just, i.e. of no great importance

just MAAM *adt* only, just

just STAM *adt*

keepsake INAAMAAHKAA *vai* count coup/ acquire a keepsake/ take a trophy from an enemy

keepsake ISAMOHTOO *vti* save as a souvenir/keepsake

keep secret *see* OHPIKSISA'SI

Kennedy IIYIKSIKOYIITAHTA *nin* Kennedy Creek, which crosses the U.S. Highway between Babb, Montana and the turn to the Chief Mountain Border

kerchief IIHTAISO'PIOOHSO'P *nan* scarf, kerchief

kettle
IITAIKSISTOKOMSSAKIO'P *nan* kettle for boiling water
kettle IITAWAAKOHSIMAO'P *nan*
kettle MI'KSSKIMMIIKSISOYI *nan* metal kettle
key
IIHTAIKAWAI'PIKSISTAKIO'P *nan* key, lit: what one opens with
kick I'TSIIYISKO *vta* kick the derriere of
kick SI'KAKI *vai* kick (s.t. or s.o.)
kick SI'KAT *vta*
kid IKKAHSISTOTO *vta* joke around with. kid
kid OKO'S *nar* offspring, kid
kidney MOTOOKIS *nin*
kill I'NIT *vta*
kill OHKOOKSINIIMI *vai* have a large animal to kill for food
kill OKSINIIMI *vai* kill a large animal for food
kill WAAWATTOOHSI *vai* kill one's self by shooting
killdeer APITSO'TOYI *nan* killdeer, lit: removes (something) from the water
killdeer SOYOTTAKSKA *nan* killdeer (lit: shadow in the water), *Charadrius vociferus
kind IKIMMAPIIYIPITSI *vai* be compassionate, kind
kindness IKIMM *vta* show kindness to, bestow power upon, care for
king ISTTSIIPIHKINIINAA *nan* king, male sovereign/ King, lit: itchy-head chief
king bird SIKIMIINIIWANII *nan* king bird (lit: stingy with his berries), *Tyrannidae

kingfisher AAPOHKINNIYI *nan* kingfisher (lit: white necklace)
kingfisher AAWAKKSAAWANI *nan* Belted kingfisher (lit: irregular flight), *Megaceryle alcyon
kingfisher ISTTSIIPAOKAYII *nan* Belted kingfisher (lit: itchy breast)
kingfisher MAMIIYINNIMAA *nan* kingfisher (lit: fish catcher)
kinnikinnick KAKAHSIIN *nin* kinnikinnick, dried leaves of plant used for mellowing strong tobacco, *Arctostaphylos uva-uris
kiss SONAI'SSKIP *vta*
knead IITSSKAAHKIO'TSI *vti*
knee MOTTOKSIS *nan*
kneel OPISTTOKSISAANOPII *vai*
knife AAPAOOKI *nin* sharp stone used as a knife or spearhead
knife ISISOWATOO *vti* cut with a knife
knife ISTTOAN *nan*
knife-scabbard SOTTOAN *nin* knife-scabbard, sheath
knit SSKSIMATAKI *vai* weave or knit (s.t.)
knitted
AISAIPIHKAISTTSOMO'KAAN *nin* knitted hat, e.g. toque
knock IKKSSPI *vta* hit on the head to cause unconsciousness, knock out
knock IPAKIHKINI *vta* knock, hit on the head
knock ISTTOKI *vta* knock on
knock ISTTOKIAAKI *vai*
knock YOOHSINI *vta* knock senseless
knock down IKOOHPATTSII *vti* fell/ knock down

knock down INNOOHPATTSII
vti
know SSKSINI *vti*
know SSKSINO *vta*
know/think about
knowledge OHTOHKINNI *vai*
lit: wear (something from a
group, e.g.) around one's
neck/ id: have thorough
knowledge of (s.t.)
knowledge SOPOKSISTOTSI
vti have superior knowledge
about an activity through
one's experience
known ITSA'TA *vai* be well
known for, noted for
Kootenay KOTONAAIKOAN
nan member of the Kootenay
Indian tribe
labor WAAWATTAMOHSI *vai*
begin contractions before
childbirth, go into labor
lace ISTTAPINNI *vti* lace (as
in leather work), weave,
thread
lace YAAKSINAO'SI *vai* lace
one's (own) shoes, tie one's
own shoelaces
ladder IIHTAISOKAMISAOO'P
nin step/ladder
ladder SOKAMISAAKA'TSIS
nin ladder/stair
ladle IIHTAOTTAKIO'P *nan*
ladle, dipper (for liquid), lit:
what one dips drinks with
lake OMAHKSIKIMI *nin*
lamp ANA'KIMAA'TSIS *nin*
object which radiates artificial
light, e.g. lamp
lamp AOHKIAANA'KIMAA'TSIS
nin oil lamp, lit: water lamp
lamp POMIAANA'KIMA'TSIS
nin oil lamp
lamp POYAANA'KIMAA'TSIS
nin oil lamp, Coleman lan-
tern

lance SAAPAPISTA'TSIS *nan*
lance or spear
lance SAMAKINN *nan* lance,
spear (N. Blackfoot)/large
knife, machete (Blood)
lance SIMAKATOO *vti*
pierce/lance
land AWAHSIN *nin* land,
habitat, territory
land KSAAHKO *nin* dirt, land
land OPIAAPIKKSSI *vai* land
(from the air)
land SSTAAKA'SI *vii* lodge,
land on end
landslide WAOOHKAA *vii* fall
away as a portion from the
larger mass, e.g. landslide
language I'POWAHSIN *nin*
language, talk, speech
languid IPIITSIIHTAA *vai* be
listless/languid, become weary
in the face of an enormous
task
lantern
AWAPAHKIAANA'KIMAA'TSIS
nin light bulb/ propane lan-
tern
lantern POYAANA'KIMAA'TSIS
nin oil lamp, Coleman lan-
tern
lap OHPOPAAT *vta* hold on
one's lap
lard IMMISTSII *nin* grease,
lard, cooking oil
lard POMIS *nin* fat
(drippings), lard
large OMAHKIMI *vai* large
(pertaining to size of animals)
large OMAHKSI *vai*
older/large
lariat AKAA'TSIS *nin*
lark MIA'TSII *nan* horned
lark, *Eremophila alpestris
larynx MOHKIITOHKSISTON
nan
last IINOHK *adt* last/ at the
very end

last ISAKOO. *adt*
last ISTSA' *adt* last or final
time
last NAATSA *adt* at the end
of a sequence, last in succes-
sion
last OTOMOHK *adt* the last/
end point
last SAKO *adt*
late ANNAAM *dem* the late ...
late WAAPATSII'YI *vai* be
late/ id: be insufficiently sup-
plied, have a shortage of sup-
plies
later OTAM *adt*
laugh IKKAHSI'TAKI *vai*
laugh YIMMI *vai*
laundromat
IITAISSIISTSTAKIO'P *nin*
laundromat, laundry room
laundry SSIISTSTAKI *vai*
wash (clothing)/ do laundry
laundry room
IITAISSIISTSTAKIO'P *nin*
laundromat, laundry room
lawyer IIYIKOYAAPIIKOAN
nan lawyer/ argumentative
person
laxative SAIPIOOHSATTSI *vta*
give a laxative to
layer SAPA'KOT *adt* layer,
stack
lay off SSIKOPIATTSI *vta* lay
off from employment (usually
tempoarily), lit: cause to rest
lazy ISTAAAPSSI *vai*
lazy ITSISOIPIITSIIHTAA *vai*
be lazy, feel unmotivated to
complete what might be con-
sidered a tedious task
lead SINNIKINSSTSIIPI *vta*
lead (by the hand)
leader IIHKANIPIHTSI *nan*
leader or organizer, e.g. of a
raiding party or meeting
leader INAIM *nan* leader,
employer

leader INAWA'SI *vai* become
an appointed leader, e.g. a
chief, councillor
leader NINAA *nan* leader,
chief
leaf NIIP *nin*
leaf OHKINIIMO *nin* cedar
leaf
leaf SAYIIPA'SI *vai* leaf out
leak SAIKIMSSKAA *vii*
leak SSTSSAAKOYI *vii*
drip/leak
lean WAAPITSIPOYI *vai* stand
and lean against s.t.
lean YOISSTSIKINA *adt* lean,
tough, sinewy, fibrous
least I'SOHKIIMAAN *nar* least
favored wife (whose associa-
tion with her husband was of
a non-intimate nature and
who also usually tended to
dominate)
least MIISTSAAPAAA *nan*
least weasel, lit: wood weasel,
Mustela spp.
leather
ISTTSIKANOKOISOKA'SIM *nin*
leather jacket, coats
leather ISTTSIKAPOKO *nin*
leave IKSISSTOYI'TSI *vti* leave
behind, discard, waste, aban-
don
leave IPONIOWAT *vta* leave
one's (own) wife
leave ITSKI *vti* leave behind
leave ITSKIT *vta* leave
leave SSKSSKOPA' *vta* leave
behind to keep watch
leave WAYAMOO *vai* depart
with hurt feelings/ leave
home because of a personal
grievance
left NAAW *adt*
left-handed IIYA'KSISAA *vai*
be left-handed
leg IKINAKI *med* leg(s)
leg MOHKAT *nin* leg/foot

leg SSIKSINAASI *vai* break
one's own leg

leg WAAMOHSIKAHKAA *vai*
have leg cramps

legging OOTAAN *nin*

leggings
APAKSISTTOHKSIPOKAI'STAAN
nan men's leggings

leggings ATSIS *nan*
trousers/leggings

leggings IMMOYIIKANSSIN
nin fur leggings for male dan-
cers

leggings OOTO *vta* make leg-
gings for

legs IKINAKIM *vai* have legs
(of specified state)

legs IPSSIKAHKAA *vai* have
chapped legs/feet

legs ISTTSIIKINAKI *vai* have
sore, aching legs

legs SSTSIKINA *vta* strike on
the legs with a long slim
object

less IMMAK *adt* few, rare,
less than normal,

less ONNAT *adt* few, less, low
in number

let's go! OKI *und* expression
similar to English 'come on!',
'let's go!'

Lethbridge SIKOOHKOTOK
nin coal, lit: black rock/
Lethbridge

level
OTSITSINSSTAO'WAHKOHPI
nin flat level clearing

libido *see* ONOOTSI

lice O'KOMI *vai* have lice

license IIHTAOHKOMATAKIO'P
nin driver's license

lick SINIHTAKI *vai* lick (s.t.)

lick SINIHTSI *vti*

lick SINSSKIP *vta* lick on the
face

lid OHKOYIMA'TSIS *nan*

lid YOOHKOYI *vta* cover with
a lid/ cover the mouth of

lie ISTTOHKIHTSII *vai* lie
down

lie OMSSTSKIIHTSII *vai* lie
face down

lie *see* OOHSI

lie SAOKIHTSII *vai* lie down
because of exhaustion, (or
indulgence), lit: lie flat or
straight

lie SAYI *vai* lie, make an
intentionally false statement

lie WA'KIKAIHTSI *vai* lie on
one's own back

lie YISSKIHTSIIYI *vai* lie low

life NIIPAITAPIIYSSIN *nin*

life-style NIIPAITAPIIWAHSIN
nin

lift IKI'TSIIHTSI *vta* put
aloft/ lift

lift IKSIPINNI *vti* lift a cover-
ing part-way in order to peek
under

lift IKSIPSKAPATOO *vti* lift a
covering (with difficulty)

lift SSPINNI *vti*

light AANATTSII *nin*

light AANA'KIMAA'TSIS *nin*
light, lantern

light
AWAPAHKIAANA'KIMAA'TSIS
nin light bulb/ propane lan-
tern

light IKKIYATTSOOHSI *vai*
make oneself light in weight,
reduce

light SAAHKOHTSSI *vii* light
in weight

light SAAHKSSTSSI *vai* light
in weight

light SSTSSI *vti* ignite, light
(a fire)/ burn

light SSTSSIMAA *vai* brand
livestock/ light a cigarette

light WAANATTSII *vii* il-
luminate, light up

light WAANA'SSOYI *vai* light up, be illuminated

lighted WAANA'KIMAA *vai* illuminate with a lighted object, supply light with a lighted object

lighter IIHTAISSTSSIMAO'P *nan* branding iron or cigarette lighter (lit: what we light/burn with)

lightning AIPAPOMM *nan*

lightning IPAPO *vai* be a lightning flash

lightning PAAPO'SIN *nin* lightning, electricity, battery

lightweight ISTTOHKAIIPISSTSI *nin* thin, lightweight fabric

like IHTSIIYI'TSI *vti* admire, like

like WAAKOMI'TSI *vti* like or take pleasure in

limp AIKKAKIIYI *vai* have a limp

limp ISTTSIIKA'YI *vai*

line AKAAHTOIPOYI *vai* stand in a battle line (shoulder to shoulder for warfare)

line OHPANI'KAHTAA *vai* line a tipi (i.e. put up tipi lining)

line YAAKAI'PISSKOHTO *vta* line up in readiness to charge or rush (the enemy)

liniment AISTTAKOYII *nin*

lining APANI'KAHTAA'TSIS *nin* tipi lining/curtain

lining ISSIISTSTAAN *nin* stomach lining

lining OHTOHPANI'KAHTAA *vai* use some material as a tipi lining

lining OTSITTSSKIS *nin* stomach lining, tripe

linoleum ISTTSIKANOKO *nin* linoleum/ smooth, slippery cloth or covering, e.g. leather, oil cloth

lion AIMMOYO'KINIOMITAA *nan* lion, lit: fur chested dog

lip OOTOONIS *nin*

lips IMMAKOYAAKI *vai* shape one's lips for crying

lips OMOHKOHSATTSISSKOYIHP *nin* side of the mouth, side of the lips

liquid AAYI'SIPISAAN *nin* liquid carried in a storage container, e.g. canteen, thermos

liquid IKIMII *fin*

liquid I'TSINOKOOPSSIMAA *vai* completely use up an available supply of a combustible liquid

liquid OTTAKI *vai* dip out liquid

liquid PA'KSIK *adt* resembling froth, spittle or a thick liquid/ gooey

liquid WAAWAI'KIMISSTOO *vti* shake (a liquid) in a container

listen WAAYAKSSTOOKI *vai* have impaired hearing/ listen inattentively

listen YISSTSAANOHKIAAKI *vai* cock one's ear to hear, tilt head toward source of a sound to listen

listen YISSTSIIYI *vai*

listen YOOHTSIMI *vai* listen/hear

listless IPIITSIIHTAA *vai* be listless/languid, become weary in the face of an enormous task

little IPSSTSIK *adt* deceptive/ barely, very little

live OHPOKAOPIIM *vta* live with

lively IKSSKAMI *vai* be highly spirited, lively (said of a horse or vehicle)

liver KINAKIN *nin*

livestock IPONOTA'SI *vai* sell livestock animal(s)/ have one's livestock animal(s) die

lizard NAAMSSKII *nan* lizard, lit: has a nothing face

load SAPAAKIHTAA *vai* load one's belongings into a vehicle

load YAAKAAHKIMAA *vai* load (as a gun)

load YAAKSISSKSIMMAA *vai* arrange and ready a load for transport/ pack up

load YAAKSISSKSOMMO *vta* load up or pack a vehicle (or beast of burden) for,

loan WAAHKOMA'TAAHKO *vta* loan to

lock IITA'PIO'KII *vti*

lodge INO'TSI *vti* close (the lodge flap)

lodge I'KOKAA *vai* paint a lodge design

lodge MI'KOKAAN *nin* lodge painting

lodge MOYIS *nin* shelter/house/lodge

lodge NIITOYIS *nin* tipi, tepee/lodge

lodge SSTAAKA'SI *vii* lodge, land on end

lodge-poles YAAKATOKSIPISTAA *vai* tie the main lodge-poles

log APAHTOKSAAPIOOYIS *nin* pine log house

logo A'KIOOHSIN *nin* stamp or logo

Lone Fighters NI'TAIITSSKAA *nan* Lone Fighters Clan (Peigan)

lonely WAAWAAHPITSIMM *vta* be lonely for, miss

lonesome SAAHKAI'SAT *vta* be lonesome for

long INNO *adt*

long INNOISSPI *vai* have long hair

long IPII. *adt* far, long distance, remote in space

long ISAM *adt* long ago

long ISAMO *vii* be a long or lengthy period of time

long ISAMSSI *vai* take a long time

long-tailed OMAHKAAPAA *nan* long-tailed weasel (lit: big weasel), *Mustela spp.

longspur ISSIKAOKAYI *nan* chestnut collared longspur, *Calcarius ornatus/ Swainson's hawk

longspur OOTSIKIIKINAOHSOA'TSIS *nan* McCown's longspur, lit: Shoulder-bone tailfeathers, *Rhynchophanes mccownii

long time MISAM *adt*

look A'PAOOYI'KAA *vai* look (around) for food

look IKSISTSIKOINATTSI *vii* look like daylight

look INA *vai* have the specified appearance, look like

look OHTOISSAMM *vta* examine, look at individually

look OKAKIO'SATOO *vti* study before making a decision, deliberate, look carefully/closely

look OTOWOOHKAA *vai* look for livestock

look SSAMM *vta* look at

look SSAPI *vai* look (at s.t.)

look SSA'TSI *vti* look at

lookout AOKAKI'TSI *nan* lookout, scout, one who watches, esp. for danger or opportunity. Could be used to refer to a modern day counsellor.

loomwork ISTTAPINNAKSSIN *nin* loomwork, weaving (made by interlacing warp and filling threads. May have beads on it.)

loon MATSI'SAI'PIYI *nan* common loon (lit: fine charger), *Gavia immer

loosen OMATAPINNIHKO *vta* loosen the footing of/ trample by body force or weight

lopsided ISINAP *adt* lopsided, aslant, unbalanced

lose IPONISAYI *vai* become a widower, lose one's wife through death

lose IPONOOHKI *vai* lose one's horse

lose SA'NAA *vai* lose a fingernail

lose WA'TSTOO *vti*

loss SSTSI'TSI *vta* cause to suffer loss of something cherished (e.g. a family member, a photo album, a life's savings)

lost IKSISSTA'POO *vai* get lost, go astray

lot SSTOK *adt* extensive/excessive/ to a great degree, much, a lot

loud SOHKOYISSI *vai* talk, sing, or cry in a loud voice, lit: big mouth voice

louse SKINA'S *nan*

love IIHTAWAAKOMIMMOTSIIYO'P *nin* love medicine, lit: what we use to love each other

love WAAKOMIMM *vta* love, be fond of

lover IKSIMINIHKAT *vta* address (a lover) by a pet name/nickname

low IKKAK *adt* short, low/ associated with childhood/ youth

low IKKAKII *vii* low (i.e. not high)

low KSIW *adt* low, at ground level

low YISSK *adt* down low

low YISSKOO *vai* walk low (crouched or bent)

lower ONNATSTOO *vti* lower the price of

lower SIISTONAISTOTO *vta* demean, lower the dignity of

lower SIKKAI'PIKSI *vti*

low spirits SOOHTSIMM *vta* sense the low spirits/depression of

lubricate OHPOONI *vti* lubricate, grease or oil

luck IPAHKOOSI *vai* be ill-fortuned, be prone to bad luck, fall on hard times

luck WAATOYINNAYI *vai* sing and pray for luck and good fortune

lucky IHTA. *adt*

lucky IHTAWA'PSSI *vai* be lucky

lull OPA'M *vta* lull into a state of relaxation or sleep

lumber APAKSISTTOHKSIKSIS *nin*

lump O'KOTONAA *nan* hard growth under the skin, lump

lumpy O'SOHKII *vii*

lunch IHTATSIKIOOYI *vai* eat lunch

lunch IIMAPAAHKO *vta* pack a lunch for

lunch I'TSAAWAAHKAA *vai* pack a lunch

lunch I'TSAAWAAHKO *vta* pack a lunch for

lunch OPA'TAA *vai* stop for lunch while travelling

lung MOHPIN *nin*

lynx NATAYO *nan* lynx, *Lynx lynx

lyricize ISTTONNIHKI *vai* add
a message to one's own song,
lyricize

macaroni AISSINNII'P *nin*
pasta (spaghetti, noodles,
macaroni)

machete SAMAKINN *nan*
lance, spear (N.
Blackfoot)/large knife,
machete (Blood)

magic SAPONSSTAA *vai* use
magic, or prayer to a spirit,
to gain curing powers

magpie MAMIA'TSIKIMI *nan*
magpie, *Pica pica

make A'PISTOTAKI *vai* make
(something)

make OOTAA *vai* make leg-
gings

make O'TOKIAAKI *vai* make
a hole in the ice

make YAAKAAPIKSISTSIMAA
vai make the bed

make up
YAAKA'PIKSISTSIMAA *vai*
make up a bed

male AAWOWAAKII *nan* male
homosexual

male ISAHKINAIM *nar* male's
older male relative of the
same generation, e.g. an older
brother, cousin, nephew etc...

male NAAPIM *nan* male
animal

malfunction WA'KOT *adt*
operational malfunction, dis-
location

malicious OPOWAMM *vta*
pick on/ be malicious
toward/ bully

mallard MI'KSIKATSI *nan*
mallard duck

man NINAA *nan*

man OMAHKINAA *nan* old
man

man SAAHKINAA *nan* young
married man

mane OWA'S *nin* mane (of a
horse)

manger
IITAISAPIOYAATTSTAO'P *nin*
bin, manger

manipulate APINN *vta*
manipulate a strand-like ob-
ject

manner AANIST *adt* manner,
way

manner NIIT *adt*

many AKA *adt*

many WAAKA *adt*

many WAAKAYIMM *vai*

marble KOMINOKO *nin*
marble/pill

marble KOMSSKO *nin*

March SA'AIKI'SOMM *nan*
March, lit: duck moon

mark ISTSIKAPOISINAII *vti*
mark with two stripes/ repeat
a stripe pattern on twice

mark WAAHTAA *vii* leave a
mark or stain

marker A'KIHTAKSSIN *nin*
cairn/ stones as a marker or
memorial

marker OHTSITOMMA'PIIMI
vai leave something behind as
a marker at vacated campsite

marred face I'KSSKII'SI *vai*
have a scarred face/marred
face

marriage WAAI'TOMO *vta*
propose marriage for (object
always a man), or propose a
reconciliation to the wife of

marrow IINAN *nin*
banana/marrow

marrow IKAHKIMATOO *vti*
chip at (usually the shin
bone) for the marrow

marsh SOYIISIITSIKSSKO *nin*
marsh, slough

mask SSTOKSIINAO'SI *vai*
wear a mask

massage IPIKKSSKINO'TO *vta* massage the back of with a pressing motion

match ISSTSSIMAA'TSIS *nin*

mate OTOINAHKIMAA *vai* go out on a date/ look for a mate

matted IITSSKIHKAA *vii* be matted

mattress KOTTSAAKIISI'KAAN *nin* mattress (lit: stuffed blanket)

maximum OTSIK *adt* to maximum capacity, heavy, full/ damp

May APISTSISSKITSAATO'S *nan* May, lit: flower/blossom month

Meadow ATSIINAIMO *nan* Meadow Rue, lit: Gros Ventre scent, *Thalictrum occidentale

meadow OTSIIMOKO *nin*

meadowlark SOOHKSIISIIMSSTAAM *nan* western meadowlark (lit: makes nest like a big anus), *Sturnella neglecta

meager KAKANOTT *adt* sparse, meager

meal I'SIMAA *vai* finish preparation of a meal

meal OOYIISTOTO *vta* prepare a meal for

meal OOYO'SI *vai* prepare food for a meal, cook

mean INIKKSISTOTO *vta* be mean to

mean OKA'PSSI *vai* be bad, mean

mean OKSINA *vai* mean, in a foul mood

meaningless SAO'OHKA'PII *vii* boring, inconsequential, meaningless

means OHT *adt* linker for source, instrument, means, or content

measles *see* AAPIKSSIN

measles I'KOTSAAPIKIHSIN *nin* measles, lit: red skin eruptions

measure SSINN *vta*

measure SSKSKAAKI *vai* measure (something)

meat APISAAN *nin* pot of meat boiled over an open fire

meat IITSITTSIMAAN *nin* meat (cut) for drying

meat I'KSISAKO *nin*

meat KAYIIS *nin* dried meat, jerky

meat MOOKAAKIN *nin* pemmican, a mixture of dried crushed meat, grease and berries

meat SA'KSISAKII *vti* pound (dried meat)

meat SA'KSISAKIMAAN *nin* flaked dry meat

meat YIITSITTSIMAA *vai* slice meat thinly for drying

mechanical WA'KOTSISTOTSIMAA *vai* have a mechanical breakdown

meddle *see* SAO'OHPISSTSA'PSSI

meddlesome SAO'OHPISSTSA'PSSI *vai*

medicinal A'SIIYA'TSIS *nin* medicinal sneezing plant (plant is yellow in color)

medicine IIHTAWAAKOMIMMOTSIIYO'P *nin* love medicine, lit: what we use to love each other

medicine KSIKKSINATTSIISAAM *nin* white coloured medicine

medicine SAAAM *nin* medicine or powers of healing

medicine-pipe
NAATOYINAIMSSKAAKII *nan*
holy medicine-pipe woman

medicine-pipe
NINAIMSSKAAHKOYINNIMAAN
nin medicine-pipe bundle

meet SSKAAAT *vta* come
back to meet

melt ISTSITSII *vii*

melt SIKKOHSI *vti*

memorial A'KIHTAKSSIN *nin*
cairn/ stones as a marker or
memorial

mend IPSSAAKI *vai* mend
(something)

mend WATTSIPAMAA *vai*
mend a moccasin

menstruate OHKOISSI *vai*
have a sickness/ menstruate
(euphemism)

mentholatum ISSTOOHPOYI
nin 'cold' ointment, e.g. men-
tholatum

mention ITOTOISTTOO *vai*
refer to. mention (something)

merchant
AOHPOMMAAPIIKOAN *nan*
Caucasian merchant

merchant AOHPOMMAOPII
nan storekeeper, merchant

merely KAAK *adt* merely,
just, i.e. of no great impor-
tance

merganser MIISA'AI *nan*
common merganser (lit: hardy
duck), *Mergus merganser

merganser MISSI *nan* mer-
ganser (lit: hardy being),
*Mergus merganser

merry I'TAAMOMAHKATOYI-
IKSISTSIKOMI *vai* have a
merry Christmas, lit: happy
big holy day

mess IMI *adt*

mess NIIMIA'PII *nin*
dirt/mess/miscellaneous
belongings

messenger ATOHKA'TAAN
nan messenger, scout

messenger SSKSKSIM *vta*
send as a messenger/ send on
an errand

messy SAINSKAKA'P *adt*
sloppy, untidy, dirty, messy
unkempt

metal MI'KSSKIMM *nan* any-
thing having the properties of
a metal

metal SIKSI'KSSKIMM *nan* sil-
ver, lit: black metal

meticulous IKSIKKIMM *vta*
be meticulous in one's care of

meticulous SOPO. *adt* clear/
thorough, detailed, meticulous

meticulous SOPOYA'PSSI *vai*
be thorough, meticulous

Mexican SSPAYIIKOAN *nan* a
person of Mexican descent

middle IHTATSIKI *adt* mid-
dle. center, midst

middle SITOK *adt* middle,
center

middle TATSIKI *adt* middle,
center, midst

middle TATSIKIAIKSISTSIKO
nin ın the middle of the day,
noon

midget MAKAITAPI *nan*

midnight KATSIKSISTO'KO
nin midnight (in the middle
of the night) (archaic)

midnight TATSIKIYAIKO'KO
nin midnight (in the middle
of the night)

midst IHTATSIKI *adt* middle,
center, midst

might AAHK *adt* might/non-
factive

might AAHKAMA'P *adt*

might AAHKSIKKAM *adt*

might AAHKSIKKAMA'P *adt*

migraine WAATA'PIHKAA *vai*
have a migraine headache/
receive a concussion (injury
to the brain by a heavy
blow)

mile AA'SI *vii* be a mile

milk IKSIPPOYINNAKI *vai*
squeeze out excess liquid/milk

milk ONNIKIS *nin*

milk can *see* NAAPIAAKII

milky MAKOYOOHSOKOYI *nin*
milky way (lit: wolf road)

million IKSIKKAAA'SI *nin*

mimic INIKATO'KAT *vta*
imitate/mimic (e.g.
mannerisms)

mink AAPSSIIYI'KAYI *nan*
platinum mink, *Mustela vi-
sion

mink SOYII'KAYI *nan* mink
(Lit: fast underwater),
*Mustela vision

minute ISKSKSINITAKSSIN
nin minute (time)

mirror SAAPIA'TSIS *nin*

misaligned AAWOYIHTSI *vii*
not at right angles/ uneven/
misaligned

misaligned WAAWO. *adt* un-
even, misaligned/ on the op-
posite, wrong side/ back and
forth motion, reversed

misbehave OKIHKA'SI *vai*
resist/oppose/defy (some
authority), misbehave, lit: act
bad

miscarriage SAAKSINI *vai*
have a miscarriage

miscarry WAAKANOHSI *vai*
hurt oneself/ id: miscarry
during pregnancy

miscellaneous PIA'PII *nin*
miscellaneous item

mischievous
IKSAAMAISSKINII *vai* be
hunchbacked/ id: be mis-
chievous

mischievous WAATTSISSKII
vai be mischievous, willing to
take risks, daring

misdirected AYAAM *adt*
wrong, different direction/
misdirected

miserly SIKIM *adt* stingy,
miserly

miss IKOOKI'TAKI *vai* regret
the loss of/ miss (s.t. or s.o.)

miss SAANI *vta* miss, fail to
make contact with

miss WAAWAAHPITSIMM *vta*
be lonely for, miss

miss WAAWAAHSATOO *vti*
miss, feel the absence of

mistake IPAHTSA'PSSI *vai*
err, make a mistake

mistaken IPAHTSI *adt* false,
mistaken, erroneous, imitation

mitten ATSI'TSI *nan* mitten,
glove

mix *see* IITSSKSIISTSTAA

mix WAAHKIITAA *vai* add
and mix a liquid with
another liquid/ idiom get
gasoline, gas up

mixed PIIKSIISTSIMAAN *nin*
tobacco mixed with other
smoking substances

moan WAYAAMINI *vai*

mocassin OTAHPIAAKI *vai*
sew the sole and vamp of a
mocassin together

moccasin *see* ATSIKIN

moccasin
ISSPAKOOTOHTONAITSIKIN
nin high-topped moccasin

moccasin NIITSITSIKIN *nin*

moccasin SAKONIMMAAN *nin*
moccasin pattern/cutout/
finishedhide (Blackfoot)

moccasin WATTSIPAMAA *vai*
mend a moccasin

mold YAAKAAHKIO'TSI *vti*
mold, shape using the hand

Monday
ISSIKATOYIIKSISTSIKO *nin*
Monday (Lit: the holy day
ends)
money ITSINAAN *nin* private
possession/ money
monkey IIMAAPITSI *nan*
monkey (North Peigan), lit:
imitator
monkey MAOKII *nan* monkey
(Blood)
month NAATO'SI *nan* sun/
holy-one/ month
moocher WAAKOMITAPIIYI
vai be a moocher, a person
who expects to be given
service/goods for free or who
expects payment for an osten-
sibly free service
moon IKSISTTO'SIM *vai* be a
full moon
moon INAKOI *vii* be the first
quarter (of the moon)
moon I'NI *vii* be the last day
of the last quarter (no moon)
moon KAAHKSIKA *nan* the
moon (Lit: severed leg, from
a legend)
moon KI'SOMM *nan*
sun/moon
moon KO'KOMIKI'SOMM *nan*
moon OMINO'TOOHSI *vai* be
second quarter (of the moon)
moon SIPIOOMAIKSISTOYI *vii*
be a clear, full-moon night
moon WAATA'YAYI *vai* dark
circle around the moon
(indicates a chinook)
moon WAAYAKSIKINAKO *vii*
bright night from a full moon
moonlit WAYAKSIKSISTSIKO
vii be moonlit
moose SIKIHTSISOO *nan*
moose, *Alces alces
Moose Jaw
MATSINAWAISSTAAM *nin*
Moose Jaw, lit: tongue flag

moral SSKAPIIM *vta* give
moral advice and guidance to
Morning AAPISOWOOHTA
nan Morning Star
morning IKSKANAOTONNI *vii*
become morning
morning KSISSKANAOTONNI
nin (this) morning
morning WAAPINAKO *vii* be
morning, dawn
morning bird
AAPINAKOISISTTSII *nan* snow
bunting (lit: morning bird)
Morning Star
IIPISOWAAHSIIYI *nan*
mosquito *see* IKKST
mosquito KSISOHKSISI *nan*
mosquito, lit: has a sharp
nose
most ISSTOHKANA *adt* most,
superlative
moth APANII *nan* butterfly/
moth
mother IKSISST *nar* mother/
maternal aunt (of male or
female)
mother NA'A *und* vocative,
address to mother by her
child
mother OKSISSTSIMM *vta* de-
velop an emotional attach-
ment for as a mother
mother-in-law AAKIAAAHS
nar
motionless IKKSK *adt* mo-
tionless, in one place, still
motivate WAAWATTSSKO *vta*
motivate/ set in motion
motivating YOISSTSKAOHSI
vai have a difficult time
motivating oneself
motorcycle AIPAKKITAKA'SI
nan
motorcycle AIPAKKOHTAMM
nan motorcycle (North
Peigan)/ tractor (Blood)

mount OTA'S *nar* horse of,
mount
mount WAAMIAO'PII *vai*
mount, seat oneself for riding
mountain
AAPOMAHKIHKINAA *nan*
mountain goat, lit: white
sheep, *Oreamnos americanus
mountain MIISTAK *nin*
mountains SAAT *adt* across
the mountains
mourn OTOOYI'TAKI *vai* go
to mourn e.g. at a funeral
mouse KAANAISSKIINAA *nan*
mouth IKAAWOYI *vai* have a
cleft palate, have an opening
in one's own mouth
mouth IPA'KOYAAKI *vai*
open one's own mouth
mouth ISTTAPOMAO'SI *vai*
place something whole into
one's own mouth
mouth MAOO *nin*
mouth
OMOHKOHSATTSISSKOYIHP
nin side of the mouth, side of
the lips
mouth OPASSKOYAAPIKSSI
vai split, crack the corners of
one's own mouth
mouth OYI *med*
mouth SAPOMATOO *vti* place
into one's own mouth
mouth YAAMOYI *vai* have a
mouth that is permanently
twisted to one side
move AAAT *vta* move/walk
in relation to
move A'PISTTOTSI *vai* be
semi-nomadic, move around
looking for a place to camp
move A'POHPA'WANI *vai*
move around/ toss oneself
around
move A'POO *vai* travel/
move about

move IIYIKIHKAOHSI *vai*
move one's own body fer-
vently (usually used to make
joking reference to a person
who is dancing energetically)
move INIKKIHKOOHSI *vai*
move one's own body in an
angry manner
move IPISTTOTSI *vai* move
far away
move IPSSTSISTTOTSI *vai*
move into a place
move I'TOOHKSKAPI *vai*
crawl/move into an open area
move NIOWAA *und* move out
of my way!
move NIOWAAKIAAKI *und* a
gentle warning: please move
out of the way!
move OMAAHKAA *vai* move
along on foot (animal as
subject)/ travel by means of
e.g. horse or car (human as
subject)
move *see* OPAKIIYI
move WAANISTAPAOO *vai*
move aside
move WAAWATTSSKI *vti* dis-
turb, cause to move
move WA'TSTOO *vti* be able
to move
move in IPSSTAO'KI *vai*
move in with one's posses-
sions
move in WAAKAMM *vta*
temporarily move in with in
a helping capacity or to keep
company
movie AISAIKSISTTOO *nan*
television/movie
much SSTOK *adt*
extensive/excessive/ to a
great degree, much, a lot
mucous MOOTSIKKINAAN
nan

mucous
SAAKOOWOTSIKKINIHKAA *vai*
have a dripping discharge of
nasal mucous due to illness,
have a runny nose

mucous SAOTSIKKINIHKAA
vai have a discharge of nasal
mucous

muddy IMMSOWAAT *vta*
muddy water for/
demonstrate disrespect for,
disregard

muddy
KSAAHKOIIKIMSSKOMO *vta*
muddy waters for/ upset the
plans of with one's own

muddy PA'KSIKAHKO *nin*
muddy place

mule OMAHKSSTOOKI *nan*
donkey, mule, ass (Lit: big-
eared)

murder IKSIMI'NIKKI *vai*
commit murder

muscle APOTSTSIINAAN *nan*

mushroom KAKATO'SI *nan*
star/mushroom/puffball,
*Lycoperdon spp.

mushy IPAHS *adt* mushy,
curdled, thickened

muskrat MI'SOHPSSKI *nan*
muskrat, *Ondatra zibethicus

mute KATAI'POYI *nan* mute,
dumb person

nail AWO'TAANOOKITSIS *nan*
nail of the toe or finger

nail IIHTAIKSISTTOKSAAKIO'P
nan

nail IKSISTTOKSII *vti* nail
together

nail SSTAAKI *vai* hammer,
pound/nail (into something,
e.g. wood)

name IKSIMMINIHKAT *vta*
refer jokingly to/ refer to by
a joking name

name INIHKAT *vta* call, name

name INIHKA'SIMI *vai* be
named, have a name

name OKSINIHKA'SIIMI *vai*
have a bad name or reputa-
tion

name OMMO *vta* take the
name of (a relative)

name *see* WAANIST

named INIHKA'SIMI *vai* be
named, have a name

narrow IKKST *adt* narrow,
slim

narrow *see* IKKSTSII

narrow OPOTTSII *vii* be
tight/narrow/constricted

Native NIITSITAPI *nan* Na-
tive American, American In-
dian

Native NIITSITAPIA'PII *nin*
Native (Indian) culture

Native NIITSITAPIIKOAN *nan*
male of Native American
(Indian) descent

naughty WAATTSIIHKA'SI *vai*
act naughty/ be daring

nauseous O'KSIPOHSI *vai* feel
nauseous from over-indulging
in a rich or greasy food

Navajo
AAWAIIPISSTSIIMSSKAA *nan*
Navajo, lit: weaver

navel MOOTOYI'S *nan*

near WAIST *adt*

near-by O'TSSAT *adt*

neat INSSTA. *adt*

neat INSSTAWA'PII *vii*
tidy/neat

neat IPOMIKKA'PII *vii* be
neat, tidy

neck MOHKOKIN *nin*

neck OHKINNATOO *vti* wear
around the neck, wear as a
necklace

neck OHTOHKINNI *vai* lit: wear (something from a group, e.g.) around one's neck/ id: have thorough knowledge of (s.t.)

necklace IKSSTSOOHKINN *nan* shell necklace (gained upon initiation)

necklace OHKINNATOO *vti* wear around the neck, wear as a necklace

necklace OHKINNI *vai* wear a necklace

needle ATONAOKSIS *nan*

needle IIHTAWAI'TSINNAKIO'P *nan* sewing machine/ Glover needle

needless NAAM *adt* needless(ly), useless(ly)

negative IMAAT *adt*

negative KATA' *adt* interrogative prefix/ negative (on nouns)

negative MAAT *adt*

negative MIIN *adt* negative (used only in imperatives)

negative PIIN *adt*

neglect SSKAHSI'TSI *vti* forget about/ neglect/ disregard

Negro SIKSAAPIIKOAN *nan* Black, Negro, lit: black whiteman

neighbor IIHKAWA *nar*

nervous IPIKKSSI *vai* be nervous, anxious

nest OYIIYIS *nin*

Never Laughs KATA'YAYIMMI *nan* Never Laughs Clan (Peigan)

Never Lonesome MIAAWAAHPITSII *nan* Never Lonesome Clan (Peigan)

New MAANSSTOYI *vii* New Year

new MAAN *adt* recently, new, young

new MAANII *vii* be new, recent

newspaper ATSINIKIISINAAKSSIN *nin*

New Year's SONAI'SSKIHTAKAATOYI-IKSISTSIKO *nin* New Year's Day (Lit: kissing holy day)

Nez Perce KOMONOITAPIIKOAN *nan* member of the Nez Perce Indian tribe

nice SOKSISTOTSI *vti* groom, make look nice

nice WAANAT *adt* cute/nice

nickname IKSIMINIHKAT *vta* address (a lover) by a pet name/nickname

night IPANN *adt* over-night

night KO'KO *vii* be night

night SIPI *adt*

night SIPIAANA'KIMA'TSIS *nin* night lantern

night *see* SSKIINA

nightmare ONOOHKI *vta* cause to have a nightmare

nine PIIHKSSO *adt*

nip IPIKKSIP *vta* pop/burst/crack/nip with the teeth

no SAA *und*

nod OTAHSOHKIAAKI *vai* nod, bow one's own head

nod OTAHSOHKIAAPIKSSI *vai* nod one's own head

noisy YISSTSI'KINI *vai* be noisy, make noise

non-sequitur OHTO'TSIPAKKIO'TAKI *vai* make a nonsense/irrelevant interjection or comment, utter a non-sequitur

nonsense OHTO'TSIPAKKIO'TAKI *vai* make a nonsense/irrelevant interjection or comment, utter a non-sequitur

noodles AISSINNII'P *nin* pasta
(spaghetti, noodles, macaroni)
noon OMAISSTSIIYI *vai* noon
(Lit: when it is in an im-
mobile position)
noon TATSIKIAIKSISTSIKO
nin in the middle of the day,
noon
North AAPATOHSIPIIKANI
nan North Peigan
north WAAPATOHS *adt*
nose HKSIS *med*
nose MOHKSISIS *nin*
nose OMITSIKKINII *vai* blow
one's own nose
nose PO'TAAN *nan* bridge of
the nose, between the eyes
(N. Blackfoot)
nose bleed ITSIMSSKIISI *vai*
get a nose bleed, bloody nose
nostril MOOPIKKINAAN *nin*
nosy SAWOHPISSTSA'PSSI *vai*
be snoopy and curious, nosy,
prone to search through
another's belongings
nothing IPAKKSSA *adt* noth-
ing, bare, nude, inexperienced
November
IITAOHKANAIKOKOTOYI
NIITAHTAISTSI *nin* November,
lit: when all the rivers freeze
November IITAOHKOHTAO'P
nin November, lit: when one
gathers wood
November IITAO'TSSTOYI
nin November, lit: when cold
weather arrives
November IITSINNISI'YI
SOYOOPOKIISTSI *nin* Novem-
ber, lit: when leaves fall
now ANNOHK *und*
nude IPAKKSSA *adt* nothing,
bare, nude, inexperienced
nudge IKSISSKAHKO *vta*
nuisance POINA *adt*
nuisance/frenetic/frenzied

nun NAATOWA'PAAKII *nan*
nun/ female belonging to a
religious order
nurse AISOKINAKIAAKII *nan*
nurse SSTAA *vai* suck milk/
nurse
nurse SSTAAHKAHTAA *vai*
breast feed, nurse, suckle
nutcracker MAKKOOKIIM
nan Clark's nutcracker (lit:
colour of old lodge cover),
*Nucifraga columbiana
nuthatch KOPOTTSSKSISI
nan Red-breasted nuthatch
(lit: tight nose ?), *Sitta
canadensis
oatmeal PIKKIAAKSSIN *nin*
oatmeal, porridge (Blood)/
hamburger, ground beef (No.
Peigan)
oats MATOYI'NSSIMAAN *nin*
obey WAANISTSI'TO *vta*
objectionable SIKI'TSI *vti*
consider unclean or objection-
able
obsessed INAAPITSI *vai* be a
woman obsessed with men
obsessed WAAKIIPITSI *vai* be
a man who is obsessed with
women
obstinate YISSTOOKI *vai* be
obstinate, lit: have hard ears
occupy OMIISTOTO *vta* keep
occupied/occupy
ocean MO'TOYAOHKII *nin*
ochre AKAI'TSII *nin* bright
red ochre, paint
ochre I'SAAHKAA *vai* acquire,
get (some) ochre
ochre KSIKKIHKIMIKO *nin*
white ochre, paint, white soil
(usu. clay)
ochre MAOHKA'SAAN *nin* red
ochre, paint
ochre NI'IITSI'SAAN *nin* dark
red ochre, paint (found in the
north & east)

ochre TATSIKII'SAAN *nin*
light red ochre, paint (found
in mountains)
October MO'KAATO'S *nan*
October, lit: fall month
October NIIPISTSI
OTSITAINNISI'YIHPI *nin* Oc-
tober, lit: when leaves fall
October SA'AIKSI
ITAOMATOOYI *nin* October,
lit: when ducks leave
odd-looking IKKAHSINA *vai*
be ugly, homely (Lit: odd-
looking)
odometer IITAOKSTSIMAO'P
nan a type of counter (e.g.
an odometer)
odor OTAIIMI *vai* have un-
derarm odor, lit: smell like a
weasel
odor WAAMATONSSOYI *vai*
emit an odor while being
heated
offend SATAISTOTO *vta* pur-
posely do or say something
to in order to offend or anger
offended SATAISSI *vai* be-
come offended at joking or
teasing
offense IKOTSKI'TAKI *vai*
take offense, be resentful
offense OHKOI'TSI *vti* take
offense at/ find fault with
offense WAYAMI'TAKI *vai*
take offense at something
offering IKKITSTAKI *vai*
make an offering (to the sun)
by placing it on a pole/cross
offering IKKITSTAKKSSIN *nin*
offering, e.g. at a Sundance
offspring OKO'S *nar* off-
spring, kid
oh YAOO *und* an expression,
normally used by females, to
convey disappointment similar
to English "oh no! not
again!"

oil AOHKIAANA'KIMAA'TSIS
nin oil lamp, lit: water lamp
oil IMMISTSII *nin* grease,
lard, cooking oil
oil ISTTAPOYITTSI *vii* be
soaked with grease or oil (e.g.
clothing)
oil KSISSKSTAKIOHPOYIS *nin*
castor oil, lit: beaver oil
oil MAMIOHPOYIS *nin* cod
liver oil, lit: fish oil
oil OHPAANINN *vta* oil, treat
(a hide in tanning process)
oil OHPAANINNIMAA *vai* oil a
prepared (scraped, fleshed,
stretched and dried) hide, by
hand on both sides
oil OHPOONI *vti* lubricate,
grease or oil
oil POYII *nin* petroleum, gas,
oil, grease
oil SIKOHPOYI *nin* motor oil
oil royalty POYII'KSSKIMM
nan oil royalty payment to
individual
oily OHPO *adt* greasy, oily
oily SI'KII *vii* be greasy, oily,
ointment ISSTOOHPOYI *nin*
'cold' ointment, e.g. men-
tholatum
ointment OTSKOOHPOYI *nin*
lit: blue ointment, id: Vick's
ointment
old AKA *adt* old/ belonging
to a former time/ ancient
old IKA *adt* past, ancient, old
old IKAITAPIITSINIKI *vai* tell
old stories (of our forefathers)
old KIPITAAAKII *nan* old
woman
old OMAHKINAA *nan* old
man
old OMAHKITAPI *nan* old or
aged person
old *see* SSTOYIIMI
older OMAHKSI *vai*
older/large

old man INAAPIIM *nar* old
man/husband

on OTATS *adt* upon/on

on SSTAASIISI *vai* fall or
land on one's (own) derriere
(so as to be in a sitting
position)

one NI'T *adt*

one NI'TOKSKAA *vai*

onion PISATSIINIKIMM *nan*

onion SAOKIIPISATSIINIKIMM
nan wild onion

only IKAK *adt* just, only,
even

only ITAM *adt*

only NI'T *adt* only, alone

oops! AYAOO *und* similar to
English expressions 'oh no!',
'oops!'

open IKA. *adt*

open IKAWAIHTSI *vii* be in
an open position

open IKAWAI'PIKSI *vti*

open IKAWOHPATTSII *vti*
break open with an instru-
ment

open IKAYIHTSI *vii* be open

open IKAYINNI *vti*

open IPAKKSSKAA *vai* burst,
break open

open IPA'KOYAAKI *vai* open
one's own mouth

open IPA'SOKINNI *vti* hold
open a wide and flat object,
e.g. a book

open OPANO'TSI *vti* tear
open a sealed wrapping

open OPA'KIIKINIT *vta* open
the chest cavity and abdomen
of

open SAIPSTAAHKAA *vai*
open one's own medicine pipe
bundle (soon after thunder
first arrives in the spring)

open WAAPAAPIKSI *vti*
undo/ open or loose by
releasing a fastening

opening IKAAWOYI *vai* have
a cleft palate, have an open-
ing in one's own mouth

opening KAAYIHKIMIKO *nin*
opening in a hill which ap-
pears to be divided, where
the division is used as a pas-
sageway, pass

open prairie ISSKIHTA' *adt*
east (of speaker)/ toward the
open prairie, usually an unin-
habited or sparsely populated
area

operate WAAWATTOO *vai*
operate, function, run (said of
a motorized object)

opponent KAAHTOMIN *nan*

oppose OKIHKA'SI *vai*
resist/oppose/defy (some
authority), misbehave, lit: act
bad

opposite SAIKIMA' *adt*

opposite WAAPO'K *adt*
reverse/opposite/inverse

opposite WAAWO. *adt* un-
even, misaligned/ on the op-
posite, wrong side/ back and
forth motion, reversed

or TSAAHTAO' *und* or,
alternatively/ perhaps

orange AOTAHKOINAMM *nan*
orange (the fruit[Blood
dialect]), lit: orange/yellow in
appearance

orange OTAHKO *adt* orange,
yellow

Oregon grape OTSSKOYIINI
nin Oregon grape, lit: blue
berry, *Berberis aquifolium

organizer IIHKANIPIHTSI *nan*
leader or organizer, e.g. of a
raiding party or meeting

organizer SOOYIIPIHTSI *nan*
leader or the organizer of a
raiding party

organs IPSSTO'KI *nin* all organs of digestion, respiration, and the heart

original NIIT *adt* original, genuine

originate OHTO'TSTSII *vii* originate from

oriole IINOHPINSOYII *nan* Bullock's oriole, *Icterus bullocki

ornament IKKIMAANI *vai* use a feather as head ornament

ornament POISSTAMMAAN *nin* ornament of a headdress (e.g. feather)

orphaned IMMAKSI'NI *vai* be orphaned, bereaved, deprived of parents at a young age

Osage KA'KSIMOYIITAPI *nan* Osage person

osprey PAAHTSIIKSISTSIKOMM *nan* osprey (lit: false thunder), *Pandion haliaetus

ostentatious I'KSSISTSINAA *vai* be ostentatious, show-off in public (to be seen by all)

other O'KIA'P *adt* other/different (from the one which our attention is on)

other O'KIA'PITAPI *nan* people other than us

otter AIMMONIISI *nan* otter, *Lutra canadensis

out ITSSAYO'KI *vta* shut out of s.t.

out SA *adt*

out SAIP *adt*

out SA'KAP *adt* out from an area, e.g. river, forest, camp, etc ...

out SA'KAPAAATOO *vti* come out from (an area, e.g. a mudhole)

out-do SSKITSIM *vta* out-do/ defeat, especially in a race

outer SAOTAT *adt* outer surface

outhouse MISISAOYIS *nin* outhouse, privy

out of sight IKSI'S *adt* out of sight behind an object/ hidden

outside SAIPA' *adt* outside of a certain boundary

outstanding OHKINIMMI *vai* be an outstanding player (in any game not primarily athletic)

ouzel I'KSISAKOMM *nan* water ouzel, American dipper, *Cinclus mexicanus unicolor

over IKI'T *adt* over, across

over OHTOHKITOO *vai* walk over/on (something)

over O'TAMI *adt* over the top of, above

over SAAPO'KIT *adt* over the brim

over-alls OTSSKOIITSIS *nan* over-alls, lit: blue jeans

overalls IPPOTSIISOOHSA'TSIS *nan* pants, overalls (archaic)

overcoat ASOKA'SIM *nin* clothing, usually a jacket or overcoat, dress, shirt

overdo O'TSITSKOO *vai*

overpower OMATAPISTOTO *vta*

overprice WAAKAOHTOO *vti* overprice, make expensive/costly

oversleep WAAKOHKIISI *vai*

overturn O'MA'PIM *vta* overturn/roll over

overturn WAAPO'KA'SIISI *vai* overturn with a mode of transportation

overturned O'MOHPIYI *vai* tip over, be overturned

overwhelmed SSKAI'TAKI *vai* be amazed/ overwhelmed

overwork O'KAAATTSOOHSI *vai* overwork oneself to exhaustion

owl AAPSSIPISTTOO *nan* snowy owl, lit: white night announcer (North Peigan), *Nyctea scandiaca

owl ATSI'TSI *nan* pygmy owl (lit: glove or mitten), *Glaucidium gnoma

owl KAKANOTTSSTOOKII *nan* horned owl (lit: has meager ears), *Bubo virginianus

owl MAATAASII *nan* burrowing owl, *Speotyto cunicularia

owl PAAHTSIISIPISTTOO *nan* long-eared owl (lit: imitation or false owl), *Asio otus

owl SAOKIISIPISTTOO *nan* short-eared owl (lit: prairie owl), *Asio flammeus

owl SIPISTTOO *nan* owl (lit: night announcer)

owl SSPOPII *nan* hawk owl (lit: sits in a high place), *Surnia ulula/ turtle

owl dance SIPISTTOIPASSKAAN *nin*

own INAANATOO *vti*

own INAKA'SIIMI *vai* own a vehicle

own OTA'SI *vai* own a horse

Pacific AMI'TSSSOKIMI *nin* Pacific Ocean

pack IIMAPAAHKO *vta* pack a lunch for

pack IKI'TAYISSKSIMMAA *vai* pack a horse (by tying on a load)

pack I'TSAAWAAHKO *vta* pack a lunch for

pack YAAKIHTAA *vai* pack/ bank money

pack YAAKIHTAKI *vai*

pack YAAKSISSKSIMMAA *vai* arrange and ready a load for transport/ pack up

pack YAAKSISSKSOMMO *vta* load up or pack a vehicle (or beast of burden) for

pack YIISTAHTOO *vti* pack on one's own back

pad IKOTTSI *vta* stuff, pad

Padded Saddle KOOTSAAKIIYI'TAA *nan* Padded Saddle Clan (Peigan)

pail IKKATSIMAISSTOOKI *nan* lard pail (lit: inflated ears)

pail ISSK *nan*

pain IPAINIHKAA *vii* be painful, an aching pain which is sensitive to the touch

pain ISTTSII *vii* pain/ache/hurt

pain SSTAKSKAA *vii* be the site of a shooting pain, pain sharply

pain SSTSISI *vii* be the site of a smarting/stinging pain

painful SSTAKSAANANIST *vta* tell (a person) about his/her faults in a cutting, stinging way/ tell painful words to

paint AKAI'TSII *nin* bright red ochre, paint

paint A'SAAN *nin* paint for face and tipi

paint ISTTSIKOKSSPAINNI *vti* paint with a sticky substance

paint I'KOKAA *vai* paint a lodge design

paint I'KOKATOO *vti* paint, make designs on (a tipi)

paint KSIKKIHKIMIKO *nin* white ochre, paint, white soil (usu. clay)

paint MAOHKA'SAAN *nin* red ochre, paint

paint NI'IITSI'SAAN *nin* dark red ochre, paint (found in the north & east)

paint OHPOISSKIN *vta* paint the face of

paint O'KSPANOHKIO'TAKI
vai paint (for utilitarian
purposes)
paint SSOKSKSIN *vta* paint
the face of (for initiation into
a society)
paint TATSIKII'SAAN *nin*
light red ochre, paint (found
in mountains)
painting MI'KOKAAN *nin*
lodge painting
pair up WAAHSOWAT *vta*
take a wife by force/ pair up
with (a female) regardless of
lack of mutual attraction
pal ITAKKAA *nar* friend, pal,
buddy, peer, person who is of
the same age (less than a
year difference)
palamino OTAHKAAPI *nan*
palate OOTSISTSIN *nin*
palm MIITSIKSIKINSSTSSP *nin*
palm of hand
pan SIKOHKO'S *nan* cast iron
frying pan
pancake ISTTOHKIHKIITAAN
nin pancake (Lit: flat, thin
baking)
pancakes ISTTOHKIHKIITAA
vai make pancakes
pants IPPOTSIISOOHSA'TSIS
nan pants, overalls (archaic)
pants OWAWAT *vta* wear
(pants)
pants YAAKOWAYI *vai* put
pants on oneself
paper PANOKAINATTSI *nin*
parade O'TAKSISTTOTSI *vai*
be in a parade
paramount AKOKSSKA *adt*
of paramount rank
paranormal AYIKINAAN *nan*
paranormal force which can
be communicated with
paranormal WAYIKINAA *vai*
communicate with paranormal
forces

pare I'KSINO'TAKI *vai* peel,
pare
pare OTANITAKI *vai* peel,
pare with a knife
parent IIKO'SI *nan* the one
with the child, parent
parfleche IITSIMAAN *nin*
food kept in a parfleche
parfleche SOOTSIMAAN *nin*
parsnip OMAHKA'S *nan* bal-
sam root, *Balsamorhiza
sagittata*/ parsnip,
Leptotaenia multifida
parsnip POKINSSOMO *nan*
poisonous, cramp-inducing
plant similar to the wild
rhubarb, a.k.a. cow parsnip
part IKAWAAHKOMO *vta*
make a part in the hair of
part IKAYSSPOMO *vta* make
a part in hair of
part WAANAO'K *adt* part,
half, on one side
partial ITAPSSI *vai* be par-
tial (to something)
pass IHKAHTOO *vti* pass by
hand in a specified direction
pass IKIMIHKAHTOO *vti* pass
to the place of honor (e.g.
the head of a table)
pass KAAYIHKIMIKO *nin*
opening in a hill which ap-
pears to be divided, where
the division is used as a pas-
sageway, pass
pass WAAWOWAAAT *vta* pass
by
passes A'PAISII *vii* it passes
(said of time)
past ISSK *adt*
past ISSKOOHTSIK *nin* past,
long ago
past ITSK *adt* past, by
pasta AISSINNII'P *nin* pasta
(spaghetti, noodles, macaroni)
patch IPSSIMA'TSIS *nin*

pattern SAKONIMMAAN *nin*
moccasin pattern/cutout/
finished hide (Blackfoot)

paw I'TSINIMMAA *vai* paw
(the ground)

paw WAI'TSINIMAA *vai* paw
the ground, usually in anger
(said of an animal)

pawn OHTOTOISSKSKOMAA
vai go to pawn (something)

pawn SSKSKOMAA *vai*
pawn/hock

pay IPONIHTAA *vai*

pay SA'KINOOHSAT *vta* pay
wages

pay SIKAPISTAA *vai* pay a
ceremonial transfer payment
to previous owner

pay SSIM *vta* pay (a curer)
for treatment

payment POYII'KSSKIMM *nan*
oil royalty payment to in-
dividual

peace INNAISSTSIIYI *vai*
make a treaty, make peace

peaches
IMMOYAAPAISSTAAMIINATTSI
nin

peacock AITSIYIHKA'SI *nan*
peacock, male turkey
(gobbler)

pear OMAHKINAOTOHTON
nan

pebble OOHKOTOK *nin* small
stone/rock, pebble

pebble SISIKOOHKOTOK *nin*
gravel, pebble

peck IKKAWATOO *vti* strike
repeatedly with a pointed ob-
ject, peck at, chip away at

peek IKSIPINNI *vti* lift a
covering part-way in order to
peek under

peel I'KSINO'TAKI *vai* peel,
pare

peel OPITSINO'TSI *vti* peel off
(said of a thin material
which is adhered to a
surface)

peel OPITSKAPATOO *vti* peel
or pull off an adhered surface
covering

peel OTANITAKI *vai* peel,
pare with a knife

peeling I'KSINO'TAKKSSIN *nin*
peeling (e.g. from eggs,
oranges)

peer ITAKKAA *nar* friend,
pal, buddy, peer, person who
is of the same age (less than
a year difference)

peg SAPI'KINAMA'TSIS *nin*
small peg used to button tipi
seam

pegs SAIIKSO'TSI *vti* take out
the pegs around a tipi or
tent to take it down

pegs SSTAOKA'TSKAA *vai*
make stakes, pegs for securing
a tent

Peigan AAMSSKAAPIPIIKANI
nan South Peigan (band of
the Blackfoot tribe)

Peigan AAPATOHSIPIIKANI
nan North Peigan

Peigan PIIKANI *nan* Peigan
band of the Blackfoot tribe

Peigan SKINIIPIIKANI *nan*
North Peigan band of the
Blackfoot tribe

pelican AAYI'SIPISAA *nan*
pelican (lit: carries water)

pelican OMAHKAOKOMII *nan*
pelican, lit: big throat

pelican SOOHKAOKOMII *nan*
pelican (lit: big throat),
*Pelicanus occidentalis

pemmican MOOKAAKIN *nin*
pemmican, a mixture of dried
crushed meat, grease and
berries

pemmican MOOKIMAAN *nin*

pencil IIHTAISINAAKIO'P *nin*
pencil, pen

Pendleton *see*
AAWAIIPISSTSIIMSSKAA

penis OPAAKAHTAAN *nin*
phallus, penis

penniless IPIIKSKAA *vai* go
broke, end up penniless

pension OMAHKINAI'KSKIMM
nan old age pension money

pension
OMAHKINAOHTAOHPOMMAO'P
nan old age pension

people OTAPI'SIN *nan* people
(collective)

people O'KIA'PITAPI *nan*
people other than us

people SAIPAI'TAPI *nan* out-
side people

people-eater AITAPIQOYI
nan imaginary monstrous
beast mentioned to frighten
misbehaving children, lit:
people-eater

pepper PISSTAAHKAIPOKOO
nin pepper (lit: tobacco-like
taste)

peppermint KA'KITSIMO *nin*
peppermint herb

perceive AHSINAT *vta*

perfect AKAA *adi* perfect
aspect/ completive

perform IPISATSKA'SI *vai*
perform facinating or amazing
feats

perfume
IIHTAITSIIYIMIO'SO'P *nin*

perfume ITSIIYIMIO'SI *vai*
use perfume

perhaps TSAAHTAO' *und* or,
alternatively/ perhaps

periphery OHSO'KAP *adt*
outer periphery of, around/
on the outside of an enclosed
area (e.g. a fenced or dancing
area)

peristalsis WAAWAKSSKAA
vii intestinal rumbling/ sud-
den increase in alimentary
peristalsis, causing a strong
urge to have a bowel move-
ment

permission *see* SSKAAKANI

persistent YISSKI *vai* be ex-
cessively persistent despite
rejection, lit: be hard faced

person MATAPI *nan* person/
eye pupil

personal PI'KAAN *nin*
household item, personal
belonging

perspire SAIKINNSSI *vai*
perspire, sweat

persuade OHKOTTAIMM *vta*
persuade/ repair, cause to
operate

persuade SAPOHKINN *vta*
convince, persuade

pet SSKANI'TAAM *nar* pet
animal

pet name IKSIMINIHKAT *vta*
address (a lover) by a pet
name/nickname

petroleum POYII *nin*
petroleum, gas, oil, grease

phalarope AAPOHKOMII *nan*
Wilson's phalarope (lit: white-
throat), *Steganopustricolor

phallus OPAAKAHTAAN *nin*
phallus, penis

phallus OPPANI *nin* phallus
(archaic)

phlegm ITSO'KINI *vai* have
phlegm associated with con-
gestion in the chest

phoney IPSSTSIKAAKII *vai* be
a phoney woman

phony IKSIMAA *vai* be a
phony

pick IPOHKO'TSI *vti* uproot,
pluck,pick pull out (a small
natural embedded growth) by
hand

pick OY'SSI *vai* pick fruit

pick O'TO *vta* take, pick up

pick SSPIISAO'TAKI *vai* draw, pick something out randomly

pick YIINIIWAAHKAA *vai* pick berries for storage

pick on OPOWAMM *vta* pick on/ be malicious toward/ bully

pick out IPOHKO'TOMO *vta* pluck for, pull or pick out for

picnic IITAI'TSSKSOYO'P *nin* picnic ground, lit: where one eats in the open

picnic I'TSKSOYI *vai* picnic (Lit: eat in the open)

picture SINA *vta* draw/take a picture of

pie SITOKIHKIITAAN *nin*

pieces SISIK *adt* granular/ in pieces

pierce SIMAKATOO *vti* pierce/lance

pierce WAAHKANISSTOOKI *vta* pierce the ear(s) of

pierce WAONII *vti*

pierce YOOKOWAT *vta* gore, pierce with horn(s)

pig AIKSINI *nan*

pigeon KAKKOO *nan* dove/ domestic pigeon, *Columba livia

pike APAKSSKIOOMII *nan* pike (fish), *Esox lucius

piled ITSSPA'KIHTSII *vii* be piled high

pill AO'TSOHKSSISTTA'P *nin*

pill KOMINOKO *nin* marble/pill

pillow KISSKA'TSIS *nin* willow backrest/ pillow

pillow OHKISSKAA *vai* use a pillow

pillow OHKISSKATOO *vti* use as a pillow, e.g. use a jacket under one's head

pin INSSKIMAA *vai* fasten one's own cape or shawl with a pin

pin INSSKIMAO'SI *vai* fasten one's own jacket or shawl with a pin

pin NIINSKIMAO'SA'TSIS *nan* pin used as a fastener, safety pin

pinch IKKSTSINI *vta* sting/prick/pinch

pinch IKKSTSINIO'TO *vta*

Pincher Creek *see* O'KSKIT

pine APAHTOKSAAPIOOYIS *nin* pine log house

pine KATOYISS *nan* sweet pine, Alpine fir (used for incense), *Abies lasiocarpa

pine PAHTOK *nan* pine tree, id: christmas tree

pineapple ISSTSIMAMSSKAAPOO *nan* pineapple, lit: reluctant to go south

pink I'KI *vrt*

pinning YISSKO *vta* restrain by pinning down

pinto KIIHTSIPIMIITAPI *nan* member of Cheyenne tribe, lit: (spotted) pinto people

pinto KIIHTSIPIMIOTA'S *nan* pinto horse

pipe AAHKOYINNIMAAN *nin*

pipe ASOYAAHKOYINNIMAAN *nin* pouch for a pipe or tobacco

pipe IKKAKIMA'TSIS *nan* pipe cleaner

pipe ISSTAHTSIKIMAA'TSIS *nan* pipe cleaner

pipe OHKANO'TSISII *vai* hold a medicine pipe ceremony

pipe OHKATSIIMSSTAA *vai* assemble a smoking pipe by fitting the bowl and stem together, lit: put legs/feet on an object

pipe SAIPSTAAHKAA *vai* open
one's own medicine pipe
bundle (soon after thunder
first arrives in the spring)

pipe SAPIHTSIMAA *vti* fill the
pipe (with tobacco)

pitiable IKIMMAT *adt* poor,
pitiable

pitiable IKIMMATA'PSSI *vai*
be poor, pitiable

pitiable IKIMMATSISTOTO *vta*
impoverish/ make pitiable

pitiful IKIMMATSKA'SI *vai*
act pitiful

pitiful OHKSSSAANIINA *vai*
be pitiful looking

pity IKIMMOHSI *vai* pity
oneself

pity OHKSSSAMM *vta* pity,
feel compassion for

place AKIM *adt* place of
honor

place IHTAKI *vai* place (s.t.)

place IKIM *adt* place of
honor

place IKSIIKSKSIPO'TSI *vti*
place to the side

place ISOIHTAA *vai* place
food on one's dish, dish food
for one's self

place ISOMATOO *vti* place a
covering on (a horizontal
surface)

place ITSINOHTOO *vti* place
among the rest

place ITSSAPIPO'TO *vta* place
inside s.t.

place WAAHTSO *adt* in the
place of, substitute

place WA'KSSTSIMAT *vta*
place (a robe) in a conically
folded position (for visibility)

plague OMAAT *vta* plague,
pester

plane SATSAAKI *vai* shave,
chip, or plane wood

plans ITSIIHTAAN *nin* plans,
state of mind, will, thoughts

plans KSAAHKOIIKIMSSKOMO
vta muddy waters for/ upset
the plans of with one's own

plant A'SIIYA'TSIS *nin*
medicinal sneezing plant
(plant is yellow in color)

plant I'NSSIMAA *vai*
plant/sow seed

plant OPITSSKIMIKSIMAAN
nin plant that has been
pulled out by the roots

plant SAPIIPOMMAA *vai* sow,
plant

plateau KI'TSI *adt* plateau,
crown of a hill, top

platform KAAPOKSIINAKSSIN
nin platform, structured floor-
ing (an independent structure,
not necessarily part of larger
structure)

platinum AAPSSIIYI'KAYI
nan platinum mink, *Mustela
vision

play A'PSSKOOTSIIYI *vai*
play, lit: chase one another
around

play IKAHTSI *vai* play a non-
athletic game, gamble

play IPI'KSIKAHTSI *vai* play
a handgame

play WAAWAHKAA *vai*
walk/play

player OHKINIMMI *vai* be an
outstanding player (in any
game not primarily athletic)

playfully I'KOWANI *vai*
wrestle playfully

pleasant I'TAAM *adt*
happy/pleasant/enjoyable

please NOOHK *adt* counter-
expectation/please

pleasing YAAHS *adt* good,
pleasing, to one's advantage

Pleiades MIOHPOKOIKSI *nan* bunch/ a constellation of stars (Pleiades ?)

plough IIHTAIPIINITAKIO'P *nan* farm implement used to tear the ground into pieces, disc plough

plough IIHTAOPAHKIMIKSAAKIO'P *nan* plough, used in breaking up new ground

plough IKKINIIHKIMIKSIIYI *vti* soften (the ground)/plough

plover KIITSIPITSIKAYII *nan* upland plover, *Bartramia longicauda

plow OPAHKIMINNAKI *vai*

pluck IPOHKO'TOMO *vta* pluck for, pull or pick out for

pluck IPOHKO'TSI *vti* uproot, pluck,pick pull out (a small natural embedded growth) by hand

plume SAAPO'P *nin*

pneumonia OHPIKIIPAISSTSIMI *vai* develop pneumonia

pneumonia OHPIKIIPASSTSIMI'SI *vai* have pneumonia

pneumonia OMOONAKA'SI *vai* roll up/ have pneumonia (North Peigan)

pneumonia PIKIIPAISSTSIMSSIN *nin*

pocket NAAPIIHTAAN *nin* pocket, lit: Old Man's place for belongings

pocket OHPSSKINIIHTAA *vai* put in one's own pocket

pocket SKINIIHTAAN *nin*

pocket! OHPAAKSKINIIHTAA *vai* put something in one's own pocket!

pointed KSIS *adt* pointed, sharp

pointless IKSISSTA'PII *vii* be without design, pointless

point out WA'YSSKOHTO *vta*

poison IPOTSIMAT *vta*

poisonous SOOYIKKINSSIMOYI *nan* plant, similar to the wild rhubarb, which induces cramps/ poisonous

poke IPAISSKIO'TO *vta* poke on the face

poke SAPSTOOKIO'TO *vta* poke inside the ear of

poker SI'KIMAIKAHTSSIN *nin* five card stud (a kind of poker game)

pole APIKSIPISTAAN *nin* pole used by leader of the Horn Society

pole AWAKSIPISTAAN *nin* otter fur wrapped pole, staff

pole MANSSTAAM *nan* tipi pole

poles AATOKSIPISTAAN *nin* tipi frame made up of four poles tied together

policeman IYINNAKIIKOAN *nan*

pompous IPOWAWA'PSSI *vai* pompous, (id nervy)

pondering TSAAHTAI'KAYI *und* expression said while pondering, trying to recall something

pony MAKAINNOKAOMITAA *nan* horse of stunted growth e.g. a Shetland pony

poor IKIMMAT *adt* poor, pitiable

poor IKIMMATA'PSSI *vai* be poor, pitiable

poor SIISTONAA'PII *vii* poor, inferior, not measuring up to standard quality

poor TAMA'SAHKAA *und* poor little thing! (an expression used mainly by women) pop AISAAKOTSII *nin* bubbly beverage, e.g. pop or beer, lit: foams or bubbles out

popcorn *see* IPAPA

popcorn PAAPAOWAHSIN *nin* popcorn, lit: dream food

poplar A'SIITSIKSAAPIOOYIS *nin* poplar log house

poplar A'SIITSIKSIMM *nan* poplar tree

popliteal O'KSTSIS *nin* popliteal (behind knee)

porch SAOOYIS *nin*

porcupine KAI'SKAAHP *nan* porcupine, *Erethizon dorsatum

porridge PIKKIAAKSSIN *nin* oatmeal, porridge (Blood)/ hamburger, ground beef (No. Peigan)

possess INAANI *vai* possess something, often money

possession ITSINAAN *nin* private possession/ money

possessions O'PSSKAAN *nin* possessions of a recently deceased person which one has taken

possessions O'PSSKAT *vta* take the possessions of (a deceased person)

possession SOKSAANA'PSSIN *nin*

possible MAATAOMMITA'P *adt* not out of the question/ possible

post IHTSIPOISSTAO'TAKIO'P *nan*

postpone ISAMONSSKATOO *vti*

pot APISAAN *nin* pot of meat boiled over an open fire

pot IITAINNIHTAO'P *nan* cooking pot, lit: where one boils

pot IITAISAPINNIHTAO'P *nan* cooking pot, lit: that in which one boils food

pot ISSOYI *nan* a cooking pot with one long handle/ dipper

pot OOHK *nan*

potato MAATAAK *nin*

potato OMAHKOKATAOOWAHSIN *nin* ground cherry, wild potato, lit: gopher food, *Solanum triflorum

potato PAATAAK *nin*

potent SSKONAT *adt* potent, strong, industrious

pouch ASOYAAHKOYINNIMAAN *nin* pouch for a pipe or tobacco

pound SA'KSISAKII *vti* pound (dried meat)

pound SSTAAKI *vai* hammer, pound/nail (into something, e.g. wood)

pound SSTAO'TSI *vti* pound a post or stick into the ground

pour WA'SOYINNI *vti* pour (out), spill

pout INIKKSI *vai*

poverty IKIMMATA'PAOPII *vai* live in poverty (lit: sit around in a pitiable state)

power ITAPISSKO *vii* be inhabited/ be inhabited with power

powerful WAATO'SI *vai* be spiritually powerful

powers IPI'KA'PSSI *vai* be one who has powers to perform amazing feats

powers SAPONSSTAA *vai* use magic, or prayer to a spirit, to gain curing powers

pox *see* AAPIKSSIN

prairie SAOKI *adt* flat/prairie

prairie chicken KIITOKII
nan sharp-tailed grouse,
prairie chicken, *Pedioecetes
phasianellus*

praise I'TSOOTSISTSINAA *vai*
repeatedly flap one's own
tongue on the roof of mouth
to make sound of praise/ trill
as a sound of praise

praise NAAPITTAHSIN *nin*
song of exultation and praise

praise SSTSAAKAT *vta* ad-
mire and praise

pray WAATOYINNAYI *vai*
sing and pray for luck and
good fortune

pray WAATSIMOYIHKAA *vai*
pray/worship

prayer AATSIMOYIHKAAN *nin*
prayer, religion

prayer KAMOTAANA *und*
said at the end of a prayer,
lit: escape (from danger)

precious SAKAKA'PII *vii* pre-
cious, cherished

pregnant ISTSI'TSAANA'PSSI
vai become pregnant

pregnant SSOKA'PSSI *vai* be-
come pregnant, lit: be heavy
(with child)

premature I'TSKITSIIHTAA
vai be premature in one's ac-
tions, thoughts or desires

preoccupation IINI *adt*
preoccupation with something,
resulting in neglect of another
activity

prepare OOYO'SI *vai* prepare
food for a meal, cook

present IPISIIYI *vai* visit
(s.o.) to get a present

present SAPOHTOMO *vta*
present tobacco to as a sym-
bol of respect/ provide a
cigarette for/ give tobacco to
(a medicine pipe holder in
requesting

presently IKA' *adt* for now,
presently

press IPSSTAAHKIO'TO *vta*
press or push-in to something

pressed ITSST *adt* pressed
against a surface, prostrate

pretend *see* IITSKA'SI

pretend IKIPPA' *adt*
feign/pretend

pretentious ANISTSSKA'SI *vai*
flaunt one's advantage, be
pretentious

pretty ITSI. *adt* high
quality/ pretty

pretty ITSOWAAKIIYI *vai* be
a pretty woman

pretty MATSI. *adt* good,
valued, pretty, of high
quality, fine

prick IKKSTSINI *vta*
sting/prick/pinch

prickly ISTTSTSISSII *vii* be
prickly, of rough texture

priest NAATOYAAPIIKOAN
nan priest, a male belonging
to a religious order

priest SIKAIIPISSTSI *nan*
Roman Catholic priest, lit:
black cloth

private ITSINAAN *nin* private
possession/ money

privy MISISAOYIS *nin* out-
house, privy

procrastinate *see*
ISAMONSSKATOO

promise IKSISTTOWAT *vta*
make a promise to

promise WAAHKOOMOHSI *vai*
make a promise, vow, or
commitment (to do or not do
something so as to entreat,
usu. divine intervention, for
some u

promising *see*
IKSISTTAANA'PII

pronghorn SAOKIAWAKAASI
nan pronghorn (antelope), lit:
prairie deer, *Antilocapra
americana

pronominal IISTO *pro*
pronominal base

propose WAAI'TOMO *vta*
propose marriage for (object
always a man), or propose a
reconciliation to the wife of

propose WAIAI'TAKI *vai* ask
for a wife/ propose

prostitute MATTSAAKII *nan*
whore, prostitute

prostrate ITSST *adt* pressed
against a surface, prostrate

protect IKO'POINAWAT *vta*
protect (spouse and kin)
against unwanted influences

protection AKAA'TSIS *nin*
robe/ protection, power

protection O'TSIPIKKSSI *vai*
run here for protection

protective IKO'POINAYI *vai*
be selectively protective over
one's kin against unwanted
influences

proud ITSIIYIHKA'SI *vai* act
proud

provide HKO *fin* provide to

provide INAANSSKO *vta* ac-
quire for, get something for,
provide

provide OOYI'KO *vta* search
out and provide food for

prune IPOHKSIIMINNAKI *vai*
thin or prune, uproot

prune SIKOMAHKSIIN *nin*
prune (lit: big black berry)

pry SSPAAHKI *vti* pry up

ptarmigan AAPIKIITOKII *nan*
white-tailed ptarmigan (lit:
white tough-skin), *Lagopus
rupestris

pucker WAAMOHSOHPI' *vii*
pucker, contract into folds or
wrinkles

puffball KAKATO'SI *nan*
star/mushroom/puffball,
*Lycoperdon spp.

pug-nosed
AKKAYSSKSISIKAANA-
ISSKIINAA *nan* pygmy shrew,
*Microsorex hoyi, lit: pug-
nosed mouse

pull IIYIKSKAPI *vai* pull hard

pull INNIOOMSSTSI *vti* pull
food down by biting for the
purpose of stealing (usually is
the action of an animal, e.g.
a dog or cat)

pull IPOHKO'TSI *vti* uproot,
pluck,pick pull out (a small
natural embedded growth) by
hand

pull SSKAPAT *vta* drag/pull

pull WAASO'KINI *vta* pull the
hair of

pull down IKAATAPIKSIST
vta pull down an upright ob-
ject

pull down IKOONI *vti* take
down/ pull down (eg. a tipi
or tent, branch)

pull off OPITSKAPATOO *vti*
peel or pull off an adhered
surface covering

pull out IPOHK *vrt* cut off/
pull out

punch SAPSSKI *vta* punch on
the face

puncture WAOOKAASI *vai*
puncture ones own foot by
stepping on something

punctured IPO'TATSIMAA *vai*
be punctured with the thorns
of a rosehip plant to cure a
disease or relieve pain

punish SSTSIPISI *vta* whip or
punish

punk PASSTAAM *nin* tinder,
punk

puppy *see* IMITAA

purchase OHPAAATTSI *vta* depend upon/ trust to purchase in one's place

purify SSIIYAKI *vta* cleanse/ purify before a religious ceremony (e.g. a person or a bundle after a mourning period)

purse SOOHPOMMAA'TSIS *nin*

push YIISTAPAAHKIO'TSI *vti* push away

push-in IPSSTAAHKIO'TO *vta* press or push-in to something

pushy O'TSITSKA'PSSI *vai* be, selfishpushy, putting self first, giving own interests priority, showing no regard for others

pussywillow POOSOHSOOA'TSIS *nin*

put IKI'TSIIHTSI *vta* put aloft/ lift

put ITSSPIOOHTOO *vti* put among s.t.

put SAPSKAOHSI *vai* put on a coat or jacket

put WAAPI'MAA *vai* put up a structure for shade or shelter

put YAAKOTOAHSIMI *vai* put socks on oneself

put YAAKOTSI'TSIIYI *vai* put gloves on oneself

put YIISTAPIPO'TSI *vti* put away, put aside

put off *see* ISAMONSSKATOO

put up YIITSIIHTAA *vai* bear, tolerate, put up with (something)

quality ITSI. *adt* high quality/ pretty

quality ITSOWA'PII *vii* be of fine quality

quandary ISTO'KAO'SI *vai* be in a quandary, experience indecision over two alternatives

quarrel SATA'PSSATTSIIM *vta* quarrel with

quarter I'NAKANAO'KSSI *nan* quarter (of a dollar), i.e. 25 cent piece

quarter OMINO'TOOHSI *vai* be second quarter (of the moon)

queen NIINAWAAKII *nan* queen (of England)

quick IKKAMSSI *vai* quick/fast

quickly IKKAM *adt* fast/quickly

quiet INSSPA'PSSI *vai* have a quiet temperament

quiet OMAOPII *vai* cease making noise/ be quiet

quill KAAYIIS *nin*

quillwork ATONAAN *nin*

quillwork OTONATOO *vti* do quillwork on

quilt MIA'NISTSIPSSAAKSSIN *nan* patchwork quilt

quilt OMIA'NISTSIPSSAAKI *vai* sew/make a patchwork quilt

quit IKAAWOO *vai* walk, go on foot (to a destination) / quit an undertaking

quit IKI'TSIIKSOWOO *vai* quit partway through a task

quit IKSOWOO *vai* walk/quit

quiver IPAHP *adt* quiver, flutter, tremble, shiver

quiver ONNOPA'TSIS *nin* hunting equipment consisting of a bow, arrows, and quiver

quote ITOTOISAPANII *vai* quote (someone)

rabbit AAATTSISTAA *nan*

rabbit OMAHKAAATTSISTAA *nan* white tailed jack rabbit (lit: big rabbit), *Lepus townsendii

rabbit SIKAAATTSISTAA *nan* cottontail rabbit (Lit: black rabbit) *Sylvilagus nuttallii

rabies SAAYII *vai* display symptoms of mental derangement, e.g. from rabies or distemper/ go out of one's mind from lack of (e.g.) food

race IKKAYAYISSKATTSIIYI *vai* run in a race

radiator AISAIKSISTO'SIMM *nan* heat radiator/ heat vent

radio IIHTAIPIYOOHTSIMIO'P *nan*

ragged IPIIYINATTSI *vii* look ragged and worn, appear unkempt

rain SOOTAA *vii*

rain SOOTAMSSTAA *vai* make rain

rainbow NAAPIWA OTOKAA'TSIS *nin* rainbow, lit: Naapi's rope

rainbow NAAPIWA OTO'PIIM *nin* rainbow, lit: Naapi's rope

raise ISTAWAT *vta* raise (a child or young animal)

raise SSPIKINSSTSAAKI *vai* raise the hand

raisin I'NAKSIIN *nin* raisin (lit: small berry)

rake OOMOWAAHKII *vti* rake, gather

ramrod ISSTAHTSIMAA'TSIS *nan* ramrod for powder rifle/ flint

randomly IKIHKIHT *adt* randomly, at irregular intervals, intermittently

randomly SSPIISAO'TAKI *vai* draw, pick something out randomly

rape A'PATAPIKSIST *vta* throw around, wrestle/ euphemism for rape

rare IMMAK *adt* few, rare, less than normal,

rare IMMAKA'PII *vii*

rasp SISIINITAA *nan* rasp, cutting file

raspberry OTOHTOKSIIN *nin*

rat OMAHKSIKANAISSKIINAA *nan* rat, lit: big mouse

ration ISTTSINAAN *nin*

ration ISTTSINAIKSISTSIKO *nin* Tuesday (North Peigan)/ Thursday (Blood) (Lit: ration day)

rations ISTTSINAA *vai* draw rations

rattle AWANAAN *nan*

rattlesnake OMAHKSISTTSIIKSIINAA *nan* rattlesnake, lit: big snake

rattlesnake SAI'ITTSIKOTOYI *nan* rattlesnake, lit: rattle tail

raven OMAHKAI'STOO *nan* raven, lit: large crow, *Corvus corax

raw O'K *adt*

raw O'KSOYI *vai* eat a food in its raw, unprepared state

raw O'KSTSIK *adt*

rawhide KOTOKIAANOKO *nin*

razor POOHKISSTOYA'TSIS *nan* razor, shaver

reach out WAAHKO'SATOO *vti* reach out for

reach out WAAHKO'SI *vai* reach out, extend an open hand as a signal to have an item placed in it

react IPISTSI'TSI *vti* react unpleasantly to

read ITANII *vai* read (North Peigan)

read OHTSIMAA *vai* read/ hear (news)

read OKSTAKI *vai* read/count

ready IKSISTSSI *vai* be in a completed state/ ready

realign SAPIKINAO'TOMO *vta* realign vertebrae (or a joint) for

really NIITA'P *adt* really, truly

really! HANNIA *und* expression used in response to a topic of interest, (really!, is that right!)

rear IPAAPIKSSI *vai* rear (as a horse)

rear OHSOHKAT *adt* the rear periphery of a group (e.g. animals or buildings)

rear WAAPAT *adt* behind, to the rear, back

rearrange YAAKAI'PIKSI *vti* shift, rearrange

reason IKSISSTO *adt* without apparent cause, for no reason

rebound SSKSSPOHPI'YI *vii* rebound, bounce

receive OHKOITAPIIYI *vai* receive a gift

receive WAAKANAKI *vai* receive an abundance of quality gifts

receive WAAKOOTSAAYI *vai* receive an abundance of quality gifts

recent MAANII *vii* be new, recent

recently MAAN *adt* recently, new, young

reciprocal IPO'T *adt*

recite SSKSIKAYAA *vai* recite, repeat from memory

reclaim IPAOO'TOMO *vta* reclaim from, take back from (an item which was originally given as a gift)

reclaim IPAOO'TSI *vti* reclaim, demand and/or obtain the return of a gift

recognize OHSOTO'KINO *vta* recognize the voice of (without seeing)

recognize ONO *vta*

reconciliation WAAI'TOMO *vta* propose marriage for (object always a man), or propose a reconciliation to the wife of

recount ITSINIKI *vai* recount, tell, relate a story

recover IKAMOTAA *vai* give birth/ escape a dangerous situation/ recover from a life-threatening illness or injury

recover SSAKIMM *vta* recover from the pain of loss of

recovery IPI'KOHKOYISOKA'PSSI *vai* make an unusual recovery from an illness

red MAOHK *adt*

red MAOHKATAATOYI *nan* red fox, *Vulpes vulpes

red MAOHKSIIPSSI *nan* red belt society

red MI'K *adt*

red MI'KOTSI *adt*

red MI'KSSIIKAMM *nan* red crane

red-naped MI'KOTSO'TOKAAN *nan* red-naped sap-sucker (lit: red-head), *Sphyrapicus varius nuchalis

Redbelt IIMAOHKSIIPSSI *nan* member of the Redbelt society

reduce IKKIYATTSOOHSI *vai* make oneself light in weight, reduce

reduce YIIPISTOTSI *vti* reduce the volume or number of (e.g. pile of workpapers, or ironing)

refer IKSIMMINIHKAT *vta* refer jokingly to/ refer to by a joking name

refer ITOTOISSKSKANII *vai* refer to a past event, use a past event as an example

refer ITOTOISTTOO *vai* refer
to, mention (something)

reflect ITSSOYOTTAKSI *vai*
reflect on the water

reflect SSKSKA'TAKI *vai*
watch, guard s.t./ con-
template, reflect on s.t./ be
conscious, think of s.t.

reflection ISSKSKA'TAKSSIN
nin thought, reflection

reflexive OHSI *fin*

refrigerator
IITAISSTOYIHTAKIO'P *nan*

refuse IPAOOTSIMAA *vai*
refuse (s.t. or s.o.)

refuse ITSISTTSIMA'SI *vai*
refuse to leave

refuse OMAIMMOHSI *vai*
refuse to move or help oneself

regard OTAMI'TSI *vta* have
high regard for

register SINAOHSI *vai* en-
dorse, sign, register

regret IKOOK *vrt*

regret IKOOKI'TAKI *vai*
regret the loss of/ miss (s.t.
or s.o.)

regret IKOOKSSI *vai* regret
the loss (of s.t.)

rein MAAKOHKIMMA'TSIS *nin*

relate ITSINIKA'SI *vai* relate,
tell about a part of one's
own life

relate ITSINIKI *vai* recount,
tell, relate a story

relation AAAHS *nar* elder
relation (grandparent, parent-
in-law, paternal aunt/uncle)

relative IKSO'KOWA *nar*

relative ISAHKINAIM *nar*
male's older male relative of
the same generation, e.g. an
older brother, cousin, nephew
etc...

relative NIITSISTOWAHSIN
nar brother/ relative

relative OHPAPIIYIHP *nar*

relative OYINNAA *nar* male
relative of a female (e.g.
brother, uncle, cousin)

relatives *see* OOTO

release IPOKKITSIMM *vta*
release, let go of

release IPO'TO *vta*

release IPO'TSI *vti* release, let
go of

release WAAPO'TO *vta* free
by untying, release from
bonds

releasing WAAPAAPIKSI *vti*
undo/ open or loose by
releasing a fastening

religion AATSIMOYIHKAAN
nin prayer, religion

religious NAATOWA'PII *nin*
religious article

religious WAATOWA'PISTOTO
vta perform a religious act
for/ bestow a religious bless-
ing on

relinquish OMATSKAHTOO
vti relinquish title to

reluctant SSTSIM *adt*

reluctant SSTSIMIMM *vta* be
reluctant to keep company
with

reluctant WAAPATSSKA'SI
vai be reluctant/ hesitant
(Lit: acting behind)

rely SSTAKAT *vta*
depend/rely on, trust

remain ISTTSIMAT *vta* ask to
stay, remain longer

remain YIIPONI'SAT *vta* en-
dure, remain with under suf-
fering or misfortune without
yielding

remainder OHKSISSTAA *vai*
set aside, have a
remainder/leftover

remark OHTSITSKANII *vai*
make an insinuating remark
about someone

remembered YA'TAKOO *vii*
well remembered/ clearly
audible from a distance, dis-
tinctly audible
remind ITOTO'TSIM *vta*
remind (of something)
reminisce ITSKAITSI *vai*
remnant KSINO'TAKSSIN *nin*
remnant of cloth
remnant SOOYINITAKSSIN
nin cloth fringe/ fabric rem-
nant
remote IPII.. *adt* far, long
distance, remote in space
remove OPITSO'TSI *vti*
remove from fire or water
remove SAO'TSI *vti* remove,
take out
remove WAAPSSTSITSIKINI
vai become barefoot, remove,
take off one's own shoes
rendered SIKKOTSI *vii* be
rendered/melted
repair OHKOTTAIMM *vta*
persuade/ repair, cause to
operate
repairs OTOHKA'TATOO *vti*
take for repairs
repeated MATTSISTA' *adt*
again, repeated
repentant WAATSIMIHKA'SI
vai act repentant, wish to be
forgiven, act apologetic
report SOPOYI *vai* tattle,
report
reportive YIIHK *adt* reportive
(in narratives)/ allegedly
repossess SSKO'TSI *vti* take
back, repossess
reprimand HA'AYAA *und* ex-
pression used mainly by
males in anticipation of a
reprimand, oh-oh!
repugnant SIKIMM *vta* con-
sider unclean/repugnant

reputation OKSINIHKA'SIIMI
vai have a bad name or
reputation
request INAANSSAT *vta* re-
quest of/ ask for something
from
rescue IKAMOTSIIPI *vta* bring
to safety/ rescue
resemblance ISTOTAHSINAT
vta observe the resemblance
of (to another)
resemble YIIKANO *vta*
resent IKOTSKI'TSI *vti* resent
(bitterly) take offense at
resentful IKOTSKI'TAKI *vai*
take offense, be resentful
reside OKONNAAYI *vai*
resin POKAKIMAAN *nin* resin
found in a pipe
resist OKIHKA'SI *vai*
resist/oppose/defy (some
authority), misbehave, lit: act
bad
resolute IKSIMMOHSI *vai* be
determined, be resolute
respect INI'YIMM *vta* consider
special, feel respect for
rest ITSSSOKIHKA'SI *vai* rest
all of one's weight on
(something), hang on (s.t.)
rest SSIKOPIATTSI *vta* lay off
from employment (usually
tempoarily), lit: cause to rest
rest SSIKOPII *vai*
restrain I'SOHKOOHSI *vai*
restrain oneself against excess
restrain YISSKO *vta* restrain
by pinning down
result KAAT *adt*
reticent SSTAHPIKIHKA'SI *vai*
reticent, aloof
retire YAAKIHTSIIYI *vai* go
to bed, retire for the evening
retreat OTSIMOTAA *vai* es-
cape, flee, make a hasty
retreat

retrieve OTAAHSOWAA *vai*
go to retrieve one's wife

return O'TAMIAATAYAYI *vai*
return from war

return O'TAP *adt* return
from VERBing

return SSK *adt* back, return

return SSKOO *vai* go back,
return

revenge ITSSKIHTAT *vta* take
revenge on

reverse WAAPO'K *adt*
reverse/opposite/inverse

rewarded IKIIKATOO *vti*
win, usually a position or
office/ be rewarded for one's
deeds. get one's just desserts

rhubarb POKINSSOMO *nan*
poisonous, cramp-inducing
plant similar to the wild
rhubarb, a.k.a. cow parsnip

rib MOHPIKIS *nin*

rice ISSKSSIINAINIKIMM *nan*

rich WAAKOOTSA'PSSI *vai* be
rich

rid IPON *vrt* terminate, end,
be rid of

ride A'PSSAPOPII *vai* ride
around (in a vehicle)

ride IKKISSTAA *vai* bronc-
ride/ break or tame a horse

ride ISTOHKOOTOHKITOPII
vai ride double, e.g. on a
horse or a bike

ride OHKITOPII *vai* ride on
horseback, lit: sit upon

ride WAATTSOOHKITOPII *vai*
ride horseback daringly (a
virtue rather than a vice,
said of females or children)

ridge AKAKKAHKO *nin* semi-
circular/horse-shoe shaped
ridge

ridge IKKIHKIMIKO *nin* nar-
row ridge

ridge PAWAHKO *nin*

right OKAMO'T *adt*
straight/honest/right

rigid IKSKOOSI *vai* stiffen,
make oneself rigid

ring ISAPIIKITSOOHSA'TSIS
nan

ring MAMMA'PIS *nin* tipi ring
made of rocks

ring SAITTSIKAAPIKSISTAKI
vai ring (s.t.)

ripe I'TSOYI *vii* be
ripe/cooked

ripple OHPAI'KIMSSKAA *vii*
wave (of water), ripple

ripple WAATAKIMSSKAA *vii*
ripple (liquid)

risky I'SA'PII *vii* be a risky
situation

risky I'SSKAAN *adt* dangerous
or risky

risky I'SSKAANA'PII *vii* be
risky, dangerous

river NIITAHTAA *nin*

river OTSITAO'TO'WAHTAAHP
nin fork in the river/ where
two rivers meet

roach I'SIMAAN *nin* roach
headpiece (usually made of
porcupine hair)

roach *see* OHKINAYO'SSIN

roach OWA'SIYIIHTAAN *nin*
porcupine hair roach

road MOHSOKO *nin*

roast IKKONAMAA *vai* roast
or bake something by the
side of the fire/ barbeque

roast ISTTSITAA *vai* roast
(s.t.) whole in coals

roast ISTTSITATOO *vti* bake,
roast

roasted ISTTSITAAN *nin*
roasted food

robe AAN *med* shawl/ robe

robe AKAA'TSIS *nin* robe/
protection, power

robe IMMOYAAN *nan* hairy
robe (e.g. buffalo robe,
cowhide)

robe ISTTOHKSAAN *nan*
shawl, thin robe

robe MAAAI *nan* robe/shawl

robe OKSKOOWOO *vai* walk
covered with a robe or
blanket

robe PIITAAIAI *nan* eagle
robe

robe WA'KSSTSIMAT *vta*
place (a robe) in a conically
folded position (for visibility)

robed WAAKAA'TSIIYI *vai*
robed with a blanket or
shawl up to the neck in the
back and under the shoulders

robin AOTAHKAOOKAYIS *nan*
robin, lit: yellow breast,
*Turdus migratorius

rock OOHKOTOK *nan* large
stone/rock

rock OOHKOTOK *nin* small
stone/rock, pebble

rock WAAWATTAAPIKSI *vti*
shake, rock

Rocky Boy
OOHKOTOKSIISAHKOMAAPI
nan member of the Rocky
Boy Reservation

Rocky Boy
OOHKOTOKSIISINAIKOAN *nan*
member of the Rocky Boy
Indian tribe

rodeo KANA'PSSIN *nin*

rodeo OHKANA'PSSI *vai*
gather for a recreational or
sporting event/ rodeo

roll IKSIWAINAKA'SI *vai* roll
on the ground

roll INAKA'SI *vai*

roll INAKAT *vta*

roll IPPOINAKAT *vta* place
upright and roll

roll O'MA'PIM *vta*
overturn/roll over

rolling OMOONI *vti* secure by
rolling into a bundle, fold

roll up OMOONAKA'SI *vai*
roll up/ have pneumonia
(North Peigan)

room OHPOKOKA'TSIIM *vta*
room with

roomy IKSISSTOKA'PII *vii* be
roomy

rooster OMAHKI'TAWAAKII
nan domestic rooster

root APAHSIPOKO *nan* alum
root, *Heuchera parcifolia

root KATSIIKINAKO *nin* root
of a tree

root KATSIIKSI *nan*

root MAI'STOONATA *nan*
crow root, a.k.a. dotted blaz-
ing star, *Lacinaria punctata

root MA'S *nan* edible bulbous
root, 'Indian turnip',
*Psoralea esculenta

root OKSPIIPOKO *nan* sticky
root, lit: tastes sticky,
*Pachylobus caespitosus

root OMAHKA'S *nan* balsam
root, *Balsamorhiza sagittata/
parsnip, *Leptotaenia mul-
tifida

root SAOKA'SIM *nan* root of
the Yellow Angelica, used for
religious and medicinal pur-
poses, *Angelica dawsonii

rope A'PIS *nan*

rope KOTOKIAAPOKO *nin*
rawhide rope

rope OKAA *vai* rope/snare

rope SAOOKO'PIS *nan* travois
rope (used for fastening load
down)

rosehip KINII *nan* tomato/
rosehip, *Rosa spp.

rot OKA'PIHTSII *vii* spoil, rot,
go bad

rotund SOOHK *adt* big,
rotund

rough ISTTSTSISSII *vii* be prickly, of rough texture

roughly SAOOTSSTSIMISTOTO *vta* handle roughly and in an inconsiderate manner

round OHKOMII *vii* be round

round OHKOMSSI *vai* be round

round O'TAKII *vii* be round

round O'TAKSIPASSKAAN *nin* round dance or circle dance, (originally was solely a womens' dance)

round-up OHTOISSKIMAA *vai* round-up or herd livestock

royalty POYII'KSSKIMM *nan* oil royalty payment to individual

rub ISTTSITSSKIM *vta* rub the face of in a powdery substance

rub SOMIIKAN *vta* rub the back of lightly

rug IITAISAAMIA'YAO'P *nan* floor-covering, rug

rug SOMAAN *nan*

ruinously WAANOOK *adt* ruinously, destructively

run IPIKSSI *vai* flee, run in fright

run ISTTSIPATAKKAYAYI *vai*

run OHTOMAAHKAA *vai* drive or travel along/run along

run OKSKA'SI *vai*

run SAISTTSIPATAKKAAYAYI *vai* run out

run WAAWATTOO *vai* operate, function, run (said of a motorized object)

run YIISTAPOKSKA'SIIM *vta* flee/run away from

runaway YAAKSIISATTSTAA *vai* be on a runaway saddle horse or driving a runaway team

runner IKKAYA'YI *vai* become a fast runner

runner YOOMAAHKAA *vai* be an enduring, hard runner (said of horses or joggers)

runny nose SAAKOOWOTSIKKINIHKAA *vai* have a dripping discharge of nasal mucous due to illness, have a runny nose

rupture IPAKKAPINI *vta* rupture the eyeball(s) of

rush OHPIIYISTOTO *vta* rush, force to act hastily

rush OHPI'SI *vai* be in a rush

rush ONI'TAKI *vai* be in a rush/ hurry

rustling SITSIP *adt* soft or rustling (said of noise)

rusty WAAPISOYIINA *vai* appear rusty

ruthless SAAYIITAPIIYI *vai* be a person who is impertinent, impudent/ruthless

sack SKINITSIMAAN *nin* bag or sack

sacred NAATO. *adt* holy, sacred

sacred NAATOWA'S *nan* sacred Indian turnip, *Lithospernum ruderale

sad IKKIHKINI *adt* sad/dull/depressing/boring/ insipid

sad OHKONIITSIIHTAA *vai* be so sad as to feel like crying

sad OYI'TSI'TAKI *vai* feel sad

saddle IYI'TAAN *nin*

saddle KIIYI'TAAN *nin* saddle horn

saddle YAAKI'TAA *vai* saddle (a horse)

safety IKAMOTAAHPIHKAAPITSIIYI *vai* be one who seeks own safety in a dangerous situation, without regard for others in the same situation

safety IKAMOTSIIPI *vta* bring
to safety/ rescue
safety pin
NIINSKIMAO'SA'TSIS *nan* pin
used as a fastener, safety pin
sage NINAAIKA'KSIMO *nin*
man sage, *Artemisia
ludoviciana
sail AIKKANIKSIPII'P *nin* sail
boat
saliva SOOPOYOOYIHKAAN
nin
salmon I'KOTSOOMII *nan*
golden trout, *Salmo
aguabonita/ salmon (Lit: pink
fish)
salt ISTTSIKSIPOKO *nin*
same
I'TOMANISTANIKKOHKSIIM *vta*
be the same size, height, or
age as
same NI'TO *adt*
same as OMIIKSIST *adt* sur-
rogate, just the same as, just
as if
sand SPATSIKO *nin*
sandhills OMAHKSSPATSIKO
nin the hereafter/
sandhills/desert
sandwich PO'TSTAKSSIN *nin*
sandwich, lit: assemblage
sap-sucker
MI'KOTSO'TOKAAN *nan* red-
naped sap-sucker (lit: red-
head), *Sphyrapicus varius
nuchalis
sapling SISSTSIKSII *nin* small
branch of a tree/ sapling
used as a switch
Sarcee SAAHSI *nan* Sarcee
tribe
sarvis OKONOK *nin* sas-
katoon (sarvis/service) berry,
*Amelancier alnifolia
Saskatchewan
PONOKA'SISAAHTAA *nin*
North Saskatchewan River

saskatoon OKONOK *nin* sas-
katoon (sarvis/service) berry,
*Amelancier alnifolia
Saturday POMMAIKSISTSIKO
nin Saturday, lit: shopping
day
Saturday
TO'TOHTAATOYIIKSISTSIKO
nin Saturday (Lit: the day
before the holy day)
save IMSSKAA *vai* save food/
put aside from a meal
save ISAMOHTOO *vti* save as
a souvenir/keepsake
save OHTOONIMAA *vai* save
a portion of (something)
saw IIHTAIKAHKSISTSTAKIO'P
nan
saw IKAHKSISTSTAKI *vai* saw
(e.g. wood)
say INIKKOYIHKAAM *vta* say
angry words to
say SAPANII *vai* say
(something) correctly
say SAWOHKAANII *vai* say
something of no importance
say WAANII *vai* say (s.t.)
say WAANIST *vta* say (s.t.)
to, tell
say WAANISTOO *vti*
scabbard SOTTOAN *nin*
knife-scabbard, sheath
scabies WAAPIKSSI *vai* have
a skin eruption e.g. measles
or scabies
scald SA'KSSOYI *vai* burn or
scald one's self
scale
IIHTAISSOKAAHKIAAKIO'P *nan*
scale, lit: what we weigh with
scalp SAAO'TAKSSIN *nin*
scalp (result of scalping
someone)

scalplock OHKINAYO'SSIN *nin*
scalplock, topknot, a hairstyle
where the hair is braided,
folded, and tied above the
forehead, near the hairline

scar ISTTSIKAKKI *vii* form
shiny scar tissue

scar ISTTSIKAKKSSIN *nin*

scar MI'KIAKKSSIN *nin* red
scar

scar OHPAWAKKI *vii* scar tis-
sue forms

scar PAYOO *nin* (lumpy) scar

scare SSKI'TSI *vta* scare,
startle, frighten

scared INII'TOTOYAAPIKSSI
vai be frightened, scared and
defeated (usu. an animal that
has been chased and caught),
lit: have one's tail down

scarf IIHTAISO'PIOOHSO'P
nan scarf, kerchief

scarf ISO'PI *vta* wrap a scarf
around the head of

scarf KINSSTOOKIPSSA'TSIS
nan scarf, earmuffs

scarface PAWAKKSSKI *nan*
bumpy scarface

scarred face I'KSSKII'SI *vai*
have a scarred face/marred
face

scatter WAANIIT *adt*

school
IITAISSKSINIMA'TSTOHKIO'P
nin

scissors SISOYA'TSIS *nan*

scold OKIMM *vta*

scorching SSTSI'KITSI *vii* be
scorching hot, extreme heat

score SAPA'TSTAA *vai* score
a point during certain team
sports which require that an
object be placed into a
prescribed area or container

scorn HA' *und* expression
used to show scorn for
someone's
showy/exhibitionistic be-
haviour

scout AIKAYISSAISSAPI *nan*

scout AOKAKI'TSI *nan*
lookout, scout, one who
watches, esp. for danger or
opportunity. Could be used
to refer to a modern day
counsellor

scout ATOHKA'TAAN *nan*
messenger, scout

scrape IPOHKSINI *vti* scrape
off a natural embedded
growth at the surface

scrape SATSINAAKI *vai*
scrape (s.t.)

scrape SSTAWAT *vta* scrape
(a hide) for tanning

scraper MATTSIKAAN *nan*
scraper (archaic)

scraping SSTAYI *vai* tie and
stretch a hide in preparation
for scraping

scraping tool
APAKSISTTOHKAKSAAKIN *nan*
scraping tool, adze

scratch IKSTSIKINAO'TSI *vti*
scratch because of an itch (on
one's body)

scratch IKSTSIKSIIYI *vai*
scratch one's itch

scratch SATTSIKANO'TAKI
vai scratch (something)

scratch SATTSIKANO'TO *vta*

scratch SATTSIKSSKIO'TO *vta*
scratch on the face

scream IPI'SSKINAO'SI *vai*

screen SOI'STAAPIKSI *vti*
sift/screen

screwdriver
IIHTAO'TAKAAHKIAAKIO'P *nan*
screwdriver or wrench (lit:
what one makes rotations
with)

screwdriver
IIHTAYIYAAHKIAAKIO'P *nan*
screwdriver, lit: what one
tightens with
scrub SATSINISSTAKI *vai*
scrub while washing clothes
scuffle IITSSKAA *vai* fight,
scuffle
sculpt YAAKSIKSAAKI *vai*
sea-shell AKSSTSII *nan* sea-
shell, shell of any shell-fish
sea-shell KSSTSII *nan*
search WAAWAKINO'TO *vta*
search through the belongings
of
seat *see* SSTAASIMMOHSI
second
OTOMOHTSISTO'KISSIK-
ATOYIIKSISTSIKOOHP *nin*
Tuesday, lit: the second day
after the holy day ends
secret IKSIM *adt* secret, with
hidden motive
secretive ISIMIA'PSSI *vai* be
sly, secretive
secretly ISIMI *adt*
secure O'TAKSISSKII *vti*
secure by placing weights
around on the edges of the
covering material
see INI *vti*
see INO *vta*
see IPAPAINO *vta* see in a
dream
see YAAPI *vai* see, visualize,
have vision
seed KINIINOKO *nin*
seek A'PSSKI *vti* seek, try to
discover, lit: chase after
seep *see* ISTTANI
seize ISTTOKIISI *vai* make a
clattering noise upon reaching
the end of a fall/ id: seize up
(said of an engine)
seize YINNAKI *vai* grasp,
hold, seize, capture
(something)

seizer AYINNIMAA *nan* hawk,
lit: seizer
seizure IKKAMI'NI *vai* faint/
have a seizure
select OHSIIHKATOO *vti*
claim, choose, select for one's
own use
select ONIINIIWAT *vta* select
as a warrior
selected OHSIIHKAAN *nin*
chosen, selected or claimed
area, e.g. a tract of land
self-destroy
SSKOHTOISTOTOOHSI *vai* self-
destroy, commit suicide
self-protective
IKAMOTAAHPIHKAAPITSIIYI
vai be one who seeks own
safety in a dangerous situa-
tion, without regard for
others in the same situation
selfish O'TSITSKA'PSSI *vai* be
selfish, pushy, putting self
first, giving own interests
priority, showing no regard
for others
sell A'PIHKA *vta* give away/
sell
sell A'PIHKAHTOO *vti* give
away/ sell
sell IPONOTA'SI *vai* sell live-
stock animal(s)/ have one's
livestock animal(s) die
semen OKOYIIM *nan* semen,
lit: his wolves
semi-nomadic A'PISTTOTSI
vai be semi-nomadic, move
around looking for a place to
camp
send OTOHKAT *vta* send on
an errand
send SSKSKSIM *vta* send as a
messenger/ send on an errand

sensation IKKIYIMMOHSI *vai*
experience a floating stomach
sensation due to a sudden
drop, a shock or fright, e.g.
loss of a loved one
sense ITAI'TAKI *vai* sense a
presence
sense I'TAKI *vai* feel
emotion/ sense
sense OOHKOHKO *vta* sense
the mood or intention of
sense SOOHTSIMM *vta* sense
the low spirits/depression of
senseless YOOHSINI *vta*
knock senseless
sensitive SATA *adt* thin-
skinned, overly sensitive,
easily offended
separate IKSIKAAKI *vai*
separate temporarily from
one's husband
separate NIITAAK *adt* inde-
pendent, on one's own,
separate
separate WAYAKIITOO *vai*
go separate ways, split: up
September
AWAKAASIIKI'SOMM *nan* Sep-
tember, lit: deer moon
September
IITAIPA'KSIKSINI'KAYI
PAKKI'PISTSI *nin* September,
lit: when cherries are mushy
(from being over-ripe)
September
IITAOMATAPAPITTSSKO *nin*
September, lit: when the
leaves change color
set aside SIKAHK *vrt* set
aside, set apart, exclude
settle IKSISTSTSOOHSI *vai*
settle one's own affairs, busi-
ness
settle YISSKSAANA'PII *vii* set-
tle, calm down

settled SAPA'PII *vii* be
settled (said of an issue), be-
come legally rendered or
transferred
seven IHKITSIK *adt*
seven OHKITSIKA *vai* be
seven
sever IKAHK *vrt* sever, cut
sever IKAHKSINI *vti* cut off,
sever
sew OMIA'NISTSIPSSAAKI *vai*
sew/make a patchwork quilt
sew OTAHPIAAKI *vai* sew the
sole and vamp of a mocassin
together
sew WAAHKANIAAKI *vai*
sewing AWAI'TSINNOMO *vta*
make something for (usually
by sewing)
sewing machine
IIHTAWAI'TSINNAKIO'P *nan*
sewing machine/ Glover
needle
shack KSISSTONIMMAAPIOYIS
nin shack, shed, lit: straight
frame house
shadow MOTTAKK *nan*
shadow/spirit
shady OYIKAITSII *vii* be
shady
shake IPAHPAAPIKSI *vti*
shake WAAWAI'KIMISSTOO
vti shake (a liquid) in a con-
tainer
shake WAAWATTAAPIKSI *vti*
shake, rock
shaman AIPI'KSSOKINAKI
nan
shape YAAK *vrt* arrange,
shape
shape YAAKAAHKIO'TSI *vti*
mold, shape using the hand
share IKA *vta* share with,
give to (of one one's acquired
possessions, e.g. money, hand
game bones)

share SAPAATSIMAAHKO *vta*
share with, give part of one's
winnings to
sharp IKSISAIIKI *vai* be
sharp
sharp KSIS *adt* pointed,
sharp
sharpen IKSISISTSIM *vta*
whet, sharpen
sharpen IKSISISTSTAA *vai*
whet, sharpen (a bladed
instrument)
sharpen SSKIMAA *vai*
sharpen s.t.
sharpener IITAISSKIMAO'P
nan steel sharpener
sharpener ISSKIMAA'TSIS
nan steel sharpener
shatter OPOONI *vti*
shave IPOHKISSTOYI *vta*
shave the beard of
shave SATSAAKI *vai* shave,
chip, or plane wood
shave YAMIHKINIT *vta* shave
the head of, give a haircut to
shaver POOHKISSTOYA'TSIS
nan razor, shaver
shawl AAN *med* shawl/ robe
shawl INNOISAYIINO'TOA *nan*
shawl
shawl ISSPIKSISTTOHKSAAN
nan thick shawl, e.g. one
made from a pendleton
(wool) blanket
shawl ISTTOHKSAAN *nan*
shawl, thin robe
shawl IYII *vai* have/wear a
shawl/robe
shawl MAAAI *nan* robe/shawl
sheath SOTTOAN *nin* knife-
scabbard, sheath
shed KSISSTONIMMAAPIOYIS
nin shack, shed, lit: straight
frame house
sheep AAPOMAHKIHKINAA
nan mountain goat, lit: white
sheep, *Oreamnos americanus

sheep IIMAHKIHKINA *nan*
sheep
MIISTAKSOOMAHKIHKINAA
nan bighorn sheep, lit: moun-
tain sheep, *Ovis canadensis
shelf IITAISOKIHTAKIO'P *nin*
shell IKSSTSOOHKINN *nan*
shell necklace (gained upon
initiation)
shelter AAPI'MAAN *nin*
makeshift (temporary) shelter
shelter MOYIS *nin*
shelter/house/lodge
shelter OKOOYI *vai* possess a
shelter, e.g. a house
Shetland
MAKAINNOKAOMITAA *nan*
horse of stunted growth e.g.
a Shetland pony
shield AWO'TAAN *nin*
shift YAAKAI'PIKSI *vti* shift,
rearrange
shifty SAOMMIT *adt* shifty,
furtive, crooked, underhanded,
sneaky, deceptive, evasive
shine ISTTSIKAITTSI *vii*
shine, glitter
shingle
IIHTAYAAHKOI'SSTAAKIO'P
nin
shiny ISTTSIK *adt* smooth,
shiny, slippery
shirt ISTTOHKSISOKA'SIM *nin*
shiver IPAHP *adt* quiver,
flutter, tremble, shiver
shiver IPAHPOYI *vai* tremble,
shiver
shock OHTAMOHSI *vai* receive
an electric shock
shock OHTSISTOTO *vta*
surprise or shock with news
shock O'KSIPOI'NIT *vta* stun,
shock e.g. with bad news
shocking SSKAI'STOTO *vta*
do a shocking thing to
shoe ATSIKIN *nin*

shoe ISTTSIKITSIKIN *nin* leather shoe, boot, (footwear)

shoe NAIIPISSTSIITSIKIN *nin* sport shoe, sneaker, lit: cloth (canvas) shoe

shoe OHSISTSINIIMSSTAA *vai* shoe (an animal)

shoe SSAAKSISTTAKAAKI *vai* try a shoe on for size

shoelace INAO'SA'TSIS *nin*

shoelaces YAAKSINAO'SI *vai* lace one's (own) shoes, tie one's own shoelaces

shoes ITSIKIIHKAA *vai* buy or acquire shoes

shoes WAAPSSTSITSIKINI *vai* become barefoot, remove, take off one's own shoes

shoes YAAKSSTSITSIKI *vai* put shoes on

shoot IPI'KO *vta* put a spell on, shoot with "bad medicine"

shoot OHKINOHKOMI *vai* shoot skillfully/ be a skillful shooter

shoot SSKONAKAT *vta* shoot/ shoot at

shoot SSKONAKI *vai*

shopping OTOOWAHSOOHPOMMAA *vai* grocery-shop/ go shopping for food

short IKKAK *adt* short, low/ associated with childhood/ youth

short IKKAKSSI *vai* be short in stature

short MAKA *adt* short, stunted

short SAAHK *adt* short/small/young

shortage WAAPATSII'YI *vai* be late/ id: be insufficiently supplied, have a shortage of supplies

Shoshone PITSIIKSIINAITAPIIKOAN *nan* member of the Shoshone Indian tribe

shot PI'KAAKSSIN *nin* spell/ shot by unseen shooter, especially with evil medicine

shot SAOHPATTSISTO *vta* blast out with a shot

shoulder MOTTSIKIS *nin*

shoulder blade IITSISOOMINNIO'P *nan*

shouting SIMSSKINI *vai* make noise by shouting as a group

shovel I'NOKAA *vai* dig, shovel

shovel I'NOKAA'TSIS *nan*

show INAKO *vii* show, appear, be visible, be evident

show IPONIPPA'PSSI *vai* show no appreciation for one's own material possessions

show WAANISTSINNOMO *vta* show to

show-off I'KSSISTSINAA *vai* be ostentatious, show-off in public (to be seen by all)

show off SSTATSSKA'SI *vai*

showy HA'. *und* expression used to show scorn for someone's showy/ exhibitionistic behaviour

shred IPIINO'TSI *vti* tear/shred

shrew AKKAYSSKSISIKAANA-ISSKIINAA *nan* pygmy shrew, *Microsorex hoyi, lit: pug-nosed mouse

shrink I'NAKAWAATSI *vii*

shrink WAAMOTTSINAAWAATSI *vii*

shut ITSIPSSTSO'KIOOHSI *vai* shut oneself in

shut ITSSAYO'KI *vta* shut out of s.t.

shut YOOHKANINNI *vti* shut, close (as a window)

shut YO'KI *vti* shut/close

shy IPPATAA *vai* be shy, timid, bashful

shy SSTOYISI *vai* be shy/ashamed

shy YAAKSIISI *vai* cringe, shy (from something), stampede

sibling IIHSISS *nar* younger sibling of female

sibling ISSKAN *nar* younger sibling of male

sibling ITOHSISTSSIN *vai* be the next younger sibling (of a male or female)

sibling OHSISTSI *vai* have a next younger sibling

sick ISTTSIISTOMI *vai* be ill, sick/id give birth

sick OHKOIMMOHSI *vai* feel sick, lit: feel contrary to one's usual good health

sickly ITSIKAPINI *vai* have sickly eyes

sickly ITSIKSSKINI *vai* have a weak, sickly voice

sickness ISTTSIISTOMSSIN *nin* sickness, illness

side IKSIIKSK *adt* to the side, aside

side IKSIIKSKOMAHKAA *vai* drive to the side to avoid something

side IKSIIKSKSIPO'TSI *vti* place to the side

side IPITTSIK *adt* to the side

side ISTTSIP *adt* side

side OMOHKOHSATTSISSKOYIHP *nin* side of the mouth, side of the lips

side WAANAO'K *adt* part, half, on one side

side-by-side OPAKSIKSSTO *adt* abreast, side-by-side

side-step IKSIIKSKAAAT *vta*

sideways PAAHKSIST *adt* sideways (in position)

sift SOI'STAAPIKSI *vti* sift/screen

sign SINAOHSI *vai* endorse, sign, register

signs A'PSSTO *vta* beckon (summon or signal with a wave)/ make hand signs to

silver SIKSI'KSSKIMM *nan* silver, lit: black metal

similar ISTOT *adt*

similar ISTOTSIMM *vta* find similar (to another)

sinew PAAKAHTAAN *nan* neck sinew

sinewy OSSTSII *vii* be sinewy, tough

sinewy YOISSTSIKINA *adt* lean, tough, sinewy, fibrous

sing INIHKI *vai*

sing INIHKIHTSI *vti* sing (a particular song)

sing INIHKOHTOMO *vta* sing for

sing IPASSKOHKI *vai* put on a dance/ sing for a dance

sing IPI'KOKIINIHKI *vai* sing the songs for the ceremony after the Sundance center pole has been raised

sing IPI'KOKIINIHKOHTOMO *vta* sing for the person who carries out the ceremony after the center pole of the Ookaan has been raised

sing ITTAHSIINIHKI *vai* sing a victory song

sing OMATANII *vai* begin to sing (lit: begin to speak/say)

sing WAATOYINNAYI *vai* sing and pray for luck and good fortune

singe SSTSIINSS *vta*

single NAMAAKII *nan* unmarried/single woman

sink ISTTAATSI *vai*

Sioux PINAAPISINAA *nan* Sioux tribe, lit: east Cree

sip SINOKOOPATOO *vti* suck in, sip, slurp, (e.g. broth)

siphon SSPINATOO *vti* suck, siphon

sister AAKIIM *nar* sister/ female cousin of a male

sister INSST *nar* older sister

sister-in-law OOTOOHKIIMAAN *nar* sister-in-law of male

sit IKIMOPII *vai* sit in a place of honor

sit OHKITOPII *vai* ride on horseback, lit: sit upon

sit OPII *vai* sit/stay

six NAOO *vai*

skate IMMOKI'KAA *vai*

skates IMMOKI'KAA'TSIS *nan*

skeleton OKSIKINAKI *vai* become a skeleton

sketch WAAWAHKAISINAAKI *vai* sketch, draw (artistically)

skim IMMSSIKAA *vai* skim off the surface (of a liquid)

skim IMMSSIKATOO *vti* skim off the surface of

skimmings KOOPIMMISTSII *nin* broth, skimmings

skin II'ITTAKI *vai* flay, skin (an animal of its pelt)

skin INNOOTAT *vta* skin, butcher

skin WAAPIKSSI *vai* have a skin eruption e.g. measles or scabies

skinny IPIKSINI *vai*

skirt APAIHPIISOKA'SIM *nin* skirt, lit: waist clothing

skull OOTOKI'P *nin*

skunk AAPIIKAYI *nan* skunk, *Mephitis mephitis

sky-person SSPOMITAPI *nan* above-person, sky-person

skyward SSPOOHTSI *nan* skyward/heaven

slacken SAAHTSIKAPINNI *vti*

slack off SSPIHKI *vti* slack off, reduce effort in

slap IPAKSSTOOKI *vta* slap on the ear(s)

slap I'TSIIHKINI *vta* slap on the head

slap I'TSISSPINI *vta* slap on the face

Slavic OMAHKSIKAAPIIKOAN *nan* European immigrants, usually of Slavic descent, lit: big foot whiteman

sled ISTTSIKONISTSI *nin* sleigh/ sled

sleep IPAPAI'POYI *vai* talk in one's sleep/ talk in a dream

sleep YO'KAA *vai*

sleep YO'KAANIPOHSI *vai* sleep or be drowsy due to satiation

sleepy IHTSIKSSI *vai* be sleepy

sleeve AMINSSTSIIKIN *nin*

sleigh ISTTSIKONISTSI *nin* sleigh/ sled

slender IKKSTSIMI *vai* be slender, slim

slice YIITSITTSIMAA *vai* slice meat thinly for drying

slide IITAISOOTSI'KAO'P *nin* slide, lit: where we slide

slide ISTTSIKIHKAKI *vai* slide, slip (while on foot)

slide SOOTSI'KAA *vai* slide (e.g. on a sled)

slim IKKST *adt* narrow, slim

slim IKKSTSIMI *vai* be slender, slim

slip ISTTSIKIHKAKI *vai* slide, slip (while on foot)

slippery ISTSIKII *vii* be a slippery, smooth surface

slippery ISTTSIK *adt* smooth, shiny, slippery

slippery ISTTSIKAHKO *vii* slippery ground conditions

slippery ISTTSIKANOKO *nin*
linoleum/ smooth, slippery
cloth or covering, e.g. leather,
oil cloth

slit IPIIHKSIN *vta* slit: (while
sewing or preparing a hide)

slit SATTAAPIKSI *vti* slit: to
discharge the contents of (e.g.
a swelling/ a bag)

sloppy SAINSKAKA'P *adt*
sloppy, untidy, dirty, messy
unkempt

slough SOYIISIITSIKSSKO *nin*
marsh, slough

slow IITSIKSIST *adt*

slow IITSIKSISTA'PII *vii*

slow IKKIN *adt* slow/soft

slurp SINOKOOPATOO *vti*
suck in, sip, slurp, (e.g.
broth)

sly ISIMIA'PSSI *vai* be sly,
secretive

slyly SI'KOPIAANII *vai* talk
deceptively, slyly

small I'NAK *adt*

small I'NAKSTSSI *vai* be
young/small

small OHPOK *adt*

small PIIKOHKSIKSI *nin* small
pieces of rotted wood chips

smaller
OHPO'KIAANIKKOHKSIIM *vta*
be next smaller /younger
than (but larger/older than
any others in the relevant
group, i.e. closest in size)

smallpox *see* AAPIKSSIN

smart OKAKI *vai* smart/wise

smash SISIKSINII *vti* smash
(into pieces), grind

smell IKSIINSSKI *vta* smell
strongly to, lit: touch the
face of

smell OHTSINSSOYI *vai* lose
one's sense of smell due to a
pungent odor

smell SSIMATOO *vti*

smell SSIMIHKAA *vai*
sniff/smell (s.t.)

smell WAAMATOO *vti*

smile SISTSIKSSKIAAKI *vai*

smith YAAKSISAKIAAKI *vai*
smith, work iron

smoke IKKATSIMAO'TSISII *vai*
smoke and blow large
amounts of smoke out of the
pipe

smoke OTAWANSSAKI *vai*
smoke a tanned hide so as to
make it brown in color

smoke O'TSISII *vai* smoke,
i.e. tobacco

smoke SAIPOKOMSSTSIMAA
vai blow out a puff of smoke

smoke SI'TSII *vii*

smoking KANO'TSISISSIN *nin*
smoke ceremony, lit: all
smoking

smoky SI'TSIINATTSI *vii* be
smoky, hazy in appearance

smoky YAAHKITSI *vii*

smooth ISTSIKII *vii* be a
slippery, smooth surface

smooth ISTTSIK *adt* smooth,
shiny, slippery

smooth ISTTSIKANOKO *nin*
linoleum/ smooth, slippery
cloth or covering, e.g. leather,
oil cloth

smother IPPOHSOYI *vai* suf-
focate or smother (due to
smoke, steam, fumes etc.)

snack A'PISTTAAPIKSISTAKI
vai snack, move about tasting
food (Blood)

snagged ITSSOKSIISI *vai* be-
come caught/snagged on a
sharp protrusion, e.g. a hook
or barb

snake PITSIIKSIINAA *nan*

snare OKAA *vai* rope/snare

snatch O'KAASATOO *vti*
snatch, grab suddenly

sneaker NAIIPISSTSIITSIKIN
nin sport shoe, sneaker, lit:
cloth (canvas) shoe

sneaky SAOMMIT *adt* shifty,
furtive, crooked, underhanded,
sneaky, deceptive, evasive

sneeze WA'SIIYI *vai*

sneezing A'SIIYA'TSIS *nin*
medicinal sneezing plant
(plant is yellow in color)

sniff SSIMIHKAA *vai*
sniff/smell (s.t.)

snipe SOOTAMSSTAA *nan*
Wilson's snipe, *Capella gal-
linago

snobbery AISSPIHKA'SI *vai*
lit: act high, id: affect snob-
bery or superiority

snoopy SAWOHPISSTSA'PSSI
vai be snoopy and curious,
nosy, prone to search through
another's belongings

snore IPAKSKAISIITAMIIHTSI
vai

snort SOOTOMAKI *vai* snort
(of horses)

snow IMMIKO *vii* be deep
snow

snow ISTTSITTSSKO *vta* dunk
into the snow (as a discipli-
nary measure)

snow KOONSSKO *nin*

snow OHPOTAA *vii*

snow SOI'SSTSIKAOHSI *vai*
brush snow from shoes

snow YAAHKI'TSIMII *vii* be
blowing snow

snow bunting
AAPINAKOISISTTSII *nan* snow
bunting (lit: morning bird)

snowy AAPSSIPISTTOO *nan*
snowy owl, lit: white night
announcer (North Peigan),
*Nyctea scandiaca

snuff O'TAKSIKSI *nin*

snuff PISSTAAHKAAN
AOOWATOO'P *nin* snuff,
chewing tobacco (Blood), lit:
tobacco that one eats

soak OTSIKIHTAA *vai* soak
(something)

soak OTSIKOHTOO *vti*

soaked ISTTAPOYITTSI *vii* be
soaked with grease or oil (e.g.
clothing)

soap ISSISSKIOOHSA'TSIS *nin*
bar soap

sob NIITSITSSTSIMINI *vai* sob,
draw breath in convulsive
gasps with crying

soccer OMAHKOHPOKON *nan*
soccer ball (Lit: big ball)

society
AAPIIKSISTSIMAOHKINNI *nan*
member of the White Bead
Necklace society

society IIMAOHKSIIPSSI *nan*
member of the Redbelt
society

society KANAKKAAATSI *nan*
society, group of friends

society KANATTSOOMITAA
nan a member of the Crazy
Dog society

society MAI'STOOHPAATAKI
nan crow-carrier society

society MAOHKSIIPSSI *nan*
red belt society

society MAOTO'KIIKSI *nan*
Buffalo women's society
(plays a crucial role
preparatory to the Ookaan of
the Sundance)

society SIKIMIOTA'SI *nan*
member of the Black Horse
society

society SIKSINNAKII *nan*
Black Police (Sundance)
society

sock ATO'AHSIM *nan*

socks YAAKOTOAHSIMI *vai*
put socks on oneself

soft IKKIN *adt* slow/soft
soft IKKINISII *vii* soft, easy
soft SAHP *adt* soft/easy
soft SITSIP *adt* soft or rustling (said of noise)
softball IKKINIOHPOKON *nan* softball (Lit: slow/soft ball)
soften IKKINIISTOTSI *vti*
soften INNIKINAA *vai* soften bones by boiling
soil KSIKKIHKIMIKO *nin* white ochre, paint, white soil (usu. clay)
soil YOOTSIPISTOTSI *vti*
soiled YOOTSIPINA *vai* have a soiled or grimy, dirty appearance
sole MIITSIKSIKAAHP *nin* sole of the foot
sole OTAHPIKAOHSIN *nin* sole of a shoe
solve OHKOTTAI'TSI *vti* be able to solve, figure out
son OHKO *nar*
son OHKOYIMM *vta* adopt as son/ develop an emotional attachment for as a son
son TSIKI *und* son (vocative)
son-in-law ISS *nar*
son-in-law OISSIMM *vta* regard as a son-in-law
son-in-law OSSKAT *vta* acquire as a son-in-law
song AKSISTOOYINIHKSSIN *nin* motivating song, usually sung before a big event, e.g. a raid, or when one is feeling low in spirit
song NAAPITTAHSIN *nin* song of exultation and praise
song NINIHKSSIN *nin*
song WAAKAMMAA *vai* create a song
song YAAPITTAHSOHKOHTO *vta* honor with a song in public

soon PIITSIYOOHK *adt* when/ as soon as
sora OOTOHTOYI *nan* sora rail, lit: carrying food, *Porzana carolina
sore AAPIKSSIN *nin* skin eruption, sore
sore ISTTSIISTOKINIISI *vai* having sore or aching muscles from overexertion or being cramped,(e.g. being sore from sleeping on a hard surface
soreness I'KSINISSI *vai* have soreness in the throat due to a prolonged vocal outburst e.g. laughter or a crying fit
sorrel-horse OOTSIMI *nan*
sound OHTAKO *vii* make a sound
soup AAAPAOO'SSIN *nin* blood soup
soup AKOOPSKAAN *nin*
soup AOO'SSSIN *nin* berry soup/ dessert soup
soup KOOPIS *nin* broth, soup
soup OKOOPIHKAA *vai* make soup
sour SAPSPIHKAA *vai* have the painful taste sensation caused when eating s.t. acidic, tart, sour
sour SSTSIPOKO *vii* sour/bitter/spicy
source OHT *adt* linker for source, instrument, means, or content
South AAMSSKAAPIPIIKANI *nan* South Peigan (band of the Blackfoot tribe)
south WAAMSSKAAP *adt*
souvenir ISAMOHTOO *vti* save as a souvenir/keepsake
sow I'NSSIMAA *vai* plant/sow seed
sow SAPIIPOMMAA *vai* sow, plant

sow SAPIIPOMMAA *vai* sow,
plant
spaghetti AISSINNII'P *nin*
pasta (spaghetti, noodles,
macaroni)
spark IPAISSTSITSIIMI'KAA
vii throw a spark (as when a
knot in wood catches fire)
sparkle IKKANA *vai* glitter,
sparkle
sparks IPATTSIKANITTSI *vii*
throw sparks
sparse KAKANOTT *adt*
sparse, meager
speak IITSI'POYI *vai* speak
Blackfoot
speak IPI'KSI'POYI *vai* speak
anomalously (content or
situation)
speak I'POWATOMO *vta*
speak for (speak vicariously)
speak I'POYI *vai* talk, speak/
speak harshly
speak SITSIPSSAT *vta* speak
to/ converse with
speak YAAPII'POYI *vai* speak
English
spear SAAPAPISTA'TSIS *nan*
lance or spear
spear SAMAKINN *nan* lance,
spear (N. Blackfoot)/ large
knife, machete (Blood)
spearhead AAPAOOKI *nin*
sharp stone used as a knife
or spearhead
special INII'POKAA *vai* be
spoiled, given special treat-
ment as a child
special INI'STOTO *vta* honor,
treat special, with kindness
and respect
special INI'YIMM *vta* consider
special, feel respect for
special MINII'POKAA *nan*
favorite/special child
speech I'POWAHSIN *nin* lan-
guage, talk, speech

speed YIISAKI *vai* feed (s.o.
or s.t.)/ id: speed away in a
vehicle!
spell IPI'KO *vta* put a spell
on, shoot with "bad
medicine"
spell PI'KAAKSSIN *nin* spell/
shot by unseen shooter, espe-
cially with evil medicine
spend SAINAKOI'SSTAA *vai*
spend (usually money), ex-
pend
spicy SSTSIPOKO *vii*
sour/bitter/spicy
spider KSIWAWAKAASI *nan*
spider (lit: ground or low
deer)
spill WA'SOYINNI *vti* pour
(out), spill
spin O'TAKAAPIKSI *vti* swing,
spin around
spin WAATAPONISSKAA *vai*
spin (to become dizzy)
spine SAOKSSP *nan*
spiral WAAWANOOSI *vii*
move in a spiral pattern but
not necessarily uniformly
spirit IKSISSTA'PSSI *vai* be a
spirit/ supernatural being, lit:
aimless
spirit KSISSTA'PSSI *nan*
spirit STA'AO *nan*
ghost/spirit
spirited IKSSKAMI *vai* be
highly spirited, lively (said of
a horse or vehicle)
spiritually WAATO'SI *vai* be
spiritually powerful
spiritually WAATSIMMA'PSSI
vai be one who is holy or
spiritually powerful
spit OPOYIIKSSTAKI *vai* spit
out (something liquid)
spit SOKOTTAT *vta* spit at
spite SSKOHTOISTOTO *vta* go
to an extreme to annoy/spite

spiteful SSKOHTOITAPIIYI *vai*
be a forceful, spiteful person/
be one who insists on car-
rying an action through
despite unfavorable conditions

spit up SAOKITSIISI *vai*
burp/ spit up the taste of a
rich, greasy, or spicy food

splash I'TSIPPOYI'KAA *vii*

splash I'TSIPPOYI'KAKI *vai*
splash water with one's legs

splash OTSI' *vta* douse/splash
with water

splinter OMIKSKAA *vii*

splinter OMIKSO'TSI *vti*
break a piece or splinter off
of, usually wood

split OPASSKOYAAPIKSSI *vai*
split, crack the corners of
one's own mouth

split STA'TOKSAAKI *vai* split
wood

split STA'TOKSII *vti* split
(wood)

split WAYAKIITOO *vai* go
separate ways, split: up

spoil OKA'PIHTSII *vii* spoil,
rot, go bad

spoiled INII'POKAA *vai* be
spoiled, given special treat-
ment as a child

sponge AIKSIPPOYINNII'P *nin*

spoon INNOOHSOYIS *nan*

spoon SIKAPOOTSI *nan* buf-
falo horn spoon

spotted SISAKKIIKAYI *nan*
spotted horse/ apaloosa

spotted SISAKKSSKII *vai*
have a spotted or freckled
face

spray I'TSIKANIHKAKI *vai*
spray or throw back small
objects/particles (e.g. gravel,
dirt, debris) by movement

spray SSTSIKONI'KAKI *vai*
cause a spray of snow, water
or slush

spread
IIHTAISTTSIKAAHKIMAO'P *nin*
spread (e.g. butter)

spread ISTTSIKAAHKIMAA *vai*
spread a food (as on bread or
a cracker)

spread SIITSOOHTOO *vti*
spread out

spring MAKSISSKOMM *nan*
well, spring

spring MOTO *nin* spring
(season)

spring OTO *vii* be spring
(season)

sprinkle SO'SATOO *vti*
sprinkle liquid on

spur AWAKAAPIKSSA'TSIS
nan

spur IPAISSPIKAHKO *vta*

spur WAAWAKAAPIKSSAT *vta*

spurt OHPSSKONAKA'SI *vii*
spurt, flow rapidly (said of
liquids)

squabble IPIWA'PSSI *vai*
squabble/ be a troublemaker/
be involved in trouble or a
disturbance

squabble PIWA'PII *nin*
squabble, or bad scene

squash SAOPPISO'TO *vta*
squash, squish with the hand

squaw root NIISTSIKAPA'S
nan squaw root, lit: double
root, *Carum gairdneri

squeeze IKSIPPOYINNAKI *vai*
squeeze out excess liquid/milk

squeeze IKSIPPOYINNI *vti*
wring or squeeze (a wet item)

squint OHPOKAPSSKAA *vai*

squirrel MIIYATTSI'KAYI *nan*
ground squirrel

stab *see* ISTTAINN

stab SIM *vta*

stabbing ISTTAINN *vta* fix
(blade of an instrument)
firmly into place (by using a
stabbing motion)

stable PONOKAOMITAOYIS
nin
stack SAPA'KOT *adt* layer,
stack
staff AWAKSIPISTAAN *nin* otter fur wrapped pole, staff
stagger ITA'PAOHPI'YI *vai*
stagger/fall around there
stagger OPITSA'PAOHPI'YI
vai stagger out of a matter-filled area (e.g. a mud-hole,
an ash covered area)
stagger WAAWAATTSISOWOO
vai
stain WAAHTAA *vii* leave a
mark or stain
stair SOKAMISAAKA'TSIS *nin*
ladder/stair
stake MANA'TSIS *nin* anchor
stake in the centre of a tipi
stake SAIPSSTAAKI *vai*
stretch and stake a hide (for
tanning process)
stake SSTAMAT *vta* tether to
a stake
stakes SSTAOKA'TSKAA *vai*
make stakes, pegs for securing
a tent
stallion NIOOMITAA *nan* stallion, stud
stamp A'KIOOHSIN *nin* stamp
or logo
stampede SAIKSISAA *vai*
charge, stampede, rampage
stampede YAAKSIISI *vai*
cringe, shy (from something),
stampede (said of animals)
stand AKAAHTOIPOYI *vai*
stand in a battle line
(shoulder to shoulder for
warfare)
stand IPOIHTSI *vta* place in
an upright position/ stand up
stand IPOIPOYI *vai* stand up
Star AAPISOWOOHTA *nan*
Morning Star

star KAKATO'SI *nan*
star/mushroom/puffball,
*Lycoperdon spp.
starch IIHPAIKSKSISTTSIK-
AAHKIAAKIO'P *nin* starch, lit:
what we spread stiff with
stare OMAISSAPI *vai* stare
(at s.t. or s.o.)
start IIMAT *adt* almost/start
to
start OMATAP *adt*
start/begin
startle IKKIO'TO *vta*
alarm/startle
startle SSKI'TSI *vta* scare,
startle, frighten
starve OPONIAAKI *vai*
starve YOOTSIIMSSTA'SI *vai*
starve (one's self)
state ITSIIHTAA *vai* have a
state of mind
stay ISTTSIMAT *vta* ask to
stay, remain longer
stay ITSIKKITAOPII *vai* sit
alone/ stay (behind) alone
stay OPII *vai* sit/stay
stay away
ONOHKOYI'TSIMATOO *vti* stay
away from/ abstain from (a
vice)
steal IKAMO'SI *vai*
steal OMSSTAKI *vai* steal a
portion/share of (e.g. food,
money, etc..)
steal OMSSTOMO *vta* steal
the share of
stealing INNIOOMSSTSI *vti*
pull food down by biting for
the purpose of stealing
(usually is the action of an
animal, e.g. a dog or cat)
steam ISSTSIIYAINAKA'SI
nan train (Lit: steam wagon)
steer OHKOMAT *vta* utter a
sound at/ drive, steer, herd
steer STAMIK *nan*

steer YAAKOHKIMMAA *vai*
steer (e.g. a car, a team of
horses)
steering **wheel**
IIHTAYAAKOHKIMMAO'P *nin*
step IIHTAISOKAMISAOO'P
nin step/ladder
step ITOHKITAMIA'YI *vai* step
on, walk on something
step-father OOKONN *nar*
step-mother OOKOKSISST
nar
step forward IHTSISAOO *vai*
come out from a group, step
forward
step on IPIKKSIKAHKO *vta*
step on the foot of
stew OKKSISAKAOO'SIN *nin*
stew (which has meat cut in
pieces)
stew O'KSISAKAOO'SIN *nin*
meat stew
stew STAMIKSAOO'SIN *nin*
beef stew
stick MIISTSIS *nin* stick,
branch
stick OKSPAINNAKI *vai* stick,
cause something to adhere,
glue something
stick OKSPAINNI *vti* glue,
cause to stick to s.t.
stick OKSPII *vii* be sticky/
stick (to s.t.)
stick out SAOHKIAAKI *vai*
stick out one's head (e.g. to
look out of a window)
sticky ISTTSIKOKSPAINNI *vti*
paint with a sticky substance
sticky OKSPII *vii* be sticky/
stick (to s.t.)
sticky root OKSPIIPOKO *nan*
sticky root, lit: tastes sticky,
*Pachylobus caespitosus
sticky weed AKSSPIS *n n*
gum plant, sticky weed,
*Gindelia squarrosa
stiff IKKSKSSI *vai* be stiff

stiffen IKSKOOSI *vai* stiffen,
make oneself rigid
still IKKSK *adt* motionless, in
one place, still
still OMI *adt* still (as in the
continuance of an event or
state)
still SAAKI *adt*
sting IKKSTSINI *vta*
sting/prick/pinch
sting SSTSIISAPIISTAKOYI *vii*
stingy SIKIM *adt* stingy,
miserly
stink ITSIMO *vii*
stir WAATAKIMII *vti* stir (a
liquid)
stirrup SAAPIKAAKIA'TSIS
nin stirrup, lit: that which is
used to place one's foot into
stock OOTOHTOIIKIN *nin*
stock (of a gun)
stomach IKKIYIMMOHSI *vai*
experience a floating stomach
sensation due to a sudden
drop, a shock or fright, e.g.
loss of a loved one
stomach ISSIISTSTAAN *nin*
stomach lining
stomach MOOKOAN *nin*
stomach OOKOAISSIS *nin*
stomach fat
stomach OTSITTSSKIS *nin*
stomach lining, tripe
stone AAPAOOKI *nin* sharp
stone used as a knife or
spearhead
stone IINISSKIMM *nan* buffalo
stone (a stone thought to
possess powers)
stone OOHKOTOK *nan* large
stone/rock
stone OOHKOTOK *nin* small
stone/rock, pebble
stone SAMA'KOO *nin* stone
(used for pounding or
grinding)

stone jar
OOHKOTOKSIISOYINN *nin*
stone-jar, which is brown and
white in color/ jug
Stony SAAHSAISSO'KITAKI
nan Stony (tribe)
stony SISIKOOHKOTOKSSKO
nin gravelly or stony terrain
stop ASSAAK *adt* stop and
VERB for a moment
stop OMAOPAAT *vta* stop an-
noying
stop SOKAI'PIIYI *vai* stop,
come to a halt
stop SSIKOO *vai* terminate,
end, stop
stops OHKAKOTSII *vii* reach
a concluding point, lit: where
the boiling stops/ends
store IITAOHPOMMAO'P *nin*
store (lit: where one buys)
store MIINIIWAN *nin* store of
berry preserves
store YIITSIMAAHKAA *vai*
store food for the winter
storekeeper AOHPOMMAOPII
nan storekeeper, merchant
stories IKAITAPIITSINIKI *vai*
tell old stories (of our
forefathers)
storm IPAHKA'PII *vii* inclem-
ent weather/ storm, blizzard,
lasting downpour of rain
storm MAKOYISTTSOMO'KI
nin quick storm
stout ISSPIKSISTAWA'SI *vai*
stout, heavyset
stove PO'TAA'TSIS *nan*
straight OKAMO'T *adt*
straight/honest/right
straight OKAMO'TSTSII *vii*
exactly straight
straighten SAOKOHTOO *vti*
straighten out
strangle OPOTTSIN *vta*
strangle YIISTAPSSI *vai* hang
one's self, strangle one's self

straw SOI'STSIPINNAKSSIN
nin straw/harvest
strawberry OOTSISTSIIN *nin*
strawberry, *Fragaria vir-
giniana*
stream A'SIITAHTAA *nin*
brook, stream, creek lit:
young river
stretch SAIPSKAPATOO *vti*
stretch SAIPSSTAAKI *vai*
stretch and stake a hide (for
tanning process)
stretch SAOKSIKINSSTSAAKI
vai stretch one's own arm
stretching ISOYIIKAAPIKSSI
vai make quick stretching or
kicking motions with one's
own legs while lying down
strike IKKAWATOO *vti* strike
repeatedly with a pointed ob-
ject, peck at, chip away at
strike IPAK *vrt* hit, strike
with an object (usually a
stick) on a specified portion
of the body
strike IPIKSI *vai* strike, hit
(s.t. or s.o.)
strike SSTSIKINA *vta* strike
on the legs with a long slim
object
strike WAAWAYAKI *vta* strike
on the body, beat
strike WA'KIAAKI *vai*
hit/strike (s.t.)
strike WA'KII *vta* hit/strike
strike camp OPAKIIYI *vai*
break camp/ strike camp/
take down tent
striking NIITSANATTSI *vii*
appear striking, evident
string NAIIPISSTSAAPIKIMM
nan cloth string
string TO'PIINIMAAN *nin*
string, used to hold scabbard
to belt
strip APAHKIAAPOKO *nin*
hide strip

stripes ISTSIKAPOISINAII *vti*
mark with two stripes/ repeat
a stripe pattern on twice
strong IIYIK *adt* strong/hard
strong IIYIKO *vii* strong, dif-
ficult, hard (intensely)
strong IPPATSI'TSI *vti* feel a
strong desire to, feel tempted
to act upon (a desire
generated by curiosity)
strong ISSTSO'KINI *vai*
hardy, strong
strong SSKONATA'PSSI *vai* be
industrious and strong
struck by lightning *see*
O'KAASAT
stuck ONAASI *vai*
stuck ONAMATSSTAA *vai* get
stuck in mud (with a vehicle)
stuck OPOTTSAAKA'SI *vai* be
stuck in between
stud NIOOMITAA *nan* stal-
lion, stud
student AISSKSINIMA'TSAA
nan
study OKAKIO'SATOO *vti*
study before making a deci-
sion, deliberate, look
carefully/closely
stuff IKOTTSI *vta* stuff, pad
stumble ISTOKAASI *vai*
stumble, trip over something
stumble SOYISI *vai* stumble
and fall forward
stump KAOOKIHKAAN *nin*
tree stump, lit: decapitated
stunted MAKA *adt* short,
stunted
sty IKO'SISTSAAPINI *vai* have
a sty on one's eye
style MAANIKINAKO *vii* be
the fad, in fashion, in style
submerge ISTTAKOYSSTOO
vti lower the liquid level of,
drain/ cause to submerge
substitute WAAHTSO *adt* in
the place of, substitute

succession WAAHKO. *adt* in
rapid succession
successive INNAAHKOOT *adt*
successive, from one to
another
suck SINOKOOPATOO *vti* suck
in, sip, slurp, (e.g. broth)
suck SSPINATOO *vti* suck,
siphon
suck SSTAA *vai* suck milk/
nurse
sucker KIITOHKOMII *nan*
sucker (fish)
suckle SSTAAHKAHTAA *vai*
breast feed, nurse, suckle
sudden ONAKI *adt* sudden,
immediate
sudden ONAKISTTSIMM *vta*
experience sudden frustration
over
suddenly SOOK *adt* un-
expected, suddenly
sudsy IPSSTSITSIINATTSII *vii*
be foamy, sudsy (in
appearance)
suffer ISTTSIIYAKSIISI *vai*
suffer physically
suffer OKOHKOYI *vai*
suffocate IKKOHPONI *vai* be
breathless, suffocate
suffocate IPPOHSOYI *vai* suf-
focate or smother (due to
smoke, steam, fumes etc.)
sugar NAAPIINIIWAN *nin*
sugar OHPOHTOO *vti* add
sugar to, lit: put (s.t.) with
suggest SOMAANII'POYI *vai*
imply, suggest something dis-
paraging or degrading (about
s.t. or s.o.)
suggesting ISTTO *vta* assist
by suggesting the content of
a narration or recital
suicide SSKOHTOISTOTOOHSI
vai self-destroy, commit
suicide

suicide SSKOHTOYIMOHSI *vai* commit suicide

suitcase SOOKAYIS *nin* case, suitcase

suited YIIHKI *vti* complement, be suited to

sulking INIKK *adt* angry/ sulking

sullen IPONSSKIAAKI *vai* have a sullen expression on one's own face

summer YIIPO *vii* be summer, 'when leaves grow'

summit *see* OHKIT

sun KI'SOMM *nan* sun/moon

sun NAATO'SI *nan* sun/ holy-one/ month

Sundance AITAPISSKATSIMAA *nan* weather dancer, person who performs the Sundance ceremony (that takes place after the center pole has been raised)

Sundance IPI'KOKIINIHKI *vai* sing the songs for the ceremony after the Sundance center pole has been raised

Sundance ITAPISSKATSIMAA *vai* do a weather dance/ perform the Sundance ceremony

Sundance OOKAA *vai* sponsor the primary religious ceremony associated with the Sundance

Sundance OOKAAN *nin* the primary religious ceremony associated with the Sundance (Bloods)/ the Sundance (No. Piegan)

Sundance WAATANIMMAIPASSKAA *vai* dance the last ceremony of the Sundance

Sundance WA'SAISSKAPIHTAA *vai* go cut tree branches for the Sundance (a ritualistic ceremony)

Sunday NAATOYIKSISTSIKO *nin* Sunday (Lit: holy day)

sun dog OOSIPISTAAN *nan*

sunlight WAAHKANAAPINAKO *vii* be patches of sunlight, sunrays at sunrise (portends the arrival of cold weather before noon on the same day)

sunrise I'KOTSAAPINAKO *vii* red sunrise (portends wind)

sunrise OMAOHKAPINAKO *vii* red sunrise (portends wind)

sunset ISTTAHKAPI *vai* crawl into/under s.t. (a small enclosed space)/ id: sunset

sunset OTAHKOOMAIKSISTOYI *vii* be sunset (No. Peigan)

superior O'TOTAMA'PSSI *vai* be superior

superior SOPOKSISTOTSI *vti* have superior knowledge about an activity through one's experience

superiority AISSPIHKA'SI *vai* lit: act high, id: affect snobbery or superiority

superlative ISSTOHKANA *adt* most, superlative

supernaturally INOWAAMIHKA'SAT *vta* supernaturally make one's own existence known to

support AAPITSIKAMAAN *nin* brace/ stick for support, (e.g. used to hang a pot over a fire)

support MA'KAKIINIMAAN *nin* central or main support in a mechanism or building (e.g. axle, tent ridge pole)

surface SAOTAT *adt* outer surface

surplus IKSISSTO. *adt* extravagant, waste, surplus

surprise OHTSISTOTO *vta* surprise or shock with news

surrender OMATSKAOHSI *vai* surrender/ give up/ id: pass out

surrogate OMIIKSIST *adt* surrogate, just the same as, just as if

suspender ATSISTOOHKINNSSIN *nin*

swallow IHTSISTTAKI *vai* swallow (consume)

swallow IHTSISTTAMAA *vai* swallow/ consume the whole (of s.t.)

swallow SIIKSIKAPANSSI *nan* swallow, *Hirundinidae

swan IIMAHKAYII *nan* Trumpeter swan (lit: large gull), *Olor buccinator

swan IMIIHKAYII *nan* swan, *Cygnus columbianus

swan KSIKKOMAHKAYII *nan* swan or whooping crane (Lit: white large gull), *Grus americana

swear OKA'PI'POYI *vai* swear (speak badly)

sweat SAIKINNSSI *vai* perspire, sweat

sweat SSTSI'SKAA *vai* make a sweat lodge

sweater AISAIPIHKAISOKA'SIM *nin* sweater, lit: stretch clothing

sweat lodge SSTSIIYI *vai* enter a sweat lodge

sweep YAMAAHKIAAKI *vai*

sweet-tasting ITSIIYIPOKO *vii* be sweet-tasting

sweetgrass SIPATSIMO *nin* sweetgrass, *Hierchlos odorata

sweetheart AWAHKAHTAAN *nar* sweetheart of a male

sweet potato *see* MAATAAK

swell IKOHPI' *vii*

swerved *see* IKSIIKSKOMAHKAA

swim INNAAPOTSKIHTSI *vti* swim down

swim OTSI *vai*

swimming OMITAO'KAASI *vai* dog-paddle, reference to a way of swimming

swing IITAWAAWAO'PINIISAO'P *nin*

swing O'TAKAAPIKSI *vti* swing, spin around

swing WAAWAO'PINIISI *vai* swivel, swing on a fixed radius

swing WAAWAPISTAA *vai* make a cradle swing

switch WAAHTSOWAAPIKSI *vti* switch position of, exchange with something

swivel WAAWAO'PINIISI *vai* swivel, swing on a fixed radius

swollen eyes IKOHPAWAAPINISSI *vai* have swollen eyes (from crying)

syrup AKSPIAAPIINIIWAAN *nin*

table IITAISOOYO'P *nin*

tactless IITSKIMAAN *adt* aggressive, blunt, tactless

tactlessly OHKO'MISTOTO *vta* treat tactlessly

tail I'TOYAAKI *vai* hold up one's own tail (said of animals)

tail MOHSOYIS *nin*

tail WAAWATOYAAPIKSSI *vai* wag one's own tail

tail feather MOHSOOA'TSIS *nin*

take ITAPIPI *vta* take (to a location)

take MA'TSI *vti*

take OOYIIPI *vta* take/bring to eat

take OTOI'TSIKAT *vta* take care of, tend to

take OTOI'TSIKATOO *vti* tend
to, take care of
take O'PSSKAA *vai* take
article(s) from newly dead
take O'PSSKAT *vta* take the
possessions of (a deceased
person)
take O'TAKI *vai* take
(something)
take O'TO *vta* take, pick up
take O'TSI *vti*
take SAIPOHTOO *vti* take out
from
take SAISSKITSIMAA *vai* take
out ashes (from stove, fire)
take SINNIKIMAT *vta* take
possessions from an enemy
corpse/ make a coup
take SSKO'TSI *vti* take back,
repossess
take down IKOONI *vti* take
down/ pull down (eg. a tipi
or tent, branch)
take off IPAAWANI *vai* take
off for flight/ fly
take off IPONIISTAM *vta*
take off (said of a robe)
take off WAAPSSTSITSIKINI
vai become barefoot, remove,
take off one's own shoes
talk IPAPAI'POYI *vai* talk in
one's sleep/ talk in a dream
talk I'POWAHSIN *nin* lan-
guage, talk, speech
talk I'POYI *vai* talk, speak/
speak harshly
talk SI'KOPIAANII *vai* talk
deceptively, slyly
talker I'POYIIPITSI *vai* be a
habitual talker
tall SSPITAA *vai* be tall
tallow OTSIKSSIS *nin*
tame IKKINA'PSSI *vai* tame,
gentle
tame IKKISSTAA *vai* bronc-
ride/ break or tame a horse

tan IPANINNAT *vta* tan (a
hide)
tanager MI'KO'TOKAAN *nan*
western tanager (lit: red
head), *Piranga ludoviciana
tap IKKAKOYISSTOO *vti* tap
the bowl (of a pipe) in order
to empty it of ashes
tape IIHTAOKSPAINNAKIO'P
nin glue/tape
taper ITAPIKKSTSII *vii* taper
in
taste IPOKO *vii*
taste WAATOHTAKI *vai* taste
(something)
taste WAATOHTSI *vti*
tattle SOPOWATOMO *vta* tat-
tle on
tattle SOPOYI *vai* tattle,
report
tattler SOPOYIIPITSI *vai* be
a tattler, informer
tattoo OTSISA'KAA *vai* tattoo
(s.o.)
tattoo OTSISA'KAAN *nin*
taunt ISTTSA'PISTOTO *vta*
taunt, harass, tease
taunt ISTTSIISTOTO *vta*
tease, taunt
taunting IKSIMM *vta* have a
joking, taunting relationship
with (always another male)
tea AISOYOOPOKSIIKIMI *nin*
tea (No. Blackfoot), lit: dried
leaf liquid
tea OOHKOTOKSAISIKSIKIMI
nin coffee, lit: tea (brewed)
from stones
tea SIKSIKIMI *nin* tea, lit:
black liquid
teach SSKSINIMA'TSI *vta*
teach SSKSINIMA'TSTOHKI *vai*
teach SSPSSKSINIMA'TSI *vta*
teach at a high level (e.g. at
university)
teacher
AISSKSINIMA'TSTOHKI *nan*

tea kettle KSISOYI *nan* tea
kettle (Lit: pointed mouth)
team IITAOHKIPISTAO'P *nan*
team horse/ work horse
team OHKIPISTAA *vai* use or
own a team of horses
team PO'TOHKIPISTAAN *nan*
team animal
tear IPIINO'TSI *vti* tear/shred
tear OPANO'TSI *vti* tear open
a sealed wrapping
tear YIISTSINO'TSI *vti* tear a
piece off a sheetlike object by
hand, tear off a layer
teary-eyed
OHTOOKOAPSSKAA *vai* be-
come teary-eyed
tease ISTTSA'PISTOTO *vta*
taunt, harass, tease
tease ISTTSIISTOTO *vta* tease,
taunt
teepee *see* **tipi**
teeth SSIIKINIISTSI *vai* brush
one's own teeth
telegraph
IIHTAIKKAMIPII'POYO'P *nan*
telegraph, lit: what one talks
far and quickly with
telegraph IIHTAITSINIKIO'P
nin telegraph (lit: which one
relates stories with)
telephone IIHTAI'POYO'P *nan*
telephone (lit: what we talk
with)
telescope ISSAPIA'TSIS *nin*
telescope/binoculars
television AISAIKSISTTOO
nan television/movie
television AISINAAKIOOHPI
nan
tell IKAITAPIITSINIKI *vai* tell
old stories (of our forefathers)
tell IKKAHSANII *vai* say
humorous things, tell a joke
tell ITSINIKA'SI *vai* relate,
tell about a part of one's
own life

tell ITSINIKI *vai* recount, tell,
relate a story
tell SSTAKSAANANIST *vta* tell
(a person) about his/her
faults in a cutting, stinging
way/ tell painful words to
tell WAANIST *vta* say
(something) to, tell
temperature SSTOWA'PII *vii*
be cold weather/temperature
temple OTSKAPONAA *nan*
temple (of the head)
temple OTSKAPONAA *nan*
ten KIIPO *adt*
ten KIIPOYI *nin*
tend ISINA'SAT *vta* tend to,
take care of
tend OTOI'TSIKAT *vta* take
care of, tend to
tend OTOI'TSIKATOO *vti* tend
to, take care of
tent KSIKKOKOOWA *nin*
white tent, lit: white dwelling
tepee *see* **tipi**
term NISAA *und* term of ad-
dress to a relative (usually a
sibling), or to an acquain-
tance to express or fake af-
finity
terminate IPON *vrt* ter-
minate, end, be rid of
terminate
IPONIKSO'KOWAMM *vta* dis-
own (a relative)/ terminate
friendship with
terminate SSIKOO *vai* ter-
minate, end, stop
tern AOHKIOMAHKOHSIIKSI-
KAPAANSSI *nan*
tern
OMAHKSSIIKSIKAPAANSSI *nan*
Black tern, lit: large swallow,
*Chlidonias niger
terrain SISIKOOHKOTOKSSKO
nin gravelly or stony terrain
territory AWAHSIN *nin* land,
habitat, territory

test ISTTSKSI *vta* test the knowledge of

testicles *see* OWAA

tether SSTAMAT *vta* tether to a stake

thankful INIIYI'TAKI *vai* feel grateful/appreciative/ thankful

that ANN *dem* that, proximity or familiarity to the addressee but no proximity to the speaker

that OM *dem* that, proximity to neither speaker nor addressee

then IT *adt* then, at a certain time (at a certain place)

there IT *adt* there, at a place

there TSIMAYI *vai* "... and there it was!"

thermos AAYI'SIPISAAN *nin* liquid carried in a storage container, e.g. canteen, thermos

thick ISSPIK *adt* thick/heavy

thickened IPAHS *adt* mushy, curdled, thickened

thigh MOAPISAKIS *nin*

thigh MOTTOKSIINANN *nin* portion of thigh just above the knee

thin *see* IKKSTSII

thin ISTTOHK *adt* thin/flat

thin ISTTOHKI *vii* be thin

thin-skinned SATA *adt* thin-skinned, overly sensitive, easily offended

things ISSITSIMAA'TSIS *nin* baby things, usually a diaper

think IKSIMSSTAA *vai* think, literally and formerly/ desire secretly

think IKSIMSSTAT *vta* think about, covet

think SSKSINO *vta* know/think about

thirst *see* IKKATSIMAA

thirsty I'NAAKI *vai* be thirsty

thirty NIIIPPO *nin*

this AM *dem* this, proximity and familiarity to the speaker

this AMO *dem* this, proximity to speaker but not to addressee

this ANNO *dem* this, proximity to the speaker and proximity or familiarity to the addressee

thistle ISTTSTSISSII *nan* thistle, *Circium vulgare

thornbush KSISIIS *nan*

thorough SOPO. *adt* clear/ thorough, detailed, meticulous

thorough SOPOYA'PSSI *vai* be thorough, meticulous

thoroughly SOPOK *adt* finished/completely, thoroughly

thought ISSKSKA'TAKSSIN *nin* thought, reflection

thoughts ITSIIHTAAN *nin* plans, state of mind, will, thoughts

thread A'SIPIS *nan* thread, sinew used for sewing

thread ISTTAPINNI *vti* lace (as in leather work), weave, thread

thread SAPSKAHTOO *vti* thread (as a bead)

thread SSTSINAA *vai* make thread from sinew

threaten OHKAAMAT *vta*

three NIOOKSKA *adt*

throat I'KSINISSI *vai* have soreness in the throat due to a prolonged vocal outburst e.g. laughter or a crying fit

throat I'TSOOHKSISTONI *vta* hit the throat of

throat MOHKSISTON *nan*

throat OMI'KINAA *vai* clear one's own throat

through ITSISA *adt* through,
from the other side of
throw AAPIKSI *vti*
throw IPAKOTTSISIM *vta*
hurl or throw to the ground
throw ISTTOHKATAPIKSIST
vta throw (or pull down) to
the ground
throw ISTTSITSI *vta* throw
into ashes
throw OTSIIPI *vta* throw into
water (as a disciplinary
measure)
throw SSTAASIMMOHSI *vai*
throw one's self down so as
to land on one's own derriere
throw SSTSIM *vta* throw (as
in wrestling)
throw around
A'PATAPIKSIST *vta* throw
around, wrestle/ euphemism
for rape
throw away YIISTAAPIKSI
vti throw away, dispose of
throw out SAATAPIKSI *vti*
thunder KSIISTSIKOMM *nan*
Thunderbird
KSIISTSIKOMIIPI'KSSI *nan*
Thursday
ISTTSINAIKSISTSIKO *nin* Tues-
day (North Peigan)/
Thursday (Blood) (Lit: ration
day)
Thursday NAAMIKSISTSIKO
nin Thursday (North Peigan),
lit: nothing day
tickle I'KOWANISTTOTO *vta*
tickle (playfully)
tidy IKKAAHKAANISTOTO *vta*
clean to make presentable,
tidy up
tidy IKSIKK *adt* white/ clear,
clean, tidy/ carefully,
cautiously
tidy INSSTAWA'PII *vii*
tidy/neat

tidy INSSTAWOHTOO *vti*
make tidy
tidy IPOMIKKA'PII *vii* be
neat, tidy
tie INAO'SI *vai* dress for a
specific occasion/ tie ones
own shoelaces
tie OMOKSIPI *vti* gather and
tie into a bundle
tie WAATOKSIPISTAA *vai* tie
together the main poles in a
tipi frame
tie YAAKATOKSIPISTAA *vai*
tie the main lodge-poles
tie YAAKSINAO'SI *vai* lace
one's (own) shoes, tie one's
own shoelaces
tie YISSKSIPI *vti* tie
together/down/shut
tiger SISAKKOMAHKATAYO
nan
tight OPOTTSII *vii* be
tight/narrow/constricted
tighten IKOHKIAI'PIKSI *vti*
jerk, tighten
time A'PAISII *vii* it passes
(said of time)
time ISAMO *vii* be a long or
lengthy period of time
timid IPPATAA *vai* be shy,
timid, bashful
tin IKKSIPOOHKO'S *nan* tin
can
tinder PASSTAAM *nin* tinder,
punk
tip O'MOHPIYI *vai* tip over,
be overturned
tipi AATOKSIPISTAAN *nin*
tipi frame made up of four
poles tied together
tipi KSIPPOTSIKAMAAN *nan*
tipi door flap stick, inserted
in a hem at the bottom of
the door flap
tipi MAMMA'PIS *nin* tipi ring
made of rocks

tipi MANSSTAAM *nan* tipi
pole
tipi NIITOYIS *nin* tipi,
tepee/lodge
tipi OHPANI'KAHTAA *vai* line
a tipi (i.e. put up tipi lining)
tipi OHTOHPANI'KAHTAA *vai*
use some material as a tipi
lining
tipi PANI'KAHTA'TSIS *nin* tipi
liner
tipi SAIPSTSIMAAN *nin* tipi
flap pole, used for ventilation
of tipi
tipi SAPI'KINAMA'TSIS *nin*
small peg used to button tipi
seam
tipi WAATOKSIPISTAA *vai* tie
together the main poles in a
tipi frame
tipi YAAKOKIIYI *vai* erect a
tipi
tipi pole NIIPOINSSTAAM
nan
tip over WAANAO'KI'SI *vai*
tip over, fall on its side
tire IPAKKSIKAMATTSTAA *vai*
have a flat tire
tire O'TAKAINAKA'SI *nan*
wheel, tire
tire SISTSIKAAATTSI *vta*
tire SISTSIKAAT *vta* tire of,
grow weary of
tire SISTSIKOO *vai*
tired SISTSIK *adt* tired, ex-
hausted
tired SISTSIKSTSKAA *vai* be
tired from butchering
toast I'TSINSSAKI *vai* toast
s.t. (usu. bread)/ char or
burn
toaster IIHTAI'TSINSSAKIO'P
nan
tobacco IPIIKSIISTSIMAA *vai*
prepare smoking substances
for mixture with tobacco

tobacco IPSSTAAHKAA *vai*
get tobacco, cigarettes
tobacco PIIKSIISTSIMAAN *nin*
tobacco mixed with other
smoking substances
tobacco PISSTAAHKAAN
AOOWATOO'P *nin* snuff,
chewing tobacco (Blood), lit:
tobacco that we eat
tobacco PISSTAAHKAAN *nin*
tobacco, cigarettes
tobacco PI'KSIISTSIMAAN *nin*
tobacco mixture
tobacco SAIPSTAAHKI *vai*
give tobacco out (to the in-
dividuals present at the open-
ing of a medicine pipe
bundle)
toboggan *see* SOOTSI'KAA
toe MOOKITSIS *nan* toe/finger
together ISTTO'T *adt*
tolerate YIITSIIHTAA *vai*
bear, tolerate, put up with
(something)
tomato KINII *nan* tomato/
rosehip, *Rosa spp.
tomorrow AAPINAKOS *nin*
tongs IIHTAO'TAKIO'P *nan*
tongs (lit: what one takes
with)
tongs
IIHTAWAAMATO'SIMAO'P *nan*
ceremonial tongs for incense,
incense tongs
tongue I'TSOOTSISTSINAA *vai*
repeatedly flap one's own
tongue on the roof of mouth
to make sound of praise/ trill
as a sound of praise
tongue MATSINI *nin*
tonsil IPIOOWOOWAN *nan*
uvula, tonsil
too NOHKATT *adt* too, also
tool A'TSIS *fin* tool/ as-
sociated instrument
tooth ISTTSIIKINI *vai* have a
tooth ache

tooth MOHPIIKIN *nin*
toothbrush *see* SSIIKINIISTSI
top OHKIT *adt* top, upon
topknot OHKINAYO'SI *vai* tie
one's own hair in a topknot
(only males of certain social
stature)
topknot OHKINAYO'SSIN *nin*
scalplock, topknot, a hairstyle
where the hair is braided,
folded, and tied above the
forehead, near the hairline
toque
AISAIPIHKAISTTSOMO'KAAN
nin knitted hat, e.g. toque
torso MO'KIN *nin* trunk of
body/ torso
toss A'POHPA'WANI *vai* move
around/ toss oneself around
touch A'PAISSKIN *vta* touch
over the whole face of
touch IKSIINI *vti*
touch SOMO'TO *vta* touch
lightly
touch SONIHKO *vta*
touch/brush against in pass-
ing (archaic)
tough OSSTSII *vii* be sinewy,
tough
toward ITAP *adt*
toward POOHSAP *adt* toward
speaker
towel IIHTAISSAAKIO'P *nan*
dish towel, dish cloth
towel IIHTAISSISSKIOOHSAO'P
nan bath/face towel, lit: what
is used to wipe one's face
towing
IIHTAOMATSKAPATAKIO'P *nin*
towing apparatus
town AKAITAPISSKO *nin*
town, lit: place of many
people
town IHTSIIPI *vta* bring to
town

town IHTSISOO *vai* go to
town or to a populated
centre
town SSTSIIPIHTAKI *vai*
bring goods to town
Townsend's
NAISTTOOYIIKSIKKSSOOA'TSIS
nan Townsend's solitaire (lit:
outside white tailfeathers),
*Myadestes townsendi
toy AWAHKA'TSIS *nin*
toy AWAMMA'TSIS *nan* baby
toy
track OHKOI'SSKI *vta* track,
follow
track SAPAAT *vta*
track/follow
tractor AIPAKKOHSOYI *nan*
tractor (North Peigan)
tractor AIPAKKOHTAMM *nan*
motorcycle (North Peigan)/
tractor (Blood)
trail OHTAOHSOKOYI *vai*
leave a trail (e.g. of
footprints or food, etc.)
trail POTOTSKO *nin* trail on
prairie from moving camp
train ISSTSAINAKA'SI *nan*
train
train ISSTSIIYAINAKA'SI *nan*
train (Lit: steam wagon)
tramp
KIMMATA'PIAAPIIKOAN *nan*
hobo, tramp, vagabond
trample OMATAPINNIHKO *vta*
loosen the footing of/ trample
by body force or weight
transfer IPOMMO *vta* transfer
ceremonial ownership of/ title
to
transfer SIKAPISTAA *vai* pay
a ceremonial transfer payment
to previous owner
translate OHTOOKISAT *vta*
ask to translate/interpret for
oneself
transport OMATSIPI *vta*

transport O'TSIPI *vta* transport here, bring

transport YISSKSIMMAA *vai* transport a load in a vehicle

transport YISSKSIMMAT *vta* transport as a passenger

transported YIISTSI *vii* be transported by water, float along

trap IKKIAAKAT *vta* catch in a trap

trap IKKIAAKI *vai*

trap IKKIAAKIA'TSIS *nan* animal trap

travel A'POO *vai* travel/ move about

travel OMAAHKAA *vai* move along on foot (animal as subject)/ travel by means of e.g. horse or car (human as subject)

travois MANISTSI *nin*

travois MANISTSI'SSTAAN *nin*

travois SAIKIMAO'TONIPSSTAAN *nin* travois platform poles, i.e. the two smaller poles, tied across the two larger poles

treat INAIMM *vta* treat with courtesy and consideration

treat INI'STOTO *vta* honor, treat special, with kindness and respect

treat IPISATSOYI'KO *vta* give a treat to, provide with (usually) confectionary candy

treat OHKO'MISTOTO *vta* treat tactlessly

treat OHPAANINN *vta* oil, treat (a hide in tanning process)

treat O'PIHKAT *vta* treat in a solution (said of a hide)

treat SIMIIPI *vta* water (livestock)/ treat to a drink

treat SOKIN *vta* doctor, treat medically

treat SSIMI *vta* treat (for a disease)

treat WAAPOHKAT *vta* bring a food treat for

treaty INNAISSTSIIYI *vai* make a treaty, make peace

treaty INNAISSTSOOKAKIHTSIMAAN *nin* treaty, lit: peace-law

treaty OTOINNAISSTSIYI *vai* go to make a treaty

tree APAHTOK *nan* general term for a coniferous evergreen tree

tree KATSIIKINAKO *nin* root of a tree

tree MIISTSIS *nan*

trees KANIKSSKO *nin* area of dead trees

tremble IPAHP *adt* quiver, flutter, tremble, shiver

tremble IPAHPOYI *vai* tremble, shiver

tricky ISTTSKSSI *vai* be crafty/wily, be capable of evasive movement, indicative of a tricky nature

trillion OMAHKSSAIKIMAIKSIKKAAA'SI *nin*

trim IKSISTTONIMMAA *vai* trim, cut evenly (e.g. bottom of a lodge, or hair)

trimming SAATSTOO *vti* add striping, trimming to, e.g. in beadwork

trip A'POOHSIN *nin* journey, trip

trip ISSAOKAASI *vai*

trip ISTOKAHKO *vta*

trip ISTOKAASI *vai* stumble, trip over something

tripe OTSITTSSKIS *nin* stomach lining, tripe

tripod AAPITSIKAMAA'TSIS
nin tripod (e.g. for hanging a
ceremonial bundle or a cook-
ing pot)

triumphant ITTAHSI *vai* be
triumphant (about a victory)

trophy INAAMAAHKAA *vai*
count coup/ acquire a
keepsake/ take a trophy from
an enemy

trophy INAAMAAHKAAN *nin*
coup, trophy, successful
strategic acquisition

trot SI'KAANOMAAHKAA *vai*
trot (of horses)

trouble WA'SOKA'PII *vii* bed-
lam, confusion, trouble

troubled IPIWA'PII *vii* be a
troubled time (involving, e.g.
fight or scuffle)

troubled OHTSISTTSISSKINI
vai be agitated/troubled/
frustrated because of uncer-
tainty in circumstances

troublemaker IPIWA'PSSI *vai*
squabble/ be a troublemaker/
be involved in trouble or a
disturbance

trousers ATSIS *nan* trousers/
leggings

trout AIKSIKKOMINSSTSIIKIN
nan brown trout (lit: white
sleeves), *Salmo trutta

trout I'KOTSOOMII *nan* gold-
en trout, *Salmo aguabonita/
salmon (Lit: pink fish)

trout NIITA'POMII *nan* trout
(generic term)

truck AAPATATAKSAAKSSIN
nin truck box or a type of
wagon, lit: box in the back

truck IITAWAI'PIHTAKIO'P
nan truck/ hauling vehicle

true NIITSII *vii* be true, be
the case

truly NIITA'P *adt* really,
truly

trunk MO'KIN *nin* trunk of
body/ torso

trust OHPAAATTSI *vta*
depend upon/ trust to pur-
chase in one's place

trust SSTAKAT *vta*
depend/rely on, trust

truthful OMANII *vai* be
truthful

try IIYIKA'KIMAA *vai* try
hard

try IKA'KIMAA *vai* try hard

try SSAAK *adt*

try SSANISTTSI *vai* try, i.e.
experiment

try again ISAATSIMAA *vai*
make another attempt at
overcoming a failure, try
again

tuberculosis
ISTTSIKSSAISSKINAAN *nin*
consumption/tuberculosis

tuck ISTTANAI'PIKSI *vti* tuck
in

Tuesday ISTTSINAIKSISTSIKO
nin Tuesday (North Peigan)/
Thursday (Blood) (Lit: ration
day)

Tuesday
OTOMOHTSISTO'KISSIK-
ATOYIIKSISTSIKOOHP *nin*
Tuesday, lit: the second day
after the holy day ends

tumor KSAAMA'PSSIN *nan*
cancerous tumor

turkey AITSIYIHKA'SI *nan*
peacock, male turkey
(gobbler)

turkey OMAHKSIPI'KSSII *nan*
turkey, lit: big bird

turn back YO'KO *vta* turn
back, block, head off

turnip KSIKKA'S *nan* white
turnip

turnip MA'S *nan* edible bul-
bous root, 'Indian turnip',
*Psoralea esculenta

turtle SSPOPII *nan* hawk owl
(lit: sits in a high place),
*Surnia ulula/ turtle
twelve NAATSIKOPOTTO *nin*
twenty NAATSIPPO *nin*
twin NIISTSIMII *nan* twin
(not necessarily identical)
twist YAAM *adt*
twist YAAMIKSKAAPIKSI *vti*
twist YAAMINNI *vti* wring,
twist
twist YAAMSSTOOKIO'TO *vta*
twist the ear of
twisted OOMOK *adt* crooked,
twisted, turn
twisted YAAMOYI *vai* have a
mouth that is permanently
twisted to one side
two IST *adt* two/ double
two NAATO'K *adt*
two WAYAK *adt* both/two
typical YOOK *adt* characteris-
tic, typical
udder MONNIKIS *nin* breast,
udder, teat, *Mamma
ugly IKKAHSINA *vai* be ugly,
homely (Lit: odd-looking)
unbalanced ISINAP *adt* lop-
sided, aslant, unbalanced
uncle AAAHS *nar* elder rela-
tion (grandparent, parent-in-
law, paternal aunt/uncle)
unclean SIKIMM *vta* consider
unclean/repugnant
unclean SIKI'TSI *vti* consider
unclean or objectionable
unclear SAWOTSISTAP *adt*
confused, unclear
unconscious IPONIHTSI *vai*
die/ be unconscious
unconscious SAYITAPII *vai*
exhausted or unconscious
unconscious WATAPOKA'YI
vai fall over unconscious, in-
sensible
under ISTAAHT *adt*

underarm OTAIIMI *vai* have
underarm odor, lit: smell like
a weasel
underpant STAAHTSITSIS
nan
understand IKKSISITSI'TSI
vti comprehend, understand
understand OTSISTAPI'TAKI
vai discern, understand
understand OTSISTAPI'TSI
vti be conscious of, under-
stand
underwater
SOOYOOHPAWAHKO *nin* un-
derwater ridge/ Blackfoot
Crossing (place name)
underwater SOYIIPOKSSKO
nin area of water where the
underwater plants are broad-
leafed
underwear
ISTAAHTSISTOTOOHSIN *nin*
undo WAAPAAPIKSI *vti*
undo/ open or loose by
releasing a fastening
undress SOOMIHTSOOHSI *vai*
undress oneself completely,
i.e. to nakedness
undress SOOMINI *vai*
uneven AAWOYIHTSI *vii* not
at right angles/ uneven/
misaligned
uneven WAAWO. *adt* uneven,
misaligned/ on the opposite,
wrong side/ back and forth
motion, reversed
unexpected SOOK *adt* un-
expected, suddenly
unfaithful
ISTOOKIIKI'TAWAAT *vta*
double-cross, cheat on, be un-
faithful to spouse
uninhibited SSKITSSI *vai*
egotistical, hence competitive,
uninhibited, extroverted, ex-
hibitionistic

university
OMAHKITAISSKSINIM-
A'TSTOHKIO'P *nin* university
(Lit: big teaching place)

unkempt IPIIYINATTSI *vii*
look ragged and worn, appear
unkempt

unload IPONIISTAHTSIMAA
vai unload from back (e.g.
wood)

unload YIISTSIPOMMATOO
vti unload from one's own
back

unmotivated
ITSISOIPIITSIIHTAA *vai* be
lazy, feel unmotivated to
complete what might be con-
sidered a tedious task

unravel SIITOHTONNI *vti* un-
ravel a string-like object

unravel SIITSINO'TO *vta* un-
ravel, unroll

unsaddle WAAPIIKAMAA *vai*
unsaddle (a horse)

Unsaddles
MIISTSOOHTAAPIIKAMMAA
nan Unsaddles With Stick
Clan (they had very wild
horses and they needed sticks
to unsaddle)

unscrupulous IMITAISSKI *vai*
be unscrupulous, hard faced,
lit: have a dog face

untidy SAYINSSKAKA'PSSI *vai*
be an untidy person, messy,
unkempt

unusual IPISATA'PII *vii* be
an amazing, unusual event

unusual PISAT *adt* unusual,
amazing, fancy, out of the
ordinary

up SSP *adt* up, high

up SSPI *adt* up, high

uphill WAAMIS *adt*

upland ISSPAHKO *nin*
upland, highland

upon OHKIT *adt* top, upon

upon OTATS *adt* upon/on

upright IPOIHTSI *vta* place
in an upright position/ stand
up

uproot IPOHKO'TSI *vti*
uproot, pluck,pick pull out (a
small natural embedded
growth) by hand

uproot IPOHKSIIMINNAKI *vai*
thin or prune, uproot

uproot OPITSSKIMIKSAAKI
vai uproot plants/ break up
the ground

upset ISTTSIKAANIMM *vta*
upset/ cause discomfort for
another because of jealousy or
envy

urinate SAIPIOOHSI *vai*
urinate, lit: bring oneself out

urinate SSKSI *vai*

use I'TSINOKOOPSSIMAA *vai*
completely use up an avail-
able supply of a combustible
liquid

use OHTSISSITAPII *vai* use
(something)

used IKITAYI'TSI *vti* become
used to, accustomed to

used I'TSINIHKAA *vii* be used
up, exhausted, depleted

used to IKITAYIMM *vta* be-
come used to, familiar with

useful OHKOWAIMM *vta* find
useful/beneficial/helpful

useful OHKOWAI'TSI *vti* find
useful, handy

useful OHKOWA'PII *vii* be
useful, helpful

utter OHKOMAT *vta* utter a
sound at/ drive, steer, herd

utter OHKOMI *vai* utter a
vocal sound, use one's voice

uvula IPIOOWOOWAN *nan*
uvula, tonsil

vagabond
KIMMATA'PIAAPIIKOAN *nan*
hobo, tramp, vagabond

Valerian AIPAHTSIKAIIMO *nin* Northern Valerian, *Valeriana septentrionalis*
valley SSTSIKOMM *nin* valley/ hollow or depression at the base of a hill
valued MATSI. *adt* good, valued, pretty, of high quality, fine
vanilla *see* AOHKII
various OMIA'NIST *adt* various, different
vase MOKAMIIPOOHKO'S *nan* tall can/vase
vehicle INAKA'SIIMI *vai* own a vehicle
vehicle INAKA'SSKAA *vai* buy or acquire a vehicle
vein OSSTSII *nan*
vent AISAIKSISTO'SIMM *nan* heat radiator/ heat vent
vent SAYI'SI *vai* vent anger, frustrations (on someone or something)
very IIK *adt* intensifier, very
very SSKA' *adt* greatly, extremely, very
vest IIHTAISOKSISTAWA'SAO'P *nin* vest,
vices *see* IPPOINAKAT
Vick's OTSKOOHPOYI *nin* lit: blue ointment, id: Vick's ointment
victorious OMO'TSAAKI *vai* win/be victorious
victory ITTAHSIINIHKI *vai* sing a victory song
victory ITTAHSOOHKOMI *vai* cheer in victory
view SAIKSISTT *adt* clear to the vision or understanding, evident, in clear view
vigil IPANNOPAAT *vta* keep a night vigil for during illness, or death
violet KOMONO *adt* violet/green

visible INAKO *vii* show, appear, be visible, be evident
visible NI'TOOHK *adt*
vision SSAAHSINAA *vai* have blurred vision
vision YAAPI *vai* see, visualize, have vision
visit IPISIIYI *vai* visit (s.o.) to get a present
visit OKSISAWOO *vai*
visit WAISTAAAT *vta* come to in order to visit
visualize YAAPI *vai* see, visualize, have vision
voice ITSIKSSKINI *vai* have a weak, sickly voice
voice OHKOMI *vai* utter a vocal sound, use one's voice
voice OHSOTO'KINO *vta* recognize the voice of (without seeing)
void IKAKO *adt*
volume YIIPISTOTSI *vti* reduce the volume or number of (e.g. pile of workpapers, or ironing)
vomit OKITSKAA *vai*
vow WAAHKOOMOHSI *vai* make a promise, vow, or commitment (to do or not do something so as to entreat, usu. divine intervention)
vulture PIIKOKI *nan* turkey vulture, *Cathartes aura*
waft IIYI *vii* waft in a specified direction, said of odors
wag WAAWATOYAAPIKSSI *vai* wag one's own tail
wage ISA'KINOOHSATAHP *nan*
wagon AAPATATAKSAAKSSIN *nin* truck box or a type of wagon, lit: box in the back
wagon AINAKA'SI *nan* wagon, lit: it rolls

wagon IKKSTAINAKA'SI *nan* buggy/ wagon used for leisure purposes

wagon OMAHKAINAKA'SI *nan* wagon used for utilitarian purposes

waist OOPAIHP *nin*

wait YOOHKIMAA *vai*

wait! KIKA *und*

wait for YOOHKO *vta* await, wait for

wake IKSIKIIN *vta*

wake IPOOKAKI *vai* wake up

walk AAAT *vta* move/walk in relation to

walk A'PIKSIKKA'YI *vai*

walk IKAAWOO *vai* walk, go on foot (to a destination)/ quit an undertaking

walk IKSIKKA'YI *vai* walk, take steps

walk IKSOWOO *vai* walk/quit

walk ITOHKITAMIA'YI *vai* step on, walk on something

walk OHTOHKITOO *vai* walk over/on (something)

walk OKSKOOWOO *vai* walk covered with a robe or blanket

walk SAIKSISTTOO *vai* walk into view/ be filmed

walk WAAWAHKAA *vai* walk/play

walk WAAWA'KINISOO *vai* walk while moving upper body from side to side

walk WAAWOWAOO *vai* walk back and forth

walk WAKKIOO *vai* walk forward, advance

walk YISSKOO *vai* walk low (crouched or bent)

wall OOHSI *adt* nearest the wall

wall PANI'KAHTAISSTAAKSSIN *nin* temporary shade erected for helpers of the Aookaawa (see OOKAA) (archaic)/ wall panels

wallflower ITOHTOKA'SI *vai* be a wallflower at a dance (lit: turn into a pine tree there)

wallow WA'PIISI *vai* roll around on the ground (said of animals), wallow

want SSTAA *vai* want, desire, wish s.t. to be true

war AWAHKAOOTSIIYSSIN *nin*

war O'TAMIAATAYAYI *vai* return from war

war SAIHPIYI *vai* dance out/ prepare to leave for war (archaic)

war SOO *vai* go to war

war WAAWAHKAOTSIIYI *vai* war against one another

warbonnet SAAAMI *vai* wear/have a warbonnet

warfare IPO'TOHKOMSSKATTSIIYI *vai* be hostile to each other (in battle, warfare)

warm IKINNII *vii*

warm IKINNSSI *vai* warm (said of a wrap or the wearer)

warm IKSIST *adt* hot, warm, heat

warm IKSISTOHSI *vti* warm over a heat source

warm IKSISTOHSOYI *vai* warm one's self near a heat source

warm IKSISTOKOMI *vii* be warm water

warm IKSISTOYI *vii* warm/hot

warm IKSISTTOTSA'PII *vii* be extremely warm

warm IKSISTTOTSISSI *vai* feel
uncomfortably warm (from
the heat)

warm IKSISTTOTSI'TAKI *vai*
feel warm

warmer SOYINI *vii* winter
weather change to a milder,
warmer temperature

warn NAANAAN *und* expres-
sion used to warn young
children of s.t. or s.o. dan-
gerous

warrior ONIINIIWAT *vta*
select as a warrior

wash SSI *vrt* wash, wipe

wash SSIIHKINAAWAATSI *vai*
wash one's own hair

wash SSIIKAAWAATSI *vai*
wash one's own feet

wash SSIISTSTAKI *vai* wash
(clothing)/ do laundry

wash SSISSKIITSI *vai* wash
one's own face

wash SSTSIMIIYI *vai* wash
one's own hands

washer IIHTAISSIISTSTAKIO'P
nan washing machine, washer

washtub
IITAISAPSSSIISTSTAKIO'P *nan*

waste IKSISSTO. *adt* ex-
travagant, waste, surplus

waste IKSISSTOYI'TSI *vti*
leave behind, discard, waste,
abandon

waste YAAMITAOKSISTOTSI
vti needlessly destroy, waste

wasteful IKSISSTOWA'PSSI
vai extravagant, wasteful

watch OOTOISSAMM *vta*
watch from a distance

watch SSKSKAMM *vta*

watch SSKSKA'TAKI *vai*
watch, guard s.t./ con-
template, reflect on s.t./ be
conscious, think of s.t.

watch SSKSKA'TOMO *vta*
watch over for, care for
(something or someone) for
someone

watch SSKSKA'TSI *vti*

watch WAAKA'TAKI *vai*
watch over, care for s.t. (esp.
a dwelling in the absence of
the owner)

watching YAAHSSSAPI *vai*
enjoy watching

water AOHKII *nin*

water IKIM *med* water/liquid

water IKSISTOKOMI *vii* be
warm water

water OTAAKISSI *vai* go for
water (with a container)

water OTSIIPI *vta* throw into
water (as a disciplinary
measure)

water OTSIKSIISTSIM *vta*
douse, immerse, water (e.g. a
plant)

water OTSIKSIISTSTOO *vti*
water (plants)

water OTSI' *vta* douse/splash
with water

water SIMIIPI *vta* water
(livestock)/treat to a drink

water SOMO'SI *vai* fetch
water

water SOWOO *vai* go into
water

water WAAKISSI *vai* get
water

water YIISTSI *vii* be trans-
ported by water, float along

waterfall OHPSSKONAKA'SI
nin waterfall, geyser

watermelon
OMAHKOTSSKOI'NSSIMAAN *nin*

wave A'PSSTO *vta* beckon
(summon or signal with a
wave)/ make hand signs to

wave OHPAI'KIMSSKAA *vii*
wave (of water), ripple

waxwing SIMITSIIM *nan*
waxwing (lit: tipi-cover pole),
*Bombycilla cedrorum

way AANIST *adt* manner,
way

weak ITSIKSINA *vai* appear
weak

weak ITSIKSSI *vai* be weak

weak ITSIKSSKINI *vai* have a
weak, sickly voice

weak SAHPIO'KAASI *vai*

weaker SIISTONAA'PSSI *vai*
less brave, less strong,
weaker, not warriors

weakling WAANOOHPA'PSSI
vai be fragile, be a weakling

weapon APAKSA'TSIS *nan*
club, consisting of a round
rock tied to a short handle,
used as a weapon

weapon IIMIKIHTA'TSSKAAN
nin

weapon IMIKIHTA'TSSKAA
vai grab an object for use as
a weapon

wear AAWAPSSPIINAO'SI *vai*
wear eye-glasses

wear OHPONNAT *vta* wear
around the wrist, e.g. as a
bracelet

wear OHTOHKINNI *vai* lit:
wear (something from a
group, e.g.) around one's
neck/ id: have thorough
knowledge of (s.t.)

wear OKSINNAT *vta* wear
around the shoulders (e.g. a
shawl)

wear OWAWAT *vta* wear
(pants)

wear SAPSKAOHSATOO *vti*
wear (clothing)

wear WAAKO'PIHTAA *vai*
wear one feather (upright fea-
ther inserted in a headband,
at the back of the head)

weary IPIITSIIHTAA *vai* be
listless/languid, become weary
in the face of an enormous
task

weary SISTSIKAAT *vta* tire
of, grow weary of

weasel AAPAIAI *nan* ermine/
weasel (in winter coat),
*Mustela frenata

weasel MIISTSAAPAAA *nan*
least weasel, lit: wood weasel,
Mustela spp.

weasel OMAHKAAPAA *nan*
long-tailed weasel (lit: big
weasel), *Mustela spp.

weasel OTAA *nan* weasel
that has a brown summer
coat

weather AITAPISSKATSIMAA
nan weather dancer, person
who performs the Sundance
ceremony (that takes place
after the center pole has been
raised)

weather ITAPISSKATSIMAA
vai do a weather dance/ per-
form the Sundance ceremony

weather I'TAAMIKSISTSIKO
vii good weather, lit: happy
day

weather ONOOKSIKSISTSIKO
vii inclement weather, i.e.
rain or snow

weather
WAANOOKSIKSISTSIKO *vii* bad
weather, inclement weather

weave ISTTAPINNI *vti* lace
(as in leather work), weave,
thread

weave SSKSIMATAKI *vai*
weave or knit (s.t.)

weaver
AAWAIIPISSTSIIMSSKAA *nan*
Navajo, lit: weaver

weaving ISTTAPINNAKSSIN
nin loomwork, weaving (made
by interlacing warp and fill-
ing threads. May have beads
on it.)
Wednesday
IITAWAANAO'KSO'KII'P *nin*
Wednesday, lit: when it is
half closed (refers to when
stores used to be closed for
half a day on Wednesdays)
Wednesday
IIKAITAISTTSINAO'P *nin* Wed-
nesday (North Peigan) (Lit:
when we have already drawn
rations)
weed MAKA'PSSAISSKI *nin*
weigh SSOKAAHKIAAKI *vai*
weigh (something)
weights O'TAKSISSKII *vti*
secure by placing weights
around on the edges of the
covering material (said of a
large object such a tarp)
weiner IKKSTOTTSIIMSSKAAN
nin
weiner IKKSTOTTSIS *nin*
well IPPOM *adt*
adequate/correct/well
well MAKSISSKOMM *nan* well,
spring
well SOKIMMOHSI *vai* feel
good/well
well-to-do SAI'SOKKITA'PSSI
vai be well-to-do
west NIMM *adj*
west WAAMI'T *adt*
wet I'PIISTSTOO *vti*
wet I'PIKAASI *vai* get one's
own feet wet
wet I'PISTOTSI *vti* wet
what KAYIIWA *und* what is
it (that you want)?
what? TSA *und* how?/what?
wheat MIINIINOKOO *nin*
wheat NAPAYINI'NSSIMAAN
nin wheat plant

wheedle SAISSKOMO *vta*
wheedle something out of/
coax out for
wheel OTTSIIWAAN *nan* gam-
bling wheel
wheel O'TAKAINAKA'SI *nan*
wheel, tire
wheel-barrow
NI'TOHKATSAINAKA'SI *nan*
when IPIITSIIYOOHK *adt* as
soon as, when
where? TSIMA *pro* where?
[interrogative pronoun]
whet IKSISISTSIM *vta* whet,
sharpen
whet IKSISISTSTAA *vai* whet,
sharpen (a bladed instrument)
whetstone
IIHTAIKSISISTSTAO'P *nin*
which? TSKA *und*
why?/which?
whip ISSTSIPISIMAA'TSIS *nin*
whip SSTSIPISI *vta* whip or
punish
whip SSTSIPISIMAA *vai* whip
purposefully
whip SSTSSKI *vta* whip on
the face
whirlpool AWAATAKOYI *nin*
whirlwind POKAAAKII *nan*
whirlwind WAATAHSSOPO
vii
whiskers YISSTOYI *vai* have
whiskers, have a beard
whiskey *see* AOHKII
whiskey NAAPIAOHKII *nin*
whiskey, lit: white man's
water
whisper ISIMII'POYI *vai*
whistle IKKATSIIYI *vai*
whistle (animals only)
whistle IKKATSIMAA *vai*
whistle (of animals only)
whistle IKKI *vai* blow into a
trumpet, whistle, or other
wind instrument
whistle IKKIA'TSIS *nan*

whistle IKSIKSIIMOHKI *vai*

white AAPI *adt* white/light-colored

white AAPII *nan* albino/white one

white AAPSKSISI *nan* horse with white facial marking, blaze, lit: white nose

white IKSIKK *adt* white/clear/clean, tidy/carefully, cautiously

white KSIKK *adt*

white KSIKKOKOOWA *nin* white tent, lit: white dwelling

white KSIKKSINA *vai* be white

white-tailed PAAHKOOMOKONAISIKAAYAYI *nan* white-tailed deer (No. Peigan), *Odocoileus virginianus

White Bead AAPIIKSISTSIMAOHKINNI *nan* member of the White Bead Necklace society

White Chest KAYIKKAO'KIIKIN *nan* White Chest Clan (Peigan)

whiteface AAPSSKI *nan* horse with white facial marking/whiteface

whiteman AKOKSSKAAAPIIKOAN *nan* whiteman of paramount rank

whiteman NIITSAAPIIKOAN *nan* French person, lit: original whiteman

whiteman's NAAPIA'PII *vii* be whiteman's culture

White Robe KSIKKSISOKA'SIMI *nan* White Robe Clan (Peigan)/Anglican

whitewoman NAAPIAAKII *nan* woman possessing caucasoid features, whitewoman

who? TAHKAA *pro*

who? TAKAA *pro*

whole ISTTAPOMAO'SI *vai* place something whole into one's own mouth

whole OMAHKA *adt* whole, collective whole

whore MATTSAAKII *nan* whore, prostitute

whorishly WATTSAAKIIHKA'SI *vai* behave whorishly (said of a woman)

why MAAK *adt* why (rhetorical inquiry)

why MAO'K *adt* why (So. Peigan)

why? TSKA *und* why?/which?

wide APAK *adt* wide and flat

widow I'POOMI *vai* be a widow

widow NI'POOMI *nan*

widower IPONISAYI *vai* become a widower, lose one's wife through death

widower ISTTSIKSIKA *vai* become a widower or be deserted by one's wife,

widower I'POHKIIMI *vai* be a widower

widower NI'POHKIIM *nan*

wife IPONIOWAT *vta* leave one's (own) wife

wife IPPITAAM *nar* elderly wife, elderly woman

wife ISSOHKIIMAAN *nar* youngest wife

wife OHKIIMAAN *nan*

wife OHKIIMI *vai* have a wife

wife WAAHSOWAT *vta* take a wife by force/ pair up with (a female) regardless of lack of mutual attraction

wife WAIAI'TAKI *vai* ask for a wife/ propose

wild I'SIMI *vai* be wild (said
of animals)

willow MI'KOTSIIPIIYIS *nan*
red willow

willow OTSIPIIYIS *nin* wil-
low, *Salix spp.

wily ISTTSKSSI *vai* be
crafty/wily, be capable of
evasive movement, indicative
of a tricky nature

win IKIIKATOO *vti* win,
usually a position or office/
be rewarded for one's deeds,
get one's just desserts

win IKIIKI *vai* win a prize in
a game of chance

win OMO'TSAAKI *vai* win/be
victorious

win OMO'TSI *vta* defeat/win
victory over

win OMO'TSTAA *vai* win in
battle (archaic)

wind IKOOHPAPOKAA *vii*
blow down, collapse due to
wind (said of a structure)

wind IKOOPIISOPO *vii*
chinook, lit: broth wind

wind OHPAPOKAI' *vii* move
by wind, be blown, be moved
by air movement

wind SI'KSSOPO *nin* chinook
wind

wind SSIKSSOPO *vii* cease
blowing, i.e. the wind

winded IPPOTSI'KINIISI *vai*
become winded on impact

wind instrument
IIHTAIKKIO'P *nan* wind in-
strument, e.g. trumpet,
whistle

window
KSIISTSIKOMMSSTAAN *nin*

windy SOPO *vii* be windy

wine MIINIAOHKII *nin* wine,
lit: berry water

wing MAMINN *nin*

wink SIKAHKAPINIAAPIKSSI
vai

winnings OTOOPAA *vai* go
collect one's own winnings

winter IPAKSSAISSTOYI *vii*
be winter of cold weather
without any snowfall

winters SSTOYIIMI *vai* have
specified number of winters/
spend the winter

wipe SSAAKI *vai* wipe (s.t.)

wipe SSIIKAASI *vai* wipe
one's own feet

wipe SSIINI *vti* erase, wipe
off

wipe SSISSKIOOHSI *vai* wipe
one's own face

wipe SSOOHSI *vai* wipe, dry
one's self

wire IIHTSISTSIIPISSKIO'P *nan*
fencing wire, lit: what we
make a fence with

wire ISTTSTSAAPIKIMM *nan*
barbed

wise OKAKI *vai* smart/wise

wish ITOTOITSIIHTAA *vai*
wish for s.t./ hope to acquire
s.t.

wish SSTAA *vai* want, desire,
wish s.t. to be true

with OHP *adt* associative,
with

with OHPOK *adt*
with/accompany

with OHPOKAOPIIM *vta* live
with

with OHPO'KI *adt*

with PO'KI *adt* in company
with

within SAP *adt* in, within

witness OKAMAINO *vta* wit-
ness in an act

wolf MAKOYI *nan* wolf
(archaic), *Canis lupus

wolf OMAHKAPI'SI *nan* tim-
ber wolf, *Canis lupus

wolverine ISSISTSAAKII *nan*
wolverine in the form of a
woman

wolverine PIINOTOYI *nan*
wolverine, *Gulo luscus

wolves *see* AAPI'SI

woman AAKII *nan*

woman IPSSTSIKAAKII *vai* be
a phoney woman

woman NAAPIAAKII *nan*
woman possessing caucasoid
features, whitewoman

woman imposter ISSISTSII
vai deceive/ be a woman im-
poster (said of a wolverine)

woo SOWAANOPAAT *vta*
court, woo

wood MIISTSOYIS *nin* house
of wood

wood PIIKOHKSIKSIMM *nan*
rotted wood

wood PIIKSSKAA *nin* wood
shaving

woodpecker MI'KIIMATA *nan*
red-headed woodpecker (lit:
fire-reddened breast?),
*Melanerpes erythrocephalus

woodpecker
OMAHKSI'KIIMATA *nan*
Lewis's woodpecker,
*Asyndesmus lewis

woodpecker OTAHKONSSKI
nan arctic three-toed wood-
pecker, lit: yellow forehead,
*Picoides acticus

woodpecker
O'KSTSIKIHKINIYI *nan* pileated
woodpecker, lit: rawhead

woodpecker
PAAHPAKSSKSISSII *nan* wood-
pecker (lit: pounding nose)

woodpecker
SIKSIKANIKIISAYII *nan*
pileated woodpecker (lit:
flashes black feathers),
*Dryocopus pileatus

woodpile IITAOMIO'P *nin*
woodpile/ where one piles
firewood

work A'PO'TAKI *vai* work, be
in effect

work WAAHKAPAT *vta* work
(a hide) in order to make it
soft

work horse
IITAOHKIPISTAO'P *nan* team
horse/ work horse

worry A'PITSIIHTAA *vai*
worry (about s.t.)

worry I'SSKAT *vta* worry
about, be concerned for

worry OTOOMSOOHKOMI *vai*

worship WAATSIMOYIHKAA
vai pray/worship

woven ISSKSIMATAKSSIN *nin*
woven article (woven from
strand-like material, i.e. knit-
ting, crocheting)

wrap AYIKSIPI *vti*

wrap ISOOMOONI *vti* wrap
with an outer covering

wrap ISO'PI *vta* wrap a scarf
around the head of

wrap WAAKSIPISTAA *vai*
wrap a pole with otter fur
for non-ceremonial purposes/
use an otter fur wrapped pole
for non-ceremonial purposes

wrap YAAKSSSIT *vta* wrap in
blankets (usually a baby)

wrap around WAAYIPI *vti*
bind, wrap around

wren ISSTSI'KINIIPITSI *nan*
wren (lit: habitually noisy)

wren MAATAIKSISAAHKIMAA
nan wren, *Troglodytidae

wrench
IIHTAO'TAKAAHKIAAKIO'P *nan*
screw-driver or wrench (lit:
what one makes rotations
with)

wrestle I'KOWANI *vai* wrestle
playfully

wrestle SSTSIMOTSIIYI *vai*

wrestle SSTSIMSSTAA *vai*

wring *see* IKSIPPOYINNAKI

wring IKSIPPOYINNI *vti* wring or squeeze (a wet item)

wring YAAMINNI *vti* wring, twist

wrist OHPONNAT *vta* wear around the wrist, e.g. as a bracelet

write SINAAKI *vai* write/draw/ make images

writing SINAAKSSIN *nin*

wrong AYAAM *adt* wrong, different direction/ mis-directed

wrong *see* WAAPO'K

yank SSKATAPIKSIST *vta* yank, jerk backwards

yawn OPASOO *vai*

Year MAANSSTOYI *vii* New Year

yearling KATSISTOYIIKOAN *nan*

yell IPAPISA *vai* yell, hoot

yellow OTAHKO *adt* orange, yellow

yellow OTAHKOISISTTSII *nan* female goldfinch, or any other small bird of yellow plumage, lit: yellow bird

yellow legs OTAHKOIKA *nan* yellow legs, lit: yellow legs, *Totanus

Yellowstone OTAHKOIITAHTA *nin* Yellowstone river, lit: yellow river

yes AA *und*

yesterday MATONNI *vii* be yesterday

yet IIMAA *adt* yet/ to the present time

yet OMA *adt*

you KIISTO *pro* you (sg.)

young A'S *adt*

young A'SISTTSIIKSIINAA *nan* young snake

young ISS *adt*

young I'NAKSTSSI *vai* be young/small

young MAAN *adt* young, new, recent(ly)

young WAAHTSAM *adt*

young WA'S *adt*

younger ISSISS *nan* younger sibling of a female

younger ITOHSISTSSIN *vai* be the next younger sibling (of a male or female)

younger OHPO'KIAANIKKOHKSIIM *vta* be next smaller /younger than (but larger/older than any others in the relevant group, i.e. closest in size)

youngest ISSOHKIIMAAN *nar* youngest wife

youth IKKAK *adt* short, low/ associated with childhood/ youth

youth MAANITAPI *nan*

zealous WATTSISSKISATOO *vti* be over-zealous with regard to, have eager and ardent interest in pursuit of

zipper AWAAMISSKAPATAA *nan* zipper, lit: that which is pulled up

Appendix

The Blackfoot Alphabet

and

Some Spelling Conventions

The Blackfoot words and phrases in this dictionary are transcribed in an orthography which was developed during the 1960's as result of research done in Montana and on the Blackfoot Reserve. It was officially approved in 1974 by representatives of the Education Committees from the three Southern Alberta reserves. It is an alphabetic system which is based on linguistic analysis of the sound system of the language. Each letter represents a distinctive sound unit (consonant or vowel) of the language.

Vowels

There are three vowels: **a**, **i**, and **o**. They are realized as follows:

a sounds about like the a of English father, except before long consonants (written double - see below), where it is more like the a of among or the u of cut.

i varies between the sound of the i of physique and the i of sit; it always has the former sound when long (written double - see below), and always has the latter sound when followed by a long consonant.

o has a sound very similar to that of the o in English no, though occasionally it may sound more like the oo of boot.

Diphthong Variants

When vowels are combined in certain combinations, the resultant sounds are not always as one might expect.

One such combination is **ai**, which rarely has the expected diphthongal quality. In the Blood and North Peigan dialects it sounds like the ai of English paid before the glottal stop consonant (see below), like the ai of said before long consonants, and like the ai of plaid in other positions. In the other dialects, **ai** has a more diphthongal quality (similar to the the sound of the i of English hi) before the glottal stop consonant, sounds like the ai of plaid before long consonants, and like the ai of paid elsewhere.

Another such combination is **ao**, which sounds like **a** made with rounded lips (similar to the aw of dawn in dialects of English which pronounce this word differently than they pronounce don).

Consonants

The consonants are **h, k, m, n, p, s, t, w, y**, and '. The sounds they represent may be described roughly as follows:

h is a "gutteral" fricative, much like the sound written ch in German. The actual tongue position while pronouncing this sound is affected by the preceeding vowel. The same letter is used at the beginning of a few uninflected interjections such as **hannia**; in those cases it represents a sound identical to the sound represented as h in English hut.

k, p, and **t** are made at the same point of articulation as are the English consonants k, p, and t. However, they lack the puff of air which usually follows those consonants in English; consequently they are more like the corresponding consonants in French.

m, n, s, w, and **y** are nearly identical to the sounds usually represented by the same letters in English.

' [an apostrophe] has no close equivalent among the distinctive sounds of English. It is known as a "glottal stop", and is an interruption of the air flow by momentary closure of the glottis (vocal chords). English speakers generally make this same kind of stop between the two oh's of the expression oh-oh!.

Length

All three vowels and all consonants except **h** and **'** occur in two distinctive lengths: short and long. The long versions have approximately twice the duration of the short versions. Short sounds are written singly, while their long counterparts are written as double letters.

Stress (pitch accent)

Every vowel has the potential for accentuation (higher pitch than adjacent syllables). Vowels so stressed are marked with an acute accent above them.[1]

Some spelling conventions

Given the alphabetic system outlined above, there is a non-arbitrary spelling for almost every word of Blackfoot. However, in some cases, knowledge of the makeup of words has influenced our spelling of otherwise ambiguous sounds and sound sequences.

A relatively simple case is vowels at the end of a word. Since vowels in this position are generally voiceless, there can be no contrast between short and long vowels. However, we still write vowels as short or long in this position based on their length when a suffix is added. For example, one cannot tell by listening to the word **nitáópii** 'I'm staying/sitting' that the final vowel is long. We write it as long because its length is observable in forms such as **áópiiyaawa** 'they are staying/sitting' and **apíít** 'sit!'.

Vowel length is difficult, if not impossible, to discern before a glottal stop. However, if knowledge of the makeup of the word leads one to expect a long vowel in this position. we write it as such. For example. when the 'associated instrument or tool' suffix **-a'tsis** is added to a stem ending in **a** or **aa**, we spell the resulting sequence with a long **aa**. So **isttókimaa'tsis** 'drum' is so spelled because we know the verb stem **isttokimaa** 'drum' from which it is formed ends in the vowel **a**.

A more complicated case is the phonetic sequence [o^{i}y'ss], which

---

[1]An alternative way of marking stress is by underlining. In fact, underlining is preferred by several experienced writers of Blackfoot.

can represent not only **oi'yss**, but **o'yss** and **oyss** as well. It can represent **o'yss** because anticipation of the **y** tongue position during the glottal stop produces a phonetic diphthong. It can represent **oyss** because a predictable glottal stop is heard whenever a glide (**w** or **y**) or nasal (**m** or **n**) is immediately followed by **s**. It might even represent oi'ss, because since the tongue position for **i** and **y** is the same, the phonetic [y] may simply be the result of delay in making the slight tongue adjustment going from **i** to **s**. In cases such as this, one must either make an arbitrary choice or be guided by grammatical analysis of the word involved, if the grammatical makeup of the word is known. In this particular case, if the sequence [o^{i}y'ss] is part of the sequence [oo^{i}y'ssin] 'eating', it is analyzable as **ooyi**, the *vai* stem 'eat', plus the suffix **hsin**, which makes nouns from intransitive verbs. Given the fact that **ihs** is generally realized as **ss**, we spell the word as **ooyssini**. We do not need to include the predictable glottal stop, though to do so would not in any sense produce an incorrect spelling.

A non-arbitrary decision regarding vowel length before **h** can be made based on a regular phonetic rule of Blackfoot. If a vowel is voiceless before **h**, it is a short vowel, because long vowels remain voiced in this position. So we write **nitsíípiihpinnaan** 'we sat/stayed' with a long **ii** because it remains voiced before the **h**, even though the [i] sound before the **h** is not noticeably long. To this we can compare **nitsíípihpinnaan** 'we have archery equipment', in which the **ih** is a completely voiceless syllable.